ŒUVRES COMPLÈTES

DE VOLTAIRE

TOME TREIZIÈME

PARIS

LIBRAIRIE HACHETTE ET Cie

79, BOULEVARD SAINT-GERMAIN, 79

ŒUVRES
DES PRINCIPAUX ÉCRIVAINS FRANÇAIS

VOLUMES IN-18 JÉSUS

On peut se procurer chaque volume de cette série relié en percaline gaufrée, sans être rogné, moyennant 50 cent.; en demi-reliure, dos en chagrin, tranches jaspées, moyennant 1 fr. 50 cent.; et avec tranches dorées, moyennant 2 fr. en sus du prix marqué.

1re. Série à 1 franc 25 c. le volume.

Barthélemy : *Voyage du jeune Anacharsis en Grèce dans le milieu du IVe siècle avant l'ère chrétienne.* 3 volumes.
Atlas pour le Voyage du jeune Anacharsis, dressé par J.-D. Barbié du Bocage, revu par A.-D. Barbié du Bocage. In-8, 1 fr. 50 c.

Boileau : *Œuvres complètes.* 2 vol.

Bossuet : *Œuvres choisies.* 5 vol.

Corneille : *Œuvres complètes.* 7 vol.

Fénelon : *Œuvres choisies.* 4 vol.

La Fontaine : *Œuvres complètes.* 3 volumes.

Marivaux : *Œuvres choisies.* 2 vol.

Molière : *Œuvres complètes.* 3 vol.

Montaigne : *Essais*, précédés d'une lettre à M. Villemain sur l'éloge de Montaigne, par P. Christian. 2 vol.

Montesquieu : *Œuvres complètes.* 3 volumes

Pascal : *Œuvres complètes.* 3 vol.

Racine : *Œuvres complètes.* 5 vol.

Rousseau (J.-J.) : *Œuvres complètes.* 13 volumes.

Saint-Simon (le duc de) : *Mémoires complets et authentiques sur le siècle de Louis XIV et la Régence,* collationnés sur le manuscrit original par M. Chéruel, et précédés d'une notice de M. Sainte-Beuve, de l'Académie française. 13 vol.

Sedaine : *Œuvres choisies.* 1 vol.

Voltaire : *Œuvres complètes.* 46 vol.

2e Série à 3 francs 50 cent. le volume.

Chateaubriand : *Le Génie du Christianisme.* 1 vol.
— *Les Martyrs ; — le Dernier des Abencerrages.* 1 vol.
— *Atala; — René; — les Natchez.* 1 vol.

Fléchier : *Mémoires sur les Grands-Jours d'Auvergne en 1665,* annotés par M. Chéruel et précédés d'une notice par M. Sainte-Beuve. 1 vol.

Malherbe : *Œuvres poétiques*, réimprimées pour le texte sur la nouvelle édition des *Œuvres complètes de Malherbe*, publiées par M Lud. Lalanne dans la Collection des GRANDS ÉCRIVAINS DE LA FRANCE. 1 vol.

Sévigné (Mme de) : *Lettres de Mme de Sévigné, de sa famille et de ses amis*, réimprimées pour le texte sur la nouvelle édition publiée par M. Monmerqué dans la Collection des GRANDS ÉCRIVAINS DE LA FRANCE. 8 vol.

COULOMMIERS. — TYPOGRAPHIE PAUL BRODARD.

ŒUVRES COMPLÈTES

DE VOLTAIRE

COULOMMIERS

Imprimerie Paul BRODARD.

ŒUVRES COMPLÈTES

DE VOLTAIRE

TOME TREIZIÈME

———— ⚬⚬⚬ ————

PARIS

LIBRAIRIE HACHETTE ET Cⁱᵉ

79, BOULEVARD SAINT-GERMAIN, 79

—

1900

PRÉCIS

DU

SIÈCLE DE LOUIS XV[1]

CHAP. I. — *Tableau de l'Europe après la mort de Louis XIV.*

Nous avons donné avec quelque étendue une idée du siècle de Louis XIV, siècle des grands hommes, des beaux-arts, et de la politesse : il fut marqué, il est vrai, comme tous les autres, par des calamités publiques et particulières, inséparables de la nature humaine ; mais tout ce qui peut consoler les hommes dans la misère de leur condition faible et périssable semble avoir été prodigué dans ce siècle.

1. Voltaire ayant été nommé, en 1746, historiographe de France, entreprit d'écrire l'*Histoire de la guerre de mil sept cent quarante et un*, et exécuta son projet. Plusieurs chapitres furent rédigés à Versailles chez le comte d'Argenson, ministre de la guerre, qui en margina quelques pages.
Après avoir interrompu son travail plusieurs fois, il le conduisit cependant jusqu'à la paix d'Aix-la-Chapelle. Une généreuse indignation le lui fit abandonner de nouveau. Une des clauses du traité de paix de 1748 portait que la cour de France ne permettrait pas au jeune prétendant de séjourner dans le royaume. Charles-Édouard, que cette clause révoltait, refusa de s'y soumettre, et continua de rester à Paris. Un jour qu'il était allé à l'opéra, en 1749, la police fit arrêter le prince qui, comme Louis XV, était descendant de Henri IV, et un plus proche degré Un nommé Desforges, celui-là même qui avait publié, en 1748, la *Lettre critique sur la tragédie de Sémiramis*, fit alors circuler ce distique :

> Peuple, jadis si fier, aujourd'hui si servile,
> Des princes malheureux vous n'êtes plus l'asile.

Ces deux vers coûtèrent cher à leur auteur, qui fut envoyé au mont Saint-Michel, où il resta trois ans dans un cachot appelé la *Cage*. Voltaire fut moins

Il faut voir maintenant ce qui suivit ce règne, orageux dans son commencement, brillant du plus grand éclat pendant cinquante années, mêlé ensuite de grandes adversités et de quelque bonheur, et finissant dans une tristesse assez sombre, après avoir commencé dans des factions turbulentes.

Louis XV était un enfant orphelin (septembre 1715). Il eût été trop long, trop difficile et trop dangereux, d'assembler les états généraux pour régler les prétentions à la régence. Le parlement de Paris l'avait déjà donnée à deux reines[1] : il la donna au duc d'Orléans. Il avait cassé le testament de Louis XIII : il cassa celui de Louis XIV. Philippe, duc d'Orléans, petit-fils de France, fut déclaré maître absolu par ce même parlement qu'il envoya bientôt après en exil[2].

(1715) Pour mieux sentir par quelle fatalité aveugle les affaires de ce monde sont gouvernées, il faut remarquer que l'empire ottoman,

imprudent, mais il ne ressentit pas moins la lâcheté du roi de France. Il était à Lunéville lorsqu'il apprit comment avait été traité le prince Édouard, et de dépit, il renonça à continuer l'histoire de Louis XV. Cette particularité injurieuse pour le monarque, mais honorable pour l'écrivain, est restée longtemps inconnue, et n'a été révélée qu'en 1826 par la publication des *Mémoires de Longchamp*. En 1763, dans le tome VIII de l'édition de l'*Essai sur l'histoire générale* (aujourd'hui *Essai sur les mœurs*), dix-huit chapitres furent ajoutés au *Siècle de Louis XIV*, qui étaient consacrés aux événements postérieurs à la mort de Louis XIV. Dans quatre de ces chapitres (les 47e, 48e, 49e et 51e), on retrouve textuellement des passages plus ou moins longs des chapitres 2, 3 et 4 de la première partie de l'*Histoire de la guerre de mil sept cent quarante et un*, et des *Additions* qui sont à la fin de la seconde partie.

A ces dix-huit chapitres sur les événements du règne de Louis XV, Voltaire en ajouta vingt et un en 1768, et intitula leur réunion : *Précis du siècle de Louis XV*. La première édition fait partie des quatre volumes ayant pour titre : *Siècle de Louis XIV, nouvelle édition revue et augmentée, à laquelle on a ajouté un Précis du siècle de Louis XV*. Pour les chapitres ajoutés en 1768, Voltaire avait encore mis à contribution son *Histoire de la guerre de mil sept cent quarante et un*; de sorte que toute cette histoire, sauf le premier chapitre, et des changements, additions, transpositions, est dans le *Précis du siècle de Louis XV*. (BEUCHOT.)

1. Marie de Médicis en 1610, et Anne d'Autriche. (ÉD.)

2. Après tous les absurdes mensonges qu'on a été forcé de relever dans les prétendus *Mémoires de Mme de Maintenon*, et dans les notes de La Beaumelle insérées dans son édition du *Siècle de Louis XIV*, à Francfort, le lecteur ne sera point surpris que cet auteur ait osé avancer que la grand'salle était remplie d'officiers armés sous leurs habits. Cela n'est pas vrai ; j'y étais ; il y avait beaucoup plus de gens de robe et de simples citoyens que d'officiers. Nulle apparence d'aucun parti, encore moins de tumulte. Il eût été de la plus grande folie d'introduire des gens apostés avec des pistolets, et de révolter les esprits, qui étaient tous disposés en faveur du duc d'Orléans. Il n'y avait autour du palais où l'on rend la justice qu'un détachement des gardes françaises et suisses. Cette fable que la grand'salle était pleine d'officiers armés sous leurs habits est tirée des *Mémoires de la régence*, et de la *Vie de Philippe, duc d'Orléans*, ouvrages de ténèbres, imprimés en Hollande, et remplis de faussetés.

L'auteur des *Mémoires de Maintenon* avance que « le président Lubert, le premier président de Maisons, et plusieurs membres de l'assemblée, étaient prêts de se déclarer contre le duc d'Orléans. »

Il y avait en effet un président de Lubert, mais qui n'était que président aux enquêtes, et qui ne se mêlait de rien. Il n'y a jamais eu de premier président de Maisons. C'était alors Claude de Mesmes, du nom d'Avaux, qui avait qui avait pu attaquer l'empire d'Allemagne pendant la longue guerre de 1701, attendait la conclusion totale de la paix générale pour faire la guerre contre les chrétiens. Les Turcs s'emparèrent aisément, en 1715, du Péloponèse, que le célèbre Morosini, surnommé *le Péloponésiaque*, avait pris sur eux vers la fin du XVIIe siècle, et qui était resté aux Vénitiens par la paix de Carlowitz. L'empereur, garant de cette paix, fut obligé de se déclarer contre les Turcs. Le prince Eugène, qui les avait déjà battus autrefois à Zenta, passa le Danube, et livra bataille près de Pétervaradin, au grand vizir Ali, favori du sultan Achmet III, et remporta la victoire la plus signalée (le 5 auguste 1716).

Quoique les détails n'entrent point dans un plan général, on ne peut s'empêcher de rapporter ici l'action d'un Français célèbre par ses aventures singulières. Un comte de Bonneval, qui avait quitté le service de France sur quelques mécontentements du ministère, major général alors sous le prince Eugène, se trouva dans cette bataille entouré d'un corps nombreux de janissaires; il n'avait auprès de lui que deux cents soldats de son régiment; il résista une heure entière; et ayant été abattu d'un coup de lance, dix soldats qui lui restaient le portèrent à l'armée victorieuse. Ce même homme, proscrit en France, vint ensuite se marier publiquement à Paris; et, quelques années après, il alla prendre le turban à Constantinople, où il est mort bacha.

Le grand vizir Ali fut blessé à mort dans la bataille. Les mœurs turques n'étaient pas encore adoucies; ce vizir, avant d'expirer, fit massacrer un général de l'empereur qui était son prisonnier[1].

(1717) L'année d'après, le prince Eugène assiégea Belgrade, dans laquelle il y avait près de quinze mille hommes de garnison : il se vit lui-même assiégé par une armée innombrable de Turcs, qui avançaient contre son camp, et qui l'environnèrent de tranchées : il était précisément dans la situation où se trouva César en assiégeant Alexie[2]; il s'en tira comme lui : il battit les ennemis et prit la ville; toute son armée devait périr; mais la discipline militaire triompha de la force et du nombre.

(1718) Ce prince mit le comble à sa gloire par la paix de Passarowitz,

---

cette place; M. de Maisons, beau-frère du maréchal de Villars, était président à mortier, et très-attaché au duc d'Orléans. C'était chez lui que le marquis de Canillac avait arrangé le plan de la régence avec quelques autres confidents du prince. Il avait parole d'être garde des sceaux, et mourut quelque temps après. Ce sont des faits publics dont j'ai été témoin, et qui se trouvent dans les *Mémoires manuscrits du maréchal de Villars*.

Le compilateur des *Mémoires de Maintenon* ajoute à cette occasion que, dans le traité de Rastadt, fait par le maréchal de Villars et le prince Eugène, « il y a des articles secrets qui excluent le duc d'Orléans du trône. » Cela est faux et absurde : il n'y eut aucun article secret dans le traité de Rastadt : c'était un traité de paix authentique. On n'insère des articles secrets qu'entre des confédérés qui veulent cacher leurs conventions au public. Exclure le duc d'Orléans en cas de malheur, c'eût été donner la France à Philippe V, roi d'Espagne, compétiteur de l'empereur Charles VI, avec lequel on traitait : c'eût été détruire l'édifice de la paix d'Utrecht auquel on donnait la dernière main, outrager l'empereur, renverser l'équilibre de l'Europe. On n'a jamais écrit rien de plus absurde.

1. Il s'appelait Breüner.
2. *Alesia Mandubiorum*, Alise, aujourd'hui Sainte-Reine, gros bourg du département de la Côte-d'Or. (ÉD.)

qui donna Belgrade et Témesvar à l'empereur; mais les Vénitiens, pour qui on avait fait la guerre, furent abandonnés, et perdirent la Grèce sans retour.

La face des affaires ne changeait pas moins entre les princes chrétiens. L'intelligence et l'union de la France et de l'Espagne, qu'on avait tant redoutée, et qui avait alarmé tant d'États, fut rompue dès que Louis XIV eut les yeux fermés. Le duc d'Orléans, régent de France, quoique irréprochable sur les soins de la conservation de son pupille, se conduisit comme s'il eût dû lui succéder. Il s'unit étroitement avec l'Angleterre, réputée l'ennemie naturelle de la France, et rompit ouvertement avec la branche de Bourbon qui régnait à Madrid; et Philippe V, qui avait renoncé à la couronne de France par la paix, excita, ou plutôt prêta son nom pour exciter des séditions en France, qui devaient lui donner la régence d'un pays où il ne pouvait régner. Ainsi, après la mort de Louis XIV, toutes les vues, toutes les négociations, toute la politique, changèrent dans sa famille et chez tous les princes.

Le cardinal Albéroni, premier ministre d'Espagne, se mit en tête de bouleverser l'Europe, et fut sur le point d'en venir à bout. Il avait en peu d'années rétabli les finances et les forces de la monarchie espagnole; il forma le projet d'y réunir la Sardaigne qui était alors à l'empereur, et la Sicile dont les ducs de Savoie étaient en possession depuis la paix d'Utrecht. Il allait changer la constitution de l'Angleterre, pour l'empêcher de s'opposer à ses desseins; et, dans la même vue, il était prêt d'exciter en France une guerre civile. Il négociait à la fois avec la Porte ottomane, avec le czar Pierre le Grand, et avec Charles XII. Il était prêt d'engager les Turcs à renouveler la guerre contre l'empereur; et Charles XII, réuni avec le czar, devait mener lui-même le prétendant en Angleterre, et le rétablir sur le trône de ses pères.

Le cardinal, en même temps, soulevait la Bretagne en France, et déjà il faisait filer secrètement dans le royaume quelques troupes déguisées en faux-sauniers, conduites par un nommé Colineri, qui devait se joindre aux révoltés. La conspiration de la duchesse du Maine, du cardinal de Polignac, et de tant d'autres, était prête d'éclater; le dessein était d'enlever, si l'on pouvait, le duc d'Orléans, de lui ôter la régence, et de la donner au roi d'Espagne Philippe V. Ainsi, le cardinal Albéroni, autrefois curé de village auprès de Parme, allait être à la fois premier ministre d'Espagne et de France, et donnait à l'Europe entière une face nouvelle.

La fortune fit évanouir tous ces vastes projets; une simple courtisane découvrit à Paris la conspiration, qui devint inutile dès qu'elle fut connue. Cette affaire mérite un détail qui fera voir comment les plus faibles ressorts font souvent les grandes destinées.

Le prince de Cellamare, ambassadeur d'Espagne à Paris, conduisait toute cette intrigue. Il avait avec lui le jeune abbé de Porto-Carrero, qui faisait son apprentissage de politique et de plaisir. Une femme publique, nommée Fillon, auparavant fille de joie du plus bas étage, devenue une entremetteuse distinguée, fournissait des filles à ce jeune homme. Elle avait longtemps servi l'abbé Dubois, alors secrétaire d'État pour les affaires étrangères, depuis cardinal et premier ministre. Il employa la Fillon dans son nouveau département. Celle-ci fit agir une fille fort adroite, qui vola des papiers importants avec quelques billets de banque dans les poches de l'abbé Carrero, au moment de ces distractions où personne ne pense à ses poches. Les billets de banque lui demeurèrent, les lettres furent portées au duc d'Orléans; elles donnèrent assez de lumières pour faire connaître la conspiration, mais non assez pour en découvrir tout le plan.

L'abbé Porto-Carrero ayant vu ses papiers disparaître, et ne retrouvant plus la fille, partit sur-le-champ pour l'Espagne : on courut après lui; on l'arrêta près de Poitiers. Le plan de la conspiration fut trouvé dans sa valise avec les lettres du prince de Cellamare. Il s'agissait de faire révolter une partie du royaume et d'exciter une guerre civile; et, ce qui est très-remarquable, l'ambassadeur, qui ne parle que de mettre le feu aux poudres, et de faire jouer les mines, parle aussi de la *miséricorde divine* : et à qui en parlait-il? au cardinal Albéroni, homme aussi pénétré de la miséricorde divine que le cardinal Dubois son émule.

Albéroni, dans le même temps qu'il voulait bouleverser la France, voulait mettre le prétendant, fils du roi Jacques, sur le trône d'Angleterre par les mains de Charles XII. Ce héros imprudent fut tué en Norvége[1], et Albéroni ne fut point découragé. Une partie des projets de ce cardinal commençait déjà à s'effectuer, tant il avait préparé de ressorts. La flotte qu'il avait armée descendit en Sardaigne dès l'année 1717, et la réduisit en peu de jours sous l'obéissance de l'Espagne : bientôt après elle s'empara de presque toute la Sicile en 1718.

Mais Albéroni n'ayant pu réussir ni à empêcher les Turcs de consommer leur paix avec l'empereur Charles VI, ni à susciter des guerres civiles en France et en Angleterre, vit à la fois l'empereur, le régent de France, et le roi Georges Ier, réunis contre lui.

Le régent de France fit la guerre à l'Espagne de concert avec les Anglais, de sorte que la première guerre entreprise sous Louis XV fut contre son oncle, que Louis XIV avait établi au prix de tant de sang; c'était en effet une guerre civile, que le jeune roi de France fit sans le savoir.

Le roi d'Espagne avait eu soin de faire peindre les trois fleurs de lis sur tous les drapeaux de son armée. Le même maréchal de Berwick, qui lui avait gagné des batailles pour affermir son trône, commandait l'armée française. Le duc de Liria, son fils, était officier général dans l'armée espagnole (1719). Le père exhorta le fils, par une lettre pathétique, à bien faire son devoir contre lui-même. L'abbé Dubois, depuis cardinal, enfant de la fortune comme Albéroni, et aussi singulier que lui par son caractère, dirigea toute cette entreprise. Lamotte-Houdart, de l'Académie française, composa le manifeste, qui ne fut signé de personne.

Une flotte anglaise battit celle d'Espagne auprès de Messine; et alors,

1. Le 11 décembre 1718. (ED.)

tous les projets du cardinal Albéroni étant déconcertés, ce ministre, regardé six mois auparavant comme le plus grand homme d'État, ne passa plus alors que pour un téméraire et un brouillon. Le duc d'Orléans ne voulut donner la paix à Philippe V qu'à condition qu'il renverrait son ministre : il fut livré par le roi d'Espagne aux troupes françaises, qui le conduisirent sur les frontières d'Italie [1]. Ce même homme étant depuis légat à Bologne, et ne pouvant plus entreprendre de bouleverser des royaumes, occupa son loisir à tenter de détruire la république de Saint-Marin. (1720) Cependant il résulta de tous ces grands desseins qu'on s'accorda à donner la Sicile à l'empereur Charles VI, et la Sardaigne aux ducs de Savoie, qui l'ont toujours possédée depuis ce temps, et qui prennent le titre de rois de Sardaigne ; mais la maison d'Autriche a perdu depuis la Sicile.

Ces événements publics sont assez connus ; mais ce qui ne l'est pas, et qui est très-vrai, c'est que, quand le régent voulut mettre pour

1. C'est au même ministre que l'Espagne doit la conservation du tribunal de l'inquisition, et de cette foule de prérogatives tyranniques ou séditieuses qui, sous le nom d'immunités ecclésiastiques, ont changé en couvents et en déserts le pays de l'Europe le plus beau et le plus fertile, et ont rendu inutiles cette force d'âme et cette sagacité naturelle qui ont toujours formé le caractère et l'esprit de la nation espagnole.

Macanaz, fiscal du conseil de Castille, avait présenté un Mémoire à Philippe V sur la nécessité de diminuer les énormes abus de ces immunités ecclésiastiques. Le cardinal Giudice, grand inquisiteur et ambassadeur en France, ayant une copie de ce Mémoire qu'un ministre lui avait confiée, trahit son prince, et la remit à un inquisiteur. Le saint-office rendit un décret contre le Mémoire, et Giudice confirma ce décret par son approbation.

Cet excès d'insolence devait faire détruire l'inquisition et perdre Giudice. Qu'espérer pour un pays dans lequel un Mémoire présenté au souverain peut être condamné et flétri par un tribunal, où les avis qu'un citoyen, qu'un ministre croit devoir donner au prince, sont poursuivis comme un crime ?

Philippe V défendit la publication du décret. Alors les inquisiteurs déclarent que leur conscience ne leur permet point d'obéir. Giudice offre de se démettre de sa place de grand inquisiteur, ne pouvant, disait-il, concilier son respect pour le roi avec son devoir ; mais il s'arrangea pour faire refuser sa démission par le pape.

Albéroni venait de conclure le mariage de Philippe V avec la princesse de Parme ; il croit qu'il est de son intérêt de s'unir avec Giudice. Tous deux déterminent la nouvelle reine à chasser honteusement la princesse des Ursins. Orri, qui gouvernait sous elle, est renvoyé en France. Macanaz est forcé de s'enfuir, et le petit-fils de Henri IV soumet sa couronne au saint-office. Ce fut sous ces auspices qu'Albéroni entra dans le ministère.

Le jésuite Robinet, confesseur du roi, n'avait pas désapprouvé Macanaz ; il avait même dit à son pénitent que ce ministre n'avançait dans son Mémoire que des principes avoués en France, qu'on pouvait les adopter sans blesser la conscience ; il perdit sa place, et on vit disgracier un jésuite pour n'avoir pas été assez fanatique.

Dauhenton, plus digne d'être l'instrument d'Albéroni, fut appelé pour diriger la conscience de Philippe V.

Le cardinal Giudice se crut maître de l'Espagne ; mais Albéroni, qui avait apprécié son ambition et son incapacité, brisa bientôt un appui devenu inutile, et Giudice alla intriguer à Rome contre le roi d'Espagne, de qui il tenait sa fortune.

C'est ainsi que l'Espagne conserva l'inquisition, et les abus ecclésiastiques que l'établissement d'une nouvelle race de souverains semblait devoir anéantir ; et cette révolution, qui devait rendre ce royaume une des premières puissances de l'Europe, fut arrêtée par les intrigues de deux prêtres. (*Ed. de Kehl.*)

condition de la paix qu'il marierait sa fille, Mademoiselle de Montpensier, au prince des Asturies, don Louis, et qu'on donnerait l'infante
d'Espagne [1] au roi de France, il ne put y parvenir qu'en gagnant le
jésuite Daubenton, confesseur de Philippe V. Ce jésuite détermina le
roi à ce double mariage; mais ce fut à condition que le duc d'Orléans,
qui s'était déclaré contre les jésuites, en deviendrait le protecteur, et
qu'il ferait enregistrer la constitution. Il le promit, et tint parole. Ce
sont là souvent les secrets ressorts des grands changements dans l'État
et dans l'Église. L'abbé Dubois, désigné archevêque de Cambrai, conduisit seul cette affaire, et ce fut ce qui lui valut le cardinalat. Il fit
enregistrer la bulle purement et simplement, comme on l'a déjà dit,
par le grand conseil, ou plutôt malgré le grand conseil, par les princes
du sang, les ducs et pairs, les maréchaux de France, les conseillers
d'État, et les maîtres des requêtes, et surtout par le chancelier d'Aguesseau lui-même, qui avait été si longtemps contraire à cette acceptation.
D'Aguesseau, par cette faiblesse, se déshonorait aux yeux des citoyens,
mais non pas des politiques. L'abbé Dubois obtint même une rétrac-
tation du cardinal de Noailles. Le régent de France, dans cette intrigue, se trouva lié quelque temps par les mêmes intérêts avec le jésuite
Daubenton.

Philippe V commençait à être attaqué d'une mélancolie qui, jointe
à sa dévotion, le portait à renoncer aux embarras du trône, et à le
résigner à son fils aîné don Louis; projet qu'en effet il exécuta depuis
en 1724. Il confia ce secret à Daubenton. Ce jésuite trembla de perdre
tout son crédit quand son pénitent ne serait plus le maître, et d'être
réduit à le suivre dans une solitude. Il révéla au duc d'Orléans la confession de Philippe V, ne doutant pas que ce prince ne fît tout son
possible pour empêcher le roi d'Espagne d'abdiquer. Le régent avait
des vues contraires : il eût été content que son gendre fût roi, et qu'un
jésuite qui avait tant gêné son goût dans l'affaire de la constitution ne
fût plus en état de lui prescrire des conditions. Il envoya la lettre de
Daubenton au roi d'Espagne. Ce monarque montra froidement la lettre
à son confesseur, qui tomba évanoui, et mourut peu de temps après [2].

---

1. Marie-Anne-Victoire, née en 1718. (ÉD.)
2. Ce fait se trouve attesté dans l'histoire civile d'Espagne, écrite par Bel-
lando, imprimée avec la permission du roi d'Espagne lui-même; elle doit être
dans la Bibliothèque des cordeliers à Paris. On peut la lire à la page 306 de la
IVe partie. J'en ai la copie entre les mains. Cette perfidie de Daubenton, plus
commune qu'on ne croit, est connue de plus d'un grand d'Espagne qui l'atteste.
— Victor-Amédée fut le premier prince de l'Europe qui ait renoncé aux confesseurs jésuites, et ôté à ces pères les collèges de ses États. Voici à quelle occasion. Un jésuite qu'il avait pour confesseur étant tombé malade, Victor allait
souvent le voir; peu de jours avant de mourir, le confesseur le pria d'approcher
de lui : « Comblé de vos bontés, lui dit-il, je ne puis vous marquer ma reconnaissance qu'en vous donnant un dernier conseil, mais si important, que peut-
être il suffit pour m'acquitter envers vous. N'ayez jamais de confesseur jésuite.
Ne me demandez point les motifs de ce conseil, il ne me serait pas permis de
vous le dire. » Victor le crut, et depuis ce temps, il ne voulut plus confier aux
jésuites ni sa conscience ni l'éducation de ses sujets. Nous tenons ce fait d'un
homme aussi véridique qu'éclairé, qui l'a entendu de la bouche même de Victor-Amédée. (Ed de Kehl.)

CHAP. II. — *Suite du tableau de l'Europe. Régence du duc d'Orléans.*
Système de Law ou Lass.

Ce qui étonna le plus toutes les cours de l'Europe, ce fut de voir
quelque temps après, en 1724 et 1725, Philippe V et Charles VI, autrefois si acharnés l'un contre l'autre, maintenant étroitement unis, et les
affaires sorties de leur route naturelle au point que le ministère de
Madrid gouverna une année entière la cour de Vienne. Cette cour, qui
n'avait jamais eu d'autre intention que de fermer à la maison française
d'Espagne tout accès dans l'Italie, se laissa entraîner loin de ses propres sentiments, jusqu'à recevoir un fils de Philippe V et d'Élisabeth
de Parme, sa seconde femme, dans cette même Italie, dont on voulait
exclure tout Français et tout Espagnol. L'empereur donna à ce fils
puîné de son concurrent l'investiture de Parme et de Plaisance, et du
grand-duché de Toscane : quoique la succession de ces États ne fût
point ouverte, don Carlos y fut introduit avec six mille Espagnols; et il
n'en coûta à l'Espagne que deux cent mille pistoles données à Vienne.
Cette faute du conseil de l'empereur ne fut pas au rang des fautes
heureuses; elle lui coûta plus cher dans la suite. Tout était étrange
dans cet accord : c'étaient deux maisons ennemies qui s'unissaient sans
se fier l'une à l'autre; c'étaient les Anglais qui, ayant tout fait pour
détrôner Philippe V, et lui ayant arraché Minorque et Gibraltar,
étaient les médiateurs de ce traité; c'était un Hollandais, Ripperda,
devenu duc, et tout-puissant en Espagne, qui le signait, qui fut disgracié après l'avoir signé, et qui alla mourir ensuite dans le royaume
de Maroc, où il tenta d'établir une religion nouvelle.
Cependant en France la régence du duc d'Orléans, que ses ennemis
secrets et le bouleversement général des finances devaient rendre la
plus orageuse des régences, avait été la plus paisible et la plus for-
tunée. L'habitude que les Français avaient prise d'obéir sous Louis XIV
fit la sûreté du régent et la tranquillité publique. La conspiration, dirigée de loin par le cardinal Albéroni, et mal tramée en France, fut
dissipée aussitôt que formée. Le parlement, qui, dans la minorité de
Louis XIV, avait fait la guerre civile pour douze charges de maîtres
des requêtes, et qui avait cassé les testaments de Louis XIII et de
Louis XIV avec moins de formalités que celui d'un particulier, eut à
peine la liberté de faire des remontrances lorsqu'on eut augmenté
la valeur numéraire des espèces trois fois au delà du prix ordinaire.
Sa marche à pied de la grand'chambre au Louvre ne lui attira
que les railleries du peuple. L'édit le plus injuste qu'on ait jamais
rendu, celui de défendre à tous les habitants d'un royaume d'avoir chez
soi plus de cinq cents francs d'argent comptant, n'excita pas le moindre
mouvement. La disette entière des espèces dans le public; tout un
peuple en foule se pressant pour aller recevoir à un bureau quelque
monnaie nécessaire à la vie, en échange d'un papier décrié dont la
France était inondée; plusieurs citoyens écrasés dans cette foule, et
leurs cadavres portés par le peuple au Palais-Royal, ne produisirent pas
une apparence de sédition. Enfin ce fameux système de Lass, qui sem-

blait devoir ruiner la régence et l'État, soutint en effet l'une et l'autre par des conséquences que personne n'avait prévues.

La cupidité qu'il réveilla dans toutes les conditions, depuis le plus bas peuple jusqu'aux magistrats, aux évêques et aux princes, détourna tous les esprits de toute attention au bien public, et de toute vue politique et ambitieuse, en les remplissant de la crainte de perdre et de l'avidité de gagner. C'était un jeu nouveau et prodigieux, où tous les citoyens pariaient les uns contre les autres. Des joueurs acharnés ne quittent point leurs cartes pour troubler le gouvernement. Il arriva, par un prestige dont les ressorts ne purent être visibles qu'aux yeux les plus exercés et les plus fins, qu'un système tout chimérique enfanta un commerce réel, et fit renaître la compagnie des Indes, établie autrefois par le célèbre Colbert, et ruinée par les guerres. Enfin, s'il y eut beaucoup de fortunes particulières détruites, la nation devint bientôt plus commerçante et plus riche. Ce système éclaira les esprits, comme les guerres civiles aiguisent les courages.

Ce fut une maladie épidémique qui se répandit de France en Hollande et en Angleterre; elle mérite l'attention de la postérité; car ce n'était point l'intérêt politique de deux ou trois princes qui bouleversait des nations. Les peuples se précipitèrent d'eux-mêmes dans cette folie, qui enrichit quelques familles, et qui en réduisit tant d'autres à la mendicité. Voici quelle fut l'origine de cette démence, précédée et suivie de tant d'autres folies.

Un Écossais, nommé Jean Law, que nous nommons Jean Lass [1], qui n'avait d'autre métier que d'être grand joueur et grand calculateur, obligé de fuir de la Grande-Bretagne pour un meurtre, avait dès longtemps rédigé le plan d'une compagnie qui payerait en billets les dettes d'un État, et qui se rembourserait par les profits. Ce système était très-compliqué; mais, réduit à ses justes bornes, il pouvait être très-utile. C'était une imitation de la banque d'Angleterre et de sa compagnie des Indes. Il proposa cet établissement au duc de Savoie, depuis premier roi de Sardaigne, Victor-Amédée, qui répondit qu'il n'était pas assez puissant pour se ruiner. Il le vint proposer au contrôleur général Desmarets; mais c'était dans le temps d'une guerre malheureuse, où toute confiance était perdue, et la base de ce système était la confiance.

Enfin, il trouva tout favorable sous la régence du duc d'Orléans : deux milliards de dettes à éteindre, une paix qui laissait du loisir au gouvernement, un prince et un peuple amoureux des nouveautés.

Il établit d'abord une banque en son propre nom, en 1716. Elle devint bientôt un bureau général des recettes du royaume. On y joignit une compagnie du Mississipi, compagnie dont on faisait espérer de grands avantages. Le public, séduit par l'appât du gain, s'empressa d'acheter avec fureur les actions de cette compagnie et de cette banque réunies. Les richesses, auparavant resserrées par la défiance, circulè-

1. Dans les Mémoires infidèles de la régence on le dit le fils d'un orfévre. On appelle en anglais orfévre, *goldsmith*, un dépositaire d'argent, espèce d'agent de change.

—ent avec profusion. Les billets doublaient, quadruplaient ces richesses La France fut très-riche en effet par le crédit. Toutes les professions connurent le luxe, et il passa chez les voisins de la France, qui eurent part à ce commerce.

La banque fut déclarée banque du roi en 1718. Elle se chargea du commerce du Sénégal. Elle acquit le privilége de l'ancienne compagnie des Indes, fondée par le célèbre Colbert, tombée depuis en décadence, et qui avait abandonné son commerce aux négociants de Saint-Malo. Enfin, elle se chargea des fermes générales du royaume. Tout fut donc entre les mains de l'Écossais Lass, et toutes les finances du royaume dépendirent d'une compagnie de commerce.

Cette compagnie paraissant être établie sur de si vastes fondements, ses actions augmentèrent vingt fois au delà de leur première valeur. Le duc d'Orléans fit sans doute une grande faute d'abandonner le public à lui-même. Il était aisé au gouvernement de mettre un frein à cette frénésie; mais l'avidité des courtisans et l'espérance de profiter de ce désordre empêchèrent de l'arrêter. Les variations fréquentes dans le prix de ces effets produisirent à des hommes inconnus des biens immenses : plusieurs, en moins de six mois, devinrent beaucoup plus riches que beaucoup de princes. Lass, séduit lui-même par son système, et ivre de l'ivresse publique et de la sienne, avait fabriqué tant de billets, que la valeur chimérique des actions valait, en 1719, quatre-vingts fois tout l'argent qui pouvait circuler dans le royaume. Le gouvernement remboursa en papier tous les rentiers de l'État.

Le régent ne pouvait plus gouverner une machine si immense, si compliquée, et dont le mouvement rapide l'entraînait malgré lui. Les anciens financiers et les gros banquiers réunis épuisèrent la banque royale, en tirant sur elle des sommes considérables. Chacun chercha à convertir ses billets en espèces; mais la disproportion était énorme. Le crédit tomba tout d'un coup : le régent voulut le ranimer par des arrêts qui l'anéantirent. On ne vit plus que du papier; une misère réelle commençait à succéder à tant de richesses fictives. Ce fut alors qu'on donna la place de contrôleur général des finances à Lass, précisément dans le temps qu'il était impossible qu'il la remplît; c'était en 1720, époque de la subversion de toutes les fortunes des particuliers et des finances du royaume. On le vit, en peu de temps, d'Écossais devenir Français, par la naturalisation [1]; de protestant, catholique; d'aventurier, seigneur des plus belles terres; et de banquier, ministre d'État. Je l'ai vu arriver dans les salles du Palais-Royal, suivi de ducs et pairs, de maréchaux de France, et d'évêques. Le désordre était au comble. Le parlement de Paris s'opposa, autant qu'il le put, à ces innovations, et il fut exilé à Pontoise. Enfin, dans la même année, Lass, chargé de l'exécration publique, fut obligé de fuir du pays qu'il avait voulu enrichir et qu'il avait bouleversé. Il partit dans une chaise de poste que

---

1. Les lettres de naturalisation ne furent pas enregistrées. L'Académie des sciences l'avait choisi, en 1719, pour un de ses honoraires; mais son élection fut déclarée nulle en 1721, à cause de ce défaut d'enregistrement, et le cardinal de Fleury élu à sa place. (*Ed. de Kehl.*)

lui prêta le duc de Bourbon-Condé, n'emportant avec lui que deux mille louis, presque le seul reste de son opulence passagère.

Les libelles de ce temps-là accusent le régent de s'être emparé de tout l'argent du royaume pour les vues de son ambition, et il est certain qu'il est mort endetté de sept millions exigibles. On accusait Lass d'avoir fait passer pour son profit les espèces de la France dans les pays étrangers. Il a vécu quelque temps à Londres des libéralités du marquis de Lassey, et est mort à Venise, en 1729, dans un état à peine au-dessus de l'indigence. J'ai vu sa veuve à Bruxelles, aussi humiliée qu'elle avait été fière et triomphante à Paris. De telles révolutions ne sont pas les objets les moins utiles de l'histoire.

Pendant ce temps la peste désolait la Provence. On avait la guerre avec l'Espagne. La Bretagne était prête à se soulever. Il s'était formé des conspirations contre le régent; et cependant il vint à bout presque sans peine de tout ce qu'il voulut au dehors et au dedans. Le royaume était dans une confusion qui faisait tout craindre, et cependant ce fut le règne des plaisirs et du luxe.

Il fallut, après la ruine du système de Lass, réformer l'État; on fit un recensement de toutes les fortunes des citoyens, ce qui était une entreprise non moins extraordinaire que le système : ce fut l'opération de finance et de justice la plus grande et la plus difficile qu'on ait jamais faite chez aucun peuple. On la commença vers la fin de 1721. Elle fut imaginée, rédigée et conduite par quatre frères[1], qui jusque-là n'avaient point eu de part principale aux affaires publiques, et qui, par leur génie et par leurs travaux, méritèrent qu'on leur confiât la fortune de l'État. Ils établirent assez de bureaux de maîtres de requêtes et d'autres juges; ils formèrent un ordre assez sûr et assez net pour que le chaos fût débrouillé; cinq cent onze mille et neuf citoyens, la plupart pères de famille, portèrent leur fortune en papier à ce tribunal. Toutes ces dettes innombrables furent liquidées à près de seize cent trente et un millions numéraires effectifs en argent, dont l'État fut chargé. C'est ainsi que finit ce jeu prodigieux de la fortune, qu'un étranger inconnu avait fait jouer à toute une nation[2].

Après la destruction de ce vaste édifice de Lass, si hardiment conçu, et qui écrasa son architecte, il resta pourtant de ses débris une compagnie des Indes, qu'on crut quelque temps à Paris la rivale de celles de Londres et d'Amsterdam.

---

1. Les frères Pâris. — L'aîné se nommait Antoine; le second La Montagne; le troisième est connu sous le nom de Pâris Duverney; le quatrième était appelé Pâris de Montmartel. (ED.)

2. L'historien de la régence et celui du duc d'Orléans parlent de cette grande affaire avec aussi peu de connaissance que de toutes les autres : ils disent que le contrôleur général, M. de La Houssaie, était chambellan du duc d'Orléans : ils prennent un écrivain obscur, nommé La Jonchère, pour La Jonchère le trésorier des guerres. Ce sont des livres de Hollande. Vous trouverez dans une continuation de l'Histoire universelle de Bénigne Bossuet, imprimée en 1738, chez L'Honoré, à Amsterdam, que le duc de Bourbon-Condé, premier ministre après le duc d'Orléans, « fit bâtir le château de Chantilly de fond en comble du produit des actions; » vous y verrez que Lass avait vingt millions sur la banque d'Angleterre : autant de lignes, autant de mensonges.

La fureur du jeu des actions, qui avait saisi les Français, anima aussi les Hollandais et les Anglais. Ceux qui avaient observé en France les ressorts par lesquels tant de particuliers avaient élevé des fortunes si rapides et si immenses sur la crédulité et sur la misère publiques, portèrent dans Amsterdan, dans Rotterdam, dans Londres, le même artifice et la même folie. On parle encore avec étonnement de ces temps de démence et de ce fléau politique; mais qu'il est peu considérable en comparaison des guerres civiles et de celles de religion qui ont si longtemps ensanglanté l'Europe, et des guerres de peuple à peuple, ou plutôt de prince à prince, qui dévastent tant de contrées! Il se trouva dans Londres et dans Rotterdam des charlatans qui firent des dupes. On créa des compagnies et des commerces imaginaires. Amsterdam fut bientôt désabusé. Rotterdam fut ruiné pour quelque temps. Londres fut bouleversé pendant l'année 1720. Il résulta de cette manie en France et en Angleterre un nombre prodigieux de banqueroutes, de fraudes, de vols publics et particuliers, et toute la dépravation de mœurs que produit une cupidité effrénée.

CHAP. III. — *De l'abbé Dubois, archevéque de Cambrai, cardinal premier ministre. — Mort du duc d'Orléans, régent de France.*

Il ne faut pas passer sous silence le ministère du cardinal Dubois. C'était le fils d'un apothicaire de Brive-la-Gaillarde dans le fond du Limousin. Il avait commencé par être instituteur du duc d'Orléans, et ensuite, en servant son élève dans ses plaisirs, il en acquit la confiance : un peu d'esprit, beaucoup de débauche, de la souplesse, et surtout le goût de son maître pour la singularité, firent sa prodigieuse fortune : si ce cardinal premier ministre avait été un homme grave, cette fortune aurait excité l'indignation, mais elle ne fut qu'un ridicule. Le duc d'Orléans se jouait de son premier ministre, et ressemblait à ce pape [1] qui fit son porte-singe cardinal. Tout se tournait en gaieté et en plaisanterie dans la régence du duc d'Orléans : c'était le même esprit que du temps de la Fronde, à la guerre civile près; ce caractère de la nation, le régent l'avait fait renaître après la sévère tristesse des dernières années de Louis XIV.

Le cardinal Dubois, archevêque de Cambrai, mourut d'un ulcère dans l'urètre, suite de ses débauches. Il trouva un expédient pour n'être pas fatigué dans ses derniers moments par les pratiques de la religion catholique, dont jamais ministre ne fit moins de cas que lui. Il prétexta qu'il y avait pour les cardinaux un cérémonial particulier, et qu'un cardinal ne recevait pas l'extrême-onction et le viatique comme un autre homme. Le curé de Versailles alla aux informations, et pendant ce temps Dubois mourut, le 10 auguste 1723. Nous rîmes de sa mort [2] comme de son ministère : tel était le goût des Français, accoutumés à rire de tout.

1. Jules III. (ÉD.)
2. Le régent, en 1722, avait fait le cardinal Dubois premier ministre. Où le compilateur des *Mémoires de Maintenon* a-t-il pris que Louis XIV, ayant donné

Le duc d'Orléans prit alors le titre de premier ministre, parce que le roi étant majeur, il n'y avait plus de régence; mais il suivit bientôt son cardinal. C'était un prince à qui on ne pouvait reprocher que son goût ardent pour les plaisirs et pour les nouveautés.

De toute la race de Henri IV, Philippe d'Orléans fut celui qui lui ressembla le plus; il en avait la valeur, la bonté, l'indulgence, la gaieté, la facilité, la franchise, avec un esprit plus cultivé. Sa physionomie, incomparablement plus gracieuse, était cependant celle de Henri IV. Il se plaisait quelquefois à mettre une fraise, et alors c'était Henri IV embelli.

Il avait alors un singulier projet, dont sa mort subite sauva la France. C'était de rappeler Lass, réfugié et oublié dans Venise, et de faire revivre son système, dont il comptait rectifier les abus, et augmenter les avantages. Rien ne put jamais le détacher de l'idée d'une banque générale, chargée de payer toutes les dettes de l'État. L'exemple de Venise, de la Hollande, de l'Angleterre, lui faisait illusion. Son secrétaire Melon, esprit systématique, très-éclairé, mais chimérique, lui avait inspiré ce dessein, et l'y confirmait de jour en jour. Il oubliait la différence établie par la nature entre le génie des Français et des peuples qu'on voulait imiter; combien de temps il faut pour faire réussir de tels établissements; que la nation était alors plus révoltée contre le système de Lass qu'elle n'en avait été d'abord enivrée; et que Lass, revenant une seconde fois bouleverser la France avec des billets, trouverait des ennemis plus en garde, plus acharnés, et plus puissants, qu'il n'en avait eu à combattre dans ses premiers prestiges.

La contemplation continuelle de cette grande entreprise qui séduisait le duc d'Orléans, et celle des orages qu'il allait exciter, allumèrent son sang. Les plaisirs de la table et de l'amour dérangèrent sa santé davantage. Il fut averti par une légère attaque d'apoplexie qu'il négligea, et qui lui en attira une seconde, le 2 décembre 1723, à Versailles. Il mourut au moment qu'il en fut frappé.

Son fils, le duc de Chartres, d'un caractère faible et bizarre, plus fait pour une cellule à Sainte-Geneviève, où il a fini ses jours, que pour gouverner un État, ne demanda pas la place de son père. Le duc de Bourbon, arrière petit-fils du grand Condé, la demanda sur-le-champ au jeune roi majeur. Le roi était avec Fleury, ancien évêque de Fréjus, son précepteur. Il consulta par un regard ce vieillard ambitieux et circonspect, qui n'osa pas s'opposer par un signe de tête à la demande du prince.

La patente de premier ministre était déjà dressée par le secrétaire d'État La Vrillière, et le duc de Bourbon fut le maître du royaume en deux minutes.

un petit bénéfice, en 1692, à cet abbé Dubois, alors obscur, avait dit de lui : « Il ne s'attache point aux femmes qu'il aime; s'il boit, il ne s'enivre pas; et s'il joue, il ne perd jamais! » Voilà de singulières raisons pour donner un bénéfice. Peut-on faire parler ainsi Louis XIV? et ce monarque jetait-il la vue sur l'abbé Dubois? D'ailleurs l'abbé Dubois n'était ni joueur ni buveur

Le sort des princes de Condé a toujours été d'être opprimés par des prêtres. Le premier prince de Condé, Louis, oncle de Henri IV, fut toute sa vie persécuté par les prêtres de Rome et de la France, et assassiné sur le champ de bataille immédiatement après la perte de la journée de Jarnac.

Le second, Henri, cousin germain de Henri IV, plus poursuivi encore par les prêtres de la ligue, empoisonné dans Saint-Jean d'Angéli.

Le troisième, Henri II, mis en prison sous le gouvernement du Florentin Concini, et depuis toujours tourmenté par le cardinal de Richelieu, quoiqu'il eût marié son fils à la nièce de ce cardinal.

Le quatrième, qui est le grand Condé, enfermé à Vincennes et au Havre, poursuivi hors du royaume par le cardinal Mazarin.

Enfin, celui dont nous parlons, et que nous appelons Monsieur le Duc, supplanté, chassé de la cour, et exilé par Fleury, évêque de Fréjus, qui fut cardinal bientôt après.

Voici comment se fit cette révolution qui étonna la France, et qui n'était après tout qu'un changment de ministre, ordinaire dans toutes les cours.

Monsieur le Duc abandonna d'abord tout le département de l'Église, et le soin de poursuivre les calvinistes et les jansénistes, à l'évêque de Fréjus, se réservant l'administration de tout le reste. Ce partage produisit quelques difficultés entre eux. Le prince était gouverné par un des frères Pâris, nommé Duverney, qui avait eu la principale part à l'ouvrage inouï de la liquidation des biens de tous les citoyens, après le renversement des chimères de Lass. Une autre personne gouvernait plus gaiement le prince ministre : c'était la fille du traitant Pléneuf, mariée au marquis de Prie, jeune femme brillante, légère, d'un esprit vif et agréable. Pour Fleury, âgé alors de soixante et treize ans, il n'était gouverné par personne, et il avait sur le roi, son élève, un ascendant suprême, fruit de l'autorité d'un précepteur sur son disciple, et de l'habitude.

Pâris Duverney, étroitement lié avec cette marquise de Prie, résolu avec elle de mettre le roi entièrement dans la dépendance du prince, et de chasser le précepteur. Nous avons déjà vu que le duc d'Orléans, régent de France, pour finir sa guerre contre le roi d'Espagne, Philippe V, avait marié l'infante, fille de ce monarque et de la princesse de Parme, âgée alors de cinq ans et demi, au roi de France qui en avait quinze. Il fallait attendre environ dix ans au moins la naissance incertaine d'un dauphin. Mme de Prie et Duverney prirent ce prétexte pour renvoyer l'infante à son père, et pour faire un véritable mariage du roi de France avec une sœur du duc de Bourbon, très-belle et très-capable de donner des enfants, élevée à Fontevrault sous le nom de princesse de Vermandois.

On commença par renvoyer la femme de cinq ans avant de s'assurer d'une plus mûre. On la fit partir pour l'Espagne, sans pressentir son père et sa mère, sans adoucir la dureté d'une telle démarche par la plus légère excuse. On chargea seulement l'abbé de Livri-Sanguin, fils d'un premier maître d'hôtel du roi, ministre alors en Portugal, de passer en Espagne pour en instruire le roi et la reine, pendant que leur enfant était en chemin, reconduite à petites journées. Cet oubli de toute bienséance n'était l'effet d'aucune querelle entre les cours de France et d'Espagne. Il semblait qu'une telle démarche ne pouvait être imputée qu'au caractère de Duverney, qui, ayant été garçon cabaretier dans son enfance, chez sa mère en Dauphiné, soldat aux gardes dans sa jeunesse, et plongé depuis dans la finance, retint toute sa vie un peu de la dureté de ces trois professions. La marquise de Prie ne songea jamais aux conséquences, et Monsieur le Duc n'était pas politique.

L'infante, qui fut ainsi reconduite, fut depuis reine en Portugal. Elle donna à Joseph Ier les enfants qu'on ne voulut pas qu'elle donnât à Louis XV, et n'en fut pas plus heureuse.

Quelques mois après son renvoi, Mme de Prie courut en poste à Fontevrault essayer si la princesse de Vermandois lui convenait, et si on pouvait s'assurer de gouverner le roi de France par elle. La princesse, encore plus fière que la marquise n'était légère et inconsidérée, la reçut avec une hauteur dédaigneuse, et lui fit sentir qu'elle était indignée que son frère lui dépêchât une telle ambassadrice. Cette seule entrevue la priva de la couronne. On la laissa faire la fière dans son couvent : elle mourut abbesse de Beaumont-lez-Tours, trois ans après [1].

Il y avait dans Paris une Mme Texier, maîtresse d'un ancien militaire, nommé Vauchon, veuve d'un caissier qui avait appartenu à Pléneuf, père de Mme de Prie. Elle était retenue pour toujours dans son lit par une maladie affreuse qui lui avait rongé la moitié du visage. Vauchon lui parla de Stanislas Leczinski, fait roi de Pologne par Charles XII, dépossédé par Pierre le Grand, et réfugié à Veissembourg, frontière de l'Alsace, y vivant d'une pension modique que le ministère de France lui payait très-mal. Il avait une fille élevée dès son berceau dans le malheur, dans la modestie, et dans les vertus qui rendaient ses infortunes plus intéressantes. La dame Texier pria la marquise de la venir voir; elle lui parla de cette princesse, pour laquelle on avait proposé des partis un peu au-dessous d'un roi de France [2]. Mme de Prie partit deux jours après pour Veissembourg, vit cette infortunée princesse polonaise, trouva qu'on ne lui en avait pas assez dit, et la fit reine.

Dans le conseil privé qu'on assembla pour décider de cette alliance,

1. Henriette-Louise-Marie-Françoise-Gabrielle, connue sous le nom de Mlle de Vermandois, sœur de Mlles de Charolais et de Clermont était née le 15 janvier 1703; elle devint abbesse de Beaumont-lez-Tours en 1728, et n'est morte que le 19 septembre 1772. (Ed.)
2. Entre autres le dernier maréchal d'Estrées, du nom de Letellier. Le mariage manqua, parce qu'on ne voulut pas faire duc et pair le comte d'Estrées en consideration de cette alliance. La princesse, devenue reine, le traita toujours avec distinction, et comme un homme qui, dans son infortune, s'était occupé du soin de l'adoucir. (Ed. de Kehl.) — M. Beuchot pense que cette note pourrait être de Voltaire lui-même. (Ed.)

l'évêque de Fréjus dit simplement qu'il ne s'était jamais mêlé de mariage. Il laissa conclure l'affaire sans la recommander, et sans s'y opposer. La nouvelle reine fut aussi reconnaissante envers Monsieur le Duc, que le roi et la reine d'Espagne furent indignés du renvoi, ou plutôt de l'expulsion de l'infante.

Quelque temps après, les murmures de Versailles et de Paris ayant éclaté, la défiance entre Monsieur le Duc et le précepteur étant augmentée, la cour ayant formé deux partis, les esprits commençant à s'aigrir, l'évêque déclare enfin au prince ministre que le seul moyen d'en prévenir les suites était de renvoyer de la cour Mme de Prie, qui était dame du palais de la reine. La marquise, de son côté, résolut, selon les règles de la guerre de cour, de faire partir le précepteur.

Une des mortifications du premier ministre était que lorsqu'il travaillait avec le roi aux affaires d'État, Fleury y assistait toujours, et que lorsque Fleury faisait signer au roi des ordres pour l'Église, le prince n'y était point admis. On engagea un jour le roi à venir tenir son petit conseil sur des objets de peu d'importance dans la chambre de la reine, et quand l'évêque de Fréjus voulut entrer, la porte lui fut fermée. Fleury, incertain si le roi n'était pas du complot, prit incontinent le parti de se retirer au village d'Issy, entre Paris et Versailles, dans une petite maison de campagne appartenante à un séminaire : c'était là son refuge quand il était mécontent ou qu'il feignait de l'être.

Le parti du premier ministre paraît triompher pendant quelques heures; mais ce fut une seconde *journée des dupes*, semblable à cette journée si connue, dans laquelle le cardinal de Richelieu, chassé par Marie de Médicis et par ses autres ennemis, les chassa tous à son tour.

Le jeune Louis XV, accoutumé à son précepteur, aimait en lui un vieillard qui, n'ayant rien demandé jusque-là pour sa famille inconnue à la cour, n'avait d'autre intérêt que celui de son pupille. Fleury lui plaisait par la douceur de son caractère, par les agréments de son esprit naturel et facile. Il n'y avait pas jusqu'à sa physionomie douce et imposante, et jusqu'au son de sa voix, qui n'eût subjugué le roi. Monsieur le Duc, ayant reçu de la nature des qualités contraires, inspirait au roi une secrète répugnance.

Le monarque, qui n'avait jamais marqué de volonté; qui avait vu avec indifférence son gouverneur, le maréchal de Villeroi, exilé par le duc d'Orléans, régent; qui ayant reçu pour femme un enfant de six ans, sans en être surpris, l'avait vue partir comme un oiseau qu'on change de cage; qui avait épousé la fille de Stanislas Leczinski, sans faire attention à elle ni à son père; ce prince enfin à qui tout paraissait égal, fut réellement affligé de la retraite de l'évêque de Fréjus. Il le redemanda vivement, non pas comme un enfant qui se dépite quand on change sa nourrice, mais comme un souverain qui commence à sentir qu'il est le maître. Il fit des reproches à la reine, qui ne répondit qu'avec des larmes. Monsieur le Duc fut obligé d'écrire lui-même à l'évêque, et de le prier au nom du roi de revenir.

Ce petit démêlé domestique fut incontinent le sujet de tous les dis-

cours chez tous les courtisans, chez tout ce qui habitait Versailles.
remarquai qu'il fit plus d'impression sur les esprits que n'en fire
depuis toutes les nouvelles d'une guerre funeste à la France et
l'Europe. On s'agitait, on s'interrogeait, on parlait avec égarement
avec défiance. Les uns désiraient une grande révolution, les autres
craignaient; tout était en alarmes.

Il y avait ce jour-là spectacle à la cour : on jouait *Britannicus.*
roi et la reine arrivèrent une heure plus tard qu'à l'ordinaire. Tout
monde s'aperçut que la reine avait pleuré; et je me souviens que lo
que Narcisse prononça ce vers :

> Que tardez-vous, seigneur, à la répudier?

presque toute la salle tourna les yeux sur la reine pour l'observer av
une curiosité plus indiscrète que maligne.

Le lendemain Fleury revint. Il affecta de ne se point plaindre; ε
sans paraître demander ni satisfaction ni vengeance, il se conter
d'abord d'être en secret le maître des affaires. Enfin, le 11 juin 172
le roi ayant invité Monsieur le Duc à venir coucher à la maison
plaisance de Rambouillet, et étant parti, disait-il, pour l'attendre,
duc de Charost, capitaine des gardes, vint arrêter ce prince dans s
appartement; il le mit entre les mains d'un exempt, qui le condui
à Chantilly, séjour de ses pères, et son exil.

La dissimulation de l'évêque dans cette exécution n'était pas extra
dinaire; celle du roi parut l'être; mais le précepteur avait inspiré
son élève une partie de son caractère; et d'ailleurs on avait dit depu
si longtemps : *Qui ne sait dissimuler ne sait pas régner,* que
proverbe royal, inventé pour les grandes occasions, était toujours a
pliqué aux petites.

Pâris Duverney, dès ce moment, ne fut plus le maître de l'État.
roi déclara dans un conseil extraordinaire que c'était lui qui dev
l'être, et que tous les ministres iraient travailler chez l'évêque
Fréjus, c'est-à-dire que Fleury allait régner; les frères Pâris fure
exilés, et bientôt Duverney fut mis à la Bastille.

C'est ce même Duverney que nous avons vu depuis jouir d'une ass
grande fortune, et de beaucoup de considération. Il fut l'inventeur
le vrai fondateur de l'École militaire. Pour Mme de Prie, elle fut e
voyée au fond de la Normandie, où elle mourut bientôt dans les co
vulsions du désespoir.

Il manquait à Fleury d'être cardinal. C'est une qualité, étrangère
l'Église et à l'État, que tout ecclésiastique romain, à portée de l'obt
nir, poursuit avec fureur, que les papes font longtemps espérer po
avoir des créatures, et que les rois honorent chez eux par une a
cienne coutume qui tient lieu de raison et même de politique.

Monsieur le Duc avait secrètement empêché par le cardinal de Po
gnac, ambassadeur à Rome, et par l'abbé de Rothelin, qu'on n'envoy
cette barrette tant désirée : elle arriva bientôt; Fleury la reçut avec
même simplicité apparente qu'il avait reçu la place de premier mini
tre, et qu'il dirigea toutes les actions de sa vie, sans jamais laiss

entrevoir sur son visage ni les sourcils de la fierté ni les grimaces de l'hypocrisie.

S'il y a jamais eu quelqu'un d'heureux sur la terre, c'était sans doute le cardinal de Fleury. On le regarda comme un homme des plus aimables, et de la société la plus délicieuse jusqu'à l'âge de soixante et treize ans; et lorsqu'à cet âge, où tant de vieillards se retirent du monde, il eut pris en main le gouvernement, il fut regardé comme un des plus sages. Depuis 1726 jusqu'à 1742 tout lui prospéra. Il conserva jusqu'à près de quatre-vingt-dix ans une tête saine, libre, et capable d'affaires.

Quand on songe que de mille contemporains il y en a très-rarement un seul qui parvienne à cet âge, on est obligé d'avouer que le cardinal de Fleury eut une destinée unique. Si sa grandeur fut singulière, en ce que, ayant commencé si tard, elle dura si longtemps sans aucun nuage, sa modération et la douceur de ses mœurs ne le furent pas moins. On sait quelles étaient les richesses et la magnificence du cardinal d'Amboise, qui aspirait à la tiare, et l'hypocrisie arrogante de Ximénès, qui levait des armées à ses dépens, et qui, vêtu en moine, disait qu'avec son cordon il conduisait les grands d'Espagne : on connaît le faste royal de Richelieu, les richesses prodigieuses accumulées par Mazarin. Il restait au cardinal de Fleury la distinction de la modestie; il fut simple et économe en tout, sans jamais se démentir. L'élévation manquait à son caractère. Ce défaut tenait à des vertus qui sont la douceur, l'égalité, l'amour de l'ordre et de la paix : il prouva que les esprits doux et conciliants sont faits pour gouverner les autres.

Il s'était démis le plus tôt qu'il avait pu de son évêché de Fréjus, après l'avoir libéré de dettes par son économie, et y avoir fait beaucoup de bien par son esprit de conciliation : c'étaient là les deux parties dominantes de son caractère. La raison qu'il allégua à ses diocésains était l'état de sa santé qui *le mettait désormais dans l'impuissance de veiller à son troupeau*; mais heureusement il n'avait jamais été malade.

Cet évêché de Fréjus, loin de la cour, dans un pays peu agréable, lui avait toujours déplu. Il disait que, dès qu'il avait vu sa femme, il avait été dégoûté de son mariage; et il signa dans une lettre de plaisanterie au cardinal Quirini : *Fleury, évêque de Fréjus par l'indignation divine.*

Il se démit vers le commencement de 1715. Le maréchal de Villeroi, après beaucoup de sollicitations, obtint de Louis XIV qu'il nommât l'évêque de Fréjus précepteur par son codicille. Cependant voici comme le nouveau précepteur s'en explique dans une lettre au cardinal Quirini :

« J'ai regretté plus d'une fois la solitude de Fréjus. En arrivant, j'ai appris que le roi était à l'extrémité, et qu'il m'avait fait l'honneur de me nommer précepteur de son petit-fils; s'il avait été en état de m'entendre, je l'aurais supplié de me décharger d'un fardeau qui me fait trembler; mais après sa mort, on n'a pas voulu m'écouter : j'en ai été malade, et je ne me console point de la perte de ma liberté. »

Il s'en consola en jetant sourdement les fondements de sa grandeur, e cherchant point à se faire valoir, ne se plaignant de personne, ne s'attirant jamais de refus, n'entrant dans aucune intrigue; mais il s'instruisait en secret de l'administration intérieure du royaume, et de la politique étrangère. Il fit désirer à la France, par la circonspection de sa conduite, par la séduction aimable de son esprit, qu'on le vît à la tête des affaires. Ce fut le second précepteur qui gouverna la France : il ne prit point le titre de premier ministre, et se contenta d'être absolu. Son administration fut moins contestée et moins enviée que celle de Richelieu et de Mazarin, dans les temps les plus heureux de leurs ministères. Sa place ne changea rien dans ses mœurs. On fut étonné que le premier ministre fût le plus aimable et le plus désintéressé des courtisans. Le bien de l'État s'accorda longtemps avec sa modération. On avait besoin de cette paix qu'il aimait, et tous les ministres étrangers crurent qu'elle ne serait jamais rompue pendant sa vie. Il haïssait tout système, parce que son esprit était heureusement borné, ne comprenant absolument rien à une affaire de finances, exigeant seulement des sous-ministres la plus sévère économie; incapable d'être commis d'un bureau, et capable de gouverner l'État[1].

Il laissa tranquillement la France réparer ses pertes, et s'enrichir par un commerce immense, sans faire aucune innovation, traitant l'État comme un corps puissant et robuste qui se rétablit de lui-même.

Les affaires politiques rentrèrent insensiblement dans leur ordre naturel. Heureusement pour l'Europe le premier ministre d'Angleterre, Robert Walpole, était d'un caractère aussi pacifique; et ces deux hommes continuèrent à maintenir presque toute l'Europe dans ce repos qu'elle goûta depuis la paix d'Utrecht jusqu'en 1733; repos qui n'avait été troublé qu'une fois par les guerres passagères de 1718 et de 1726. Ce fut un temps heureux pour toutes les nations, qui, cultivant à l'envi le commerce et les arts, oublièrent toutes leurs calamités passées.

En ces temps-là se formaient deux puissances dont l'Europe n'avait point entendu parler avant ce siècle. La première était la Russie, que le czar Pierre le Grand avait tirée de la barbarie. Cette puissance ne consistait avant lui que dans des déserts immenses et dans un peuple sans lois, sans discipline, sans connaissances, tel que de tout temps ont été les Tartares. Il était si étranger à la France, et si peu connu, que, lorsqu'en 1668 Louis XIV avait reçu une ambassade moscovite, on célébra par une médaille cet événement, comme l'ambassade des Siamois.

Cet empire nouveau commença à influer sur toutes les affaires, et à donner des lois au Nord après avoir abattu la Suède. La seconde puissance établie à force d'art, et sur des fondements moins vastes, était la Prusse. Ses forces se préparaient et ne se déployaient pas encore.

1. Dans quelques livres étrangers, on a confondu le cardinal de Fleury avec l'abbé Fleuri, auteur de l'*Histoire de l'Église* et des excellents discours qui sont si au-dessus de son Histoire. Cet abbé Fleuri fut confesseur de Louis XV : mais il vécut à la cour inconnu; il avait une modestie vraie, et l'autre Fleury avait la modestie d'un ambitieux habile.

La maison d'Autriche était restée à peu près dans l'état où la paix d'Utrecht l'avait mise. L'Angleterre conservait sa puissance sur mer, et la Hollande perdait insensiblement la sienne. Ce petit État, puissant par le peu d'industrie des autres nations, tombait en décadence, parce que ses voisins faisaient eux-mêmes le commerce dont il avait été le maître. La Suède languissait; le Danemark était florissant; l'Espagne et le Portugal subsistaient par l'Amérique; l'Italie, toujours faible, était divisée en autant d'États qu'au commencement du siècle, si on excepte Mantoue, devenue patrimoine autrichien.

La Savoie donna alors un grand spectacle au monde et une grande leçon aux souverains. Le roi de Sardaigne, duc de Savoie, ce Victor-Amédée, tantôt allié, tantôt ennemi de la France et de l'Autriche, et dont l'incertitude avait passé pour politique, lassé des affaires et de lui-même, abdiqua par un caprice, en 1730, à l'âge de soixante-quatre ans, la couronne qu'il avait portée le premier de sa famille, et se repentit par un autre caprice un an après. La société de sa maîtresse devenue sa femme, la dévotion et le repos, ne purent satisfaire une âme occupée pendant cinquante ans des affaires de l'Europe. Il fit voir quelle est la faiblesse humaine, et combien il est difficile de remplir son cœur sur le trône et hors du trône. Quatre souverains, dans ce siècle, renoncèrent à la couronne, Christine, Casimir, Philippe V, et Victor-Amédée. Philippe V ne reprit le gouvernement que malgré lui; Casimir n'y pensa jamais; Christine en fut tentée quelque temps par un dégoût qu'elle eut à Rome; Amédée seul voulut remonter par la force sur le trône que son inquiétude lui avait fait quitter. La suite de cette tentative est connue[1]. Son fils, Charles-Emmanuel, aurait acquis une gloire au-dessus des couronnes, en remettant à son père celle qu'il tenait de lui, si ce père seul l'eût redemandée, et si la conjoncture des temps l'eût permis; mais c'était, dit-on, une maîtresse ambitieuse qui voulait régner, et tout le conseil a prétendu être forcé d'en prévenir les suites funestes, et de faire arrêter celui qui avait été son souverain. Il mourut depuis en prison, en 1732. Il est très-faux que la cour de France voulut envoyer vingt mille hommes pour défendre le père contre le fils, comme on l'a dit dans des mémoires de ce temps-là. Ni l'abdication de ce roi, ni sa tentative pour reprendre le sceptre, ni sa prison, ni sa mort, ne causèrent le moindre mouvement chez les nations voisines. Ce fut un terrible événement qui n'eut aucune suite. Tout ce qu'on peut dire, c'est qu'il est triste pour les princes chrétiens que Mahomet II ait rendu la couronne au sultan Amurat son père qui avait abdiqué, et qu'un duc de Savoie ait laissé mourir son père dans un cachot, au lieu de lui rendre sa couronne.

---

1. Ce dernier fait est douteux. Victor-Amédée avait placé lui-même dans le cabinet de son fils un aventurier, d'Ormea, qui se rendit bientôt maître des affaires. D'Ormea n'avait plus d'autre obstacle entre lui et le pouvoir absolu que l'influence conservée par Victor-Amédée. Il résolut de brouiller le père et le fils, et il y parvint en supposant un complot d'Amédée pour remonter sur le trône, complot qui ne fut jamais prouvé, et qui servit de prétexte pour arrêter le roi avec des circonstances odieuses, et l'enfermer à Montcarlier près de Turin. Il mourut dans ce château sans avoir revu son fils. (ED.)

Tout était paisible depuis la Russie jusqu'à l'Espagne, lorsque la mort d'Auguste II [1], roi de Pologne, électeur de Saxe, replongea l'Europe dans les dissensions et dans les malheurs dont elle est si rarement exempte.

CHAP. IV. — *Stanislas Leczinski, deux fois roi de Pologne, et deux fois dépossédé. Guerre de 1734. La Lorraine réunie à la France.*

Le roi Stanislas, beau-père de Louis XV, déjà nommé roi de Pologne en 1704, fut élu roi en 1733, de la manière la plus légitime et la plus solennelle. Mais l'empereur Charles VI fit procéder à une autre élection, appuyée par ses armes et par celles de la Russie. Le fils du dernier roi de Pologne, électeur de Saxe, qui avait épousé une nièce de Charles VI, l'emporta sur son concurrent. Ainsi la maison d'Autriche, qui n'avait pas eu le pouvoir de se conserver l'Espagne et les Indes occidentales, et qui en dernier lieu n'avait pu même établir une compagnie de commerce à Ostende, eut le crédit d'ôter la couronne de Pologne au beau-père de Louis XV. La France vit renouveler ce qui était arrivé au prince de Conti, qui, solennellement élu, mais n'ayant ni argent ni troupes, et plus recommandé que soutenu, perdit le royaume où il avait été appelé.

Le roi Stanislas alla à Dantzick soutenir son élection. Le grand nombre, qui l'avait choisi, céda bientôt au petit nombre qui lui était contraire. Ce pays, où le peuple est esclave, où la noblesse vend ses suffrages, où il n'y a jamais dans le trésor public de quoi entretenir les armées, où les lois sont sans vigueur, où la liberté ne produit que des divisions; ce pays, dis-je, se vantait en vain d'une noblesse belliqueuse, qui peut monter à cheval au nombre de cent mille hommes. Dix mille Russes firent d'abord disparaître tout ce qui était assemblé en faveur de Stanislas. La nation polonaise, qui, un siècle auparavant, regardait les Russes avec mépris, était alors intimidée et conduite par eux. L'empire de Russie était devenu formidable, depuis que Pierre le Grand l'avait formé. Dix mille esclaves russes disciplinés dispersèrent toute la noblesse de Pologne; et le roi Stanislas, renfermé dans la ville de Dantzick, y fut bientôt assiégé par une armée de Russes.

L'empereur d'Allemagne, uni avec la Russie, était sûr du succès. Il eût fallu, pour tenir la balance égale, que la France eût envoyé par mer une nombreuse armée; mais l'Angleterre n'aurait pas vu ces préparatifs immenses sans se déclarer. Le cardinal de Fleury, qui ménageait l'Angleterre, ne voulut ni avoir la honte d'abandonner entièrement le roi Stanislas, ni hasarder de grandes forces pour le secourir. Il fit partir une escadre avec quinze cents hommes, commandée par un brigadier. Cet officier ne crut pas que sa commission fût sérieuse: il jugea, quand il fut près de Dantzick, qu'il sacrifierait sans fruit ses soldats; et il alla relâcher en Danemark. Le comte de Plélo, ambassadeur de France auprès du roi de Danemark, vit avec indignation cette re-

1. C'est le prince que l'histoire et Voltaire lui-même appellent Auguste Ier. (ÉD.)

traite, qui lui paraissait humiliante. C'était un jeune homme qui joignait à l'étude des belles-lettres et de la philosophie des sentiments héroïques dignes d'une meilleure fortune. Il résolut de soutenir Dantzick contre une armée avec cette petite troupe, ou d'y périr. Il écrivit, avant de s'embarquer, une lettre à l'un des secrétaires d'État, laquelle finissait par ces mots : « Je suis sûr que je n'en reviendrai pas ; je vous recommande ma femme et mes enfants. » Il arriva à la rade de Dantzick, débarqua, et attaqua l'armée russe ; il y périt percé de coups, comme il l'avait prévu. Sa lettre arriva avec la nouvelle de sa mort. Dantzick fut pris ; l'ambassadeur de France auprès de la Pologne, qui était dans cette place, fut prisonnier de guerre, malgré les priviléges de son caractère. Le roi Stanislas vit sa tête mise à prix par le général des Russes, le comte de Munich, dans la ville de Dantzick, dans un pays libre, dans sa propre patrie, au milieu de la nation qui l'avait élu suivant toutes les lois. Il fut obligé de se déguiser en matelot, et n'échappa qu'à travers les plus grands dangers. Remarquons ici que ce comte maréchal de Munich, qui le poursuivait si cruellement, fut quelque temps après relégué en Sibérie, où il vécut vingt ans dans une effroyable misère, pour reparaître ensuite avec éclat dans Pétersbourg, les derniers jours de sa turbulente vie. Telle est la vicissitude des grandeurs.

A l'égard des quinze cents Français qu'on avait si imprudemment envoyés contre une armée entière de Russes, ils firent une capitulation honorable : mais un navire de Russie ayant été pris dans ce temps-là même par un vaisseau du roi de France, les quinze cents hommes furent retenus et transportés auprès de Pétersbourg : ils pouvaient s'attendre à être inhumainement traités dans un pays qu'on avait regardé comme barbare au commencement du siècle. L'impératrice Anne régnait alors ; elle traita les officiers comme des ambassadeurs, et fit donner aux soldats des rafraîchissements et des habits. Cette générosité inouïe jusqu'alors était en même temps l'effet du prodigieux changement que le czar Pierre avait fait dans la cour de Russie, et une espèce de vengeance noble que cette cour voulait prendre des idées désavantageuses sous lesquelles l'ancien préjugé des nations l'envisageait encore.

Le ministère de France eût entièrement perdu cette réputation nécessaire au maintien de sa grandeur, si elle n'eût tiré vengeance de l'outrage qu'on lui avait fait en Pologne ; mais cette vengeance n'était rien, si elle n'était pas utile. L'éloignement des lieux ne permettait pas qu'on se portât sur les Russes ; et la politique voulait que la vengeance tombât sur l'empereur. On l'exécuta efficacement en Allemagne et en Italie. La France s'unit avec l'Espagne et la Sardaigne. Ces trois puissances avaient leurs intérêts divers, qui tous concouraient au même but d'affaiblir l'Autriche.

Les ducs de Savoie avaient depuis longtemps accru petit à petit leurs États, tantôt en donnant des secours aux empereurs, tantôt en se déclarant contre eux. Le roi Charles-Emmanuel espérait le Milanais ; et il lui fut promis par les ministres de Versailles et de Madrid. Le roi d'Espagne Philippe V, ou plutôt la reine Élisabeth de Parme, son épouse, espérait pour ses enfants de plus grands établissements que Parme et Plaisance. Fleury n'envisageait alors pour la France que la propre gloire de son ministère, fondée sur un succès vraisemblable. Il entrevoyait seulement qu'à la faveur de ce succès il pourrait tirer quelques avantages solides, à la paix prochaine. Car c'est l'usage de toutes les puissances chrétiennes, depuis plus de deux cents ans, de se faire des guerres passagères qui les ruinent, pour obtenir ensuite quelque dédommagement par un traité que quelques subalternes arrangent au hasard.

Personne ne prévoyait alors que la Lorraine dût être le fruit de cette guerre : on est presque toujours mené par les événements, et rarement on les dirige. Jamais négociation ne fut plus promptement terminée que celle qui unissait ces trois monarques.

L'Angleterre et la Hollande, accoutumées depuis longtemps à se déclarer pour l'Autriche contre la France, l'abandonnèrent en cette occasion. Ce fut le fruit de cette réputation d'équité et de modération que la cour de France avait acquise. L'idée de ses vues pacifiques et dépouillées d'ambition enchaînait encore ses ennemis naturels, lors même qu'elle faisait la guerre; et rien ne fit plus d'honneur au ministère que d'être parvenu à faire comprendre à ces puissances que la France pouvait faire la guerre à l'empereur sans alarmer la liberté de l'Europe. Tous les potentats regardèrent donc tranquillement ses succès rapides. Une armée de Français fut maîtresse de la campagne sur le Rhin, et les troupes de France, d'Espagne, et de Savoie, jointes ensemble, furent les maîtresses de l'Italie. (1734) Le maréchal de Villars, déclaré généralissime des armées française, espagnole, et piémontaise, finit sa glorieuse carrière à quatre-vingt-deux ans, après avoir pris Milan. Le maréchal de Coigny, son successeur, gagna deux batailles [1], tandis que le duc de Montemar, général des Espagnols, remporta une victoire dans le royaume de Naples, à Bitonto, dont il eut le surnom. C'est une récompense que la cour d'Espagne donne souvent, à l'exemple des anciens Romains. Don Carlos, qui avait été reconnu prince héréditaire de Toscane, fut bientôt roi de Naples et de Sicile. Ainsi l'empereur Charles VI perdit presque toute l'Italie, pour avoir donné un roi à la Pologne : et un fils du roi d'Espagne eut en deux campagnes ces deux Siciles, prises et reprises tant de fois auparavant, et l'objet continuel de l'attention de la maison d'Autriche pendant plus de deux siècles.

Cette guerre d'Italie est la seule qui se soit terminée avec un succès solide pour les Français depuis Charlemagne. La raison en est qu'ils avaient pour eux le gardien des Alpes, devenu le plus puissant prince de ces contrées; qu'ils étaient secondés des meilleures troupes d'Espagne, et que les armées furent toujours dans l'abondance.

L'empereur fut alors trop heureux de recevoir des conditions de paix, que lui offrait la France victorieuse. Le cardinal de Fleury, ministre de France, qui avait eu la sagesse d'empêcher l'Angleterre et la Hol-

---

1. Celle de Parme, le 29 juin ; celle de Guastalla, le 19 septembre 1734. (ÉD.)

lande de prendre part à cette guerre, eut aussi celle de la terminer heureusement sans leur intervention.

Par cette paix, don Carlos fut reconnu roi de Naples et de Sicile. L'Europe était déjà accoutumée à voir donner et changer des États. On assigna à François, duc de Lorraine, gendre de l'empereur Charles VI, l'héritage des Médicis qu'on avait auparavant accordé à don Carlos; et le dernier grand-duc de Toscane[1], près de sa fin, demandait « si on ne lui donnerait pas un troisième héritier, et quel enfant l'empire et la France voulaient lui faire. » Ce n'est pas que le grand-duché de Toscane se regardât comme un fief de l'empire; mais l'empereur le regardait comme tel, aussi bien que Parme et Plaisance, revendiqués toujours par le saint-siége, et dont le dernier duc de Parme avait fait hommage au pape : tant les droits changent selon les temps! Par cette paix, ces duchés de Parme et Plaisance, que les droits du sang donnaient à don Carlos, fils de Philippe V et d'une princesse de Parme, furent cédés à l'empereur Charles VI en propriété.

Le roi de Sardaigne, duc de Savoie, qui avait compté sur le Milanais, auquel sa maison, toujours agrandie par degrés, avait depuis longtemps des prétentions, n'en obtint qu'une petite partie, comme le Novarrois, le Tortonois, les fiefs des Langhes. Il tirait ses droits sur le Milanais d'une fille de Philippe II, roi d'Espagne, dont il descendait. La France avait aussi ses anciennes prétentions, par Louis XII, héritier naturel de ce duché. Philippe V avait les siennes, par les inféodations renouvelées à quatre rois d'Espagne ses prédécesseurs; mais toutes ces prétentions cédèrent à la convenance et au bien public. L'empereur garda le Milanais; ce n'est pas un fief dont il doive toujours donner l'investiture : c'était originairement le royaume de Lombardie annexé à l'empire, devenu ensuite un fief sous les Visconti et sous les Sforce, et aujourd'hui c'est un État appartenant à l'empereur; État démembré à la vérité, mais qui, avec la Toscane et Mantoue, rend la maison impériale très-puissante en Italie.

Par ce traité, le roi Stanislas renonçait au royaume qu'il avait eu deux fois, et qu'on n'avait pu lui conserver; il gardait le titre de roi; il lui fallait un autre dédommagement, et ce dédommagement fut pour la France encore plus que pour lui. Le cardinal de Fleury se contenta d'abord du Barrois, que le duc de Lorraine devait donner au roi Stanislas, avec la réversion à la couronne de France; et la Lorraine ne devait être cédée que lorsque son duc serait en pleine possession de la Toscane. C'était faire dépendre cette cession de la Lorraine de beaucoup de hasards. C'était peu profiter des plus grands succès et des conjonctures les plus favorables. Le garde des sceaux, Chauvelin, encouragea le cardinal Fleury à se servir de ses avantages : il demanda la Lorraine aux mêmes conditions que le Barrois, et il l'obtint[2].

---

1. Jean Gaston, dernier grand-duc de la maison de Médicis, mort sans postérité en 1737. (*Note de M. Beuchot.*)
2. Quoique l'Angleterre ne fût pas intervenue dans le traité, cependant le cardinal de Fleury avait réglé avec l'ambassadeur d'Angleterre tous les points de la négociation; et ce fut par faiblesse qu'il consentit à demander la Lorraine sans

Il n'en coûta que quelque argent comptant, et une pension de trois millions cinq cent mille livres faite au duc François, jusqu'à ce que la Toscane lui fût échue.

Ainsi la Lorraine fut réunie à la couronne irrévocablement; réunion tant de fois inutilement tentée. Par là un roi polonais fut transplanté en Lorraine : cette province eut pour la dernière fois un souverain résidant chez elle, et il la rendit heureuse. La maison régnante des princes lorrains devint souveraine de la Toscane. Le second fils du roi d'Espagne fut transféré à Naples. On aurait pu renouveler la médaille de Trajan : REGNA ASSIGNATA, *les trônes donnés*.

Tout resta paisible entre les princes chrétiens, si on en excepte les querelles naissantes de l'Espagne et de l'Angleterre pour le commerce de l'Amérique. La cour de France continua d'être regardée comme l'arbitre de l'Europe.

L'empereur faisait la guerre aux Turcs sans consulter l'empire; cette guerre fut malheureuse : Louis XV le tira de ce précipice par sa médiation; et M. de Villeneuve, son ambassadeur à la Porte ottomane, alla en Hongrie conclure, en 1739, avec le grand-vizir, la paix dont l'empereur avait besoin.

Presque dans le même temps le nom seul de Louis XV pacifiait l'État de Gênes, menacé d'une guerre civile; il soumit et adoucit pour un temps les Corses qui avaient secoué le joug de Gênes. Le même ministère étendait ses soins sur Genève, et apaisait une guerre civile élevée dans ses murs.

Il interposait surtout ses bons offices entre l'Espagne et l'Angleterre, qui commençaient à se faire sur mer une guerre plus ruineuse que les droits qu'elles se disputaient n'étaient avantageux. On avait vu le même gouvernement, en 1735, employer sa médiation entre l'Espagne et le Portugal : aucun voisin n'avait à se plaindre de la France, et toutes les nations la regardaient comme leur médiatrice et leur mère commune. Cette gloire et cette félicité ne furent pas de longue durée.

CHAP. V. — *Mort de l'empereur Charles VI. La succession de la maison d'Autriche disputée par quatre puissances. La reine de Hongrie reconnue dans tous les États de son père. La Silésie prise par le roi de Prusse.*

L'empereur Charles VI mourut au mois d'octobre 1740, à l'âge de cinquante-cinq ans. Si la mort du roi de Pologne, Auguste II, avait causé de grands mouvements, celle de Charles VI, dernier prince de

en instruire le ministre anglais. Cette conduite diminua la confiance qu'on avait en lui; l'Angleterre et la Hollande regardaient cette cession éventuelle de la Lorraine comme un gage du consentement que la France donnerait aux dispositions de Charles VI et à l'élection de son gendre à l'empire. L'accomplissement de la cession de la Lorraine aurait été le prix de la modération de la France. Le cardinal l'avait senti; il voyait, par cette disposition, la paix plus assurée contre les intrigues des ambitieux qui voudraient allumer la guerre; et il ne pardonna point au garde des sceaux, Chauvelin, d'avoir abusé de sa faiblesse. (*Ed. de Kehl.*)

la maison d'Autriche, devait entraîner bien d'autres révolutions. L'héritage de cette maison sembla surtout devoir être déchiré; il s'agissait de la Hongrie et de la Bohême, royaumes longtemps électifs, que les princes autrichiens avaient rendus héréditaires; de la Souabe autrichienne, appelée *Autriche antérieure;* de la Haute et Basse-Autriche, conquises au XIIIᵉ siècle; de la Styrie, de la Carinthie, de la Carniole, de la Flandre, du Burgau, des quatre villes forestières, du Brisgaw, du Frioul, du Tyrol, du Milanais, du Mantouan, du duché de Parme : à l'égard de Naples et de Sicile, ces deux royaumes étaient entre les mains de don Carlos, fils du roi d'Espagne Philippe V.

Marie-Thérèse, fille aînée de Charles VI, se fondait sur le droit naturel qui l'appelait à l'héritage de son père, sur une pragmatique solennelle qui confirmait ce droit, et sur la garantie de presque toutes les puissances. Charles-Albert, électeur de Bavière, demandait la succession en vertu d'un testament de l'empereur Ferdinand Iᵉʳ, frère de Charles-Quint.

Auguste III [1], roi de Pologne, électeur de Saxe, alléguait des droits plus récents, ceux de sa femme même, fille aînée de l'empereur Joseph Iᵉʳ, frère aîné de Charles VI.

Le roi d'Espagne étendait ses prétentions sur tous les États de la maison d'Autriche, en remontant à la femme de Philippe II, fille de l'empereur Maximilien II. Philippe V descendait de cette princesse par les femmes. Louis XV aurait pu prétendre à cette succession à d'aussi justes titres que personne, puisqu'il descendait en droite ligne de la branche aînée masculine d'Autriche par la femme de Louis XIII, et par celle de Louis XIV; mais il lui convenait plus d'être arbitre et protecteur que concurrent : car il pouvait alors décider de cette succession et de l'empire, de concert avec la moitié de l'Europe; mais s'il y eût prétendu, il aurait eu l'Europe à combattre. Cette cause de tant de têtes couronnées fut plaidée dans tout le monde chrétien par des Mémoires publics; tous les princes, tous les particuliers y prenaient intérêt. On s'attendait à une guerre universelle; mais ce qui confondit la politique humaine, c'est que l'orage commença d'un côté où personne n'avait tourné les yeux.

Un nouveau royaume s'était élevé au commencement de ce siècle : l'empereur Léopold, usant du droit que se sont toujours attribué les empereurs d'Allemagne de créer des rois, avait érigé, en 1701, la Prusse ducale en royaume, en faveur de l'électeur de Brandebourg, Frédéric-Guillaume [2]. La Prusse n'était encore qu'un vaste désert; mais Frédéric-Guillaume II [3], son second roi, qui avait une politique différente de celle des princes de son temps, dépensa près de vingt-cinq millions de notre monnaie à faire défricher ces terres, à bâtir des vil-

---

1. Voltaire l'appelle tantôt Auguste III, tantôt Auguste II. (ÉD.)
2. Le premier roi de Prusse ne s'appelait que Frédéric. (ÉD.)
3. Ce titre est celui que donne à ce monarque l'*Art de vérifier les dates*; mais Frédéric-Guillaume, dit le Grand, père du premier roi de Prusse, n'ayant été qu'électeur, on donna le nom de Frédéric-Guillaume Iᵉʳ au second roi de Prusse : voy. t. XXIII, p. 28, la liste des électeurs de Brandebourg. (*Note de M. Beuchot*)

lages, et à les peupler : il y fit venir des familles de Souabe et de
Franconie, il y attira plus de seize mille émigrants de Saltzbourg,
leur fournissant à tous de quoi s'établir et de quoi travailler. En se
formant ainsi un nouvel État, il créait, par une économie singulière,
une puissance d'une autre espèce : il mettait tous les mois environ
quarante mille écus d'Allemagne en réserve, tantôt plus, tantôt moins,
ce qui lui composa un trésor immense en vingt-huit années de règne.
Ce qu'il ne mettait pas dans ses coffres lui servait à former une armée
d'environ soixante et dix mille hommes choisis, qu'il disciplina lui-
même d'une manière nouvelle, sans néanmoins s'en servir; mais son
fils Frédéric III fit usage de tout ce que le père avait préparé. Il prévit
la confusion générale, et ne perdit pas un moment pour en profiter.
Il prétendait en Silésie quatre duchés. Ses aïeux avaient renoncé à
toutes leurs prétentions par des transactions réitérées, parce qu'ils
étaient faibles : il se trouva puissant, et il les réclama.

Déjà la France, l'Espagne, la Bavière, la Saxe, se remuaient pour
faire un empereur. La Bavière pressait la France de lui procurer au
moins un partage de la succession autrichienne. L'électeur réclamait
tous ces héritages par ses écrits; mais il n'osait les demander tout
entiers par ses ministres. Cependant Marie-Thérèse, épouse du grand-
duc de Toscane, François de Lorraine, se mit d'abord en possession
de tous les domaines qu'avait laissés son père; elle reçut les hommages
des États d'Autriche, à Vienne, le 7 novembre 1740. Les provinces
d'Italie, la Bohême, lui firent leurs serments par leurs députés : elle
gagna surtout l'esprit des Hongrois en se soumettant à prêter l'ancien
serment du roi André II, fait l'an 1222 : « Si moi ou quelques-uns de
mes successeurs, en quelque temps que ce soit, veut enfreindre vos priviléges, qu'il vous soit permis, en vertu de cette promesse, à vous et à
vos descendants, de vous défendre, sans pouvoir être traités de rebelles.»

Plus les aïeux de l'archiduchesse reine avaient montré d'éloignement pour l'exécution de tels engagements, plus aussi la démarche
prudente dont je viens de parler rendit cette princesse extrêmement
chère aux Hongrois. Ce peuple, qui avait toujours voulu secouer le
joug de la maison d'Autriche, embrassa celui de Marie-Thérèse; et
après deux cents ans de séditions, de haines, et de guerres civiles, il
passa tout d'un coup à l'adoration. La reine ne fut couronnée à Presbourg que quelques mois après, le 24 juin 1741. Elle n'en fut pas
moins souveraine; elle l'était déjà de tous les cœurs par une affabilité
populaire que ses ancêtres avaient rarement exercée; elle bannit cette
étiquette et cette morgue qui peuvent rendre le trône odieux sans le
rendre plus respectable. L'archiduchesse sa tante, gouvernante des
Pays-Bas, n'avait jamais mangé avec personne. Marie-Thérèse admettait
à sa table toutes les dames et tous les officiers de distinction : les députés des États lui parlaient librement; jamais elle ne refusa d'audience, et jamais on n'en sortit mécontent d'elle.

Son premier soin fut d'assurer au grand-duc de Toscane, son
époux, le partage de toutes ses couronnes, sous le nom de *co-régent*,
sans perdre en rien sa souveraineté, et sans enfreindre la pragmatique

sanction : elle se flattait, dans ces premiers moments, que les dignités dont elle ornait ce prince lui préparaient la couronne impériale ; mais cette princesse n'avait point d'argent, et ses troupes très-diminuées étaient dispersées dans ses vastes États.

Le roi de Prusse lui fit proposer alors qu'elle lui cédât la Basse-Silésie, et lui offrit son crédit, ses secours, ses armes, avec cinq millions de nos livres, pour lui garantir tout le reste, et donner l'empire à son époux. Des ministres habiles prévirent que, si la reine de Hongrie refusait de telles offres, l'Allemagne serait bientôt bouleversée ; mais le sang de tant d'empereurs, qui coulait dans les veines de cette princesse, ne lui laissa pas seulement l'idée de démembrer son patrimoine ; elle était impuissante et intrépide. Le roi de Prusse, voyant qu'en effet cette puissance n'était alors qu'un grand nom, et que l'état où était l'Europe lui donnerait infailliblement des alliés, marcha en Silésie au milieu du mois de décembre 1740.

On voulut mettre sur ses drapeaux cette devise, *Pro Deo et patria* ; il raya *pro Deo*, disant qu'il ne fallait point ainsi mêler le nom de Dieu dans les querelles des hommes, et qu'il s'agissait d'une province et non de religion. Il fit porter devant son régiment des gardes l'aigle romaine éployée en relief au haut d'un bâton doré : cette nouveauté lui imposait la nécessité d'être invincible. Il harangua son armée pour ressembler en tout aux anciens Romains. Entrant ensuite en Silésie, il s'empara de presque toute cette province, dont on lui avait refusé une partie ; mais rien n'était encore décidé. Le général Neuperg vint avec environ vingt-quatre mille Autrichiens au secours de cette province déjà envahie ; il mit le roi de Prusse dans la nécessité de donner bataille à Molvitz, près de la rivière de Neiss [1]. On vit alors ce que valait l'infanterie prussienne : la cavalerie du roi, moins forte de près de moitié que l'autrichienne, fut entièrement rompue : la première ligne de son infanterie fut prise en flanc ; on crut la bataille perdue ; tout le bagage du roi fut pillé ; et ce prince, en danger d'être pris, fut entraîné loin du champ de bataille par tous ceux qui l'environnaient. La seconde ligne de l'infanterie rétablit tout, par cette discipline inébranlable à laquelle les soldats prussiens sont accoutumés, par ce feu continuel qu'ils font, en tirant cinq coups au moins par minute, et chargeant leurs fusils avec leurs baguettes de fer en un moment. La bataille fut gagnée ; et cet événement devint le signal d'un embrasement universel.

CHAP. VI. — *Le roi de France s'unit au roi de Prusse et de Pologne pour faire élire empereur l'électeur de Bavière, Charles-Albert. — Ce prince est déclaré lieutenant général du roi de France. — Son élection, ses succès, et ses pertes rapides.*

L'Europe crut que le roi de Prusse était déjà d'accord avec la France quand il prit la Silésie ; on se trompait : c'est ce qui arrive presque

---

1. Le 10 avril 1741. (ÉD.)

toujours lorsqu'on raisonne d'après ce qui n'est que vraisemblable. Le roi de Prusse hasardait beaucoup, comme il l'avoua lui-même; mais il prévit que la France ne manquerait pas une si belle occasion de le seconder. L'intérêt de la France semblait être alors de favoriser contre l'Autriche son ancien allié, l'électeur de Bavière, dont le père avait tout perdu autrefois pour elle, après la bataille d'Hochstedt. Ce même électeur de Bavière, Charles-Albert, avait été retenu prisonnier dans son enfance par les Autrichiens, qui lui avaient ravi jusqu'à son nom de Bavière. La France trouvait son avantage à le venger; il paraissait aisé de lui procurer à la fois l'empire et une partie de la succession autrichienne; par là on enlevait à la nouvelle maison d'Autriche-Lorraine cette supériorité que l'ancienne avait affectée sur tous les autres potentats de l'Europe : on anéantissait cette vieille rivalité entre les Bourbons et les Autrichiens; on faisait plus que Henri IV et le cardinal de Richelieu n'avaient pu espérer.

Frédéric III, en partant pour la Silésie, entrevit le premier cette révolution, dont aucun fondement n'était encore jeté : il est si vrai qu'il n'avait pris aucune mesure avec le cardinal de Fleury, que le marquis de Beauvau, envoyé par le roi de France à Berlin, pour complimenter le nouveau monarque, ne sut, quand il vit les premiers mouvements des troupes de Prusse, si elles étaient destinées contre la France ou contre l'Autriche. Le roi Frédéric lui dit en partant : « Je vais, je crois, jouer votre jeu : si les as me viennent, nous partagerons [1]. »

Ce fut là le seul commencement de la négociation encore éloignée. Le ministère de France hésita longtemps. Le cardinal de Fleury, âgé de quatre-vingt-cinq ans [2], ne voulait commettre ni sa réputation, ni sa vieillesse, ni la France, à une guerre nouvelle. La pragmatique sanction, signée et authentiquement garantie, le retenait.

Le comte, depuis maréchal duc de Belle-Isle, et son frère, petit-fils du fameux Fouquet, sans avoir ni l'un ni l'autre aucune influence dans les affaires, ni encore aucun accès auprès du roi, ni aucun pouvoir sur l'esprit du cardinal de Fleury, firent résoudre cette entreprise.

Le maréchal de Belle-Isle, sans avoir fait de grandes choses, avait une grande réputation. Il n'avait été ni ministre ni général, et passait pour l'homme le plus capable de conduire un État et une armée : mais une santé très-faible détruisait souvent en lui le fruit de tant de talents. Toujours en action, toujours plein de projets, son corps pliait sous les efforts de son âme : on aimait en lui la politesse d'un courtisan aimable, et la franchise apparente d'un soldat. Il persuadait sans s'exprimer avec éloquence, parce qu'il paraissait toujours persuadé.

Son frère, le chevalier de Belle-Isle, avait la même ambition, les mêmes vues, mais encore plus approfondies, parce qu'une santé plus

---

1. L'auteur était en ce temps-là auprès du roi de Prusse. Il peut assurer que le cardinal de Fleury ignorait absolument à quel prince il avait affaire.
2. Quatre-vingt-sept ans et demi. (ED.)

robuste lui permettait un travail plus infatigable. Son air plus sombre était moins engageant, mais il subjuguait lorsque son frère insinuait. Son éloquence ressemblait à son courage ; on y sentait, sous un air froid et profondément occupé, quelque chose de violent ; il était capable de tout imaginer, de tout arranger, et de tout faire.

Ces deux hommes, étroitement unis, plus encore par la conformité des idées que par le sang, entreprirent donc de changer la face de l'Europe.

Tout sembla d'abord favorable. Le maréchal de Belle-Isle fut envoyé à Francfort, au camp du roi de Prusse, et à Dresde, pour concerter ces vastes projets que le concours de tant de princes semblait rendre infaillibles. Il fut d'accord de tout avec le roi de Prusse et le roi de Pologne, électeur de Saxe. Il négociait dans toute l'Allemagne ; il était l'âme du parti qui devait procurer l'empire et des couronnes héréditaires à un prince qui pouvait peu par lui-même. La France donnait à la fois, à l'électeur de Bavière, de l'argent, des alliés, des suffrages et des armées. (31 juillet 1741) Le roi, en lui envoyant l'armée qu'il lui avait promise, créa, par lettres patentes [1], son lieutenant général celui qu'il allait faire empereur d'Allemagne.

L'électeur de Bavière, fort de tant de secours, entra facilement dans l'Autriche, tandis que la reine Marie-Thérèse résistait à peine au roi de Prusse. Il se rend d'abord maître de Passau, ville impériale qui appartient à son évêque, et qui sépare la Haute-Autriche de la Bavière. Il arrive à Lintz, capitale de cette Haute-Autriche. (15 auguste) Des partis poussent jusqu'à trois lieues de Vienne ; l'alarme s'y répand ; on s'y prépare à la hâte à soutenir un siége : on détruit un faubourg presque tout entier, et un palais qui touchait aux fortifications : on ne voit sur le Danube que des bateaux chargés d'effets précieux qu'on cherche à mettre en sûreté. L'électeur de Bavière fit même faire une sommation au comte de Kevenhuller, gouverneur de Vienne.

L'Angleterre et la Hollande étaient alors loin de tenir cette balance qu'elles avaient longtemps prétendu avoir dans leurs mains ; les États-Généraux restaient dans le silence à la vue d'une armée du maréchal de Maillebois, qui était en Vestphalie ; et cette même armée en imposait au roi d'Angleterre, qui craignait pour ses États de Hanovre, où il était pour lors. Il avait levé vingt-cinq mille hommes pour secourir Marie-Thérèse ; mais il fut obligé de l'abandonner à la tête de cette armée levée pour elle, et de signer un traité de neutralité.

Il n'y avait alors aucune puissance, ni dans l'empire, ni hors de l'empire, qui soutînt cette pragmatique sanction que tant d'États avaient garantie. Vienne, mal fortifiée par le côté menacé, pouvait à peine résister : ceux qui connaissaient le mieux l'Allemagne et les affaires publiques croyaient voir, avec la prise de Vienne, le chemin fermé aux Hongrois, tout le reste ouvert aux armées victorieuses, toutes les prétentions réglées, et la paix rendue à l'empire et à l'Europe

1. Ces lettres ne furent scellées que le 20 auguste 1741.

(11 septembre 1741) Plus la ruine de Marie-Thérèse paraissait inévitable, plus elle eut de courage ; elle était sortie de Vienne, et elle s'était jetée entre les bras des Hongrois, si sévèrement traités par son père et par ses aïeux. Ayant assemblé les quatre ordres de l'Etat à Presbourg, elle y parut, tenant entre ses bras son fils aîné, presque encore au berceau ; et leur parlant en latin, langue dans laquelle elle s'exprimait bien, elle leur dit à peu près ces propres paroles : « Abandonnée de mes amis, persécutée par mes ennemis, attaquée par mes plus proches parents, je n'ai de ressources que dans votre fidélité, dans votre courage et dans ma constance ; je mets en vos mains la fille et le fils de vos rois, qui attendent de vous leur salut. » Tous les palatins attendris et animés tirèrent leur sabre en s'écriant : *Moriamur pro rege nostro Maria-Theresia*, « mourons pour notre roi Marie-Thérèse. » Ils donnent toujours le titre de roi à leur reine. Jamais princesse, en effet, n'avait mieux mérité ce titre. Ils versaient des larmes en faisant serment de la défendre ; elle seule retint les siennes ; mais quand elle fut retirée avec ses filles d'honneur, elle laissa couler en abondance les pleurs que sa fermeté avait retenus. Elle était enceinte alors, et il n'y avait pas longtemps qu'elle avait écrit à la duchesse de Lorraine, sa belle-mère : « J'ignore encore s'il me restera une ville pour y faire mes couches. »

Dans cet état, elle excitait le zèle de ses Hongrois ; elle ranimait en sa faveur l'Angleterre et la Hollande, qui lui donnaient des secours d'argent : elle agissait dans l'empire, elle négociait avec le roi de Sardaigne, et ses provinces lui fournissaient des soldats.

Toute la nation anglaise s'anima en sa faveur. Ce peuple n'est pas de ceux qui attendent l'opinion de leur maître pour en avoir une. Des particuliers proposèrent de faire un don gratuit à cette princesse. La duchesse de Marlborough, veuve de celui qui avait combattu pour Charles VI, assembla les principales dames de Londres : elles s'engagèrent à fournir cent mille livres sterling, et la duchesse en déposa quarante mille. La reine de Hongrie eut la grandeur d'âme de ne pas recevoir cet argent qu'on avait la générosité de lui offrir ; elle ne voulut que celui qu'elle attendait de la nation assemblée en parlement.

On croyait que les armées de France et de Bavière victorieuses allaient assiéger Vienne. Il faut toujours faire ce que l'ennemi craint. C'était un de ces coups décisifs, une de ces occasions que la fortune présente une fois, et qu'on ne retrouve plus. L'électeur de Bavière avait osé concevoir l'espérance de prendre Vienne ; mais il ne s'était point préparé à ce siége ; il n'avait ni gros canons ni munitions. Le cardinal de Fleury n'avait point porté ses vues jusqu'à lui donner cette capitale : les partis mitoyens lui plaisaient : il aurait voulu diviser les dépouilles avant de les avoir, et il ne prétendait pas que l'empereur qu'il faisait eût toute la succession.

L'armée de France, aux ordres de l'électeur de Bavière, marcha donc vers Prague, aidée de vingt mille Saxons, au mois de novembre 1741. Le comte Maurice de Saxe, frère naturel du roi de Pologne, attaqua la ville. Ce général, qui avait la force du corps singulière du roi son père, avec la douceur de son esprit et la même valeur, possédait de plus grands talents pour la guerre. Sa réputation l'avait fait élire d'une commune voix duc de Courlande, le 28 juin 1726; mais la Russie, qui donnait des lois au Nord, lui avait enlevé ce que le suffrage de tout un peuple lui avait accordé : il s'en consolait dans le service des Français et dans les agréments de la société de cette nation, qui ne le connaissait pas encore assez.

Il fallait ou prendre Prague en peu de jours, ou abandonner l'entreprise. On manquait de vivres, on était dans une saison avancée; cette grande ville, quoique mal fortifiée, pouvait aisément soutenir les premières attaques. Le général Ogilvy, Irlandais de naissance, qui commandait dans la place, avait trois mille hommes de garnison; et le grand-duc marchait au secours avec une armée de trente mille hommes; il était déjà arrivé à cinq lieues de Prague le 25 novembre; mais la nuit même les Français et les Saxons donnèrent l'assaut.

Ils firent deux attaques avec un grand fracas d'artillerie, qui attira toute la garnison de leur côté : pendant ce temps le comte de Saxe, en silence, fait préparer une seule échelle vers les remparts de la ville neuve, à un endroit très-éloigné de l'attaque. M. de Chevert, alors lieutenant-colonel du régiment de Beauce, monte le premier. Le fils aîné du maréchal de Broglie le suit : on arrive au rempart, on ne trouve à quelques pas qu'une sentinelle; on monte en foule, et on se rend maître de la ville; toute la garnison met bas les armes. Ogilvy se rend prisonnier de guerre avec ses trois mille hommes. Le comte de Saxe préserva la ville du pillage, et ce qu'il y eut d'étrange, c'est que les conquérants et le peuple conquis furent pêle-mêle ensemble pendant trois jours : Français, Saxons, Bavarois, Bohémiens, étaient confondus, ne pouvant se reconnaître, sans qu'il y eût une goutte de sang répandu.

L'électeur de Bavière, qui venait d'arriver au camp, rendit compte au roi de ce succès, comme un général qui écrit à celui dont il commande les armées : il fit son entrée dans la capitale de la Bohême le jour même de sa prise, et s'y fit couronner au mois de décembre. Cependant le grand-duc, qui n'avait pu sauver cette capitale, et qui ne pouvait subsister dans les environs, se retira au sud-est de la province, et laissa à son frère, le prince Charles de Lorraine, le commandement de son armée.

Dans le même temps le roi de Prusse se rendait maître de la Moravie, province située entre la Bohême et la Silésie; ainsi Marie-Thérèse semblait accablée de tous côtés. Déjà son compétiteur avait été couronné archiduc d'Autriche à Lintz : il venait de prendre la couronne de Bohême à Prague, et de là il alla à Francfort recevoir celle d'empereur sous le nom de Charles VII.

Le maréchal de Belle-Isle, qui l'avait suivi de Prague à Francfort, semblait être plutôt un des premiers électeurs qu'un ambassadeur de France. Il avait ménagé toutes les voix, et dirigé toutes les négociations : il recevait les honneurs dus au représentant d'un roi qui donnait la couronne impériale. L'électeur de Mayence, qui préside à l'élection, lui donnait la main dans son palais, et l'ambassadeur ne donnait la main chez lui qu'aux seuls électeurs, et prenait le pas sur tous les autres princes. Ses pleins-pouvoirs furent remis en langue française : la chancellerie allemande, jusque-là, avait toujours exigé que de telles pièces fussent présentées en latin, comme étant la langue d'un gouvernement qui prend le titre d'empire romain. Charles-Albert fut élu le 4 janvier 1742 de la manière la plus tranquille et la plus so- lennelle : on l'aurait cru au comble de la gloire et du bonheur; mais la fortune changea, et il devint un des plus infortunés princes de la terre par son élévation même.

CHAP. VII. — *Désastres rapides qui suivent les succès de l'empereur Charles-Albert de Bavière.*

On commençait à sentir la faute qu'on avait faite de n'avoir pas assez de cavalerie. Le maréchal de Belle-Isle était malade à Francfort, et voulait à la fois conduire des négociations, et commander de loin une armée. La mésintelligence se glissait entre les puissances alliées; les Saxons se plaignaient beaucoup des Prussiens, et ceux-ci des Français, qui à leur tour les accusaient. Marie-Thérèse était soutenue de sa fer- meté, de l'argent de l'Angleterre, de celui de la Hollande et de Ve- nise, d'emprunts en Flandre; mais surtout de l'ardeur désespérée de ses troupes rassemblées enfin de toutes parts. L'armée française, sous des chefs peu accrédités, se détruisait par les fatigues, la maladie et la désertion : les recrues venaient difficilement. Il n'en était pas comme des armées de Gustave-Adolphe, qui, ayant commencé ses campagnes en Allemagne avec moins de dix mille hommes, se trouvait à la tête de trente mille, augmentant ses troupes dans le pays même à mesure qu'il y faisait des progrès. Chaque jour affaiblissait les Fran- çais vainqueurs, et fortifiait les Autrichiens. Le prince Charles de Lorraine, frère du grand-duc, était dans le milieu de la Bohême avec trente-cinq mille hommes : tous les habitants étaient pour lui; il commençait à faire avec succès une guerre défensive, en tenant con- tinuellement son ennemi en alarmes, en coupant ses convois, en le harcelant sans relâche de tous les côtés par des nuées de houssards, de croates, de pandours, et de talpaches. Les pandours sont des Scla- vons qui habitent le bord de la Drave et de la Save; ils ont un habit long : il portent plusieurs pistolets à la ceinture, un sabre et un poi- gnard. Les talpaches sont une infanterie hongroise armée d'un fusil, de deux pistolets, et d'un sabre. Les croates, appelés en France cra- vates, sont des miliciens de Croatie. Les houssards sont des cavaliers hongrois montés sur de petits chevaux légers et infatigables : ils déso- lent des troupes dispersées en trop de postes et peu pourvues de cava- lerie. Les troupes de France et de Bavière étaient partout dans ce cas. L'empereur Charles VII avait voulu conserver avec peu de monde une vaste étendue de terrain, qu'on ne croyait pas la reine de Hongrie en état de reprendre; mais tout fut repris, et la guerre fut enfin reportée du Danube au Rhin.

Le cardinal de Fleury, voyant tant d'espérances trompées, tant de désastres qui succédaient à de si heureux commencements, écrivit au général de Kœnigseck une lettre qu'il lui fit rendre par le maréchal de Belle-Isle même : il s'excusait, dans cette lettre, de la guerre entreprise, et il avouait qu'il avait été entraîné au delà de ses mesures. (11 juillet 1742) « Bien des gens savent, dit-il, combien j'ai été opposé aux résolutions que nous avons prises, et que j'ai été en quelque façon forcé d'y consentir. Votre Excellence est trop instruite de tout ce qui se passe, pour ne pas deviner celui qui mit tout en œuvre pour déterminer le roi à entrer dans une ligue qui était si contraire à mon goût et à mes principes. »

Pour toute réponse, la reine de Hongrie fit imprimer la lettre du cardinal de Fleury. Il est aisé de voir quels mauvais effets cette lettre devait produire : en premier lieu, elle rejetait évidemment tout le reproche de la guerre sur le général chargé de négocier avec le comte de Kœnigseck, et ce n'était pas rendre la négociation facile que de rendre sa personne odieuse; en second lieu, elle avouait de la faiblesse dans le ministère, et c'eût été bien mal connaître les hommes que de ne pas prévoir qu'on abuserait de cette faiblesse, que les alliés de la France se refroidiraient, et que ses ennemis s'enhardiraient. Le cardinal, voyant la lettre imprimée, en écrivit une seconde, dans laquelle il se plaint au général autrichien de ce qu'on a publié sa première lettre, et lui dit « qu'il ne lui écrira plus désormais ce qu'il pense. » Cette seconde lettre lui fit encore plus de tort que la première. Il les fit désavouer toutes deux dans quelques papiers publics; et ce désaveu, qui ne trompa personne, mit le comble à ses fausses démarches que les esprits les moins critiques excusèrent dans un homme de quatre-vingt-sept ans [1], fatigué des mauvais succès. Enfin, l'empereur bavarois fit proposer à Londres des projets de paix, et surtout des sécularisations d'évêchés en faveur d'Hanovre. Le ministère anglais ne croyait pas avoir besoin de l'empereur pour les obtenir. On insulta à ses offres en les rendant publiques, et l'empereur fut réduit à désavouer ses offres de paix, comme le cardinal de Fleury avait désavoué la guerre.

La querelle s'échauffa plus que jamais. La France d'un côté, l'Angleterre de l'autre, parties principales en effet sous le nom d'auxiliaires, s'efforcèrent de tenir la balance à main armée. La maison de Bourbon fut obligée, pour la seconde fois, de tenir tête à presque toute l'Europe.

Le cardinal de Fleury, trop âgé pour soutenir un si pesant fardeau, prodigua à regret les trésors de la France dans cette guerre entreprise malgré lui, et ne vit que des malheurs causés par des fautes. Il n'avait jamais cru avoir besoin d'une marine : ce qui restait à la France des forces maritimes fut absolument détruit par les Anglais, et les provinces de France furent exposées. L'empereur que la France avait fait fut chassé trois fois de ses propres États.

Les armées françaises furent détruites en Bavière et en Bohême,

---

1. Quatre-vingt-neuf. (ÉD.)

ans qu'il se donnât une seule grande bataille ; et le désastre fut au point qu'une retraite dont on avait besoin, et qui paraissait impraticable, fut regardée comme un bonheur signalé. (Décembre 1742) Le maréchal de Belle-Isle sauva le reste de l'armée française assiégée dans Prague, et ramena environ treize mille hommes de Prague à Egra par une route détournée de trente-huit lieues, au milieu des glaces, et à la vue des ennemis. Enfin la guerre fut reportée du fond de l'Autriche au Rhin.

(29 janvier 1743) Le cardinal de Fleury mourut au village d'Issy, au milieu de tous ces désastres, et laissa les affaires de la guerre, de la marine, de la finance, et de la politique, dans une crise qui altéra la gloire de son ministère, et non la tranquillité de son âme.

Louis XV prit dès lors la résolution de gouverner par lui-même, et de se mettre à la tête d'une armée. Il se trouvait dans la même situation où fut son bisaïeul dans une guerre nommée, comme celle-ci, la guerre de la succession.

Il avait à soutenir la France et l'Espagne contre les mêmes ennemis, c'est-à-dire contre l'Autriche, l'Angleterre, la Hollande, et la Savoie. Pour se faire une idée juste de l'embarras qu'éprouvait le roi, des périls où l'on était exposé, et des ressources qu'il eut, il faut voir comment l'Angleterre donnait le mouvement à toutes ces secousses de l'Europe.

CHAP. VIII. — *Conduite de l'Angleterre, de l'Espagne, du roi de Sardaigne, des puissances d'Italie. Bataille de Toulon.*

On sait qu'après l'heureux temps de la paix d'Utrecht, les Anglais, qui jouissaient de Minorque et de Gibraltar en Espagne, avaient encore obtenu de la cour de Madrid des priviléges que les Français ses défenseurs n'avaient pas. Les commerçants anglais allaient vendre aux colonies espagnoles les nègres qu'ils achetaient en Afrique pour être esclaves dans le Nouveau-Monde. Des hommes vendus par d'autres hommes moyennant trente-trois piastres par tête qu'on payait au gouvernement espagnol, étaient un objet de gain considérable ; car la compagnie anglaise, en fournissant quatre mille huit cents nègres, avait obtenu encore de vendre les huit cents sans payer de droits ; mais le plus grand avantage des Anglais, à l'exclusion des autres nations, était la permission dont cette compagnie jouit, dès 1716, d'envoyer un vaisseau à Porto-Bello.

Ce vaisseau, qui d'abord ne devait être que de cinq cents tonneaux, fut, en 1717, de huit cent cinquante par convention, mais en effet de mille par abus ; ce qui faisait deux millions pesant de marchandises. Ces mille tonneaux étaient encore le moindre objet de ce commerce de la compagnie anglaise ; une patache qui suivait toujours le vaisseau, sous prétexte de lui porter des vivres, allait et venait continuellement ; elle se chargeait dans les colonies anglaises des effets qu'elle apportait à ce vaisseau, lequel ne se désemplissant jamais, par cette manœuvre, tenait lieu d'une flotte entière. Souvent même d'autres navires venaient remplir le vaisseau de permission, et leurs barques allaient encore sur les côtes de l'Amérique porter des marchandises dont les peuples avaient besoin, mais qui faisaient tort au gouvernement espagnol, et même à toutes les nations intéressées au commerce qui se fait des ports d'Espagne au golfe du Mexique. Les gouverneurs espagnols traitèrent avec rigueur les marchands anglais, et la rigueur se pousse toujours trop loin.

Un patron de vaisseau, nommé Jenkins, vint, en 1739, se présenter à la chambre des communes. C'était un homme franc et simple, qui n'avait point fait de commerce illicite, mais dont le vaisseau avait été rencontré par un garde-côte espagnol dans un parage de l'Amérique où les Espagnols ne voulaient pas souffrir de navires anglais. Le capitaine espagnol avait saisi le vaisseau de Jenkins, mis l'équipage aux fers, fendu le nez et coupé les oreilles au patron. En cet état Jenkins se présenta au parlement : il raconta son aventure avec la naïveté de sa profession et de son caractère. « Messieurs, dit-il, quand on m'eut ainsi mutilé, on me menaça de la mort ; je l'attendis ; je recommandai mon âme à Dieu, et ma vengeance à ma patrie. » Ces paroles prononcées naturellement excitèrent un cri de pitié et d'indignation dans l'assemblée. Le peuple de Londres criait à la porte du parlement : *La mer libre ou la guerre.* On n'a peut-être jamais parlé avec plus de véritable éloquence qu'on parla sur ce sujet dans le parlement d'Angleterre : et je ne sais si les harangues méditées qu'on prononça autrefois dans Athènes et dans Rome, en des occasions à peu près semblables, l'emportent sur les discours non préparés du chevalier Windham, du lord Carteret, du ministre Robert Walpole, du comte de Chesterfield, de M. Pultney, depuis comte de Bath. Ces discours, qui sont l'effet naturel du gouvernement et de l'esprit anglais, étonnent quelquefois les étrangers, comme les productions d'un pays qui sont à vil prix sur leur terrain, sont recherchées précieusement ailleurs. Mais il faut lire avec précaution toutes ces harangues où l'esprit de parti domine. Le véritable état de la nation y est presque toujours déguisé. Le parti du ministère y peint le gouvernement florissant : la faction contraire assure que tout est en décadence : l'exagération règne partout. « Où est le temps, s'écriait alors un membre du parlement, où est le temps où un ministre de la guerre disait qu'il ne fallait pas qu'on osât tirer un coup de canon en Europe sans la permission de l'Angleterre ? »

Enfin le cri de la nation détermina le parlement et le roi. On déclara la guerre à l'Espagne dans les formes à la fin de l'année 1739.

La mer fut d'abord le théâtre de cette guerre, dans laquelle les corsaires des deux nations, pourvus de lettres patentes, allaient en Europe et en Amérique attaquer tous les vaisseaux marchands, et ruiner réciproquement le commerce pour lequel ils combattaient. On en vint bientôt à des hostilités plus grandes.

(Mars 1740) L'amiral Vernon pénétra dans le golfe du Mexique, y attaqua et prit la ville de Porto-Bello [1], l'entrepôt des trésors du Nou-

---

1. La prise de Porto-Bello, par Vernon, est du 1ᵉʳ décembre 1739. (ÉD.)

veau-Monde, la rasa et en fit un chemin ouvert, par lequel les Anglais
purent exercer à main armée le commerce autrefois clandestin qui
avait été le sujet de la rupture. Cette expédition fut regardée par les
Anglais comme un des pius grands services rendus à la nation. L'amiral fut remercié par les deux chambres du parlement : elles lui écrivirent ainsi qu'elles en avaient usé avec le duc de Marlborough après la
journée d'Hochstedt. Depuis ce temps, les actions de leur compagnie
du sud augmentèrent, malgré les dépenses immenses de la nation.
Les Anglais espérèrent alors de conquérir l'Amérique espagnole. Ils
crurent que rien ne résisterait à l'amiral Vernon; et lorsque, quelque
temps après, cet amiral alla mettre le siége devant Carthagène, ils se
hâtèrent d'en célébrer la prise : de sorte que, dans le temps même
que Vernon en levait le siége, ils firent frapper une médaille où l'on
voyait le port et les environs de Carthagène avec cette légende : *Il a
pris Carthagène;* le revers représentait l'amiral Vernon, et on y lisait
ces mots : *Au vengeur de sa patrie.* Il y a beaucoup d'exemples de ces
médailles prématurées qui tromperaient la postérité, si l'histoire, plus
fidèle et plus exacte, ne prévenait pas de telles erreurs.

La France, qui n'avait qu'une marine faible, ne se déclarait pas alors
ouvertement; mais le ministère de France secourait les Espagnols autant qu'il était en son pouvoir.

On était en ces termes entre les Espagnols et les Anglais, quand la
mort de l'empereur Charles VI mit le trouble dans l'Europe. On a vu
ce que produisit en Allemagne la querelle de l'Autriche et de la Bavière. L'Italie fut aussi bientôt désolée pour cette succession autrichienne. Le Milanais était réclamé par la maison d'Espagne. Parme et
Plaisance devaient revenir par le droit de naissance à un des fils de la
reine née princesse de Parme. Si Philippe V avait voulu avoir le Milanais pour lui, il eût trop alarmé l'Italie. Si l'on eût destiné Parme et
Plaisance à don Carlos, déjà maître de Naples et de Sicile, trop d'États
réunis sous un même souverain eussent encore alarmé les esprits. Don
Philippe, puîné de don Carlos, fut le premier auquel on destina le Milanais et le Parmesan. La reine de Hongrie, maîtresse du Milanais,
faisait ses efforts pour s'y maintenir. Le roi de Sardaigne, duc de Savoie, revendiquait ses droits sur cette province; il craignait de la voir
dans les mains de la maison de Lorraine entée sur la maison d'Autriche, qui, possédant à la fois le Milanais et la Toscane, pourrait un
jour lui ravir les terres qu'on lui avait cédées par les traités de 1737 et
1738; mais il craignait encore davantage de se voir pressé par la
France et par un prince de la maison de Bourbon, tandis qu'il voyait
un autre prince de cette maison maître de Naples et de Sicile.

Il se résolut, dès le commencement de 1742, à s'unir avec la reine
de Hongrie, sans s'accorder dans le fond avec elle. Ils se réunissaient
seulement contre le péril présent; ils ne se faisaient point d'autres
avantages : le roi de Sardaigne se réservait même de prendre, quand
il voudrait, d'autres mesures. C'était un traité de deux ennemis qui ne
songeaient qu'à se défendre d'un troisième. La cour d'Espagne envoyait
l'infant don Philippe attaquer le duc roi de Sardaigne, qui n'avait

voulu de lui ni pour ami ni pour voisin. Le cardinal de Fleury avait laissé passer don Philippe et une partie de son armée par la France, mais il n'avait pas voulu lui donner de troupes.

On fait beaucoup dans un temps, on craint de faire même peu dans un autre. La raison de cette conduite était qu'on se flattait encore de regagner le roi de Sardaigne, qui laissait toujours des espérances.

On ne voulait pas d'ailleurs alors de guerre directe avec les Anglais, qui l'auraient infailliblement déclarée. Les révolutions des affaires de terre, qui commençaient alors en Allemagne, ne permettaient pas de braver partout les puissances maritimes. Les Anglais s'opposaient ouvertement à l'établissement de don Philippe en Italie, sous prétexte de maintenir l'équilibre de l'Europe.

Cette balance, bien ou mal entendue, était devenue la passion du peuple anglais; mais un intérêt plus couvert était le but du ministère de Londres. Il voulait forcer l'Espagne à partager le commerce du Nouveau-Monde : il eût, à ce prix, aidé don Philippe à passer en Italie, ainsi qu'il avait aidé don Carlos, en 1731. Mais la cour d'Espagne ne voulait point enrichir ses ennemis à ses dépens, et comptait établir don Philippe dans ses États.

Dès le mois de novembre et de décembre 1741, la cour d'Espagne avait envoyé par mer plusieurs corps de troupes en Italie, sous la conduite du duc de Montemar, célèbre par là victoire de Bitonto, et ensuite par sa disgrâce. Ces troupes avaient débarqué successivement sur les côtes de la Toscane et dans les ports qu'on appelle l'État *degli presidj*, appartenant à la couronne des Deux-Siciles. Il fallait passer sur les terres de la Toscane. Le grand-duc, mari de la reine de Hongrie, fut obligé de leur accorder le passage, et de déclarer son pays neutre. Le duc de Modène, marié à la fille du duc d'Orléans, régent de France, se déclara neutre aussi. Le pape Benoît XIV, sur les terres de qui l'armée espagnole devait passer dans ces conjonctures, ainsi que celle des Autrichiens, embrassa la même neutralité à meilleur titre que personne, en qualité de père commun des princes et des peuples, tandis que ses enfants vivaient à discrétion sur son territoire.

De nouvelles troupes espagnoles arrivèrent par la voie de Gênes. Cette république se dit encore neutre, et les laissa passer. Vers ce temps-là même, le roi de Naples embrassait la neutralité, quoiqu'il s'agît de la cause de son père et de son frère : mais de tous ces potentats neutres en apparence, aucun ne l'était en effet.

A l'égard de la neutralité du roi de Naples, voici quelle en fut la suite. On fut étonné, le 18 auguste, de voir paraître à la vue du port de Naples une escadre anglaise, composée de six vaisseaux de soixante canons, de six frégates, et de deux galiotes à bombes. Le capitaine Martin, depuis amiral, qui commandait cette escadre, envoya à terre un officier avec une lettre au premier ministre, qui portait en substance qu'il fallait que le roi rappelât ses troupes de l'armée espagnole, ou que l'on allait dans l'instant bombarder la ville. On tint quelques conférences; le capitaine anglais dit enfin, en mettant sa montre sur le tillac, qu'il ne donnait qu'une heure pour se déterminer. Le port était mal pourvu d'artillerie ; on n'avait point pris les précautions nécessaires contre une insulte qu'on n'attendait pas. On vit alors que l'ancienne maxime, *qui est maître de la mer l'est de la terre*, est souvent vraie. On fut obligé de promettre tout ce que le commandant anglais voulait, et même il fallut le tenir jusqu'à ce qu'on eût le temps de pourvoir à la défense du port et du royaume.

Les Anglais eux-mêmes sentaient bien que le roi de Naples ne pouvait pas plus garder en Italie cette neutralité forcée que le roi d'Angleterre n'avait gardé la sienne en Allemagne.

(Décembre 1743) L'armée espagnole, commandée par le duc de Montemar, venue en Italie pour soumettre la Lombardie, se retirait alors vers les frontières du royaume de Naples, toujours pressée par les Autrichiens. Alors le roi de Sardaigne retourna dans le Piémont et dans son duché de Savoie, où les vicissitudes de la guerre demandaient sa présence. L'infant don Philippe avait en vain tenté de débarquer à Gênes avec de nouvelles troupes. Les escadres d'Angleterre l'en avaient empêché ; mais il avait pénétré par terre dans le duché de Savoie et s'en était rendu maître. C'est un pays presque ouvert du côté du Dauphiné. Il est stérile et pauvre. Ses souverains en retiraient alors à à peine quinze cent mille livres de revenu. Charles-Emmanuel, roi de Sardaigne, et duc de Savoie, l'abandonna pour aller défendre le Piémont, pays plus important.

On voit, par cet exposé, que tout était en alarmes, et que toutes les provinces éprouvaient des revers du fond de la Silésie au fond de l'Italie. L'Autriche n'était alors en guerre ouverte qu'avec la Bavière, et cependant on désolait l'Italie. Les peuples du Milanais, du Mantouan, de Parme, de Modène, de Guastalla, regardaient avec une tristesse impuissante toutes ces irruptions et toutes ces secousses, accoutumés depuis longtemps à être le prix du vainqueur, sans oser seulement donner leur exclusion et leur suffrage.

La cour d'Espagne fit demander aux Suisses le passage par leur territoire pour porter de nouvelles troupes en Italie ; elle fut refusée. La Suisse vend des soldats à tous les princes, et défend son pays contre eux. Le gouvernement y est pacifique et le peuple guerrier. Une telle neutralité fut respectée. Venise, de son côté, leva vingt mille hommes pour donner du poids à la sienne.

Il y avait dans Toulon une flotte de seize vaisseaux espagnols, destinée d'abord pour transporter don Philippe en Italie ; mais il avait passé par terre, comme on a vu. Elle devait apporter des provisions à ses troupes, et ne le pouvait, retenue continuellement dans le port par une flotte anglaise qui dominait dans la Méditerranée, et insultait toutes les côtes de l'Italie et de Provence. Les canonniers espagnols n'étaient pas experts dans leur art : on les exerça dans le port de Toulon pendant quatre mois, en les faisant tirer au blanc, et en excitant leur émulation et leur industrie par des prix proposés.

(22 février 1744) Quand ils se furent rendus habiles, on fit sortir de la rade de Toulon l'escadre espagnole, commandée par don Joseph Navarro. Elle n'était que de douze vaisseaux, les Espagnols n'ayant pas

assez de matelots et de canonniers pour en manœuvrer seize. Elle fut jointe aussitôt par quatorze vaisseaux français, quatre frégates et trois brûlots, sous les ordres de M. de Court, qui, à l'âge de quatre-vingts ans, avait toute la vigueur de corps et d'esprit qu'un tel commandement exige. Il y avait quarante années qu'il s'était trouvé au combat naval de Malaga, où il avait servi en qualité de capitaine sur le vaisseau amiral, et, depuis ce temps, il ne s'était donné de bataille sur mer en aucune partie du monde, que celle de Messine, en 1718. L'amiral anglais Matthews se présenta devant les deux escadres combinées de France et d'Espagne. La flotte de Matthews était de quarante-cinq vaisseaux, de cinq frégates et de quatre brûlots : avec cet avantage du nombre, il sut aussi se donner d'abord celui du vent, manœuvre dont dépend souvent la victoire dans les combats de mer, comme elle dépend sur la terre d'un poste avantageux. Ce sont les Anglais qui, les premiers, ont rangé leurs forces navales en bataille, dans l'ordre où l'on combat aujourd'hui, et c'est d'eux que les autres nations ont pris l'usage de partager leurs flottes en avant-garde, arrière-garde et corps de bataille.

On combattit donc à la bataille de Toulon dans cet ordre. Les deux flottes furent également endommagées et également dispersées.

Cette journée navale de Toulon fut donc indécise, comme tant d'autres batailles navales, dans lesquelles le fruit d'un grand appareil et d'une longue action est de tuer du monde de part et d'autre et de démâter des vaisseaux. Chacun se plaignit; les Espagnols crurent n'avoir pas été assez secourus; les Français accusèrent les Espagnols de peu de reconnaissance. Ces deux nations, quoique alliées, n'étaient point toujours unies. L'antipathie ancienne se réveillait quelquefois entre les peuples, quoique l'intelligence fût entre leurs rois.

Au reste, le véritable avantage de cette bataille fut pour la France et l'Espagne : la Méditerranée fut libre au moins pendant quelque temps, et les provisions dont avait besoin don Philippe purent aisément lui arriver des côtes de Provence; mais ni les flottes françaises, ni les escadres d'Espagne ne purent s'opposer à l'amiral Matthews, quand il revint dans ces parages. Ces deux nations, obligées d'entretenir continuellement de nombreuses armées de terre, n'avaient pas ce fonds inépuisable de marine qui fait la ressource de la puissance anglaise.

CHAP. IX. — *Le prince de Conti force les passages des Alpes. Situation des affaires d'Italie.*

(15 mars 1744) Louis XV, au milieu de tous ces efforts, déclara la guerre au roi George II, (26 avril) et bientôt à la reine de Hongrie, qui la lui déclarèrent aussi dans les formes. Ce ne fut, de part et d'autre, qu'une cérémonie de plus; ni l'Espagne ni Naples ne déclarèrent la guerre, mais ils la firent.

Don Philippe, à la tête de vingt mille Espagnols, dont le marquis de La Mina était le général, et le prince de Conti, suivi de vingt mille

Français, inspirèrent tous deux à leurs troupes cet esprit de confiance et de courage opiniâtre dont on avait besoin pour pénétrer dans le Piémont, où un bataillon peut, à chaque pas, arrêter une armée entière, où il faut à tout moment combattre entre des rochers, des précipices et des torrents, et où la difficulté des convois n'est pas un des moindres obstacles. Le prince de Conti, qui avait servi en qualité de lieutenant général dans la guerre malheureuse de Bavière, avait de l'expérience dans sa jeunesse.

Le premier d'avril 1744, l'infant don Philippe et lui passèrent le Var, rivière qui tombe des Alpes, et qui se jette dans la mer de Gênes au-dessous de Nice. Tout le comté de Nice se rendit; mais pour avancer, il fallait attaquer les retranchements élevés près de Villefranche, et après eux on trouvait ceux de la forteresse de Montalban, au milieu des rochers qui forment une longue suite de remparts presque inaccessibles. On ne pouvait marcher que par des gorges étroites, et par des abîmes sur lesquels plongeait l'artillerie ennemie, et il fallait, sous ce feu, gravir de rochers en rochers. On trouvait encore jusque dans les Alpes des Anglais à combattre. L'amiral Matthews, après avoir radoubé ses vaisseaux, était venu reprendre l'empire de la mer. Il avait débarqué lui-même à Villefranche. Ses soldats étaient avec les Piémontais, et ses canonniers servaient l'artillerie. Malgré ces périls, le prince de Conti se présente au pas de Villefranche, rempart du Piémont, haut de près de deux cents toises, que le roi de Sardaigne croyait hors d'atteinte, et qui fut couvert de Français et d'Espagnols. L'amiral anglais et ses matelots furent sur le point d'être faits prisonniers.

(19 juillet 1744) On avança, on pénétra enfin jusqu'à la vallée de Château-Dauphin. Le comte de Campo-Santo suivait le prince de Conti, à la tête des Espagnols, par une autre gorge. Le comte de Campo-Santo portait ce nom et ce titre depuis la bataille de Campo-Santo, où il avait fait des actions étonnantes; ce nom était sa récompense, comme on avait donné le nom de Bitonto au duc de Montemar, après la bataille de Bitonto. Il n'y a guère de plus beau titre que celui d'une bataille qu'on a gagnée.

Le bailli de Givry escalade en plein jour un roc sur lequel deux mille Piémontais sont retranchés. Ce brave Chevert, qui avait monté le premier sur les remparts de Prague, monte à ce roc un des premiers; et cette entreprise était plus meurtrière que celle de Prague. On n'avait point de canon : les Piémontais foudroyaient les assaillants avec le leur. Le roi de Sardaigne, placé lui-même derrière ces retranchements, animait ses troupes. Le bailli de Givry était blessé dès le commencement de l'action; et le marquis de Villemur, instruit qu'un passage non moins important venait d'être heureusement forcé par les Français, envoyait ordonner la retraite. Givry la fait battre; mais les officiers et les soldats, trop animés, ne l'écoutent point. Le lieutenant-colonel de Poitou saute dans les premiers retranchements; les grenadiers s'élancent les uns sur les autres; et, ce qui est à peine croyable, ils passent par les embrasures même du canon ennemi, dans l'instant que les pièces, ayant tiré, reculaient par leur mouvement ordinaire;

on y perdit près de deux mille hommes; mais il n'échappa aucun
Piémontais. Le roi de Sardaigne, au désespoir, voulait se jeter lui-
même au milieu des attaquants, et on eut beaucoup de peine à le
retenir : il en coûta la vie au bailli de Givry; le colonel Salis, le marquis de La Carte, y furent tués; le duc d'Agénois et beaucoup d'autres,
blessés. Mais il en avait coûté encore moins qu'on ne devait s'attendre
dans un tel terrain. Le comte de Campo-Santo, qui ne put arriver à
ce défilé étroit et escarpé où ce furieux combat s'était donné, écrivit
au marquis de La Mina, général de l'armée espagnole sous don Philippe : « Il se présentera quelque occasion où nous ferons aussi bien
que les Français; car il n'est pas possible de faire mieux. » Je rapporte
toujours les lettres des généraux, lorsque j'y trouve des particularités
intéressantes; ainsi je transcrirai encore ce que le prince de Conti
écrivit au roi touchant cette journée : « C'est une des plus brillantes
et des plus vives actions qui se soient jamais passées; les troupes y
ont montré une valeur au-dessus de l'humanité. La brigade de Poitou,
ayant M. d'Agénois à sa tête, s'est couverte de gloire.

« La bravoure et la présence d'esprit de M. Chevert ont principalement décidé l'avantage. Je vous recommande M. de Solémi et le chevalier de Modène. La Carte a été tué; Votre Majesté, qui connaît le prix
de l'amitié, sent combien j'en suis touché. » Ces expressions d'un
prince à un roi sont des leçons de vertu pour le reste des hommes, et
l'histoire doit les conserver.

Pendant qu'on prenait Château-Dauphin, il fallait emporter ce qu'on
appelait *les barricades;* c'était un passage de trois toises entre deux
montagnes qui s'élèvent jusqu'aux nues. Le roi de Sardaigne avait fait
couler dans ce précipice la rivière de Sture, qui baigne cette vallée.
Trois retranchements et un chemin couvert, par delà la rivière, défendaient ce poste, qu'on appelait les barricades; il fallait ensuite se
rendre maître du château de Démont, bâti avec des frais immenses
sur la tête d'un rocher isolé au milieu de la vallée de Sture; après
quoi les Français, maîtres des Alpes, voyaient les plaines du Piémont.
Ces barricades furent tournées habilement par les Français et par les
Espagnols la veille de l'attaque de Château-Dauphin (18 juillet). On
les emporta presque sans coup férir, en mettant ceux qui les défendaient entre deux feux. Cet avantage fut un des chefs-d'œuvre de l'art
de la guerre; car il fut glorieux, il remplit l'objet proposé, et ne fut
pas sanglant.

CHAP. X. — *Nouvelles disgrâces de l'empereur Charles VII. Bataille*
de Dettingen.

Tant de belles actions ne servaient de rien au but principal, et c'est
ce qui arrive dans presque toutes les guerres. La cause de la reine de
Hongrie n'en était pas moins triomphante. L'empereur Charles VII,
nommé en effet empereur par le roi de France, n'en était pas moins
chassé de ses États héréditaires, et n'était pas moins errant dans l'Allemagne. Les Français n'étaient pas moins repoussés au Rhin et au

Mein. La France, enfin, n'en était pas moins épuisée pour une cause qui lui était étrangère, et pour une guerre qu'elle aurait pu s'épargner; guerre entreprise par la seule ambition du maréchal de Belle-Isle, dans laquelle on n'avait que peu de chose à gagner et beaucoup à perdre.

L'empereur Charles VII se réfugia d'abord dans Augsbourg, ville impériale et libre, qui se gouverne en république, fameuse par le nom d'Auguste, la seule qui ait conservé les restes, quoique défigurés, de ce nom d'Auguste, autrefois commun à tant de villes sur les frontières de la Germanie et des Gaules. Il n'y demeura pas longtemps; et, en la quittant, au mois de juin 1743, il eut la douleur d'y voir entrer un colonel de houssards, nommé Mentzel, fameux par ses férocités et ses brigandages, qui le chargea d'injures dans les rues.

Il portait sa malheureuse destinée dans Francfort, ville encore plus privilégiée qu'Augsbourg, et dans laquelle s'était faite son élection à l'empire; mais ce fut pour y voir accroître ses infortunes. Il se donnait une bataille qui décidait de son sort à quatre milles de son nouveau refuge.

Le comte Stair, Écossais, l'un des élèves du duc de Marlborough, autrefois ambassadeur en France, avait marché vers Francfort à la tête d'une armée de plus de cinquante mille hommes, composée d'Anglais, d'Hanovriens et d'Autrichiens. Le roi d'Angleterre arriva avec son second fils le duc de Cumberland, après avoir passé à Francfort dans ce même asile de l'empereur, qu'il reconnaissait toujours pour son suzerain, et auquel il faisait la guerre dans l'espérance de le détrôner.

Le maréchal duc de Noailles, qui commandait l'armée opposée au roi d'Angleterre, avait porté les armes dès l'âge de quinze ans. Il avait commandé en Catalogne dans la guerre de 1701, et passa depuis par toutes les fonctions qu'on peut avoir dans le gouvernement; à la tête des finances au commencement de la régence, général d'armée et ministre d'État, il ne cessa dans tous ses emplois de cultiver la littérature; exemple autrefois commun chez les Grecs et chez les Romains, mais rare aujourd'hui dans l'Europe. Ce général, par une manœuvre supérieure, fut d'abord le maître de la campagne. Il côtoya l'armée du roi d'Angleterre qui avait le Mein entre elle et les Français; il lui coupa les vivres en se rendant maître des passages au-dessus et au-dessous de leur camp.

Le roi d'Angleterre s'était posté dans Aschaffenbourg, ville sur le Mein, qui appartient à l'électeur de Mayence. Il avait fait cette démarche malgré le comte Stair, son général, et commençait à s'en repentir. Il y voyait son armée bloquée et affamée par le maréchal de Noailles. Le soldat fut réduit à la demi-ration par jour. On manquait de fourrages au point qu'on proposa de couper les jarrets aux chevaux; et on l'aurait fait si on était resté encore deux jours dans cette position. Le roi d'Angleterre fut obligé enfin de se retirer pour aller chercher des vivres à Hanau sur le chemin de Francfort; mais en se retirant il était exposé aux batteries du canon ennemi placé sur la rive du Mein. Il fallait faire marcher en hâte une armée que la disette affaiblissait, et dont l'arrière-garde pouvait être accablée par l'armée française : car le maréchal de Noailles avait eu la précaution de jeter des ponts entre Dettingen et Aschaffenbourg, sur le chemin de Hanau, et les Anglais avaient joint à leurs fautes celle de laisser établir ces ponts. Le 26 juin, au milieu de la nuit, le roi d'Angleterre fit décamper son armée dans le plus grand silence, et hasarda cette marche précipitée et dangereuse à laquelle il était réduit. Le maréchal de Noailles voit les Anglais qui semblent marcher à leur perte dans un chemin étroit entre une montagne et la rivière. Il ne manqua pas d'abord de faire avancer tous les escadrons composés de la maison du roi, de dragons, et de houssards, vers le village de Dettingen, devant lequel les Anglais devaient passer. Il fait défiler sur deux ponts quatre brigades d'infanterie avec celles des gardes françaises. Ces troupes avaient ordre de rester postées dans le village de Dettingen en deçà d'un ravin profond. Elles n'étaient point aperçues des Anglais, et le maréchal voyait tout ce que les Anglais faisaient. M. de Vallière, lieutenant général, homme qui avait poussé le service de l'artillerie aussi loin qu'il peut aller, tenait ainsi dans un défilé les ennemis entre deux batteries qui plongeaient sur eux du rivage. Ils devaient passer par un chemin creux qui est entre Dettingen et un petit ruisseau. On ne devait fondre sur eux qu'avec un avantage certain dans un terrain qui devenait un piége inévitable. Le roi d'Angleterre pouvait être pris lui-même : c'était enfin un de ces moments décisifs qui semblaient devoir mettre fin à la guerre.

Le maréchal recommande au duc de Grammont, son neveu, lieutenant général et colonel des gardes, d'attendre dans cette position que l'ennemi vînt lui-même se livrer. Il alla malheureusement reconnaître un gué pour faire encore avancer de la cavalerie. La plupart des officiers disaient qu'il eût mieux fait de rester à la tête de l'armée pour se faire obéir. Il envoya faire occuper le poste d'Aschaffenbourg par cinq brigades, de sorte que les Anglais étaient pris de tous côtés. Un moment d'impatience dérangea toutes ces mesures.

(27 juin) Le duc de Grammont crut que la première colonne ennemie était déjà passée, et qu'il n'y avait qu'à fondre sur une arrière-garde qui ne pouvait résister ; il fit passer le ravin à ses troupes. Quittant ainsi un terrain avantageux où il devait rester, il avance avec le régiment des gardes et celui de Noailles infanterie dans une petite plaine qu'on appelle Champ-des-Coqs. Les Anglais, qui défilaient en ordre de bataille, se formèrent bientôt. Par là les Français, qui avaient attiré les ennemis dans le piége, y tombèrent eux-mêmes. Ils attaquèrent les ennemis en désordre et avec des forces inégales. Le canon que M. de Vallière avait établi le long du Mein, et qui foudroyait les ennemis par le flanc, et surtout les Hanovriens, ne fut plus d'aucun usage, parce qu'il aurait tiré contre les Français mêmes. Le maréchal revient dans le moment qu'on venait de faire cette faute.

La maison du roi à cheval, les carabiniers enfoncèrent d'abord par leur impétuosité deux lignes entières d'infanterie ; mais ces lignes se reformèrent dans le moment, et enveloppèrent les Français. Les officiers du régiment des gardes marchèrent hardiment à la tête d'un corps assez faible d'infanterie; vingt et un de ces officiers furent tués sur la place, autant furent dangereusement blessés. Le régiment des gardes fut mis dans une déroute entière.

Le duc de Chartres, depuis duc d'Orléans [1], le prince de Clermont, le comte d'Eu, le duc de Penthièvre, malgré sa grande jeunesse, faisaient des efforts pour arrêter le désordre. Le comte de Noailles eut deux chevaux de tués sous lui. Son frère le duc d'Ayen fut renversé.

Le marquis de Puységur, fils du maréchal de ce nom, parlait aux soldats de son régiment, courait après eux, ralliait ce qu'il pouvait, et en tua de sa main quelques-uns qui ne voulaient plus suivre, et qui criaient : *Sauve qui peut*. Les princes et les ducs de Biron, de Luxembourg, de Richelieu, de Péquigny-Chevreuse, se mettaient à la tête des brigades qu'ils rencontraient, et s'enfoncèrent dans les lignes des ennemis.

D'un autre côté la maison du roi et les carabiniers ne se rebutaient point. On voyait ici une troupe de gendarmes, là une compagnie des gardes, cent mousquetaires dans un autre endroit, des compagnies de cavalerie s'avançant avec des chevau-légers; d'autres qui suivaient les carabiniers ou les grenadiers à cheval, et qui couraient aux Anglais le sabre à la main avec plus de bravoure que d'ordre. Il y en avait si peu, qu'environ cinquante mousquetaires, emportés par leur courage, pénétrèrent dans le régiment de cavalerie du lord Stair. Vingt-sept officiers de la maison du roi à cheval périrent dans cette confusion, et soixante-six furent blessés dangereusement. Le comte d'Eu, le comte d'Harcourt, le comte de Beuvron, le duc de Boufflers, furent blessés; le comte de La Mothe-Houdancourt, chevalier d'honneur de la reine, eut son cheval tué, fut foulé longtemps aux pieds des chevaux, et remporté presque mort. Le marquis de Gontaut eut le bras cassé; le duc de Rochechouart, premier gentilhomme de la chambre, ayant été blessé deux fois, et combattant encore, fut tué sur la place. Les marquis de Sabran, de Fleury, le comte d'Estrades, le comte de Rostaing, y laissèrent la vie. Parmi les singularités de cette triste journée, on ne doit pas omettre la mort d'un comte de Boufflers de la branche de Rémiancourt. C'était un enfant de dix ans et demi : un coup de canon lui cassa la jambe; il reçut le coup, se vit couper la jambe, et mourut avec un égal sang-froid. Tant de jeunesse et tant de courage attendrirent tous ceux qui furent témoins de son malheur.

La perte n'était guère moins considérable parmi les officiers anglais. Le roi d'Angleterre combattait à pied et à cheval, tantôt à la tête de la cavalerie, tantôt à celle de l'infanterie. Le duc de Cumberland fut blessé à ses côtés; le duc d'Aremberg, qui commandait les Autrichiens, reçut une balle de fusil au haut de la poitrine. Les Anglais perdirent plusieurs officiers généraux. Le combat dura trois

1. Louis-Philippe, né en 1725, mort en 1785, aïeul du roi Louis-Philippe. (ÉD.)

heures; mais il était trop inégal; le courage seul avait à combattre la valeur, le nombre et la discipline. Enfin, le maréchal de Noailles ordonna la retraite.

Le roi d'Angleterre dîna sur le champ de bataille, et se retira ensuite, sans même se donner le temps d'enlever tous ses blessés, dont il laissa environ six cents, que le lord Stair recommanda à la générosité du maréchal de Noailles. Les Français les recueillirent comme des compatriotes; les Anglais et eux se traitaient en peuples qui se respectaient.

Les deux généraux s'écrivirent des lettres qui font voir jusqu'à quel point on peut pousser la politesse et l'humanité au milieu des horreurs de la guerre.

Cette grandeur d'âme n'était pas particulière au comte Stair et au duc de Noailles. Le duc de Cumberland surtout fit un acte de générosité qui doit être transmis à la postérité. Un mousquetaire, nommé Girardeau, blessé dangereusement, avait été porté près de sa tente. On manquait de chirurgiens, assez occupés ailleurs; on allait panser le prince à qui une balle avait percé les chairs de la jambe. « Commencez, dit le prince, par soulager cet officier français; il est plus blessé que moi; il manquerait de secours, et je n'en manquerai pas. »

Au reste, la perte fut à peu près égale dans les deux armées. Il y eut du côté des alliés deux mille deux cent trente et un hommes tant tués que blessés. On sut ce calcul par les Anglais, qui rarement diminuent leur perte, et n'augmentent guère celle de leurs ennemis.

Les Français souffrirent une grande perte en faisant avorter le fruit des plus belles dispositions par cette ardeur précipitée et cette indiscipline qui leur avait fait perdre autrefois les batailles de Poitiers, de Créci, d'Azincourt. Celui qui écrit cette histoire vit, six semaines après, le comte Stair à la Haye; il prit la liberté de lui demander ce qu'il pensait de cette bataille. Ce général lui répondit : « Je pense que les Français ont fait une grande faute, et nous, deux : la vôtre a été de ne savoir pas attendre; les deux nôtres ont été de nous mettre d'abord dans un danger évident d'être perdus, et ensuite de n'avoir pas su profiter de la victoire. »

Après cette action, beaucoup d'officiers français et anglais allèrent à Francfort, ville toujours neutre, où l'empereur vit l'un après l'autre le comte Stair et le maréchal de Noailles, sans pouvoir leur marquer d'autres sentiments que ceux de la patience dans son infortune.

Le maréchal de Noailles trouva l'empereur accablé de chagrin, sans États, sans espérance, n'ayant pas de quoi faire subsister sa famille dans cette ville impériale, où personne ne voulait faire la moindre avance au chef de l'empire; il lui donna une lettre de crédit de quarante mille écus, certain de n'être pas désavoué par le roi son maître. Voilà où en était réduite la majesté de l'empire romain.

CHAP. XI. — *Première campagne de Louis XV en Flandre ; ses succès.*
Il quitte la Flandre pour aller au secours de l'Alsace menacée,
pendant que le prince de Conti continue à s'ouvrir le passage des
Alpes. Nouvelles ligues. Le roi de Prusse prend encore les armes.

Ce fut dans ces circonstances dangereuses, dans ce choc de tant
d'États, dans ce mélange et ce chaos de guerre et de politique, que
Louis XV commença sa première campagne (1744). On gardait à peine
les frontières du côté de l'Allemagne. La reine de Hongrie s'était fait
prêter serment de fidélité par les habitants de la Bavière et du Haut-
Palatinat. Elle fit présenter dans Francfort même, où Charles VII était
retiré, un Mémoire où l'élection de cet empereur était qualifiée *nulle*
de toute nullité. Il était obligé enfin de se déclarer neutre, tandis qu'on
le dépouillait. On lui proposait de se démettre, et de résigner l'empire
à François de Lorraine, grand-duc de Toscane, époux de Marie-
Thérèse.

Le prince Charles de Lorraine, frère du grand-duc, commençait à
s'établir dans une île du Rhin auprès du vieux Brisach. Des partis hongrois pénétraient jusque par delà la Sarre, et entamaient les frontières
de la Lorraine. Ce fameux partisan Mentzel faisait répandre dans l'Alsace, dans les Trois-Évêchés, dans la Franche-Comté, des manifestes
par lesquels il invitait les peuples, au nom de la reine de Hongrie, à
retourner sous l'obéissance de la maison d'Autriche : il menaçait les
habitants qui prendraient les armes de les faire pendre, « après les
avoir forcés de se couper eux-mêmes le nez et les oreilles. » Cette insolence, digne d'un soldat d'Attila, n'était que méprisable ; mais elle
était la preuve des succès. Les armées autrichiennes menaçaient Naples, tandis que les armées françaises et espagnoles n'étaient encore
que dans les Alpes. Les Anglais, victorieux sur terre, dominaient sur
les mers ; les Hollandais allaient se déclarer, et promettaient de se
joindre en Flandre aux Autrichiens et aux Anglais. Tout était contraire.
Le roi de Prusse, satisfait de s'être emparé de la Silésie, avait fait sa
paix particulière avec la reine de Hongrie.

Louis XV soutint tout ce grand fardeau. Non-seulement il assura les
frontières sur les bords du Rhin et de la Moselle par des corps d'armée, mais il prépara une descente en Angleterre même. Il fit venir de
Rome le jeune prince Charles-Édouard, fils aîné du prétendant, et
petit-fils de l'infortuné roi Jacques II. (9 janvier 1744) Une flotte de
vingt et un vaisseaux, chargée de vingt-quatre mille hommes de débarquement, le porta dans le canal d'Angleterre. Ce prince vit pour la
première fois le rivage de sa patrie : mais une tempête et surtout les
vaisseaux anglais rendirent cette entreprise infructueuse.

Ce fut dans ce temps-là que le roi partit pour la Flandre. Il avait
une armée florissante que le comte d'Argenson, secrétaire d'État de la
guerre, avait pourvue de tout ce qui pouvait faciliter la guerre de
campagne et de siége.

Louis XV arrive en Flandre. A son approche les Hollandais, qui
avaient promis de se joindre aux troupes de la reine de Hongrie et

Anglais, commencent à craindre. Ils n'osent remplir leur promesse : ils envoient des députés au roi au lieu de troupes contre lui. Le roi prend Courtray (le 18 mai 1744) et Menin (le 5 juin) en présence des députés.

Le lendemain même de la prise de Menin, il investit Ypres (6 juin 1644). C'était le prince de Clermont, abbé de Saint-Germain des Prés, qui commandait les principales attaques au siége d'Ypres. On n'avait point vu en France, depuis les cardinaux de La Valette et de Sourdis, d'homme qui réunît la profession des armes et celle de l'Église. Le prince de Clermont avait eu cette permission du pape Clément XII, qui avait jugé que l'état ecclésiastique devait être subordonné à celui de la guerre dans l'arrière-petit-fils du grand Condé. On insulta le chemin couvert du front de la basse ville, quoique cette entreprise parût prématurée et hasardée ; le marquis de Beauvau, maréchal de camp, qui marchait à la tête des grenadiers de Bourbonnais et de Royal-Comtois, y reçut une blessure mortelle qui lui causa les douleurs les plus vives. Il mourut dans des tourments intolérables, regretté des officiers et des soldats comme capable de commander un jour les armées, et de tout Paris comme un homme de probité et d'esprit. Il dit aux soldats qui le portaient : « Mes amis, laissez-moi mourir, et allez combattre. »

Ypres capitula bientôt (25 juin) ; nul moment n'était perdu. Tandis qu'on entrait dans Ypres, le duc de Boufflers prenait la Kenoque (29 juin) ; et pendant que le roi allait, après ces expéditions, visiter les places frontières, le prince de Clermont faisait le siége de Furnes, qui arbora le drapeau blanc (11 juillet) au bout de cinq jours de tranchée ouverte. Les généraux anglais et autrichiens qui commandaient vers Bruxelles regardaient ces progrès, et ne pouvaient les arrêter. Un corps que commandait le maréchal de Saxe, que le roi leur opposait, était si bien posté, et couvrait les siéges si à propos que les succès étaient assurés. Les alliés n'avaient point de plan de campagne fixe et arrêté. Les opérations de l'armée française étaient concertées. Le maréchal de Saxe, posté à Courtray, arrêtait tous les efforts des ennemis, et facilitait toutes les opérations. Une artillerie nombreuse qu'on tirait aisément de Douai, un régiment d'artillerie de près de cinq mille hommes, plein d'officiers capables de conduire des siéges, et composé de soldats qui sont, pour la plupart, des artistes habiles, enfin le corps des ingénieurs, étaient des avantages que ne peuvent avoir des nations réunies à la hâte pour faire ensemble la guerre quelques années. De pareils établissements ne peuvent être que le fruit du temps et d'une attention suivie dans une monarchie puissante. La guerre de siége devait nécessairement donner la supériorité à la France.

Au milieu de ces progrès la nouvelle vient que les Autrichiens ont passé le Rhin du côté de Spire, à la vue des Français et des Bavarois, que l'Alsace est entamée, que les frontières de la Lorraine sont exposées (29 et 30 juin 1744). On ne pouvait d'abord le croire, mais rien n'était plus certain. Le prince Charles, en menaçant plusieurs endroits, et faisant à la fois plus d'une tentative, avait enfin réussi du côté où était posté le comte de Seckendorff qui commandait les Bavarois, les Palatins, et les Hessois, alliés payés par la France.

L'armée autrichienne, au nombre d'environ soixante mille hommes, entre en Alsace sans résistance. Le prince Charles s'empare en une heure de Lauterbourg, poste peu fortifié, mais de la plus grande importance. Il fait avancer le général Nadasti jusqu'à Veissenbourg, ville ouverte, dont la garnison est forcée de se rendre prisonnière de guerre. Il met un corps de dix mille hommes dans la ville et dans les lignes qui la bordent. Le maréchal de Coigny, qui commandait dans ces quartiers, général hardi, sage, et modeste, célèbre par deux victoires en Italie, dans la guerre de 1738[1], vit que sa communication avec la France était coupée, que le pays Messin, la Lorraine, allaient être en proie aux Autrichiens et aux Hongrois : il n'y avait pas d'autre ressource que de passer sur le corps de l'ennemi pour rentrer en Alsace et couvrir le pays. Il marche aussitôt avec la plus grande partie de son armée à Veissenbourg, dans le temps que les ennemis venaient de s'en emparer (15 juillet 1744). Il les attaque dans la ville et dans les lignes; les Autrichiens se défendent avec courage. On se battait dans les places et dans les rues; elles étaient couvertes de morts. La résistance dur six heures entières. Les Bavarois, qui avaient mal gardé le Rhin, réparèrent leur négligence par leur valeur. Ils étaient surtout encouragés par le comte de Mortagne, alors lieutenant général de l'empereur, qui reçut dix coups de fusil dans ses habits. Le marquis de Montal menait les Français.

Celui qui rendit les plus grands services dans cette journée, et qui sauva en effet l'Alsace, fut le marquis de Clermont-Tonnerre. Il était à la tête de la brigade Montmorin; tout plia devant lui. C'est le même qui, l'année suivante, commanda une aile de l'armée à la bataille de Fontenoy, et qui contribua plus que personne à la victoire. On l'a vu depuis doyen des maréchaux de France. Son fils fut l'héritier de sa valeur et de sa vertu.

On reprit enfin Veissenbourg et les lignes; mais on fut bientôt obligé, par l'arrivée de toute l'armée autrichienne, de se retirer vers Haguenau, qu'on fut même forcé d'abandonner. Des partis ennemis, qui allèrent à quelques lieues au delà de la Sarre, portèrent l'épouvante jusqu'à Lunéville, dont le roi Stanislas Leczinski fut obligé de partir avec sa cour.

A la nouvelle de ces revers que le roi apprit à Dunkerque, il ne balança pas sur le parti qu'il devait prendre; il se résolut à interrompre le cours de ses conquêtes en Flandre, à laisser le maréchal de Saxe, avec environ quarante mille hommes, conserver ce qu'il avait pris, et à courir lui-même au secours de l'Alsace.

Il fait d'abord prendre les devants au maréchal de Noailles. Il envoie le duc d'Harcourt avec quelques troupes garder les gorges de Phaltzbourg. Il se prépare à marcher à la tête de vingt-six bataillons et trente-trois escadrons. Ce parti, que prenait le roi dès sa première

----

1. Ces deux victoires sont de 1734. (ÉD.)

campagne, transporta les cœurs des Français, et rassura les provinces alarmées par le passage du Rhin, et surtout par les malheureuses campagnes précédentes en Allemagne.

Le roi prit sa route par Saint-Quentin, La Fère, Laon, Reims, faisant marcher ses troupes, dont il assigna le rendez-vous à Metz. Il augmenta, pendant cette marche, la paye et la nourriture du soldat; et cette attention redoubla encore l'affection de ses sujets. Il arriva dans Metz le 5 auguste, et le 7 on apprit un événement qui changeait toute la face des affaires, qui forçait le prince Charles à sortir de l'Alsace, qui rétablissait l'empereur, et mettait la reine de Hongrie dans le plus grand danger où elle eût été encore.

Il semblait que cette princesse n'eût alors rien à craindre du roi de Prusse après la paix de Breslau, et surtout après une alliance défensive conclue la même année que la paix de Breslau, entre lui et le roi d'Angleterre; mais il était visible que la reine de Hongrie, l'Angleterre, la Sardaigne, la Saxe, et la Hollande, s'étant unies contre l'empereur par un traité fait à Worms, les puissances du Nord, et surtout la Russie, étant vivement sollicitées, les progrès de la reine de Hongrie augmentant en Allemagne, tout était à craindre tôt ou tard pour le roi de Prusse : il avait enfin pris le parti de rentrer dans ses engagements avec la France (27 mai 1744). Le traité avait été signé secrètement le 5 avril, et on avait fait depuis à Francfort une alliance étroite entre le roi de France, l'empereur, le roi de Prusse, l'électeur palatin, et le roi de Suède en qualité de landgrave de Hesse. Ainsi, l'union de Francfort était un contre-poids aux projets de l'union de Worms. Une moitié de l'Europe était ainsi animée contre l'autre, et des deux côtés on épuisait toutes les ressources de la politique et de la guerre.

Le maréchal Schmettau vint de la part du roi de Prusse annoncer au roi que son nouvel allié marchait à Prague avec quatre-vingt mille hommes, et qu'il en faisait avancer vingt-deux mille en Moravie. Cette puissante diversion en Allemagne, les conquêtes du roi en Flandre, sa marche en Alsace, dissipaient toutes les alarmes, lorsqu'on en éprouva une d'une autre espèce, qui fit trembler et gémir toute la France.

CHAP. XII. — *Le roi de France est à l'extrémité. Dès qu'il est guéri il marche en Allemagne; il va assiéger Fribourg, tandis que l'armée autrichienne, qui avait pénétré en Alsace, va délivrer la Bohême, et que le prince de Conti gagne une bataille en Italie.*

Le jour qu'on chantait dans Metz un *Te Deum* pour la prise de Château-Dauphin, le roi ressentit des mouvements de fièvre; c'était le 8 d'auguste (1744). La maladie augmenta; elle prit le caractère d'une fièvre qu'on appelle *putride* ou *maligne*, et dès la nuit du 14 il était à l'extrémité. Son tempérament était robuste et fortifié par l'exercice; mais les meilleures constitutions sont celles qui succombent le plus souvent à ces maladies, par cela même qu'elles ont la force d'en soutanir les premières atteintes, et d'accumuler, pendant plusieurs jours, les principes d'un mal auquel elles résistent dans les commencements. Cet événement porta la crainte et la désolation de ville en ville; les peuples accouraient de tous les environs de Metz; les chemins étaient remplis d'hommes de tous états et de tout âge, qui, par leurs différents rapports, augmentaient leur commune inquiétude.

Le danger du roi se répand dans Paris au milieu de la nuit: on se lève, tout le monde court en tumulte sans savoir où l'on va. Les églises s'ouvrent en pleine nuit; on ne connaît plus le temps ni du sommeil, ni de la veille, ni du repas. Paris était hors de lui-même; toutes les maisons des hommes en place étaient assiégées d'une foule continuelle: on s'assemblait dans tous les carrefours. Le peuple s'écriait: « S'il meurt, c'est pour avoir marché à notre secours. » Tout le monde s'abordait, s'interrogeait dans les églises sans se connaître. Il y eut plusieurs églises où le prêtre, qui prononçait la prière pour la santé du roi, interrompit le chant par ses pleurs, et le peuple lui répondit par des sanglots et par des cris. Le courrier, qui apporta le 19 à Paris la nouvelle de sa convalescence, fut embrassé et presque étouffé par le peuple; on baisait son cheval; on le menait en triomphe. Toutes les rues retentissaient d'un cri de joie: « Le roi est guéri ! » Quand on rendit compte à ce monarque des transports inouïs de joie qui avaient succédé à ceux de la désolation, il en fut attendri jusqu'aux larmes; et en se soulevant par un mouvement de sensibilité qui lui rendait des forces: « Ah ! s'écria-t-il, qu'il est doux d'être aimé ainsi ! et qu'ai-je fait pour le mériter ? »

Tel est le peuple de France, sensible jusqu'à l'enthousiasme, et capable de tous les excès dans ses affections comme dans ses murmures.

L'archiduchesse, épouse du prince de Lorraine, mourut à Bruxelles, vers ce même temps, d'une manière douloureuse. Elle était chérie des Brabançons, et méritait de l'être; mais ces peuples n'ont pas l'âme passionnée des Français.

Les courtisans ne sont pas comme le peuple. Le péril de Louis XV fit naître parmi eux plus d'intrigues et de cabales qu'on n'en vit autrefois quand Louis XIV fut sur le point de mourir à Calais: son petit-fils en éprouva les effets dans Metz. Les moments de crise où il parut expirant furent ceux qu'on choisit pour l'accabler par les démarches les plus indiscrètes, qu'on disait inspirées par des motifs religieux, mais que la raison réprouvait, et que l'humanité condamnait. Il échappa à la mort et à ces piéges.

Dès qu'il eut repris ses sens, il s'occupa, au milieu de son danger, de celui où le prince Charles avait jeté la France par son passage du Rhin. Il n'avait marché que dans le dessein de combattre ce prince; mais ayant envoyé le maréchal de Noailles à sa place, il dit au comte d'Argenson: « Écrivez de ma part au maréchal de Noailles que, pendant qu'on portait Louis XIII au tombeau, le prince de Condé gagna une bataille [1]. » Cependant on put à peine entamer l'arrière-garde du

1. Rocroy, 19 mai 1643. (ÉD.)

prince Charles, qui se retirait en bon ordre. Ce prince, qui avait passé le Rhin malgré l'armée de France, le repassa presque sans perte vis-à-vis une armée supérieure. Le roi de Prusse se plaignit qu'on eût ainsi laissé échapper un ennemi qui allait venir à lui. C'était encore une occasion heureuse manquée. La maladie du roi de France, quelque retardement dans la marche de ces troupes, un terrain marécageux et difficile par où il fallait aller au prince Charles, les précautions qu'il avait prises, ses ponts assurés, lui facilita cette retraite; il ne perdit pas même un magasin.

Ayant donc repassé le Rhin avec cinquante mille hommes complets, il marche vers le Danube et l'Elbe avec une diligence incroyable; et après avoir pénétré en France, aux portes de Strasbourg, il allait délivrer la Bohême une seconde fois (15 septembre 1744). Mais le roi de Prusse s'avançait vers Prague; il l'investit le 4 septembre; et ce qui parut étrange, c'est que le général Ogilvy, qui la défendait avec quinze mille hommes, se rendit, dix jours après, prisonnier de guerre, lui et sa garnison. C'était le même gouverneur qui, en 1741, avait rendu la ville en moins de temps, quand les Français l'escaladèrent.

Une armée de quinze mille hommes prisonnière de guerre, la capital de la Bohême prise, le royaume soumis peu de jours après, la Moravie envahie en même temps, l'armée de France rentrant enfin en Allemagne, les succès en Italie, firent espérer qu'enfin la grande querelle de l'Europe allait être décidée en faveur de l'empereur Charles VII. Louis XV, dans une convalescence encore faible, résout le siége de Fribourg au mois de septembre, et y marche. Il va passer le Rhin à son tour. Et ce qui fortifia encore ses espérances, c'est qu'en arrivant à Strasbourg, il y reçut la nouvelle d'une victoire remportée par le prince de Conti.

CHAP. XIII. — *Bataille de Coni. Conduite du roi de France. Le roi de Naples surpris près de Rome.*

Pour descendre dans le Milanais, il fallait prendre la ville de Coni. L'infant don Philippe et le prince de Conti l'assiégeaient. Le roi de Sardaigne les attaqua dans leurs lignes avec une armée supérieure. Rien n'était mieux concerté que l'entreprise de ce monarque. C'était une de ces occasions où il était de la politique de donner bataille. S'il était vainqueur, les Français avaient peu de ressources, et la retraite était très-difficile; s'il était vaincu, la ville n'était pas moins en état de résister dans cette saison avancée, et il avait des retraites sûres. Sa disposition passa pour une des plus savantes qu'on eût jamais vues; cependant il fut vaincu. Les Français et les Espagnols combattirent comme des alliés qui se secourent, et comme des rivaux qui veulent chacun donner l'exemple. Le roi de Sardaigne perdit près de cinq mille hommes et le champ de bataille. Les Espagnols ne perdirent que neuf cents hommes, et les Français eurent mille deux cents hommes tués ou blessés. Le prince de Conti, qui était général et soldat, eut sa cuirasse percée de deux coups, et deux chevaux tués sous lui : il n'en parla point dans sa lettre au roi; mais il s'étendait sur les blessures de MM. de La Force, de Senneterre, de Chauvelin, sur les services signalés de M. de Courten, sur ceux de MM. de Choiseul, du Chaila, de Beaupréau, sur tous ceux qui l'avaient secondé, et demandait pour eux des récompenses. Cette histoire ne serait qu'une liste continuelle si on pouvait citer toutes les belles actions, qui, devenues simples et ordinaires, se perdent continuellement dans la foule.

Mais cette nouvelle victoire fut encore au nombre de celles qui causent des pertes sans produire d'avantages réels aux vainqueurs. On a donné plus de cent vingt batailles en Europe depuis 1600; et de tous ces combats, il n'y en a pas eu dix de décisifs. C'est du sang inutilement répandu pour des intérêts qui changent tous les jours. Cette victoire donna d'abord la plus grande confiance, qui se changea bientôt en tristesse. La rigueur de la saison, la fonte des neiges, le débordement de la Sture et des torrents, furent plus utiles au roi de Sardaigne que la victoire de Coni ne le fut à l'infant et au prince de Conti. Ils furent obligés de lever le siège et de repasser les monts avec une armée affaiblie. C'est presque toujours le sort de ceux qui combattent vers les Alpes, et qui n'ont pas pour eux le maître du Piémont, de perdre leur armée, même par des victoires.

Le roi de France, dans cette saison pluvieuse, était devant Fribourg. On fut obligé de détourner la rivière de Treisam, et de lui ouvrir un canal de deux mille six cents toises; mais à peine ce travail fut-il achevé, qu'une digue se rompit, et on recommença. On travaillait sous le feu des châteaux de Fribourg; il fallait saigner à la fois deux bras de la rivière : les ponts construits sur le canal nouveau furent dérangés par les eaux; on les rétablit dans une nuit, et, le lendemain, on marcha au chemin couvert sur un terrain miné, et vis-à-vis d'une artillerie et d'une mousqueterie continuelle. Cinq cents grenadiers furent couchés par terre, tués ou blessés; deux compagnies entières périrent par l'effet des mines du chemin couvert : et, le lendemain, on acheva d'en chasser les ennemis, malgré les bombes, les pierriers, et les grenades, dont ils faisaient un usage continuel et terrible. Il y avait seize ingénieurs à ces deux attaques, et tous les seize y furent blessés. Une pierre atteignit le prince de Soubise, et lui cassa le bras. Dès que le roi le sut, il alla le voir : il y retourna plusieurs fois; il voyait mettre l'appareil à ses blessures. Cette sensibilité encourageait toutes ses troupes. Les soldats redoublaient d'ardeur en suivant le duc de Chartres, aujourd'hui duc d'Orléans, premier prince du sang, à la tranchée et aux attaques.

Le général Damnitz, gouverneur de Fribourg, n'arbora le drapeau blanc que le 6 novembre, après deux mois de tranchée ouverte. Le siège des châteaux ne dura que sept jours. Le roi était maître du Brisgaw. Il dominait dans la Souabe. Le prince de Clermont, de son côté, s'était avancé jusqu'à Constance. L'empereur était retourné enfin dans Munich.

Les affaires prenaient en Italie un tour favorable, quoique avec lenteur. Le roi de Naples poursuivait les Autrichiens, conduits par le prince de Lobkovitz, sur le territoire de Rome. On devait tout attendre en Bohême de la diversion du roi de Prusse; mais, par un de ces revers si fréquents dans cette guerre, le prince Charles de Lorraine chassait alors les Prussiens de la Bohême, comme il en avait fait retirer les Français, en 1742 et en 1743, et les Prussiens faisaient les mêmes fautes et les mêmes retraites qu'ils avaient reprochées aux armées françaises; (19 novembre 1744) ils abandonnaient successivement tous les postes qui assurent Prague; enfin, ils furent obligés d'abandonner Prague même (27 novembre).

Le prince Charles, qui avait passé le Rhin à la vue de l'armée de France, passa l'Elbe la même année à la vue du roi de Prusse : il le suivit jusqu'en Silésie. Ses partis allèrent aux portes de Breslau; on doutait enfin si la reine Marie-Thérèse, qui paraissait perdue au mois de juin, ne reprendrait pas jusqu'à la Silésie au mois de décembre de la même année; et on craignait que l'empereur, qui venait de rentrer dans sa capitale désolée, ne fût obligé d'en sortir encore.

Tout était révolution en Allemagne, tout y était intrigue. Les rois de France et d'Angleterre achetaient tour à tour des partisans dans l'empire. Le roi de Pologne, Auguste, électeur de Saxe, se donna aux Anglais pour cent cinquante mille pièces par an. Si on s'étonnait que, dans ces circonstances, un roi de Pologne, électeur, fût obligé de recevoir cet argent, on était encore plus surpris que l'Angleterre fût en état de le donner, lorsqu'il lui en coûtait cinq cent mille guinées cette année pour la reine de Hongrie, deux cent mille pour le roi de Sardaigne, et qu'elle donnait encore des subsides à l'électeur de Mayence : elle soudoyait jusqu'à l'électeur de Cologne, frère de l'empereur, qui recevait vingt-deux mille pièces de la cour de Londres pour permettre que les ennemis de son frère levassent contre lui des troupes dans ses évêchés de Cologne, de Munster et d'Osnabruch, d'Hildesheim, de Paderborn, et dans ses abbayes; il avait accumulé sur sa tête tous ces biens ecclésiastiques, selon l'usage d'Allemagne, et non suivant les règles de l'Église. Se vendre aux Anglais n'était pas glorieux; mais il crut toujours qu'un empereur créé par la France, en Allemagne, ne se soutiendrait pas, et il sacrifia les intérêts de son frère aux siens propres.

Marie-Thérèse avait en Flandre une armée formidable, composée d'Allemands, d'Anglais, et enfin de Hollandais, qui se déclarèrent après tant d'indécisions.

La Flandre française était défendue par le maréchal de Saxe, plus faible de vingt mille hommes que les alliés. Ce général mit en œuvre ces ressources de la guerre auxquelles ni la fortune, ni même la valeur du soldat, ne peuvent avoir part. Camper et décamper à propos, couvrir son pays, faire subsister son armée aux dépens des ennemis, aller sur leur terrain lorsqu'ils s'avancent vers le pays qu'on défend, et les forcer à revenir sur leurs pas, rendre par l'habileté la force inutile; c'est ce qui est regardé comme un des chefs-d'œuvre de l'art militaire, et c'est ce que fit le maréchal de Saxe, depuis le commencement d'auguste jusqu'au mois de novembre.

La querelle de la succession autrichienne était tous les jours plus vive, la destinée de l'empereur plus incertaine, les intérêts plus compliqués, les succès toujours balancés.

Ce qui est très-vrai, c'est que cette guerre enrichissait en secret l'Allemagne en la dévastant. L'argent de la France et de l'Angleterre, répandu avec profusion, demeurait entre les mains des Allemands : et, au fond, le résultat était de rendre ce vaste pays plus opulent, et par conséquent un jour plus puissant, si jamais il pouvait être réuni sous un seul chef.

Il n'en est pas ainsi de l'Italie, qui d'ailleurs ne peut faire de long-temps un corps formidable comme l'Allemagne. La France n'avait envoyé dans les Alpes que quarante-deux bataillons et trente-trois escadrons qui, attendu l'incomplet ordinaire des troupes, ne composaient pas un corps de plus de vingt-six mille hommes. L'armée de l'infant était à peu près de cette force au commencement de la campagne ; et toutes deux, loin d'enrichir un pays étranger, tiraient presque toutes leurs subsistances des provinces de France. A l'égard des terres du pape sur lesquelles le prince de Lobkovitz, général d'une armée de Marie-Thérèse, était pour lors avec le fonds de trente mille hommes, ces terres étaient plutôt dévastées qu'enrichies. Cette partie de l'Italie devenait une scène sanglante dans ce vaste théâtre de la guerre qui se faisait du Danube au Tibre.

Les armées de Marie-Thérèse avaient été sur le point de conquérir le royaume de Naples vers le mois de mars, d'avril, et de mai 1744.

Rome voyait, depuis le mois de juillet, les armées napolitaine et autrichienne combattre sur son territoire. Le roi de Naples, le duc de Modène, étaient dans Velletri, autrefois capitale des Volsques, et aujourd'hui la demeure des doyens du sacré collége. Le roi des Deux-Siciles y occupait le palais Ginetti, qui passe pour un ouvrage de magnificence et de goût. Le prince de Lobkovitz fit sur Velletri la même entreprise que le prince Eugène avait faite sur Crémone en 1702 ; car l'histoire n'est qu'une suite des mêmes événements renouvelés et variés. Six mille Autrichiens étaient entrés dans Velletri au milieu de la nuit. La grand'garde était égorgée ; on tuait ce qui se défendait ; on faisait prisonnier ce qui ne se défendait pas. L'alarme et la consternation étaient partout. Le roi de Naples, le duc de Modène, allaient être pris. Le marquis de L'Hospital, ambassadeur de France à Naples, qui avait accompagné le roi, s'éveille au bruit (la nuit du 10 au 11 d'auguste), court au roi, et le sauve. A peine le marquis de L'Hospital était-il sorti de sa maison pour aller au roi, qu'elle est remplie d'ennemis, pillée, et saccagée. Le roi, suivi du duc de Modène et de l'ambassadeur, va se mettre à la tête de ses troupes hors de la ville. Les Autrichiens se répandent dans les maisons. Le général Novati entre dans celle du duc de Modène.

Tandis que ceux qui pillaient les maisons jouissaient avec sécurité de la victoire, il arrivait la même chose qu'à Crémone. Les gardes vallonnes, un régiment irlandais, des Suisses, repoussaient les Autrichiens, jonchaient les rues de morts, et reprenaient la ville. Peu de jours après, le prince de Lobkovitz est obligé de se retirer vers Rome.

(2 novembre 1744) Le roi de Naples le poursuit; le premier était vers une porte de la ville, le second vers l'autre; ils passent tous deux le Tibre; et le peuple romain, du haut des remparts, avait le spectacle des deux armées. Le roi, sous le nom du comte de Pouzzoles, fut reçu dans Rome. Ses gardes avaient l'épée à la main dans les rues, tandis que leur maître baisait les pieds du pape[1]; et les deux armées continuèrent la guerre sur le territoire de Rome, qui remerciait le ciel de ne voir le ravage que dans ses campagnes.

On voit au reste que d'abord l'Italie était le grand point de vue de la cour d'Espagne, que l'Allemagne était l'objet le plus délicat de la conduite de la cour de France, et que des deux côtés le succès était encore très-incertain.

CHAP. XIV. *Prise du maréchal de Belle-Isle. L'empereur Charles VII meurt; mais la guerre n'en est que plus vive.*

Le roi de France, immédiatement après la prise de Fribourg, retourna à Paris, où il fut reçu comme le vengeur de sa patrie et comme un père qu'on avait craint de perdre. Il resta trois jours dans Paris pour se faire voir aux habitants, qui ne voulaient que ce prix de leur zèle.

Le roi, comptant toujours maintenir l'empereur, avait envoyé à Munich, à Cassel, et en Silésie, le maréchal de Belle-Isle, chargé de ses pleins pouvoirs et de ceux de l'empereur. Ce général venait de Munich, résidence impériale, avec le comte son frère : ils avaient été à Cassel, et suivaient leur route sans défiance dans des pays où le roi de Prusse a partout des bureaux de poste qui, par les conventions établies entre les princes d'Allemagne, sont toujours regardés comme neutres et inviolables (13 novembre 1744). Le maréchal et son frère, en prenant des chevaux à un de ces bureaux, dans un bourg appelé Elbingrode, appartenant à l'électeur d'Hanovre, furent arrêtés par le bailli hanovrien, maltraités, et bientôt après transférés en Angleterre. Le duc de Belle-Isle était prince de l'empire, et par cette qualité cet arrêt pouvait être regardé comme une violation des priviléges du collége des princes. En d'autres temps un empereur aurait vengé cet attentat; mais Charles VII régnait dans un temps où l'on pouvait tout oser contre lui, et où il ne pouvait que se plaindre. Le ministère de France réclama à la fois tous les priviléges des ambassadeurs et les droits de la guerre. Si le maréchal de Belle-Isle était regardé comme prince de l'empire et ministre du roi de France allant à la cour impériale et à celle de Prusse, ces deux cours n'étant point en guerre avec le Hanovre, il paraît certain que sa personne était inviolable.

---

1. Il ne baisa point les pieds du pape : il fut convenu que le prince lui ferait une inclination profonde; que le pape, la prenant pour une génuflexion, s'empresserait de le relever et de l'embrasser. C'est ce qui fut exécuté; mais le cardinal qui avait réglé ce cérémonial, craignan les reproches de ses confrères, inséra dans le procès-verbal de cette visite que le roi s'était prosterné, etc. (*Ed. de Kehl.*)

S'il était regardé comme maréchal de France et général, le roi de France offrait de payer sa rançon et celle de son frère, selon le cartel établi à Francfort, le 18 juin 1743, entre la France et l'Angleterre. La rançon d'un maréchal de France était de cinquante mille livres, celle d'un lieutenant général de quinze mille. Le ministre de George II éluda ces instances pressantes par une défaite inouïe : il déclara qu'il regardait MM. de Belle-Isle comme prisonniers d'État. On les traita avec les attentions les plus distinguées, suivant les maximes de la plupart des cours européenes, qui adoucissent ce que la politique a d'injuste, et ce que la guerre a de cruel, par tout ce que l'humanité a de dehors séduisants.

L'empereur Charles VII, si peu respecté dans l'empire, et n'y ayant d'autre appui que le roi de Prusse, qui alors était poursuivi par le prince Charles, craignant que la reine de Hongrie ne le forçât encore de sortir de Munich, sa capitale, se voyant toujours le jouet de la fortune, accablé de maladies que les chagrins redoublaient, succomba enfin, et mourut à Munich, à l'âge de quarante-sept ans et demi (20 janvier 1745), en laissant cette leçon au monde, que le plus haut degré de la grandeur humaine peut être le comble de la calamité. Il n'avait été malheureux que depuis qu'il avait été empereur. La nature, dès lors, lui avait fait plus de mal encore que la fortune. Une complication de maladies douloureuses rendit plus violents les chagrins de l'âme par les souffrances du corps, et le conduisit au tombeau. Il avait la goutte et la pierre : on trouva ses poumons, son foie, et son estomac gangrenés, des pierres dans ses reins, un polype dans son cœur : on jugea qu'il n'avait pu dès longtemps être un moment sans souffrir. Peu de princes ont eu de meilleures qualités. Elles ne servirent qu'à son malheur, et ce malheur vint d'avoir pris un fardeau qu'il ne pouvait soutenir.

Le corps de cet infortuné prince fut exposé, vêtu à l'ancienne mode espagnole, étiquette établie par Charles-Quint, quoique, depuis lui, aucun empereur n'ait été Espagnol, et que Charles VII n'eût rien de commun avec cette nation. Il fut enseveli avec les cérémonies de l'empire ; et dans cet appareil de la vanité et de la misère humaine, on porta le globe du monde devant celui qui, pendant la courte durée de son empire, n'avait pas même possédé une petite et malheureuse province ; on lui donna même dans quelques rescrits le titre d'invincible, titre attaché par l'usage à la dignité d'empereur, et qui ne faisait que mieux sentir les malheurs de celui qui l'avait possédée.

On crut que la cause de la guerre ne subsistant plus, le calme pouvait être rendu à l'Europe. On ne pouvait offrir l'empire au fils de Charles VII, âgé de dix-sept ans. On se flattait en Allemagne que la reine de Hongrie rechercherait la paix comme un moyen sûr de placer enfin son mari, le grand-duc, sur le trône impérial ; mais elle voulut et ce trône et la guerre. Le ministère anglais, qui donnait la loi à ses alliés, puisqu'il donnait l'argent, et qui payait à la fois la reine de Hongrie, le roi de Pologne, et le roi de Sardaigne, crut qu'il y avait à perdre avec la France par un traité, et à gagner par les armes.

Cette guerre générale se continua parce qu'elle était commencée. L'objet n'en était pas le même que dans son principe : c'était une de ces maladies qui, à la longue, changent de caractère. La Flandre, qui avait été respectée avant 1744, était devenue le principal théâtre ; et l'Allemagne fut plutôt pour la France un objet de politique que d'opérations militaires. Le ministère de France, qui voulait toujours faire un empereur, jeta les yeux sur ce même Auguste II[1], roi de Pologne, électeur de Saxe, qui était à la solde des Anglais : mais la France n'était guère en état de faire de telles offres. Le trône de l'empire n'était que dangereux pour quiconque n'a pas l'Autriche et la Hongrie. La cour de France fut refusée : l'électeur de Saxe n'osa ni accepter cet honneur, ni se détacher des Anglais, ni déplaire à la reine. Il fut le second électeur de Saxe qui refusa d'être empereur.

Il ne resta à la France d'autre parti que d'attendre du sort des armes la décision de tant d'intérêts divers qui avaient changé tant de fois, et qui dans tous leurs changements avaient tenu l'Europe en alarmes.

Le nouvel électeur de Bavière, Maximilien-Joseph, était le troisième de père en fils que la France soutenait. Elle avait fait rétablir l'aïeul dans ses États ; elle avait fait donner l'empire au père, et le roi fit un nouvel effort pour secourir encore le jeune prince. Six mille Hessois à sa solde, trois mille Palatins et treize bataillons d'Allemands, qui sont depuis longtemps dans les corps des troupes de France, s'étaient déjà joints aux troupes bavaroises toujours soudoyées par le roi.

Pour que tant de secours fussent efficaces, il fallait que les Bavarois se secourussent eux-mêmes ; mais leur destinée était de succomber sous les Autrichiens : ils défendirent si malheureusement l'entrée de leur pays, que, dès le commencement d'avril, le nouvel électeur de Bavière fut obligé de sortir de cette même capitale, que son père avait été forcé de quitter tant de fois. (22 avril 1744) Les malheurs de sa maison le forcèrent enfin d'avoir recours à Marie-Thérèse elle-même, de renoncer à l'alliance de la France, et de recevoir l'argent des Anglais comme les autres.

Le roi, abandonné de ceux pour qui seuls il avait commencé la guerre, fut obligé de la continuer sans avoir d'autre objet que de la faire cesser ; situation triste qui expose les peuples, et qui ne leur promet nul dédommagement.

Le parti qu'on prit fut de se défendre en Italie et en Allemagne, et d'agir toujours offensivement en Flandre : c'était l'ancien théâtre de la guerre, et il n'y a pas un seul champ dans cette province qui n'ait été arrosé de sang. Une armée vers le Mein empêchait les Autrichiens de se porter contre le roi de Prusse, alors allié de la France, avec des forces trop supérieures. Le maréchal de Maillebois était parti de l'Allemagne pour l'Italie ; et le prince de Conti fut chargé de la guerre vers le Mein, qui devenait d'une espèce toute contraire à celle qu'il avait faite dans les Alpes.

Le roi voulut aller lui-même achever en Flandre les conquêtes qu'il

1. Frédéric-Auguste II. (ÉD.)

avait interrompues l'année précédente. Il venait de marier le dauphin avec la seconde infante d'Espagne, au mois de février (1745); et ce jeune prince, qui n'avait pas seize ans accomplis, se prépara à partir au commencement de mai avec son père.

CHAP. XV. *Siège de Tournay. Bataille de Fontenoy.*

Le maréchal de Saxe était déjà en Flandre, à la tête de l'armée composée de cent six bataillons complets, et de cent soixante et douze escadrons. Déjà Tournay, cette ancienne capitale de la domination française, était investi. C'était la plus forte place de la barrière. La ville et la citadelle étaient encore un des chefs-d'œuvre du maréchal de Vauban, car il n'y avait guère de place en Flandre dont Louis XIV n'eût fait construire les fortifications.

Dès que les états généraux des Sept-Provinces apprirent que Tournay était en danger, ils mandèrent qu'il fallait hasarder une bataille pour secourir la ville. Ces républicains, malgré leur circonspection, furent alors les premiers à prendre des résolutions hardies. Au 5 mai (1745) les alliés avancèrent à Cambron, à sept lieues de Tournay. Le roi partit le 6 de Paris avec le dauphin; les aides de camp du roi, les menins du dauphin, les accompagnaient.

La principale force de l'armée ennemie consistait en vingt bataillons et vingt-six escadrons anglais, sous le jeune duc de Cumberland, qui avait gagné avec le roi son père la bataille de Dettingen : cinq bataillons et seize escadrons hanovriens étaient joints aux Anglais. Le prince de Valdeck, à peu près de l'âge du duc de Cumberland, impatient de se signaler, était à la tête de quarante escadrons hollandais et de vingt-six bataillons. Les Autrichiens n'avaient dans cette armée que huit escadrons. On faisait la guerre pour eux dans la Flandre, qui a été si longtemps défendue par les armes et par l'argent de l'Angleterre et de la Hollande : mais à la tête de ce petit nombre d'Autrichiens était le vieux général Kœnigseck, qui avait commandé contre les Turcs en Hongrie, et contre les Français en Italie et en Allemagne. Ses conseils devaient aider l'ardeur du duc de Cumberland et du prince de Valdeck. On comptait dans leur armée au delà de cinquante-cinq mille combattants. Le roi laissa devant Tournay environ dix-huit mille hommes, qui étaient postés en échelle jusqu'au champ de bataille; six mille pour garder les ponts sur l'Escaut et les communications.

L'armée était sous les ordres d'un général en qui on avait la plus juste confiance. Le comte de Saxe avait déjà mérité sa grande réputation par de savantes retraites en Allemagne et par sa campagne de 1744; il joignit une théorie profonde à la pratique. La vigilance, le secret, l'art de savoir différer à propos un projet, et celui de l'exécuter rapidement, le coup d'œil, les ressources, la prévoyance, étaient ses talents, de l'aveu de tous les officiers; mais alors ce général, consumé d'une maladie de langueur, était presque mourant [1]. Il était parti de

1. Il ne mourut que cinq ans après. (ÉD.)

Paris très-malade pour l'armée. L'auteur de cette histoire l'ayant même rencontré avant son départ, et n'ayant pu s'empêcher de lui demander comment il pourrait faire dans cet état de faiblesse, le maréchal lui répondit : « Il ne s'agit pas de vivre, mais de partir. »

(1745) Le roi, étant arrivé le 6 mai à Douai, se rendit le lendemain à Pont-à-Chin près de l'Escaut, à portée des tranchées de Tournay. De là il alla reconnaître le terrain qui devait servir de champ de bataille. Toute l'armée, en voyant le roi et le dauphin, fit entendre des acclamations de joie. Les alliés passèrent le 10 et la nuit du 11 à faire leurs dernières dispositions. Jamais le roi ne marqua plus de gaieté que la veille du combat. La conversation roula sur les batailles où les rois s'étaient trouvés en personne. Le roi dit que, depuis la bataille de Poitiers, aucun roi de France n'avait combattu avec son fils, et qu'aucun, depuis saint Louis, n'avait gagné de victoire signalée contre les Anglais : qu'il espérait être le premier. Il fut éveillé le premier le jour de l'action : il éveilla lui-même à quatre heures le comte d'Argenson, ministre de la guerre, qui, dans l'instant, envoya demander au maréchal de Saxe ses derniers ordres. On trouva le maréchal dans une voiture d'osier qui lui servait de lit, et dans laquelle il se faisait traîner quand ses forces épuisées ne lui permettaient plus d'être à cheval. Le roi et son fils avaient déjà passé un pont sur l'Escaut à Calonne ; ils allèrent prendre leur poste par delà la Justice de Notre-Dame-aux-Bois, à mille toises de ce pont, et précisément à l'entrée du champ de bataille.

La suite du roi et du dauphin, qui composait une troupe nombreuse, était suivie d'une foule de personnes de toute espèce qu'attirait cette journée, et dont quelques-uns même étaient montés sur des arbres pour voir le spectacle d'une bataille.

En jetant les yeux sur les cartes, qui sont fort communes, on voit d'un coup d'œil la disposition des deux armées. On remarque Anthoin assez près de l'Escaut, à la droite de l'armée française, à neuf cents toises de ce pont de Calonne, par où le roi et le dauphin s'étaient avancés ; le village de Fontenoy par delà Anthoin presque sur la même ligne ; un espace étroit de quatre cent cinquante toises de large entre Fontenoy et un petit bois qu'on appelle *le bois de Barry*. Ce bois, ces villages, étaient garnis de canons comme un camp retranché. Le maréchal de Saxe avait établi des redoutes entre Anthoin et Fontenoy : d'autres redoutes aux extrémités du bois de Barry fortifiaient cette enceinte. Le champ de bataille n'avait pas plus de cinq cents toises de longueur depuis l'endroit où était roi, auprès de Fontenoy, jusqu'à ce bois de Barry, et n'avait guère plus de neuf cents toises de large ; de sorte que l'on allait combattre en champ clos, comme à Dettingen, mais dans une journée plus mémorable.

Le général de l'armée française avait pourvu à la victoire et à la défaite. Le pont de Calonne, muni de canons, fortifié de retranchements, et défendu par quelques bataillons, devait servir de retraite au roi et au dauphin en cas de malheur. Le reste de l'armée aurait défilé alors par d'autres ponts sur le bas Escaut, par delà Tournay.

On prit toutes les mesures qui se prêtaient un secours mutuel sans qu'elles pussent se traverser. L'armée de France semblait inabordable; car le feu croisé qui partait des redoutes du bois de Barry et du village de Fontenoy défendait toute approche. Outre ces précautions, on avait encore placé six canons de seize livres de balle au deçà de l'Escaut, pour foudroyer les troupes qui attaqueraient le village d'Anthoin.

On commençait à se canonner de part et d'autre à six heures du matin. Le maréchal de Noailles était alors auprès de Fontenoy, et rendait compte au maréchal de Saxe d'un ouvrage qu'il avait fait à l'entrée de la nuit pour joindre le village de Fontenoy à la première des trois redoutes entre Fontenoy et Anthoin : il lui servit de premier aide de camp, sacrifiant la jalousie du commandement au bien de l'Etat, et s'oubliant soi-même pour un général étranger et moins ancien. Le maréchal de Saxe sentait tout le prix de cette magnanimité, et jamais on ne vit une union si grande entre deux hommes que la faiblesse ordinaire du cœur humain pouvait éloigner l'un de l'autre.

Le maréchal de Noailles embrassait le duc de Grammont son neveu, et ils se séparaient, l'un pour retourner auprès du roi, l'autre pour aller à son poste, lorsqu'un boulet de canon vint frapper le duc de Grammont à mort : il fut la première victime de cette journée.

Les Anglais attaquèrent trois fois Fontenoy, et les Hollandais se présentèrent à deux reprises devant Anthoin. A leur seconde attaque, on vit un escadron hollandais emporté presque tout entier par le canon d'Anthoin : il n'en resta que quinze hommes, et les Hollandais ne se présentèrent plus dès ce moment.

Alors le duc de Cumberland prit une résolution qui pouvait lui assurer le succès de cette journée. Il ordonna à un major-général, nommé Ingolsby, d'entrer dans le bois de Barry, de pénétrer jusqu'à la redoute de ce bois vis-à-vis Fontenoy, et de l'emporter. Ingolsby marche avec les meilleures troupes pour exécuter cet ordre : il trouve dans le bois de Barry un bataillon du régiment d'un partisan : c'était ce qu'on appelait les Grassins, du nom de celui qui les avait formés. Ces soldats étaient en avant dans le bois, par delà la redoute, couchés par terre. Ingolsby crut que c'était un corps considérable : il retourne auprès du duc de Cumberland et demande du canon. Le temps se perdait. Le prince était au désespoir d'une désobéissance qui dérangeait toutes ses mesures, et qu'il fit ensuite punir à Londres par un conseil de guerre qu'on appelle *cour martiale*.

Il se détermina sur-le-champ à passer entre cette redoute et Fontenoy. Le terrain était escarpé, il fallait franchir un ravin profond; il fallait essuyer tout le feu de Fontenoy et de la redoute. L'entreprise était audacieuse : mais il était réduit alors ou à ne point combattre, ou à tenter ce passage.

Les Anglais et les Hanovriens s'avancent avec lui sans presque déranger leurs rangs, traînant leurs canons à bras par les sentiers : il les forme sur trois lignes assez pressées, et de quatre de hauteur chacune, avançant entre les batteries de canon qui les foudroyaient dans un terrain d'environ quatre cents toises de large. Des rangs entiers tombaient morts à droite et à gauche; ils étaient remplacés aussitôt; et les canons qu'il amenaient à bras vis-à-vis Fontenoy et devant les re- doutes, répondaient à l'artillerie française. En cet état ils marchaient fièrement précédés de six pièces d'artillerie, et en ayant encore six autres au milieu de leurs lignes.

Vis-à-vis d'eux se trouvèrent quatre bataillons des gardes françaises, ayant deux bataillons de gardes suisses à leur gauche, le régiment de Courten à leur droite, ensuite celui d'Aubeterre, et plus loin le régi- ment du roi qui bordait Fontenoy le long d'un chemin creux.

Le terrain s'élevait à l'endroit où étaient les gardes françaises jusqu'à celui où les Anglais se formaient.

Les officiers des gardes françaises se dirent alors les uns aux autres : « Il faut aller prendre le canon des Anglais. » Ils y montèrent rapi- dement avec leurs grenadiers, mais ils furent bien étonnés de trouver une armée devant eux. L'artillerie et la mousqueterie en couchèrent par terre près de soixante, et le reste fut obligé de revenir dans ses rangs.

Cependant les Anglais avançaient, et cette ligne d'infanterie, com- posée des gardes françaises et suisses, et de Courten, ayant encore sur leur droite Aubeterre et un bataillon du régiment du roi, s'approchait de l'ennemi. On était à cinquante pas de distance. Un régiment des gardes anglaises, celui de Campbell, et le royal-écossais, étaient les premiers : M. de Campbell était leur lieutenant général; le comte d'Al- bemarle, leur général-major, et M. de Churchill, petit-fils naturel du grand duc de Marlborough, leur brigadier. Les officiers anglais saluè- rent les Français en ôtant leurs chapeaux. Le comte de Chabanes, le duc de Biron, qui s'étaient avancés, et tous les officiers des gardes françaises, leur rendirent le salut. Milord Charles Hay, capitaine aux gardes anglaises, cria : « Messieurs les gardes françaises, tirez. »

Le comte d'Auteroche, alors lieutenant des grenadiers et depuis ca- pitaine, leur dit à voix haute : « Messieurs, nous ne tirons jamais les premiers; tirez vous-mêmes. » Les Anglais firent un feu roulant, c'est- à-dire qu'ils tiraient par divisions; de sorte que le front d'un bataillon sur quatre hommes de hauteur ayant tiré, un autre bataillon faisait sa décharge, et ensuite un troisième, tandis que les premiers rechar- geaient. La ligne d'infanterie française ne tira point ainsi : elle était seule sur quatre de hauteur, les rangs assez éloignés, et n'étant sou- tenue par aucune autre troupe d'infanterie. Dix-neuf officiers des gardes tombèrent blessés à cette seule décharge. MM. de Clisson, de Langey, de Peyre, y perdirent la vie; quatre-vingt-quinze soldats demeurèrent sur la place; deux cent quatre-vingt-cinq y reçurent des blessures; onze officiers suisses tombèrent blessés, ainsi que deux cent neuf de leurs soldats, parmi lesquels soixante-quatre furent tués. Le colonel de Courten, son lieutenant-colonel, quatre officiers, soixante et quinze soldats tombèrent morts : quatorze officiers et deux cents soldats furent blessés dangereusement. Le premier rang ainsi emporté, les trois autres regardèrent derrière eux, et ne voyant qu'une cavalerie à plus de trois cents toises, ils se dispersèrent. Le duc de Grammont, leur colonel et premier lieutenant général, qui aurait pu les faire soutenir, était tué. M. de Lutteaux, second lieutenant général, n'arriva que dans leur déroute. Les Anglais avançaient à pas lents, comme faisant l'exercice. On voyait les majors appuyer leurs cannes sur les fusils des soldats pour les faire tirer bas et droit. Ils débordèrent Fontenoy et la redoute. Ce corps, qui auparavant était en trois divisions, se pressant par la nature du terrain, devint une colonne longue et épaisse, presque inébranlable par sa masse et plus encore par son courage; elle s'avança vers le régiment d'Aubeterre. M. de Lutteaux, premier lieutenant général de l'armée, à la nouvelle de ce danger, accourut de Fontenoy où il venait d'être blessé dangereusement. Son aide de camp le suppliait de commencer par faire mettre le premier appareil à sa blessure : « Le service du roi, lui répondit M. de Lutteaux, m'est plus cher que ma vie. » Il s'avançait avec le duc de Biron à la tête du régiment d'Aubeterre, que conduisait son colonel de ce nom. Lutteaux reçoit en arrivant deux coups mortels. Le duc de Biron a un cheval tué sous lui. Le régiment d'Aubeterre perd beaucoup de soldats et d'officiers. Le duc de Biron arrête alors, avec le régiment du roi qu'il commandait, la marche de la colonne par son flanc gauche. Un bataillon des gardes anglaises se détache, avance quelques pas à lui, fait une décharge très-meurtrière, et revient au petit pas se replacer à la tête de la colonne, qui avance toujours lentement sans jamais se déranger, repoussant tous les régiments qui viennent l'un après l'autre se présenter devant elle.

Ce corps gagnait du terrain, toujours serré, toujours ferme. Le maréchal de Saxe, qui voyait de sang-froid combien l'affaire était périlleuse, fit dire au roi, par le marquis de Meuse, qu'il le conjurait de repasser le pont avec le dauphin, qu'il ferait ce qu'il pourrait pour remédier au désordre. « Oh! je suis bien sûr qu'il fera ce qu'il faudra, répondit le roi, mais je resterai où je suis. »

Il y avait de l'étonnement et de la confusion dans l'armée depuis le moment de la déroute des gardes françaises et suisses. Le maréchal de Saxe veut que la cavalerie fonde sur la colonne anglaise. Le comte d'Estrée y court. Mais les efforts de cette cavalerie étaient peu de chose contre une masse d'infanterie si réunie, si disciplinée, et si intrépide, dont le feu toujours roulant et toujours soutenu écartait nécessairement de petits corps séparés. On sait d'ailleurs que la cavalerie ne peut guère entamer seule une infanterie serrée; le maréchal de Saxe était au milieu de ce feu : sa maladie ne lui laissait pas la force de porter une cuirasse; il portait une espèce de bouclier de plusieurs doubles de taffetas piqué, qui reposait sur l'arçon de sa selle. Il jeta son bouclier, et courut faire avancer la seconde ligne de cavalerie contre la colonne.

Tout l'état-major était en mouvement. M. de Vaudreuil, major général de l'armée, allait de la droite à la gauche. M. de Puységur, MM. de Saint-Sauveur, d Saint-George, de Mezière, aides-maréchaux des logis sont tous blessés. Le comte de Longaunai, aide-major-général, est tué. Ce fut dans ces attaques que le chevalier d'Aché, lieutenant général, eut le pied fracassé. Il vint ensuite rendre compte au roi, et lui parla longtemps sans donner le moindre signe des douleurs qu'il ressentait, jusqu'à ce qu'enfin il tomba évanoui.

Plus la colonne anglaise avançait, plus elle devenait profonde et en état de réparer les pertes continuelles que lui causaient tant d'attaques réitérées. Elle marchait toujours serrée au travers des morts et des blessés des deux partis, et paraissait former un seul corps d'environ quatorze mille hommes.

Un très-grand nombre de cavaliers furent poussés en désordre jusqu'à l'endroit où était le roi avec son fils. Ces deux princes furent séparés par la foule des fuyards qui se précipitaient entre eux. Pendant ce désordre les brigades des gardes du corps qui étaient en réserve s'avancèrent d'elles-mêmes aux ennemis. Les chevaliers de Suzy et de Saumery y furent blessés à mort. Quatre escadrons de la gendarmerie arrivaient presque en ce moment de Douai, et, malgré la fatigue d'une marche de sept lieues, ils coururent aux ennemis. Tous ces corps furent reçus comme les autres, avec cette même intrépidité et ce même feu roulant. Le jeune comte de Chévrier, guidon, fut tué. C'était le jour même qu'il avait été reçu à sa troupe. Le chevalier de Monaco, fils du duc de Valentinois, y eut la jambe percée. M. Duguesclin reçut une blessure dangereuse. Les carabiniers donnèrent; ils eurent six officiers renversés morts, et vingt et un de blessés.

Le maréchal de Saxe, dans le dernier épuisement, était toujours à cheval, se promenant au pas au milieu du feu. Il passa sous le front de la colonne anglaise pour voir tout de ses yeux, auprès du bois de Barry, vers la gauche. On y faisait les mêmes manœuvres qu'à la droite. On tâchait en vain d'ébranler cette colonne. Les régiments se présentaient les uns après les autres, et la masse anglaise faisant face de tous côtés, plaçant à propos son canon, et tirant toujours par division, nourrissait ce feu continu quand elle était attaquée; et après l'attaque, elle restait immobile, et ne tirait plus. Quelques régiments d'infanterie vinrent encore affronter cette colonne par les ordres seuls de leurs commandants. Le maréchal de Saxe en vit un dont les rangs entiers tombaient, et qui ne se dérangeait pas. On lui dit que c'était le régiment des vaisseaux que commandait M. de Guerchi. « Comment se peut-il faire, s'écria-t-il, que de telles troupes ne soient pas victorieuses ? »

Hainaut ne souffrait pas moins; il avait pour colonel le fils du prince de Craon, gouverneur de Toscane. Le père servait le grand-duc; les enfants servaient le roi de France. Ce jeune homme, d'une très-grande espérance, fut tué à la tête de sa troupe; son lieutenant-colonel blessé à mort auprès de lui. Le régiment de Normandie avança; il eut autant d'officiers et de soldats hors de combat que celui de Hainaut : il était mené par son lieutenant-colonel, M. de Solenci, dont le roi loua la bravoure sur le champ de bataille, et qu'il récompensa ensuite en le faisant brigadier. Des bataillons irlandais coururent au flanc de cette colonne : le colonel Dillon tombe mort : ainsi aucun corps, aucune attaque, n'avaient pu entamer la colonne, parce que rien ne s'était fait de concert et à la fois.

Le maréchal de Saxe repasse par le front de la colonne, qui s'était déjà avancée plus de trois cents pas au delà de la redoute d'Eu et de Fontenoy. Il va voir si Fontenoy tenait encore : on n'y avait plus de boulets; on ne répondait à ceux des ennemis qu'avec de la poudre.

M. Dubrocard, lieutenant général d'artillerie, et plusieurs officiers d'artillerie étaient tués. Le maréchal pria alors le duc d'Harcourt, qu'il rencontra, d'aller conjurer le roi de s'éloigner, et il envoya ordre au comte de La Mark, qui gardait Anthoin, d'en sortir avec le régiment de Piémont; la bataille parut perdue sans ressource. On ramenait de tous côtés les canons de campagne; on était prêt de faire partir celui du village de Fontenoy, quoique les boulets fussent arrivés. L'intention du maréchal de Saxe était de faire, si l'on pouvait, un dernier effort mieux dirigé et plus plein contre la colonne anglaise. Cette masse d'infanterie avait été endommagée, quoique sa profondeur parût toujours égale; elle-même était étonnée de se trouver au milieu des Français sans avoir de cavalerie; la colonne était immobile et semblait ne recevoir plus d'ordre; mais elle gardait une contenance fière et paraissait être maîtresse du champ de bataille. Si les Hollandais avaient passé entre les redoutes qui étaient vers Fontenoy et Anthoin, s'ils étaient venus donner la main aux Anglais, il n'y avait plus de ressource, plus de retraite même, ni pour l'armée française, ni probablement pour le roi et son fils. Le succès d'une dernière attaque était incertain. Le maréchal de Saxe, qui voyait la victoire ou l'entière défaite dépendre de cette dernière attaque, songeait à préparer une retraite sûre; il envoya un second ordre au comte de La Mark d'évacuer Anthoin, et de venir vers le pont de Calonne, pour favoriser cette retraite en cas d'un dernier malheur. Il fait signifier un troisième ordre au comte depuis duc de Lorges, en le rendant responsable de l'exécution; le comte de Lorges obéit à regret. On désespérait alors du succès de la journée [1].

Un conseil assez tumultueux se tenait auprès du roi : on le pressait, de la part du général et au nom de la France, de ne pas s'exposer davantage.

Le duc de Richelieu, lieutenant général, et qui servait en qualité d'aide de camp du roi, arriva en ce moment. Il venait de reconnaître la colonne près de Fontenoy. Ayant ainsi couru de tous côtés sans être blessé, il se présente hors d'haleine, l'épée à la main, et couvert de poussière. « Quelle nouvelle apportez-vous? lui dit le maréchal de

1. Les citoyens des villes, qui, dans leur heureuse oisiveté, lisent dans les anciennes histoires les batailles d'Arbelles, de Zama, de Cannes, de Pharsale, peuvent à peine comprendre les combats de nos jours. On s'approchait alors. Les flèches n'étaient que le prélude : c'était à qui pénétrerait dans les rangs opposés; la force du corps, l'adresse, la promptitude, faisaient tout : on se mêlait. Une bataille était une multitude de combats particuliers; il y avait moins de bruit et plus de carnage. La manière de combattre d'aujourd'hui est aussi différente que celle de fortifier et d'attaquer les villes.

Noailles; quel est votre avis? — Ma nouvelle, dit le duc de Richelieu, est que la bataille est gagnée si on le veut; et mon avis est qu'on fasse avancer dans l'instant quatre canons contre le front de la colonne; pendant que cette artillerie l'ébranlera, la maison du roi et les autres troupes l'entoureront; il faut tomber sur elle comme des fourrageurs. » Le roi se rendit le premier à cette idée.

Vingt personnes se détachent. Le duc de Péquigni, appelé depuis le duc de Chaulnes, va faire pointer ces quatre pièces; on les place vis-à-vis la colonne anglaise. Le duc de Richelieu court à bride abattue au nom du roi faire marcher sa maison; il annonce cette nouvelle à M. de Montesson qui la commandait. Le prince de Soubise rassemble ses gendarmes, le duc de Chaulnes ses chevau-légers, tout se forme et marche; quatre escadrons de la gendarmerie avancent à la droite de la maison du roi; les grenadiers à cheval sont à la tête, sous M. de Grille, leur capitaine; les mousquetaires, commandés par M. de Jumilhac, se précipitent.

Dans ce même moment important, le comte d'Eu et le duc de Biron, à la droite, voyaient avec douleur les troupes d'Anthoin quitter leur poste, selon l'ordre positif du maréchal de Saxe. « Je prends sur moi la désobéissance, leur dit le duc de Biron; je suis sûr que le roi l'approuvera dans un instant où tout va changer de face; je réponds que M. le maréchal de Saxe le trouvera bon. » Le maréchal, qui arrivait dans cet endroit, informé de la résolution du roi, et de la bonne volonté des troupes, n'eut pas de peine à se rendre; il changea de sentiment lorsqu'il en fallait changer, et fit rentrer le régiment de Piémont dans Anthoin; il se porta rapidement, malgré sa faiblesse, de la droite à la gauche, vers la brigade des Irlandais, recommandant à toutes les troupes qu'il rencontrait en chemin de ne plus faire de fausses charges et d'agir de concert.

Le duc de Biron, le comte d'Estrées, le marquis de Croissi, le comte de Lowendal, lieutenants généraux, dirigent cette attaque nouvelle. Cinq escadrons de Penthièvre suivent M. de Croissi et ses enfants. Les régiments de Chabrillant, de Brancas, de Brionne, Aubeterre, Courten, accoururent, guidés par leurs colonels; le régiment de Normandie, des carabiniers, entrent dans les premiers rangs de la colonne, et vengent leurs camarades tués dans leur première charge. Les Irlandais les secondent. La colonne était attaquée à la fois de front et par les deux flancs.

En sept ou huit minutes, tout ce corps formidable est ouvert de tous côtés; le général Posomby, le frère du comte d'Albermale, cinq colonels, cinq capitaines aux gardes, un nombre prodigieux d'officiers étaient renversés morts. Les Anglais se rallièrent, mais ils cédèrent; ils quittèrent le champ de bataille sans tumulte, sans confusion, et furent vaincus avec honneur.

Le roi de France allait de régiment en régiment; les cris de victoire et de vive le roi, les chapeaux en l'air, les étendards et les drapeaux percés de balles, les félicitations réciproques des officiers, qui s'embrassaient formaient un spectacle dont tout le monde jouissait avec une joie tumultueuse. Le roi était tranquille, témoignant sa satisfaction et sa reconnaissance à tous les officiers généraux, et à tous les commandants des corps; il ordonna qu'on eût soin des blessés, et qu'on traitât les ennemis comme ses propres sujets.

Le maréchal de Saxe, au milieu de ce triomphe, se fit porter vers le roi; il retrouva un reste de force pour embrasser ses genoux, et pour lui dire ces propres paroles : « Sire, j'ai assez vécu; je ne souhaitais de vivre aujourd'hui que pour voir Votre Majesté victorieuse. Vous voyez, ajouta-t-il ensuite, à quoi tiennent les batailles. » Le roi le releva, et l'embrassa tendrement.

Il dit au duc de Richelieu : « Je n'oublierai jamais le service important que vous m'avez rendu; » il parla de même au duc de Biron. Le maréchal de Saxe dit au roi : « Sire, il faut que j'avoue que je me reproche une faute J'aurais dû mettre une redoute de plus entre les bois de Barry et de Fontenoy; mais je n'ai pas cru qu'il y eût des généraux assez hardis pour hasarder de passer en cet endroit. »

Les alliés avaient perdu neuf mille hommes, parmi lesquels il y avait environ deux mille prisonniers. Ils n'en firent presque aucun sur les Français.

Par le compte exactement rendu au major général de l'infanterie française, il ne se trouva que seize cent quatre-vingt-un soldats ou sergents d'infanterie tués sur la place, et trois mille deux cent quatre-vingt-deux blessés. Parmi les officiers, cinquante-trois seulement étaient morts sur le champ de bataille, trois cent vingt-trois étaient en danger de mort par leurs blessures. La cavalerie perdit environ dix-huit cents hommes.

Jamais, depuis qu'on fait la guerre, on n'avait pourvu avec plus de soin à soulager les maux attachés à ce fléau. Il y avait des hôpitaux préparés dans toutes les villes voisines, et surtout à Lille; les églises mêmes étaient employées à cet usage digne d'elles; non-seulement aucun secours, mais encore aucune commodité ne manqua, ni aux Français, ni à leurs prisonniers blessés. Le zèle même des citoyens alla trop loin; on ne cessait d'apporter de tous côtés, aux malades, des aliments délicats; et les médecins des hôpitaux furent obligés de mettre un frein à cet excès dangereux de bonne volonté. Enfin, les hôpitaux étaient si bien servis, que presque tous les officiers aimaient mieux y être traités que chez des particuliers; et c'est ce qu'on n'avait point encore vu.

On est entré dans les détails sur cette seule bataille de Fontenoy. Son importance, le danger du roi et du dauphin, l'exigeaient. Cette action décida du sort de la guerre, prépara la conquête des Pays-Bas, et servit de contre-poids à tous les événements malheureux. Ce qui rend encore cette bataille à jamais mémorable, c'est qu'elle fut gagnée lorsque le général, affaibli et presque expirant, ne pouvait plus agir. Le maréchal de Saxe avait fait la disposition, et les officiers français remportèrent la victoire [1].

1. On est obligé d'avertir que, dans une histoire aussi ample qu'infidèle de

CHAP. XVI. — *Suite de la journée de Fontenoy.*

Ce qui est aussi remarquable que cette victoire, c'est que le premier soin du roi de France fut de faire écrire le jour même à l'abbé de Laville, son ministre à la Haye, qu'il ne demandait, pour prix de ses conquêtes, que la pacification de l'Europe, et qu'il était prêt d'envoyer des plénipotentiaires à un congrès. Les États-Généraux surpris ne crurent pas l'offre sincère : ce qui dut surprendre davantage, c'est que cette offre fut éludée par la reine de Hongrie et par les Anglais. Cette reine, qui faisait à la fois la guerre en Silésie contre le roi de Prusse, en Italie contre les Français, les Espagnols et les Napolitains, vers le Mein contre l'armée française, semblait devoir demander elle-même une paix dont elle avait besoin; mais la cour d'Angleterre, qui dirigeait tout, ne voulait point cette paix : la vengeance et les préjugés mènent les cours comme les particuliers.

Cependant le roi envoya un aide-major de l'armée, nommé M. de Latour, officier très-éclairé, porter au roi de Prusse la nouvelle de la victoire; cet officier rencontra le roi de Prusse au fond de la Basse-Silésie, du côté de Ratibor, dans une gorge de montagnes, près d'un village nommé Friedberg. (4 juin 1745) C'est là qu'il vit ce monarque remporter une victoire signalée contre les Autrichiens. Il manda à son allié, le roi de France : « J'ai acquitté à Friedberg la lettre de change que vous avez tirée sur moi à Fontenoy. »

Le roi de France, de son côté, avait tous les avantages que la victoire de Fontenoy devait donner. Déjà la ville et la citadelle de Tournay s'étaient rendues peu de jours après la bataille; le maréchal de Saxe avait secrètement concerté avec le roi la prise de Gand, capitale de la Flandre autrichienne, ville plus grande que peuplée, mais riche et florissante par les débris de son ancienne splendeur.

Une des opérations de campagne qui fit le plus d'honneur au marquis de Louvois, dans la guerre de 1689[1], avait été le siége de Gand : il s'était déterminé à ce siége, parce que c'était le magasin des ennemis. Louis XV avait précisément la même raison pour s'en rendre maître. On fit, selon l'usage, tous les mouvements qui devaient tromper l'ar-

cette guerre, imprimée à Londres, en quatre volumes, on avance que les Français ne prirent aucun soin des prisonniers blessés; on ajoute que le duc de Cumberland envoya au roi de France un coffre rempli de balles mâchées et de morceaux de verre trouvés dans les plaies des Anglais.

Les auteurs de ces contes puérils pensent apparemment que les balles mâchées sont un poison. C'est un ancien préjugé aussi peu fondé que celui de la poudre blanche. Il est dit dans cette histoire que les Français perdirent dix-neuf mille hommes dans la bataille, que leur roi ne s'y trouva point, qu'il ne passa pas le pont de Calonne, qu'il resta toujours derrière l'Escaut; il est dit enfin que le parlement de Paris rendit un arrêt qui condamnait à la prison, au bannissement et au fouet, ceux qui publieraient des relations de cette journée. On sent bien que des impostures si extravagantes ne méritent pas d'être réfutées. Mais, puisqu'il s'est trouvé en Angleterre un homme assez dépourvu de connaissances et de bon sens pour écrire de si singulières absurdités, dont son histoire est toute remplie, il peut se trouver un jour des lecteurs capables de les croire. Il est juste qu'on prévienne leur crédulité.

1. Le siège de Gand est de 1678. (ED.)

mée ennemie, retirée vers Bruxelles : on prit tellement ses mesures, que le marquis du Chaila, d'un côté, le comte de Lowendal, de l'autre, devaient se trouver devant Gand à la même heure. La garnison n'était alors que de six cents hommes ; les habitants étaient ennemis de la France, quoique de tout temps peu contents de la domination autrichienne, mais très-différents de ce qu'ils étaient autrefois, quand eux-mêmes ils composaient une armée. Ces deux marches secrètes se faisaient selon les ordres du général, lorsque cette entreprise fut prête d'échouer, par un de ces événements si communs à la guerre.

Les Anglais, quoique vaincus à Fontenoy, n'avaient été ni dispersés ni découragés. Ils virent des environs de Bruxelles, où ils étaient postés, le péril évident dont Gand était menacé ; ils firent marcher enfin un corps de six mille hommes pour défendre cette ville. Ce corps avançait à Gand sur la chaussée d'Alost, précisément dans le temps que M. du Chaila était environ à une lieue de lui sur la même chaussée, marchant avec trois brigades de cavalerie, deux d'infanterie, composées de Normandie, Crillon et Laval, vingt pièces de canon et des pontons : l'artillerie était déjà en avant, et au delà de cette artillerie était M. de Grassin, avec une partie de sa troupe légère qu'il avait levée ; il était nuit, et tout était tranquille, quand les six mille Anglais arrivent et attaquent les Grassins, qui n'ont que le temps de se jeter dans une ferme, près de l'abbaye de la Mesle, dont cette journée a pris le nom. Les Anglais apprennent que les Français sont sur la chaussée, loin de leur artillerie, qui est en avant, gardée seulement par cinquante hommes ; ils y courent et s'en emparent (9 juillet 1745). Tout était perdu. Le marquis de Crillon, qui était déjà arrivé à trois cents pas, voit les Anglais maîtres du canon, qu'ils tournaient contre lui, et qui allaient y mettre le feu ; il prend sa résolution dans l'instant, sans se troubler ; il ne perd pas un moment ; il court avec son régiment aux ennemis par un côté : le jeune marquis de Laval s'avance avec un autre bataillon ; on reprend le canon ; on fait ferme. Tandis que les marquis de Crillon et de Laval arrêtaient ainsi les Anglais, une seule compagnie de Normandie, qui s'était trouvée près de l'abbaye, se défendait contre eux.

Deux bataillons de Normandie arrivent en hâte. Le jeune comte de Périgord les commandait ; il était fils du marquis de Talleyrand, d'une maison qui a été souveraine, mort malheureusement devant Tournay, et venait d'obtenir à dix-sept ans ce régiment de Normandie qu'avait eu son père ; il s'avança le premier à la tête d'une compagnie de grenadiers. Le bataillon anglais, attaqué par lui, jette bas les armes.

MM. du Chaila et de Souvré paraissent bientôt avec la cavalerie sur cette chaussée. Les Anglais sont arrêtés de tous côtés ; ils se défendirent encore. Le marquis de Graville y fut blessé ; mais enfin ils furent mis dans une entière déroute.

M. Blondel d'Azincourt, capitaine de Normandie, avec quarante hommes seulement, fait prisonnier le lieutenant-colonel du régiment de Rich, huit capitaines, deux cent quatre-vingts soldats qui jetèrent

leurs armes, et qui se rendirent à lui. Rien ne fut égal à leur surprise
quand ils virent qu'ils s'étaient rendus à quarante Français. M. d'Azincourt conduisit ses prisonniers à M. de Graville, tenant la pointe de
son épée sur la poitrine du lieutenant-colonel anglais, et le menaçant
de le tuer si ses gens faisaient la moindre résistance.

Un autre capitaine de Normandie, nommé M. de Montalembert,
prend cent cinquante Anglais avec cinquante soldats de son régiment.
M. de Saint-Sauveur, capitaine au régiment du roi cavalerie, avec un
pareil nombre, mit en fuite, sur la fin de l'action, trois escadrons
ennemis : enfin, le succès étrange de ce combat est peut-être ce qui
fit le plus d'honneur aux Français dans cette campagne, et qui mit le
plus de consternation chez leurs ennemis. Ce qui caractérise encore
cette journée, c'est que tout y fut fait par la présence d'esprit et par
la valeur des officiers français, ainsi que la bataille de Fontenoy fut
gagnée.

On arriva devant Gand au moment désigné par le maréchal de Saxe
(11 juillet) : on entre dans la ville, les armes à la main, sans la piller ;
on fait prisonnière la garnison de la citadelle (15 juillet).

Un des grands avantages de la prise de cette ville, fut un magasin
immense de provisions de guerre et de bouche, de fourrages, d'armes,
d'habits, que les alliés avaient en dépôt dans Gand ; c'était un faible
dédommagement des frais de la guerre, presque aussi malheureuse
ailleurs qu'elle était glorieuse sous les yeux du roi.

Tandis qu'on prenait la citadelle de Gand, on investissait Oudenarde ;
et le même jour que M. de Lowendal ouvrait la tranchée devant Oudenarde, le marquis de Souvré prenait Bruges. Oudenarde se rendit
après trois jours de tranchée (29 juillet).

A peine le roi de France était-il maître d'une ville, qu'il en faisait
assiéger deux à la fois. Le duc d'Harcourt prenait Dendermonde en
deux jours de tranchée ouverte, malgré le jeu des écluses, et au
milieu des inondations, et le comte de Lowendal faisait le siége
d'Ostende.

Ce siége d'Ostende était réputé le plus difficile. On se souvenait qu'elle
avait tenu trois ans et trois mois au commencement du siècle passé [1].
Par la comparaison du plan des fortifications de cette place avec celles
qu'elle avait quand elle fut prise par Spinola, il paraît que c'était Spinola qui devait la prendre en quinze jours, et que c'était M. de Lowendal qui devait s'y arrêter trois années. Elle était bien mieux fortifiée ;
M. de Chanclos, lieutenant général des armées d'Autriche, la défendait
avec une garnison de quatre mille hommes. dont la moitié était composée d'Anglais ; mais la terreur et le découragement étaient au point que
le gouverneur capitula (3 septembre) dès que le marquis d'Hérouville,
homme digne d'être à la tête des ingénieurs, et citoyen aussi utile que
bon officier, eut pris le chemin couvert du côté des dunes.

(25 auguste) Une flotte d'Angleterre, qui avait apporté du secours à

---

1. Elle fut prise le 21 septembre 1604 par Ambroise Spinola, après un siége
de trois ans, trois mois et trois jours. (ED.)

la ville, et qui canonnait les assiégeants, ne vint là que pour être témoin de la prise. Cette perte consterna le gouvernement d'Angleterre et celui des Provinces-Unies; il ne resta plus que Nieuport à prendre pour être maître de tout le comté de la Flandre proprement dite, et le roi en ordonna le siége.

Dans ces conjonctures, le ministère de Londres fit réflexion qu'on avait en France plus de prisonniers anglais qu'il n'y avait de prisonniers français en Angleterre. La détention du maréchal de Belle-Isle et de son frère avait suspendu tout cartel. On avait pris les deux généraux contre le droit des gens, on les renvoya sans rançon. Il n'y avait pas moyen en effet d'exiger une rançon d'eux après les avoir déclarés prisonniers d'État, et il était de l'intérêt de l'Angleterre de rétablir le cartel.

Cependant le roi partit pour Paris, où il arriva le 7 septembre 1745. On ne pouvait rien ajouter à la réception qu'on lui avait faite l'année précédente. Ce furent les mêmes fêtes; mais on avait de plus à célébrer la victoire de Fontenoy, celle de Mesle, et la conquête du comté de Flandre.

CHAP. XVII. — *Affaires d'Allemagne. François de Lorraine, grand-duc de Toscane, élu empereur. Armées autrichiennes et saxonnes battues par Frédéric III, roi de Prusse. Prise de Dresde.*

Les prospérités de Louis XV s'accrurent toujours dans les Pays-bas; la supériorité de ses armées, la facilité du service en tout genre, la dispersion et le découragement des alliés, leur peu de concert, et surtout la capacité du maréchal de Saxe, qui, ayant recouvré sa santé, agissait avec plus d'activité que jamais, tout cela formait une suite non interrompue de succès qui n'a d'autre exemple que les conquêtes de Louis XIV : tout était favorable en Italie pour don Philippe. Une révolution étonnante en Angleterre menaçait déjà le trône du roi Georges II, comme on le verra dans la suite; mais la reine de Hongrie jouissait d'une autre gloire et d'un autre avantage, qui ne coûtait point de sang, et qui remplit la première et la plus chère de ses vues; elle n'avait jamais perdu l'espérance du trône impérial pour son mari, du vivant même de l'empereur Charles VII; et après la mort de cet empereur, elle s'en crut assurée, malgré le roi de Prusse qui lui faisait la guerre, malgré l'électeur palatin qui lui refusait sa voix, et malgré une armée française qui n'était pas loin de Francfort, et qui pouvait empêcher l'élection : c'était cette même armée commandée d'abord par le maréchal de Maillebois, et qui passa, au commencement de mai 1745, sous les ordres du prince de Conti. Mais on en avait tiré vingt mille hommes pour l'armée de Fontenoy. Le prince ne put empêcher la jonction de toutes les troupes que la reine de Hongrie avait dans cette partie de l'Allemagne, et qui vinrent couvrir Francfort, où l'élection se fit, comme en pleine paix.

Ainsi la France manqua le grand objet de la guerre, qui était d'ôter le trône impérial à la maison d'Autriche. L'élection se fit le 13 septembre 1745. Le roi de Prusse fit protester de nullité par ses ambassadeurs; l'électeur palatin, dont l'armée autrichienne avait ravagé les terres, protesta de même : les ambassadeurs électoraux de ces deux princes se retirèrent de Francfort; mais l'élection ne fut pas moins faite dans les formes : car il est dit dans la bulle d'or, « que si des électeurs ou leurs ambassadeurs se retirent du lieu de l'élection, avant que le roi des Romains, futur empereur, soit élu, ils seront privés cette fois de leur droit de suffrage, comme étant censés l'avoir abandonné. »

La reine de Hongrie, désormais impératrice, vint à Francfort jouir de son triomphe et du couronnement de son époux. Elle vit, du haut d'un balcon, la cérémonie de l'entrée; elle fut la première à crier *vivat*; et tout le peuple lui répondit par des acclamations de joie et de tendresse. (4 octobre) Ce fut le plus beau jour de sa vie. Elle alla voir ensuite son armée, rangée en bataille auprès de Heidelberg, au nombre de soixante mille hommes. L'empereur, son époux, la reçut, l'épée à la main, à la tête de l'armée. Elle passa entre les lignes, saluant tout le monde, dîna sous une tente, et fit distribuer un florin d'empire à chaque soldat.

C'était la destinée de cette princesse et des affaires qui troublaient son règne, que les événements heureux fussent balancés de tous les côtés par des disgrâces. L'empereur Charles VII avait perdu la Bavière, pendant qu'on le couronnait empereur; et la reine de Hongrie perdait une bataille, pendant qu'elle préparait le couronnement de son époux, François Ier. (1 octobre) Le roi de Prusse était encore vainqueur près de la source de l'Elbe, à Sore.

Il y a des temps où une nation conserve constamment sa supériorité. C'est ce qu'on avait vu dans les Suédois, sous Charles XII; dans les Anglais, sous le duc de Marlborough : c'est ce qu'on voyait dans les Français en Flandre sous Louis XV et sous le maréchal de Saxe, et dans les Prussiens sous Frédéric III [1]. L'impératrice perdait donc la Flandre, et avait beaucoup à craindre du roi de Prusse en Allemagne, pendant qu'elle faisait monter son mari sur le trône de son père.

Dans ce temps-là même, lorsque le roi de France, vainqueur dans les Pays-Bas et dans l'Italie, proposait toujours la paix, le roi de Prusse, victorieux de son côté, demandait aussi à l'impératrice de Russie, Élisabeth, sa médiation. On n'avait point encore vu de vainqueurs faire tant d'avances, et on pourrait s'en étonner : mais aujourd'hui il est dangereux d'être trop conquérant. Toutes les puissances de l'Europe prennent les armes tôt ou tard, quand il y en a une qui remue : on ne voit que ligues et contre-ligues soutenues de nombreuses armées. C'est beaucoup de pouvoir garder par la conjoncture des temps une province acquise.

Au milieu de ces grands embarras, on reçut l'offre inouïe d'une médiation à laquelle on ne s'attendait pas; c'était celle du Grand Seigneur.

---

1. Je l'appelle toujours Frédéric III, parce que son père était Frédéric-Guillaume, et son aïeul Frédéric, premier roi.

Son premier vizir écrivit à toutes les cours chrétiennes qui étaient en guerre, les exhortant à faire cesser l'effusion du sang humain, et leur offrant la médiation de son maître. Une telle offre n'eut aucune suite; mais elle devait servir au moins à faire rentrer en elles-mêmes tant de puissances chrétiennes qui, ayant commencé la guerre par intérêt, la continuaient par obstination, et ne la finirent que par nécessité. Au reste, cette médiation du sultan des Turcs était le prix de la paix que le roi de France avait ménagée entre l'empereur d'Allemagne Charles VI et la Porte ottomane en 1739.

Le roi de Prusse s'y prit autrement pour avoir la paix et pour garder la Silésie. (15 décembre 1745) Ses troupes battent complétement les Autrichiens et les Saxons aux portes de Dresde; ce fut le vieux prince d'Anhalt qui remporta cette victoire décisive. Il avait fait la guerre cinquante ans. Il était entré le premier dans les lignes des Français au siége de Turin en 1706; on le regardait comme le premier officier de l'Europe pour conduire l'infanterie. Cette grande journée fut la dernière qui mit le comble à sa gloire militaire, la seule qu'il eût jamais connue. Il ne savait que combattre.

Le roi de Prusse, habile en plus d'un genre, enferma de tous côtés la ville de Dresde. Il y entre suivi de dix bataillons et de dix escadrons, désarme trois régiments de milice qui composaient la garnison, se rend au palais, où il va voir les deux princes et les trois princesses, enfants du roi de Pologne, qui y étaient demeurés : il les embrassa, il eut pour eux les attentions qu'on devait attendre de l'homme le plus poli de son siècle. Il fit ouvrir toutes les boutiques qu'on avait fermées, donna à dîner à tous les ministres étrangers, fit jouer un opéra italien : on ne s'aperçut pas que la ville était au pouvoir du vainqueur, et la prise de Dresde ne fut signalée que par les fêtes qu'il y donna.

Ce qu'il y eut de plus étrange, c'est qu'étant entré dans Dresde le 18, il y fit la paix le 25 avec l'Autriche et la Saxe, et laissa tout le fardeau au roi de France.

Marie-Thérèse renonça encore malgré elle à la Silésie par cette seconde paix; et Frédéric ne lui fit d'autre avantage que de reconnaître François 1er empereur. L'électeur palatin, comme partie contractante dans le traité, le reconnut de même; et il n'en coûta au roi de Pologne, électeur de Saxe, qu'un million d'écus d'Allemagne, qu'il fallut donner au vainqueur avec les intérêts jusqu'au jour du payement.

(28 décembre 1745) Le roi de Prusse retourna dans Berlin jouir paisiblement du fruit de sa victoire; il fut reçu sous des arcs de triomphe : le peuple jetait sur ses pas des branches de sapin, faute de mieux, en criant. *Vive Frédéric le Grand!* Ce prince, heureux dans ses guerres et dans ses traités, ne s'appliqua plus qu'à faire fleurir les lois et les arts dans ses Etats : et il passa tout d'un coup du tumulte de la guerre à une vie retirée et philosophique; il s'adonna à la poésie, à l'éloquence, à l'histoire : tout cela était également dans son caractère. C'est en quoi il était beaucoup plus singulier que Charles XII. Il ne le regardait pas comme un grand homme, parce que Charles n'était que

héros. On n'est entré ici dans aucun détail des victoires du roi de Prusse; il les a écrites lui-même. C'était à César à faire ses Commentaires.

Le roi de France, privé une seconde fois de cet important secours, n'en continua pas moins ses conquêtes. L'objet de la guerre était alors, du côté de la maison de France, de forcer la reine de Hongrie, par ses pertes en Flandre, à céder ce qu'elle disputait en Italie, et de contraindre les États-Généraux à rentrer au moins dans l'indifférence dont ils étaient sortis.

L'objet de la reine de Hongrie était de se dédommager sur la France de ce que le roi de Prusse lui avait ravi; ce projet, reconnu depuis impraticable par la cour d'Angleterre, était alors approuvé et embrassé par elle. Car il y a des temps où tout le monde s'aveugle. L'empire donné à François Ier fit espérer que les cercles se détermineraient à prendre les armes contre la France; et il n'est rien que la cour de Vienne ne fît pour les y engager.

L'empire resta neutre constamment, comme toute l'Italie l'avait été dans le commencement de ce chaos de guerre; mais les cœurs des Allemands étaient tous à Marie-Thérèse.

CHAP. XVIII. *Suite de la conquête des Pays-Bas autrichiens. Bataille de Liége, ou de Raucoux.*

Le roi de France, étant parti pour Paris après la prise d'Ostende, apprit en chemin que Nieuport s'était rendu, et que la garnison était prisonnière de guerre (5 septembre 1745). Bientôt après le comte de Clermont-Gallerande avait pris la ville d'Ath (8 octobre). Le maréchal de Saxe investit Bruxelles au commencement de l'hiver (29 janvier 1746). Cette ville est, comme on sait, la capitale du Brabant et le séjour des gouverneurs des Pays-Bas autrichiens. Le comte de Kaunitz, alors premier ministre, commandant à la place du prince Charles, gouverneur général du pays, était dans la ville. Le comte de Lannoi, lieutenant général des armées, en était le gouverneur particulier; le général Vander-Duin, de la part des Hollandais, y commandait dix-huit bataillons et sept escadrons : il n'y avait de troupes autrichiennes que cent cinquante dragons et autant de houssards. L'impératrice-reine s'était reposée sur les Hollandais et sur les Anglais du soin de défendre son pays, et ils portaient toujours en Flandre tout le poids de cette guerre. Le feld-maréchal Los-Rios, deux princes de Ligne, l'un général d'infanterie, l'autre de cavalerie; le général Clanclos, qui avait rendu Ostende; cinq lieutenants généraux autrichiens, avec une foule de noblesse, se trouvaient dans cette ville assiégée, où la reine de Hongrie avait en effet beaucoup plus d'officiers que de soldats.

Les débris de l'armée ennemie étaient vers Malines sous le prince de Valdeck, et ne pouvaient s'opposer au siége. Le maréchal de Saxe avait fait subitement marcher son armée sur quatre colonnes par quatre chemins différents. On ne perdit à ce siége d'homme distingué que le chevalier d'Aubeterre, colonel du régiment des vaisseaux. La garnison, avec tous les officiers généraux, fut faite prisonnière (21 février). On pouvait prendre le premier ministre, et on en avait plus de droit que les Hanovriens n'en avaient eu de saisir le maréchal de Belle-Isle : on pouvait prendre aussi le résident des États-Généraux; mais non-seulement on laissa en pleine liberté le comte de Kaunitz et le ministre hollandais, on eut encore un soin particulier de leurs effets et de leur suite; on leur fournit des escortes; on renvoya au prince Charles les domestiques et les équipages qu'il avait dans la ville : on fit déposer dans les magasins toutes les armes des soldats, pour être rendues lorsqu'ils pourraient être échangés.

Le roi, qui avait tant d'avantages sur les Hollandais, et qui tenait alors plus de trente mille hommes de leurs troupes prisonniers de guerre, ménageait toujours cette république. Les États-Généraux se trouvaient dans une grande perplexité; l'orage approchait d'eux; ils sentaient leur faiblesse. La magistrature désirait la paix; mais le parti anglais, qui prenait déjà toutes ses mesures pour donner un stathouder à la nation, et qui était secondé par le peuple, criait toujours qu'il fallait la guerre. Les États, ainsi divisés, se conduisaient sans principes, et leur conduite annonçait leur trouble.

Cet esprit de trouble et de division redoubla dans les Provinces-Unies, quand on y apprit qu'à l'ouverture de la campagne le roi marchait en personne à Anvers, ayant à ses ordres cent vingt bataillons et cent quatre vingt-dix escadrons. Autrefois, quand la république de Hollande s'établit par les armes, elle détruisit toute la grandeur d'Anvers, la ville la plus commerçante de l'Europe; elle lui interdit la navigation de l'Escaut, et depuis elle continua d'aggraver sa chute, surtout depuis que les États-Généraux étaient devenus alliés de la maison d'Autriche. Ni l'empereur Léopold, ni Charles VI, ni sa fille l'impératrice-reine, n'eurent jamais sur l'Escaut d'autres vaisseaux qu'une patache pour les droits d'entrée et de sortie. Mais, quoique les États-Généraux eussent humilié Anvers à ce point, et que les commerçants de cette ville en gémissent, la Hollande la regardait comme un des remparts de son pays. (15 mars 1746) Ce rempart fut bientôt emporté[1].

(10 juillet) Le prince de Conti eut sous ses ordres un corps d'armée séparé, avec lequel il investit Mons, la capitale du Hainaut autrichien ; douze bataillons qui la défendaient augmentèrent le nombre des prisonniers de guerre. La moitié de cette garnison était hollandaise. Jamais l'Autriche ne perdit tant de places, et la Hollande tant de soldats. Saint-Guilain eut le même sort (24 juillet). Charleroi suivit de près. (2 auguste) On prend d'assaut la ville basse, après deux jours seulement de tranchée ouverte. Le marquis, depuis maréchal de La Fare, entra dans Charleroi aux mêmes conditions qu'on avait pris toutes les villes qui avaient voulu résister; c'est-à-dire que la garnison fut prisonnière. Le grand projet était d'aller à Mastricht, d'où l'on

---

1. La capitulation n'eut lieu que le 31 mai. (ÉD.)

domine aisément dans les Provinces-Unies; mais pour ne laisser rien
derrière soi, il fallait assiéger la ville importante de Namur. Le prince
Charles, qui commandait alors l'armée, fit en vain ce qu'il put pour
prévenir ce siége. Au confluent de la Sambre et de la Meuse est située
Namur, dont la citadelle s'élève sur un roc escarpé; et douze autres
forts, bâtis sur la cime des rochers voisins, semblent rendre Namur
inaccessible aux attaques : c'est une des places de la barrière. Le prince
de Gavre en était gouverneur pour l'impératrice-reine; mais les
Hollandais, qui gardaient la ville, ne lui rendaient ni obéissance ni
honneurs. Les environs de cette ville sont célèbres par les campe-
ments et par les marches du maréchal de Luxembourg, du maréchal
de Boufflers, et du roi Guillaume, et ne le sont pas moins par les
manœuvres du maréchal de Saxe. Il força le prince Charles à s'éloigner,
et à le laisser assiéger Namur en liberté.

(5 septembre) Le prince de Clermont fut chargé du siége de Namur.
C'était en effet douze places qu'il fallait prendre. On attaqua plusieurs
forts à la fois; ils furent tous emportés. M. de Brulart, aide-major
général, plaçant les travailleurs après les grenadiers dans un ouvrage
qu'on avait pris, leur promit double paye s'ils avançaient le travail; ils
en firent plus qu'on ne leur demandait, et refusèrent la double paye.

Je ne puis entrer dans le détail des actions singulières qui se passèrent à ce siége et à tous les autres. Il y a peu d'événements à la guerre
où des officiers et de simples soldats ne fassent de ces prodiges de
valeur qui étonnent ceux qui en sont témoins, et qui ensuite restent
pour jamais dans l'oubli. Si un général, un prince, un monarque eût
fait une de ces actions, elle serait consacrée à la postérité; mais la
multitude de ces faits militaires se nuit à elle-même, et en tout genre
il n'y a que les choses principales qui restent dans la mémoire des
hommes.

Cependant comment passer sous silence le fort Ballard, pris en plein
jour par quatre officiers seulement, M. de Launai, aide-major;
M. d'Amère, capitaine dans Champagne; M. le chevalier de Fautras,
alors officier d'artillerie; et M. de Clamouse, jeune Portugais du
même régiment, qui, sautant seul dans les retranchements, fit mettre
bas les armes à toute la garnison?

(19 septembre 1746) La tranchée avait été ouverte le 10 septembre
devant Namur, et la ville capitula le 19. La garnison fut obligée de se
retirer dans la citadelle et dans quelques autres châteaux, par la capitulation; et au bout de onze jours elle en fit une nouvelle par laquelle elle fut toute prisonnière de guerre. Elle consistait en douze
bataillons, dont dix étaient hollandais.

Après la prise de Namur, il restait à dissiper ou à battre l'armée des
alliés. Elle campait alors en deçà de la Meuse, ayant Mastricht à sa
droite et Liége à sa gauche. On s'observa, on escarmoucha quelques
jours; le Jar séparait les deux armées. Le maréchal de Saxe avait dessein de livrer bataille; il marcha aux ennemis le 11 octobre, à la pointe
du jour sur dix colonnes. On voyait du faubourg de Liége, comme d'un
amphithéâtre, les deux armées : celle des Français de cent vingt mille

combattants, l'alliée de quatre-vingt mille. Les ennemis s'étendaient le long de la Meuse, de Liège à Visé, derrière cinq villages retranchés. On attaque aujourd'hui une armée comme une place avec du canon. Les alliés avaient à craindre qu'après avoir été forcés dans ces villages, ils ne pussent passer la rivière. Ils risquaient d'être entièrement détruits, et le maréchal de Saxe l'espérait.

Le seul officier général que la France perdit en cette journée, fut le marquis de Fénelon, neveu de l'immortel archevêque de Cambrai. Il avait été élevé par lui, et en avait toute la vertu, avec un caractère tout différent. Vingt années employées dans l'ambassade de Hollande n'avaient point éteint un feu et un emportement de valeur qui lui coûta la vie. Blessé au pied depuis quarante ans, et pouvant à peine marcher, il alla sur les retranchements ennemis à cheval. Il cherchait la mort, et il la trouva. Son extrême dévotion augmentait encore son intrépidité; il pensait que l'action la plus agréable à Dieu était de mourir pour son roi. Il faut avouer qu'une armée composée d'hommes qui penseraient ainsi serait invincible. Les Français eurent peu de personnes de marque blessées dans cette journée. Le fils du comte de Ségur [1] eut la poitrine traversée d'une balle, qu'on lui arracha par l'épine du dos, et il échappa à une opération plus cruelle que la blessure même. Le marquis de Lugeac reçut un coup de feu qui lui fracassa la mâchoire, entama la langue, lui perça les deux joues. Le marquis de Laval, qui s'était distingué à Mesle, le prince de Monaco, le marquis de Vaubecourt, le comte de Balleroi, furent blessés dangereusement.

Cette bataille ne fut que du sang inutilement répandu, et une calamité de plus pour tous les partis. Aucun ne gagna ni ne perdit de terrain. Chacun prit ses quartiers. L'armée battue avança même jusqu'à Tongres; l'armée victorieuse s'étendit de Louvain dans ses conquêtes, et alla jouir du repos auquel la saison, d'ordinaire, force les hommes dans ces pays, en attendant que le printemps ramène les cruautés et les malheurs que l'hiver a suspendus.

CHAP. XIX. — *Succès de l'infant don Philippe et du maréchal de Maillebois, suivis des plus grands désastres.*

Il n'en était pas ainsi dans l'Italie et vers les Alpes. Il s'y passait alors une scène extraordinaire. Les plus tristes revers avaient succédé aux prospérités les plus rapides. La maison de France perdait en Italie plus qu'elle ne gagnait en Flandre, et les pertes semblaient même plus irréparables que les succès de Flandres ne paraissaient utiles. Car alors le véritable objet de la guerre était l'établissement de don Philippe. Si on était vaincu en Italie, il n'y avait plus de ressources pour cet établissement, et on avait beau être vainqueur en Flandre, on sentait bien que tôt ou tard il faudrait rendre les conquêtes, et qu'elles n'étaient que comme un gage, une sûreté passagère qui indemnisait des pertes qu'on faisait ailleurs. Les cercles d'Allemagne ne prenaient part à rien,

1. C'est celui qui fut ministre de la guerre sous Louis XVI. (Éd.)

les bords du Rhin étaient tranquilles; c'était en effet l'Espagne qui était
devenue enfin la partie principale dans la guerre. On ne combattait
presque plus sur terre et sur mer que pour elle. La cour d'Espagne
n'avait jamais perdu de vue Parme, Plaisance et le Milanais. De tant
d'États disputés à l'héritière de la maison d'Autriche, il ne restait
plus que ces provinces d'Italie sur lesquelles on pût faire valoir des
droits.

Depuis la fondation de la monarchie, cette guerre est la seule dans
laquelle la France ait été simplement auxiliaire; elle le fut dans la
cause de l'empereur Charles VII jusqu'à la mort de ce prince, et dans
celle de l'infant don Philippe jusqu'à la paix.

Au commencement de la campagne de 1745, en Italie, les apparences
furent aussi favorables à la maison de France qu'elles l'avaient été en
Autriche, en 1741. Les chemins étaient ouverts aux armées espagnole
et française par la voie de Gênes. Cette république, forcée par la reine
de Hongrie et par le roi de Sardaigne à se déclarer contre eux, avait
enfin fait son traité définitif; elle devait fournir environ dix-huit mille
hommes. L'Espagne lui donnait trente mille piastres par mois, et cent
mille une fois payées pour le train d'artillerie, que Gênes fournissait
à l'armée espagnole; car, dans cette guerre si longue et si variée, les
États puissants et riches soudoyèrent toujours les autres. L'armée de
don Philippe, qui descendait des Alpes avec la française, jointe au
corps des Génois, était réputée de quatre-vingt mille hommes. Celle du
comte de Gages, qui avait poursuivi les Allemands aux environs de
Rome, s'avançait forte d'environ trente mille combattants, en comptant l'armée napolitaine. C'était au temps même que le roi de Prusse,
vers la Saxe, et le prince de Conti, vers le Rhin, empêchaient que les
forces autrichiennes ne pussent secourir l'Italie. (28 juin 1745) Les Génois même eurent tant de confiance, qu'ils déclarèrent la guerre dans
les formes au roi de Sardaigne. Le projet était que l'armée espagnole
et la napolitaine viendraient joindre l'armée française et espagnole dans
le Milanais.

Au mois de mars 1745, le duc de Modène et le comte de Gages, à la
tête de l'armée d'Espagne et de Naples, avaient poursuivi les Autrichiens des environs de Rome à Rimini, de Rimini à Césène, à Imola,
à Forli, à Bologne, et enfin jusque dans Modène.

Le maréchal de Maillebois, élève du célèbre Villars, déclaré capitaine général de l'armée de don Philippe, arriva bientôt par Vintimille
et Oneille, et descendit vers le Montferrat, sur la fin du mois de juin,
à la tête des Espagnols et des Français.

De la petite principauté d'Oneille, on descend dans le marquisat de
Final, qui est à l'extrémité du territoire de Gênes, et de là on entre
dans le Montferrat mantouan, pays encore hérissé de rochers, qui sont
une suite des Alpes; après avoir marché dans des vallées entre ces
rochers, on trouve le terrain fertile d'Alexandrie; et pour aller droit à
Milan, on va d'Alexandrie à Tortone. A quelques milles de là vous
passez le Pô; ensuite se présente Pavie, sur le Tésin; et de Pavie, il
n'y a qu'une journée à la grande ville de Milan, qui n'est point for-

tifiée, et qui envoie toujours ses clefs à quiconque a passé le Tésin, mais qui a un château très-fort et capable de résister longtemps.

Pour s'emparer de ce pays il ne faut que marcher en force: Pour le garder, il faut veiller à droite et à gauche sur une vaste étendue de terrain, être maître du cours du Pô, depuis Casal jusqu'à Crémone, et garder l'Oglio, rivière qui tombe des Alpes du Tyrol, ou bien avoir au moins Lodi, Crème, et Pizzighitone, pour fermer le chemin aux Allemands, qui peuvent arriver du Trentin par ce côté. Il faut enfin, surtout, avoir la communication libre, par les derrières, avec la rivière de Gênes, c'est-à-dire avec ce chemin étroit qui conduit le long de la mer, depuis Antibes, par Monaco, Vintimille, afin d'avoir une retraite en cas de malheur. Tous les postes de ce pays sont connus et marqués par autant de combats que le territoire de Flandre.

Cette campagne d'Italie, qui eut des suites si malheureuses, commença par une des plus belles manœuvres qu'on ait jamais exécutées (17 octobre 1745), et qui suffirait pour donner une gloire durable, si les grandes actions n'étaient pas aujourd'hui ensevelies dans la multitude innombrable de combats, et surtout si cet événement heureux n'avait pas été suivi de désastres.

Le roi de Sardaigne, à la tête de vingt-cinq mille soldats, et le comte de Schulenbourg, avec un nombre presque égal d'Autrichiens, étaient retranchés dans une anse que forme le Tanaro, vers son embouchure, dans le Pô, entre Valence et Alexandrie.

Le maréchal de Maillebois, qui commandait l'armée française, et le comte de Gages, général des Espagnols, ne pouvaient forcer le roi de Sardaigne et le chasser de son poste, tant qu'il serait soutenu par les troupes impériales. Un fils du maréchal, jeune encore, imagine de les séparer; et pour y parvenir, il fallait tromper les Autrichiens. Il fait son plan, il combine tous les hasards calculés sur la distance des lieux. Si on envoie un gros détachement sur le chemin de Milan, Schulenbourg ne voudra pas laisser prendre cette ville, il marchera à son secours, il dégarnira le roi de Sardaigne, sur-le-champ le gros détachement reviendra joindre l'armée avant que les Autrichiens soient revenus, on n'aura à combattre que la moitié des troupes ennemies, cette brusque attaque les déconcertera. Tout arriva comme le jeune comte de Maillebois l'avait prévu et arrangé. Les armées française et espagnole traversent le Tanaro, ayant de l'eau jusqu'à la ceinture. Le maréchal de Maillebois surprend l'infanterie du roi de Sardaigne dans son camp, et la met en fuite. Le général Gages, à la tête de la cavalerie espagnole, attaque la cavalerie piémontaise, la disperse, et la poursuit jusque sous le canon de Valence. Le roi de Sardaigne est obligé de reculer jusqu'à Casal, dans le Piémont. On se rendit maître alors de tout le cours du Pô. C'était dans le temps même que le roi de France conquérait la Flandre, que le roi de Prusse, son allié, fortifiait sa cause par de nouveaux succès: tout était favorable alors dans tant de différentes scènes du théâtre de la guerre. Les Français, avec les Espagnols, se trouvaient en Italie, sur la fin de l'an 1745, maîtres du Montferrat, de l'Alexandrin, du Tortonois, du pays derrière Gênes qu'on nomme les fiefs impériaux de la Loméline, du Pavesan, du Lodesan, de Milan, de presque tout le Milanais, de Parme et de Plaisance. Tous ces succès s'étaient suivis rapidement, comme ceux du roi de France dans les Pays-Bas, et du prince Édouard dans l'Écosse, tandis que le roi de Prusse, de son côté, battait, au fond de l'Allemagne, les troupes autrichiennes ; mais il arriva en Italie précisément la même chose qu'on avait vue en Bohême au commencement de cette guerre. Les apparences les plus heureuses couvraient les plus grandes calamités.

Le sort du roi de Prusse était, en faisant la guerre, de nuire beaucoup à la maison d'Autriche, et, en faisant la paix, de nuire tout autant à la maison de France. Sa paix de Breslau avait fait perdre la Bohême. Sa paix de Dresde fit perdre l'Italie.

A peine l'impératrice-reine fut-elle délivrée pour la seconde fois de cet ennemi, qu'elle fit passer de nouvelles troupes en Italie par le Tyrol et le Trentin, pendant l'hiver de 1746. L'infant don Philippe possédait Milan ; mais il n'avait pas le château. Sa mère, la reine d'Espagne, lui ordonnait absolument de l'attaquer. Le maréchal de Maillebois écrivit, au mois de décembre 1745 : « Je prédis une destruction totale, si on s'obstine à rester dans le Milanais. » Le conseil d'Espagne s'y obstina, et tout fut perdu.

Les troupes de l'impératrice-reine, d'un côté, les piémontaises, de l'autre, gagnèrent du terrain partout. Des places perdues, des échecs redoublés, diminuèrent l'armée française et espagnole, et enfin la fatale journée de Plaisance la réduisit à sortir avec peine de l'Italie, dans un état déplorable.

Le prince de Lichtenstein commandait l'armée de l'impératrice-reine. Il était encore à la fleur de son âge : on l'avait vu ambassadeur du père de l'impératrice à la cour de France, dans une plus grande jeunesse, et il avait acquis l'estime générale. (16 juin 1746) Il la mérita encore davantage le jour de la bataille de Plaisance, par sa conduite et par son courage ; car, se trouvant dans le même état de maladie et de langueur où l'on avait vu le maréchal de Saxe à la bataille de Fontenoy, il surmonta comme lui l'excès de son mal pour accourir à cette bataille, et il la gagna d'une manière aussi complète. Ce fut la plus longue et une des plus sanglantes de toute la guerre. Le maréchal de Maillebois n'était point d'avis d'attaquer l'armée impériale ; mais le comte de Gages lui montra des ordres précis de la cour de Madrid. Le général français attaqua trois heures avant le jour, et fut longtemps vainqueur à son aile droite, qu'il commandait ; mais l'aile gauche de cette armée ayant été enveloppée par un nombre supérieur d'Autrichiens, le général d'Harembure blessé et pris, et le maréchal de Maillebois n'ayant pu le secourir assez tôt, cette aile gauche fut entièrement défaite, et on fut obligé, après neuf heures de combat, de se retirer sous Plaisance.

Si l'on combattait de près, comme autrefois, une mêlée de neuf heures, de bataillon contre bataillon, d'escadron contre escadron, et d'homme contre homme, détruirait des armées entières, et l'Europe sérait dépeuplée par le nombre prodigieux de combats qu'on a livrés de nos jours; mais, dans ces batailles, comme je l'ai déjà remarqué, on ne se mêle presque jamais. Le fusil et le canon sont moins meurtriers que ne l'étaient autrefois la pique et l'épée. On est très-longtemps même sans tirer, et, dans le terrain coupé d'Italie, on tire entre des haies; on consume du temps à s'emparer d'une cassine, à pointer son canon, à se former et à se reformer : ainsi neuf heures de combat ne sont pas neuf heures de destruction.

La perte des Espagnols, des Français, et de quelques régiments napolitains, fut cependant de plus de huit mille hommes tués ou blessés, et on leur fit quatre mille prisonniers. Enfin l'armée du roi de Sardaigne arriva, et alors le danger redoubla; toute l'armée des trois couronnes de France, d'Espagne, et de Naples, courait risque d'être prisonnière.

(12 juillet 1746) Dans ces tristes conjonctures, l'infant don Philippe reçut une nouvelle qui devait, selon toutes les apparences, mettre le comble à tant d'infortunes; c'était la mort de Philippe V, roi d'Espagne, son père. Ce monarque, après avoir autrefois essuyé beaucoup de revers, et s'être vu deux fois obligé d'abandonner sa capitale, avait régné paisiblement en Espagne; et s'il n'avait pu rendre à cette monarchie la splendeur où elle fut sous Philippe II, il l'avait mise du moins dans un état plus florissant qu'elle n'avait été sous Philippe IV et sous Charles II. Il n'y avait que la dure nécessité de voir toujours Gibraltar, Minorque, et le commerce de l'Amérique espagnole, entre les mains des Anglais, qui eût continuellement traversé le bonheur de son administration. La conquête d'Oran sur les Maures, en 1732, la couronne de Naples et Sicile enlevée aux Autrichiens, et affermie sur la tête de son fils, don Carlos, avaient signalé son règne, et il se flattait avec apparence, quelque temps avant sa mort, de voir le Milanais, Parme, et Plaisance, soumis à l'infant don Philippe, son autre fils de son second mariage avec la princesse de Parme.

Précipité comme les autres princes dans ces grands mouvements qui agitent presque toute l'Europe, il avait senti, plus que personne, le néant de la grandeur, et la douloureuse nécessité de sacrifier tant de milliers d'hommes à des intérêts qui changent tous les jours. Dégoûté du trône, il l'avait abdiqué pour son premier fils, don Louis, et l'avait repris après la mort de ce prince; toujours prêt à le quitter, et n'ayant éprouvé, par sa complexion mélancolique, que l'amertume attachée à la condition humaine, même dans la puissance absolue.

La nouvelle de sa mort, arrivée à l'armée après sa défaite, augmenta l'embarras où l'on était. On ne savait pas encore si Ferdinand VI, successeur de Philippe V, ferait pour un frère d'un second mariage ce que Philippe V avait fait pour un fils. Ce qui restait de cette florissante armée des trois couronnes courait risque, plus que jamais, d'être enfermé sans ressource : elle était entre le Pô, le Lambro, le Tidone, et la Trébie. Se battre en rase campagne, ou dans un poste, contre une armée supérieure, est très-ordinaire; sauver des troupes vaincues et enfermées est très-rare : c'est l'effort de l'art militaire.

Le comte de Maillebois, fils du maréchal, osa proposer de se retirer en combattant; il se chargea de l'entreprise, la dirigea sous les yeux de son père, et en vint à bout. L'armée des trois couronnes passa tout entière, en un jour et une nuit, sur trois ponts, avec quatre mille mulets chargés, et mille chariots de vivres, et se forma le long du Tidone. Les mesures étaient si bien prises, que le roi de Sardaigne et les Autrichiens ne purent l'attaquer que quand elle put se défendre. Les Français et les Espagnols soutinrent une bataille longue et opiniâtre, pendant laquelle ils ne furent point entamés.

Cette journée, plus estimée des juges de l'art qu'éclatante aux yeux du vulgaire, fut comptée pour une journée heureuse, parce que l'on remplit l'objet proposé : cet objet était triste; c'était de se retirer par Tortone, et de laisser au pouvoir de l'ennemi Plaisance et tout le pays. En effet, le lendemain de cette étrange bataille, Plaisance se rendit, et plus de trois mille malades y furent faits prisonniers de guerre.

De toute cette grande armée qui devait subjuguer l'Italie, il ne resta enfin que seize mille hommes effectifs à Tortone. La même chose était arrivée du temps de Louis XIV, après la journée de Turin. François Ier, Louis XII, Charles VIII, avaient essuyé les mêmes disgrâces. Grandes leçons toujours inutiles.

(17 auguste 1746) On se retira bientôt à Gavi, vers les confins des Génois. L'infant et le duc de Modène allèrent dans Gênes; mais, au lieu de la rassurer, ils en augmentèrent les alarmes. Gênes était bloquée par les escadres anglaises. Il n'y avait pas de quoi nourrir le peu de cavalerie qui restait encore. Quarante mille Autrichiens et vingt mille Piémontais approchaient; si l'on restait dans Gênes, on pouvait la défendre; mais on abandonnait le comté de Nice, la Savoie, la Provence. Un nouveau général espagnol, le marquis de La Mina[1], était envoyé pour sauver les débris de l'armée. Les Génois le suppliaient de les défendre, mais ils ne purent rien obtenir.

Gênes n'est pas une ville qui doive, comme Milan, porter ses clefs à quiconque approche d'elle avec une armée ; outre son enceinte, elle en a une seconde de plus de deux lieues d'étendue, formée sur une chaîne de rochers. Par delà cette double enceinte l'Apennin lui sert partout de fortification. Le poste de la Bocchetta, par où les ennemis s'avançaient, avait toujours été réputé imprenable. Cependant les troupes qui gardaient ce poste ne firent aucune résistance, et allèrent se joindre aux débris de l'armée française et espagnole, qui se retiraient par Vintimille. La consternation des Génois ne leur permit pas de tenter seulement de se défendre. Ils avaient une grosse artillerie, l'ennemi n'avait point de canon de siége; mais ils n'attendirent pas que ce canon arrivât, et la terreur les précipita dans toutes les extrémités qu'ils craignaient. Le sénat envoya précipitamment quatre sénateurs dans les défilés des montagnes, où campaient les Autrichiens, pour recevoir du général Brown et du marquis de Botta Adorno, Milanais, lieutenant général de l'impératrice-reine, les lois qu'ils vou-

1. Ou de Las Minas. (ÉD.)

draient bien donner. Ils se soumirent à remettre leur ville dans vingt-quatre heures (le 7 septembre), à rendre prisonniers leurs soldats, les Français et les Espagnols, à livrer tous les effets qui pourraient appartenir à des sujets de France, d'Espagne, et de Naples. On stipula que quatre sénateurs se rendraient en otage à Milan; qu'on payerait sur-le-champ cinquante mille génovines, qui font environ quatre cent mille livres de France, en attendant les taxes qu'il plairait au vainqueur d'imposer.

On se souvenait que Louis XIV avait exigé autrefois que le doge de Gênes vînt lui faire des excuses à Versailles avec quatre sénateurs. On en ajouta deux pour l'impératrice-reine; mais elle mit sa gloire à refuser ce que Louis XIV avait exigé. Elle crut qu'il y avait peu d'honneur à humilier les faibles, et ne songea qu'à tirer de Gênes de fortes contributions, dont elle avait plus de besoin que du vain honneur de voir le doge de la petite république de Gênes avec six Génois aux pieds du trône impérial.

Gênes fut taxée à vingt-quatre millions de livres : c'était la ruiner entièrement. Cette république ne s'était pas attendue, quand la guerre commença pour la succession de la maison d'Autriche, qu'elle en serait la victime; mais dès qu'on arme dans l'Europe, il n'y a point de petit État qui ne doive trembler.

La puissance autrichienne, accablée en Flandre, mais victorieuse dans les Alpes, n'était plus embarrassée que du choix des conquêtes qu'elle pouvait faire vers l'Italie. Il paraissait également aisé d'entrer dans Naples ou dans la Provence. Il lui eût été plus facile de garder Naples. Le conseil autrichien crut qu'après avoir pris Toulon et Marseille, il réduirait les Deux-Siciles facilement, et que les Français ne pourraient plus repasser les Alpes.

(1746) Le 28 octobre, le maréchal de Maillebois était sur le Var, qui sépara la France du Piémont. Il n'avait pas onze mille hommes. Le marquis de La Mina n'en ramenait pas neuf mille. Le général espagnol se sépara alors des Français, tourna vers la Savoie par le Dauphiné : car les Espagnols étaient toujours maîtres de ce duché, et ils voulaient le conserver en abandonnant le reste.

Les vainqueurs passèrent le Var au nombre de près de quarante mille hommes. Les débris de l'armée française se retiraient dans la Provence, manquant de tout, la moitié des officiers à pied; point d'approvisionnements, point d'outils pour rompre les ponts, peu de vivres. Le clergé, les notables, les peuples, couraient au-devant des détachements autrichiens pour leur offrir des contributions, et être préservés du pillage.

Tel était l'effet des révolutions d'Italie, pendant que les armées françaises conquéraient les Pays-Bas, et que le prince Charles-Édouard, dont nous parlerons, avait pris et perdu l'Écosse.

CHAP. XX. — *Les Autrichiens et les Piémontais entrent en Provence;*
les Anglais, en Bretagne.

L'incendie qui avait commencé vers le Danube, et presque aux portes
de Vienne, et qui d'abord avait semblé ne devoir durer que peu de
mois, était parvenu après six ans sur les côtes de France. Presque
toute la Provence était en proie aux Autrichiens. D'un côté, leurs partis désolaient le Dauphiné; de l'autre, ils passaient au delà de la Durance. Vence et Grasse furent abandonnées au pillage; les Anglais
faisaient des descentes dans la Bretagne, et leurs escadres allaient
devant Toulon et Marseille aider leurs alliés à prendre ces deux villes,
tandis que d'autres escadres attaquaient les possessions françaises en
Asie et en Amérique.

Il fallait sauver la Provence; le maréchal de Belle-Isle y fut envoyé,
mais d'abord sans argent et sans armée. C'était à lui à réparer les
maux d'une guerre universelle que lui seul avait allumée. Il ne vit que
de la désolation; des miliciens effrayés, des débris de régiments sans
discipline, qui s'arrachaient le foin et la paille; les mulets des vivres
mouraient faute de nourriture; les ennemis avaient tout rançonné et
tout dévoré, du Var à la rivière d'Argens et à la Durance. L'infant don
Philippe et le duc de Modène étaient dans la ville d'Aix en Provence,
où ils attendaient les efforts que feraient la France et l'Espagne pour
sortir de cette situation cruelle.

Les ressources étaient encore éloignées, les dangers et les besoins
pressaient : le maréchal eut beaucoup de peine à emprunter en son
nom cinquante mille écus pour subvenir aux plus pressants besoins. Il
fut obligé de faire les fonctions d'intendant et de munitionnaire. Ensuite, à mesure que le gouvernement lui envoyait quelques bataillons
et quelques escadrons, il prenait des postes par lesquels il arrêtait les
Autrichiens et les Piémontais. Il couvrit Castellane, Draguignan, et
Brignoles, dont l'ennemi allait se rendre maître.

Enfin, au commencement de janvier 1747, se trouvant fort de soixante
bataillons et de vingt-deux escadrons, et secondé du marquis de La
Mina, qui lui fournit quatre à cinq mille Espagnols, il se vit en état de
pousser de poste en poste les ennemis hors de la Provence. Ils étaient
encore plus embarrassés que lui; car ils manquaient de subsistances.
Ce point essentiel est ce qui rend la plupart des invasions infructueuses.
Ils avaient d'abord tiré toutes leurs provisions de Gênes; mais la révolution inouïe qui se faisait pour lors dans Gênes, et dont il n'y a point
d'exemple dans l'histoire, les priva d'un secours nécessaire, et les força
de retourner en Italie.

CHAP. XXI. — *Révolution de Gênes.*

Il se faisait alors dans Gênes un changement aussi important qu'imprévu.

(30 novembre 1746) Les Autrichiens usaient avec rigueur du droit de
la victoire; les Génois, ayant épuisé leurs ressources, et donné tout

l'argent de leur banque de Saint-George pour payer seize millions, demandèrent grâce pour les huit autres; mais on leur signifia, de la part de l'impératrice-reine, que non-seulement il les fallait donner, mais qu'il fallait payer encore environ autant pour l'entretien de neuf régiments répandus dans les faubourgs de Saint-Pierre des Arènes, de Bisagno, et dans les villages circonvoisins. A la publication de ces ordres, le désespoir saisit tous les habitants; leur commerce était ruiné, leur crédit perdu, leur banque épuisée, les magnifiques maisons de campagne qui embellissaient les dehors de Gênes, pillées, les habitants traités en esclaves par le soldat; ils n'avaient plus à perdre que la vie; et il n'y avait point de Génois qui ne parût enfin résolu à la sacrifier plutôt que de souffrir plus longtemps un traitement si honteux et si rude.

Gênes captive comptait encore parmi ses disgrâces la perte du royaume de Corse, si longtemps soulevé contre elle, et dont les mécontents seraient sans doute appuyés pour jamais par ses vainqueurs.

La Corse, qui s'était plainte d'être opprimée par Gênes, comme Gênes l'était par les Autrichiens, jouissait, dans ce chaos de révolutions, de l'infortune de ses maîtres. Ce surcroît d'afflictions n'était que pour le sénat : en perdant la Corse, il ne perdait qu'un fantôme d'autorité; mais le reste des Génois était en proie aux afflictions réelles qu'entraîne la misère. Quelques sénateurs fomentaient sourdement et avec habileté les résolutions désespérées que les habitants semblaient disposés à prendre; ils avaient besoin de la plus grande circonspection, car il était vraisemblable qu'un soulèvement téméraire et mal soutenu ne produirait que la destruction du sénat et de la ville. Les émissaires des sénateurs se contentaient de dire aux plus accrédités du peuple : « Jusqu'à quand attendrez-vous que les Autrichiens viennent vous égorger entre les bras de vos femmes et de vos enfants, pour vous arracher le peu de nourriture qui vous reste ? Leurs troupes sont dispersées hors de l'enceinte de vos murs; il n'y a dans la ville que ceux qui veillent à la garde de vos portes; vous êtes ici plus de trente mille hommes capables d'un coup de main : ne vaut-il pas mieux mourir que d'être les spectateurs des ruines de votre patrie ? » Mille discours pareils animaient le peuple; mais il n'osait encore remuer, et personne n'osait arborer l'étendard de la liberté.

Les Autrichiens tiraient de l'arsenal de Gênes des canons et des mortiers pour l'expédition de Provence, et ils faisaient servir les habitants à ce travail. Le peuple murmurait, mais il obéissait. (5 décembre 1746) Un capitaine autrichien ayant rudement frappé un habitant qui ne s'empressait pas assez, ce moment fut un signal auquel le peuple s'assembla, s'émut, et s'arma de tout ce qu'il put trouver; pierres, bâtons, épées, fusils, instruments de toute espèce. Ce peuple, qui n'avait pas eu seulement la pensée de défendre sa ville quand les ennemis en étaient encore éloignés, la défendit quand ils en étaient les maîtres. Le marquis de Botta, qui était à Saint-Pierre des Arènes, crut que cette émeute du peuple se ralentirait d'elle-même, et que la crainte reprendrait bientôt la place de cette fureur passagère. Le lendemain il se

contenta de renforcer les gardes des portes, et d'envoyer quelque détachements dans les rues. Le peuple, attroupé en plus grand nombre
que la veille, courait au palais du doge demander les armes qui sont
dans ce palais; le doge ne répondit rien; les domestiques indiquèrent
un autre magasin : on y court, on l'enfonce, on s'arme; une centaine
d'officiers se distribuent dans la place; on se barricade dans les rues,
et l'ordre qu'on tâche de mettre autant qu'on le peut dans ce bouleversement subit et furieux n'en ralentit point l'ardeur.

Il semble que dans cette journée et dans les suivantes la consternation qui avait si longtemps atterré l'esprit des Génois eût passé dans
les Allemands; ils ne tentèrent pas de combattre le peuple avec des
troupes régulières; ils laissèrent les soulevés se rendre maîtres de la
porte Saint-Thomas et de la porte Saint-Michel. Le sénat, qui ne savait
encore si le peuple soutiendrait ce qu'il avait si bien commencé, envoya une députation au général autrichien dans Saint-Pierre des Arènes.
Le marquis de Botta négocia lorsqu'il fallait combattre : il dit aux sénateurs qu'ils armassent les troupes génoises laissées désarmées dans
la ville, et qu'ils les joignissent aux Autrichiens, pour tomber sur les
rebelles au signal qu'il ferait; mais on ne devait pas s'attendre que le
sénat de Gênes se joignit aux oppresseurs de la patrie pour accabler
ses défenseurs et pour achever sa perte.

(9 décembre 1746) Les Allemands, comptant sur les intelligences
qu'ils avaient dans la ville, s'avancèrent à la porte de Bisagno par le
faubourg qui porte ce nom; mais ils y furent reçus par des salves de
canons et de mousqueterie. Le peuple de Gênes composait alors une
armée : on battait la caisse dans la ville au nom du peuple, et on ordonnait, sous peine de la vie, à tous les citoyens de sortir en armes
hors de leurs maisons, et de se ranger sous les drapeaux de leurs
quartiers. Les Allemands furent attaqués à la fois dans le faubourg de
Bisagno, et dans celui de Saint-Pierre des Arènes; le tocsin sonnait en
même temps dans tous les villages des vallées; les paysans s'assemblèrent au nombre de vingt mille. Un prince Doria, à la tête du peuple,
attaqua le marquis de Botta dans Saint-Pierre des Arènes; le général
et ses neuf régiments se retirèrent en désordre; ils laissèrent quatre
mille prisonniers et près de mille morts, tous leurs magasins, tous
leurs équipages, et allèrent au poste de la Bocchetta, poursuivis sans
cesse par de simples paysans, et forcés enfin d'abandonner ce poste,
et de fuir jusqu'à Gavi.

C'est ainsi que les Autrichiens perdirent Gênes pour avoir trop méprisé et accablé le peuple, et pour avoir eu la simplicité de croire que
le sénat se joindrait à eux contre les habitants qui secouraient le
sénat même. L'Europe vit avec surprise qu'un peuple faible, nourri
loin des armes, et que ni son enceinte de rochers, ni les rois de
France, d'Espagne, de Naples, n'avaient pu sauver du joug des Autrichiens, l'eût brisé sans aucun secours, et eût chassé ses vainqueurs.

Il y eut dans ces tumultes beaucoup de brigandages; le peuple
pilla plusieurs maisons appartenant aux sénateurs soupçonnés de

favoriser les Autrichiens; mais ce qui fut le plus étonnant dans cette révolution, c'est que ce même peuple, qui avait quatre mille de ses vainqueurs dans ses prisons, ne tourna point ses forces contre ses maîtres. Il avait des chefs; mais ils étaient indiqués par le sénat, et parmi eux il ne s'en trouva point d'assez considérables pour usurper longtemps l'autorité. Le peuple choisit trente-six citoyens pour le gouverner; mais il y ajouta quatre sénateurs: Grimaldi, Scaglia, Lomellini, Fornari; et ces quatre nobles rendaient secrètement compte au sénat, qui paraissait ne se mêler plus du gouvernement; mais il gouvernait en effet: il faisait désavouer à Vienne la révolution qu'il fomentait à Gênes, et dont il redoutait la plus terrible vengeance. Son ministre dans cette cour déclara que la noblesse génoise n'avait aucune part à ce changement qu'on appelait révolte. Le conseil de Vienne, agissant encore en maître, et croyant être bientôt en état de reprendre Gênes, lui signifia que le sénat eût à faire payer incessamment les huit millions restants de la somme à laquelle on l'avait condamné, à en donner trente pour les dommages causés à ses troupes, à rendre tous les prisonniers, à faire justice des séditieux. Ces lois, qu'un maître irrité aurait pu donner à des sujets rebelles et impuissants, ne firent qu'affirmer les Génois dans la résolution de se défendre, et dans l'espérance de repousser de leur territoire ceux qu'ils avaient chassés de la capitale. Quatre mille Autrichiens, dans les prisons de Gênes, étaient encore des otages qui les rassuraient.

Cependant les Autrichiens, aidés des Piémontais, en sortant de Provence, menaçaient Gênes de rentrer dans ses murs. Un des généraux autrichiens avait déjà renforcé ses troupes de soldats albanais, accoutumés à combattre au milieu des rochers. Ce sont les anciens Épirotes, qui passent encore pour être aussi bons guerriers que leurs ancêtres. Il eut ces Épirotes par le moyen de son oncle, ce fameux Schulenbourg, qui, après avoir résisté au roi de Suède, Charles XII, avait défendu Corfou contre l'empire ottoman. Les Autrichiens repassèrent donc la Bocchetta; ils resserraient Gênes d'assez près; la campagne à droite et à gauche était livrée à la fureur des troupes irrégulières, au saccagement et à la dévastation. Gênes était consternée, et cette consternation même y produisait des intelligences avec ses oppresseurs: pour comble de malheur, il y avait alors une grande division entre le sénat et le peuple. La ville avait des vivres, mais plus d'argent; et il fallait dépenser dix-huit mille florins par jour pour entretenir les milices qui combattaient dans la campagne, ou qui gardaient la ville. La république n'avait ni aucunes troupes régulières aguerries, ni aucun officier expérimenté. Nul secours n'y pouvait arriver que par mer, et encore au hasard d'être pris par une flotte anglaise conduite par l'amiral Medley, qui dominait sur les côtes.

Le roi de France fit d'abord tenir au sénat un million par un petit vaisseau qui échappa aux Anglais. Les galères de Toulon et de Marseille partent chargées d'environ six mille hommes. On relâcha en Corse et à Monaco à cause d'une tempête, et surtout de la flotte anglaise. Cette flotte prit six bâtiments qui portaient environ mille soldats. Mais enfin le reste entra dans Gênes au nombre d'environ quatre mille cinq cents Français qui firent renaître l'espérance.

Bientôt après le duc de Boufflers arrive, et vient commander les troupes qui défendent Gênes, et dont le nombre augmente de jour en jour. (Le dernier avril 1747) Il fallut que ce général passât dans une barque, et trompât la flotte de l'amiral Medley.

Le duc de Boufflers se trouvait à la tête d'environ huit mille hommes de troupes régulières, dans une ville bloquée, qui s'attendait à être bientôt assiégée; il y avait peu d'ordre, peu de provisions, point de poudre; les chefs du peuple étaient peu soumis au sénat. Les Autrichiens conservaient toujours quelques intelligences. Le duc de Boufflers eut d'abord autant d'embarras avec ceux qu'il venait défendre, qu'avec ceux qu'il venait combattre. Il mit l'ordre partout; des provisions de toute espèce abordèrent en sûreté, moyennant une rétribution qu'on donnait en secret à des capitaines de vaisseaux anglais : tant l'intérêt particulier sert toujours à faire ou à réparer les malheurs publics. Les Autrichiens avaient quelques moines dans leur parti; on leur opposa les mêmes armes avec plus de force; on engagea les confesseurs à refuser l'absolution à quiconque balançait entre la patrie et les ennemis. Un ermite se mit à la tête des milices qu'il encourageait par son enthousiasme en leur parlant, et par son exemple en combattant. Il fut tué dans un de ces petits combats qui se donnaient tous les jours, et mourut en exhortant les Génois à se défendre. Les dames génoises mirent en gage leurs pierreries chez des juifs pour subvenir aux frais des ouvrages nécessaires.

Mais le plus puissant de ces encouragements fut la valeur des troupes françaises, que le duc de Boufflers employait souvent à attaquer les ennemis dans leurs postes au delà de la double enceinte de Gênes. On réussit dans presque tous ces petits combats, dont le détail attirait alors l'attention, et qui se perdent ensuite parmi des événements innombrables.

La cour de Vienne ordonna enfin qu'on levât le blocus. Le duc de Boufflers ne jouit point de ce bonheur et de cette gloire; il mourut de la petite-vérole le jour même que les ennemis se retiraient (27 juin 1747[1]). Il était fils du maréchal de Boufflers, ce général si estimé sous Louis XIV, homme vertueux, bon citoyen : et le duc avait les qualités de son père.

Gênes n'était pas alors pressée, mais elle était toujours très-menacée par les Piémontais maîtres de tous les environs, par la flotte anglaise qui bouchait ses ports, par les Autrichiens qui revenaient des Alpes fondre sur elle. Il fallait que le maréchal de Belle-Isle descendît en Italie; et c'est ce qui était d'une extrême difficulté.

Gênes devait à la fin être accablée, le royaume de Naples exposé, toute espérance ôtée à don Philippe de s'établir en Italie. Le duc

---

1. Il tomba malade le 27 juin, et mourut le 2 juillet. (Éd.)

de Modène en ce cas paraissait sans ressource. Louis XV ne se rebuta pas.

(27 septembre 1747) Il envoya à Gênes le duc de Richelieu, de nouvelles troupes, de l'argent. Le duc de Richelieu arrive dans un petit bâtiment malgré la flotte anglaise; ses troupes passent à la faveur de la même manœuvre. La cour de Madrid seconde ses efforts, elle fait passer à Gênes environ trois mille hommes; elle promet deux cent cinquante mille livres par mois aux Génois, mais le roi de France les donne; le duc de Richelieu repousse les ennemis dans plusieurs combats, fait fortifier tous les postes, met les côtes en sûreté. Alors la cour d'Angleterre s'épuisait pour faire tomber Gênes, comme celle de France pour la défendre. Le ministère anglais donne cent cinquante mille livres sterling à l'impératrice-reine, et autant au roi de Sardaigne, pour entreprendre le siége de Gênes. Les Anglais perdirent leurs avances. Le maréchal de Belle-Isle, après avoir pris le comté de Nice, tenait les Autrichiens et les Piémontais en alarmes. S'ils faisaient le siége de Gênes, il tombait sur eux. Ainsi, étant encore arrêté par eux, il les arrêtait.

CHAP. XXII. — *Combat d'Exiles funeste aux Français.*

Pour pénétrer en Italie malgré les armées d'Autriche et de Piémont, quel chemin fallait-il prendre? Le général espagnol, La Mina, voulait qu'on tirât à Final par ce chemin de la côte du Ponant où l'on ne peut aller qu'un à un; mais il n'avait ni canons ni provisions : transporter l'artillerie française, garder une communication de près de quarante marches par une route aussi serrée qu'escarpée, où tout doit être porté à dos de mulet; être exposé sans cesse au canon des vaisseaux anglais : de telles difficultés paraissaient insurmontables. On proposait la route de Démont et de Coni : mais assiéger Coni était une entreprise dont tout le danger était connu. On se détermina pour la route du col d'Exiles, à près de vingt-cinq lieues de Nice, et on résolut d'emporter cette place.

Cette entreprise n'était pas moins hasardeuse, mais on ne pouvait choisir qu'entre des périls. Le comte de Belle-Isle saisit avidement cette occasion de se signaler; il avait autant d'audace pour exécuter un projet que de dextérité pour le conduire; homme infatigable dans le travail du cabinet et dans celui de la campagne. Il part donc, et prend son chemin en retournant vers le Dauphiné, et s'enfonçant ensuite vers le col de l'Assiette, sur le chemin d'Exiles : c'est là que vingt et un bataillons piémontais l'attendaient derrière des retranchements de pierre et de bois, hauts de dix-huit pieds sur treize pieds de profondeur, et garnis d'artillerie.

Pour emporter ces retranchements, le comte de Belle-Isle avait vingt-huit bataillons et sept canons de campagne, qu'on ne put guère placer d'une manière avantageuse. On s'enhardissait à cette entreprise par le souvenir des journées de Montalban et de Château-Dauphin, qui semblaient justifier tant d'audace. Il n'y a jamais d'attaques entièrement semblables, et il est plus difficile encore et plus meurtrier d'attaquer des palissades qu'il faut arracher avec les mains sous un feu plongeant et continu, que de gravir et de combattre sur des rochers; enfin ce qu'on doit compter pour beaucoup, les Piémontais étaient très-aguerris, et l'on ne pouvait mépriser des troupes que le roi de Sardaigne avait commandées. (19 juillet 1747) L'action dura deux heures, c'est-à-dire que les Piémontais tuèrent deux heures de suite sans peine et sans danger tous les Français qu'ils choisirent. M. d'Arnauld, maréchal de camp, qui menait une division, fut blessé à mort des premiers avec M. de Grille, major général de l'armée.

Parmi tant d'actions sanglantes qui signalèrent cette guerre de tous côtés, ce combat fut un de ceux où l'on eut le plus à déplorer la perte prématurée d'une jeunesse florissante, inutilement sacrifiée. Le comte de Goas, colonel de Bourbonnais, y périt. Le marquis de Donge, colonel de Soissonnais, y reçut une blessure dont il mourut six jours après. Le marquis de Brienne, colonel d'Artois, ayant eu un bras emporté, retourna aux palissades, en disant : « Il m'en reste un autre pour le service du roi; » et il fut frappé à mort. On compta trois mille six cent quatre-vingt-quinze morts, et mille six cent six blessés; fatalité contraire à l'événement de toutes les autres batailles, où les blessés sont toujours le plus grand nombre. Celui des officiers qui périrent fut très-grand : presque tous ceux du régiment de Bourbonnais furent blessés ou moururent, et les Piémontais ne perdirent pas cent hommes.

Belle-Isle désespéré arrachait les palissades, et blessé aux deux mains, il tirait des bois encore avec les dents, quand enfin il reçut le coup mortel. Il avait dit souvent qu'il ne fallait pas qu'un général survécût à sa défaite, et il ne prouva que trop que ce sentiment était dans son cœur. Les blessés furent menés à Briançon, où l'on ne s'était pas attendu au désastre de cette journée. M. d'Audifret, lieutenant du roi, vendit sa vaisselle d'argent pour secourir les malades; sa femme, prête d'accoucher, prit elle-même le soin des hôpitaux; pansa de ses mains les blessés, et mourut en s'acquittant de ce pieux office : exemple aussi triste que noble, et qui mérite d'être consacré dans l'histoire [1].

CHAP. XXIII. — *Le roi de France, maître de la Flandre et victorieux, propose en vain la paix. Prise du Brabant hollandais. Les conjonctures font un stathouder.*

Dans ce fracas d'événements tantôt malheureux, tantôt favorables, le roi, victorieux en Flandre, était le seul souverain qui voulût la

1. On a prétendu que le chevalier de Belle-Isle avait connaissance de l'ordre que le roi de Sardaigne avait donné de se retirer en cas d'attaque, parce qu'il croyait que les généraux français n'attaqueraient ce poste qu'après l'avoir tourné, et s'être emparés des hauteurs; ce qui n'était pas impossible. Belle-Isle avait donc l'espérance de réussir; et le succès l'eût couvert de gloire; mais le général piémontais sut interpréter les ordres de son souverain, et il ne crut pas qu'on lui eût défendu d'attendre une attaque dont le succès était impossible. (*Ed. de Kehl.*)

paix. Toujours en droit d'attaquer le territoire des Hollandais, et toujours le menaçant, il crut les amener à son grand dessein d'une pacification générale, en leur proposant un congrès dans une de leurs villes; on choisit Bréda. Le marquis de Puisieux y alla des premiers en qualité de plénipotentiaire. Les Hollandais envoyèrent à Bréda M. de Vassenaer, sans avoir aucune vue déterminée. La cour d'Angleterre, qui ne penchait pas à la paix, ne put paraître publiquement la refuser. Le comte de Sandwich, petit-fils par sa mère du fameux Wilmot, comte de Rochester, fut le plénipotentiaire anglais [1]. Mais, tandis que les puissances auxiliaires de l'impératrice-reine avaient des ministres à ce congrès inutile, cette princesse n'y en eut aucun.

Les Hollandais devaient plus que toute autre puissance presser l'heureux effet de ces apparences pacifiques. Un peuple tout commerçant, qui n'était plus guerrier, qui n'avait ni bons généraux, ni bons soldats, et dont les meilleures troupes étaient prisonnières en France au nombre de plus de trente-cinq mille hommes, semblait n'avoir d'autre intérêt que de ne pas attirer sur son terrain l'orage qu'il avait vu fondre sur la Flandre. La Hollande n'était plus même une puissance maritime; ses amirautés ne pouvaient pas alors mettre en mer vingt vaisseaux de guerre. Les régents sentaient tous que, si la guerre entamait leurs provinces, ils seraient forcés de se donner un stathouder, et par conséquent un maître. Les magistrats d'Utrecht, de Dordrecht, de la Brille, avaient toujours insisté pour la neutralité; quelques membres de la république étaient ouvertement de cet avis. En un mot, il est certain que si les États-Généraux avaient pris la ferme résolution de pacifier l'Europe, ils en seraient venus à bout; ils auraient joint cette gloire à celle d'avoir fait autrefois d'un si petit pays un État puissant et libre; et cette gloire a été longtemps dans leurs mains; mais le parti anglais et le préjugé général prévalurent. Je ne crois pas qu'il y ait un peuple qui revienne plus difficilement de ses anciennes impressions que la nation hollandaise. L'irruption de Louis XIV et l'année 1672 étaient encore dans les cœurs; et j'ose dire que je me suis aperçu plus d'une fois que leur esprit, frappé de la hauteur ambitieuse de Louis XIV, ne pouvait concevoir la modération de Louis XV; ils ne la crurent jamais sincère. On regardait toutes ses démarches pacifiques et tous ses ménagements, tantôt comme des preuves de faiblesse, tantôt comme des pièges.

Le roi, qui ne pouvait les persuader, fut forcé de conquérir une partie de leur pays pendant la tenue d'un congrès inutile : il fit entrer ses troupes dans la Flandre hollandaise; c'est un démembrement des domaines de cette même Autriche dont il prenait la défense : il commence une lieue au-dessous de Gand, et s'étend à droite et à gauche, d'un côté à Middelbourg sur la mer, de l'autre jusqu'au-dessous d'Anvers sur l'Escaut. Il est garni de petites places d'un difficile accès, et qui auraient pu se défendre. Le roi, avant de prendre cette province,

---

1. Jean Montagu, comte de Sandwich, né en 1718, mort en 1792, après avoir été longtemps premier lord de l'amirauté. (ED.)

poussa encore les ménagements jusqu'à déclarer aux États-Généraux qu'il ne regarderait ces places que comme un dépôt qu'il s'engageait à restituer sitôt que les Hollandais cesseraient de fomenter la guerre en accordant des passages et des secours d'hommes et d'argent à ses ennemis.

On ne sentit point cette indulgence; on ne vit que l'irruption, et la marche des troupes françaises fit un stathouder. Il arriva précisément ce que l'abbé de Laville, dans le temps qu'il faisait les fonctions d'envoyé en Hollande, avait dit à plusieurs seigneurs des États qui refusaient toute conciliation, et qui voulaient changer la forme du gouvernement : « Ce ne sera pas vous, ce sera nous qui vous donnerons un maître. »

Tout le peuple, au bruit d'une invasion, demanda pour stathouder le prince d'Orange; la ville de Tervère, dont il était seigneur, commença et le nomma (25 avril 1747); toutes les villes de la Zélande suivirent; Rotterdam, Delft, le proclamèrent; il n'eût pas été sûr pour les régents de s'opposer à la multitude; ce n'était partout qu'un avis unanime. Tout le peuple de la Haye entoura le palais où s'assemblent les députés de la province de Hollande et de Vestfrise, la plus puissante des sept, qui seule paye la moitié des charges de tout l'État, et dont le pensionnaire est regardé comme le plus considérable personnage de la république. Il fallut dans l'instant, pour apaiser le peuple, arborer le drapeau d'Orange au palais et à l'hôtel de ville, et deux jours après le prince fut élu (1er mai). Le diplôme porta « qu'en considération des tristes circonstances où l'on était, on nommait stathouder, capitaine, et amiral général, Guillaume-Charles-Henri Frison, prince d'Orange, de la branche de Nassau-Diest, » qu'on prononce Dist. Il fut bientôt reconnu par toutes les villes, et reçu en cette qualité à l'assemblée des États-Généraux. Les termes dans lesquels la province de Hollande avait conçu son élection montraient trop que les magistrats l'avaient nommé malgré eux. On sait assez que tout prince veut être absolu, et que toute république est ingrate. Les Provinces-Unies, qui devaient à la maison de Nassau la plus grande puissance où jamais un petit État soit parvenu, purent rarement établir ce juste milieu entre ce qu'ils devaient au sang de leurs libérateurs et ce qu'ils devaient à leur liberté.

Louis XIV en 1672, et Louis XV en 1747, ont créé deux stathouders par la terreur; et le peuple hollandais a rétabli deux fois ce stathoudérat que la magistrature voulait détruire.

Les régents avaient laissé, autant qu'ils l'avaient pu, le prince Henri Frison d'Orange dans l'éloignement des affaires, et même quand la province de Gueldre le choisit pour son stathouder en 1722, quoique cette place ne fût qu'un titre honorable, quoiqu'il ne disposât d'aucun emploi, quoiqu'il ne pût ni changer seulement une garnison, ni donner l'ordre, les états de Hollande écrivirent fortement à ceux de Gueldre pour les détourner d'une résolution qu'ils appelaient funeste. Un moment leur ôta ce pouvoir, dont ils avaient joui pendant près de cinquante années.

Le nouveau stathouder commença par laisser d'abord la populace piller et démolir les maisons des receveurs, tous parents et créatures des bourgmestres; et quand on eut ainsi attaqué les magistrats par le peuple, on contint le peuple par les soldats.

Le prince, tranquille dans ces mouvements, se fit donner la même autorité qu'avait eue le roi Guillaume, et assura mieux encore sa puissance à sa famille. Non-seulement le stathoudérat devint l'héritage de ses enfants mâles, mais de ses filles et de leur postérité : car, quelque temps après on passa en loi qu'au défaut de la race masculine une fille serait stathouder et capitaine général, pourvu qu'elle fît exercer ces charges par son mari; et en cas de minorité, la veuve d'un stathouder doit avoir le titre de gouvernante, et nommer un prince pour faire les fonctions du stathoudérat.

Par cette révolution, les Provinces-Unies devinrent une espèce de monarchie mixte, moins restreinte à beaucoup d'égards que celles d'Angleterre, de Suède et de Pologne. Ainsi, il n'arriva rien, dans toute cette guerre, de ce qu'on avait d'abord imaginé, et tout le contraire de ce que les nations avaient attendu arriva; mais l'entreprise, les succès, et les malheurs du prince Charles-Édouard en Angleterre, furent peut-être le plus singulier de ces événements qui étonnèrent l'Europe

CHAP. XXIV. — *Entreprise, victoires, défaite, malheurs déplorables du prince Charles-Édouard Stuart.*

Le prince Charles-Édouard était fils de celui qu'on appelait le *prétendant*, ou le chevalier de Saint-George. On sait assez que son grand-père avait été détrôné par les Anglais, son bisaïeul condamné à mourir sur un échafaud par ses propres sujets, sa quadrisaïeule livrée au même supplice par le parlement d'Angleterre. Ce dernier rejeton [1] de tant de rois et de tant d'infortunés consumait sa jeunesse auprès de son père retiré à Rome. Il avait marqué plus d'une fois le désir d'exposer sa vie pour remonter au trône de ses pères. On l'avait appelé en France dès l'an 1742, et on avait tenté en vain de le faire débarquer en Angleterre. Il attendait dans Paris quelque occasion favorable, pendant que la France s'épuisait d'hommes et d'argent en Allemagne, en Flandre, et en Italie. Les vicissitudes de cette guerre universelle ne permettaient plus qu'on pensât à lui; il était sacrifié aux malheurs publics.

Ce prince s'entretenant un jour avec le cardinal de Tencin, qui avait acheté sa nomination au cardinalat de l'ex-roi son père, Tencin lui dit : « Que ne tentez-vous de passer sur un vaisseau vers le nord de l'Écosse?

---

1. Le *prétendant*, né à Londres en 1688, est mort à Rome en 1766. Charles-Édouard-Louis-Philippe-Casimir, né à Rome en 1720, est mort à Florence en 1788, sans postérité. Sa veuve, Louise-Maximilienne de Stolberg, connue sous le nom de comtesse d'Albany (nom qu'avait pris le prince en arrivant en Toscane), est morte le 29 janvier 1824. Son corps fut déposé dans le monument qu'elle avait fait élever au poëte Alfieri à qui on croit qu'elle fut mariée secrètement. (*Note de M. Beuchot.*)

votre seule présence pourra vous former un parti et une armée ; alors il faudra bien que la France vous donne des secours. »

Ce conseil hardi, conforme au courage de Charles-Édouard, le détermina. Il ne fit confidence de son dessein qu'à sept officiers, les uns Irlandais, les autres Écossais, qui voulurent courir sa fortune. L'un d'eux s'adresse à un négociant de Nantes nommé Walsh, d'une famille noble d'Irlande, attachée à la maison Stuart. Ce négociant avait une frégate de dix-huit canons sur laquelle le prince s'embarqua le 12 juin 1745, n'ayant, pour une expédition dans laquelle il s'agissait de la couronne de la Grande-Bretagne, que sept officiers, environ dix-huit cents sabres, douze cents fusils, et quarante-huit mille francs. La frégate était escortée d'un vaisseau de roi de soixante-quatre canons, nommé l'*Élisabeth*, qu'un armateur de Dunkerque avait armé en course. C'était alors l'usage que le ministère de la marine prêtât des vaisseaux de guerre aux armateurs et aux négocians qui payaient une somme au roi, et qui entretenaient l'équipage à leurs dépens pendant le temps de la course. Le ministre de la marine et le roi de France lui-même ignoraient à quoi ce vaisseau devait servir.

Le 20 juin l'*Élisabeth* et la frégate, voguant de conserve, rencontrèrent trois vaisseaux de guerre anglais qui escortaient une flotte marchande. Le plus fort de ces vaisseaux, qui était de soixante et dix canons, se sépara du convoi pour aller combattre l'*Élisabeth*, et par un bonheur qui semblait présager des succès au prince Édouard, sa frégate ne fut point attaquée. L'*Élisabeth* et les vaisseaux anglais engagèrent un combat violent[1], long et inutile. La frégate qui portait le petit-fils de Jacques II échappait, et faisait force de voiles vers 'Écosse.

Le prince aborda d'abord dans une petite île presque déserte au delà de l'Irlande, vers le cinquante-huitième degré. Il cingle au continent de l'Écosse. (Juin 1745) Il débarque dans un petit canton appelé le Moidart : quelques habitants, auxquels il se déclara, se jetèrent à ses genoux : « Mais que pouvons-nous faire ? lui dirent-ils ; nous n'avons point d'armes, nous sommes dans la pauvreté, nous ne vivons que de pain d'avoine, et nous cultivons une terre ingrate. — Je cultiverai cette terre avec vous, répondit le prince, je mangerai de ce pain je partagerai votre pauvreté, et je vous apporte des armes. »

On peut juger si de tels sentiments et de tels discours attendrirent ces habitants. Il fut joint par quelques chefs des tribus de l'Écosse. Ceux du nom de Macdonald, de Lokil, les Camerons, les Fraesers, vinrent le trouver.

Ces tribus d'Écosse, qui sont nommées *clans* dans la langue écossaise, habitent un pays hérissé de montagnes et de forêts dans l'étendue de plus de deux cents milles. Les trente-trois des Orcades, et les trente du Shetland, sont habitées par les mêmes peuples qui vivent

1. Du moins c'est ce qui m'a été assuré par l'un des chefs de l'entreprise

sous les mêmes lois. L'ancien habit romain militaire s'est conservé chez eux seuls, comme on l'a dit au sujet du régiment des montagnards écossais qui combattit à la bataille de Fontenoy. On peut croire que la rigueur du climat et la pauvreté extrême les endurcissent aux plus grandes fatigues; ils dorment sur la terre; ils souffrent la disette; ils font de longues marches au milieu des neiges et des glaces. Chaque clan était soumis à son *laird*, c'est-à-dire son seigneur, qui avait sur eux le droit de juridiction, droit qu'aucun seigneur ne possède en Angleterre; et ils sont d'ordinaire du parti que ce *laird* a embrassé.

Cette ancienne anarchie qu'on nomme le *droit féodal* subsistait dans cette partie de la Grande-Bretagne stérile, pauvre, abandonnée à elle-même. Les habitants, sans industrie, sans aucune occupation qui leur assurât une vie douce, étaient toujours prêts à se précipiter dans les entreprises qui les flattaient de l'espérance de quelque butin. Il n'en était pas ainsi de l'Irlande, pays plus fertile, mieux gouverné par la cour de Londres, et dans lequel on avait encouragé la culture des terres et des manufactures. Les Irlandais commençaient à être plus attachés à leur repos et à leurs possessions qu'à la maison des Stuarts. Voilà pourquoi l'Irlande resta tranquille, et que l'Écosse fut en mouvement.

Depuis la réunion du royaume d'Écosse à celui d'Angleterre sous la reine Anne, plusieurs Écossais qui n'étaient pas nommés membres du parlement de Londres, et qui n'étaient pas attachés à la cour par des pensions, étaient secrètement dévoués à la maison des Stuarts; et en général les habitants des parties septentrionales, plutôt subjugués qu'unis, supportaient impatiemment cette réunion qu'ils regardaient comme un esclavage.

Les clans des seigneurs attachés à la cour, comme des ducs d'Argyle, d'Athol, de Queensbury, et d'autres, demeurèrent fidèles au gouvernement; il en faut pourtant excepter un grand nombre qui furent saisis de l'enthousiasme de leurs compatriotes, et entraînés bientôt dans le parti d'un prince qui tirait son origine de leur pays, et qui excitait leur admiration et leur zèle.

Les sept hommes que le prince avait menés avec lui étaient le marquis de Tullibardine, frère du duc d'Athol, un Macdonald, Thomas Sheriden, Sullivan désigné maréchal des logis de l'armée qu'on n'avait pas, Kelli Irlandais, et Strikland Anglais.

On n'avait pas encore rassemblé trois cents hommes autour de sa personne, qu'on fit un étendard royal d'un morceau de taffetas apporté par Sullivan. A chaque moment la troupe grossissait; et le prince n'avait pas encore passé le bourg de Fenning, qu'il se vit à la tête de quinze cents combattants qu'il arma de fusils et de sabres dont il était pourvu.

Il renvoya en France la frégate sur laquelle il était venu, et informa les rois de France et d'Espagne de son débarquement. Ces deux monarques lui écrivirent et le traitèrent de *frère*; non qu'ils le reconnussent solennellement pour héritier des couronnes de la Grande-

Bretagne, mais ils ne pouvaient, en lui écrivant, refuser ce titre à sa naissance et à son courage; ils lui envoyèrent à diverses reprises quelques secours d'argent, de munitions et d'armes. Il fallait que ces secours se dérobassent aux vaisseaux anglais qui croisaient à l'orient et à l'occident de l'Écosse. Quelques-uns étaient pris, d'autres arrivaient, et servaient à encourager le parti qui se fortifiait de jour en jour. Jamais le temps d'une révolution ne parut plus favorable. Le roi George alors était hors du royaume. Il n'y avait pas six mille hommes de troupes réglées dans l'Angleterre. Quelques compagnies du régiment de Sainclair marchèrent d'abord des environs d'Édimbourg contre la petite troupe du prince : elles furent entièrement défaites. Trente montagnards prirent quatre-vingts Anglais prisonniers avec leurs officiers et leurs bagages.

Ce premier succès augmentait le courage et l'espérance, et attirait de tous côtés de nouveaux soldats. On marchait sans relâche. Le prince Édouard, toujours à pied à la tête de ses montagnards, vêtu comme eux, se nourrissant comme eux, traverse le pays de Dadenoch, le pays d'Athol, le Perthshire, s'empare de Perth, ville considérable dans l'Écosse. (15 septembre 1745) Ce fut là qu'il fut proclamé solennellement régent d'Angleterre, de France, d'Écosse, et d'Irlande, pour son père Jacques III. Ce titre de *régent de France* que s'arrogeait un prince à peine maître d'une petite ville d'Écosse, et qui ne pouvait se soutenir que par les secours du roi de France, était une suite de l'usage étonnant qui a prévalu que les rois d'Angleterre prennent le titre de rois de France; usage qui devrait être aboli, et qui ne l'est pas, parce que les hommes ne songent jamais à réformer les abus que quand ils deviennent importants et dangereux.

Le duc de Perth, le lord George Murray, arrivèrent alors à Perth, et firent serment au prince. Ils amenèrent de nouvelles troupes; une compagnie entière d'un régiment écossais au service de la cour déserta pour se ranger sous ses drapeaux. Il prend Dunde, Drummond, Newbourg. On tint un conseil de guerre : les avis se partageaient sur la marche. Le prince dit qu'il fallait aller droit à Édimbourg, la capitale de l'Écosse. Mais comment espérer de prendre Édimbourg avec si peu de monde et point de canon? Il avait des partisans dans la ville, mais tous les citoyens n'étaient pas pour lui. « Il faut me montrer, dit-il, pour les faire déclarer tous. » Et sans perdre de temps il marche à la capitale (19 septembre), il arrive; il s'empare de la porte. L'alarme est dans la ville; les uns veulent reconnaître l'héritier de leurs anciens rois, les autres tiennent pour le gouvernement. On craint le pillage; les citoyens les plus riches transportent leurs effets dans le château : le gouverneur Guest s'y retire avec quatre cents soldats de garnison. Les magistrats se rendent à la porte dont Charles-Édouard était maître. Le prévôt d'Édimbourg, nommé Stuart, qu'on soupçonna d'être d'intelligence avec lui, paraît en sa présence, et demande d'un air éperdu ce qu'il faut faire. « Tomber à ses genoux, lui répondit un habitant, et le reconnaître. » Il fut aussitôt proclamé dans la capitale

Cependant on mettait dans Londres sa tête à prix. Les seigneurs de la régence, pendant l'absence du roi George, firent proclamer qu'on donnerait trente mille livres sterling à celui qui le livrerait. Cette proscription était une suite de l'acte du parlement fait la dix-septième année du règne du roi, et d'autres actes du même parlement. La reine Anne elle-même avait été forcée de proscrire son propre frère, à qui, dans les derniers temps, elle aurait voulu laisser sa couronne, si elle n'avait consulté que ses sentiments. Elle avait mis sa tête à quatre mille livres, et le parlement la mit à quatre-vingt mille.

Si une telle proscription est une maxime d'État, c'en est une bien difficile à concilier avec ces principes de modération que toutes les cours font gloire d'étaler. Le prince Charles-Édouard pouvait faire une proclamation pareille; mais il crut fortifier sa cause, et la rendre plus respectable, en opposant, quelques mois après, à ces proclamations sanguinaires, des manifestes dans lesquels il défendait à ses adhérents d'attenter à la personne du roi régnant, et d'aucun prince de la maison d'Hanoyre.

D'ailleurs il ne songea qu'à profiter de cette première ardeur de sa faction qu'il ne fallait pas laisser ralentir. A peine était-il maître de la ville d'Édimbourg qu'il apprit qu'il pouvait donner une bataille, et il se hâta de la donner. Il sut que le général Cope s'avançait contre lui avec des troupes réglées, qu'on assemblait les milices, qu'on formait des régiments en Angleterre, qu'on en faisait revenir de Flandre, qu'enfin il n'y avait pas un moment à perdre. Il sort d'Édimbourg sans y laisser un seul soldat, et marche avec environ trois mille montagnards vers les Anglais, qui étaient au nombre de plus de quatre mille : ils avaient deux régiments de dragons. La cavalerie du prince n'était composée que de quelques chevaux de bagage. Il ne se donna ni le temps ni la peine de faire venir ses canons de campagne. Il savait qu'il y en avait six dans l'armée ennemie; mais rien ne l'arrêta. Il atteignit les ennemis à sept milles d'Édimbourg, à Preston-Pans. A peine est-il arrivé qu'il range son armée en bataille. Le duc de Perth et le lord George Murray commandaient l'un la gauche et l'autre la droite de l'armée, c'est-à-dire chacun environ sept ou huit cents hommes. Charles-Édouard était si rempli de l'idée qu'il devait vaincre, qu'avant de charger les ennemis il remarqua un défilé par où ils pouvaient se retirer, et il le fit occuper par cinq cents montagnards. Il engagea donc le combat suivi d'environ deux mille cinq cents hommes seulement, ne pouvant avoir ni seconde ligne ni corps de réserve. Il tire son épée, et jetant le fourreau loin de lui : « Mes amis, dit-il, je ne la remettrai dans le fourreau que quand vous serez libres et heureux. » Il était arrivé sur le champ de bataille presque aussitôt que l'ennemi : il ne lui donna pas le temps de faire des décharges d'artillerie. Toute sa troupe marche rapidement aux Anglais sans garder de rang, ayant des cornemuses pour trompettes; ils tirent à vingt pas; ils jettent aussitôt leurs fusils, mettent d'une main leurs boucliers sur leur tête, et, se précipitant entre les hommes et les chevaux, ils tuent les chevaux à coups de poignard, et attaquent les hommes le sabre à la main (2 octobre 1745). Tout ce qui est nouveau et inattendu saisit toujours. Cette nouvelle manière de combattre effraya les Anglais : la force du corps, qui n'est aujourd'hui d'aucun avantage dans les autres batailles, était beaucoup dans celle-ci. Les Anglais plièrent de tous côtés sans résistance ; on en tua huit cents ; le reste fuyait par l'endroit que le prince avait remarqué ; et ce fut là même qu'on en fit quatorze cents prisonniers. Tout tomba au pouvoir du vainqueur : il se fit une cavalerie avec les chevaux des dragons ennemis. Le général Cope fut obligé de fuir lui quinzième. La nation murmura contre lui ; on l'accusa devant une cour martiale de n'avoir pas pris assez de mesures ; mais il fut justifié, et il demeura constant que les véritables raisons qui avaient décidé de la bataille étaient la présence d'un prince qui inspirait à son parti une confiance audacieuse, et surtout cette manière nouvelle d'attaquer qui étonna les Anglais. C'est un avantage qui réussit presque toujours les premières fois, et que peut-être ceux qui commandent les armées ne songent pas assez à se procurer.

Le prince Édouard, dans cette journée, ne perdit pas soixante hommes. Il ne fut embarrassé dans sa victoire que de ses prisonniers : leur nombre était presque égal à celui des vainqueurs. Il n'avait point de places fortes ; ainsi ne pouvant garder ses prisonniers, il les renvoya sur leur parole, après les avoir fait jurer de ne point porter les armes contre lui d'une année. Il garda seulement les blessés pour en avoir soin. Cette magnanimité devait lui faire de nouveaux partisans.

Peu de jours après cette victoire, un vaisseau français et un espagnol abordèrent heureusement sur les côtes, et y apportèrent de l'argent et de nouvelles espérances : il y avait, sur ces vaisseaux, des officiers irlandais qui, ayant servi en France et en Espagne, étaient capables de discipliner ses troupes. Le vaisseau français lui amena, le 11 octobre, au port de Montrose, un envoyé [1] secret du roi de France, qui débarqua de l'argent et des armes. Le prince, retourné dans Édimbourg, vit bientôt après augmenter son armée jusqu'à près de six mille hommes. L'ordre s'introduisait dans ses troupes et dans ses affaires. Il avait une cour, des officiers, des secrétaires d'État. On lui fournissait de l'argent de plus de trente milles à la ronde. Nul ennemi ne paraissait ; mais il lui fallait le château d'Édimbourg, seule place véritablement forte qui puisse servir dans le besoin de magasin et de retraite, et tenir en respect la capitale. Le château d'Édimbourg est bâti sur un roc escarpé ; il a un large fossé taillé dans le roc, et des murailles de douze pieds d'épaisseur. La place, quoique irrégulière, exige un siége régulier, et surtout du gros canon. Le prince n'en avait point. Il se vit obligé de permettre à la ville de faire avec le commandant Guest un accord par lequel la ville fournirait des vivres au château, et le château ne tirerait point sur elle.

Ce contre-temps ne parut pas déranger ses affaires. La cour de Londres le craignait beaucoup, puisqu'elle cherchait à le rendre odieux

---

1. C'était un frère du marquis d'Argens, très-connu dans la littérature. Il fut depuis président au parlement d'Aix.

dans l'esprit des peuples : elle lui reprochait d'être né catholique romain, et de venir bouleverser la religion et les lois du pays. Il ne cessait de protester qu'il respecterait la religion et les lois, et que les anglicans et les presbytériens n'auraient pas plus à craindre de lui, quoique né catholique, que du roi George né luthérien. On ne voyait dans sa cour aucun prêtre : il n'exigeait pas même que dans les paroisses on le nommât dans les prières, et il se contentait qu'on priât en général pour le roi et la famille royale sans désigner personne.

Le roi d'Angleterre était revenu en hâte, le 11 septembre, pour s'opposer aux progrès de la révolution ; la perte de la bataille de Preston-Pans l'alarma au point qu'il ne se crut pas assez fort pour résister avec les milices anglaises. Plusieurs seigneurs levaient des régiments de milices à leurs dépens en sa faveur, et le parti whig surtout, qui est le dominant en Angleterre, prenait à cœur la conservation du gouvernement qu'il avait établi, et de la famille qu'il avait mise sur le trône ; mais si le prince Édouard recevait de nouveaux secours, et avait de nouveaux succès, ces milices mêmes pouvaient se tourner contre le roi George. Il exigea d'abord un nouveau serment des milices de la ville de Londres ; ce serment de fidélité portait ces propres mots : « J'abhorre, je déteste, je rejette comme un sentiment impie cette damnable doctrine, que des princes excommuniés par le pape peuvent être déposés et assassinés par leurs sujets ou quelque autre que ce soit, etc. » Mais il ne s'agissait ni d'excommunication ni du pape dans cette affaire ; et quant à l'assassinat, on ne pouvait guère en craindre d'autres que celui qui avait été solennellement proposé au prix de trente mille livres sterling. (14 septembre) On ordonna, selon l'usage pratiqué dans les temps de troubles, depuis Guillaume III, à tous les prêtres catholiques de sortir de Londres et de son territoire. Mais ce n'étaient pas les prêtres catholiques qui étaient dangereux. Ceux de cette religion ne composaient qu'une petite partie du peuple d'Angleterre. C'était la valeur du prince Édouard qui était réellement à redouter ; c'était l'intrépidité d'une armée victorieuse animée par des succès inespérés. Le roi George se crut obligé de faire revenir six mille hommes des troupes de Flandre, et d'en demander encore six mille aux Hollandais, suivant les traités faits avec la république.

Les États-Généraux lui envoyèrent précisément les mêmes troupes qui, par la capitulation de Tournay et de Dendermonde, ne devaient servir de dix-huit mois. Elles avaient promis de ne faire aucun service, « pas même dans les places les plus éloignées des frontières ; » et les États justifiaient cette infraction en disant que l'Angleterre n'était point place frontière. Elles devaient mettre bas les armes devant les troupes de France, mais on alléguait que ce n'était pas contre des Français qu'elles allaient combattre ; elles ne devaient passer à aucun service étranger, et on répondait qu'en effet elles n'étaient point dans un service étranger, puisqu'elles étaient aux ordres et à la solde des États-Généraux.

C'est par de telles distinctions qu'on éludait la capitulation qui semblait la plus précise, mais dans laquelle on n'avait pas spécifié un cas que personne n'avait prévu.

Quoiqu'il se passât alors d'autres grands événements, je suivrai celui de la révolution d'Angleterre, et l'ordre des matières sera préféré à l'ordre des temps qui n'en souffrira pas. Rien ne prouve mieux les alarmes que l'excès des précautions. Je ne puis m'empêcher de parler ici d'un artifice dont on se servit pour rendre la personne de Charles-Édouard odieuse dans Londres. On fit imprimer un journal imaginaire, dans lequel on comparait les événements rapportés dans les gazettes sous le gouvernement du roi George, à ceux qu'on supposait sous la domination d'un prince catholique.

« A présent, disait-on, nos gazettes nous apprennent, tantôt qu'on a porté à la banque les trésors enlevés aux vaisseaux français et espagnols, tantôt que nous avons rasé Porto-Bello, tantôt que nous avons pris Louisbourg, et que nous sommes maîtres du commerce. Voici ce que nos gazettes diront sous la domination du prétendant : Aujourd'hui, il a été proclamé dans les marchés de Londres, par des montagnards et par des moines. Plusieurs maisons ont été brûlées, et plusieurs citoyens massacrés.

Le 4, la maison du Sud et la maison des Indes ont été changées en couvents.

Le 20, on a mis en prison six membres du parlement.

Le 26, on a cédé trois ports d'Angleterre aux Français.

Le 28, la loi *habeas corpus* a été abolie, et on a passé un nouvel acte pour brûler les hérétiques.

Le 29, le P. Poignardini, jésuite italien, a été nommé garde du sceau privé. »

Cependant on suspendait en effet, le 28 octobre, la loi *habeas corpus*. C'est une loi regardée comme fondamentale en Angleterre, et comme le boulevard de la liberté de la nation. Par cette loi, le roi ne peut faire emprisonner aucun citoyen, sans qu'il soit interrogé dans les vingt-quatre heures, et relâché sous caution jusqu'à ce que son procès lui soit fait ; et s'il a été arrêté injustement, le secrétaire d'État doit être condamné à lui payer chèrement chaque heure.

Le roi n'a pas le droit de faire arrêter un membre du parlement, sous quelque prétexte que ce puisse être, sans le consentement de la chambre. Le parlement, dans les temps de rébellion, suspend toujours ces lois par un acte particulier pour un certain temps, et donne pouvoir au roi de s'assurer, pendant ce temps seulement, des personnes suspectes. Il n'y eut aucun membre des deux chambres qui donnât sur lui la moindre prise. Quelques-uns cependant étaient soupçonnés par la voix publique d'être jacobites ; et il y avait des citoyens dans Londres qui étaient sourdement de ce parti ; mais aucun ne voulait hasarder sa fortune et sa vie sur des espérances incertaines. La défiance et l'inquiétude tenaient en suspens tous les esprits ; on craignait de se parler. C'est un crime en ce pays de boire à la santé d'un prince proscrit qui dispute la couronne, comme autrefois à Rome c'en était un, sous un empereur régnant, d'avoir chez soi la statue de son compétiteur. On buvait à Londres à la santé du roi et du prince, ce qui pouvait aussi bien signifier le roi Jacques et son fils aîné le prince de Galles[1]. Les partisans secrets de la révolution se contentaient de faire imprimer des écrits tellement mesurés, que le parti pouvait aisément les entendre sans que le gouvernement pût les condamner. On en distribua beaucoup de cette espèce; un entre autres par lequel on avertissait « qu'il y avait un jeune homme de grande espérance qui était prêt de faire une fortune considérable; qu'en peu de temps il s'était fait plus de vingt mille livres de rente, mais qu'il avait besoin d'amis pour s'établir à Londres. » La liberté d'imprimer est un des priviléges dont les Anglais sont le plus jaloux. La loi ne permet pas d'attrouper le peuple et de le haranguer; mais elle permet de parler par écrit à la nation entière. Le gouvernement fit visiter toutes les imprimeries : mais n'ayant le droit d'en faire fermer aucune sans un délit constaté, il les laissa subsister toutes.

La fermentation commença à se manifester dans Londres quand on apprit que le prince Édouard s'était avancé jusqu'à Carlisle, et qu'il s'était rendu maître de la ville (26 novembre 1745); que ses forces augmentaient, et qu'enfin il était à Derby (4 décembre), dans l'Angleterre même, à trente lieues de Londres : alors il eut pour la première fois des Anglais nationaux dans ses troupes. Trois cents hommes du comté de Lancastre prirent parti dans son régiment de Manchester. La renommée, qui grossit tout, faisait son armée forte de trente mille hommes. On disait que tout le comté de Lancastre s'était déclaré. Les boutiques et la banque furent fermées un jour à Londres.

CHAP. XXV. — *Suite des aventures du prince Charles-Édouard. Sa défaite, ses malheurs et ceux de son parti*

Depuis le jour que le prince Édouard aborda en Écosse, ses partisans sollicitaient des secours de France; les sollicitations redoublaient avec les progrès. Quelques Irlandais qui servaient dans les troupes françaises s'imaginèrent qu'une descente en Angleterre, vers Plymouth, serait praticable. Le trajet est court de Calais ou de Boulogne vers les côtes. Ils ne voulaient point une flotte de vaisseaux de guerre, dont l'équipement eût consumé trop de temps, et dont l'appareil seul eût averti les escadres anglaises de s'opposer au débarquement. Ils prétendaient qu'on pourrait débarquer huit ou dix mille hommes et du canon pendant la nuit; qu'il ne fallait que des vaisseaux marchands et quelques corsaires pour une telle tentative; et ils assuraient que, dès qu'on serait débarqué, une partie de l'Angleterre se joindrait à l'armée de France, qui bientôt pourrait se réunir auprès de Londres avec les troupes du prince. Ils faisaient envisager enfin une révolution prompte et entière. Ils demandèrent pour chef de cette entreprise le duc de Richelieu, qui, par le service rendu dans la journée de Fontenoy et par la réputation qu'il avait en Europe, était plus capable qu'un autre

---

1. Frédéric-Louis, né en 1707, mort en 1751, père de George III. (Éd.)

de conduire avec vivacité cette affaire hardie et délicate. Ils pressèrent tant qu'on leur accorda enfin ce qu'ils demandaient. Lally, qui depuis fut lieutenant général, et qui a péri d'une mort si tragique, était l'âme de l'entreprise. L'écrivain de cette histoire, qui travailla longtemps avec lui, peut assurer qu'il n'a jamais vu d'homme plus zélé, et qu'il ne manqua à l'entreprise que la possibilité. On ne pouvait se mettre en mer vis-à-vis des escadres anglaises, et cette tentative fut regardée à Londres comme absurde.

On ne put faire passer au prince que quelques petits secours d'hommes et d'argent, par la mer germanique et par l'est de l'Écosse. Le lord Drummond, frère du duc de Perth, officier au service de France, arriva heureusement avec quelques piquets de trois compagnies du régiment royal écossais. Dès qu'il fut débarqué à Montrose, il fit publier qu'il venait par ordre du roi de France secourir le prince de Galles, régent d'Écosse, son allié, et faire la guerre au roi d'Angleterre, électeur d'Hanovre. Alors les troupes hollandaises, qui par leur capitulation ne pouvaient servir contre le roi de France, furent obligées de se conformer à cette loi de la guerre, si longtemps éludée. On les fit repasser en Hollande, tandis que la cour de Londres faisait revenir six mille Hessois à leur place. Ce besoin de troupes étrangères était un aveu du danger que l'on courait. Le prétendant faisait répandre dans le nord et dans l'occident de l'Angleterre de nouveaux manifestes par lesquels il invitait la nation à se joindre à lui. Il déclarait qu'il traiterait les prisonniers de guerre comme on traiterait les siens, et il renouvelait expressément à ses partisans la défense d'attenter à la personne du roi régnant et à celle des princes de sa maison. Ces proclamations, qui paraissent si généreuses dans un prince dont on avait mis la tête à prix, eurent une destinée que les maximes d'État peuvent seules justifier : elles furent brûlées par la main du bourreau.

Il était plus important et plus nécessaire de s'opposer à ses progrès, que de faire brûler ses manifestes. Les milices anglaises reprirent Édimbourg. Ces milices, répandues dans le comté de Lancastre, lui coupent les vivres ; il faut qu'il retourne sur ses pas. Son armée était tantôt forte, tantôt faible, parce qu'il n'avait pas de quoi la retenir continuellement sous le drapeau par un payement exact. Cependant il lui restait encore environ huit mille hommes. A peine le prince fut-il informé que les ennemis étaient à six milles de lui, près des marais de Falkirk, qu'il courut les attaquer, quoiqu'ils fussent près d'une fois plus forts que lui. On se battit de la même manière et avec la même impétuosité qu'au combat de Preston-Pans, (28 janvier 1746) Les Écossais, secondés encore d'un violent orage qui donnait au visage des Anglais, les mirent d'abord en désordre ; mais, bientôt après, ils furent rompus eux-mêmes par leur propre impétuosité. Six piquets de troupes françaises les couvrirent, soutinrent le combat, et leur donnèrent le temps de se rallier. Le prince Édouard disait toujours que, s'il avait eu seulement trois mille hommes de troupes réglées, il se serait rendu maître de toute l'Angleterre.

Les dragons anglais commencèrent la fuite, et toute l'armée anglaise suivit, sans que les généraux et les officiers pussent arrêter les soldats. Ils regagnèrent leur camp à l'entrée de la nuit. Ce camp était retranché et presque entouré de marais.

Le prince, demeuré maître du champ de bataille, prit à l'instant le parti d'aller les attaquer dans leur camp, malgré l'orage, qui redoublait avec violence. Les montagnards perdirent quelque temps à chercher dans l'obscurité leurs fusils, qu'ils avaient jetés dans l'action, suivant leur coutume. Le prince se met donc en marche avec eux, pour livrer un second combat; il pénètre jusqu'au camp ennemi l'épée à la main : la terreur s'y répandit, et les troupes anglaises, deux fois battues en un jour, quoique avec peu de perte, s'enfuirent à Édimbourg. Ils n'eurent pas six cents hommes de tués dans cette journée, mais ils laissèrent leurs tentes et leurs équipages au pouvoir du vainqueur. Ces victoires faisaient beaucoup pour la gloire du prince, mais peu encore pour ses intérêts. Le duc de Cumberland marchait en Écosse; il arriva à Édimbourg le 10 février. Le prince Édouard fut obligé de lever le siége du château de Stirling. L'hiver était rude; les subsistances manquaient. Sa plus grande ressource était dans quelques partis qui erraient tantôt vers Inverness, et tantôt vers Aberdeen, pour recueillir le peu de troupes et d'argent qu'on hasardait de lui faire passer de France. La plupart de ses vaisseaux étaient observés et pris par les Anglais. Trois compagnies du régiment de Fitz-James abordèrent heureusement. Lorsque quelque petit vaisseau abordait, il était reçu avec des acclamations de joie; les femmes couraient au-devant; elles menaient par la bride les chevaux des officiers. On faisait valoir les moindres secours comme des renforts considérables; mais l'armée du prince Édouard n'en était pas moins pressée par le duc de Cumberland. Elle était retirée dans Inverness, et tout le pays n'était pas pour lui. Le duc de Cumberland passe enfin la rivière de Spey (23 avril 1746), et marche vers Inverness; il fallut en venir à une bataille décisive.

Le prince avait à peu près le même nombre de troupes qu'à la journée de Falkirk. Le duc de Cumberland avait quinze bataillons et neuf escadrons, avec un corps de montagnards. L'avantage du nombre était toujours nécessairement du côté des Anglais; ils avaient de la cavalerie et une artillerie bien servie, ce qui leur donnait encore une très-grande supériorité. Enfin, ils étaient accoutumés à la manière de combattre des montagnards, qui ne les étonnaient plus. Ils avaient à réparer aux yeux du duc de Cumberland la honte de leurs défaites passées. Les deux armées furent en présence le 27 avril 1746, à deux heures après midi, dans un lieu nommé Culloden. Les montagnards ne firent point leur attaque ordinaire, qui était si redoutable. La bataille fut entièrement perdue; et le prince, légèrement blessé, fut entraîné dans la fuite la plus précipitée. Les lieux, les temps, font l'importance de l'action. On a vu dans cette guerre, en Allemagne, en Italie, et en Flandre, des batailles de près de cent mille hommes, qui n'ont pas eu de grandes suites; mais à Culloden, une action entre onze mille hommes d'un côté, et sept à huit mille de l'autre, décida du sort de trois royaumes. Il n'y eut pas dans ce combat neuf cents hommes de tués parmi les rebelles, car c'est ainsi que leur malheur les a fait nommer en Écosse même. On ne leur fit que trois cent vingt prisonniers. Tout s'enfuit du côté d'Inverness, et y fut poursuivi par les vainqueurs. Le prince, accompagné d'une centaine d'officiers, fut obligé de se jeter dans une rivière, à trois milles d'Inverness, et de la passer à la nage. Quand il eut gagné l'autre bord, il vit de loin les flammes au milieu desquelles périssaient cinq ou six cents montagnards, dans une grange à laquelle le vainqueur avait mis le feu, et il entendit leurs cris.

Il y avait plusieurs femmes dans son armée : une entre autres, nommée Mme de Soford, qui avait combattu à la tête des troupes de montagnards qu'elle avait amenées; elle échappa à la poursuite; quatre autres furent prises. Tous les officiers français furent faits prisonniers de guerre, et celui qui faisait les fonctions de ministre de France auprès du prince Édouard se rendit prisonnier dans Inverness. Les Anglais n'eurent que cinquante hommes de tués et deux cent cinquante-neuf de blessés dans cette affaire décisive.

Le duc de Cumberland fit distribuer cinq mille livres sterling (environ cent quinze mille livres de France) aux soldats : c'était un argent qu'il avait reçu du maire de Londres; il avait été fourni par quelques citoyens, qui ne l'avaient donné qu'à cette condition. Cette singularité prouvait encore que le parti le plus riche devait être victorieux. On ne donna pas un moment de relâche aux vaincus; on les poursuivit partout. Les simples soldats se retiraient aisément dans leurs montagnes et dans leurs déserts. Les officiers se sauvaient avec plus de peine; les uns étaient trahis et livrés; les autres se rendaient eux-mêmes dans l'espérance du pardon. Le prince Édouard, Sullivan, Sheridan et quelques-uns de ses adhérents, se retirèrent d'abord dans les ruines du fort Auguste, dont il fallut bientôt sortir. A mesure qu'il s'éloignait, il voyait diminuer le nombre de ses amis. La division se mettait parmi eux, et ils se reprochaient l'un à l'autre leurs malheurs; ils s'aigrissaient dans leurs contestations sur les partis qu'il fallait prendre; plusieurs se retirèrent : il ne lui resta que Sheridan et Sullivan, qui l'avaient suivi quand il partit de France.

Il marcha avec eux cinq jours et cinq nuits, sans presque prendre un moment de repos, et manquant souvent de nourriture. Ses ennemis le suivaient à la piste. Tous les environs étaient remplis de soldats qui le cherchaient, et le prix mis à sa tête redoublait leur diligence. Les horreurs du sort qu'il éprouvait étaient en tout semblables à celles où fut réduit son grand-oncle, Charles II, après la bataille de Worcester [1], aussi funeste que celle de Culloden. Il n'y a pas d'exemple sur la terre d'une suite de calamités aussi singulières et aussi horribles que celles qui avaient affligé toute sa maison. Il était né dans l'exil, et il n'en était sorti que pour traîner, après des victoires, ses partisans sur l'échafaud, et pour errer dans des montagnes. Son père, chassé au berceau du palais des rois et de sa patrie, dont il avait été reconnu

---

1. Gagnée par Cromwell le 13 septembre 1650. (ÉD.)

l'héritier légitime, avait fait comme lui des tentatives qui n'avaient abouti qu'au supplice de ses partisans. Tout ce long amas d'infortunes uniques se présentait sans cesse au cœur du prince, et il ne perdait pas l'espérance. Il marchait à pied, sans appareil à sa blessure, sans aucun secours, à travers ses ennemis; il arriva enfin dans un petit port nommé Arizaig, à l'occident septentrional de l'Écosse.

La fortune sembla alors vouloir le consoler. Deux armateurs de Nantes faisaient voile vers cet endroit, et lui apportaient de l'argent, des hommes et des vivres; mais, avant qu'ils abordassent, les recherches continuelles qu'on faisait de sa personne l'obligèrent de partir du seul endroit où il pouvait alors trouver sa sûreté; et à peine furent-ils à quelques milles de ce port, qu'il apprit que ces deux vaisseaux avaient abordé, et qu'ils s'en étaient retournés. Ce contre-temps aggravait encore son infortune. Il fallait toujours fuir et se cacher. Onel, un de ses partisans irlandais au service d'Espagne, qui le joignit dans ces cruelles conjonctures, lui dit qu'il pouvait trouver une retraite assurée dans une petite île voisine, nommée Stornay, la dernière qui est au nord-ouest de l'Écosse. Ils s'embarquèrent dans un bateau de pêcheur : ils arrivent dans cet asile; mais à peine sont-ils sur le rivage, qu'ils apprennent qu'un détachement de l'armée du duc de Cumberland est dans l'île. Le prince et ses amis furent obligés de passer la nuit dans un marais, pour se dérober à une poursuite si opiniâtre. Ils hasardèrent au point du jour de rentrer dans leur petite barque, et de se remettre en mer sans provisions, et sans savoir quelle route tenir. A peine eurent-ils vogué deux milles qu'ils furent entourés de vaisseaux ennemis.

Il n'y avait plus de salut qu'en échouant entre des roches sur le rivage d'une petite île déserte et presque inabordable. Ce qui, en d'autres temps, eût été regardé comme une des plus cruelles infortunes, fut pour eux leur unique ressource. Ils cachèrent leur barque derrière un rocher, et attendirent dans ce désert que les vaisseaux anglais fussent éloignés, ou que la mort vînt finir tant de désastres. Il ne restait au prince, à ses amis, et aux matelots, qu'un peu d'eau-de-vie pour soutenir leur vie malheureuse. On trouva par hasard quelques poissons secs, que les pêcheurs, poussés par la tempête, avaient laissés sur le rivage. On rama d'île en île, quand les vaisseaux ennemis ne parurent plus. Le prince aborda dans cette même île de West où il était venu prendre terre lorsqu'il arriva de France. Il y trouve un peu de secours et de repos; mais cette légère consolation ne dura guère. Des milices du duc de Cumberland arrivèrent au bout de trois jours dans ce nouvel asile. La mort ou la captivité paraissait inévitable.

Le prince, avec ses deux compagnons, se cacha trois jours et trois nuits dans une caverne. Il fut encore trop heureux de se rembarquer, et de fuir dans une autre île déserte, où il resta huit jours avec quelques provisions d'eau-de-vie, de pain d'orge, et de poisson salé. On ne pouvait sortir de ce désert et regagner l'Écosse qu'en risquant de tomber entre les mains des Anglais qui bordaient le rivage; mais il fallait, ou périr par la faim, ou prendre ce parti.

Ils se remettent donc en mer, et ils abordent pendant la nuit. Ils erraient sur le rivage, n'ayant pour habits que des lambeaux déchirés de vêtements à l'usage des montagnards. Ils rencontrèrent au point du jour une demoiselle à cheval, suivie d'un jeune domestique. Ils hasardèrent de lui parler. Cette demoiselle était de la maison de Macdonald, attachée aux Stuarts. Le prince, qui l'avait vue dans le temps de ses succès, la reconnut et s'en fit reconnaître. Elle se jeta à ses pieds : le prince, ses amis, et elle, fondaient en larmes, et les pleurs que Mlle de Macdonald versait dans cette entrevue si singulière et si touchante, redoublaient par le danger où elle voyait le prince. On ne pouvait faire un pas sans risquer d'être pris. Elle conseilla au prince de se cacher dans une caverne qu'elle lui indiqua, au pied d'une montagne, près de la cabane d'un montagnard connu d'elle et affidé, et elle promit de venir le prendre dans cette retraite, ou de lui envoyer quelque personne sûre qui se chargerait de le conduire.

Le prince s'enfonça donc encore dans une caverne avec ses fidèles compagnons. Le paysan montagnard leur fournit un peu de farine d'orge détrempée dans de l'eau ; mais ils perdirent toute espérance, lorsque ayant passé deux jours dans ce lieu affreux, personne ne vint à leur secours. Tous les environs étaient garnis de milices. Il ne restait plus de vivres à ces fugitifs. Une maladie cruelle affaiblissait le prince : son corps était couvert de boutons ulcérés. Cet état, ce qu'il avait souffert, et tout ce qu'il avait à craindre, mettaient le comble à cet excès des plus horribles misères que la nature humaine puisse éprouver ; mais il n'était pas au bout.

Mlle de Macdonald envoie enfin un exprès dans la caverne, et cet exprès leur apprend que la retraite dans le continent est impossible ; qu'il faut fuir encore dans une petite île, nommée Benbecula, et s'y réfugier dans la maison d'un pauvre gentilhomme qu'on leur indique ; que Mlle de Macdonald s'y trouvera, et que là on verra les arrangements qu'on pourra prendre pour leur sûreté. La même barque qui les avait portés au continent les transporte donc dans cette île. Ils marchent vers la maison de ce gentilhomme. Mlle de Macdonald s'embarque à quelques milles de là pour les aller trouver ; mais ils sont à peine arrivés dans l'île, qu'ils apprennent que le gentilhomme chez lequel ils comptaient trouver un asile avait été enlevé la nuit avec toute sa famille. Le prince et ses amis se cachent encore dans des marais. Onel enfin va à la découverte. Il rencontra Mlle de Macdonald dans une chaumière : elle lui dit qu'elle pouvait sauver le prince en lui donnant des habits de servante qu'elle avait apportés avec elle ; mais qu'elle ne pouvait sauver que lui, qu'une seule personne de plus serait suspecte. Ces deux hommes n'hésitèrent pas à préférer son salut au leur. Ils se séparèrent en pleurant. Charles-Édouard prit des habits de servante, et suivit, sous le nom de Betty, Mlle de Macdonald. Les dangers ne cessèrent pas malgré ce déguisement. Cette demoiselle et le prince déguisé se réfugièrent d'abord dans l'île de Skye, à l'occident de l'Écosse.

Ils étaient dans la maison d'un gentilhomme, lorsque cette maison est tout à coup investie par les milices ennemies. Le prince ouvre lui-même la porte aux soldats. Il eut le bonheur de n'être pas reconnu; mais bientôt après on sut dans l'île qu'il était dans ce château. Alors il fallut se séparer de Mlle de Macdonald, et s'abandonner seul à sa destinée. Il marcha dix milles suivi d'un simple batelier. Enfin, pressé de la faim, et prêt à succomber, il se hasarda d'entrer dans une maison dont il savait bien que le maître n'était pas de son parti. « Le fils de votre roi, lui dit-il, vient vous demander du pain et un habit. Je sais que vous êtes mon ennemi; mais je vous crois assez de vertu pour ne pas abuser de ma confiance et de mon malheur. Prenez les misérables vêtements qui me couvrent, gardez-les, vous pourrez me les apporter un jour dans le palais des rois de la Grande-Bretagne. » Le gentilhomme auquel il s'adressait fut touché comme il devait l'être. Il s'empressa de le secourir, autant que la pauvreté de ce pays peut le permettre, et lui garda le secret.

De cette île il regagna encore l'Écosse, et se rendit dans la tribu de Morar qui lui était affectionnée; il erra ensuite dans le Lochaber, dans le Badenoch. Ce fut là qu'il apprit qu'on avait arrêté Mlle de Macdonald, sa bienfaitrice, et presque tous ceux qui l'avaient reçu. Il vit la liste de tous ses partisans condamnés par contumace. C'est ce qu'on appelle en Angleterre un *acte d'attainder*. Il était toujours en danger lui-même, et les seules nouvelles qui lui venaient étaient celles de la prison de ses serviteurs dont on préparait la mort.

Le bruit se répandit alors en France que ce prince était au pouvoir de ses ennemis. Ses agents de Versailles effrayés supplièrent le roi de permettre qu'au moins on fît écrire en sa faveur. Il y avait en France plusieurs prisonniers de guerre anglais, et les partisans du prétendant s'imaginèrent que cette considération pourrait retenir la vengeance de la cour d'Angleterre, et prévenir l'effusion du sang qu'on s'attendait à voir verser sur les échafauds. Le marquis d'Argenson, alors ministre des affaires étrangères, et frère du secrétaire de la guerre, s'adressa à l'ambassadeur des Provinces-Unies, M. Van-Hoëy, comme à un médiateur. Ces deux ministres se ressemblaient en un point qui les rendait différents de presque tous les hommes d'État : c'est qu'ils mettaient toujours de la franchise et de l'humanité où les autres n'emploient guère que la politique.

L'ambassadeur Van-Hoëy écrivit donc une longue lettre au duc de Newcastle, secrétaire d'État d'Angleterre. « Puissiez-vous, lui disait-il, bannir cet art pernicieux que la discorde a enfanté pour exciter les hommes à se détruire mutuellement! Misérables politiques qui substituent la vengeance, la haine, la méfiance, l'avidité, aux préceptes divins de la gloire des rois et du salut des peuples! »

Cette exhortation semblait être, pour la substance et pour les expressions, d'un autre temps que le nôtre : on la qualifia d'*homélie* : elle choqua le roi d'Angleterre au lieu de l'adoucir. Il fit porter ses plaintes aux États-Généraux de ce que leur ambassadeur avait osé lui envoyer des remontrances d'un roi ennemi sur la conduite qu'il avait à tenir envers des sujets rebelles. Le duc de Newcastle écrivit que c'était un procédé inouï. Les États-Généraux réprimandèrent vivement leur ambassadeur, et lui ordonnèrent de faire excuse au duc de Newcastle, et de réparer sa faute. L'ambassadeur, convaincu qu'il n'en avait point fait, obéit, et écrivit que « s'il avait manqué, c'était un malheur inséparable de la condition humaine. » Il pouvait avoir manqué aux lois de la politique, mais non à celles de l'humanité. Le ministère anglais et les États-Généraux devaient savoir combien le roi de France était en droit d'intercéder pour les Écossais : ils devaient savoir que quand Louis XIII eut pris la Rochelle, secourue en vain par les armées navales du roi d'Angleterre Jacques Ier [1], ce roi envoya le chevalier Montaigu au roi de France pour le prier de faire grâce aux Rochellois rebelles, et Louis XIII eut égard à cette prière. Le ministère anglais n'eut pas la même clémence.

Il commença par tâcher de rendre le prince Charles-Édouard méprisable aux yeux du peuple, parce qu'il avait été terrible. On fit porter publiquement dans Édimbourg les drapeaux pris à la journée de Culloden; le bourreau portait celui du prince; les autres étaient entre les mains des ramoneurs de cheminée, et le bourreau les brûla tous dans la place publique. Cette farce était le prélude des tragédies sanglantes qui suivirent.

On commença, le 10 auguste 1746, par exécuter dix-sept officiers. Le plus considérable était le colonel du régiment de Manchester, nommé Townley; il fut traîné avec huit officiers sur la claie au lieu du supplice dans la plaine de Kennington près de Londres, et après qu'on les eut pendus, on leur arracha le cœur dont on leur battit les joues, et on mit leurs membres en quartiers. Ce supplice est un reste d'une ancienne barbarie. On arrachait le cœur autrefois aux criminels condamnés, quand ils respiraient encore. On ne fait aujourd'hui cette exécution que quand ils sont étranglés. Leur mort est moins cruelle, et l'appareil sanguinaire qu'on y ajoute sert à effrayer la multitude. Il n'y eut aucun d'eux qui ne protestât, avant de mourir, qu'il périssait pour une juste cause, et qui n'excitât le peuple à combattre pour elle. Deux jours après, trois pairs écossais furent condamnés à perdre la tête.

On sait qu'en Angleterre les lois ne considèrent comme nobles que les lords, c'est-à-dire les pairs. Ils sont jugés, pour crime de haute trahison, d'une autre manière que le reste de la nation. On choisit, pour présider à leur jugement, un pair à qui l'on donne le titre de *grand steward* du royaume. Ce nom répond à peu près à celui de grand sénéchal. Les pairs de la Grande-Bretagne reçoivent alors ses ordres. Il les convoque dans la grande salle de Westminster par des lettres scellées de son sceau, et écrites en latin. Il faut qu'il ait au moins douze pairs avec lui pour prononcer l'arrêt. Les séances se tiennent avec le plus grand appareil; il s'assied sous un dais; le clerc de la couronne délivre sa commission à un roi d'armes, qui la lui présente à genoux : six massiers l'accompagnent toujours, et sont aux

---

1. Charles Ier. Jacques Ier, son père, était mort en mars 1625. (ÉD.)

portières de son carrosse quand il se rend à la salle, et quand il en sort; et il a cent guinées par jour pendant l'instruction du procès. Quand les pairs accusés sont amenés devant lui et devant les pairs, leurs juges, un sergent d'armes crie trois fois, *oyez*, en ancienne langue française. Un huissier porte devant l'accusé une hache, dont le tranchant est tourné vers le *grand steward*, et quand l'arrêt de mort est prononcé, on tourne alors la hache vers le coupable.

(12 auguste 1746) Ce fut avec ces cérémonies lugubres qu'on amena à Westminster les trois lords Balmerino, Kilmarnock, Cromarty. Le chancelier faisait les fonctions de *steward* : ils furent tous trois convaincus d'avoir porté les armes pour le prétendant, et condamnés à être pendus et écartelés selon la loi. Le *grand steward* leur annonça en même temps que le roi, en vertu de la prérogative de sa couronne, changeait ce supplice en celui de perdre la tête. L'épouse du lord Cromarty, qui avait huit enfants, et qui était enceinte du neuvième, alla avec sa famille se jeter aux pieds du roi et obtint la grâce de son mari.

(29 auguste) Les deux autres furent exécutés. Kilmarnock, monté sur l'échafaud, sembla témoigner du repentir. Balmerino y porta une intrépidité inébranlable. Il voulut mourir dans le même habit uniforme sous lequel il avait combattu. Le gouverneur de la Tour ayant crié, selon l'usage : *Vive le roi George!* Balmerino répondit hautement : *Vive le roi Jacques et son digne fils!* Il brava la mort comme il avait bravé ses juges.

On voyait presque tous les jours des exécutions; on remplissait les prisons d'accusés. Un secrétaire du prince Édouard, nommé Murray, racheta sa vie en découvrant au gouvernement des secrets qui firent connaître au roi le danger qu'il avait couru. Il fit voir qu'il y avait en effet dans Londres et dans les provinces un parti caché, et que ce parti avait fourni d'assez grandes sommes d'argent. Mais, soit que ces aveux ne fussent pas assez circonstanciés, soit plutôt que le gouvernement craignît d'irriter la nation par des recherches odieuses, on se contenta de poursuivre ceux qui avaient une part évidente à la rébellion. Dix furent exécutés à York, dix à Carlisle, quarante-sept à Londres : au mois de novembre on fit tirer au sort des soldats et des bas officiers, dont le vingtième subit la mort, et le reste fut transporté dans les colonies. On fit mourir encore au même mois soixante et dix personnes à Penrith, à Brumpton, et à York, dix à Carlisle, neuf à Londres. Un prêtre anglican, qui avait eu l'imprudence de demander au prince Édouard l'évêché de Carlisle tandis que ce prince était en possession de cette ville, y fut mené à la potence en habits pontificaux; il harangua fortement le peuple en faveur de la famille du roi Jacques, et il pria Dieu pour tous ceux qui périssaient comme lui dans cette querelle.

Celui dont le sort parut le plus à plaindre fut le lord Derwentwater. Son frère aîné avait eu la tête tranchée à Londres, en 1715, pour avoir combattu dans la même cause; ce fut lui qui voulut que son fils, encore enfant, montât sur l'échafaud, et qui lui dit : « Soyez couvert de mon sang, et apprenez à mourir pour vos rois. » Son frère puîné, qui, s'étant échappé alors, alla servir en France, avait été enveloppé dans la condamnation de son frère aîné. Il repassa en Angleterre dès qu'il sut qu'il pouvait être utile au prince Édouard; mais le vaisseau sur lequel il s'était embarqué avec son fils et plusieurs officiers, des armes et de l'argent, fut pris par les Anglais. Il subit la même mort que son frère, et avec la même fermeté, en disant que le roi de France aurait soin de son fils. Ce jeune gentilhomme, qui n'était point né sujet du roi d'Angleterre, fut relâché, et revint en France, où le roi exécuta en effet ce que son père s'était promis, en lui donnant une pension à lui et à sa sœur.

Le dernier pair qui mourut par la main du bourreau fut le lord Lovat, âgé de quatre-vingts ans; c'était lui qui avait été le premier moteur de l'entreprise. Il en avait jeté les fondements dès l'année 1740; les principaux mécontents s'étaient assemblés secrètement chez lui; il devait faire soulever les clans en 1743, lorsque le prince Charles-Édouard s'embarqua. Il employa, autant qu'il le put, les subterfuges des lois à défendre un reste de vie qu'il perdit enfin sur l'échafaud : mais il mourut avec autant de grandeur d'âme qu'il avait mis dans sa conduite de finesse et d'art; il prononça tout haut ce vers d'Horace avant de recevoir le coup :

Dulce et decorum est pro patria mori.
                    Od. ii, lib. III.

Ce qu'il y eut de plus étrange, et ce qu'on ne peut guère voir qu'en Angleterre, c'est qu'un jeune étudiant d'Oxford, nommé Painter, dévoué au parti jacobite, et enivré de ce fanatisme qui produit tant de choses extraordinaires dans les imaginations ardentes, demanda à mourir à la place du vieillard condamné. Il fit les plus pressantes instances, qu'on n'eut garde d'écouter. Ce jeune homme ne connaissait point Lovat; mais il savait qu'il avait été le chef de la conspiration, et le regardait comme un homme respectable et nécessaire.

Le gouvernement joignit aux vengeances du passé des précautions pour l'avenir; il établit un corps de milices toujours subsistant vers les frontières d'Écosse. On dépouilla tous les seigneurs écossais de leurs droits de juridiction qui leur attachaient leurs tribus : et les chefs qui étaient demeurés fidèles furent indemnisés par des pensions et par d'autres avantages.

Dans les inquiétudes où l'on était en France sur la destinée du prince Édouard, on avait fait partir dès le mois de juin deux petites frégates, qui abordèrent heureusement sur la côte occidentale d'Écosse, où ce prince était descendu quand il commença cette entreprise malheureuse. On le chercha inutilement dans ce pays et dans plusieurs îles voisines de la côte du Lochaber. Enfin, le 29 septembre, le prince arriva par des chemins détournés, et au travers de mille périls nouveaux, au lieu où il était attendu. Ce qui est étrange, et ce qui prouve que tous les cœurs étaient à lui, c'est que les Anglais ne furent avertis ni du débarquement, ni du séjour, ni du départ de ces deux vaisseaux. Ils ramenèrent le prince jusqu'à la vue de Brest; mais ils trouvèrent vis-à-vis le port une escadre anglaise. On retourna alors en haute mer, et on revint ensuite vers les côtes de Bretagne, du côté de Morlaix. Une autre flotte anglaise s'y trouve encore; on hasarda de passer à travers les vaisseaux ennemis; et enfin le prince, après tant de malheurs et de dangers, arriva, le 10 octobre 1746, au port de Saint-Pol de Léon, avec quelques-uns de ses partisans échappés comme lui à la recherche des vainqueurs. Voilà où aboutit une aventure qui eût réussi dans les temps de la chevalerie, mais qui ne pouvait avoir de succès dans un temps où la discipline militaire, l'artillerie, et surtout l'argent, décident de tout à la longue.

Pendant que le prince Édouard avait erré dans les montagnes et dans les îles d'Écosse, et que les échafauds étaient dressés de tous côtés pour ses partisans, son vainqueur, le duc de Cumberland, avait été reçu à Londres en triomphe; le parlement lui assigna vingt-cinq mille pièces de rente, c'est-à-dire environ cent cinquante mille livres, monnaie de France, outre ce qu'il avait déjà. La nation anglaise fait elle-même ce que font ailleurs les souverains.

Le prince Édouard ne fut pas alors au terme de ses calamités; car étant réfugié en France, et se voyant obligé à la fin d'en sortir pour satisfaire les Anglais, qui l'exigèrent dans le traité de paix, son courage, aigri par tant de secousses, ne voulut pas plier sous la nécessité. Il résista aux remontrances, aux prières, aux ordres, prétendant qu'on devait lui tenir la parole de ne le pas abandonner. On se crut obligé de se saisir de sa personne[1]. Il fut arrêté, garrotté, mis en prison, conduit hors de France; ce fut là le dernier coup dont la destinée accabla une génération de rois pendant trois cents années.

Charles-Édouard, depuis ce temps, se cacha au reste de la terre. Que les hommes privés, qui se plaignent de leurs petites infortunes, jettent les yeux sur ce prince et sur ses ancêtres[2]!

1. Voltaire étant à Lunéville en 1748, s'y occupait de l'*Histoire de la guerre de 1741*. « Le chapitre concernant les malheurs de la maison de Stuart venait d'être achevé, dit Longchamp (dans ses *Mémoires*, article xx). Ce morceau était extrêmement pathétique et touchant. M. de Voltaire le lut avec une profonde sensibilité; et quand il en vint aux détails relatifs à l'infortune du prétendant, il arracha des larmes à toute l'assemblée. Cette lecture était à peine finie qu'on apporta au roi des lettres arrivant de Paris. On lui annonçait que le prétendant avait été arrêté en sortant de l'Opéra, par M. de Vaudreuil, sur l'ordre du roi, et d'après la demande des Anglais, qui avaient mis dans les conditions de la paix que ce prince devrait sortir de France. Le malheureux Stuart n'ayant point voulu renoncer à ses droits, ni quitter l'asile qui lui avait été accordé par le roi de France, le ministère avait été chargé de le faire arrêter et conduire hors des limites du royaume. C'est ainsi qu'il s'en vit expulser, malgré toutes les promesses qui lui avaient été faites. Stanislas ayant fait part de cette nouvelle aux personnes qui étaient près de lui : *O ciel*, s'écria aussitôt M. de Voltaire, *est-il possible que le roi souffre cet affront, et que sa gloire subisse une tache que tout l'eau de la Seine ne saurait laver!* La compagnie entière parut affectée d'une profonde douleur. M. de Voltaire, en rentrant chez lui, jeta de dépit ses cahiers dans un coin, renonçant à continuer cette histoire. Je l'ai rarement affecté d'une impression aussi forte qu'en ce moment. Il oublia ce travail pendant plusieurs années, et ne le reprit qu'à Berlin, à la demande du roi de Prusse; et ce fut plus tard encore, quand il se fut établi à Ferney, qu'il en fit entrer une partie dans le *Précis du Siècle de Louis XV*. » (*Note de M. Beuchot.*)

2. Toutes ces particularités furent écrites en 1748, sous la dictée d'un homme

CHAP. XXVI. — *Le roi de France, n'ayant pu parvenir à la paix qu'il propose, gagne la bataille de Laufelt. On prend d'assaut Berg-op-Zoom. Les Russes marchent enfin au secours des alliés.*

Lorsque cette fatale scène tendait à sa catastrophe en Angleterre, Louis XV achevait ses conquêtes. Malheureux alors partout où il n'était pas, victorieux partout où il était avec le maréchal de Saxe, il proposait toujours une pacification nécessaire à tous les partis qui n'avaient plus de prétexte pour se détruire. L'intérêt du nouveau stathouder ne paraissait pas de continuer la guerre dans les commencements d'une autorité qu'il fallait affermir, et qui n'était encore soutenue d'aucun subside réglé : mais l'animosité contre la cour de France allait si loin, les anciennes défiances étaient si invétérées, qu'un député des États, en présentant le stathouder aux États-Généraux, le jour de l'installation, avait dit dans son discours que la république avait besoin d'un chef contre un voisin ambitieux et perfide qui se jouait de la foi des traités. Paroles étranges, pendant qu'on traitait encore, et dont Louis XV ne se vengea qu'en n'abusant pas de ses victoires, ce qui doit paraître encore plus surprenant.

Cette aigreur violente était entretenue dans tous les esprits par la cour de Vienne, toujours indignée qu'on eût voulu dépouiller Marie-Thérèse de l'héritage de ses pères, malgré la foi des traités : on s'en repentait, mais les alliés n'étaient pas satisfaits d'un repentir. La cour de Londres, pendant les conférences de Bréda, remuait l'Europe pour faire de nouveaux ennemis à Louis XV.

Enfin le ministère de George II fit paraître dans le fond du Nord un secours formidable. L'impératrice des Russes, Élisabeth Pétrowna, fille du czar Pierre, fit marcher cinquante mille hommes en Livonie, et promit d'équiper cinquante galères. Cet armement devait se porter partout où voudrait le roi d'Angleterre, moyennant cent mille livres sterling seulement. Il en coûtait quatre fois autant pour les dix-huit mille Hanovriens qui servaient dans l'armée anglaise. Ce traité, entamé longtemps auparavant, ne put être conclu que le mois de juin 1747.

Il n'y a point d'exemple d'un si grand secours venu de si loin, et rien ne prouvait mieux que le czar Pierre le Grand, en changeant tout dans ses vastes États, avait préparé de grands changements dans l'Europe. Mais pendant qu'on soulevait ainsi les extrémités de la terre, le roi de France avançait ses conquêtes : la Flandre hollandaise fut prise aussi rapidement que les autres places l'avaient été : le grand objet du maréchal de Saxe était toujours de prendre Mastricht. Ce n'est pas une de ces places qu'on puisse prendre aisément avec des victoires, comme presque toutes les villes d'Italie. Après la prise de Mastricht on allait à

qui avait accompagné longtemps le prince Édouard dans ses prospérités et dans ses infortunes. L'histoire de ce prince entrait dans les Mémoires de la guerre de 1741. Elle a échappé entièrement aux recherches de ceux qui ont volé, défiguré et vendu une partie du manuscrit.

Nimègue; et il était probable qu'alors les Hollandais auraient demandé la paix avant qu'un Russe eût pu paraître pour les secourir; mais on ne pouvait assiéger Mastricht qu'en donnant une grande bataille, et en la gagnant complètement.

Le roi était à la tête de son armée, et les alliés étaient campés entre lui et la ville. Le duc de Cumberland les commandait encore. Le maréchal Battiani conduisait les Autrichiens; le prince de Valdeck, les Hollandais.

2 juillet 1747) Le roi voulut la bataille, le maréchal de Saxe la prépara; l'événement fut le même qu'à la journée de Liége. Les Français furent vainqueurs, et les alliés ne furent pas mis dans une déroute assez complète pour que le grand objet du siége de Mastricht pût être rempli. Ils se retirèrent sous cette ville après avoir été vaincus, et laissèrent à Louis XV, avec la gloire d'une seconde victoire, l'entière liberté de toutes ses opérations dans le Brabant hollandais. Les Anglais furent encore dans cette bataille ceux qui firent la plus brave résistance. Le maréchal de Saxe chargea lui-même à la tête de quelques brigades. Les Français perdirent le comte de Bavière, frère naturel de l'empereur Charles VII; le marquis de Froulai, maréchal de camp, jeune homme qui donnait les plus grandes espérances; le colonel Dillon, nom célèbre dans les troupes irlandaises; le brigadier d'Erlach, excellent officier; le marquis d'Autichamp, le comte d'Aubeterre, frère de celui qui avait été tué au siége de Bruxelles : le nombre des morts fut considérable. Le marquis de Bonac, fils d'un homme qui s'était acquis une grande réputation dans ses ambassades, y perdit une jambe; le jeune marquis de Ségur eut un bras emporté : il avait été longtemps sur le point de mourir des blessures qu'il avait reçues auparavant; et à peine était-il guéri que ce nouveau coup le mit encore en danger de mort. Le roi dit au comte de Ségur son père : « Votre fils méritait d'être invulnérable. » La perte fut à peu près égale des deux côtés. Cinq à six mille hommes tués ou blessés de part et d'autre signalèrent cette journée. Le roi de France la rendit célèbre par le discours qu'il tint au général Ligonier[1] qu'on lui amena prisonnier : « Ne vaudrait-il pas mieux, lui dit-il, songer sérieusement à la paix que de faire périr tant de braves gens? »

Cet officier général des troupes anglaises était né son sujet; il le fit manger à sa table : et des Écossais, officiers au service de France, avaient péri par le dernier supplice en Angleterre, dans l'infortune du prince Charles-Édouard.

En vain à chaque victoire, à chaque conquête, Louis XV offrait toujours la paix; il ne fut jamais écouté. Les alliés comptaient sur le secours des Russes, sur des succès en Italie, sur le changement de gouvernement en Hollande, qui devait enfanter des armées; sur les cercles de l'empire, sur la supériorité des flottes anglaises, qui

---

1. Le soldat français qui força le général Ligonier à se rendre prit le nom de son prisonnier; devenu lui-même général, il commanda une division républicaine en 1793, contre les Vendéens, aux combats de Vihiers et de Saumur. (ÉD.)

menaçaient toujours les possessions de la France en Amérique et en Asie.

Il fallait à Louis XV un fruit de la victoire ; on mit le siége devant Berg-op-Zoom, place réputée imprenable, moins par l'art de Cohorn qui l'avait fortifiée, que par un bras de mer formé par l'Escaut derrière la ville. Outre ces défenses, outre une nombreuse garnison, il y avait des lignes auprès des fortifications ; et dans ces lignes un corps de troupes qui pouvait à tout moment secourir la place.

De tous les siéges qu'on a jamais faits, celui-ci peut-être a été le plus difficile. On en chargea le comte de Lowendal, qui avait déjà pris une partie du Brabant hollandais. Ce général, né en Danemark, avait servi l'empire de Russie. Il s'était signalé aux assauts d'Oczakof, quand les Russes forcèrent les janissaires dans cette ville. Il parlait presque toutes les langues de l'Europe, connaissait toutes les cours, leur génie, celui des peuples, leur manière de combattre ; et il avait enfin donné la préférence à la France, où l'amitié du maréchal de Saxe le fit recevoir en qualité de lieutenant général.

Les alliés et les Français, les assiégés et les assiégeants même, crurent que l'entreprise échouerait. Lowendal fut presque le seul qui compta sur le succès. Tout fut mis en œuvre par les alliés : garnison renforcée, secours de provisions de toute espèce par l'Escaut, artillerie bien servie, sorties des assiégés, attaques faites par un corps considérable qui protégeait les lignes auprès de la place, mines qu'on fit jouer en plusieurs endroits. Les maladies des assiégeants, campés dans un terrain malsain, secondaient encore la résistance de la ville. Ces maladies contagieuses mirent plus de vingt mille hommes hors d'état de servir ; mais ils furent aisément remplacés. (17 septembre 1747) Enfin, après trois semaines de tranchée ouverte, le comte de Lowendal fit voir qu'il y avait des occasions où il faut s'élever au-dessus des règles de l'art. Les brèches n'étaient pas encore praticables. Il y avait trois ouvrages faiblement endommagés, le ravelin d'Edem et deux bastions, dont l'un s'appelait la Pucelle, et l'autre Cohorn. Le général résolut de donner l'assaut à la fois à ces trois endroits, et d'emporter la ville.

Les Français en bataille rangée trouvent des égaux, et quelquefois des maîtres dans la discipline militaire ; ils n'en ont point dans ces coups de main et dans ces entreprises rapides où l'impétuosité, l'agilité, l'ardeur, renversent en un moment les obstacles. Les troupes commandées en silence, tout étant prêt, au milieu de la nuit, les assiégés se croyant en sûreté, on descend dans le fossé ; on court aux trois brèches, douze grenadiers seulement se rendent maîtres du fort d'Edem, tuent ce qui veut se défendre, font mettre bas les armes au reste épouvanté. Les bastions la Pucelle et Cohorn sont assaillis et emportés avec la même vivacité ; les troupes montent en foule. On emporte tout, on pousse aux remparts ; on s'y forme ; on entre dans la ville la baïonnette au bout du fusil : le marquis de Lugeac se saisit de la porte du port ; le commandant de la forteresse de ce port se rend à discrétion : tous les autres forts se rendent de même. Le vieux baron de Cromstrom, qui commandait dans la ville, s'enfuit vers les lignes; le prince de Hesse-Philipstadt veut faire quelque résistance dans les rues avec deux régiments, l'un écossais, l'autre suisse; ils sont taillés en pièce; le reste de la garnison fuit vers ces lignes qui devaient la protéger; ils y portent l'épouvante; tout fuit; les armes, les provisions, le bagage, tout est abandonné; la ville est en pillage au soldat vainqueur. On s'y saisit, au nom du roi, de dix-sept grandes barques chargées dans le port de munitions de toute espèce, et de rafraîchissements que les villes de Hollande envoyaient aux assiégés. Il y avait sur les coffres en gros caractères : *A l'invincible garnison de Berg-op-Zoom.* Le roi, en apprenant cette nouvelle, fit le comte de Lowendal maréchal de France. La surprise fut grande à Londres, la consternation extrême dans les Provinces-Unies. L'armée des alliés fut découragée.

Malgré tant de succès, il était encore très-difficile de faire la conquête de Mastricht. On réserva cette entreprise pour l'année suivante 1748. *La paix est dans Mastricht*, disait le maréchal de Saxe.

La campagne fut ouverte par les préparatifs de ce siége important. Il fallait faire la même chose à peu près que lorsqu'on avait assiégé Namur, s'ouvrir et s'assurer tous les passages, forcer une armée entière à se retirer, et la mettre dans l'impuissance d'agir. Ce fut la plus savante manœuvre de toute cette guerre. On ne pouvait venir à bout de cette entreprise sans donner le change aux ennemis. Il était à la fois nécessaire de les tromper et de laisser ignorer son secret à ses propres troupes. Les marches devaient être tellement combinées que chaque marche abusât l'ennemi, et que toutes réussissent à point nommé. MM. de Crémilles et de Beauteville, qui connaissaient un projet formé l'année précédente pour surprendre quelques quartiers, proposèrent au maréchal de Saxe de s'en servir pour l'envahissement de Mastricht. A peine avaient-ils commencé de lui en tracer le plan, que le maréchal le saisit et l'acheva.

(5 avril 1748) On fait d'abord croire aux ennemis qu'on en veut à Bréda. Le maréchal va lui-même conduire un grand convoi à Berg-op-Zoom, à la tête de vingt-cinq mille hommes, et semble tourner le dos à Mastricht. Une autre division marche en même temps à Tirlemont, sur le chemin de Liége; une autre est à Tongres, une autre menace Luxembourg, et toutes enfin marchent vers Mastricht, à droite et à gauche de la Meuse.

Les alliés, séparés en plusieurs corps, ne voient le dessein du maréchal que quand il n'est plus temps de s'y opposer. (13 avril) La ville se trouve investie des deux côtés de la rivière; nul secours n'y peut plus entrer. Les ennemis, au nombre de près de quatre-vingt mille hommes, sont à Mazeick, à Ruremonde. Le duc de Cumberland ne peut plus qu'être témoin de la prise de Mastricht.

Pour arrêter cette supériorité constante des Français, les Autrichiens, les Anglais et les Hollandais, attendaient trente-cinq mille Russes, au lieu de cinquante mille sur lesquels ils avaient d'abord compté. Ce secours venu de si loin arrivait enfin. Les Russes étaient déjà dans la

Franconie. C'étaient des hommes infatigables, formés à la plus grande discipline. Ils couchaient en plein champ, couverts d'un simple manteau, et souvent sur la neige. La plus sauvage nourriture leur suffisait. Il n'y avait pas quatre malades alors par régiment dans leur armée. Ce qui pouvait rendre encore ce secours plus important, c'est que les Russes ne désertent jamais. Leur religion, différente de toutes les communions latines, leur langue, qui n'a aucun rapport avec les autres, leur aversion pour les étrangers, rendent inconnue parmi eux la désertion qui est si fréquente ailleurs. Enfin c'était cette même nation qui avait vaincu les Turcs et les Suédois; mais les soldats russes, devenus si bons, manquaient alors d'officiers. Les nationaux savaient obéir, mais leurs capitaines ne savaient pas commander; et ils n'avaient plus ni un Munich, ni un Lascy, ni un Keith, ni un Lowendal à leur tête.

Tandis que le maréchal de Saxe assiégeait Mastricht, les alliés mettaient toute l'Europe en mouvement. On allait recommencer vivement la guerre en Italie, et les Anglais avaient attaqué les possessions de la France en Amérique et en Asie. Il faut voir les grandes choses qu'ils faisaient alors avec peu de moyens dans l'ancien et le nouveau monde.

CHAP. XXVII. — *Voyage de l'amiral Anson*[1] *autour du globe.*

La France ni l'Espagne ne peuvent être en guerre avec l'Angleterre, que cette secousse donnée à l'Europe ne se fasse sentir aux extrémités du monde. Si l'industrie et l'audace de nos nations modernes ont un avantage sur le reste de la terre et sur toute l'antiquité, c'est par nos expéditions maritimes. On n'est pas assez étonné peut-être de voir sortir des ports de quelques petites provinces, inconnues autrefois aux anciennes nations civilisées, des flottes dont un seul vaisseau eût détruit tous les navires des anciens Grecs et des Romains. D'un côté, ces flottes vont au delà du Gange se livrer des combats à la vue des plus puissants empires, spectateurs tranquilles d'un art et d'une fureur qui n'ont point encore passé jusqu'à eux : de l'autre, elles vont au delà de l'Amérique disputer des esclaves dans un nouveau monde.

Rarement le succès est-il proportionné à ces entreprises, non-seulement parce qu'on ne peut prévoir tous les obstacles, mais parce qu'on n'emploie presque jamais d'assez grands moyens.

L'expédition de l'amiral Anson est une preuve de ce que peut un homme intelligent et ferme, malgré la faiblesse des préparatifs et la grandeur des dangers.

On se souvient que quand l'Angleterre déclara la guerre à l'Espagne, en 1739, le ministère de Londres envoya l'amiral Vernon vers le Mexique, qu'il y détruisit Porto-Bello, et qu'il manqua Carthagène. On destinait dans le même temps George Anson à faire une irruption dans le Pérou par la mer du Sud, afin de ruiner, si on pouvait, ou du

1. Mort le 6 juin 1762. (ÉD.)

moins d'affaiblir par les deux extrémités le vaste empire que l'Espagne a conquis dans cette partie du monde. On fit Anson commodore, c'est-à-dire chef d'escadre; on lui donna cinq vaisseaux, une espèce de petite frégate de huit canons, portant environ cent hommes, et deux navires chargés de provisions et de marchandises; ces deux navires étaient destinés à faire le commerce à la faveur de cette entreprise, car c'est le propre des Anglais de mêler le négoce à la guerre. L'escadre portait quatorze cents hommes d'équipage, parmi lesquels il y avait de vieux invalides et deux cents jeunes gens de recrue; c'était trop peu de forces, et on les fit encore partir trop tard. Cet armement ne fut en haute mer qu'à la fin de septembre 1740. Il prend sa route par l'île de Madère, qui appartient au Portugal. Il s'avance aux îles du cap Vert, et range les côtes du Brésil. On se reposa dans une petite île nommée Sainte-Catherine, couverte en tout temps de verdure et de fruits, à vingt-sept degrés de latitude australe; et après avoir ensuite côtoyé le pays froid et inculte des Patagons, sur lequel on a débité tant de fables, le commodore entra, sur la fin de février 1741, dans le détroit de Le Maire, ce qui fait plus de cent degrés de latitude franchis en moins de cinq mois. La petite chaloupe de huit canons, nommée le *Trial* (l'Épreuve), fut le premier navire de cette espèce qui osa doubler le cap Horn. Elle s'empara depuis, dans la mer du Sud, d'un bâtiment espagnol de six cents tonneaux, dont l'équipage ne pouvait comprendre comment il avait été pris par une barque venue d'Angleterre dans l'océan Pacifique.

Cependant, en doublant le cap Horn, après avoir passé le détroit de Le Maire, des tempêtes extraordinaires battent les vaisseaux d'Anson, et les dispersent. Un scorbut d'une nature affreuse fait périr la moitié de l'équipage; le seul vaisseau du commodore aborde dans l'île déserte de Juan Fernandez, dans la mer du Sud, en remontant vers le tropique du Capricorne.

Un lecteur raisonnable, qui voit avec quelque horreur ces soins prodigieux que prennent les hommes pour se rendre malheureux, eux et leurs semblables, apprendra peut-être avec satisfaction que George Anson, trouvant dans cette île déserte le climat le plus doux et le terrain le plus fertile, y sema des légumes et des fruits dont il avait apporté les semences et les noyaux, et qui bientôt couvrirent l'île entière. Des Espagnols qui y relâchèrent quelques années après, ayant été faits depuis prisonniers en Angleterre, jugèrent qu'il n'y avait qu'Anson qui eût pu réparer, par cette attention généreuse, le mal que fait la guerre, et ils le remercièrent comme leur bienfaiteur.

On trouva sur la côte beaucoup de lions de mer, dont les mâles se battent entre eux pour les femelles; et on fut étonné d'y voir dans les plaines des chèvres qui avaient les oreilles coupées, et qui par là servirent de preuve aux aventures d'un Anglais, nommé Selkirk [1], qui,

---

1. Alexandre Selkirk, né en Écosse vers 1680, abandonné sur l'île de Juan Fernandez, y fut trouvé le 1ᵉʳ février 1709, par le navigateur Rogers, après un séjour de quatre ans et quatre mois. (ED.)

abandonné dans cette île, y avait vécu seul plusieurs années. Qu'il soit permis d'adoucir par ces petites circonstances la tristesse d'une histoire qui n'est qu'un récit de meurtres et de calamités. Une observation plus intéressante fut celle de la variation de la boussole, qu'on trouva conforme au système de Halley. L'aiguille aimantée suivait exactement la route que ce grand astronome lui avait tracée. Il donna des lois à la matière magnétique, comme Newton en donna à toute la nature[1]. Et cette petite escadre, qui n'allait franchir des mers inconnues que dans l'espérance du pillage, servait la philosophie sans le savoir.

Anson, qui montait un vaisseau de soixante canons, ayant été rejoint par un autre vaisseau de guerre et par cette chaloupe nommée *l'Épreuve*, fit, en croisant vers cette île de Fernandez, plusieurs prises assez considérables. Mais bientôt après, s'étant avancé jusque vers la ligne équinoxiale, il osa attaquer la ville de Payta sur cette même côte de l'Amérique. Il ne se servit ni de ses vaisseaux de guerre, ni de tout ce qui lui restait d'hommes, pour tenter ce coup hardi. Cinquante soldats dans une chaloupe à rames firent l'expédition; ils abordent pendant la nuit; cette surprise subite, la confusion et le désordre que l'obscurité redouble, multiplient et augmentent le danger. Le gouverneur, la garnison, les habitants, fuient de tous côtés. Le gouverneur va dans les terres rassembler trois cents hommes de cavalerie et la milice des environs. Les cinquante Anglais cependant font transporter paisiblement, pendant trois jours, les trésors qu'ils trouvent dans la douane et dans les maisons. Des esclaves nègres, qui n'avaient pas fui, espèce d'animaux appartenants au premier qui s'en saisit, aident à enlever les richesses de leurs anciens maîtres. Les vaisseaux de guerre abordent. Le gouverneur n'eut ni la hardiesse de redescendre dans la ville et d'y combattre, ni la prudence de traiter avec les vainqueurs pour le rachat de la ville et des effets qui restaient encore. (Novembre 1741) Anson fit réduire Payta en cendres, et partit, ayant dépouillé aussi aisément les Espagnols que ceux-ci avaient autrefois dépouillé les Américains. La perte pour l'Espagne fut de plus de quinze cent mille piastres, le gain pour les Anglais d'environ cent quatre-vingt mille, ce qui, joint aux prises précédentes, enrichissait déjà l'escadre. Le grand nombre enlevé par le scorbut laissait encore une plus grande part aux survivants. Cette petite escadre remonta ensuite vis-à-vis Panama sur la côte où l'on pêche les perles, et s'avança devant Acapulco, au revers du Mexique. Le gouvernement de Madrid ne savait pas alors le danger qu'il courait de perdre cette grande partie du monde.

Si l'amiral Vernon, qui avait assiégé Carthagène, sur la mer opposée, eût réussi, il pouvait donner la main au commodore Anson. L'isthme de Panama était pris à droite et à gauche par les Anglais, et

---

1. On a pu le dire en Angleterre, mais cela n'est pas exact; les lois de la matière magnétique sont encore inconnues, et le seront vraisemblablement très-longtemps. Les phénomènes de l'aimant sont trop compliqués, et paraissent dépendre de trop de causes pour que le génie seul puisse en deviner les lois. Cette découverte est au nombre de celles qui ne peuvent être que l'ouvrage d temps. (*Éd. de Kehl.*)

le centre de la domination espagnole perdu. Le ministère de Madrid, averti longtemps auparavant, avait pris des précautions qu'un malheur presque sans exemple rendait inutiles. Il prévint l'escadre d'Anson par une flotte plus nombreuse, plus forte d'hommes et d'artillerie, sous le commandement de don Joseph Pizarro. Les mêmes tempêtes qui avaient assailli les Anglais dispersèrent les Espagnols avant qu'ils pussent atteindre le détroit de Le Maire. Non-seulement le scorbut, qui fit périr la moitié des Anglais, attaqua les Espagnols avec la même furie, mais des provisions qu'on attendait de Buenos-Ayres n'étant point venues, la faim se joignit au scorbut. Deux vaisseaux espagnols, qui ne portaient que des mourants, furent fracassés sur les côtes; deux autres échouèrent. Le commandant fut obligé de laisser son vaisseau amiral à Buenos-Ayres; il n'y avait plus assez de mains pour le gouverner, et ce vaisseau ne put être réparé qu'au bout de trois années; de sorte que le commandant de cette flotte retourna en Espagne en 1746, avec moins de cent hommes, qui restaient de deux mille sept cents dont sa flotte était montée : événement funeste, qui sert à faire voir que la guerre sur mer est plus dangereuse que sur terre, puisque, sans combattre, on y essuie presque toujours les dangers et les extrémités les plus horribles.

Les malheurs de Pizarro laissèrent Anson en pleine liberté dans la mer du Sud; mais les pertes qu'Anson avait faites de son côté le mettaient hors d'état de faire de grandes entreprises sur les terres, et surtout depuis qu'il eut appris, par les prisonniers, les mauvais succès du siége de Carthagène, et que le Mexique était rassuré.

Anson réduisit donc ses entreprises et ses grandes espérances à se saisir d'un galion immense, que le Mexique envoie tous les ans dans les mers de la Chine, à l'île de Manille, capitale des Philippines, ainsi nommées parce qu'elles furent découvertes sous le règne de Philippe II.

Ce galion, chargé d'argent, ne serait point parti si on avait vu les Anglais sur les côtes, et il ne devait mettre à la voile que longtemps après leur départ. Le commodore va donc traverser l'océan Pacifique, et tous les climats opposés à l'Afrique, entre notre tropique et l'équateur. L'avarice, devenue honorable par la fatigue et le danger, lui fait parcourir le globe avec deux vaisseaux de guerre.

Le scorbut poursuit encore l'équipage sur ces mers, et l'un des deux vaisseaux faisant eau de tous côtés, on est obligé de l'abandonner et de le brûler au milieu de la mer, de peur que ses débris ne soient portés dans quelques îles des Espagnols, et ne leur deviennent utiles. Ce qui restait de matelots et de soldats sur ce vaisseau passe dans celui d'Anson, et le commodore n'a plus de son escadre que son seul vaisseau, nommé le *Centurion*, monté de soixante canons, suivi de deux espèces de chaloupes. Le *Centurion*, échappé seul à tant de dangers, mais délabré lui-même, et ne portant que des malades, relâche pour son bonheur dans une des îles Mariannes, qu'on nomme Tinian, alors presque entièrement déserte; peuplée naguère de trente mille âmes, mais dont la plupart des habitants avaient péri par une maladie épidémique, et dont le reste avait été transporté dans une autre île par les Espagnols.

Le séjour de Tinian sauva l'équipage. Cette île, plus fertile que celle de Fernandez, offrait de tous côtés, en bois, en eau pure, en animaux domestiques, en fruits, en légumes, tout ce qui peut servir à la nourriture, aux commodités de la vie, et au radoub d'un vaisseau. Ce qu'on trouva de plus singulier, est un arbre dont le fruit, d'un goût agréable, peut remplacer le pain; trésor réel, qui, transplanté, s'il se pouvait, dans nos climats, serait bien préférable à ces richesses de convention qu'on va ravir, parmi tant de périls, au bout de la terre. De cette île, il range celle de Formose, et cingle vers la Chine à à Macao, à l'entrée de la rivière de Canton, pour radouber le seul vaisseau qui lui reste.

Macao appartient depuis cent cinquante ans aux Portugais. L'empereur de la Chine leur permit de bâtir une ville dans cette petite île, qui n'est qu'un rocher, mais qui leur était nécessaire pour leur commerce. Les Chinois n'ont jamais violé depuis ce temps les priviléges accordés aux Portugais. Cette fidélité devait, ce me semble, désarmer l'auteur anglais qui a donné au public l'*Histoire de l'expédition de l'amiral Anson*. Cet historien, d'ailleurs judicieux, instructif, et bon citoyen, ne parle des Chinois que comme d'un peuple méprisable, sans foi, et sans industrie. Quant à leur industrie, elle n'est en rien de la nature de la nôtre; quant à leurs mœurs, je crois qu'il faut plutôt juger d'une puissante nation par ceux qui sont à la tête que par la populace des extrémités d'une province. Il me paraît que la foi des traités, gardée par le gouvernement pendant un siècle et demi, fait plus d'honneur aux Chinois qu'ils ne reçoivent de honte de l'avidité et de la fourberie d'un vil peuple d'une côte de ce vaste empire. Faut-il insulter la nation la plus ancienne et la plus policée de la terre, parce que quelques malheureux ont voulu dérober à des Anglais, par des larcins et par des gains illicites, la vingt-millième partie tout au plus de ce que les Anglais allaient voler par force aux Espagnols dans la mer de la Chine? Il n'y a pas longtemps que les voyageurs éprouvaient des vexations beaucoup plus grandes dans plus d'un pays de l'Europe. Qu'aurait dit un Chinois, si, ayant fait naufrage sur les côtes de l'Angleterre, il avait vu les habitants courir en foule s'emparer avidement à ses yeux de tous ses effets naufragés?

Le commodore ayant mis son vaisseau en très-bon état à Macao, par le secours des Chinois, et ayant reçu sur son bord quelques matelots indiens, et quelques Hollandais, qui lui parurent des hommes de service, il remet à la voile, feignant d'aller à Batavia, le disant même à son équipage, mais n'ayant en effet d'autre objet que de retourner vers les Philippines, à la poursuite de ce galion qu'il présumait être alors dans ces parages. Dès qu'il est en pleine mer, il fait part de son projet à tout son monde. L'idée d'une si riche prise les remplit de joie et d'espérance, et redoubla leur courage.

Enfin, le 9 juin 1743, on découvre ce vaisseau, qu'on poursuivait depuis si longtemps d'un bout de l'hémisphère à l'autre. Il avançait

vers Manille, monté de soixante-quatre canons, dont vingt-huit n'é-
taient que de quatre livres de balle à cartouche. Cinq cent cinquante
hommes de combat composaient l'équipage. Le trésor qu'il portait n'é-
tait que d'environ quinze cent mille piastres en argent, avec de la co-
chenille; parce que tout le trésor, qui est d'ordinaire le double, ayant
été partagé, la moitié avait été portée sur un autre galion.

Le commodore n'avait sur son vaisseau *le Centurion* que deux cent
quarante hommes. Le capitaine du galion, ayant aperçu l'ennemi,
aima mieux hasarder le trésor que perdre sa gloire en fuyant devant
un Anglais, et fit force de voiles hardiment pour le venir combattre.

La fureur de ravir des richesses, plus forte que le devoir de les conserver pour son roi, l'expérience des Anglais, et les manœuvres savantes du commodore, lui donnèrent la victoire. Il n'eut que deux
hommes tués dans le combat : le galion perdit soixante et sept hommes
tués sur les ponts, et il eut quatre-vingt-quatre blessés. Il lui restait
encore plus de monde qu'au commodore; cependant il se rendit. Le
vainqueur retourna à Canton avec cette riche prise. Il y soutint l'honneur de sa nation, en refusant de payer à l'empereur de la Chine les
impôts que doivent tous les navires étrangers. Il prétendait qu'un vaisseau de guerre n'en devait pas : sa conduite en imposa. Le gouverneur
de Canton lui donna une audience, à laquelle il fut conduit à travers
deux haies de soldats, au nombre de dix mille; après quoi il retourna
dans sa patrie par les îles de la Sonde et par le cap de Bonne-Espérance. Ayant ainsi fait le tour du monde en victorieux, il aborda en
Angleterre le 14 juin 1744, après un voyage de trois ans et demi.

Il fit porter à Londres en triomphe, sur trente-deux chariots, au son
des tambours et des trompettes, et aux acclamations de la multitude,
les richesses qu'il avait conquises. Ses prises se montaient, en argent
et en or, à dix millions, monnaie de France, qui furent le prix du
commodore, de ses officiers, des matelots et des soldats, sans que le
roi entrât en partage du fruit de leurs fatigues et de leur valeur. Ces
richesses, circulant bientôt dans la nation, contribuèrent à lui faire
supporter les frais immenses de la guerre.

De simples corsaires firent des prises encore plus considérables. Le
capitaine Talbot prit avec son seul vaisseau deux navires français,
qu'il crut d'abord venir de la Martinique, et ne porter que des marchandises communes : mais ces deux bâtiments malouins avaient été
frétés par les Espagnols avant que la guerre eût été déclarée entre la
France et l'Angleterre; ils croyaient revenir en sûreté. Un Espagnol
qui avait été gouverneur du Pérou était sur l'un de ses vaisseaux; et
tous les deux rapportaient des trésors en or, en argent, en diamants,
et en marchandises précieuses. Cette prise était estimée vingt-six millions de livres. L'équipage du corsaire fut si étonné de ce qu'il voyait,
qu'il ne daigna pas prendre les bijoux que chaque passager espagnol
portait sur soi. Il n'y en avait presque aucun qui n'eût une épée d'or
et un diamant au doigt; on leur laissa tout : et quand Talbot eut
amené ses prises au port de Kingsale, en Irlande, il fit présent de
vingt guinées à chacun des matelots et des domestiques espagnols.

Le butin fut partagé entre deux vaisseaux corsaires, dont l'un, qui était compagnon de Talbot, avait poursuivi en vain un autre vaisseau nommé *l'Espérance*, le plus riche des trois. Chaque matelot de ces deux corsaires eut huit cent cinquante guinées pour sa part; les deux capitaines eurent chacun trois mille cinq cents guinées. Le reste fut partagé entre les associés, après avoir été porté en triomphe, de Bristol à Londres, sur quarante-trois chariots. La plus grande partie de cet argent fut prêtée au roi même, qui en fit une rente aux propriétaires. Cette seule prise valait au delà d'une année du revenu de la Flandre entière. On peut juger si de telles aventures encourageaient les Anglais à aller en course, et relevaient les espérances d'une partie de la nation, qui envisageait dans les calamités publiques des avantages si prodigieux.

CHAP. XXVIII. — *Louisbourg. — Combats de mer : prises immenses que font les Anglais.*

Une autre entreprise, commencée plus tard que celle de l'amiral Anson, montre bien de quoi est capable une nation commerçante à la fois et guerrière. Je veux parler du siége de Louisbourg; ce ne fut point une opération du cabinet des ministres de Londres, ce fut le fruit de la hardiesse des marchands de la Nouvelle-Angleterre. Cette colonie, l'une des plus florissantes de la nation anglaise, est éloignée d'environ quatre-vingts lieues de l'île de Louisbourg ou du cap Breton, île alors importante pour les Français, située vers l'embouchure du fleuve Saint-Laurent, la clef de leurs possessions dans le nord de l'Amérique. Ce territoire avait été confirmé à la France par la paix d'Utrecht. La pêche de la morue, qui se fait dans ces parages, était l'objet d'un commerce utile, qui employait par an plus de cinq cents petits vaisseaux de Bayonne, de Saint-Jean de Luz, du Havre de Grâce, et d'autres villes; on en rapportait au moins trois mille tonneaux d'huile, nécessaires pour les manufactures de toute espèce. C'était une école de matelots; et ce commerce, joint à celui de la morue, faisait travailler dix mille hommes et circuler dix millions.

Un négociant, nommé Vaugan, propose à ses concitoyens de la Nouvelle-Angleterre de lever des troupes pour assiéger Louisbourg. On reçoit cette idée avec acclamation. On fait une loterie, dont le produit soudoie une petite armée de quatre mille hommes. On les arme, on les approvisionne, on leur fournit des vaisseaux de transport; tout cela aux dépens des habitants. Ils nomment un général; mais il leur fallait l'agrément de la cour de Londres; il leur fallait surtout des vaisseaux de guerre. Il n'y eut de perdu que le temps de demander. La cour envoie l'amiral Warren avec quatre vaisseaux protéger cette entreprise de tout un peuple.

Louisbourg est une place qui pouvait se défendre, et rendre tous ces efforts inutiles, si on avait eu assez de munitions : mais c'est le sort de la plupart des établissements éloignés, qu'on leur envoie rarement d'assez bonne heure ce qui leur est nécessaire. A la première nouvelle des préparatifs contre la colonie, le ministre de la marine de France fait partir un vaisseau de soixante-quatre canons, chargé de tout ce qui manquait à Louisbourg. Le vaisseau arrive pour être pris à l'entrée du port par les Anglais. Le commandant de la place, après une vigoureuse défense de cinquante jours, fut obligé de se rendre. Les Anglais lui firent les conditions : ce fut d'emmener eux-mêmes en France la garnison et tous les habitants, au nombre de deux mille. On fut étonné à Brest de recevoir, quelques mois après, une colonie entière de Français, que des vaisseaux anglais laissèrent sur le rivage.

La prise de Louisbourg fut encore fatale à la compagnie française des Indes; elle avait pris à ferme le commerce des pelleteries du Canada, et ses vaisseaux, au retour des Grandes-Indes, venaient souvent mouiller à Louisbourg. Deux gros vaisseaux de la compagnie y abordent immédiatement après sa prise, et se livrent eux-mêmes. Ce ne fut pas tout; une fatalité non moins singulière enrichit encore les nouveaux possesseurs du cap Breton. Un gros bâtiment espagnol, nommé *l'Espérance*, qui avait échappé à des armateurs, croyait trouver sa sûreté dans le port de Louisbourg, comme les autres; il y trouva sa perte comme eux. La charge de ces trois navires, qui vinrent ainsi se rendre eux-mêmes du fond de l'Asie et de l'Amérique, allait à vingt-cinq millions de livres. Si dès longtemps on a appelé la guerre un jeu de hasard, les Anglais, en une année, gagnèrent à ce jeu environ trois millions de livres sterling. Non-seulement les vainqueurs comptaient garder à jamais Louisbourg, mais ils firent des préparatifs pour s'emparer de toute la Nouvelle-France.

Il semble que les Anglais dussent faire de plus grandes entreprises maritimes. Ils avaient alors six vaisseaux de cent pièces de canon, treize de quatre-vingt-dix, quinze de quatre-vingts, vingt-six de soixante-dix, trente-trois de soixante. Il y en avait trente-sept de cinquante à cinquante-quatre canons; et au-dessous de cette forme, depuis les frégates de quarante canons jusqu'aux moindres, on en comptait jusqu'à cent quinze. Ils avaient encore quatorze galiotes à bombes et dix brûlots. C'était en tout deux cent soixante-trois[1] vaisseaux de guerre, indépendamment des corsaires et des vaisseaux de transport. Cette marine avait le fonds de quarante mille matelots. Jamais aucune nation n'a eu de pareilles forces. Tous ces vaisseaux ne pouvaient être armés à la fois; il s'en fallait beaucoup; le nombre des soldats était trop disproportionné : mais enfin, en 1746 et 1747, les Anglais avaient à la fois une flotte dans les mer d'Écosse et d'Irlande, une à Spithead, une aux Indes orientales, une vers la Jamaïque, une à Antigoa, et ils en armaient de nouvelles, selon le besoin.

Il fallut que la France résistât pendant toute la guerre, n'ayant en tout qu'environ trente-cinq vaisseaux de roi à opposer à cette puissance formidable. Il devenait plus difficile de jour en jour de soutenir

1. Deux cent soixante-neuf. (ÉD.)

les colonies. Si on ne leur envoyait pas de gros convois, elles demeuraient sans secours à la merci des flottes anglaises. Si les convois par-
taient ou de France ou des îles, ils couraient risques, étant escortés,
d'être pris avec leur escorte. En effet, les Français essuyèrent quelquefois des pertes terribles; car une flotte marchande de quarante
voiles, venant en France de la Martinique sous l'escorte de quatre
vaisseaux de guerre, fut rencontrée par une flotte anglaise (octobre
1745); il y en eut trente de pris, coulés à fond ou échoués; deux vaisseaux de l'escorte, dont l'un était de quatre-vingts canons, tombèrent
au pouvoir de l'ennemi.

En vain on tenta d'aller dans l'Amérique septentrionale pour essayer
de reprendre le cap Breton, ou pour ruiner la colonie anglaise d'An-
napolis dans la Nouvelle-Écosse. Le duc d'Enville, de la maison de
La Rochefoucauld, y fut envoyé avec quatorze vaisseaux (juin 1746).
C'était un homme d'un grand courage, d'une politesse et d'une douceur de mœurs que les Français seuls conservent dans la rudesse attachée au service maritime; mais la force de son corps ne secondait pas
celle de son âme. (Septembre) Il mourut de maladie sur le rivage barbare de Chiboctou, après avoir vu sa flotte dispersée par des tempêtes.
C'est lui dont la veuve s'est fait dans Paris une si grande réputation
par ses vertus courageuses, et par la constance d'une âme forte, qualité rare en France.

Un des plus grands avantages que les Anglais eurent sur mer fut le
combat naval de Finistère (16 mai 1747); combat où ils prirent six
gros vaisseaux de roi, et sept de la compagnie des Indes armés en
guerre, dont quatre se rendirent dans le combat et trois autres ensuite;
le tout portant quatre mille hommes d'équipage.

Londres est remplie de négociants et de gens de mer, qui s'intéressent beaucoup plus aux succès maritimes qu'à tout ce qui se passe en
Allemagne ou en Flandre. Ce fut dans la ville un transport de joie
inouï, quand on vit arriver dans la Tamise le même vaisseau le Centurion, si fameux par son expédition autour du monde; il apportait la
nouvelle de la bataille de Finistère gagnée par ce même Anson, devenu à juste titre vice-amiral général, et par l'amiral Warren. On vit
arriver vingt-deux chariots chargés de l'or, de l'argent, et des effets
pris sur la flotte de France. La perte de ces effets et de ces vaisseaux
fut estimée plus de vingt millions de France. De l'argent de cette prise
on frappa quelques espèces, sur lesquelles on voyait pour légende
Finistère; monument flatteur à la fois et encourageant pour la nation,
et imitation glorieuse de l'usage qu'avaient les Romains de graver
ainsi sur la monnaie courante, comme sur les médailles, les plus
grands événements de leur empire. Cette victoire était plus heureuse
et plus utile qu'étonnante. Les amiraux Anson et Warren avaient combattu avec dix-sept vaisseaux de guerre contre six vaisseaux de roi,
dont le meilleur ne valait pas, pour la construction, le moindre navire
de la flotte anglaise.

Ce qu'il y avait de surprenant, c'est que le marquis de La Jonquière,
chef de cette escadre, eût soutenu longtemps le combat, et donné en-

core à un convoi qu'il amenait de la Martinique le temps d'échapper.
La capitaine du vaisseau le *Windsor* s'exprimait ainsi dans sa lettre
sur cette bataille : « Je n'ai jamais vu une meilleure conduite que celle
du commodore français; et pour dire la vérité, tous les officiers de
cette nation ont montré un grand courage ; aucun d'eux ne s'est rendu
que quand il leur a été absolument impossible de manœuvrer. »

Il ne restait plus aux Français, sur ces mers, que sept vaisseaux de
guerre pour escorter les flottes marchandes aux îles de l'Amérique
sous le commandement de M. de L'Estanduère. Ils furent rencontrés
par quatorze vaisseaux anglais (14 octobre 1747). On se battit, comme
à Finistère, avec le même courage et la même fortune. Le nombre
l'emporta, et l'amiral Hawke amena dans la Tamise six vaisseaux des
sept qu'il avait combattus.

La France n'avait plus alors qu'un seul vaisseau de guerre. On
connut dans toute son étendue la faute du cardinal de Fleury, d'avoir
négligé la mer; cette faute est difficile à réparer. La marine est un
art, et un grand art. On a vu quelquefois de bonnes troupes de terre
formées en deux ou trois années par des généraux habiles et appliqués
mais il faut un long temps pour se procurer une marine redoutable.

CHAP. XXIX. — *De l'Inde, de Madras, de Pondichéry. Expédition de
La Bourdonnaie. Conduite de Dupleix, etc.*

Pendant que les Anglais portaient leurs armes victorieuses sur tant
de mers, et que tout le globe était le théâtre de la guerre, ils en res-
sentirent enfin les effets dans leur colonie de Madras. Un homme à la
fois négociant et guerrier, nommé Mahé de La Bourdonnaie, vengea
l'honneur du pavillon français au fond de l'Asie.

Pour rendre cet événement plus sensible, il est nécessaire de donner
quelque idée de l'Inde, du commerce des Européans dans cette vaste
et riche contrée, et de la rivalité qui régna entre eux, rivalité souvent
soutenue par les armes.

Les nations européanes ont inondé l'Inde. On a su y faire de grands
établissements, on y a porté la guerre, plusieurs y ont fait des fortunes
immenses, peu se sont appliqués à connaître les antiquités de ce pays,
plus renommé autrefois pour sa religion, ses sciences, et ses lois,
que pour ses richesses, qui ont fait de nos jours l'unique objet de nos
voyages.

Un Anglais[1], qui a demeuré trente ans dans le Bengale, et qui sait
les langues modernes et anciennes des brames, détruit tout ce vain
amas d'erreurs dont sont remplies nos histoires des Indes, et confirme
ce que le petit nombre d'hommes instruits en a pensé[2]. Ce pays est
sans contredit, le plus anciennement policé qui soit dans le monde
les savants chinois même lui accordent cette supériorité. Les plus ar.

---

1. M. Holvell.
2. « J'ai étudié, dit-il, tout ce qui a été écrit sur les Indiens depuis Arrien
jusqu'à l'abbé Guyon même, et je n'ai trouvé qu'erreur et mensonge. »

ciens monuments que l'empereur Kang-hi avait recueillis dans son cabinet de curiosités étaient tous indiens. Le docte et infatigable Anglais qui a copié, en 1754, leur première loi écrite, nommée le *Shasta*, antérieure au *Veidam*, assure que cette loi a quatre mille six cent soixante et six ans d'antiquité dans le temps qu'il la copie. Long-temps avant ce monument, le plus ancien de la terre, s'il faut l'en croire, cette loi était consacrée par la tradition et par des hiéro-glyphes antiques.

On ne fait d'ordinaire aucune difficulté dans toutes les relations de l'Inde, copiées sans examen les unes sur les autres, de diviser toutes les nations des Indiens en mahométans et en idolâtres; mais il est avéré que les brames et les banians, loin d'être idolâtres, ont toujours reconnu un seul Dieu créateur, que leurs livres appellent toujours *l'Éternel;* ils le reconnaissent encore au milieu de toutes les superstitions qui défigurent leur ancien culte. Nous avons cru, en voyant les figures monstrueuses exposées dans leurs temples à la vénération publique, qu'ils adoraient des diables, quoique ces peuples n'aient jamais entendu parler du diable. Ces représentations symboliques n'étaient autre chose que les emblèmes des vertus. La vertu, en géné-ral, est figurée comme une belle femme qui a dix bras pour résister aux vices. Elle porte une couronne; elle est montée sur un dragon, et tient du premier de ses bras droits une pique dont la pointe res-semble à une fleur de lis. Ce n'est pas ici le lieu d'entrer dans le détail de toutes leurs antiques cérémonies qui se sont conservées jusqu'à nos jours, ni de discuter le *Shastabad* et le *Veidam*, ni de montrer à quel point les brames d'aujourd'hui ont dégénéré de leurs ancêtres; mais quoique leur asservissement aux Tartares, l'horrible cupidité et les débauches des Européans établis sur leurs côtes, les aient rendus pour la plupart fourbes et méchants, cependant l'auteur, qui a vécu si longtemps avec eux, dit que les brames qui n'ont point été corrompus par aucune fréquentation avec les commerçants d'Eu-rope ou par les intrigues des cours des nabads, « sont le modèle le plus pur de la vraie piété qu'on puisse trouver sur la face de la terre[1]. »

Le climat de l'Inde est sans contredit le plus favorable à la nature humaine. Il n'est pas rare d'y voir des vieillards de six-vingts ans. Les tristes Mémoires de notre compagnie des Indes nous apprennent que, dans une bataille livrée par un vice-roi, tyran de ce pays, contre un autre tyran, l'un des deux, nommé Anaverdikan, que nous fîmes as-sassiner[2] dans le combat par un traître de ses suivants, était âgé de cent sept années, et qu'il avait ramené trois fois ses soldats à la charge. L'empereur Aurengzeb vécut plus de cent ans. Nisam-Elmoluk,

1. Le grand prêtre de l'île Seringham, dans la province d'Arcate, qui justifia le chevalier Lass contre les accusations du gouverneur Dupleix, était un vieillard de cent années, respecté pour sa vertu incorruptible. Il savait le français, et rendit de grands services à la compagnie des Indes. C'est lui qui traduisit *l'Ezour-Veidam*, dont j'ai remis le manuscrit à la Bibliothèque du roi.

2. Anaverdikan ne fut point assassiné, mais tué d'un coup de canon français, dans la bataille de 1749. (Éd.)

grand chancelier de l'empire, sous Mahomet-Sha, détrôné et rétabli par Sha-Nadir, est mort à l'âge de cent ans révolus. Quiconque est sobre dans ces pays jouit d'une vie longue et saine.

Les Indiens auraient été les peuples du monde les plus heureux, s'ils avaient pu demeurer inconnus aux Tartares et à nous. L'ancienne coutume immémoriale de leurs philosophes, de finir leurs jours sur un bûcher, dans l'espoir de recommencer une nouvelle carrière, et celle des femmes, de se brûler sur le corps de leurs maris, pour renaître avec eux sous une forme différente, prouvent une grande superstition, mais aussi un grand courage dont nous n'approchons pas. Ces peuples, autrefois, avaient horreur de tuer leurs semblables, et ne craignaient pas de se tuer eux-mêmes. Les femmes, dans les castes des brames, se brûlent encore, mais plus rarement qu'autrefois. Nos dévotes affligent leur corps, celles-ci le détruisent; et toutes vont contre le but de la nature, dans l'idée que ce corps sera plus heureux.

L'horreur de répandre le sang des bêtes augmenta chez cette antique nation celle de répandre le sang des hommes. La douceur de leurs mœurs en fit toujours de très-mauvais soldats. C'est une vertu qui a causé leurs malheurs, et qui les a faits esclaves. Le gouvernement tartare, qui est précisément celui de nos anciens grands fiefs, soumet presque tous ces peuples à de petits brigands, nommés par des vice-rois, lesquels sont institués par l'empereur. Tous ces tyrans sont très-riches, et le peuple très-pauvre. C'est cette administration qui fut établie dans l'Europe, dans l'Asie et dans l'Afrique, par les Goths, les Vandales, les Francs, les Turcs, tous originaires de la Tartarie, gouvernement entièrement contraire à celui des anciens Romains, et encore plus à celui des Chinois, le meilleur qui soit sur la terre après celui du petit nombre de peuplades policées qui ont conservé leur liberté.

Les Marattes, dans ces vastes pays, sont presque les seuls qui soient libres. Ils habitent des montagnes derrière la côte de Malabar, entre Goa et Bombay, dans l'espace de plus de sept cents milles. Ce sont les Suisses de l'Inde, aussi guerriers, moins policés, mais plus nombreux, et par là plus redoutables. Les vice-rois, qui se font souvent la guerre, achètent leur secours, les payent et les craignent.

La prodigieuse supériorité de génie et de force qu'ont les Européens sur les Asiatiques orientaux est assez prouvée par les conquêtes que nos peuples ont faites chez ces nations, et qu'ils se disputent encore tous les jours. Les Portugais, établis les premiers sur les côtes de l'Inde, portèrent leurs armes et leur religion dans l'étendue de plus de deux mille lieues, depuis le cap de Bonne-Espérance jusqu'à Malaca, ayant des comptoirs et des forts qui se secouraient les uns les autres. Philippe II, maître du Portugal, aurait pu former dans l'Inde une domination aussi avantageuse, pour le moins, que celle du Pérou et du Mexique, et, sans le courage et l'industrie des Hollandais, et ensuite des Anglais, le pape aurait donné plus d'évêchés réels dans ces vastes contrées, qu'il n'en confère en Italie, et en aurait retiré plus d'argent qu'il n'en lève sur les peuples devenus ses sujets.

On n'ignore pas que les Hollandais sont ceux qui ont les plus grands établissements dans cette partie du monde, depuis les îles de la Sonde jusqu'à la côte de Malabar. Les Anglais viennent après eux. Ils sont puissants sur les deux côtes de la presqu'île de l'Inde et jusque dans le Bengale. Les Français, arrivés les derniers, ont été les plus mal partagés. C'est leur sort dans l'Inde orientale comme dans l'occidentale.

Leur compagnie, établie par Louis XIV, anéantie en 1712, renaissante en 1720, dans Pondichéry, paraissait, ainsi qu'on l'a déjà dit, très-florissante; elle avait beaucoup de vaisseaux, de commis, de directeurs, et même des canons et des soldats; mais elle n'a jamais pu fournir le moindre dividende à ses actionnaires du produit de son commerce. C'est la seule compagnie commerçante de l'Europe qui soit dans ce cas; et au fond, ses actionnaires et ses créanciers n'ont jamais été payés que de la concession faite par le roi d'une partie de la ferme du tabac, absolument étrangère à son négoce. Par cela même elle florissait à Pondichéry : car l'argent de ses retours était employé à augmenter ses fonds, à fortifier la ville, à l'embellir, à se ménager dans l'Inde des alliés utiles.

Dupleix, homme aussi actif qu'intelligent, et aussi méditatif que laborieux, avait dirigé longtemps le comptoir de Chandernagor, sur le Gange, dans la fertile et riche province de Bengale, à onze cents milles de Pondichéry, y avait formé un vaste établissement, bâti une ville, équipé quinze vaisseaux. C'était une conquête de génie et d'industrie, bien préférable à toutes les autres. La compagnie trouva bon que chaque particulier fît alors le commerce pour son propre avantage. L'administrateur, en la servant, acquit une immense fortune. Chacun s'enrichit. Il créa encore un autre établissement à Patna, en remontant le Gange jusqu'à trente lieues de Bénarès, cette antique école des brachmanes.

Tant de services lui méritèrent le gouvernement général des établissements français à Pondichéry, en 1742. Ce fut alors que la guerre s'alluma entre l'Angleterre et la France. On a déjà remarqué que le contre-coup de ces guerres se fait toujours sentir aux extrémités du monde, en Asie et en Amérique.

Les Anglais ont, à quatre-vingt-dix milles de Pondichéry, la ville de Madras, dans la province d'Arcate. Cet établissement est pour l'Angleterre ce que Pondichéry est pour la France. Ces deux villes sont rivales; mais le commerce est si vaste de ce monde au nôtre, l'industrie européenne est si vaste, si supérieure à celle des Indiens, que ces deux colonies pouvaient s'enrichir sans se nuire.

Dupleix, gouverneur de Pondichéry, et chef de la nation française dans les Indes, avait proposé la neutralité à la compagnie anglaise. Rien n'était plus convenable à des commerçants, qui ne doivent point vendre des étoffes et du poivre à main armée. Le commerce est fait pour être le lien des nations, pour consoler la terre, et non pour la dévaster. L'humanité et la raison avaient fait ces offres; la fierté et l'avarice les refusèrent. Les Anglais se flattaient, non sans vraisemblance, d'être aisément vainqueurs sur les mers de l'Inde comme ailleurs, et d'anéantir la compagnie de France.

Mahé de La Bourdonnaie était, comme les Duquesne, les Bart, les Duguay-Trouin, capable de faire beaucoup avec peu, et aussi intelligent dans le commerce qu'habile dans la marine. Il était gouverneur des îles de Bourbon et de Maurice, nommé à ces emplois par le roi, et gérant au nom de la compagnie. Ces îles étaient devenues florissantes sous son administration : il sort enfin de l'île de Bourbon avec neuf vaisseaux armés par lui en guerre, chargés d'environ deux mille trois cents blancs et de huit cents noirs, qu'il a disciplinés lui-même, et dont il a fait de bons canonniers. Une escadre anglaise, sous l'amiral Barnet, croisait dans ces mers, défendait Madras, inquiétait Pondichéry, et faisait beaucoup de prises. Il attaque cette escadre, il la disperse, et se hâte d'aller mettre le siége devant Madras.

(6 juillet 1746) Des députés vinrent lui représenter qu'il n'était pas permis d'attaquer les terres du Grand-Mogol. Ils avaient raison; c'est le comble de la faiblesse asiatique de le souffrir, et de l'audace européane de le tenter. Les Français débarquent sans résistance; leur canon est amené devant les murailles de la ville mal fortifiée, défendue par une garnison de cinq cents soldats. L'établissement anglais consistait dans le fort Saint-George, où étaient tous les magasins; dans la ville qu'on nomme *Blanche*, qui n'est habitée que par des Européens, et dans celle qu'on nomme *Noire*, peuplée de négociants et d'ouvriers de toutes les nations de l'Inde, juifs, banians, Arméniens, mahométans, idolâtres, nègres de différentes espèces, Indiens rouges, Indiens de couleur bronzée : cette multitude allait à cinquante mille âmes. Le gouverneur fut bientôt obligé de se rendre. La rançon de la ville fut évaluée à onze cent mille pagodes, qui valent environ neuf millions de France.

La Bourdonnaie avait un ordre exprès du ministère *de ne garder aucune des conquêtes qu'il pourrait faire dans l'Inde;* ordre peut-être inconsidéré, comme tous ceux qu'on donne de loin sur des objets qu'on n'est pas à portée de connaître. Il exécuta ponctuellement cet ordre, et reçut des otages et des sûretés pour le payement de cette conquête, qu'il ne gardait pas. Jamais on ne sut ni mieux obéir, ni rendre un plus grand service. Il eut encore le mérite de mettre l'ordre dans la ville, de calmer les frayeurs des femmes, toutes réfugiées dans des temples et dans des pagodes, de les faire reconduire chez elles avec honneur, et de rendre enfin la nation victorieuse respectable et chère aux vaincus.

Le sort de la France a presque toujours été que ses entreprises, et même ses succès, hors de ses frontières, lui sont devenus funestes. Dupleix, gouverneur de la compagnie des Indes, eut le malheur d'être jaloux de La Bourdonnaie. Il cassa la capitulation, s'empara de ses vaisseaux, et voulut même le faire arrêter. Les Anglais et les habitants de Madras, qui comptaient sur le droit des gens, demeurèrent interdits quand on leur annonça la violation du traité et de la parole d'honneur donnée par La Bourdonnaie. Mais l'indignation fut extrême, quand

Dupleix, s'étant rendu maître de la ville Noire, la détruisit de fond en comble. Cette barbarie fit beaucoup de mal aux colons innocents, sans faire aucun bien aux Français. La rançon qu'on devait recueillir fut perdue, et le nom français fut en horreur dans l'Inde.

Au milieu des aigreurs, des reproches, des voies de fait, qu'une telle conduite produisait, Dupleix fit signer par le conseil de Pondichéry, et par les principaux citoyens, qui étaient à ses ordres, les mémoires les plus outrageants contre son rival. On l'accusait d'avoir exigé de Madras une rançon trop faible, et d'avoir reçu pour lui des présents trop considérables.

Enfin, pour prix du plus signalé service, le vainqueur de Madras, en arrivant à Paris, fut enfermé à la Bastille. Il y resta trois ans et demi, pendant qu'on envoyait chercher des témoins contre lui dans l'Inde. La permission de voir sa femme et ses enfants lui fut refusée. Cruellement puni sur le soupçon seul, il contracta dans sa prison une maladie mortelle : mais avant que cette persécution terminât sa vie, il fut déclaré innocent par la commission du conseil nommée pour le juger (3 février 1751 [1]). On douta si, dans cet état, c'était une consolation ou une douleur de plus d'être justifié si tard et si inutilement. Nulle récompense pour sa famille de la part de la cour. Tout le public lui en donnait une flatteuse en nommant La Bourdonnaie le vengeur de la France et la victime de l'envie.

Mais bientôt le public pardonna à son ennemi Dupleix, quand il défendit Pondichéry contre les Anglais, qui l'assiégèrent par terre et par mer. L'amiral Boscawen vint l'assiéger avec environ quatre mille soldats anglais ou hollandais, et autant d'Indiens, renforcés encore de la plupart des matelots de sa flotte, composée de vingt et une voiles. M. Dupleix fut à la fois commandant, ingénieur, artilleur, munitionnaire : ses soins infatigables furent surtout secondés par M. de Bussy, qui repoussa souvent les assiégeants à la tête d'un corps de volontaires. Tous les officiers y signalèrent un courage qui méritait la reconnaissance de la patrie. Cette capitale des colonies françaises, qu'on n'avait pas crue en état de résister, fut sauvée cette fois (17 octobre 1748). Ce fut une des opérations qui valurent enfin à M. Dupleix le grand cordon de Saint-Louis, honneur qu'on n'avait jamais fait à aucun homme hors du service militaire. Nous verrons comme il devint le protecteur et le vainqueur des vice-rois de l'Inde, et quelle catastrophe suivit trop de gloire.

CHAP. XXX. — *Paix d'Aix-la-Chapelle.*

Dans ce flux et ce reflux de succès et de pertes, communs à presque toutes les guerres, Louis XV ne cessait d'être victorieux dans les Pays-Bas. Déjà Mastricht était prêt de se rendre au maréchal de Saxe, qui l'assiégeait, après la plus savante marche que jamais général eût faite, et de là on allait droit à Nimègue. Les Hollandais étaient consternés;

_____

1. La Bourdonnaie est mort le 9 septembre 1753. (ÉD.)

il y avait en France près de trente-cinq mille de leurs soldats prisonniers de guerre. Des désastres plus grands que ceux de l'année 1672 semblaient menacer cette république; mais ce que la France gagnait d'un côté, elle le perdait de l'autre : ses colonies étaient exposées, son commerce périssait, elle n'avait plus de vaisseaux de guerre. On était maître de la Flandre; on était prêt de prendre Mastricht; mais on manquait de pain dans toutes les parties méridionales de la France, et il n'y avait plus de vaisseaux de guerre en état de protéger les navires qui pouvaient amener des blés; plus de secours, plus d'argent, plus de crédit. Ceux qu'on choisissait pour régir les finances étaient renvoyés après quelques mois d'administration. Les autres refusaient cet emploi, dans lequel on ne pouvait alors que faire du mal. Toutes les nations souffraient, et toutes avaient besoin de la paix, comme dans les guerres précédentes. Près de sept mille vaisseaux marchands, soit de France, soit d'Espagne, ou d'Angleterre, ou de Hollande, avaient été pris dans le cours de ces déprédations réciproques : et de là on peut conclure que plus de cinquante mille familles avaient fait de grandes pertes. Joignez à ces désastres la multitude des morts, la difficulté des recrues; c'est le sort de toute guerre. La moitié de l'Allemagne et de l'Italie, les Pays-Bas, étaient ravagés; et pour accroître et prolonger tant de malheurs, l'argent de l'Angleterre et de la Hollande faisait venir trente-cinq mille Russes, qui étaient déjà dans la Franconie. On allait voir, vers les frontières de la France, les mêmes troupes qui avaient vaincu les Turcs et les Suédois.

Ce qui caractérisait plus particulièrement cette guerre, c'est qu'à chaque victoire que Louis XV avait remportée, il avait offert la paix, et qu'on ne l'avait jamais acceptée. Mais enfin, quand on vit que Mastricht allait tomber après Berg-op-Zoom, et que la Hollande était en danger, les ennemis demandèrent aussi cette paix devenue nécessaire à tout le monde.

(16 octobre 1748) Le marquis de Saint-Séverin, l'un des plénipotentiaires de France au congrès d'Aix-la-Chapelle, commença par déclarer qu'il venait accomplir les paroles de son maître, « qui voulait faire la paix, non en marchand, mais en roi. »

Louis XV ne voulut rien pour lui, mais il fit tout pour ses alliés; il assurait, par cette paix, le royaume des Deux-Siciles à don Carlos, prince de son sang; il établit dans Parme, Plaisance, et Guastalla, don Philippe son gendre; le duc de Modène son allié, et gendre du duc d'Orléans régent, fut remis en possession de son pays, qu'il avait perdu pour avoir pris les intérêts de la France. Gênes rentra dans tous ses droits. Il parut plus beau, et même plus utile à la cour de France de ne penser qu'au bonheur de ses alliés, que de se faire donner deux ou trois villes de Flandre, qui auraient été un éternel objet de jalousie.

L'Angleterre, qui n'avait eu d'autre intérêt particulier dans cette

---

1. Mastricht capitula le 7 mai 1748; le traité de paix fut signé à Aix-la-Chapelle le 18 octobre. (ED.)

guerre universelle que celui d'un vaisseau, y perdit beaucoup de trésors et de sang; et la querelle de ce vaisseau resta dans le même état où elle était auparavant. Le roi de Prusse fut celui qui retira les plus grands avantages; il conserva la conquête de la Silésie dans un temps où toutes les puissances avaient pour maxime de ne souffrir l'agrandissement d'aucun prince. Le duc de Savoie, roi de Sardaigne, fut, après le roi de Prusse, celui qui gagna le plus, la reine de Hongrie ayant payé son alliance d'une partie du Milanais.

Après cette paix la France se rétablit faiblement. Alors l'Europe chrétienne se trouva partagée entre deux grands partis qui se ménageaient l'un l'autre, et qui soutenaient chacun de leur côté cette balance, le prétexte de tant de guerres, laquelle devrait assurer une éternelle paix. Les États de l'impératrice mère de Hongrie, et une partie de l'Allemagne, la Russie, l'Angleterre, la Hollande, la Sardaigne, composaient une de ces grandes factions. L'autre était formée par la France, l'Espagne, les deux Siciles, la Prusse, la Suède. Toutes les puissances restèrent armées; et on espéra un repos durable, par la crainte même que les deux moitiés de l'Europe semblaient inspirer l'une à l'autre.

Louis XIV avait le premier entretenu ces nombreuses armées qui forcèrent les autres princes à faire les mêmes efforts; de sorte qu'après la paix d'Aix-la-Chapelle, en 1748, les puissances chrétiennes de l'Europe eurent environ un million d'hommes sous les armes, au détriment des arts et des professions nécessaires, surtout de l'agriculture : on se flatta que de longtemps il n'y aurait aucun agresseur, parce que tous les États étaient armés pour se défendre, mais on se flatta en vain.

CHAP. XXXI. — *État de l'Europe en 1756. Lisbonne détruite. Conspirations et supplices en Suède. Guerres funestes pour quelques territoires vers le Canada. Prise de Port-Mahon par le maréchal de Richelieu.*

L'Europe entière ne vit guère luire de plus beaux jours que depuis le traité d'Aix-la-Chapelle, en 1748, jusque vers l'an 1755. Le commerce florissait de Pétersbourg jusqu'à Cadix; les beaux-arts étaient partout en honneur; on voyait entre toutes les nations une correspondance mutuelle; l'Europe ressemblait à une grande famille réunie après ses différends. Les malheurs nouveaux de l'Europe semblèrent être annoncés par des tremblements de terre qui se firent sentir en plusieurs provinces, mais d'une manière plus terrible à Lisbonne qu'ailleurs. Un grand tiers de cette ville fut renversé sur ses habitants; il y périt près de trente mille personnes [1] : ce fléau s'étendit en Espagne; la petite ville de Sétubal fut presque détruite, d'autres endommagées; la mer, s'élevant au-dessus de la chaussée de Cadix, engloutit tout ce qui se

----

1. Les auteurs de l'*Art de vérifier les dates* réduisent à *plus de quinze mille* le nombre les personnes qui périrent à Lisbonne, et qu'on avait d'abord porté à cent mille. (ED.)

trouva sur le chemin; les secousses de la terre qui ébranlaient l'Europe se firent sentir de même en Afrique; et le même jour que les habitants de Lisbonne périssaient, la terre s'ouvrit auprès de Maroc; une peuplade entière d'Arabes fut ensevelie dans des abîmes; les villes de Fez et de Méquinez furent encore plus maltraitées que Lisbonne.

(20 juin 1756) Ce fléau semblait faire devoir rentrer les hommes en eux-mêmes et leur faire sentir qu'ils ne sont en effet que des victimes de la mort, qui doivent au moins se consoler les uns les autres. Les Portugais crurent obtenir la clémence de Dieu en faisant brûler des juifs et d'autres hommes dans ce qu'ils appellent un AUTO-DA-FÉ, *acte de foi*, que les autres nations regardent comme un acte de barbarie : mais, dès ce temps-là même, on prenait des mesures dans d'autres parties de l'Europe pour ensanglanter cette terre qui s'écroulait sous nos pieds.

La première catastrophe funeste se passa en Suède. Ce royaume était devenu une république dont le roi[1] n'était que le premier magistrat. Il était obligé de se conformer à la pluralité des voix du sénat : les États, composés de la noblesse, de la bourgeoisie, du clergé et des paysans, pouvaient réformer les lois du sénat, mais le roi ne le pouvait pas.

(Juin 1756) Quelques seigneurs, plus attachés au roi qu'aux nouvelles lois de la patrie, conspirèrent contre le sénat en faveur du monarque : tout fut découvert; les conjurés furent punis de mort. Ce qui, dans un État purement monarchique, aurait passé pour une action vertueuse, fut regardé comme une trahison infâme dans un pays devenu libre : ainsi, les mêmes actions sont crimes ou vertus selon les lieux ou selon les temps.

Cette aventure indisposa la Suède contre son roi, et contribua à faire déclarer la guerre (comme nous le verrons) à Frédéric, roi de Prusse, dont la sœur avait épousé le roi de Suède.

Les révolutions que ce même roi de Prusse et ses ennemis préparaient dès lors étaient un feu qui couvait sous la cendre; ce feu embrasa bientôt l'Europe, mais les premières étincelles vinrent d'Amérique.

Une légère querelle entre la France et l'Angleterre, pour quelques terrains sauvages vers l'Acadie, inspira une nouvelle politique à tous les souverains d'Europe. Il est utile d'observer que cette querelle était le fruit de la négligence de tous les ministres qui travaillèrent en 1712 et 1713 au traité d'Utrecht. La France avait cédé à l'Angleterre, par ce traité, l'Acadie, voisine du Canada, avec toutes ses anciennes limites; mais on n'avait pas spécifié quelles étaient ces limites; on les ignorait : c'est une faute qu'on n'a jamais commise dans des contrats entre particuliers. Des démêlés ont résulté nécessairement de cette omission. Si la philosophie et la justice se mêlaient des querelles des hommes, elles leur feraient voir que les Français et les Anglais se disputaient un

1. Adolphe-Frédéric de Holstein-Euten, proclamé le 6 avril 1751, mort le 13 février 1771. (ED.)

pays sur lequel ils n'avaient aucun droit : mais ces premiers principes n'entrent point dans les affaires du monde. Une pareille dispute élevée entre de simples commerçants aurait été apaisée en deux heures par des arbitres ; mais entre des couronnes il suffit de l'ambition ou de l'humeur d'un simple commissaire pour bouleverser vingt États. On accusait les Anglais de ne chercher qu'à détruire entièrement le commerce de la France dans cette partie de l'Amérique. Ils étaient très-supérieurs par leurs nombreuses et riches colonies dans l'Amérique septentrionale ; ils l'étaient encore plus sur mer par leurs flottes ; et ayant détruit la marine de France, dans la guerre de 1741, ils se flattaient que rien ne leur résisterait ni dans le Nouveau-Monde, ni sur nos mers ; leurs espérances furent d'abord trompées.

Ils commencèrent, en 1755, par attaquer les Français vers le Canada ; et, sans aucune déclaration de guerre, ils prirent plus de trois cents vaisseaux marchands, comme on saisirait des barques de contrebande ; ils s'emparèrent même de quelques navires des autres nations, qui portaient aux Français des marchandises. Le roi de France, dans ces conjonctures, eut une conduite toute différente de celle de Louis XIV. Il se contenta d'abord de demander justice ; il ne permit pas seulement alors à ses sujets d'armer en course. Louis XIV avait parlé souvent aux autres cours avec supériorité ; Louis XV fit sentir dans toutes les cours la supériorité que les Anglais affectaient. On avait reproché à Louis XIV une ambition qui tendait sur terre à la monarchie universelle ; Louis XV fit connaître la supériorité réelle que les Anglais prenaient sur les mers.

Cependant Louis XV s'assurait quelque vengeance : ses troupes battaient les Anglais, en 1755 [1], vers le Canada ; il préparait dans ses ports une flotte considérable, et il comptait attaquer par terre le roi d'Angleterre, George II, dans son électorat d'Hanovre. Cette irruption en Allemagne menaçait l'Europe d'un embrasement allumé dans le Nouveau-Monde. Ce fut alors que toute la politique de l'Europe fut changée. Le roi d'Angleterre appela une seconde fois, du fond du Nord, trente mille Russes qu'il devait soudoyer. L'empire de Russie était l'allié de l'empereur et de l'impératrice-reine de Hongrie. Le roi de Prusse devait craindre que les Russes, les Impériaux et les Hanovriens, ne tombassent sur lui. Il avait environ cent quarante mille hommes en armes ; il n'hésita pas à se liguer avec le roi d'Angleterre, pour empêcher d'une main que les Russes n'entrassent en Allemagne, et pour fermer de l'autre le chemin aux Français. Voilà donc encore toute l'Europe en armes, et la France replongée dans de nouvelles calamités qu'on aurait pu éviter, si on pouvait se dérober à sa destinée.

Le roi de France eut avec facilité et en un moment tout l'argent dont il avait besoin, par une de ces promptes ressources qu'on ne peut connaître que dans un royaume aussi opulent que la France. Vingt places nouvelles de fermiers généraux et quelques emprunts suf-

1. Le 1ᵉʳ septembre, près du lac Georges. (ÉD.)

firent pour soutenir les premières années de la guerre ; facilité funeste qui ruina bientôt le royaume.

On feignit de menacer les côtes de l'Angleterre. Ce n'était plus le temps où la reine Élisabeth, avec le secours de ses seuls Anglais, ayant l'Écosse à craindre, et pouvant à peine soutenir l'Irlande, soutint les prodigieux efforts de Philippe II. Le roi d'Angleterre, George II, se crut obligé de faire venir des Hanovriens et des Hessois pour défendre ses côtes. L'Angleterre, qui n'avait pas prévu cette suite de son entreprise, murmura de se voir inondée d'étrangers ; plusieurs citoyens passèrent de la fierté à la crainte, et tremblèrent pour la liberté.

Le gouvernement anglais avait pris le change sur les desseins de la France : il craignait une invasion, et il ne songeait pas à l'île de Minorque, ce fruit de tant de dépenses prodiguées dans l'ancienne guerre de la succession d'Espagne.

Les Anglais avaient pris, comme on a vu, Minorque sur l'Espagne : la possession de cette conquête, assurée par tous les traités, leur était plus importante que Gibraltar, qui n'est point un port, et leur donnait l'empire de la Méditerranée. Le roi de France envoya dans cette île, sur la fin d'avril (1756), le maréchal duc de Richelieu, avec environ vingt bataillons, escortés d'une douzaine de vaisseaux du premier rang, et quelques frégates que les Anglais ne croyaient pas sitôt prêtes : tout le fut à point nommé, et rien ne l'était du côté des Anglais. Ils tentèrent au moins, mais trop tard, d'attaquer au mois de juin la flotte française commandée par le marquis de La Gallissonnière [1]. Cette bataille ne leur eût pas conservé l'île de Minorque, mais elle pouvait sauver leur gloire. L'entreprise fut infructueuse ; le marquis de La Gallissonnière mit leur flotte en désordre, et la repoussa. Le ministère anglais vit quelque temps avec douleur qu'il avait forcé la France à établir une marine redoutable.

Il resta aux Anglais l'espérance de défendre la citadelle de Port-Mahon, qu'on regardait après Gibraltar comme la place de l'Europe la plus forte par sa situation, par la nature de son terrain, et par trente ans de soins qu'on avait mis à la fortifier : c'était partout un roc uni ; c'étaient des fossés profonds de vingt pieds, et en quelques endroits de trente, taillés dans ce roc ; c'étaient quatre-vingts mines sous des ouvrages devant lesquels il était impossible d'ouvrir la tranchée ; tout était impénétrable au canon, et la citadelle était entourée partout de ces fortifications extérieures taillées dans le roc vif.

Le maréchal de Richelieu tenta une entreprise plus hardie que n'avait été celle de Berg-op-Zoom : ce fut de donner à la fois un assaut à tous ces ouvrages qui défendaient le corps de la place. Il fut secondé dans cette entreprise audacieuse par le comte de Maillebois, qui, dans cette guerre, déploya toujours de grands talents, déjà exercés dans l'Italie.

On descendit dans les fossés [2] malgré le feu de l'artillerie anglaise ;

---

1. Le 20 mai 1756. (ÉD.)
2. L'assaut eut lieu dans la nuit du 27 au 28 juin 1756. (ÉD.)

on planta des échelles hautes de treize pieds : les officiers et les soldats, parvenus au dernier échelon, s'élançaient sur le roc en montant sur les épaules les uns des autres : c'est par cette audace difficile à comprendre qu'ils se rendirent maîtres de tous les ouvrages extérieurs. Les troupes s'y portèrent avec d'autant plus de courage, qu'elles avaient affaire à près de trois mille Anglais secondés de tout ce que la nature et l'art avaient fait pour les défendre.

Le lendemain la place se rendit (28 juin). Les Anglais ne pouvaient comprendre comment les soldats français avaient escaladé ces fossés, dans lesquels il n'était guère possible à un homme de sang-froid de descendre. Cette action donna une grande gloire au général et à la nation, mais ce fut le dernier de ses succès contre l'Angleterre.

On fut si indigné à Londres de n'avoir pu l'emporter sur mer contre des Français, que l'amiral Byng, qui avait combattu le marquis de La Gallissonnière, fut, d'après ses instructions qui lui ordonnaient de tout risquer pour faire entrer dans le port de Mahon un convoi qu'il escortait, condamné par une cour martiale à être arquebusé, en vertu d'une ancienne loi portée du temps de Charles II. En vain le maréchal de Richelieu envoya à l'auteur de cette histoire une déclaration qui justifiait l'amiral Byng, déclaration parvenue bientôt au roi d'Angleterre; en vain les juges mêmes recommandèrent fortement le condamné à la clémence du roi, qui a le droit de faire grâce; cet amiral fut exécuté[1]. Il était fils d'un autre amiral qui avait gagné la bataille de Messine en 1718. Il mourut avec une grande fermeté; et, avant d'être frappé, il envoya son mémoire justificatif à l'auteur, et ses remercîments au maréchal de Richelieu[2].

CHAP. XXXII. — *Guerre en Allemagne. Un électeur de Brandebourg résiste à la maison d'Autriche, à l'empire allemand, à celui de Russie, à la France. Événements mémorables.*

On avait admiré Louis XIV d'avoir résisté seul à l'Allemagne, à l'Angleterre, à l'Italie, à la Hollande, réunies contre lui. Nous avons vu un événement plus extraordinaire : un électeur de Brandebourg tenir seul contre les forces de la maison d'Autriche, de la France, de la Russie, de la Suède, et de la moitié de l'empire.

C'est un prodige qu'on ne peut attribuer qu'à la discipline de ses troupes, et à la supériorité du capitaine. Le hasard peut faire gagner une bataille; mais quand le faible résiste aux forts sept années dans un pays tout ouvert, et répare les plus grands malheurs, ce ne peut être l'ouvrage de la fortune. C'est en quoi cette guerre diffère de toutes celles qui ont jamais désolé le monde.

1. Le 14 mars 1747. (ÉD.)
2. Le jour qu'on investit le fort Saint-Philippe, le chevalier de Laurenci, Italien au service de France, trouva dans une maison de campagne appartenant à un commissaire de la marine anglaise, parmi ses papiers, la table des signaux de l'escadre anglaise. Le maréchal l'envoya à M. de La Gallissonnière, qui la reconnut pour très-exacte dès que l'amiral Byng eut fait des signaux. Ainsi, M. de La Gallissonnière acquit un grand avantage sur son ennemi.

On a déjà vu que le second roi de Prusse était le seul prince de l'Europe qui eût un trésor, et le seul qui, ayant mis dans ses armées une vraie discipline, avait établi une puissance nouvelle en Allemagne. On a vu combien les préparatifs du père avaient enhardi le fils à braver seul la puissance autrichienne, et à s'emparer de la Silésie.

L'impératrice-reine attendait que les conjonctures lui fournissent les moyens de rentrer dans cette province. C'eût été autrefois un objet indifférent pour l'Europe, qu'un petit pays annexé à la Bohême appartînt à une maison ou à une autre : mais la politique s'étant raffinée plus que perfectionnée en Europe, ainsi que tous les autres objets de l'esprit humain, cette petite querelle a mis sous les armes plus de cinq cent mille hommes. Il n'y eut jamais tant de combattants effectifs, ni dans les croisades, ni dans les irruptions des conquérants de l'Asie. Voici comment cette nouvelle scène s'ouvrit.

Élisabeth, impératrice de Russie, était liée avec l'impératrice Marie-Thérèse par d'anciens traités, par l'intérêt commun qui les unissait contre l'empire ottoman, et par une inclination réciproque. Auguste III, roi de Pologne et électeur de Saxe, réconcilié avec l'impératrice-reine, et attaché à la Russie, à laquelle il devait le titre de roi de Pologne, était intimement uni avec ces deux souveraines. Ces trois puissances avaient chacune leurs griefs contre le roi Frédéric III de Prusse. Marie-Thérèse voyait la Silésie arrachée à sa maison, Auguste et son conseil souhaitaient un dédommagement pour la Saxe ruinée par le roi de Prusse dans la guerre de 1741, et il y avait entre Élisabeth et Frédéric des sujets de plaintes personnels, qui souvent influent plus qu'on ne pense sur la destinée des États.

Ces trois puissances, animées contre le roi de Prusse, avaient entre elles une étroite correspondance, dont ce prince craignait les effets. L'Autriche augmentait ses troupes, celles d'Élisabeth étaient prêtes; mais le roi de Pologne, électeur de Saxe, était hors d'état de rien entreprendre; les finances de son électorat étaient épuisées; nulle place considérable ne pouvait empêcher les Prussiens de marcher à Dresde. Autant l'ordre et l'économie rendaient le Brandebourg formidable, autant la dissipation avait affaibli la Saxe. Le conseil saxon du roi de Pologne hésitait beaucoup d'entrer dans des mesures qui pouvaient lui être funestes.

Le roi de Prusse n'hésita pas, et, dès l'année 1755, il prit seul, et sans consulter personne, la résolution de prévenir les puissances dont il avait de si grands ombrages. (16 janvier 1756) Il se ligua d'abord avec le roi d'Angleterre, électeur d'Hanovre, sur le refus que fit la France de s'unir à lui, s'assura du landgrave de Hesse et de la maison de Brunswick, et renonça ainsi à l'alliance de la France.

Ce fut alors que l'ancienne inimitié entre les maisons de France et d'Autriche, fomentée depuis Charles-Quint et François Ier, fit place à une amitié qui parut sincèrement établie, et qui étonna toutes les nations. Le roi de France, qui avait fait une guerre si cruelle à Marie-Thérèse, devint son allié, et le roi de Prusse, qui avait été allié de la France, devint son ennemi. La France et l'Autriche s'unirent après trois cents ans d'une discorde toujours sanglante. Ce que n'avaient pu tant de traités de paix, tant de mariages, un mécontentement reçu d'un électeur, et l'animosité de quelques personnes alors toutes-puissantes[1] que le roi de Prusse avait blessées par des plaisanteries, le fit en un moment. Le parlement d'Angleterre appela cette union *monstrueuse*; mais, étant nécessaire, elle était très-naturelle. On pouvait même espérer que ces deux maisons puissantes réunies, secondées de la Russie, de la Suède, et de plusieurs États de l'empire, pourraient contenir le reste de l'Europe.

(Mai 1756) Le traité fut signé à Versailles entre Louis XV et Marie-Thérèse. L'abbé de Bernis, depuis cardinal, eut seul l'honneur de ce fameux traité, qui détruisait tout l'édifice du cardinal de Richelieu, et qui semblait en élever un autre plus haut et plus vaste. Il fut bientôt après ministre d'État, et presque aussitôt disgracié. On ne voit que des révolutions dans les affaires publiques et particulières.

Le roi de Prusse, menacé de tous côtés, n'en fut que plus prompt à se mettre en campagne. Il fait marcher ses troupes dans la Saxe, qui était presque sans défense, comptant se faire de cette province un rempart contre la puissance autrichienne, et un chemin pour aller jusqu'à elle. Il s'empare d'abord de Leipsick[2]; une partie de son armée se présente devant Dresde; le roi Auguste se retire, comme son père devant Charles XII; il quitte sa capitale, et va occuper le camp de Pirna, près de Kœnigstein, sur le chemin de la Bohême et sur la rive de l'Elbe, où il se croit en sûreté.

Frédéric III entre dans Dresde en maître, sous le nom de protecteur. La reine de Pologne, fille de l'empereur Joseph, n'avait point voulu fuir; on lui demanda les clefs des archives. Sur le refus qu'elle fit de les donner, on se mit en devoir d'ouvrir les portes; la reine se plaça au devant, se flattant qu'on respecterait sa personne et sa fermeté; on ne respecta ni l'une ni l'autre; elle vit ouvrir ce dépôt de l'État. Il importait au roi de Prusse d'y trouver des preuves des desseins de la Saxe contre lui; il trouva en effet des témoignages de la crainte qu'il inspirait; mais cette même crainte, qui aurait dû forcer la cour de Dresde à se mettre en défense, ne servit qu'à la rendre la victime d'un voisin puissant. Elle sentit trop tard qu'il eût fallu, dans la situation où était la Saxe depuis tant d'années, donner tout à la guerre et rien aux plaisirs. Il est des positions où l'on n'a d'autre parti à prendre que celui de se préparer à combattre, à vaincre, ou à périr.

(20 septembre 1756) Au bruit de cette invasion, le conseil aulique de l'empereur déclara le roi de Prusse perturbateur de la paix publique, et rebelle. Il était difficile de faire valoir cette déclaration contre un prince qui avait près de cent cinquante mille combattants à ses ordres, et qui passait déjà pour le plus grand général de l'Europe. (11 octobre) Il répondit aux lois par une bataille; elle se donna entre lui et l'armée autrichienne, qu'il alla chercher à l'entrée de la Bohême, près d'un bourg nommé Lowositz.

1. L'abbé depuis cardinal de Bernis et Mme de Pompadour. (ÉD.)
2. Le 29 août 1756. (ÉD.)

Cette première bataille fut indécise par le nombre des morts; mais elle ne le fut point par les suites qu'elle eut. On ne put empêcher le roi de bloquer les Saxons dans le camp de Pirna même; les Autrichiens ne purent jamais leur prêter la main, et cette petite armée du roi de Pologne, composée d'environ treize à quatorze mille hommes, se rendit prisonnière de guerre sept jours après la bataille.

Auguste, dans cette capitulation singulière, seul événement militaire entre lui et le roi de Prusse, demanda seulement qu'on ne fît point ses gardes prisonniers. Frédéric répondit « qu'il ne pouvait écouter cette prière; que ces gardes serviraient infailliblement contre lui, et qu'il ne voulait pas avoir la peine de les prendre une seconde fois. » Cette réponse fut une terrible leçon à tous les princes, qu'il faut se rendre puissant quand on a un voisin puissant.

Le roi de Pologne, ayant perdu ainsi son électorat et son armée, demanda des passe-ports à son ennemi pour aller en Pologne; ils lui furent aisément accordés: on eut la politesse insultante de lui fournir des chevaux de poste. Il alla de ses États héréditaires dans son royaume électif, où il ne trouva personne qui proposât même de s'armer pour secourir son roi. Tout l'électorat fut mis à contribution; et le roi de Prusse, en faisant la guerre, trouva dans les pays envahis de quoi la soutenir. La reine de Pologne ne suivit point son mari; elle resta dans Dresde; le chagrin y termina bientôt sa vie. L'Europe plaignit cette famille infortunée: mais, dans le cours de ces calamités publiques, un million de familles essuyaient des malheurs non moins grands, quoique plus obscurs. Les magistrats municipaux de Leipsick firent des remontrances sur les contributions que le vainqueur leur imposait; ils se dirent dans l'impuissance de payer; on les mit en prison, et ils payèrent.

Jamais on ne donna tant de batailles que dans cette guerre. Les Russes entrèrent dans les États prussiens par la Pologne. Les Français, devenus auxiliaires de la reine de Hongrie, combattirent pour lui faire rendre cette même Silésie dont ils avaient contribué à la dépouiller quelques années auparavant, lorsqu'ils étaient les alliés du roi de Prusse. Le roi d'Angleterre, qu'on avait vu le partisan le plus déclaré de la maison d'Autriche, devint un de ses plus dangereux ennemis. La Suède, qui autrefois avait porté de si grands coups à cette maison impériale d'Autriche, la servit alors contre le roi de Prusse, moyennant neuf cent mille francs que le ministère français lui donnait; et ce fut elle qui causa le moins de ravages.

L'Allemagne se vit déchirée par beaucoup plus d'armées nationales et étrangères qu'il n'y en eut dans la fameuse guerre de Trente ans.

Tandis que les Russes venaient au secours de l'Autriche par la Pologne, les Français entraient par le duché de Clèves, et par Vésel, que les Prussiens abandonnèrent. Ils prirent toute la Hesse; ils marchèrent vers le pays d'Hanovre, contre une armée d'Anglais, d'Hanovriens, de Hessois, conduite par ce même duc de Cumberland qui avait attaqué Louis XV à Fontenoy.

Le roi de Prusse allait chercher l'armée autrichienne en Bohême; i.

opposait un corps considérable aux Russes. Les troupes de l'empire, qu'on appelait les troupes d'exécution, étaient commandées pour pénétrer dans la Saxe, tombée tout entière au pouvoir du Prussien. Ainsi l'Allemagne était en proie à six armées formidables qui la dévoraient en même temps.

D'abord, le roi de Prusse court attaquer le prince Charles de Lorraine, frère de l'empereur, et le général Brown[1] auprès de Prague. (6 mai 1757) La bataille fut sanglante; le Prussien la gagna, et une partie de l'infanterie autrichienne fut obligée de se jeter dans Prague, où elle fut bloquée plus de deux mois par le vainqueur. Une foule de princes était dans la ville; les provisions commençaient à manquer; on ne doutait pas que Prague ne subît bientôt le joug, et que l'Autriche ne fût plus accablée par Frédéric que par Gustave-Adolphe.

Le vainqueur perdit tout le fruit de sa conquête en voulant tout emporter à la fois. Le comte de Kaunitz, premier ministre de Marie-Thérèse, homme aussi actif dans le cabinet que le roi de Prusse l'était en campagne, avait déjà fait rassembler une armée sous le commandement du maréchal Dawn. (18 juin 1757) Le roi de Prusse, ne balança pas à courir attaquer cette armée, que la réputation de ses victoires devait intimider. Cette armée une fois dissipée, Prague, bombardée depuis quelque temps, allait se rendre à discrétion. Il devenait le maître absolu de l'Allemagne. Le maréchal Dawn retrancha ses troupes sur la croupe d'une colline. Les Prussiens y montèrent jusqu'à sept fois, comme à un assaut général; ils furent sept fois repoussés et renversés. Le roi perdit environ vingt-cinq mille hommes en morts, en blessés, en fuyards, en déserteurs. Le prince Charles de Lorraine, renfermé dans Prague, en sortit, et poursuivit les Prussiens. La révolution fut aussi grande que l'avaient été auparavant les exploits et les espérances du roi de Prusse.

Les Français, de leur côté, secondaient puissamment Marie-Thérèse. (29 juillet 1757) Le maréchal d'Estrées, qui les commandait, avait déjà passé le Véser : il suivit pas à pas le duc de Cumberland vers Minden; il l'atteignit vers Hastembeck, lui livra bataille, et remporta une victoire complète. Les princes de Condé et de La Marche-Conti signalèrent, dans cette journée, leurs premières armes; et le sang de France soutenait la gloire de la patrie contre le sang d'Angleterre. On y perdit un comte de Laval-Montmorency, et un brave officier traducteur de la *Tactique* d'Ælien, frère du même Bussy qui s'est rendu fameux dans l'Inde. Un coup de fusil, qu'on crut longtemps mortel, perça le comte du Châtelet, de la maison de Lorraine, fils de cette célèbre marquise du Châtelet, dont le nom ne périra jamais parmi ceux qui savent qu'une dame française a commenté le grand Newton.

Remarquons ici que les intrigues de cour avaient déjà ôté le commandement au maréchal d'Estrées. Les ordres étaient partis pour lui

---

1. Le comte de Brown, né à Bâle en 1705, d'abord simple soldat, était feld-maréchal quand il fut blessé mortellement à la journée du 6 mai 1757. Il mourut à Prague le 26 juin suivant. (ED.)

faire cet affront, tandis qu'il gagnait une bataille. On affectait à la cour de se plaindre qu'il n'eût pas encore pris tout l'électorat d'Hanovre, et qu'il n'eût pas marché jusqu'à Magdebourg. On pensait que tout devait se terminer en une campagne. Telle avait été la confiance des Français quand ils firent un empereur, et qu'ils crurent disposer des États de la maison d'Autriche, en 1741. Telle elle avait été, quand, au commencement du siècle, Louis XIV et Philippe V, maîtres de l'Italie et de la Flandre, et secondés de deux électeurs, pensaient donner des lois à l'Europe ; et l'on fut toujours trompé. Le maréchal d'Estrées disait que ce n'était pas assez de s'avancer en Allemagne, qu'il fallait se préparer les moyens d'en sortir. Sa conduite et sa valeur prouvèrent que, lorsqu'on envoie une armée, on doit laisser faire le général ; car, si on l'a choisi, on a eu en lui de la confiance.

CHAP. XXXIII. — *Suite des événements mémorables. L'armée anglaise obligée de capituler. Journée de Rosbach. Révolutions.*

Le ministère de France avait déjà fait partir le maréchal de Richelieu pour commander l'armée du maréchal d'Estrées, avant qu'on eût su la victoire importante de ce général. Le maréchal de Richelieu, longtemps célèbre par les agréments de sa figure et de son esprit, et devenu plus célèbre par la défense de Gênes et par la prise de Minorque, alla combattre le duc de Cumberland ; il le poussa jusqu'à l'embouchure de l'Elbe, et là il le força à capituler avec toute son armée (8 septembre 1757). Cette capitulation, plus singulière qu'une bataille gagnée, était non moins glorieuse. L'armée du duc de Cumberland fut obligée, par écrit, de se retirer au delà de l'Elbe, et de laisser le champ libre aux Français contre le roi de Prusse. Il ravageait la Saxe, mais on ruinait aussi son pays. Le général autrichien Haddik avait surpris la ville de Berlin, et lui avait épargné le pillage moyennant huit cent mille de nos livres.

Alors la perte de ce monarque paraissait inévitable. Sa grande déroute auprès de Prague, ses troupes battues près de Landshut, à l'entrée de la Silésie, une bataille contre les Russes indécise, mais sanglante, tout l'affaiblissait.

Il pouvait être enveloppé d'un côté par l'armée du maréchal de Richelieu, et de l'autre par celle de l'empire, tandis que les Autrichiens et les Russes entraient en Silésie. (22 auguste 1757.) Sa perte paraissait si certaine, que le conseil aulique n'hésita pas à déclarer qu'il avait encouru la peine du ban de l'empire, et qu'il était privé de tous ses fiefs, droits, grâces, priviléges, etc. Il sembla lui-même désespérer pour lors de sa fortune et n'envisagea plus qu'une mort glorieuse. Il fit une espèce de testament philosophique ; et telle était la liberté de son esprit au milieu de ses malheurs, qu'il l'écrivit en vers français. Cette anecdote est unique.

Le prince de Soubise [1], général d'un courage tranquille et ferme,

_____
1. Charles de Rohan, prince de Soubise. (ÉD.)

d'un esprit sage, d'une conduite mesurée, marchait contre lui en Saxe, à la tête d'une forte armée, que le ministère avait encore renforcée d'une partie de celle du maréchal de Richelieu. Cette armée était jointe à celle des cercles, commandée par le prince d'Hildbourghausen.

(Novembre 1757) Frédéric, entouré de tant d'ennemis, prit le parti d'aller mourir les armes à la main, dans les rangs de l'armée du prince de Soubise; et cependant il prit toutes les mesures pour vaincre. Il alla reconnaître l'armée de France et des cercles, et se retira d'abord devant elle, pour prendre une position avantageuse. Le prince d'Hildbourghausen voulut absolument attaquer. Son sentiment devait prévaloir, parce que les Français n'étaient qu'auxiliaires. On marcha près de Rosbach et de Mersbourg à l'armée prussienne, qui semblait être sous ses tentes. Voilà tout d'un coup les tentes qui s'abaissent; l'armée prussienne paraît en ordre de bataille, entre deux collines garnies d'artillerie.

Ce spectacle frappa les yeux des troupes françaises et impériales. Il y avait quelques années qu'on avait voulu exercer le soldat français à la prussienne; ensuite on avait changé plusieurs évolutions dans cet exercice : le soldat ne savait plus où il en était, son ancienne manière de combattre était changée; il n'était pas affermi dans la nouvelle. Quand il vit les Prussiens avancer dans cet ordre singulier, inconnu presque partout ailleurs, il crut voir ses maîtres. L'artillerie du roi de Prusse était aussi mieux servie, et bien mieux postée que celle de ses ennemis. Les troupes des cercles s'enfuirent sans presque rendre de combat. La cavalerie française, commandée par le marquis de Castries, chargea la cavalerie prussienne, et en perça quelques escadrons; mais cette valeur fut inutile.

Bientôt une terreur panique se répandit partout; l'infanterie française se retira en désordre devant six bataillons prussiens. Ce ne fut point une bataille, ce fut une armée entière qui se présenta au combat, et qui s'en alla. L'histoire n'a guère d'exemples d'une pareille journée[1]; il ne resta que deux régiments suisses sur le champ de bataille, le prince de Soubise alla à eux au milieu du feu, et les fit retirer au petit pas.

Le régiment de Diesbach essuya surtout très-longtemps le feu du canon et de la mousqueterie, et les approches de la cavalerie. Le prince de Soubise empêcha qu'il ne fût entamé, en partageant toujours ses dangers[2]. Cette étrange journée changea entièrement la face des affaires. Le murmure fut universel dans Paris. Le même général remporta une victoire sur les Hanovriens et les Hessois l'année suivante,

1. C'est à la bataille de Rosbach, le 5 novembre 1757, que fut tué le marquis de La Fayette, laissant un enfant âgé de soixante-cinq jours (le général La Fayette). (Ed.)

2. C'est contre le colonel Diesbach qu'il a plu au nommé La Beaumelle de se déchaîner dans un libelle intitulé *Mes Pensées*, ainsi que contre les d'Erlach, les Sinner et toutes les illustres familles de la Suisse, qui prodiguent leur sang depuis deux siècles pour les rois de France. La grossièreté impudente de cet homme doit être réprimée dans toutes les occasions.

et on en a parlé à peine. On a déjà observé [1] que tel est l'esprit d'une grande ville heureuse et oisive, dont on ambitionne le suffrage.

Le ministère français n'avait point voulu ratifier la convention et les lois que le maréchal de Richelieu avait imposées au duc de Cumberland. Les Anglais se crurent, non sans raison, dégagés de leur parole. La ratification de Versailles n'arriva que cinq jours après l'infortune de Rosbach. Il n'était plus temps : même avant la bataille de Rosbach, la cour de Londres avait pris la résolution de rompre les conventions; le prince Ferdinand de Brunsvick était déjà choisi pour commander l'armée réfugiée sous Stade, et se proposait d'attaquer l'armée française affaiblie et dispersée dans l'électorat d'Hanovre. La fermeté du maréchal de Richelieu et l'habileté du comte de Maillebois firent échouer ce projet. L'armée se rassembla sans perte, et de savantes manœuvres forcèrent l'armée du prince Ferdinand à se retirer, et à prendre ses quartiers. Mais le maréchal de Richelieu et le comte de Maillebois ayant été rappelés, les Anglais reprirent bientôt l'électorat d'Hanovre, et repoussèrent les Français jusque sur le Rhin.

Si la journée de Rosbach était inouïe, ce que fit le roi de Prusse après cette victoire inespérée fut encore plus extraordinaire. Il vole en Silésie, où les Autrichiens vainqueurs avaient défait ses troupes, et s'étaient emparés de Schveidnitz et de Breslau. Sans son extrême diligence, la Silésie était perdue pour lui, et la bataille de Rosbach lui devenait inutile.

(5 décembre 1757) Il arrive au bout d'un mois vis-à-vis les Autrichiens. A peine arrivé, il les attaque avec furie. On combattit pendant cinq heures. Frédéric fut pleinement victorieux [2]; il rentra dans Schveidnitz et dans Breslau. Ce ne fut depuis qu'une vicissitude continuelle de combats fréquents gagnés ou perdus. Les Français seuls furent presque toujours malheureux; mais le gouvernement ne fut jamais découragé, et la France s'épuisa à faire marcher continuellement des armées en Allemagne.

Le roi de Prusse s'affaiblissait en combattant : les Russes lui prirent tout le royaume de Prusse, et dévastèrent sa Poméranie, tandis qu'il dévastait la Saxe. Les Autrichiens, et ensuite les Russes, entrèrent dans Berlin. Presque tous les trésors de son père, et ceux qu'il avait lui-même amassés, étaient nécessairement dissipés dans cette guerre ruineuse pour tous les partis; il fut obligé de recourir aux subsides de l'Angleterre. Les Autrichiens, les Français et les Russes ne se découragèrent jamais, et le poursuivirent toujours. Sa famille n'osait plus rester à Berlin continuellement exposé; elle était réfugiée à Magdebourg; pour lui, après tant de succès divers, il était, en 1762, retranché sous Breslau. Marie-Thérèse semblait toucher au moment de recouvrer sa Silésie. Il n'avait plus Dresde, ni rien de la partie de la Saxe qui touche à la Bohême. Le roi de Pologne espérait de rentrer dans ses États héréditaires, (6 janvier 1762) lorsque la mort d'Élisabeth,

---

1. Dans l'*Éloge funèbre des officiers qui sont morts dans la guerre de 1741.* (Éd.)
2. Bataille de Lissa ou Leuthen. (Éd.)

impératrice de Russie, donna encore une nouvelle face aux affaires, qui changèrent si souvent.

Le nouvel empereur Pierre III était l'ami secret du roi de Prusse depuis longtemps. Non-seulement il fit la paix avec lui dès qu'il fut sur le trône, mais il devint son allié contre cette même impératrice-reine, dont Élisabeth avait été l'amie la plus constante. Ainsi on vit tout d'un coup le roi de Prusse, qui était auparavant si pressé par les Russes et les Autrichiens, se préparer à entrer en Bohême à l'aide d'une armée de ces mêmes Russes qui combattaient contre lui quelques semaines auparavant.

Cette nouvelle situation fut aussi promptement dérangée, qu'elle avait été formée : une révolution subite changea les affaires de la Russie

Pierre III voulait répudier sa femme, et indisposait contre lui la nation. Il avait dit un jour, étant ivre, au régiment Préobasinski, à la parade, qu'il le battrait avec cinquante Prussiens. Ce fut ce régiment qui prévint tous ses desseins, et qui le détrôna. Les soldats et le peuple se déclarèrent contre lui. (28 juillet) Il fut poursuivi, pris, et mis dans une prison où il ne se consola qu'en buvant du punch pendant huit jours de suite, au bout desquels il mourut. L'armée et les citoyens proclamèrent d'une commune voix sa femme, Catherine-Anhalt-Zerbst, impératrice, quoiqu'elle fût étrangère, étant de cette maison d'Ascanie, l'une des plus anciennes de l'Europe. C'est elle qui depuis est devenue la véritable législatrice de ce vaste empire. Ainsi la Russie a été gouvernée par cinq femmes de suite : Catherine, veuve de Pierre le Grand ; Anne, nièce de ce monarque ; la duchesse de Brunsvick, régente sous le court empire de son malheureux fils, le prince Ivan ; Élisabeth, fille du czar Pierre le Grand et de Catherine Ire ; et enfin cette Catherine II [1] qui s'est fait en si peu de temps un si grand nom. Cette succession de cinq femmes sans interruption est une chose unique dans l'histoire du monde.

Le roi de Prusse, privé du secours de l'empereur russe, qui voulait combattre sous lui, n'en continua pas moins la guerre contre la maison d'Autriche, la moitié de l'empire, la France, et la Suède.

Il est vrai que les exploits des Suédois n'étaient pas ceux de Gustave Adolphe. Sa sœur, femme du roi de Suède, n'avait nulle envie de lui faire du mal. Ce n'était pas la cour de Stockholm qui armait contre lui, c'était le sénat ; et le sénat n'armait que parce que la France lui

---

1. Pierre III (Charles-Pierre-Ulric), petit-fils de Pierre Ier et de Catherine Ire, après avoir été proclamé, le 5 janvier 1762, successeur de sa tante Élisabeth, fut détrôné par sa femme, Catherine II, dans la nuit du 8 au 9 juillet suivant, et étranglé dans la citadelle de Ropschen, le 17, par Alexis Orloff, que l'impératrice n'avait peut-être pas chargé de commettre ce crime, mais qu'elle récompensa magnifiquement. Le lendemain Catherine fut proclamée impératrice, après avoir déclaré *officiellement* que son mari était mort d'une *colique hémorroïdale.*

On voit par sa lettre adressée le 1er avril 1768 au duc de Choiseul, à l'époque où il s'occupait à publier la première édition de son *Précis*, que Voltaire ne croyait pas Catherine II *si coupable* qu'on le disait, et qu'il n'avait pas encore vu le manuscrit de Ruihière, publié seulement après la mort de l'impératrice (1797), avec le titre d'*Histoire de la révolution de Russie en 1762.* (ED.)

donnait de l'argent. La cour, qui n'était pas assez puissante pour empêcher ce sénat d'envoyer des troupes en Poméranie, l'était assez pour les rendre inutiles; et, dans le fond, les Suédois faisaient semblant de faire la guerre pour le peu d'argent qu'on leur donnait.

Ce fut en Allemagne principalement que le sang fut toujours répandu. Les frontières de France ne furent jamais entamées. L'Allemagne devint un gouffre qui engloutissait le sang et l'argent de la France. Les bornes de cette histoire, qui n'est qu'un précis, ne permettent pas de raconter ce nombre prodigieux de combats livrés depuis les bords de la mer Baltique jusqu'au Rhin; presque aucune bataille n'eut de grandes suites, parce que chaque puissance avait toujours des ressources. Il n'en était pas de même en Amérique et dans l'Inde, où la perte de douze cents hommes est irréparable. La journée même de Rosbach ne fut suivie d'aucune révolution. La bataille que les Français perdirent auprès de Minden en 1759 (1er auguste), et les autres échecs qu'ils essuyèrent les firent rétrograder, mais ils restèrent toujours en Allemagne. (23 juin 1758) Lorsqu'ils furent battus à Crevelt, entre Clèves et Cologne, ils restèrent pourtant encore les maîtres du duché de Clèves et de la ville de Gueldre. Ce qui fut le plus remarquable dans cette journée de Crevelt, ce fut la perte du comte de Gisors, fils unique du maréchal de Belle-Isle, blessé en combattant à la tête des carabiniers. C'était le jeune homme de la plus grande espérance, également instruit dans les affaires et dans l'art militaire, capable des grandes vues et des détails, d'une politesse égale à sa valeur, chéri à la cour et à l'armée. Le prince héréditaire de Brunsvick, qui le prit prisonnier, en eut soin comme de son frère, ne le quitta point jusqu'à sa mort, qu'il honora de ses larmes. Il l'aima d'autant plus qu'il retrouvait en lui son caractère. C'est ce même prince de Brunsvick qui voyagea depuis en France et dans une grande partie de l'Europe, que j'ai vu jouir si modestement de sa renommée et des sentiments qu'on lui devait. Il combattait alors tantôt en chef, tantôt sous le prince de Brunsvick son oncle, beau-frère du roi de Prusse, qui acquit une grande réputation, et qui avait la même modestie, compagne de la véritable gloire, et apanage de sa famille. Le prince héréditaire commandait dans plusieurs occasions des corps séparés, et il fut souvent aussi heureux qu'audacieux.

La bataille de Crevelt, dont on ne parlait à Paris qu'avec le plus grand découragement, n'empêcha pas le duc de Broglie de remporter une victoire complète à Bergen (13 avril 1759), vers Francfort, contre ces mêmes princes de Brunsvick victorieux ailleurs, et de mériter la dignité de maréchal de France, à l'exemple de son père et de son grand-père. Mais ce même prince gagna encore, en 1760, la bataille de Varbourg, où furent blessés le marquis de Castries, le prince de Rohan-Rochefort, son cousin le marquis de Béthisy, le comte de La Tour-du-Pin, le marquis de Valence, et une quantité prodigieuse d'officiers français. Leur malheur était une preuve de leur courage.

Le comte de Montbarey, à la tête du régiment de la couronne, soutint longtemps l'effort des ennemis; il y fut blessé d'un coup de canon et de deux coups de fusil.

Les braves actions de tant d'officiers et de soldats sont innombrables dans toutes les guerres; mais il y en a eu de si singulières, de si uniques dans leur espèce, que ce serait manquer à la patrie que de les laisser dans l'oubli. En voici une, par exemple, qui mérite d'être à jamais conservée dans la mémoire des Français.

Le prince héréditaire de Brunsvick assiégeait Vésel, dont la prise eût porté la guerre sur le bas Rhin et dans le Brabant: cet événement eût pu engager les Hollandais à se déclarer contre nous. (15 octobre 1758) Le marquis de Castries s'avança avec rapidité, emporta Rhinsberg l'épée à la main, et jeta des secours dans Vésel. Méditant une action plus décisive encore, il vint camper le 15 octobre à un quart de lieue de l'abbaye appelée Closter-Camp. Le prince ne crut pas devoir l'attendre devant Vésel; il se décida à l'attaquer, et se porta au-devant de lui, par une marche forcée, la nuit du 15 au 16.

Le général français, qui se doute du dessein du prince, fait coucher son armée sous les armes; il envoie à la découverte pendant la nuit M. d'Assas, capitaine au régiment d'Auvergne. A peine cet officier a-t-il fait quelques pas, que des grenadiers ennemis, en embuscade, l'environnent et le saisissent à peu de distance de son régiment. Ils lui présentent la baïonnette, et lui disent que s'il fait du bruit il est mort. M. d'Assas se recueille un moment pour mieux renforcer sa voix, il crie : « A moi, Auvergne! voilà les ennemis! » Il tombe aussitôt percé de coups. Ce dévouement digne des anciens Romains aurait été immortalisé par eux. On dressait alors des statues à de pareils hommes; dans nos jours ils sont oubliés, et ce n'est que longtemps après avoir écrit cette histoire que j'ai appris cette action si mémorable [1]. J'apprends qu'elle vient enfin d'être récompensée par une pension de mille livres, accordée, à perpétuité, aux aînés de ce nom.

(30 auguste 1762) Ces succès divers du jeune prince héréditaire n'empêchèrent pas non plus que le prince de Condé [2], à peu près de son âge, et rival de sa gloire, n'eût sur lui un avantage à six lieues de Francfort, vers la Vétéravie [3]; c'est là que le prince de Brunsvick fut blessé, et qu'on vit tous les officiers français s'intéresser à sa guérison comme les siens propres.

Quel fut le résultat de cette multitude innombrable de combats dont le récit même ennuie aujourd'hui ceux qui s'y sont signalés? que reste-t-il de tant d'efforts? rien que du sang inutilement versé dans des pays incultes et désolés, des villages ruinés, des familles réduites à la men-

1. Ce fut le chevalier de Lorri, lieutenant-colonel au régiment d'Auvergne. qui fit connaître à Voltaire le dévouement du chevalier d'Assas. (ED.)
2. Louis-Joseph de Bourbon, prince de Condé, né à Chantilly le 9 août 1729. mort à Paris le 13 mai 1818. (ED.)
3. Combat de Johansberg, près de Friedberg. (ED.)

dicité; et rarement même un bruit sourd de ces calamités perçait-il jusque dans Paris, toujours profondément occupé de plaisirs ou de disputes également frivoles.

CHAP. XXXIV. — *Les Français malheureux dans les quatre parties du monde.* — *Désastres du gouverneur Dupleix.* — *Supplice du général Lally.*

La France alors semblait plus épuisée d'hommes et d'argent dans son union avec l'Autriche, qu'elle n'avait paru l'être dans deux cents ans de guerre contre elle. C'est ainsi que, sous Louis XIV, il en avait coûté pour secourir l'Espagne plus qu'on n'avait prodigué pour la combattre depuis Louis XII. Les ressources de la France ont fermé ces plaies; mais elles n'ont pu réparer encore celles qu'elle a reçues en Asie, en Afrique, et en Amérique.

Elle parut d'abord triomphante en Asie. La compagnie des Indes était devenue conquérante pour son malheur. L'empire de l'Inde, depuis l'irruption de Sha-Nadir, n'était plus qu'une anarchie. Les soubabs, qui sont des vice-rois, ou plutôt des rois tributaires, achetaient leurs royaumes à la porte du grand padisha mogol, et revendaient leurs provinces à des nababs qui cédaient à prix d'argent des districts à des raïas. Souvent les ministres du Mogol, ayant donné une patente de roi, donnaient la même patente à qui en payait davantage; soubab, nabab, raïa, en usaient de même. Chacun soutenait par les armes un droit chèrement acheté. Les Marattes se déclaraient pour celui qui les payait le mieux, et pillaient amis et ennemis. Deux bataillons français ou anglais pouvaient battre ces multitudes indisciplinées, qui n'avaient nul art, et qui même, aux Marattes près, manquaient de courage. Les plus faibles imploraient donc, pour être souverains dans l'Inde, la protection des marchands venus de France et d'Angleterre, qui pouvaient leur fournir quelques soldats et quelques officiers d'Europe. C'est dans ces occasions qu'un simple capitaine pouvait quelquefois faire une plus grande fortune dans ces pays qu'aucun général parmi nous.

Pendant que les princes de la presqu'île se battaient entre eux, on a vu que ces marchands anglais et français se battaient aussi, parce que leurs rois étaient ennemis en Europe.

Après la paix de 1748, le gouverneur Dupleix conserva le peu de troupes qu'il avait, tant les soldats d'Europe qu'on appelle blancs, que les noirs des îles transplantés dans l'Inde, et les cipayes et pions indiens.

Un des sous-tyrans de ces contrées, nommé Chandasaeb, aventurier arabe, né dans le désert qui est au sud-est de Jérusalem, transplanté dans l'Inde pour y faire fortune, était devenu gendre d'un nabab d'Arcate. Cet Arabe assassina son beau-père, son frère, et son neveu. Ayant éprouvé des revers peu proportionnés à ses crimes, il eut recours au gouverneur Dupleix pour obtenir la nababie d'Arcate, dont dépend Pondichéry. Dupleix lui prêta d'abord secrètement dix mille louis d'or qui, joints aux débris de la fortune de ce scélérat, lui valurent cette vice-royauté d'Arcate. Son argent et ses intrigues lui obtinrent le diplôme de vice-roi d'Arcate. Dès qu'il en est en possession, Dupleix lui prête des troupes. Il combat avec ces troupes réunies aux siennes le véritable vice-roi d'Arcate. C'était ce même Anaverdikan, âgé de cent sept ans, dont nous avons déjà parlé, qui fut assassiné à la tête de son armée.

Le vainqueur Chandasaeb, devenu possesseur des trésors du mort, distribua la valeur de deux cent mille francs aux soldats de Pondichéry, combla les officiers de présents, et fit ensuite une donation de trente-cinq aldées à la compagnie des Indes. *Aldée* signifie *village*; c'est encore le terme dont on se sert en Espagne depuis l'invasion des Arabes, qui dominèrent également dans l'Espagne et dans l'Inde, et dont la langue a laissé des traces dans plus de cent provinces.

Ce succès éveilla les Anglais. Ils prirent aussitôt le parti de la famille vaincue. Il y eut deux nababs; et comme le soubab, ou roi de Décan, était lié avec le gouverneur de Pondichéry, un autre roi, son compétiteur, s'unit avec les Anglais. Voilà donc encore une guerre sanglante allumée entre les comptoirs de France et d'Angleterre sur les côtes de Coromandel, pendant que l'Europe jouissait de la paix. On consumait de part et d'autre dans cette guerre tous les fonds destinés au commerce, et chacun espérait se dédommager sur les trésors des princes indiens.

On montra des deux côtés un grand courage. MM. d'Auteuil, de Bussy, Lass, et beaucoup d'autres, se signalèrent par des actions qui auraient eu de l'éclat dans les armées du maréchal de Saxe. Il y eut surtout un exploit aussi surprenant qu'il est indubitable; c'est qu'un officier, nommé M. de La Touche, suivi de trois cents Français, entouré d'une armée de quatre-vingt mille hommes qui menaçait Pondichéry, pénétra la nuit dans leur camp, tua douze cents ennemis sans perdre plus de deux soldats, jeta l'épouvante dans cette grande armée, et la dispersa tout entière. C'était une journée supérieure à celle des trois cents Spartiates au pas des Thermopyles, puisque ces Spartiates y périrent, et que les Français furent vainqueurs. Mais nous ne savons peut-être pas célébrer assez ce qui mérite de l'être, et la multitude innombrable de nos combats en étouffe la gloire.

Le roi protégé par les Français s'appelait Mouza-Fersingue. Il était neveu du roi favorisé par les Anglais. L'oncle avait fait le neveu prisonnier, et cependant il ne l'avait point encore mis à mort, malgré les usages de la famille. Il le traînait chargé de fers à la suite de ses armées avec une partie de ses trésors. Le gouverneur Dupleix négocia si bien avec les officiers de l'armée ennemie, que, dans un second combat, le vainqueur de Mouza-Fersingue fut assassiné. Le captif fut roi, et les trésors de son ennemi furent sa conquête. Il y avait dans le camp dix-sept millions d'argent comptant. Mouza-Fersingue en promit la plus grande partie à la compagnie des Indes; la petite armée française partagea douze cent mille francs. Tous les officiers furent mieux récompensés qu'ils ne l'auraient été d'aucune puissance de l'Europe.

Dupleix reçut Mouza-Fersingue dans Pondichéry, comme un grand roi fait les honneurs de sa cour à un monarque voisin. Le nouveau soubab, qui lui devait sa couronne, donna à son protecteur quatre-vingts aldées, une pension de deux cent quarante mille livres pour lui, autant pour Mme Dupleix, une de quarante mille écus pour une fille de Mme Dupleix, du premier lit. Chandasaeb, bienfaiteur et protégé, fut nommé vice-roi d'Arcate. La pompe de Dupleix égalait au moins celle des deux princes. Il alla au-devant d'eux, porté dans un palanquin, escorté de cinq cents gardes précédés d'une musique guerrière, et suivi d'éléphants armés.

Après la mort de son protégé Mouza-Fersingua, tué dans une sédition de ses troupes, il nomma encore un autre roi, et il en reçut quatre petites provinces en don pour la compagnie. On lui disait de toutes parts qu'il ferait trembler le Grand-Mogol avant un an. Il était souverain en effet; car ayant acheté une patente de vice-roi de Carnate à la chancellerie du Grand-Mogol même pour la somme modique de deux cent quarante mille livres, il se trouvait égal à sa créature Chandasaeb, et très-supérieur par son crédit. Marquis en France, et décoré du grand cordon de Saint-Louis, ces faibles honneurs étaient fort peu de chose, en comparaison de ses dignités et de son pouvoir dans l'Inde. J'ai vu des lettres où sa femme était traitée de reine. Tant de succès et de gloire éblouirent alors les yeux de la compagnie, des actionnaires, et même du ministère; la chaleur de l'enthousiasme fut presque aussi grande que dans les commencements du système; et les espérances étaient bien autrement fondées, car il paraissait que les seules terres concédées à la compagnie rapportaient environ trente-neuf millions annuels. On vendait, année commune, pour vingt millions d'effets en France au port de Lorient; il semblait que la compagnie dût compter sur cinquante millions par année, tous frais faits. Il n'y a point de souverain en Europe, ni peut-être sur la terre, qui ait un tel revenu quand toutes les charges sont acquittées.

L'excès même de cette richesse devait la rendre suspecte. Aussi toutes ces grandeurs et toutes ces prospérités s'évanouirent comme un songe; et la France, pour la seconde fois, s'aperçut qu'elle n'avait été opulente qu'en chimères.

Le marquis Dupleix voulut faire assiéger la capitale du Maduré dans le voisinage d'Arcate. Les Anglais y envoyèrent du secours. Les officiers lui représentèrent l'impossibilité de l'entreprise; il s'y obstina; et ayant donné des ordres plutôt en roi qui veut être obéi qu'en homme chargé du maintien de la compagnie, il arriva que les assiégeants furent vaincus par les assiégés. La moitié de son armée fut tuée, l'autre captive. Les dépenses immenses prodiguées pour ces conquêtes furent perdues, et son protégé Chandasaeb, ayant été pris dans cette déroute, eut la tête tranchée (mars 1752). Ce fut le fameux lord Clive qui eut la part principale à la victoire. C'est par là qu'il commença sa glorieuse carrière, qui a valu depuis à la compagnie anglaise presque tout le Bengale. Il acquit et conserva la grandeur et les richesses que Dupleix avait entrevues. Enfin, depuis ce jour, la compagnie français tomba dans la plus triste décadence

Dupleix fut rappelé en 1753. A celui qui avait joué le rôle d'un grand roi, on donna un successeur qui n'agit qu'en bon marchand. Dupleix fut réduit à disputer à Paris les tristes restes de sa fortune contre la compagnie des Indes, et à solliciter des audiences dans l'antichambre de ses juges. Il en mourut bientôt de chagrin[1]; mais Pondichéry était réservé à de plus grands malheurs.

La guerre funeste de 1756 ayant éclaté en Europe, le ministère français, craignant avec trop juste raison pour Pondichéry et pour tous les établissements de l'Inde, y envoya le lieutenant général comte de Lally. C'était un Irlandais de ces familles qui se transplantèrent en France avec celle de l'infortuné Jacques II. Il s'était si distingué à la bataille de Fontenoy, où il avait pris de sa main plusieurs officiers anglais, que le roi le fit colonel sur le champ de bataille. C'était lui qui avait formé le plan plus audacieux que praticable de débarquer en Angleterre avec dix mille hommes, lorsque le prince Charles-Édouard y disputait la couronne. Sa haine contre les Anglais et son courage le firent choisir de préférence pour aller les combattre sur les côtes de Coromandel. Mais malheureusement il ne joignait pas à sa valeur la prudence, la modération, la patience nécessaires dans une commission si épineuse. Il s'était figuré qu'Arcate était encore le pays de la richesse, que Pondichéry était bien pourvu de tout, qu'il serait parfaitement secondé de la compagnie et des troupes, et surtout de son ancien régiment irlandais qu'il menait avec lui. Il fut trompé dans toutes ses espérances. Point d'argent dans les caisses, peu de munitions de toute espèce, des noirs et des cipayes pour armée, des particuliers riches et la colonie pauvre; nulle subordination. Ces objets l'irritèrent et allumèrent en lui cette mauvaise humeur qui sied si mal à un chef, et qui nuit toujours aux affaires. S'il avait ménagé le conseil, s'il avait caressé les principaux officiers, il aurait pu se procurer des secours d'argent, établir l'union, et mettre en sûreté Pondichéry.

La direction de la compagnie des Indes l'avait conjuré, à son départ, « de réformer les abus sans nombre, la prodigalité outrée, et le grand désordre qui absorbaient tous les revenus. » Il se prévalut trop de cette prière, et se fit des ennemis de tous ceux qui devaient lui obéir.

Malgré le triste aspect sous lequel il envisageait tous les objets, il eut d'abord des succès heureux. Il prit aux Anglais le fort Saint-David quelques lieues de Pondichéry, et en rasa les murs (28 avril 1758). Si l'on veut bien connaître la source de sa catastrophe, si intéressante pour tout le militaire, il faut lire la lettre qu'il écrivit du camp devant Saint-David à Duval Leyrit, qui était gouverneur de la ville de Pondichéry pour la compagnie.

(18 mai 1758) « Cette lettre, monsieur, sera un secret éternel entre vous et moi, si vous me fournissez les moyens de terminer mon entreprise. Je vous ai laissé cent mille livres de mon argent pour vous aider à subvenir aux frais qu'elle exige. Je n'ai pas trouvé en arrivant la ressource de cent sous dans votre bourse ni dans celle de tout votre

---

1. En 1763, dix ans après La Bourdonnaie. (Éd.)

conseil. Vous m'avez refusé les uns et les autres d'y employer votre crédit. Je vous crois cependant tous plus redevables à la compagnie que moi, qui n'ai malheureusement l'honneur de la connaître que pour y avoir perdu la moitié de mon bien en 1720. Si vous continuez à me laisser manquer de tout, et exposé à faire face à un mécontentement général, non-seulement j'instruirai le roi et la compagnie du beau zèle que ses employés témoignent ici pour leur service, mais je prendrai des mesures efficaces pour ne pas dépendre, dans le court séjour que je désire faire dans ce pays, de l'esprit de parti et des motifs personnels dont je vois que chaque membre paraît occupé, au risque total de la compagnie. »

Une telle lettre ne devait ni lui faire des amis, ni lui procurer de l'argent. Il ne fut pas concussionnaire, mais il montra indiscrètement une telle envie contre tous ceux qui s'étaient enrichis, que la haine publique en augmenta. Toutes les opérations de la guerre en souffrirent. Je trouve dans un journal de l'Inde, fait par un officier principal, ces propres paroles : « Il ne parle que de chaînes et de cachots, sans avoir égard à la distinction et à l'âge des personnes. Il vient de traiter ainsi M. de Moracin lui-même. M. de Lally se plaint de tout le monde, et tout le monde se plaint de lui. Il a dit à M. le comte de..... « Je sens « qu'on me déteste, et qu'on voudrait me voir bien loin. Je vous engage « ma parole d'honneur, et je vous la donnerai par écrit, que si M. de « Leyrit veut me donner cinq cent mille francs, je me démets de ma « charge, et je passe en France sur la frégate. »

Le journal dit ensuite : « On est aujourd'hui à Pondichéry dans le plus grand embarras. On n'y a pas pu ramasser cent mille roupies ; les soldats menacent hautement de passer en corps chez l'ennemi. »

(Décembre 1758) Malgré cette horrible confusion, il eut le courage d'aller assiéger Madras, et s'empara d'abord de toute la ville Noire ; mais ce fut précisément ce qui l'empêcha de réussir devant la ville haute, qui est le fort Saint-George. Il écrivait de son camp devant ce fort, le 11 février 1759 : « Si nous manquons Madras, comme je le crois, la principale raison à laquelle il faudra l'attribuer est le pillage de quinze millions au moins, tant de dévasté que de répandu dans le soldat, et, j'ai honte de le dire, dans l'officier qui n'a pas craint de se servir même de mon nom en s'emparant des cipayes chelingues et autres, pour faire passer à Pondichéry un butin que vous auriez dû faire arrêter, vu son énorme quantité. »

J'ai le journal d'un officier général, que j'ai déjà cité. L'auteur n'est pas l'ami du comte de Lally, il s'en faut beaucoup ; son témoignage n'en est que plus recevable quand il atteste les mêmes griefs qui faisaient le désespoir de Lally. Voici notamment comme il s'exprime :

« Le pillage immense que les troupes avaient fait dans la ville Noire avait mis parmi elles l'abondance. De grands magasins de liqueurs fortes y entretenaient l'ivrognerie et tous les maux dont elle est le germe. C'est une situation qu'il faut avoir vue. Les travaux, les gardes de la tranchée, étaient faits par des hommes ivres. Le régiment de Lorraine fut seul exempt de cette contagion ; mais les autres corps s'y distinguèrent. Le régiment de Lally se surpassa. De là les scènes les plus honteuses et les plus destructives de la subordination et de la discipline. On a vu des officiers se colleter avec des soldats, et mille autres actions infâmes, dont le détail, renfermé dans les bornes de la vérité la plus exacte, paraîtrait une exagération monstrueuse. »

(27 décembre 1758) Le comte de Lally écrivait avec encore plus de désespoir cette lettre funeste : « L'enfer m'a vomi dans ce pays d'iniquités, et j'attends comme Jonas la baleine qui me recevra dans son ventre. »

Dans un tel désordre rien ne pouvait réussir. On leva le siége après avoir perdu une partie de l'armée (18 février 1759). Les autres entreprises furent encore plus malheureuses sur terre et sur mer. Les troupes se révoltent, on les apaise à peine. Le général les mène dans la province d'Arcate pour reprendre la forteresse de Vandavachi ; les Anglais s'en étaient emparés après deux tentatives inutiles, dans l'une desquelles ils avaient été complétement battus par le chevalier de Geogeghan. Lally les osa attaquer avec des forces inférieures; il les eût vaincus s'il eût été secondé : mais il ne remporta de cette expédition que l'honneur d'avoir donné une nouvelle preuve de ce courage opiniâtre qui faisait son caractère.

Après bien d'autres pertes, il fallut enfin se retirer dans Pondichéry. Une escadre de seize vaisseaux anglais obligea l'escadre française, envoyée au secours de la colonie, de quitter la rade de Pondichéry après une bataille indécise, pour aller se radouber à l'île de France.

Il y avait dans la ville soixante mille habitants indiens et noirs, et cinq à six cents familles d'Europe, avec très-peu de vivres. Lally proposa d'abord de faire sortir les premiers, qui affamaient Pondichéry; mais comment chasser soixante mille hommes ? le conseil n'osa l'entreprendre. Ce général, ayant résolu de soutenir le siége jusqu'à l'extrémité, et ayant publié un ban par lequel il était défendu sous peine de mort de parler de se rendre, fut forcé d'ordonner une recherche rigoureuse des provisions dans toutes les maisons de la ville. Elle fut faite sans ménagement jusque chez l'intendant, chez tout le conseil et les principaux officiers. Cette démarche acheva d'irriter tous les esprits déjà trop aliénés. On ne savait que trop avec quel mépris et quelle dureté il avait traité tout le conseil. Il avait dit publiquement dans une de ses expéditions : « Je ne veux pas attendre plus longtemps l'arrivée des munitions qu'on m'a promises. J'y attellerai, s'il le faut, le gouverneur Leyrit et tous les conseillers. » Ce gouverneur Leyrit montrait aux officiers une lettre adressée depuis longtemps à lui-même, dans laquelle étaient ces propres paroles : « J'irais plutôt commander les Cafres que de rester dans cette Sodome, qu'il n'est pas possible que le feu des Anglais ne détruise tôt ou tard au défaut de celui du ciel. »

Ainsi, par ses plaintes et ses emportements, Lally s'était fait autant d'ennemis qu'il y avait d'officiers et d'habitants dans Pondichéry. On lui rendait outrage pour outrage; on affichait à sa porte des placards plus insultants encore que ses lettres et ses discours. Il en fut tellement ému que sa tête en parut quelque temps dérangée. La colère et l'in-

quiétude produisent souvent ce triste effet. Un fils du nabab Chandasaeb était alors réfugié dans Pondichéry auprès de sa mère. Un officier
débarqué depuis peu avec la flotte française, qui s'en était retournée,
homme aussi impartial que véridique, rapporte que cet Indien, ayant
vu souvent sur son lit le général français absolument nu, chantant la
messe et les psaumes, demanda sérieusement à un officier fort connu
si c'était l'usage en France que le roi choisît un fou pour son grand
vizir. L'officier étonné lui dit : « Pourquoi me faites-vous une question
aussi étrange ? — C'est, répliqua l'Indien, parce que votre grand vizir
nous a envoyé un fou pour rétablir les affaires de l'Inde. »

Déjà les Anglais bloquaient Pondichéry par terre et par mer. Le général n'avait plus d'autre ressource que de traiter avec les Marattes. Ils
lui promirent un secours de dix-huit mille hommes; mais sentant qu'on
n'avait point d'argent à leur donner, aucun Maratte ne parut. On fut
obligé de se rendre (14 janvier 1761). Le conseil de Pondichéry somma
le comte de Lally de capituler. Il assembla un conseil de guerre. Les
officiers de ce conseil conclurent à se rendre prisonniers de guerre
suivant les cartels établis; mais le général Coote voulut avoir la ville à
discrétion. Les Français avaient démoli Saint-David : les Anglais étaient
en droit de faire un désert de Pondichéry. Le comte de Lally eut beau
réclamer le cartel de vive voix et par écrit, on périssait de faim dans
la ville (16 janvier) : elle fut livrée aux vainqueurs, qui bientôt après
rasèrent les fortifications, les murailles, les magasins, tous les principaux logements.

Dans le temps même que les Anglais entraient dans la ville, les
vaincus s'accablaient réciproquement de reproches et d'injures. Les
habitants voulurent tuer leur général. Le commandant anglais fut
obligé de lui donner une garde. On le transporta malade sur un palanquin. Il avait deux pistolets dans les mains, et il en menaçait les séditieux. Ces furieux, respectant la garde anglaise, coururent à un commissaire des guerres, intendant de l'armée, ancien officier, chevalier
de Saint-Louis. Il met l'épée à la main : un des plus échauffés s'avance
à lui, en est blessé, et le tue.

Tel fut le sort déplorable de Pondichéry, dont les habitants se firent
plus de mal qu'ils n'en reçurent des vainqueurs. On transporta le général et plus de deux mille prisonniers en Angleterre. Dans ce long et
pénible voyage, ils s'accusaient encore les uns les autres de leurs communs malheurs.

A peine arrivés à Londres, ils écrivirent contre Lally et contre le
très-petit nombre de ceux qui lui avaient été attachés. Lally et les siens
écrivaient contre le conseil, les officiers, et les habitants. Il était si
persuadé qu'ils étaient tous répréhensibles et que lui seul avait raison,
qu'il vint à Fontainebleau, tout prisonnier qu'il était encore des Anglais, et qu'il offrit de se rendre à la Bastille. (Novembre 1762) On le
prit au mot. Dès qu'il fut enfermé, la foule de ses ennemis, que la
compassion devait diminuer, augmenta. Il fut quinze mois en prison
sans qu'on l'interrogeât.

En 1764 il mourut à Paris un jésuite, nommé Lavaur, longtemps

employé dans ces missions des Indes où l'on s'occupe des affaires pro-
fanes sous le prétexte des spirituelles, et où l'on a souvent gagné plus
d'argent que d'âmes : ce jésuite demandait au ministère une pension
de quatre cents livres pour aller faire son salut dans le Périgord, sa
patrie, où l'on trouva dans sa cassette environ onze cent mille livres
d'effets, soit en billets, soit en or ou en diamants. C'est ce qu'on avait
vu depuis peu à Naples à la mort du fameux jésuite Peppe, qu'on fut
près de canoniser. On ne canonisa point Lavaur; mais on séquestra ses
trésors. Il y avait dans cette cassette un long mémoire détaillé contre
Lally, dans lequel il était accusé de péculat et de lèse-majesté. Les
écrits des jésuites avaient alors aussi peu de crédit que leurs personnes,
proscrites dans toute la France; mais ce mémoire parut tellement cir-
constancié, et les ennemis de Lally le firent tant valoir, qu'il servit
de témoignage contre lui.

L'accusé fut d'abord traduit au Châtelet, et bientôt au parlement.
Le procès fut instruit pendant deux années. De trahison, il n'y en avait
point, puisque s'il eût été d'intelligence avec les Anglais, s'il leur eût
vendu Pondichéry, il serait resté parmi eux. Les Anglais d'ailleurs ne
sont pas absurdes, et c'eût été l'être que d'acheter une place affamée
qu'ils étaient sûrs de prendre, étant maîtres de la terre et de la mer.
De péculat, il n'y en avait pas davantage, puisqu'il ne fut jamais
chargé ni de l'argent du roi ni de celui de la compagnie : mais des du-
retés, des abus de pouvoir, des oppressions, les juges en virent beaucoup dans les dépositions unanimes de ses ennemis.

Toujours fermement persuadé qu'il n'avait été que rigoureux et non
coupable, il poussa son imprudence jusqu'à insulter dans ses mémoires
juridiques des officiers qui avaient l'approbation générale. Il voulut
les déshonorer eux et tout le conseil de Pondichéry. Plus il s'obstinait
à vouloir se laver à leurs dépens, plus il se noircissait. Ils avaient tous
de nombreux amis, et il n'en avait point. Le cri public sert quelquefois
de preuve, ou du moins fortifie les preuves. (6 mai 1766) Les juges ne
purent prononcer que suivant les allégations. Ils condamnèrent le lieutenant général Lally « à être décapité comme dûment atteint d'avoir
trahi les intérêts du roi, de l'État, et de la compagnie des Indes, d'a-
bus d'autorité, vexations, et exactions. »

Il est nécessaire de remarquer que ces mots *trahi les intérêts du
roi* ne signifient pas ce qu'on appelle en Angleterre haute trahison, et
parmi nous lèse-majesté. *Trahir les intérêts* ne signifie dans notre
langue que mal conduire, oublier les intérêts de quelqu'un, nuire à
ses intérêts, et non pas être perfide et traître. Quand on lui lut son
arrêt, sa surprise et sen indignation furent si violentes, qu'ayant par
hasard dans la main un compas dont il s'était servi dans sa prison pour
faire des cartes de la côte de Coromandel, il voulut s'en percer le
cœur. On l'arrêta. Il s'emporta contre ses juges avec plus de fureur
encore qu'il n'en avait étalé contre ses ennemis. C'est peut-être une
nouvelle preuve de la forte persuasion où il fut toujours qu'il méritait
des récompenses plutôt que des châtiments. Ceux qui connaissent le
cœur humain savent que d'ordinaire les coupables se rendent justice

eux-mêmes au fond de leur âme, qu'ils n'éclatent point contre leurs juges, qu'ils restent dans une confusion morne. Il n'y a pas un seul exemple d'un condamné avouant ses fautes qui ait chargé ses juges d'injures et d'opprobres. Je ne prétends pas que ce soit une preuve que Lally fût entièrement innocent; mais c'est une preuve qu'il croyait l'être. On lui mit dans la bouche un bâillon qui débordait sur ses lèvres. C'est ainsi qu'il fut conduit à la Grève dans un tombereau[1]. Les hommes sont si légers, que ce spectacle hideux attira plus de compassion que son supplice.

L'arrêt confisqua ses biens, en prélevant une somme de cent mille écus pour les pauvres de Pondichéry. On m'a écrit que cette somme ne put se trouver. Je n'assure point ce que j'ignore[2]. Si quelque chose peut nous convaincre de cette fatalité qui entraîne tous les événements dans ce chaos des affaires politiques du monde, c'est de voir un Irlandais chassé de sa patrie avec la famille de son roi, commandant à six mille lieues des troupes françaises, dans une guerre de marchands, sur des rivages inconnus aux Alexandre, aux Gengis et aux Tamerlan, mourant du dernier supplice sur le bord de la Seine, pour avoir été pris par les Anglais dans l'ancien golfe du Gange.

Cette catastrophe, qui m'a semblé digne d'être transmise à la postérité dans toutes ses circonstances, ne m'a pas permis de détailler tous les malheurs que les Français éprouvèrent dans l'Inde et dans l'Amérique. En voici un triste résumé.

CHAP. XXXV. — *Pertes des Français.*

(Mars 1757) La première perte des Français dans l'Inde fut celle de Chandernagor, poste important, dont la compagnie française était en possession, vers les embouchures du Gange. C'était de là qu'elle tirait ses plus belles marchandises.

Depuis la prise de la ville et du fort de Chandernagor, les Anglais ne cessèrent de ruiner le commerce des Français dans l'Inde. Le gouvernement de l'empereur était si faible et si mauvais qu'il ne pouvait empêcher les marchands d'Europe de faire des ligues et des guerres dans ses propres États. Les Anglais eurent même la hardiesse de venir attaquer Surate, une des plus belles villes de l'Inde, et la plus marchande, appartenant à l'empereur. (Mars 1758) Ils la prirent, ils la pillèrent, ils y détruisirent les comptoirs de France, et en remportèrent des richesses immenses, sans que la cour, aussi imbécile que pompeuse, du Grand-Mogol, parût se ressentir de cet outrage, qui

---

1. Le 6 mai 1766. (ÉD.)
2. Presque tous les journaux ont débité que le parlement de Paris avait député au roi pour le supplier de ne point accorder de grâce au condamné. Cela est très-faux. Un tel acharnement, incompatible avec la justice et avec l'humanité, aurait couvert le parlement d'un opprobre éternel. Il est vrai seulement que l'exécution fut accélérée de quelques heures, parce qu'on craignait que cet infortuné général ne mourût, et qu'on envoya un courrier au roi, à Choisy, pour l'en prévenir.

eût fait exterminer dans l'Inde tous les Anglais, sous l'empire d'un Aurengzeb.

Enfin il n'est resté aux Français dans cette partie du monde que le regret d'avoir dépensé pendant plus de quarante ans des sommes immenses pour entretenir une compagnie qui n'a jamais fait le moindre profit, qui n'a jamais rien payé aux actionnaires et à ses créanciers du profit de son négoce; qui, dans son administration indienne, n'a subsisté que d'un secret brigandage, et qui n'a été soutenue que par une partie de la ferme du tabac, que le roi lui accordait, exemple mémorable et peut-être inutile du peu d'intelligence que la nation française a eu jusqu'ici du grand et ruineux commerce de l'Inde.

(Mai 1757) Tandis que les flottes et les armées anglaises ont ainsi ruiné les Français en Asie, elles les ont aussi chassés de l'Afrique. Les Français étaient maîtres du fleuve du Sénégal, qui est une branche du Niger; ils y avaient des forts; ils y faisaient un grand commerce de dents d'éléphants, de poudre d'or, de gomme arabique, d'ambre gris, et surtout de ces nègres que tantôt leurs princes vendent comme des animaux, et qui tantôt vendent leurs propres enfants, ou se vendent eux-mêmes pour aller servir des Européens en Amérique. Les Anglais ont pris tous les forts bâtis par les Français dans ces contrées, et plus de trois millions tournois en marchandises précieuses.

Le dernier établissement que les Français avaient dans ces parages de l'Afrique, était l'île de Gorée; elle s'est rendue à discrétion (29 décembre 1758), et il ne leur est rien resté alors dans l'Afrique.

Ils ont fait de bien plus grandes pertes en Amérique. Sans entrer ici dans le détail de cent petits combats, et de la perte de tous les forts l'un après l'autre, il suffit de dire que les Anglais ont pris (26 juillet 1758) Louisbourg pour la seconde fois, aussi mal fortifiée, aussi mal approvisionnée que la première. Enfin, tandis que les Anglais entraient dans Surate, à l'embouchure du fleuve Indus (2 mars 1759), ils prenaient Québec et tout le Canada, au fond de l'Amérique septentrionale; les troupes qui ont hasardé un combat pour sauver Québec (18 septembre) ont été battues et presque détruites, malgré les efforts du général Montcalm, tué dans cette journée [1], et très-regretté en France. On a perdu ainsi en un seul jour quinze cents lieues de pays.

Ces quinze cents lieues, dont les trois quarts sont des déserts glacés, n'étaient peut-être pas une perte réelle. Le Canada coûtait beaucoup, et rapportait très-peu. Si la dixième partie de l'argent englouti dans cette colonie avait été employée à défricher nos terres incultes en France, on aurait fait un gain considérable; mais on avait voulu soutenir le Canada, et on a perdu cent années de peines avec tout l'argent prodigué sans retour.

Pour comble de malheur, on accusait des plus horribles brigandages presque tous ceux qui étaient employés au nom du roi dans cette malheureuse colonie. Ils ont été jugés au Châtelet de Paris, tandis que le

1. Louis-Joseph de Montcalm-Gozon, blessé le 13 septembre, périt le 14; et quatre jours après tout le Canada tomba au pouvoir des Anglais. (ED.)

parlement informait contre Lally. Celui-ci, après avoir cent fois exposé sa vie, l'a perdue par la main d'un bourreau, tandis que les concussionnaires du Canada n'ont été condamnés qu'à des restitutions et des amendes, tant il est de différence entre les affaires qui semblent les mêmes.

Dans le temps que les Anglais attaquaient ainsi les Français dans le continent de l'Amérique, ils se sont tournés du côté des îles. La Guadeloupe, petite, mais florissante, où se fabriquait le meilleur sucre, est tombée entre leurs mains sans coup férir.

Enfin, ils ont pris la Martinique, qui était la meilleure et la plus riche colonie qu'eût la France.

Le royaume n'a pu essuyer de si grands désastres sans perdre encore tous les vaisseaux qu'il envoyait pour les prévenir; à peine une flotte était-elle en mer, qu'elle était ou prise ou détruite : on construisait, on armait des vaisseaux à la hâte; c'était travailler pour l'Angleterre, dont ils devenaient bientôt la proie.

Quand on a voulu se venger de tant de pertes, et faire une descente en Irlande, il en a coûté des sommes immenses pour cette entreprise infructueuse; et, dès que la flotte destinée pour cette descente est sortie de Brest, elle a été dispersée en partie, ou prise, ou perdue dans la vase d'une rivière nommée la Villaine, sur laquelle elle a cherché en vain un refuge. Enfin les Anglais ont pris Belle-Isle, à la vue des côtes de la France, qui ne pouvait la secourir.

Le seul duc d'Aiguillon vengea les côtes de France de tant d'affronts et de tant de pertes. Une flotte anglaise avait fait encore une descente à Saint-Cast, près de Saint-Malo; tout le pays était exposé. Le duc d'Aiguillon, qui commandait dans le pays, marche sur-le-champ à la tête de la noblesse bretonne, de quelques bataillons et des milices qu'il rencontre en chemin. (1er septembre 1758) Il force les Anglais de se rembarquer [1]; une partie de leur arrière-garde est tuée, l'autre faite prisonnière de guerre; mais les Français ont été malheureux partout ailleurs. Au reste, quel a été le prix de ce service du duc d'Aiguillon, et de son sang versé en Italie? une persécution publique et acharnée, presque semblable à celle de Lally, qui prouve que ceux-là seuls ont raison qui se dérobent à la cour et au public.

Jamais les Anglais n'ont eu tant de supériorité sur mer; mais ils en eurent sur les Français dans tous les temps. Ils avaient détruit la marine de la France dans la guerre de 1741; ils avaient anéanti celle de Louis XIV dans la guerre de la succession d'Espagne; ils étaient les maîtres des mers du temps de Louis XIII, de Henri IV, et encore plus dans les temps infortunés de la ligue. Le roi d'Angleterre Henri VIII eut le même avantage sur François Ier.

Si vous remontez aux temps antérieurs, vous trouverez que les flottes de Charles VI et de Philippe de Valois ne tiennent pas contre celles des rois d'Angleterre Henri V et Édouard III.

Quelle est la raison de cette supériorité continuelle? n'est-ce pas

---

1. La bataille de Saint-Cast est du 11 septembre. (Éd.)

que les Anglais ont un besoin essentiel de la mer. dont les Français peuvent à toute force se passer, et que les nations réussissent toujours, comme on l'a déjà dit [1], dans les choses qui leur sont absolument nécessaires? N'est-ce pas aussi parce que la capitale de l'Angleterre est un port de mer, et que Paris ne connaît que les bateaux de la Seine ? Serait-ce enfin que le climat et le sol anglais produisent des hommes d'un corps plus vigoureux et d'un esprit plus constant que celui de France, comme il produit de meilleurs chevaux et de meilleurs chiens de chasse? Mais depuis Bayonne jusqu'aux côtes de Picardie et de Flandre, la France a des hommes d'un travail infatigable, et la Normandie seule a subjugué autrefois l'Angleterre.

Les affaires étaient dans cet état déplorable sur terre et sur mer, lorsqu'un homme [2] d'un génie actif et hardi, mais sage, ayant d'aussi grandes vues que le maréchal de Belle-Isle, avec plus d'esprit, sentit que la France seule pouvait à peine suffire à réparer des pertes si énormes. Il a su engager l'Espagne à soutenir la querelle; il a fait une cause commune de toutes les branches de la maison de Bourbon [3]. Ainsi l'Espagne et l'Autriche ont été jointes avec la France par le même intérêt. Le Portugal était en effet une province de l'Angleterre, dont elle tirait cinquante millions par an; il a fallu la frapper par cet endroit, et c'est ce qui a déterminé don Carlos, roi d'Espagne par la mort de son frère Ferdinand, à entrer dans le Portugal. Cette manœuvre est peut-être le plus grand trait de politique dont l'histoire moderne fasse mention [4]: elle a encore été inutile. Les Anglais ont résisté à l'Espagne, et ont sauvé le Portugal.

Autrefois l'Espagne seule était redoutée de toute l'Europe, sous Philippe II, et maintenant, réunie avec la France, elle ne peut rien contre les Anglais. Le comte de la Lippe-Schombourg, l'un des seigneurs de Vestphalie, est envoyé par le roi d'Angleterre au secours du Portugal; il n'avait jamais commandé en chef; il avait peu de troupes. Cependant, dès qu'il est arrivé, il gagne la supériorité sur les Espagnols et les Français réunis; il repousse tous leurs efforts; il met le Portugal en sûreté.

Dans le même temps une flotte d'Angleterre faisait payer cher aux Espagnols leur déclaration tardive en faveur de la France.

(13 auguste 1762) La Havane, bâtie sur la côte septentrionale de Cuba, la plus grande île de l'Amérique, à l'entrée du golfe du Mexique, est le rendez-vous de ce nouveau monde. Le port, aussi immense que sûr, peut contenir mille vaisseaux. Il est défendu par trois forts, dont part un feu croisé qui rend l'abord impossible aux ennemis. Le comte d'Albemarle et l'amiral Pocock viennent attaquer l'île; mais ils se gardent bien de tenter les approches du port, ils descendent sur une plage éloignée, qu'on croyait inabordable. (13 auguste 1762) Ils assiégent par terre le fort le plus considérable, ils le prennent, et forcent

---

1. Dans le *Panégyrique de Louis XV.* (ÉD.)
2. Le duc de Choiseul, ministre des affaires étrangères. (ÉD.)
3. Par la conclusion du *Pacte de famille*, qui est du 15 août 1761. (ÉD.)

la ville, les forts, et toute l'île, à se rendre avec douze vaisseaux de guerre qui étaient dans le port, et vingt-sept navires chargés de trésors. On trouva dans la ville vingt-quatre de nos millions en argent comptant. Tout fut partagé entre les vainqueurs, qui mirent à part la seizième partie du butin pour les pauvres. Les vaisseaux de guerre furent pour le roi; les vaisseaux marchands, pour l'amiral et pour tous les officiers de la flotte : tout ce butin montait à plus de quatre-vingts millions. On a remarqué que, dans cette guerre et dans la précédente, l'Espagne avait perdu plus qu'elle ne retire de l'Amérique en vingt années.

Les Anglais, non contents de leur avoir pris la Havane dans la mer du Mexique, et l'île de Cuba, coururent leur prendre dans la mer des Indes les îles Philippines, qui sont à peu près les antipodes de Cuba. Ces îles Philippines ne sont guère moins grandes que l'Angleterre, l'Écosse et l'Irlande, et seraient plus riches si elles étaient bien administrées, une de ces îles ayant des mines d'or, et leurs côtes produisant des perles. Le grand vaisseau d'Acapulco, chargé de la valeur de trois millions de piastres, arrivait dans Manille, la capitale. (31 octobre 1762) On prit Manille, les îles, et le vaisseau surtout, malgré les assurances données par un jésuite de la part de sainte Potamienne, patronne de la ville, que Manille ne serait jamais prise. Ainsi la guerre, qui appauvrit les autres nations, enrichissait une partie de la nation anglaise, tandis que l'autre gémissait sous le poids des impôts les plus rigoureux, aussi bien que tous les peuples engagés dans cette guerre[1].

La France alors était plus malheureuse. Toutes les ressources étaient épuisées; presque tous les citoyens, à l'exemple du roi, avaient porté leur vaisselle à la Monnaie. Les principales villes et quelques communautés fournissaient des vaisseaux de guerre à leurs frais; mais ces vaisseaux n'étaient pas construits encore, et quand même ils l'auraient été, on n'avait pas assez d'hommes de mer exercés.

Les malheurs passés en faisaient craindre de nouveaux. La capitale, qui n'est jamais exposée au fléau de la guerre, jetait plus de cris que

___

1. L'archevêque de Manille était gouverneur de la place; mais il ne se conduisit point comme l'évêque Goslin, qui défendit Paris contre les Normands. Il resta dans son palais. En vain quelques officiers français qui étaient dans la ville lui annoncèrent-ils que la brèche était praticable, les conseillers lui soutinrent qu'il ne fallait pas que Sa Seigneurie s'exposât à l'aller visiter; qu'ils savaient bien qu'elle ne l'était pas; on délibérait encore, que l'assaut était donné et la ville prise. Elle fut pillée pendant quarante heures, et rançonnée ensuite. Il y avait alors à Manille une illuminée, nommée *la mère Paul*: elle assurait que les Anglais n'étaient venus que pour se convertir. Les moines annonçaient que saint François paraîtrait sur la brèche, et mettrait les Anglais en fuite avec son cordon. Personne, à Manille, ne doutait que cette ville n'eût été sauvée par lui, lorsque les Chinois tentèrent de s'en emparer en 1603 : on l'avait vu sur les murailles combattre à la tête des Espagnols. Les Anglais firent leurs approches, et établirent leurs batteries, couvertes par deux églises qui étaient hors de la ville. Le gouverneur Arandia, prédécesseur de l'archevêque, avait voulu faire abattre ces églises, sachant bien le tort qu'elles feraient à la ville, en cas de siège; les moines menacèrent de l'excommunier, mais sa mort les délivra bientôt d'un gouverneur qui préférait le salut de la colonie à l'amitié des moines, et cette mort fut regardée généralement à Manille comme l'effet du poison. Voy. le *Voyage dans les mers des Indes* t. II. par M. Le Gentil. (*Éd. de Kehl.*)

les provinces souffrantes, plus de secours, plus d'argent, plus de crédit. Ceux qu'on choisissait pour régir les finances étaient renvoyés
après quelques mois d'administration. Les autres refusaient cet emploi,
dans lequel on ne pouvait alors que faire du mal.

(10 février 1763) Dans cette triste situation, qui décourageait tous
les ordres de l'État, le duc de Praslin, ministre alors des affaires étrangères, fut assez habile et assez heureux pour conclure la paix, dont le
duc de Choiseul, ministre de la guerre, avait entamé les négociations.

Le roi de France échangea Minorque, qu'il rendit au roi d'Espagne,
contre Belle-Isle, que l'Angleterre lui remit; mais l'on perdit, et probablement pour jamais, tout le Canada avec ce Louisbourg qui avait
coûté tant d'argent et de soins pour être si souvent la proie des Anglais. Toutes les terres sur la gauche du grand fleuve Mississipi leur
furent cédées. L'Espagne, pour arrondir leurs conquêtes, leur donna
encore la Floride. Ainsi, du vingt-cinquième degré jusque sous le
pôle, presque tout leur appartient. Ils partagèrent l'hémisphère amé-
ricain avec les Espagnols. Ceux-ci ont les terres qui produisent les richesses de convention, ceux-là ont les richesses réelles, qui s'achètent
avec l'or et l'argent, toutes les denrées nécessaires, tout ce qui sert
aux manufactures. Les côtes anglaises, dans l'espace de six cents
lieues, sont traversées par des fleuves navigables qui leur portent leurs
marchandises jusqu'à quarante et cinquante lieues dans leurs terres.
Les peuples d'Allemagne se sont empressés d'aller peupler ces pays,
où ils trouvent une liberté dont ils ne jouissaient point dans leur patrie. Ils sont devenus Anglais : et si toutes ces colonies demeuraient
unies à leur métropole, il n'est pas douteux que cet établissement ne
fasse un jour la plus formidable puissance. La guerre avait commencé
pour deux ou trois chétives habitations, et ils y ont gagné deux mille
lieues de terrain.

Les petites îles de Saint-Vincent, les Grenades, Tabago, la Domi-
nique, leur furent encore acquises; et c'est par le moyen de ces îles,
ainsi que par la Jamaïque, qu'ils font un commerce immense avec les
Espagnols; commerce sévèrement prohibé et toujours exercé, parce
qu'il est favorable aux deux nations, et que la loi de la nécessité est
toujours la première.

La France ne put obtenir qu'avec beaucoup de difficulté le droit de
pêche vers Terre-Neuve, et une petite île inculte, nommée Miquelon,
pour y faire sécher la morue, sans pouvoir y faire le moindre établissement; triste droit, sujet à de fréquentes avanies.

La France, à laquelle on rendit Pondichéry et quelques comptoirs,
fut exclue dans l'Inde de ses établissements sur le Gange; elle céda ses
possessions sur le Sénégal en Afrique, mais on lui remit Gorée. On
fut encore obligé de démolir toutes les fortifications de Dunkerque du
côté de la mer.

L'État perdit, dans le cours de cette funeste guerre, la plus florissante jeunesse, plus de la moitié de l'argent comptant qui circulait
dans le royaume, sa marine, son commerce, son crédit. On a cru qu'il
eût été très-aisé de prévenir tant de malheurs en s'accommodant avec

les Anglais pour un petit terrain litigieux vers le Canada; mais quelques ambitieux, pour se faire valoir et se rendre nécessaires, précipitèrent la France dans cette guerre fatale. Il en avait été de même en 1741. L'amour-propre de deux ou trois personnes suffit pour désoler toute l'Europe. La France avait un si pressant besoin de cette paix, qu'elle regarda ceux qui la conclurent comme les bienfaiteurs de la patrie. Les dettes dont l'État demeurait surchargé étaient plus grandes encore que celles de Louis XIV. La dépense seule de l'extraordinaire des guerres avait été, en une année, de quatre cents millions : qu'on juge par là du reste. La France aurait beaucoup perdu quand même elle eût été victorieuse.

Les suites de cette paix si déshonorante et si nécessaire furent plus funestes que la paix même. Les colons du Canada aimèrent mieux vivre sous les lois de la Grande-Bretagne que de venir en France; et quelque temps après, quand Louis XV eut cédé à la couronne d'Espagne la Nouvelle-Orléans et tout le pays qui s'étend sur la rive droite du Mississipi, il arriva, pour comble de douleur et d'humiliation, que les officiers du roi d'Espagne condamnèrent à être pendus les officiers du roi de France qui ne se soumirent à eux qu'avec répugnance. Le procureur général, son gendre, d'anciens capitaines chevaliers de Saint-Louis, des négociants, des avocats, ayant fait quelques représentations sur les formalités qu'il convenait d'observer, le commandant envoyé d'Espagne les invita à dîner; on leur fit leur procès au sortir de table, on les condamna à la corde, et par grâce on les arquebusa; ce qui est, dit-on, plus honorable. Le commandant qui fit cette étrange exécution était ce même O'Reilly, Irlandais, au service d'Espagne, qui fit battre depuis l'armée espagnole par les Algériens. Cette défaite a été publique en Europe et en Afrique; et l'indigne mort des officiers du roi de France dans la Nouvelle-Orléans est encore ignorée.

CHAP. XXXVI. — *Gouvernement intérieur de la France. Querelles et aventures depuis 1750 jusqu'à 1762.*

Longtemps avant cette guerre funeste, et pendant son cours, l'intérieur de la France fut troublé par cette autre guerre si ancienne et si interminable entre la juridiction séculière et la discipline ecclésiastique; leurs bornes n'ayant jamais été bien marquées, comme elles le sont aujourd'hui en Angleterre, dans tant d'autres pays, et surtout en Russie, il en résultera toujours des dissensions dangereuses, tant que les droits de la monarchie et ceux des différents corps de l'État seront contestés

Il se trouva vers l'an 1750 un ministre des finances assez hardi pour faire ordonner que le clergé et les religieux donneraient un état de leurs biens, afin que le roi pût voir, par ce qu'ils possédaient, ce qu'ils devaient à l'État. Jamais proposition ne fut plus juste, mais les conséquences en parurent sacrilèges. Un vieil évêque de Marseille[1]

---

1. Belzunce, alors âgé de près de quatre-vingts ans. (ÉD.)

écrivit au contrôleur général : « Ne nous mettez pas dans la nécessité de désobéir à Dieu ou au roi ; vous savez lequel des deux aurait la préférence. » Cette lettre, d'un évêque affaibli par l'âge et incapable d'écrire, était d'un jésuite nommé Lemaire, qui le dirigeait lui et sa maison. Ce jésuite était un fanatique de bonne foi, espèce d'hommes toujours dangereuse.

Le ministère fut obligé d'abandonner une entreprise qu'il n'eût pas fallu hasarder si on ne pouvait la soutenir[1]. Quelques membres du clergé imaginèrent alors d'occuper le gouvernement par une diversion embarrassante, et de le mettre en alarme sur le spirituel pour faire respecter le temporel.

Ils savaient que la fameuse bulle *Unigenitus* était en exécration aux peuples. On résolut d'exiger des mourants des billets de confession : il fallait que ces billets fussent signés par des prêtres adhérents à la bulle, sans quoi point d'extrême-onction, point de viatique ; on refusait sans pitié ces deux consolations aux appelants et à ceux qui se confessaient à des appelants. Un archevêque de Paris entra surtout dans cette manœuvre, plus par zèle de théologien que par esprit de cabale.

Alors toutes les familles furent alarmées, le schisme fut annoncé : plusieurs de ceux qu'on appelle jansénistes commençaient à dire hautement que si on rendait les sacrements si difficiles, on saurait bientôt s'en passer, à l'exemple de tant de nations. Ces minuties bourgeoises occupèrent plus les Parisiens que tous les grands intérêts de l'Europe. C'étaient des insectes sortis du cadavre du molinisme et du jansénisme, qui, en bourdonnant dans la ville, piquaient tous les citoyens. On ne se souvenait plus ni de Metz, ni de Fontenoy, ni des victoires, ni des disgrâces, ni de tout ce qui avait ébranlé l'Europe. Il y avait dans Paris cinquante mille énergumènes qui ne savent pas en quel pays coulent le Danube et l'Elbe, et qui croyaient l'univers bouleversé pour des billets de confession : tel est le peuple.

Un curé de Saint-Étienne du Mont[2], petite paroisse de Paris, ayant refusé les sacrements à un conseiller du Châtelet, le parlement mit en prison le curé.

Le roi, voyant cette petite guerre civile excitée entre les parlements et les évêques, défendit à ses cours de judicature de se mêler des affaires concernant les sacrements, et en réserva la connaissance à son conseil privé. Les parlements se plaignirent qu'on leur ôtât ainsi l'exercice de la police générale du royaume, et le clergé souffrit impatiemment que l'autorité royale voulût pacifier les querelles de religion. Les animosités s'aigrirent de tous côtés.

Une place de supérieure dans l'hôpital des filles acheva d'allumer la discorde. L'archevêque voulut seul nommer à cette place ; le parlement de Paris s'y opposa ; et le roi ayant jugé en faveur du prélat, le par-

1. Le contrôleur général était M. de Machault. On le fit ministre de la marine. (ÉD.)
2. Bouëttin. (ÉD.)

lement cessa de faire ses fonctions et de rendre la justice : il fallut que le roi envoyât par ses mousquetaires, à chaque membre de ce tribunal, des lettres de cachet portant ordre de reprendre leurs fonctions, sous peine de désobéissance.

Les chambres siégèrent donc comme de coutume ; mais quand il fallut plaider, il ne se trouva point d'avocats. Ce temps ressemblait en quelque manière au temps de la fronde ; mais, dépouillé des horreurs de la guerre civile, il ne se montrait que sous une forme susceptible de ridicule.

Ce ridicule était pourtant embarrassant. Le roi résolut d'éteindre par sa modération ce feu qui faisait craindre un incendie ; il exhorta le clergé à ne point user de rigueurs dangereuses ; le parlement reprit ses fonctions.

(Février 1752) Mais, bientôt après, les billets de confession reparurent ; de nouveaux refus de sacrements irritèrent tout Paris. Le même curé de Saint-Étienne, trouvé coupable d'une seconde prévarication, fut mandé par le parlement, qui lui défendit à lui et à tous les curés de donner un pareil scandale, sous peine de la saisie du temporel. Le même arrêt invita l'archevêque à faire cesser lui-même le scandale. Ce terme d'*invitation* paraissait entrer dans les vues de la modération du roi. L'archevêque, ne voulant pas même que la justice séculière eût le droit de lui faire une invitation, alla se plaindre à Versailles. Il était soutenu par un ancien évêque de Mirepoix, nommé Boyer, chargé du ministère de présenter au roi les sujets pour des bénéfices. Cet homme, autrefois théatin, puis évêque, et devenu ministre au département des bénéfices, était d'un esprit fort borné, mais zélé pour les immunités de l'Église ; il regardait la bulle comme un article de foi ; et ayant tout le crédit attaché à sa place, il persuada que le parlement touchait à l'encensoir. L'arrêt du parlement fut cassé ; ce corps fit des remontrances fortes et pathétiques.

Le roi lui ordonna de s'en tenir à lui rendre compte de toutes les dénonciations qu'on ferait sur ces matières, se réservant à lui-même le droit de punir les prêtres dont le zèle scandaleux pourrait faire naître des semences de schisme. Il défendit par un arrêt de son conseil d'État, que ses sujets se donnassent les uns aux autres les noms de novateurs, de jansénistes, et de semipélagiens : c'était ordonner à des fous d'être sages.

Les curés de Paris, excités par l'archevêque, présentèrent une requête au roi en faveur des billets de confession. Sur-le-champ le parlement décréta le curé de Saint-Jean en Grève, qui avait formé la requête. Le roi cassa encore cette procédure de justice ; le parlement cessa encore ses fonctions ; il continua à faire des remontrances, et le roi persista à exhorter les deux partis à la paix. Ses soins furent inutiles.

Une lettre de l'évêque de Marseille, dénoncée au parlement, fut brûlée par la main du bourreau ; un écrit de l'évêque d'Amiens, condamné. Le clergé étant assemblé pour lors à Paris, comme il s'assemble tous les cinq ans, pour payer au roi ses subsides, résolut de lui aller porter ses plaintes en habits pontificaux ; mais le roi ne voulut point de cette cérémonie extraordinaire.

(Auguste 1752) D'un autre côté le parlement condamna un porte-dieu à l'amende, à demander pardon à genoux, et à être admonété ; et un vicaire de paroisse, au bannissement. Le roi cassa encore cet arrêt.

Les affaires de cette espèce se multiplièrent. Le roi recommanda toujours la paix, sans que les ecclésiastiques cessassent de refuser les sacrements, et sans que le parlement cessât de procéder contre eux.

Enfin le roi permit aux parlements de juger des sacrements, en cas qu'il y eût un procès à leur sujet ; mais il leur défendit de chercher à juger lorsqu'il n'y aurait pas de parties plaignantes. (Novembre) Le parlement reprit une seconde fois ses fonctions, et les plaideurs, qu'on avait négligés pour ces affaires, eurent la liberté de se ruiner à l'ordinaire.

(Décembre) Le feu couvait toujours sous la cendre. L'archevêque avait ordonné de refuser le sacrement à deux pauvres vieilles religieuses de Sainte-Agathe, qui, ayant entendu dire autrefois à leur directeur que la bulle *Unigenitus* est un ouvrage diabolique, craignaient d'être damnées si elles recevaient cette bulle en mourant ; elles craignaient d'être damnées aussi en manquant d'extrême-onction. Le parlement envoya son greffier à l'archevêque pour le prier de ne pas refuser à ces deux filles les secours ordinaires ; et le prélat ayant répondu, selon sa coutume, qu'il ne devait compte qu'à Dieu seul, son temporel fut saisi ; les princes du sang et les pairs furent invités à venir prendre séance au parlement.

La querelle alors pouvait devenir sérieuse ; on commença à craindre les temps de la fronde et de la ligue. Le roi défendit aux princes et aux pairs d'aller opiner dans le parlement de Paris sur des affaires dont il attribuait la connaissance à son conseil privé. (Janvier 1753) L'archevêque de Paris eut même le crédit d'obtenir un arrêt du conseil pour dissoudre la petite communauté de Sainte-Agathe, où les filles avaient si mauvaise opinion de la bulle *Unigenitus*.

Tout Paris murmura. Ces petits troubles s'étendirent dans plus d'une ville du royaume. Les mêmes scandales, les mêmes refus de sacrements partageaient la ville d'Orléans ; le parlement rendait les mêmes arrêts pour Orléans que pour Paris ; le schisme allait se former. Un curé de Rosainvilliers[1], diocèse d'Amiens, s'avisa de dire un jour à son prône, « que ceux qui étaient jansénistes eussent à sortir de l'église, et qu'il serait le premier à tremper ses mains dans leur sang. » Il eut l'audace de désigner quelques-uns de ses paroissiens, à qui les plus fervents constitutionnaires jetèrent des pierres pendant la procession, sans que les lapidés et les lapidants eussent la moindre connaissance de ce que c'est que la bulle et le jansénisme.

_____
1. **Boutord.** (ÉD.)

Une telle violence pouvait être punie de mort. Le parlement de Paris, dans le ressort duquel est Amiens, se contenta de bannir à perpétuité ce prêtre factieux et sanguinaire; et le roi approuva cet arrêt qui ne portait pas sur un délit purement spirituel, mais sur le crime d'un séditieux perturbateur du repos public.

Dans ces troubles, Louis XV était comme un père occupé de séparer ses enfants qui se battent. Il défendait les coups et les injures; il réprimandait les uns, il exhortait les autres; il ordonnait le silence, défendant aux parlements de juger du spirituel, recommandant aux évêques la circonspection, regardant la bulle comme une loi de l'Église, mais ne voulant point qu'on parlât de cette loi dangereuse. Ses soins paternels pouvaient peu de chose sur des esprits aigris et alarmés. Les parlements prétendaient qu'on ne pouvait séparer le *spirituel* du *civil*, puisque les querelles *spirituelles* entraînaient nécessairement après elles des querelles d'État.

(Mars) Le parlement assigna l'évêque d'Orléans à comparaître pour des sacrements. Il fit brûler par le bourreau tous les écrits dans lesquels on lui contestait sa juridiction, excepté les déclarations du roi. Il envoya des conseillers faire enregistrer ses arrêts en Sorbonne malgré les ordres du roi. On voyait tous les jours le bourreau occupé à brûler des mandements d'évêques, et les recors de la justice faisant communier les malades la baïonnette au bout du fusil. Le parlement, dans toutes ses démarches, ne consultait que ses lois et le maintien de son autorité. Le roi voyait au delà, il considérait les convenances qui demandent souvent que les lois plient.

Enfin, pour la troisième fois, le parlement cessa de rendre la justice aux citoyens, pour ne s'occuper que des refus de sacrements qui troublaient la France entière.

Le roi lui envoya, aussi pour la troisième fois, des lettres de jussion, qui lui ordonnaient de remplir ses devoirs, et de ne plus faire souffrir ses sujets plaideurs de ces querelles étrangères, les procès des particuliers n'ayant aucun rapport à la bulle *Unigenitus*.

(Mai 1753) Le parlement répondit qu'il violerait son serment s'il reconnaissait les lettres patentes du roi, et qu'il ne pouvait *obtempérer* (vieux mot tiré du latin, qui signifie *obéir*).

Alors le roi se crut obligé d'exiler tous les membres des *enquêtes*, les uns à Bourges, les autres à Poitiers, quelques-uns en Auvergne, et d'en faire enfermer quatre qui avaient parlé avec le plus de force.

On épargna la grand'chambre : mais elle crut qu'il y allait de son honneur de n'être point épargnée. Elle persista à ne point rendre la justice au peuple, et à procéder contre les réfractaires. Le roi l'envoya à Pontoise, bourg à six lieues de Paris, où le duc d'Orléans l'avait déjà envoyée pendant sa régence.

L'Europe s'étonnait qu'on fît tant de bruit en France pour si peu de chose, et les Français passaient pour une nation frivole qui, faute de bonnes lois reconnues, mettait tout en feu pour une dispute méprisée partout ailleurs. Quand on a vu cinq cent mille hommes en armes pour l'élection d'un empereur, l'Europe, l'Inde, et l'Amérique, désolées, et qu'on retombe ensuite dans cette petite guerre de plume, on croit entendre le bruit d'une pluie après les éclats du tonnerre. Mais on devait se souvenir que l'Allemagne, la Suède, la Hollande, la Suisse, avaient autrefois éprouvé des secousses bien plus violentes pour des inepties; que l'inquisition d'Espagne était pire que des troubles civils, et que chaque nation a ses folies et ses malheurs.

(Juillet 1753) Le parlement de Normandie imita celui de Paris sur les sacrements. Il ajourna l'évêque d'Évreux, il cessa aussi de rendre la justice. Le roi envoya un officier de ses gardes biffer les registres de ce parlement, qui fut à la fin plus docile que celui de Paris.

La justice distributive interrompue dans la capitale eût été un grand bonheur, si les hommes étaient sages et justes; mais comme ils ne sont ni l'un ni l'autre, et qu'il faut plaider, le roi commit des membres de son conseil d'État pour vider les procès en dernier ressort. (Novembre) On voulut faire enregistrer l'érection de cette chambre au Châtelet, comme s'il était nécessaire qu'une justice inférieure donnât l'authenticité à l'autorité royale. L'usage de ces enregistrements avait eu presque toujours ses inconvénients; mais ce défaut de formalité en aurait eu peut-être de plus grands encore. Le Châtelet refusa l'enregistrement, on l'y força par des lettres de jussion. La chambre royale s'assembla, mais les avocats ne voulurent point plaider; on se moqua dans Paris de la chambre royale; elle en rit elle-même : tout se tourna en plaisanterie, selon le génie de la nation, qui rit toujours le lendemain de ce qui l'a consternée ou animée la veille. Les ecclésiastiques riaient aussi, mais de la joie de leur triomphe.

(Juillet 1754) Boyer, ancien évêque de Mirepoix, qui avait été le premier auteur de tous ces troubles, sans le savoir, étant tombé en enfance par son grand âge, et par la constitution de ses organes, tout parut tendre à la conciliation. Les ministres négocièrent avec le parlement de Paris. Ce corps fut rappelé, et revint, à la satisfaction de toute la ville, et au bruit de la populace qui criait : *Vive le parlement!* (Auguste) Son retour fut un triomphe. Le roi, qui était aussi fatigué de l'inflexibilité des ecclésiastiques que de celle des parlements, ordonna le silence et la paix, et permit aux juges séculiers de procéder contre ceux qui troubleraient l'un ou l'autre.

(Septembre) Le schisme éclatait de temps en temps à Paris et dans les provinces; et, malgré les mesures que le roi avait prises pour empêcher les refus de sacrements, plusieurs évêques cherchaient à se faire un mérite de ces refus auprès de la cour de Rome. Un évêque de Nantes, ayant donné dans sa ville cet exemple de rigueur ou de scandale, fut condamné par le simple présidial de Nantes à payer six mille francs d'amende, et les paya sans que le roi le trouvât mauvais; tant il était las de ces disputes.

De pareilles scènes arrivaient dans tout le royaume, et, en attristant quelques intéressés, amusaient la multitude oisive. Il y avait à Orléans un vieux chanoine janséniste qui se mourait, et à qui ses confrères refusaient la communion. (Octobre) Le parlement de Paris les condamna à douze mille livres d'amende, et ordonna que le malade serait communié. Le lieutenant criminel, en conséquence, arrangea tout pour cette cérémonie comme pour une exécution; les chanoines firent tant que leur confrère mourut sans sacrements, et ils l'enterrèrent le plus mesquinement qu'ils purent.

Rien n'était devenu plus commun dans le royaume que de communier par arrêt du parlement. Le roi, qui avait exilé ses juges séculiers pour n'avoir pas *obtempéré* à ses ordres, voulut tenir la balance égale, et exiler aussi ceux du clergé qui s'obstineraient au schisme. Il commença par l'archevêque de Paris. (Décembre 1754) Il fut relégué à sa maison de Conflans, à trois quarts de lieue de la ville; exil doux, qui ressemblait plus à un avertissement paternel qu'à une punition.

Les évêques d'Orléans et de Troyes furent pareillement exilés à leurs maisons de plaisance, avec la même douceur. L'archevêque de Paris, étant aussi inflexible dans sa maison de Conflans que dans sa demeure épiscopale, fut relégué plus loin.

Le parlement, pouvant alors agir en liberté, réprimait la Sorbonne, qui, ayant autrefois regardé la bulle avec horreur, la regardait maintenant comme une règle de foi. Elle menaçait de cesser ses leçons; et le parlement, qui avait lui-même cessé ses fonctions plus importantes, ordonnait à la faculté de continuer les siennes; il soutenait les libertés de l'Église gallicane, et le roi l'approuvait; mais quand il allait trop loin, le roi l'arrêtait; et en confirmant la partie des arrêts qui tendait au bien public, il cassait celle qui lui paraissait trop peu mesurée. Ce monarque se voyait toujours entre deux grandes factions animées, comme les empereurs romains entre les bleus et les verts; il était occupé de la guerre maritime que l'Angleterre commençait à lui faire; celle de terre paraissait inévitable : ce n'était guère le temps de parler d'une bulle.

Il lui fallait encore apaiser les contestations du grand conseil et de ses parlements; car presque rien n'étant déterminé en France par des lois précises, les bornes, les priviléges de chaque corps étant incertains, le clergé ayant toujours voulu étendre sa juridiction, les chambres des comptes ayant disputé aux parlements beaucoup de prérogatives, les pairs ayant souvent plaidé pour les leurs contre le parlement de Paris, il n'était pas étonnant que le grand conseil eût avec lui quelques querelles.

Ce grand conseil était originairement le conseil des rois, et les accompagnait dans tous leurs voyages. Tout changea peu à peu dans l'administration publique, et le grand conseil changea aussi. Il ne fut plus qu'une cour de judicature sous Charles VIII. Il décide des évocations, de la compétence des juges, de tous les procès concernant tous les bénéfices du royaume, excepté de la régale; il a droit de juger ses propres officiers. (Janvier, février et mars 1756) Un conseiller de cette cour fut appelé au Châtelet pour ses dettes. Le grand conseil revendiqua la cause, et cassa la sentence du Châtelet. Aussitôt le parlement s'émeut, casse l'arrêt du grand conseil, et le roi casse l'arrêt du parlement. Nouvelles remontrances, nouvelles querelles; tous les parlements s'élèvent contre le grand conseil, et le public se partage. Le parlement de Paris convoque encore les pairs pour cette dispute de corps, et le roi défend encore aux pairs *cette association* : l'affaire enfin reste indécise comme tant d'autres.

Cependant le roi avait des occupations plus importantes. Il fallait soutenir contre les Anglais, sur terre et sur mer, une guerre onéreuse; il faisait en même temps cette mémorable fondation de l'École militaire, le plus beau monument de son règne, que l'impératrice Marie-Thérèse a imité depuis. Il fallait des secours de finance, et le parlement se rendait difficile sur l'enregistrement des édits qui ordonnaient la perception des deux vingtièmes. On a été depuis obligé d'en payer trois, parce que, lorsqu'on a la guerre, il faut que les citoyens combattent, ou qu'ils payent ceux qui combattent; il n'y a pas de milieu.

(2 auguste 1756) Le roi tint un lit de justice à Versailles, où il convoqua les princes et les pairs avec le parlement de Paris; il y fit enregistrer ses édits; mais le parlement, de retour à Paris, protesta contre cet enregistrement. Il prétendait que non-seulement il n'avait pas eu la liberté nécessaire de l'examen, mais que cet édit demandait des modifications qui ne blessassent ni les intérêts du roi, ni ceux de l'État qui étaient les mêmes, et qu'il avait fait serment de maintenir; et il disait que son devoir n'était pas de plaire, mais de servir : ainsi le zèle combattait l'obéissance.

Les épines du schisme se mêlaient à l'importante affaire des impôts. Un conseiller du parlement, malade à sa campagne, dans le diocèse de Meaux, demanda les sacrements; un curé les lui refusa comme à un ennemi de l'Église, et le laissa mourir sans cette cérémonie : on procéda contre le curé, qui prit la fuite.

L'archevêque d'Aix avait fait un nouveau formulaire sur la bulle, et le parlement d'Aix l'avait condamné à donner dix mille livres aux pauvres; il fut obligé de faire cette aumône, et il en fut pour son formulaire et pour son argent (septembre). L'évêque de Troyes avait troublé son diocèse, le roi l'envoya prisonnier chez les moines en Alsace. L'archevêque de Paris, à qui l'on avait permis de revenir de Conflans, déclara excommuniés ceux qui liraient les arrêts et les remontrances des parlements sur la bulle et sur les billets de confession.

Louis XV, que tant d'animosités embarrassaient, poussa la circonspection jusqu'à demander l'avis du pape Lambertini, Benoît XIV, homme aussi modéré que lui, aimé de la chrétienté pour la douceur et la gaieté de son caractère, et qui est aujourd'hui regretté de plus en plus. Il ne se mêla jamais d'aucune affaire que pour recommander la paix. C'était son secrétaire des brefs, le cardinal Passionei, qui faisait tout. Ce cardinal, le seul alors dans le sacré collége qui fût homme de lettres, était un génie assez élevé pour mépriser les disputes dont il s'agissait. Il haïssait les jésuites qui avaient fabriqué la bulle; il ne pouvait se taire sur la fausse démarche qu'on avait faite à Rome de condamner dans cette bulle des maximes vertueuses, d'une vérité éternelle, qui appartiennent à tous les temps et à toutes les nations; celle-ci, par exemple : « La crainte d'une excommunication injuste ne doit point empêcher de faire son devoir. »

Cette maxime est dans toute la terre la sauvegarde de la vertu. Tous les anciens, tous les modernes, ont dit que le devoir doit l'emporter sur la crainte du supplice même.

Mais quelque étrange que parût la bulle en plus d'un point, ni le cardinal Passionei ni le pape ne pouvaient rétracter une constitution regardée comme une loi de l'Église. Benoît XIV envoya au roi une lettre circulaire pour tous les évêques de France, dans laquelle il regardait, à la vérité, cette bulle comme une loi universelle, à laquelle on ne peut résister « sans se mettre en danger de perdre son salut éternel; » mais enfin il décidait que, « pour éviter le scandale, il faut que le prêtre avertisse les mourants soupçonnés de jansénisme qu'ils seront damnés, et les communier à leurs risques et périls. »

Le même pape, dans sa lettre particulière au roi, lui recommandait les droits de l'épiscopat. Quand on consulte un pape, quel qu'il soit, on doit bien s'attendre qu'il écrira comme un pape doit écrire.

Mais Benoît XIV, en rendant ce qu'il devait à sa place, donnait aussi tout ce qu'il pouvait à la paix, à la bienséance, à l'autorité du monarque. On imprima le bref du pape adressé aux évêques. (9 décembre 1756) Le parlement eut le courage ou la témérité de le condamner et de le supprimer par un arrêt. Cette démarche choqua d'autant plus le roi que c'était lui-même qui avait envoyé aux évêques ce bref condamné par son parlement. Il n'était point question dans ce bref des libertés de l'Église gallicane et des droits de la monarchie; que le parlement a soutenus et vengés dans tous les temps. La cour vit dans la censure du parlement plus de mauvaise humeur que de modération.

Le conseil croyait avoir un autre sujet de réprouver la conduite du parlement de Paris; plusieurs autres cours supérieures, qui portent le nom de parlement, s'intitulaient *Classes du parlement du royaume;* c'est un titre que le chancelier de L'Hospital leur avait donné; il ne signifiait que l'union des parlements dans l'intelligence et le maintien des lois : les parlements ne prétendaient pas moins que représenter l'État entier, divisé en différentes compagnies, qui toutes faisant un seul corps, constitueraient les états généraux perpétuels du royaume. Cette idée eût été grande; mais elle eût été trop grande, et l'autorité royale en était irritée.

Ces considérations, jointes aux difficultés qu'on faisait sur l'enregistrement des impôts, déterminèrent le roi à venir réformer le parlement de Paris dans un lit de justice.

Quelque secret que le ministère eût gardé, il perça dans le public. Le roi fut reçu dans Paris avec un morne silence. Le peuple ne voit dans un parlement que l'ennemi des impôts; il n'examine jamais si ces impôts sont nécessaires; il ne fait pas même réflexion qu'il vend sa peine et ses denrées plus cher à proportion des taxes, et que le fardeau tombe sur les riches. Ceux-ci se plaignent eux-mêmes, et encouragent les murmures de la populace [1].

Les Anglais dans cette guerre ont été plus chargés que les Français; mais, en Angleterre, la nation se taxe elle-même, elle sait sur quoi les emprunts seront remboursés. La France est taxée, et ne sait jamais sur quoi seront assignés les fonds destinés au payement des emprunts. Il n'y a point en Angleterre de particuliers qui traitent avec l'État des impôts publics, et qui s'enrichissent aux dépens de la nation; c'est le contraire en France. Les parlements de France ont toujours fait des remontrances aux rois contre ces abus; mais il y a des temps où ces remontrances, et surtout les difficultés d'enregistrer, sont plus dangereuses que ces impôts mêmes, parce que la guerre exige des secours présents, et que l'abus de ces secours ne peut être corrigé qu'avec le temps.

Le roi vint au parlement faire lire un édit par lequel il supprimait deux chambres de ce corps et plusieurs officiers. Il ordonna qu'on respectât la bulle *Unigenitus*, défendit que les juges séculiers prescrivissent l'administration des sacrements; en leur permettant seulement de juger des abus et des délits commis dans cette administration, enjoignant aux évêques de prescrire à tous les curés la modération et la discrétion, et voulant que toutes les querelles passées *fussent ensevelies dans l'oubli* (13 décembre 1756). Il ordonna que nul conseiller n'aurait voix délibérative avant l'âge de vingt-cinq ans, et que personne ne pourrait opiner dans l'assemblée des chambres qu'après avoir servi dix années. Il fit enfin les plus expresses « inhibitions d'interrompre, sous quelque prétexte que ce pût être, le service ordinaire. »

Le chancelier alla aux avis pour la forme; le parlement garda un profond silence; le roi dit qu'il voulait être obéi, et « qu'il punirait quiconque oserait s'écarter de son devoir. »

Le lendemain quinze conseillers de la grand'chambre remirent leur démission sur le bureau. Cent quatre-vingts membres du parlement se démirent bientôt de leurs charges. Les murmures furent grands dans toute la ville.

Parmi tant d'agitations qui troublaient tous les esprits au milieu d'une guerre funeste, dans le prodigieux dérangement des finances, qui rendait cette guerre plus dangereuse, et qui irritait l'animosité des

---

1. Il est très-vrai que toute taxe annuelle n'est payée en réalité que par les propriétaires de terres; la petite partie qui peut l'être par les profits du commerce étranger ne mérite point d'être comptée : mais il n'en est pas de même des taxes extraordinaires levées en temps de guerre. Celles qui portent sur les consommations du peuple ne font pas augmenter ses salaires, parce que les propriétaires alors font moins travailler. Le peuple souffre donc directement de ces taxes. Il souffre par la même raison de celles qui paraissent ne porter directement que sur les propriétaires. Celles-là ne seraient indifférentes au peuple que dans le cas où le produit de ces taxes serait employé en entier à lui procurer des salaires : encore faudrait-il qu'elles ne fussent payées que par les propriétaires riches; le peuple, la populace même, souffrent donc réellement des impôts extraordinaires. (*Éd. de Kehl.*)

mécontents; enfin parmi les épines des divisions semées de tous côtés entre les magistrats et le clergé, dans le bruit de toutes ces clameurs, il était très-difficile de faire le bien, et il ne s'agissait presque plus que d'empêcher qu'on ne fît beaucoup de mal.

CHAP. XXXVII. — *Attentat contre la personne du roi.*

(1757) Ces émotions du peuple furent bientôt ensevelies dans une consternation générale, par l'accident le plus imprévu et le plus effroyable. Le roi fut assassiné, le 5 janvier, dans la cour de Versailles, en présence de son fils, au milieu de ses gardes, et des grands officiers de sa couronne. Voici comment cet étrange événement arriva.

Un misérable de la lie du peuple, nommé Robert-François Damiens, né dans un village auprès d'Arras, avait été longtemps domestique à Paris dans plusieurs maisons : c'était un homme dont l'humeur sombre et ardente avait toujours ressemblé à la démence.

Les murmures généraux qu'il avait entendus dans les places publiques, dans la grand'salle du palais, et ailleurs, allumèrent son imagination. Il alla à Versailles, comme un homme égaré; et, dans les agitations que lui donnait son dessein inconcevable, il demanda à se faire saigner dans son auberge. Le physique a une si grande influence sur les idées des hommes, qu'il protesta depuis, dans ses interrogatoires, « que s'il avait été saigné comme il le demandait, il n'aurait pas commis son crime. »

Son dessein était le plus inouï qui fût jamais tombé dans la tête d'un monstre de cette espèce; il ne prétendait pas tuer le roi, comme en effet il le soutint depuis, et comme malheureusement il l'aurait pu; mais il voulait le blesser : c'est ce qu'il déclara dans son procès criminel devant le parlement.

« Je n'ai point eu intention de tuer le roi; je l'aurais tué si j'avais voulu; je ne l'ai fait que pour que Dieu pût toucher le roi, et le porter à remettre toutes choses en place, et la tranquillité dans ses États; et il n'y a que l'archevêque de Paris seul qui est cause de tous ces troubles. » (Interrogatoire du 18 janvier, art. 144, p. 132, du procès de Damiens, in-4.)

Cette idée avait tellement échauffé sa tête, que, dans un autre interrogatoire, il dit :

« J'ai nommé des conseillers au parlement, parce que j'en ai servi un, et parce que presque tous sont furieux de la conduite de M. l'archevêque. » (Interrogatoire du 6 mars, p. 289.) En un mot, le fanatisme avait troublé l'esprit de ce malheureux au point que, dans les interrogatoires qu'il subit à Versailles, on trouve ces propres paroles :

« Interrogé quels motifs l'avaient porté à attenter à la personne du roi, a dit que c'est *à cause de la religion.* » (P. 45.)

Tous les assassinats des princes chrétiens ont eu cette cause. Le roi de Portugal n'avait été assassiné qu'en vertu de la décision de trois jésuites. On sait assez que les rois de France Henri III et Henri IV ne périrent que par des mains fanatiques; mais il y avait cette différence que Henri III et Henri IV furent tués parce qu'ils paraissaient ennemis du pape, et que Louis XV fut assassiné parce qu'il semblait vouloir complaire au pape.

L'assassin s'était muni d'un couteau à ressort, qui d'un côté portait une longue lame pointue, et de l'autre un canif à tailler les plumes, d'environ quatre pouces de longueur. Il attendait le moment où le roi devait monter en carrosse pour aller à Trianon. Il était près de six heures; le jour ne luisait plus; le froid était excessif; presque tous les courtisans portaient de ces manteaux qu'on nomme par corruption redingotes. L'assassin, ainsi vêtu, pénètre vers la garde, heurte en passant le dauphin, se fait place à travers la garniture des gardes du corps et des cent-suisses, aborde le roi, le frappe de son canif à la cinquième côte, remet son couteau dans sa poche, et reste le chapeau sur la tête. Le roi se sent blessé, se retourne, et à l'aspect de cet inconnu qui était couvert, et dont les yeux étaient égarés, il dit : « C'est cet homme qui m'a frappé; qu'on l'arrête, et qu'on ne lui fasse pas de mal. »

Tandis que tout le monde était saisi d'effroi et d'horreur, qu'on portait le roi dans son lit, qu'on cherchait les chirurgiens, qu'on ignorait si la blessure était mortelle, si le couteau était empoisonné, le parricide répéta plusieurs fois : « Qu'on prenne garde à monseigneur le dauphin, qu'il ne sorte pas de la journée. »

A ces paroles l'alarme universelle redouble : on ne doute pas qu'il n'y ait une conspiration contre la famille royale : chacun se figure les plus grands périls, les plus grands crimes et les plus médités.

Heureusement la blessure du roi était légère; mais le trouble public était considérable, et les craintes, les défiances, les intrigues, se multipliaient à la cour. Le grand prévôt de l'hôtel, à qui appartenait la connaissance du crime commis dans le palais du roi, s'empara d'abord du parricide, et commença les procédures, comme il s'était pratiqué à Saint-Cloud dans l'assassinat de Henri III. Un exempt des gardes de la prévôté ayant obtenu un peu de confiance, ou apparente ou vraie, dans l'esprit aliéné de ce misérable, l'engagea à oser dicter de sa prison une lettre au roi même[1]. Damiens écrire au roi! un assassin écrire à celui qu'il avait assassiné!

1. SIRE,

Je suis bien fâché d'avoir eu le malheur de vous approcher; mais si vous ne prenez pas le parti de votre peuple, avant qu'il soit quelques années d'ici, vous et M. le dauphin, et quelques autres, périront; il serait fâcheux qu'un aussi bon ... ..e, par la trop grande bonté qu'il a pour les ecclésiastiques, dont il accorde ...oute sa confiance, ne soit pas sûr de sa vie; et si vous n'avez pas la bonté d'y ...emédier sous peu de temps, il arrivera de très-grands malheurs, votre royaume n'étant pas en sûreté; par malheur pour vous que vos sujets vous ont donné leur démission, l'affaire ne provenant que de leur part. Et si vous n'avez pas la bonté, pour votre peuple, d'ordonner qu'on leur donne les sacrements à l'article de la mort, les ayant refusés depuis votre lit de justice, dont le Châtelet a fait vendre les meubles du prêtre qui s'est sauvé; je vous réitère que votre vie n'est pas en sûreté, sur l'avis qui est très-vrai, que je prends la liberté de

Sa lettre est insensée, et conforme à l'abjection de son état, mais elle découvre l'origine de sa fureur : on y voit que les plaintes du public contre l'archevêque avaient dérangé le cerveau du criminel, et l'avaient excité à son attentat. Il paraissait par les noms des membres du parlement cités dans sa lettre, qu'il les connaissait, ayant servi un de leurs confrères ; mais il eût été absurde de supposer qu'ils lui eussent expliqué leur sentiment, encore moins qu'ils lui eussent jamais dit ou fait dire un mot qui pût l'encourager au crime.

Aussi le roi ne fit aucune difficulté de remettre le jugement du coupable à ceux de la grand'chambre qui n'avaient pas donné leur démission. Il voulut même que les princes et les pairs rendissent, par leur présence, le procès plus solennel et plus authentique dans tous ses points aux yeux d'un public aussi défiant que curieux exagérateur, qui voit toujours, dans ces aventures effrayantes, au delà de la vérité. Jamais en effet la vérité n'a paru dans un jour plus clair. Il est évident que cet insensé n'avait aucun complice : il déclara toujours qu'il n'avait point voulu tuer le roi, mais qu'il avait formé le dessein de le blesser depuis l'exil du parlement. (Interrogatoire au parlement, pages 132 et 135.)

D'abord, dans son premier interrogatoire, il dit que « la religion seule l'a déterminé à cet attentat. » (Page 131.)

Il avoue qu'il n'a « dit du mal que des molinistes et de ceux qui revous informer par l'officier porteur de la présente, auquel j'ai mis toute ma confiance. L'archevêque de Paris est la cause de tout le trouble, par les sacrements qu'il a fait refuser. Après le crime cruel que je viens de commettre contre votre personne sacrée, l'aveu sincère que je prends la liberté de vous faire, me fait espérer la clémence des bontés de Votre Majesté.

Signé DAMIENS.

Cette lettre se trouve page 69 du Procès de Damiens, donné au public par le greffier criminel du parlement, avec la permission de ses supérieurs.

Au dos de ladite lettre est écrit : Paraphé, *ne varietur*, suivant et au désir de l'interrogatoire du nommé François Damiens, en date du neuf janvier mil sept cent cinquante-sept, à Versailles, le roi y étant.

Signé DAMIENS

Le Clerc du Brillet, et Duvoigne, avec paraphe.
Et plus bas est écrit :

AU ROI.
Suit la teneur d'un écrit signé *Damiens.*

Copie du billet.

MM. Chagrange. Seconde. Baisse de Lisse[1]. De la Guyomie. Clément. Lambert.
Le président de Rieux Bonnainvilliers.
Président du Massy, et presque tous.
Il faut qu'il remette son parlement, et qu'il le soutienne avec promesse de ne rien faire aux ci-dessus et compagnie.

Signé DAMIENS.

Plus bas est écrit :
Paraphé, *ne varietur*, suivant et au désir de l'interrogatoire de ce jour neuf janvier mil sept cent cinquante-sept.

Signé DAMIENS.

Le Clerc du Brillet, et Duvoigne, avec paraphe.
Ladite lettre, ainsi que ledit écrit, annexés à la minute dudit interrogatoire.

1. Ce misérable estropie presque tous les noms de ceux dont il parle.

fusent les sacrements, que ces gens-là croient apparemment deux dieux. » (Page 145.)

Il s'écria, à la question, « qu'il avait cru faire une œuvre méritoire pour le ciel; c'est ce que j'entendais dire à tous ces prêtres dans le palais. » Il persista constamment à dire que c'était l'archevêque de Paris, les refus de sacrements, les disgrâces du parlement, qui l'avaient porté à ce parricide; il le déclara encore à ses confesseurs. Ce malheureux n'était donc qu'un insensé fanatique, moins abominable à la vérité que Ravaillac et Jean Châtel, mais plus fou, et n'ayant pas plus de complices que ces deux énergumènes. Les seuls complices, pour l'ordinaire, de ces monstres sont des fanatiques dont les cervelles échauffées allument, sans le savoir, un feu qui va embraser des esprits faibles, insensés, et atroces. Quelques mots dits au hasard suffisent à cet embrasement. Damiens agit dans la même illusion que Ravaillac, et mourut dans les mêmes supplices (28 mars).

Quel est donc l'effet du fanatisme, et le destin des rois! Henri III et Henri IV sont assassinés parce qu'ils ont soutenu leurs droits contre les prêtres; Louis XV est assassiné parce qu'on lui reproche de n'avoir pas assez sévi contre un prêtre. Voilà trois rois sur lesquels se sont portées des mains parricides, dans un pays renommé pour aimer ses souverains.

Le père, la femme, la fille de Damiens, quoique innocents, furent bannis du royaume, avec défense d'y revenir, sous peine d'être pendus. Tous ses parents furent obligés, par le même arrêt, de quitter leur nom de Damiens, devenu exécrable[1].

Cet événement fit rentrer en eux-mêmes pour quelque temps ceux qui, par leurs malheureuses querelles ecclésiastiques, avaient été la cause d'un si grand crime. On voyait trop évidemment ce que produisent l'esprit dogmatique et les fureurs de religion. Personne n'avait imaginé qu'une bulle et des billets de confession pussent avoir des suites si horribles; mais c'est ainsi que les démences et les fureurs des hommes sont liées ensemble. L'esprit des Poltrot et des Jacques Clément, qu'on avait cru anéanti, subsiste donc encore dans les âmes féroces et ignorantes! La raison pénètre en vain chez les principaux citoyens: le peuple est toujours porté au fanatisme; et peut-être n'y a-t-il d'autre remède à cette contagion que d'éclairer enfin le peuple même; mais on l'entretient quelquefois dans des superstitions, et on voit ensuite avec étonnement ce que ces superstitions produisent.

Cependant seize conseillers qui avaient donné leur démission étaien envoyés en exil; et l'un d'eux[2], qui était clerc, et qui fut depuis conseiller d'honneur, célèbre pour son patriotisme et pour son éloquence, fonda une messe à perpétuité pour remercier Dieu d'avoir conservé la vie du roi qui l'exilait.

On confina aussi plusieurs officiers du parlement de Besançon dans

---

1. La ville d'Amiens présenta une requête au roi dans laquelle elle demandait à changer de nom et à s'appeler Louisville. Gresset composa à ce sujet une pièce de vers qui n'est pas dans ses *Œuvres*. (*Note de M. Beuchot.*)

2. L'abbé de Chauvelin.

différentes villes, pour avoir refusé l'enregistrement d'un second ving-tième, et pour avoir donné un décret contre l'intendant de la province.

Le roi, malgré l'attentat commis sur sa personne, malgré une guerre ruineuse, s'occupait toujours du soin d'étouffer les querelles des parlements et du clergé, essayant de contenir chaque état dans ses bornes, exilant encore l'archevêque de Paris, pour avoir contrevenu à ses lois dans la simple élection de la supérieure d'un couvent; rappelant ensuite ce prélat, et rendant toujours par la modération la fermeté plus respectable. Enfin, les affaires même du parlement de Paris s'accommodèrent; les membres de ce corps qui avaient donné leur démission reprirent leurs charges et leurs fonctions : tout a paru tranquille au dedans, jusqu'à ce que le faux zèle et l'esprit de parti firent naître de nouveaux troubles [1].

CHAP. XXXVIII. — *Assassinat du roi de Portugal. Jésuites chassés du Portugal, et ensuite de la France.*

Un ordre religieux ne devrait pas faire partie de l'histoire. Aucun historien de l'antiquité n'est entré dans le détail des établissements des prêtres de Cybèle ou de Junon. C'est un des malheurs de notre police européane, que les moines, destinés par leur institut à être ignorés, aient fait autant de bruit que les princes, soit par leurs immenses richesses, soit par les troubles qu'ils ont excités depuis leur fondation.

Les jésuites étaient, comme on sait, les souverains véritables du Paraguai, en reconnaissant le roi d'Espagne. La cour d'Espagne avait cédé, par un traité d'échange, quelques districts de ces contrées au roi de Portugal, Joseph II [2], de la maison de Bragance. On accusa les

---

1. Il ne sera pas inutile d'observer ici que tous ces troubles n'eurent d'éclat et d'importance que par les divisions du ministère. Toute opération du gouvernement qui n'est pas de nature à soulever le peuple, ne peut exciter aucun trouble dans une monarchie tant qu'il subsiste de la force et de l'union dans le conseil du prince.

> Rien n'est funeste aux rois que leur propre faiblesse.

Ce vers renferme toute la politique des monarques dans ce qui intéresse la tranquillité de l'Etat, leur autorité, leur sûreté.

Mais comment se flatter que la tranquillité se rétablisse, lorsque chaque parti contre lequel le gouvernement se déclare est sûr d'avoir des protecteurs dans le gouvernement même, et peut espérer de le voir bientôt s'emparer du premier crédit? Comment s'assurer qu'il n'y aura pas de troubles, si ceux mêmes qui devraient les réprimer s'unissent en secret avec les brouillons qui les excitent?

Dans une monarchie, c'est à la cour seule que se forment les orages; c'est là que sont les vrais perturbateurs; c'est de là que partent les intrigues qui excitent les factions, ou les ordres violents qui soulèvent les peuples. A la Chine, on rend ceux qui gouvernent responsables des troubles, quelle qu'en soit la cause ou le prétexte; cette loi n'est pas injuste en elle-même, mais elle est absurde. C'est donner un moyen de plus à ceux qui veulent déplacer un gouverneur ou un ministre; le seul remède à ce mal est de n'avoir pour ministres que des hommes honnêtes et guidés par les mêmes principes de politique. (*Éd. de Kehl.*)

2. Joseph Ier (ÉD.)

Jésuites de s'y être opposés, et d'avoir fait révolter les peuplades qui devaient passer sous la domination portugaise. Ce grief, joint à beaucoup d'autres, fit chasser les jésuites de la cour de Lisbonne.

Quelque temps après, la famille Tavora, et surtout le duc d'Aveiro, oncle de la jeune comtesse Ataïde d'Atouguia; le vieux marquis et la marquise de Tavora, père et mère de la jeune comtesse; enfin le comte Ataïde, son époux, et un des frères de cette comtesse infortunée, croyant avoir reçu du roi un outrage irréparable, ils résolurent de s'en venger. La vengeance s'accorde très-bien avec la superstition. Ceux qui méditent un grand attentat cherchent parmi nous des casuistes et des confesseurs qui les encouragent. La famille qui pensait être outragée s'adressa à trois jésuites, Malagrida, Alexandre et Mathos. Ces casuistes décidèrent que ce n'était pas seulement un péché qu'ils appellent *véniel*, de tuer le roi [1].

Il est bon de savoir, pour l'intelligence de cette décision, que les casuistes distinguent entre les péchés qui mènent en enfer et les péchés qui conduisent en purgatoire pour quelque temps; entre les péchés que l'absolution d'un prêtre remet moyennant quelques prières ou quelques aumônes, et les péchés qui sont remis sans aucune satisfaction. Les premiers sont *mortels*, les seconds sont *véniels*.

La confession auriculaire causa un parricide en Portugal, ainsi qu'elle en avait produit dans d'autres pays. Ce qui a été introduit pour expier les crimes en a fait commettre. Telle est, comme on l'a déjà vu souvent dans cette histoire, la déplorable condition humaine.

(3 septembre 1758) Les conjurés, munis de leurs pardons pour l'autre monde, attendirent le roi, qui revenait à Lisbonne d'une petite maison de campagne, seul, sans domestiques, et la nuit; ils tirèrent sur son carrosse, et blessèrent dangereusement le monarque.

Tous les complices, excepté un domestique, furent arrêtés. Les uns périrent par la roue, les autres furent décapités. La jeune comtesse Ataïde, dont le mari fut exécuté, alla par ordre du roi pleurer dans un couvent tant d'horribles malheurs, dont elle passait pour être la cause. Les seuls jésuites qui avaient conseillé et autorisé l'assassinat du roi, par le moyen de la confession, moyen aussi dangereux que sacré, échappèrent alors au supplice.

Le Portugal, n'ayant pas encore reçu dans ce temps-là les lumières qui éclairent tant d'États en Europe, était plus soumis au pape qu'un autre. Il n'était pas permis au roi de faire condamner à la mort, par ses juges, un moine parricide; il fallait avoir le consentement de Rome. Les autres peuples étaient dans le XVIIIe siècle; mais les Portugais semblaient être dans le XIIe.

La postérité aura peine à croire que le roi de Portugal fit solliciter à Rome, pendant plus d'un an, la permission de faire juger chez lui des jésuites ses sujets, et ne put l'obtenir. La cour de Lisbonne et celle de Rome furent longtemps dans une querelle ouverte; on alla même jus-

_____

1. C'est ce qui est rapporté dans l'*accordao*, ou *déclaration authentique du conseil royal de Lisbonne*.

qu'à se flatter que le Portugal secouerait un joug que l'Angleterre, son alliée et sa protectrice, avait foulé aux pieds depuis si longtemps; mais le ministère portugais avait trop d'ennemis pour oser entreprendre ce que Londres avait exécuté : il montra à la fois une grande fermeté et une extrême condescendance.

Les jésuites les plus coupables étaient en prison à Lisbonne; le roi les y laissa, et prit le parti d'envoyer à Rome tous les jésuites de ses États. On les déclara bannis pour jamais du royaume; mais on n'osait livrer à la mort trois jésuites accusés et convaincus de parricide. Le roi fut réduit à l'expédient de livrer du moins Malagrida à l'inquisition, comme suspect d'avoir autrefois avancé quelques propositions téméraires qui sentaient l'hérésie.

Les dominicains, qui étaient juges du saint-office, et assistants du grand inquisiteur, n'ont jamais aimé les jésuites : ils servirent le roi mieux que n'avait fait Rome. Ces moines déterrèrent un petit livre de la *Vie héroïque de sainte Anne, mère de Marie, dictée au R. P. Malagrida par sainte Anne elle-même*. Elle lui avait déclaré que l'immaculée conception lui appartenait comme à sa fille, qu'elle avait parlé et pleuré dans le ventre de sa mère, et qu'elle avait fait pleurer les chérubins. Tous les écrits de Malagrida étaient aussi sages; de plus il avait fait des prédictions et des miracles : et celui d'éprouver, à l'âge de soixante et quinze ans, des pollutions dans sa prison n'était pas un des moindres. (21 septembre 1761) Tout cela lui fut reproché dans son procès; et voilà pourquoi il fut condamné au feu, sans qu'on l'interrogeât seulement sur l'assassinat du roi, parce que ce n'est qu'une faute contre un séculier, et que le reste est un crime contre Dieu. Ainsi l'excès du ridicule et de l'absurdité fut joint à l'excès d'horreur. Le coupable ne fut mis en jugement que comme un prophète, et ne fut brûlé que pour avoir été fou, et non pour avoir été parricide.

Tandis qu'on chassait les jésuites du Portugal, cette aventure réveillait la haine qu'on leur portait en France, où ils ont toujours été puissants et détestés. Il arriva qu'un profès de leur ordre, nommé La Valette, qui était le chef des missions à la Martinique, et le plus fort commerçant des îles, fit une banqueroute de plus de trois millions. Les intéressés se pourvurent au parlement de Paris. On crut découvrir alors que le général jésuite, résidant à Rome, gouvernait despotiquement les biens de la société. Le parlement de Paris condamna ce général et tous les frères jésuites solidairement à payer la banqueroute de La Valette.

Ce procès, qui indigna la France contre les jésuites, conduisit à examiner cet institut singulier qui rendait ainsi un général italien maître absolu des personnes et des fortunes d'une société de Français. On fut surpris de voir que jamais l'ordre des jésuites n'avait été formellement reçu en France par la plupart des parlements du royaume; on déterra leurs constitutions, et tous les parlements les trouvèrent incompatibles avec les lois. Ils rappelèrent alors toutes les anciennes plaintes faites contre cet ordre, et plus de cinquante volumes de leurs décisions théologiques contre la sûreté de la vie des rois. Les jésuites ne se défendirent qu'en disant que les jacobins et saint Thomas en avaient écrit autant. Ils ne prouvaient par cette réponse autre chose, sinon que les jacobins étaient condamnables comme eux. A l'égard de Thomas d'Aquin, il est canonisé; mais il y a, dans sa *Somme ultramontaine*, des décisions que les parlements de France feraient brûler le jour de sa fête, si on voulait s'en servir pour troubler l'État. Comme il dit, en divers endroits, que l'Église a le droit de déposer un prince infidèle à l'Église, il permet en ce cas le parricide. On peut avec de telles maximes gagner le paradis et la corde.

Le roi daigna se mêler de l'affaire des jésuites, et pacifier encore cette querelle comme les autres. Il voulut, par un édit, réformer paternellement les jésuites en France; mais on prétend que le pape Clément XIII ayant dit qu'il fallait ou qu'ils restassent comme ils étaient, ou qu'ils n'existassent pas, cette réponse du pape est ce qui les a perdus. On leur reprochait encore des assemblées secrètes. Le roi les abandonna alors aux parlements de son royaume, qui tous, l'un après l'autre, leur ont ôté leurs colléges et leurs biens.

Les parlements ne les ont condamnés que sur quelques règles de leur institut que le roi pouvait réformer, sur des maximes horribles, il est vrai, mais méprisées, publiées pour la plupart par des jésuites étrangers, et désavouées formellement depuis peu par les jésuites français.

Il y a toujours dans les grandes affaires un prétexte qu'on met en avant, et une cause véritable qu'on dissimule. Le prétexte de la punition des jésuites était le danger prétendu de leurs mauvais livres que personne ne lit : la cause était le crédit dont ils avaient longtemps abusé. Il leur est arrivé, dans un siècle de lumière et de modération, ce qui arriva aux templiers dans un siècle d'ignorance et de barbarie; l'orgueil perdit les uns et les autres : mais les jésuites ont été traités dans leur disgrâce avec douceur, et les templiers le furent avec cruauté. Enfin le roi, par un édit, en 1764 [1], abolit dans ses États cet ordre qui avait toujours eu des personnages estimables, mais plus de brouillons, et qui fut pendant deux cents ans un sujet de discorde.

Ce n'est ni Sanchez, ni Lessius, ni Escobar, ni des absurdités de casuistes qui ont perdu les jésuites; c'est Le Tellier, c'est la bulle qui les a exterminés dans presque toute la France. La charrue que le jésuite Le Tellier avait fait passer sur les ruines de Port-Royal a produit, au bout de soixante ans, les fruits qu'ils recueillent aujourd'hui : la persécution que cet homme violent et fourbe avait exitée contre des hommes entêtés, a rendu les jésuites exécrables à la France; exemple mémorable, mais qui ne corrigera aucun confesseur des rois, quand il sera ce que sont presque tous les hommes à la cour, ambitieux et intrigant, et qu'il dirigera un prince peu instruit, affaibli par la vieillesse.

L'ordre des jésuites fut ensuite chassé de tous les États du roi d'Es-

---

1. Novembre 1764. (ÉD.)

pagne en Europe, en Asie, en Amérique, chassé des deux Siciles, chassé de Parme et de Malte; preuve évidente qu'ils n'étaient pas aussi grands politiques qu'on le croyait. Jamais les moines n'ont été puissants que par l'aveuglement des autres hommes, et les yeux ont commencé à s'ouvrir dans ce siècle. Ce qu'il y eut d'assez étrange dans leur désastre presque universel, c'est qu'ils furent proscrits dans le Portugal pour avoir dégénéré de leur institut, et en France pour s'y être trop conformés. C'est qu'en Portugal on n'osait pas encore examiner un institut consacré par les papes, et on l'osait en France. Il en résulte qu'un ordre religieux parvenu à se faire haïr de tant de nations, est coupable de cette haine.

Cet ordre fut exterminé dans presque tous les pays qui avaient été les théâtres de sa puissance, en Espagne, aux Philippines, au Pérou, au Mexique, au Paraguai, en Portugal, au Brésil, en France, dans les deux Siciles, dans le duché de Parme, à Malte; mais il fut conservé (du moins pour quelque temps) en Hongrie, en Pologne, dans le tiers de l'Allemagne, en Flandre, et même à Venise où il n'avait aucun crédit, et dont il avait été autrefois chassé.

Il paraît raisonnable et juste que des souverains mécontents d'un ordre religieux s'en défassent, et que les puissances qui en sont satisfaites les conservent dans leurs États.

(1773) Enfin cette société a été abolie, après bien des négociations, par le pontife de Rome, Ganganelli, successeur du pape Rezzonico. Tous les princes catholiques de l'Europe ont chassé les jésuites, et le roi de Prusse, prince protestant, les a conservés, au grand étonnement des nations. C'est que ce monarque ne voyait en eux que des hommes capables d'élever chez lui la jeunesse, et d'enseigner les belles-lettres peu cultivées dans ses États, excepté par lui-même. Il les croyait utiles et ne les craignait pas; il regardait du même œil les calvinistes, les luthériens, les papistes, ceux qu'on appelle les ministres de l'Évangile, et ceux qu'on appelait les pères de la Société de Jésus, les dédaignant tous également, établissant la tolérance universelle comme le premier des dogmes, plus occupé de son armée que de ses colléges; sachant très-bien qu'avec des soldats il contiendrait tous les théologiens, et se souciant fort peu que ce fût un jésuite ou un prédicant qui fît connaître Cicéron et Virgile à la jeunesse.

CHAP. XXXIX. — *De la bulle du pape Rezzonico, Clément XIII, et de ses suites.*

L'infant, duc de Parme, don Ferdinand de Bourbon, ayant suivi l'exemple de tous les princes de sa maison en chassant les jésuites, fit dans ses États plusieurs règlements utiles qui réprimaient les abus monastiques; et son ministre, très-estimé en Europe [1], eut surtout la prudence de prévenir les prétentions de la cour de Rome, qui croyait être en droit de juger toutes les affaires contentieuses de Parme, Plai-

1. C'était un Français nommé du Tillot, créé par l'infant marquis de Felino. (ÉD.)

sance et Guastalle, et de conférer tous les bénéfices. Ces prétentions étaient tirées premièrement de saint Pierre, qu'on prétend avoir été évêque de Rome; secondement, de la comtesse Mathilde, qui avait donné Parme et Plaisance au pape Grégoire VII, avec plusieurs autres beaux domaines; mais il n'a jamais été prouvé que saint Pierre ait été à Rome, et il est prouvé qu'il ne donna aucun bénéfice dans Parme, Plaisance et Guastalle, et qu'il n'y jugea aucun procès.

Quant à la comtesse Mathilde, sœur de l'empereur Henri III, et tante de cet empereur Henri IV que les papes rendirent si malheureux, cette donation a toujours été regardée comme nulle par tous les jurisconsultes impériaux, n'étant pas permis de disposer d'aucun fief de l'empire sans le consentement du suzerain. On était même encore si persuadé, du temps de Charles-Quint, de l'invalidité des droits pontificaux, que cet empereur s'empara de Plaisance lorsque le bâtard du pape Paul III, à qui son père avait donné cette ville, y fut assassiné pour ses débauches et pour ses violences. Charles-Quint garda même Plaisance jusqu'à sa mort.

Les empereurs réclamèrent toujours depuis la mouvance de Parme et de Plaisance, et enfin elle leur fut solennellement acordée au congrès de Cambrai, et à celui de Soissons.

Dès que le pape Clément XIII sut que le duc de Parme, don Ferdinand, voulait régner comme les autres souverains, il assembla une congrégation de cardinaux, qui ne manqua pas de regarder la sage administration du duc de Parme et de ses ministres comme un sacrilége. Le pape signa dans Sainte-Marie-Majeure, le 30 janvier 1768, un bref pontifical, dans lequel il commence par dire que Parme et Plaisance lui appartiennent, *in ducatu nostro*; et que le duc de Parme étant laïque et non pas prêtre, tout ce que fait son conseil est *illégitime*. Il excommunie tous ceux qui ont eu part aux édits du duc de Parme, sans exception; il défend de leur donner l'absolution, en quelque cas que ce puisse être. Ce décret, scellé de l'anneau du pêcheur, fut affiché aux basiliques de Saint-Jean de Latran, de Saint-Pierre, et au champ de Flore.

Un tel bref paraissait du XIIe siècle plutôt que de celui où nous vivons. Le pape et les cardinaux qui l'entraînèrent dans ce piége ne savaient pas combien les esprits s'étaient éclairés dans l'Europe. Le malheur de la cour de Rome était de juger du présent par le passé. Il y a des temps où un prêtre peut détrôner un souverain avec des préjugés; il y en a d'autres où il faut déguiser sa faiblesse par condescendance. Jamais pontife ne fit une plus lourde faute. Il insultait, dans la personne du duc de Parme, le roi d'Espagne don Carlos, son oncle, Louis XV, son grand-père, chef de la maison de Bourbon, et le roi des deux Siciles, son cousin germain.

Les papes n'avaient excommunié aucun souverain depuis l'an 1630, et c'était justement un duc de Parme, ancêtre maternel du duc régnant. Il ne s'était agi que d'argent dans cette affaire. Le pape avait pris les duchés de Castro et de Ronciglione, appartenant à Odouard Farnèse, duc de Parme.

En 1588, un ancêtre plus important de ce prince, le grand Henri IV, roi de France, avait été excommunié par Sixte-Quint. Ce pâtre de la la Marche d'Ancône, devenu pape, avait osé l'appeler *génération bâtarde et détestable de la maison de Bourbon*.

Telle fut longtemps la démence superstitieuse et hardie de la cour de Rome, qu'un prêtre de ce pays déclara, de la part de Dieu, le descendant de tant de rois incapable d'hériter, non-seulement du royaume de saint Louis, mais même d'un seul arpent de terre.

Cet excès d'insolence absurde n'avait point été puni comme il devait l'être. Les querelles de religion et la politique ambitieuse de Philippe II soutenaient alors l'audace du Vatican; mais il vient un temps où l'on réprime enfin ce qu'on a été forcé de tolérer, et où le faible est châtié des anciennes entreprises du fort qui n'existe plus.

Clément XIII fut bientôt puni de son peu de connaissance des affaires du monde. Le parlement de Paris commença par condamner son bref d'excommunication; mais le conseil du roi employa des armes plus réelles; l'ordre fut donné de se saisir d'Avignon et de tout le comtat Venaissin. Les concessions faites autrefois par les rois de France, de ce comtat au siége de Rome, sont enveloppées de ce nuage d'incertitudes qui couvre une grande partie de l'histoire. D'ailleurs l'aliénation d'un domaine de la couronne a toujours été réputée contraire aux lois du royaume par tous les parlements, et particulièrement par celui de Provence, dans le ressort duquel sont Avignon et le comtat.

Louis XIV était rentré deux fois dans ce domaine, l'une du temps du pape Alexandre VII, l'autre pour mortifier Innocent XI, qui s'était déclaré son ennemi; et ayant saisi ces terres comme domaines de la couronne, il les avait rendues deux fois, sans faire aucune déclaration qui pût préjudicier au droit qu'il avait de les reprendre.

Il faut savoir que lorsque les rois de France reprennent le comtat, c'est en vertu d'un arrêt du parlement de Provence. Le ministère de France jugea qu'il fallait faire valoir le dernier arrêt de ce parlement qui réunit, en 1688, Avignon et le comtat à la couronne. Cet arrêt n'avait point été spécialement révoqué; ainsi il fut mis en exécution comme subsistant dans toute sa force.

Le comte de Rochechouart se présenta de la part du roi, le 11 juin 1768, devant Avignon, suivi de quelques troupes; il alla droit au vice-légat, qui gouvernait au nom du pape, et lui dit, selon l'ancien protocole usité sous Louis XIV : « Monsieur, le roi m'ordonne de remettre Avignon en sa main, et vous êtes prié de vous retirer. »

Le premier président d'Aix, un second président et huit conseillers, firent publier l'arrêt de réunion. Dans le même temps toutes les cloches sonnèrent, le peuple fit des feux de joie; on commença dès ce jour à insérer dans tous les actes publics : « Régnant souverain prince Louis par la grâce de Dieu, XV° du nom, roi de France et de Navarre, comte de Provence, de la ville d'Avignon, et du comtat Venaissin. »

Le roi de Naples, de son côté, vengeait sa maison et tous les souverains catholiques, en s'emparant de la ville de Bénévent et de celle de

Ponte-Corvo, et en déclarant « que ces deux villes et leur territoire dépendent de la couronne de Naples, et qu'ils y seront réunis à perpétuité. »

On commença aussi de se saisir de Castro et de Ronciglione; mais on se contenta de menacer, et dans le temps même que la cour de Naples prenait Bénévent, qui appartient aux papes depuis environ sept cent trente années, elle lui payait le tribut de vassal, qui consiste en sept mille écus pendus au cou d'une haquenée. On n'osa pas s'affranchir de cette servitude; les hommes font rarement tout ce qu'ils peuvent : elle était encore moins ancienne de dix années que les droits du pape sur Bénévent. Cet hommage, qui n'était d'ailleurs, et qui ne pouvait être qu'une simple cérémonie de piété, n'est point une véritable mouvance féodale. Il fut établi par le préjugé, et il peut aisément être aboli par la raison. Le ministre du roi de Naples, le marquis Tannucci, l'homme le mieux instruit de cette jurisprudence épineuse, ne crut pas que le temps fût encore venu de secouer un joug honteux aux têtes couronnées, mais imposé par la religion.

Si on ne dépouillait pas encore les papes de tous les droits qu'ils avaient usurpés, du moins on sapait par les fondements l'édifice sur lequel la plupart de ces droits sont appuyés; on proscrivait partout la fameuse bulle *In cœna Domini*, qu'on a fulminée tous les ans à Rome sans discontinuation, depuis Paul III. Un cardinal-diacre la lit à la porte de Saint-Pierre, le jour qu'on appelle du jeudi saint, et le pape jette un flambeau allumé dans la place publique, pour marquer au peuple chrétien que Dieu brûlera ainsi dans l'enfer quiconque violera les lois portées par la bulle *In cœna Domini*.

C'est dans cette bulle, n° 14, qu'on excommunie d'une excommunication majeure :

« Les chanceliers, conseillers ordinaires ou extraordinaires de quelques rois et princes que ce puisse être, les présidents des chancelleries, conseils, parlements, comme aussi les procureurs généraux qui évoquent à eux les causes ecclésiastiques, ou qui empêchent l'exécution des lettres apostoliques, même quand ce serait sous le prétexte d'empêcher quelque violence. »

Par le même article le pape se réserve à lui seul « d'absoudre lesdits chanceliers, conseillers, procureurs généraux, et autres excommuniés, lesquels ne pourront être absous qu'après qu'ils auront publiquement révoqué leurs arrêts, et les auront arrachés des registres. »

Cette bulle avait été déjà fulminée par le violent Jules II, mais on n'avait point encore fait une loi de la publier tous les ans. Ce fut Paul III qui institua cet usage, et qui la fit imprimer dans le *Bullaire* avec des additions aggravantes. Il est étrange que Charles-Quint, qui avait saccagé Rome et tenu un pape en prison, laissât subsister une cérémonie absurde et méprisée à la vérité, mais injurieuse à la majesté de l'empire et à tous les rois.

L'insulte faite à l'infant duc de Parme réveilla l'Europe catholique, après plus de deux cents ans d'assoupissement. Le ministère autrichien, à l'exemple du parlement de Paris, flétrit et supprima la bulle dans tous ses États. Le ministère de Naples en fit autant. Tous les conseils des princes ouvrirent les yeux; enfin, après avoir chassé les jésuites de tant d'États, on vit partout de quelle importance il est de diminuer cette prodigieuse multitude de moines qui sont, dans toutes les sociétés catholiques, les soldats du pape payés aux dépens des peuples. La sage république de Venise se signala surtout par des lois qui mettent un frein à la multitude des moines et à leur rapacité.

Voilà ce que le pape Rezzonico attira à la cour de Rome pour avoir écouté de mauvais conseils, et pour n'avoir pas fait réflexion que nous sommes au XVIII° siècle. Ce pape, plus vertueux qu'éclairé, mourut bientôt après : on attribua sa mort au chagrin, quoique rarement ce soit la maladie des vieillards.

Le ministre qu'on appelle en France *des affaires étrangères*, et qu'on nommait sous Louis XIV ministre des étrangers, secondé du cardinal de Bernis, eut le crédit à Rome de faire nommer un pape dont on espéra plus de circonspection. Le cardinal de Bernis joignait à l'habileté dont les Italiens se piquent une érudition littéraire, un goût et un génie dont le sacré collége ne se pique plus guère, et qu'on n'avait retrouvé que dans le feu cardinal Passionei. Ce fut lui qui fit le pape Clément XIV, et qui forma son conseil.

Ce pape, qui avait été franciscain, s'appelait Ganganelli, comme nous l'avons déjà dit; il était réputé très-sage et très-circonspect, au-dessus des préjugés monastiques, et capable de soutenir par sa sagesse le colosse du pontificat, qui semblait menacé de sa chute. C'est lui qui a enfin aboli la Société de Jésus par sa bulle de l'année 1773. Il acheva par là de convaincre toutes les nations qu'il est aussi aisé de détruire les moines que de les instituer; et il fit espérer qu'on pourrait un jour diminuer dans l'Europe cette foule d'hommes inutiles aux autres et à eux-mêmes, qui font vœu de vivre aux dépens de ceux qui travaillent, et qui, ayant été autrefois très-dangereux, ne passent aujourd'hui que pour ridicules dans l'esprit de la plupart des pères de famille.

Lorsque le pape Ganganelli eut cassé la Société de Jésus, et qu'il eut promis de ne plus fulminer chaque année la bulle *In cœna Domini*, on lui rendit Avignon et Bénévent avec Ponte-Corvo. Sa prudence guérit le mal que son prédécesseur avait fait à Rome.

CHAP. XL. — *De la Corse.*

Ces petits démêlés avec la cour de Rome ne coûtaient que de l'encre et du papier; mais il fallut de l'or et du sang pour soumettre l'île de Corse au pouvoir du roi de France.

Il est à propos de donner quelque idée de cette île. Il faut bien que le terrain n'en soit pas aussi ingrat, ni la possession aussi inutile qu'on le disait, puisque tous ses voisins en ont toujours recherché la domination.

Les Carthaginois s'en étaient emparés avant leurs guerres contre les Romains. Cornelius Scipion en fit la conquête dès la première guerre punique, les Romains en demeurèrent longtemps les maîtres; ils y bâtirent plusieurs villes. Les Goths l'enlevèrent aux Romains. Les Arabes la conquirent ensuite sur les Goths.

Quelques seigneurs de la nouvelle Rome en chassèrent les Sarrasins du temps du pape Pascal II. Les papes commencèrent dès lors à prétendre qu'il n'appartenait qu'à eux de donner des royaumes en qualité de vicaires de Jésus-Christ, dont le royaume n'était pourtant pas de ce monde. On croit communément que Grégoire VII fut le premier qui établit la chimère d'une monarchie sainte et universelle. On ne songe pas qu'Eginhard lui-même, le secrétaire de Charlemagne, dit que le pape Étienne déposa le roi des Francs Chilpéric, et donna le royaume des Francs au maire du palais Pépin, père de Charlemagne. Pascal II donna la Corse à un de ces conquérants, nommé Bianco, et s'en réserva l'hommage. L'île resta peuplée d'anciens Carthaginois, d'Arabes et de naturels du pays. Les Pisans et les Génois s'en disputèrent ensuite la possession. Le pape Urbain II la donna aux Pisans par une bulle dont l'original est encore, dit-on, à Florence. Les Génois, malgré la bulle, s'établirent dans une partie de l'île au XIIᵉ siècle.

Un Alfonse, roi d'Aragon, en chassa pendant quelque temps les Génois, qui l'en chassèrent à leur tour en 1354. Les Corses alors se firent de leur plein gré sujets de Gênes, parce qu'ils étaient très-pauvres et qu'elle était très-riche.

Dans le cours de toutes ces révolutions, les villes bâties par les anciens Romains tombèrent en ruine, et les peuples furent plongés dans la barbarie et dans la misère. C'est le portrait de presque toutes les nations chrétiennes depuis l'invasion des barbares, excepté Constantinople, et des villes d'Italie, comme Rome, Venise, Florence, Milan, et très-peu d'autres, qui conservèrent la police et les arts bannis partout ailleurs.

C'était plutôt aux Corses à conquérir Pise et Gênes qu'à Gênes et à Pise de subjuguer les Corses, car ces insulaires étaient plus robustes et plus braves que leurs dominateurs; ils n'avaient rien à perdre; une république de guerriers pauvres et féroces devait vaincre aisément des marchands de Ligurie, par la même raison que les Huns, les Goths, les Hérules, les Vandales, qui n'avaient que du fer, avaient subjugué les nations qui possédaient l'or. Mais les Corses ayant toujours été désunis et sans discipline, partagés en factions mortellement ennemies, furent toujours subjugués par leur faute.

Ce fut une triste condition pour les habitants d'un pays qui porte le titre de royaume, d'être sujets d'une république qui ne savait pas elle-même si elle était libre; car non-seulement le protocole de l'empire a toujours regardé Gênes comme sa sujette; mais, lorsque Gênes se donna au roi de France Charles VI; lorsque, ayant massacré les Français, elle se donna, en 1409, à un simple marquis de Montferrat, et ensuite à un duc de Milan; lorsqu'elle se soumit à Charles VII et à Charles VIII; lorsqu'elle fut au nombre des sujets de Louis XII, et même de sujets punis pour leur désobéissance, il se trouvait que les Corses étaient sujets de sujets non moins humiliés qu'eux-mêmes; ce qui est, après la condition d'esclave, la plus humiliante qu'on puisse imaginer.

Lorsque les Génois furent véritablement libres, en 1553[1], grâce à la mauvaise conduite de François Ier et au généreux courage de François Doria, l'homme qui, dans l'Europe moderne, a le plus illustré le nom de citoyen; alors les Corses furent plus esclaves que jamais; le poids de leurs chaînes étant devenu insupportable, leur malheur ranima leur courage. La famille d'Ornano, qui depuis se réfugia et brilla en France, voulut faire en Corse ce que les Doria avaient fait à Gênes, rendre la liberté à leur patrie, et cette famille d'Ornano était digne d'un si noble projet; elle n'y réussit pas : le plus grand courage et les meilleures mesures ont besoin de la fortune. Le roi de France Henri II, qui secourait déjà les Corses, pour les subjuguer peut-être, fut tué dans un tournoi.

Les d'Ornano, n'ayant plus l'appui dangereux de la cour de France, en implorèrent un plus dangereux encore, celui des Ottomans. Mais la Porte dédaigna de se mêler des querelles de deux petits peuples qui se disputaient des rochers sur les côtes d'Italie. Les Corses restèrent asservis aux Génois; plus ces insulaires avaient voulu secouer leur joug, plus Gênes l'appesantit.

Les Corses furent longtemps gouvernés par une loi qui ressemblait à la loi veimique ou westphalienne de Charlemagne, loi par laquelle le commissaire délégué dans l'île condamnait à mort ou aux galères, sur une information secrète, sans interroger l'accusé, sans mettre la moindre formalité dans son jugement. La sentence était conçue en ces termes dans un registre secret : « Étant informé en ma conscience que tels et tels sont coupables, je les condamne à mort. » Il n'y avait pas plus de formalité dans l'exécution que dans la sentence. Il est inconcevable que Charlemagne ait imaginé une telle procédure qui a duré cinq cents ans en Westphalie, et qui ensuite a été imitée chez les Corses. Ces insulaires s'assassinaient continuellement les uns les autres, et leur juge faisait ensuite assassiner les survivants sur l'information de sa conscience; c'est des deux côtés le dernier degré de la barbarie. Les Corses avaient besoin d'être policés, et on les écrasait; il fallait les adoucir, et on les rendait encore plus farouches. Une haine atroce et indestructible s'invétéra entre eux et leurs maîtres, et fut une seconde nature. Il y eut douze soulèvements que les Corses appelèrent *efforts de liberté*, et les Génois *crimes de haute trahison*. Depuis l'année 1725 ce ne furent que séditions, châtiments, soulèvements, déprédations, meurtres de citoyens corses assassinés par leurs concitoyens. Croirait-on bien que, dans une requête envoyée au roi de France par les chefs corses en 1738, il est dit qu'il y eut vingt-six mille assassinats sous le gouvernement des seize derniers commissaires génois, et dix-sept cents depuis deux années ? Les plaignants ajoutaient que les commissaires de Gênes connivaient à ces crimes pour ramasser plus de confiscations et d'amendes. L'accusation semblait exagérée, mais il en

1. 1528. (ÉD.)

résultait que le gouvernement était mauvais, et les peuples plus mauvais encore. La Corse coûtait au sénat de Gênes beaucoup plus de trésors et d'embarras qu'elle ne valait; il pouvait dire des Corses ce que Louis XI dit de Gênes quand elle voulut se donner à lui : il la donna au diable.

Dès l'année 1729 la guerre était ouverte, comme entre deux nations rivales et irréconciliables. Gênes implora le secours de Charles VI, en qualité de seigneur suzerain qui doit protéger ses vassaux : à cette raison elle joignit de l'argent, et l'empereur envoya des troupes. Un prince de la maison de Virtemberg, brave guerrier et homme généreux, fit mettre les armes bas aux Corses; il ménagea un accommodement entre eux et les Génois en 1732; mais ce ne fut qu'une trêve bientôt rompue par l'animosité des deux partis.

Les Corses commençaient à avoir des chefs très-intelligents, tels qu'il s'en forme toujours dans les guerres civiles, un Giafferi, un Hyacinthe Paoli, un Rivalora, et surtout un chanoine nommé Orticone, qui eut quelque temps la principale influence; mais ces chefs ne pouvaient encore changer en un gouvernement régulier l'anarchie tumultueuse qui désolait et dépeuplait cette île.

Les Corses, chez qui l'assassinat était alors plus commun qu'il ne l'avait été au xv° siècle dans le continent de l'Italie, étaient aussi dévots que les autres Italiens, et plusieurs prêtres parmi eux assassinaient en disant leur chapelet. Les chefs convoquèrent, en 1735, une assemblée générale, dans laquelle on donna la Corse à la Vierge Marie, qui ne parut pas accepter cette couronne. On brûla les lois génoises, et on décerna peine de mort contre quiconque proposerait de traiter avec Gênes. Hyacinthe Paoli et Giafferi furent déclarés généraux.

A peine les Corses se furent-ils mis en république sous les ordres de la Vierge, qu'un aventurier de la Basse-Allemagne vint se faire roi de Corse, sans la consulter; c'était un pauvre baron de Westphalie, nommé Théodore de Neuhoff, frère d'une dame établie en France à la cour de la duchesse d'Orléans. Cet homme ayant voyagé en Espagne, et ayant eu quelque intelligence avec un envoyé de Tunis, passa lui-même en Afrique, persuada le bey qu'il pourrait lui soumettre la Corse, si le bey voulait lui donner seulement un vaisseau de dix canons, quatre mille fusils, mille sequins, et quelques provisions. La régence de Tunis fut assez simple pour les donner. Il arriva à Livourne sur un bâtiment qui portait un faux pavillon anglais, vendit le vaisseau, et écrivit aux chefs des Corses que, si on voulait le choisir lui-même pour roi, il promettait de chasser les Génois de l'île avec le secours des principales puissances de l'Europe, dont il était sûr.

Il faut qu'il y ait des temps où la tête tourne à la plupart des hommes. Sa proposition fut acceptée. Le baron Théodore aborda, le 15 mars 1736, au port d'Aléria, vêtu à la turque, et coiffé d'un turban. Il débuta par dire qu'il arrivait avec des trésors immenses, et pour preuve, il répandit parmi le peuple une cinquantaine de sequins en monnaie de billon. Ses fusils, sa poudre, qu'il distribua, furent les preuves de sa puissance. Il donna des souliers de bon cuir, magnificence ignorée en

Corse. Il aposta des courriers qui venaient de Livourne sur des barques, et qui lui apportaient de prétendus paquets des puissances d'Europe et d'Afrique. On le prit pour un des plus grands princes de la terre; il fut élu roi; on frappa quelques monnaies de cuivre à son coin; il eut une cour et des secrétaires d'État. Ce qui accrut principalement sa réputation et son pouvoir, c'est que le sénat génois mit sa tête à prix. Mais au bout de huit mois, les principaux Corses ayant reconnu le personnage, et le peu d'argent qu'il avait étant épuisé, il partit pour aller, disait-il, chercher les plus puissants secours.

Réfugié dans Amsterdam, un de ses créanciers le fit mettre en prison. Cette disgrâce ne le rebuta point; il fit de nouvelles dupes du fond de sa prison même. Il ressemblait en cela à un marquis Dammi de Conventiglio, qui, dans le même temps, parcourait toutes les cours, faisant de l'or pour les princes et les seigneurs qui en avaient besoin, et se faisait mettre en prison dans toutes les capitales de l'Europe.

Cependant les Génois sollicitèrent, en 1737, les bons offices de la France. Le cardinal de Fleury, qui avait pacifié les troubles de Genève, voulut aussi être l'arbitre de la paix entre Gênes et la Corse. Il fit partir le comte de Boissieux, neveu du maréchal de Villars, avec quelques troupes et des articles de pacification. Ce fut alors que les mécontents envoyèrent au roi cette supplique dont on a déjà parlé, dans laquelle ils se plaignaient de dix-sept cents assassinats commis en deux ans dans leur île; ce qui n'était pas une apologie de leur parti. Cette requête était d'ailleurs recommandable par une éloquence agreste qui l'emporte sur l'art oratoire, et par des sentiments de liberté si peu connus dans les cours. « Si vos ordres souverains, disaient-ils, nous obligent de nous soumettre à Gênes, allons, buvons à la santé du roi très-chrétien ce calice amer, et mourons. »

On dressa à Versailles, au nom de l'empereur et du roi, un plan qui fut signé du ministre du roi et du prince de Lichtenstein, ambassadeur de l'empereur. Les conventions en paraissaient équitables. On abolissait surtout ce droit que les commissaires de la république génoise s'étaient arrogé, de condamner à la potence ou aux galères sur le simple témoignage de leur conscience : mais on désarmait, par un article, tous les habitants de la Corse. Ils ne voulurent point du tout être désarmés, et résolurent de mourir plutôt que de boire à la santé du roi très-chrétien.

Le roi Théodore leur promettait toujours, de sa prison d'Amsterdam, qu'il viendrait les délivrer bientôt du joug de Gênes et de l'arbitrage de la France. En effet, il trouva le secret de tromper des juifs et des négociants étrangers établis dans Amsterdam, comme il avait trompé Tunis et la Corse; il les engagea non-seulement à payer ses dettes, mais à charger un vaisseau d'armes, de poudre, de munitions de guerre et de bouche, avec beaucoup de marchandises, leur persuadant qu'ils feraient seuls tout le commerce de la Corse, et leur faisant envisager des profits immenses. L'intérêt leur ôtait la raison, mais Théodore n'était pas moins fou qu'eux : il s'imaginait qu'en débarquant en Corse des armes, et paraissant avec quelque argent, toute l'île se rangerait incontinent sous ses drapeaux, malgré les Français et les Génois. Il ne put aborder : il se sauva à Livourne, et ses créanciers de Hollande furent ruinés.

Il se réfugia bientôt en Angleterre ; il fut mis en prison pour ses dettes à Londres, comme il l'avait été à Amsterdam. Il y resta jusqu'au commencement de l'année 1756. M. Walpole eut la générosité de faire pour lui une souscription moyennant laquelle il apaisa les créanciers, et délivra de prison ce prétendu monarque, qui mourut très-misérable le 2 décembre de la même année. On grava sur son tombeau, « que la fortune lui avait donné un royaume et refusé du pain. »

Dans le temps que ce Théodore avait fait sa seconde tentative pour régner sur les Corses, et qu'il avait essayé en vain d'aborder dans l'île, les insulaires firent bien voir qu'ils n'avaient pas besoin de lui pour se défendre. Ils avaient promis à Boissieux de lui apporter leurs armes : ils les apportèrent en effet le 12 décembre 1738, mais ce fut pour surprendre un poste de quatre cents Français qui ne put résister. Boissieux vint à leur secours : il fut repoussé et reconduit à coups de fusil jusque dans Bastia. Les Corses appelèrent cette journée *les vêpres corsiques*, quoique ce ne fût qu'une faible imitation des vêpres siciliennes.

Quelque temps après partit une flotte chargée de nouveaux bataillons, que le cardinal de Fleury envoyait pour pacifier la Corse par la voie des armes. La flotte fut dispersée par une horrible tempête ; deux vaisseaux furent brisés sur la côte ; quatre cents soldats, avec leurs officiers échappés au naufrage, tombèrent entre les mains de ceux qu'ils venaient assujettir, et furent dépouillés tout nus. Le chagrin que ressentit Boissieux de tant de disgrâces hâta sa mort, dont sa faible complexion le menaçait depuis longtemps. On n'a guère fait d'expédition plus malheureuse.

Enfin on fit partir le marquis de Maillebois, officier d'une grande réputation, et qui fut bientôt après maréchal de France. Celui-ci, accoutumé aux expéditions promptes, dompta les Corses en trois semaines dans l'année 1739.

Déjà l'on commençait à mettre dans l'île une police qu'on n'y avait point encore vue, lorsque la fatale guerre de 1741 désola la moitié de l'Europe. Le cardinal de Fleury, qui l'entreprit malgré lui, et dont le caractère était de croire soutenir de grandes choses par de petits moyens, mit de l'économie dans cette guerre importante. Il retira toutes les troupes qui étaient en Corse. Gênes, loin de pouvoir subjuguer l'île, fut elle-même accablée par les Autrichiens, réduite à une espèce d'esclavage, et plus malheureuse que la Corse, parce qu'elle tombait de plus haut.

Tandis que l'Europe était désolée pour la succession des États de la maison d'Autriche, et pour tant d'intérêts divers qui se mêlèrent à l'intérêt principal, les Corses s'affermirent dans l'amour de la liberté, et dans la haine pour leurs anciens maîtres. Gênes possédait toujours Bastia, la capitale de l'île, et quelques autres places ; les Corses avaient tout le reste : ils jouirent de leur liberté ou plutôt de leur licence, sous le commandement de Giafferi, élu par eux général, homme

célèbre par une valeur intrépide, et même par des vertus de citoyen.
Il fut assassiné en 1753. On ne manqua pas d'en accuser le sénat de
Gênes, qui n'avait peut-être nulle part à ce meurtre.

La discorde alors divisait tous les Corses. Les inimitiés entre les familles se terminaient toujours par des assassinats; mais on se réunis-
sait contre les Génois, et les haines particulières cédaient à la haine
générale. Les Corses avaient plus que jamais besoin d'un chef qui sût
diriger leur fureur et la faire servir au bien public.

Le vieux Hyacinthe Paoli, qui les avait commandés autrefois,
et qui était alors retiré à Naples, leur envoya son fils Pascal Paoli,
en 1755. Dès qu'il parut, il fut reconnu pour commandant général
de toute l'île, quoiqu'il n'eût que vingt-neuf ans. Il ne prétendit
pas le titre de roi comme Théodore, mais il le fut en effet à plusieurs égards, en se mettant à la tête d'un gouvernement démocra-
tique.

Quelque chose qu'on ait dit de lui, il n'est pas possible que ce
chef n'eût de grandes qualités. Établir un gouvernement régulier
chez un peuple qui n'en voulait point, réunir sous les mêmes lois
des hommes divisés et indisciplinés, former à la fois des troupes
réglées, et instituer une espèce d'université qui pouvait adoucir les
mœurs, établir des tribunaux de justice, mettre un frein à la fureur des assassinats et des meurtres, policer la barbarie, se faire
aimer en se faisant obéir, tout cela n'était pas assurément d'un
homme ordinaire. Il ne put en faire assez, ni pour rendre la Corse
libre, ni pour y régner pleinement; mais il en fit assez pour acquérir
de la gloire.

Deux puissances très-différentes l'une de l'autre entrèrent dans les
démêlés de Gênes et de la Corse. L'une était la cour de Rome, et
l'autre celle de France. Les papes avaient prétendu autrefois la souveraineté de l'île, et on ne l'oubliait pas à Rome. Les évêques corses
ayant pris le parti du sénat génois, et trois de ces évêques ayant
quitté leur patrie, le pape y envoya un visiteur général qui alarma
beaucoup le sénat de Gênes. Quelques sénateurs craignirent que Rome
ne profitât de ces troubles pour faire revivre ses anciennes prétentions
sur un pays que Gênes ne pouvait plus conserver; cette crainte était
aussi vaine que les efforts des Génois pour subjuguer les Corses. Le pape
qui envoyait ce visiteur était ce même Rezzonico, qui depuis éclata
si indiscrètement contre le duc de Parme; ce n'était pas un homme
à conquérir des royaumes : le sénat de Gênes ordonna qu'on empêchât
le visiteur d'aborder en Corse. Il n'y arriva pas moins au printemps
de 1760. Le général Paoli le harangua pour s'en faire un protecteur :
il fit brûler, sous la potence, le décret du sénat; mais il resta toujours le maître. Le visiteur ne put que donner des bénédictions, et
faire des règlements ecclésiastiques pour des prêtres qui n'en avaient
que le nom, et qui allaient quelquefois, au sortir de la messe, assassiner leurs camarades. Le ministère de France, plus agissant et plus
puissant que celui de Rome, fut prié d'assister encore Gênes de ses
bons offices. Enfin la cour de France envoya sept bataillons en Corse

dans l'année 1764, mais non pas pour agir hostilement. Ces troupes n'étaient chargées que de garder les places dont les Génois étaient encore en possession. Elles vinrent comme médiatrices. Il fut dit qu'elles y resteraient quatre ans, et en partie aux dépens du sénat pour quelques fournitures.

Le sénat espérait que la France s'étant chargée de garder ses places, il pourrait avec ses propres troupes suffire à regagner le reste de l'île; il se trompa : Paoli avait discipliné des soldats, en redoublant dans le peuple l'amour de la liberté. Il avait un frère qui passait pour un brave, et qui battit souvent les mercenaires de Gênes. Cette république perdit pendant quatre ans ses troupes et son argent, tandis que Paoli augmentait chaque jour ses forces et sa réputation. L'Europe le regardait comme le législateur et le vengeur de sa patrie.

Les quatre années du séjour des Français en Corse étant expirées, le sénat de Gênes connut enfin qu'il se consumait vainement dans une entreprise ruineuse, et qu'il lui était impossible de subjuguer les Corses.

Alors il céda tous ses droits sur la Corse à la couronne de France; le traité fut signé, au mois de juillet 1768, à Compiègne. Par ce traité, le royaume de Corse n'était pas absolument donné au roi de France, mais il était censé lui appartenir, avec la faculté réservée à la république de rentrer dans cette souveraineté, en remboursant au roi les frais immenses qu'il avait faits en faveur de la république. C'était en effet céder à jamais la Corse, car il n'était pas probable que les Génois fussent en état de racheter ce royaume; et il était encore moins probable que l'ayant racheté, ils pussent le conserver contre toute une nation qui avait fait serment de mourir plutôt que de vivre sous le joug de Gênes.

Ainsi donc, en cédant la vaine et fatale souveraineté d'un pays qui lui était à charge, Gênes faisait en effet un bon marché, et le roi de France en faisait un meilleur, puisqu'il était assez puissant pour se faire obéir dans la Corse, pour la policer, pour la peupler, pour l'enrichir, en y faisant fleurir l'agriculture et le commerce. De plus, il pouvait venir un temps où la possession de la Corse serait un grand avantage dans les intérêts qu'on aurait à démêler en Italie.

Il restait à savoir si les hommes ont le droit de vendre d'autres hommes : mais c'est une question qu'on n'examinera jamais dans aucun traité.

On commença par négocier avec le général Paoli. Il avait affaire au ministre de la politique et de la guerre; il savait que le cœur de ce ministre était au-dessus de sa naissance, que c'était l'homme le plus généreux de l'Europe, qu'il se conduisait avec une noblesse héroïque dans tous ses intérêts particuliers, et qu'il agirait avec la même grandeur d'âme dans les intérêts du roi son maître. Paoli pouvait s'attendre à des honneurs et à des récompenses, mais il était chargé du dépôt de la liberté de sa patrie. Il avait devant les yeux le jugement des nations : quel que fût son dessein, il ne voulait pas vendre la sienne; et quand il l'aurait voulu, il ne l'aurait pas pu. Les Corses étaient saisis d'un trop violent enthousiasme pour la liberté, et lui-même avait redoublé en eux cette passion si naturelle, devenue à la fois un devoir sacré et une espèce de fureur. S'il avait tenté seulement de la modérer, il aurait risqué sa vie et sa gloire.

Cette gloire n'était pas chez lui celle de combattre : il était plus législateur que guerrier ; son courage était dans l'esprit ; il dirigeait toutes les opérations militaires. Enfin il eut l'honneur de résister à un roi de France près d'une année. Aucune puissance étrangère ne le secourut. Quelques Anglais seulement, amoureux de cette liberté dont il était le défenseur et dont il allait être la victime, lui envoyèrent de l'argent et des armes ; car les Corses étaient mal armés : ils n'avaient point de fusils à baïonnette ; même quand on leur en fit tenir de Londres, la plupart des Corses ne purent s'en servir ; ils préférèrent leurs mousquetons ordinaires et leurs couteaux ; leur arme principale était leur courage. Ce courage fut si grand, que dans un des combats, vers une rivière nommée *le Golo*, ils se firent un rempart de leurs morts, pour avoir le temps de charger derrière eux avant de faire une retraite nécessaire ; leurs blessés se mêlèrent parmi les morts pour raffermir le rempart. On trouve partout de la valeur, mais on ne voit de telles actions que chez des peuples libres. Malgré tant de valeur ils furent vaincus. Le comte de Vaux, secondé du marquis de Marbœuf, soumit l'île en moins de temps que le maréchal de Maillebois ne l'avait domptée.

Le duc de Choiseul, qui dirigea toute cette entreprise, eut la gloire de donner au roi son maître une province qui peut aisément, si elle est bien cultivée, nourrir deux cent mille hommes, fournir de braves soldats, et faire un jour un commerce utile.

On peut observer que si la France s'accrut, sous Louis XIV, de l'Alsace, de la Franche-Comté, et d'une partie de la Flandre, elle fut augmentée, sous Louis XV, de la Lorraine et de la Corse.

Ce qui n'est pas moins digne de remarque, c'est que, par les soins du même ministre, les possessions de la France en Amérique acquirent un degré de force et de prospérité qui vaut de nouvelles acquisitions. Ces avantages furent dus au choix que l'on fit du comte d'Ennery pour administrer successivement toutes nos colonies. Il se trouvait officier général très-jeune, à la paix de 1762, et n'était connu alors que par ses talents pour la guerre. Le duc de Choiseul démêla en lui l'homme d'État. En effet le comte d'Ennery, pendant six années de gouvernement, ne cessa de montrer toutes les lumières et les vertus qui peuvent faire chérir et respecter l'autorité. « Tout le monde le craint, et il n'a encore fait de mal à personne, » écrivait-on de la Martinique. Partout il fit régner la justice, et il inspira l'amour de la gloire ; partout il animait le commerce et l'industrie. Il parvint à entretenir la concorde entre tous les États, ce qui est une chose bien rare. Il adoucit le triste sort des esclaves. Il fit défricher l'île de Sainte-Lucie, et par là il créa une colonie nouvelle.

Dans d'autres parties, en creusant des canaux il épura l'air, féconda la terre, fit naître de nouvelles richesses; et en même temps il pourvoyait à la sûreté et à l'embellissement de nos possessions.

Quelque temps après avoir été rappelé en France par le mauvais état de sa santé, il se dévoua à de nouveaux sacrifices, plutôt sollicités qu'exigés par un jeune monarque[1] qui lui écrivit de sa propre main : « Votre réputation seule me servira beaucoup à Saint-Domingue. »

Le comte d'Ennery avait mérité une confiance si honorable en rendant au roi un des plus importants services, celui de fixer, avec les Espagnols, les limites des deux nations. Cet administrateur, qui faisait tant d'honneur à la France, ne put résister aux funestes influences de ce climat brûlant. Sa perte fut une calamité publique pour toutes nos colonies, qui s'empressèrent de lui élever des monuments, et qui ne prononcent son nom qu'avec attendrissement et avec admiration.

Les Anglais, dont il avait acquis l'estime, et qui l'avaient souvent pris pour arbitre entre nos colonies et les leurs, avaient consacré le nom du comte d'Ennery par le plus juste et le plus flatteur de tous les éloges : « Cet homme ne fera ni ne souffrira jamais d'injustice. »

La récompense que reçut le duc de Choiseul pour tant de choses si grandes et si utiles qu'il avait faites, paraîtrait bien étrange si on ne connaissait les cours. Une femme[2] le fit exiler[3] lui et son cousin le duc de Praslin, après les services qu'ils avaient rendus à l'État, et après que le duc de Choiseul eut conclu le mariage du dauphin, petit-fils de Louis XV, depuis roi de France, avec la fille de l'impératrice Marie-Thérèse. C'était un grand exemple des vicissitudes de la fortune, que ce ministre eût réussi à ce mariage, peu d'années après que le maréchal de Belle-Isle eut armé une grande partie de l'Europe pour détrôner cette même impératrice, et qu'il n'eût réussi qu'à se faire prendre prisonnier. C'était une autre vicissitude, mais non pas surprenante, que le duc de Choiseul fût exilé.

Nous avons déjà vu que Louis XV avait le malheur de trop regarder ses serviteurs comme des instruments qu'il pouvait briser à son gré. L'exil est une punition, et il n'y a que la loi qui doive punir. C'est surtout un très-grand malheur pour un souverain de punir des hommes dont les fautes ne sont pas connues, dont les services le sont, et qui ont pour eux la voix publique, que n'ont pas toujours leurs maîtres.

CHAP. XLI. — *De l'exil du parlement de Paris, etc., et de la mort de Louis XV.*

Si les exils du duc de Choiseul, du duc de Praslin, du cardinal de Bernis, du comte d'Argenson, du garde des sceaux Machault, du comte de Maurepas, du duc de La Rochefoucauld, du duc de Châtillon, et de tant d'autres citoyens, n'avaient eu aucune cause légale, celui

---

1. Louis XVI. (ÉD.) — 2. Mme Du Barry. (ÉD.) — 3. Le 24 décembre 1770. (ÉD.)

du parlement de Paris et d'un grand nombre d'autres magistrats parut au moins en avoir une.

Qui aurait dit que ce corps antique, qui venait de détruire en France l'ordre des jésuites, éprouverait, bientôt après, non-seulement un exil rigoureux, mais serait détruit lui-même ? C'est une grande leçon aux hommes, si jamais les leçons peuvent servir.

Nous avons vu que, sous Louis XIV, le parlement ne fut point exilé après la guerre de la Fronde. Nous avons vu que les troubles de la Fronde n'avaient commencé que par les oppositions de cette compagnie à une très-mauvaise administration des finances; et que ces oppositions, d'abord légitimes dans leur principe, se tournèrent bientôt en une révolte ouverte et en une guerre civile. Nous avons vu que, sous Louis XV, il n'y eut ni guerre ni révolte; mais qu'une administration des finances plus malheureuse encore, jointe au ridicule de la bulle *Unigenitus*, occasionnèrent les résistances opiniâtres du parlement aux ordres du roi. On sait qu'il fut cassé le 13 avril 1771. Après quoi cette cour des pairs a été rétablie par le roi Louis XVI, avec quelques modifications nécessaires.

Un autre exemple de la fatalité qui gouverne le monde fut la mort de Louis XV. Il n'avait point profité de l'exemple de ceux qui avaient prévenu le danger mortel de la petite vérole en se la donnant, et surtout du premier prince du sang, le duc d'Orléans, qui avait eu le courage de faire inoculer ses enfants. Cette méthode était très-combattue en France, où la nation, toujours asservie à d'anciens préjugés, est presque toujours la dernière à recevoir les vérités et les usages utiles qui lui viennent des autres pays.

Sur la fin d'avril 1774, ce roi allant à la chasse rencontre le convoi d'une personne qu'on portait en terre; la curiosité naturelle qu'il avait pour les choses lugubres le fait approcher du cercueil; il demande qui on va enterrer; on lui dit que c'est une jeune fille morte de la petite vérole. Dès ce moment, il est frappé à mort sans s'en apercevoir.

Deux jours après, son chirurgien-dentiste, en examinant ses gencives, y trouve un caractère qui annonce une maladie dangereuse; il en avertit un homme attaché au roi; sa remarque est négligée; la petite vérole la plus funeste se déclare. Plusieurs de ses officiers sont attaqués de la même maladie, soit en le soignant, soit en s'approchant de son lit, et en meurent. Trois princesses, ses filles, que leur tendresse et leur courage retiennent auprès de lui, reçoivent les germes du poison qui dévore leur père, et éprouvent bientôt le même mal et le même danger, dont heureusement elles réchappèrent.

Louis XV meurt la nuit du 10 de mai. On couvre son corps de chaux, et on l'emporte, sans aucune cérémonie, à Saint-Denis, auprès du caveau de ses pères.

L'histoire n'omettra point que le roi, son petit-fils, le comte de Provence, et le comte d'Artois, frères de Louis XVI, tous trois dans une grande jeunesse, apprirent aux Français, en se faisant inoculer, qu'il faut braver le danger pour éviter la mort. La nation fut touchée et instruite. Tout ce que Louis XVI fit depuis, jusqu'à la fin de 1774, le rendit encore plus cher à toute la France.

CHAP. XLII. — *Des lois.*

Les esprits s'éclairèrent dans le siècle de Louis XIV et dans le suivant, plus que dans tous les siècles précédents. On a vu combien les arts et les lettres s'étaient perfectionnés. La nation ouvrit les yeux sur les lois, ce qui n'était point encore arrivé. Louis XIV avait signalé son règne par un code qui manquait à la France; mais ce code regardait plutôt l'uniformité de la procédure que le fond des lois, qui devait être commun à toutes les provinces, uniforme, invariable, et n'avoir rien d'arbitraire. La jurisprudence criminelle parut surtout tenir encore un peu de l'ancienne barbarie. Elle fut dirigée plutôt pour trouver des coupables que pour sauver des innocents. C'est une gloire éternelle pour le président de Lamoignon de s'être souvent opposé, dans la rédaction de l'ordonnance, à la cruauté des procédures; mais sa voix, qui était celle de l'humanité, fut étouffée par la voix de Pussort et des autres commissaires, qui fut celle de la rigueur.

Les hommes les plus instruits, dans nos derniers temps, ont senti le besoin d'adoucir nos lois, comme on a enfin adouci nos mœurs. Il faut avouer que dans ces mœurs il y eut autant de férocité que de légèreté et d'ignorance dans les esprits, jusqu'aux beaux jours de Louis XIV. Pour se convaincre de cette triste vérité, il ne faut que jeter les yeux sur le supplice d'Augustin de Thou et du maréchal de Marillac, sur l'assassinat du maréchal d'Ancre, sur sa veuve, condamnée aux flammes, sur plus de vingt assassinats, ou médités, ou entrepris contre Henri IV, et sur le meurtre de ce bon roi. Les temps précédents sont encore plus funestes; vous remontez de l'horreur des guerres civiles et de la Saint-Barthélemy aux calamités du siècle de François Ier; et de là jusqu'à Clovis, tout est sauvage. Les autres peuples n'ont pas été plus humains: mais il n'y a guère eu de nation plus diffamée par les assassinats et les grands crimes que la française. On acheta longtemps ces crimes à prix d'argent; et ensuite les lois furent aussi atroces que les mœurs. Ce qui en fit la dureté, c'est que la manière de procéder fut presque entièrement tirée de la jurisprudence ecclésiastique. On en peut juger par le procès criminel des templiers, qui, à la honte de la patrie, de la raison et de l'équité, ne fut instruit que par des prêtres nommés par un pape.

Les hommes ayant été si longtemps gouvernés en bêtes farouches par des bêtes farouches, excepté peut-être quelques années sous saint Louis, sous Louis XII, et sous Henri IV, plus les esprits se sont civilisés, et plus ils ont frémi de la barbarie, dont il subsiste encore tant de restes. La torture, qu'aucun citoyen ni de la Grèce ni de Rome ne subit jamais, a paru aux jurisconsultes compatissants et sensés un supplice pire que la mort, qui ne doit être réservé que pour les Châtel et les Ravaillac, dont tout un royaume est intéressé à découvrir les complices. Elle a été abolie en Angleterre et dans une partie de l'Allemagne; elle est depuis peu proscrite dans un empire de deux mille lieues[1] : et s'il n'y a pas de plus grands crimes dans ces pays que parmi nous, c'est une preuve que la torture est aussi condamnable que les délits qu'on croit prévenir par elle, et qu'on ne prévient pas.

On s'est élevé aussi contre la confiscation. On a vu qu'il n'est pas juste de punir les enfants des fautes de leurs pères. C'est une maxime reçue au barreau, *qui confisque le corps, confisque les biens;* maxime en vigueur dans les pays où la coutume tient lieu de loi. Ainsi, par exemple, on y fait mourir de faim les enfants de ceux qui ont terminé volontairement leurs jours, comme les enfants des meurtriers. Ainsi, une famille entière est punie, dans tous les cas, pour la faute d'un seul homme.

Ainsi, lorsqu'un père de famille aura été condamné aux galères perpétuelles par une sentence arbitraire[2], soit pour avoir donné retraite chez soi à un prédicant, soit pour avoir écouté son sermon dans quelque caverne ou dans quelque désert, la femme et les enfants sont réduits à mendier leur pain.

Cette jurisprudence, qui consiste à ravir la nourriture aux orphelins, et à donner à un homme le bien d'autrui, fut inconnue dans tout le temps de la république romaine. Sylla l'introduisit dans ses proscriptions. Il faut avouer qu'une rapine inventée par Sylla n'était pas un exemple à suivre. Aussi cette loi, qui semblait n'être dictée que par l'inhumanité et l'avarice, ne fut suivie ni par César, ni par le bon empereur Trajan, ni par les Antonins, dont toutes les nations prononcent encore le nom avec respect et avec amour. Enfin, sous Justinien, la confiscation n'eut lieu que pour le crime de lèse-majesté.

Il semble que, dans les temps de l'anarchie féodale, les princes et les seigneurs des terres, étant très-peu riches, cherchassent à augmenter leur trésor par les condamnations de leurs sujets, et qu'on voulût leur faire un revenu du crime. Les lois, chez eux, étant arbitraires, et la jurisprudence romaine ignorée, les coutumes, ou bizarres, ou cruelles, prévalurent. Mais aujourd'hui que la puissance des souverains est fondée sur des richesses immenses et assurées, leur trésor n'a pas besoin de s'enfler des faibles débris d'une famille malheureuse. Ils sont abandonnés, pour l'ordinaire, au premier qui les demande. Mais est-ce à un citoyen à s'engraisser des restes du sang d'un autre citoyen ?

La confiscation n'est point admise dans les pays où le droit romain est établi, excepté le ressort du parlement de Toulouse. Elle ne l'est point dans quelques pays coutumiers, comme le Bourbonnais, le Berry, le Maine, le Poitou, la Bretagne, où du moins elle respecte les immeubles. Elle était établie autrefois à Calais, et les Anglais l'abolirent lorsqu'ils en furent les maîtres. Il est étrange que les habitants de la capitale vivent sous une loi plus rigoureuse que ceux des petites villes:

---

1. En Russie. (ÉD.)
2. Voy. l'édit de 1724, 14 mai, publié à la sollicitation du cardinal de Fleury, et revu par lui.

tant il est vrai que la jurisprudence a été souvent établie au hasard, sans régularité, sans uniformité, comme on bâtit des chaumières dans un village.

Qui croirait que, l'an 1673, dans le plus beau siècle de la France, l'avocat général Omer Talon ait parlé ainsi en plein parlement, au sujet d'une demoiselle de Canillac[1]?

« Au chap. XIII du *Deutéronome*, Dieu dit : « Si tu te rencontres dans « une ville et dans un lieu où règne l'idolâtrie, mets tout au fil de l'épée, « sans exception d'âge, de sexe, ni de condition. Rassemble dans les « places publiques toutes les dépouilles de la ville, brûle-la tout entière « avec ses dépouilles, et qu'il ne reste qu'un monceau de cendres de « ce lieu d'abomination. En un mot, fais-en un sacrifice au Seigneur, « et qu'il ne demeure rien en tes mains des biens de cet anathème. »

« Ainsi, dans le crime de lèse-majesté, le roi était maître des biens, et les enfants en étaient privés. Le procès ayant été fait à Naboth, *quia maledixerat regi*, le roi Achab se mit en possession de son héritage. David étant averti que Miphibozeth s'était engagé dans la rébellion, donna tous ses biens à Sibâ, qui lui en apporta la nouvelle : *Tua sint omnia quæ fuerunt Miphibozeth.* »

Il s'agit de savoir qui héritera des biens de Mlle de Canillac, biens autrefois confisqués sur son père, abandonnés par le roi à un garde du trésor royal, et donnés ensuite par le garde du trésor royal à la testatrice. Et c'est sur ce procès d'une fille d'Auvergne, qu'un avocat général s'en rapporte à Achab, roi d'une partie de la Palestine, qui confisqua la vigne de Naboth, après avoir assassiné le propriétaire par le poignard de la justice; action abominable, qui est passée en proverbe, pour inspirer aux hommes l'horreur de l'usurpation. Assurément la vigne de Naboth n'avait aucun rapport avec l'héritage de Mlle de Canillac. Le meurtre et la confiscation des biens de Miphibozeth, petit-fils du roitelet juif Saül, et fils de Jonathas, ami et protecteur de David, n'ont pas une plus grande affinité avec le testament de cette demoiselle.

C'est avec cette pédanterie, avec cette démence de citations étrangères au sujet, avec cette ignorance des principes de la nature humaine, avec ces préjugés mal conçus et mal appliqués, que la jurisprudence a été traitée par des hommes qui ont eu de la réputation dans leur sphère. On laisse aux lecteurs à se dire ce qu'il est superflu qu'on leur dise.

Si un jour les lois humaines adoucissent en France quelques usages trop rigoureux, sans pourtant donner des facilités au crime, il est à croire qu'on réformera aussi la procédure dans les articles où les rédacteurs ont paru se livrer à un zèle trop sévère. L'ordonnance criminelle ne devrait-elle pas être aussi favorable à l'innocent que terrible au coupable? En Angleterre, un simple emprisonnement fait mal à propos est réparé par le ministre qui l'a ordonné : mais en France, l'innocent qui a été plongé dans les cachots, qui a été appliqué à la

1. *Journal du Palais*, t. I, p. 444.

torture, n'a nulle consolation à espérer, nul dommage à répéter contre personne, quand c'est le ministère public qui l'a poursuivi; il reste flétri pour jamais dans la société. L'innocent flétri! et pourquoi? parce que ses os ont été brisés! il ne devrait exciter que la pitié et le respect. La recherche des crimes exige des rigueurs : c'est une guerre que la justice humaine fait à la méchanceté; mais il y a de la générosité et de la compassion jusque dans la guerre. Le brave est compatissant; faudrait-il que l'homme de loi fût barbare?

Comparons seulement ici en quelques points la procédure criminelle des Romains avec la française.

Chez les Romains, les témoins étaient entendus publiquement en présence de l'accusé, qui pouvait leur répondre, les interroger lui-même ou leur mettre en tête un avocat. Cette procédure était noble et franche; elle respirait la magnanimité romaine.

Chez nous tout se fait secrètement. Un seul juge, avec son greffier, entend chaque témoin l'un après l'autre. Cette pratique, établie par François Ier, fut autorisée par les commissaires qui rédigèrent l'ordonnance de Louis XIV en 1670. Une méprise seule en fut la cause.

On s'était imaginé, en lisant le code *De testibus*, que ces mots[1] *testes intrare judicii secretum*, signifiaient que les témoins étaient interrogés en secret. Mais *secretum* signifie ici le cabinet du juge. *Intrare secretum*, pour dire parler secrètement, ne serait pas latin. Ce fut un solécisme qui fit cette partie de notre jurisprudence. Quelques jurisconsultes, à la vérité, ont assuré que le *contumax* ne devait pas être condamné si le crime n'était pas clairement prouvé; mais d'autres jurisconsultes, moins éclairés, et peut-être plus suivis, ont eu une opinion contraire; ils ont osé dire que la fuite de l'accusé était une preuve du crime; que le mépris qu'il marquait pour la justice, en refusant de comparaître, méritait le même châtiment que s'il était convaincu. Ainsi, suivant la secte des jurisconsultes que le juge aura embrassée, l'innocent sera absous ou condamné.

Il y a bien plus : un juge subalterne fait souvent dire ce qu'il veut à un homme de campagne; il le fait déposer suivant les idées qu'il a lui-même conçues; il lui dicte ses réponses sans s'en apercevoir. J'en ai vu plus d'un exemple. Si, à la confrontation, le témoin se dédit, il est puni, et il est forcé d'être calomniateur, de peur d'être traité comme parjure. Et on a vu des innocents condamnés, parce que des témoins imbéciles et timides n'avaient pas su d'abord s'expliquer, et ensuite n'avaient pas osé se rétracter. La jurisprudence criminelle de France tend des pièges continuels aux accusés. Il semble que Pussort et le chancelier Boucherat aient été les ennemis des hommes.

C'est d'ailleurs un grand abus dans la jurisprudence française, que l'on prenne souvent pour loi les rêveries et les erreurs, quelquefois cruelles, d'écrivains sans mission, qui ont donné leurs sentiments pour des lois.

La vie des hommes semble trop abandonnée au caprice. Quand de

---

1. Voy. Bornier, titre VI, article 11, *Des informations.*

trente juges il y en a dix dont la voix n'est point pour la mort, faudra-t-il que les vingt autres l'emportent? Il est clair que le crime n'est point avéré ou qu'il ne mérite pas le dernier supplice, si un tiers d'hommes sensés réclame contre cette sévérité. Quelques voix de plus ne doivent point suffire pour faire mourir cruellement un citoyen. En général, il faut avouer qu'on a tué trop souvent nos compatriotes avec le glaive de la justice. Quand elle condamne un innocent, c'est un assassinat juridique et le plus horrible de tous. Quand elle punit de mort une faute qui n'attire chez d'autres nations que des châtiments plus légers, elle est cruelle et n'est pas politique. Un bon gouvernement doit rendre les supplices utiles. Il est sage de faire travailler les criminels au bien public; leur mort ne produit aucun avantage qu'aux bourreaux.

Sous le règne de Louis XIV, on a fait deux ordonnances, qui sont uniformes dans tout le royaume. Dans la première, qui a pour objet la procédure civile, il est défendu aux juges de condamner en matière civile sur défaut, quand la demande n'est pas prouvée; mais dans la seconde, qui règle la procédure criminelle, il n'est point dit que faute de preuves l'accusé sera renvoyé. Chose étrange! la loi dit qu'un homme à qui on demande quelque argent ne sera condamné par défaut qu'au cas que la dette soit avérée; mais s'il est question de la vie, c'est une controverse au barreau pour savoir si l'accusé sera condamné sans avoir été convaincu. On prononce presque toujours son arrêt; on regarde son absence comme un crime. On saisit ses biens; on le flétrit.

La loi semble avoir fait plus de cas de l'argent que de la vie : elle permet qu'un concussionnaire, un banqueroutier frauduleux, ait recours au ministère d'un avocat, et très-souvent un homme d'honneur est privé de ce secours! S'il peut se trouver une seule occasion où un innocent serait justifié par le ministère d'un avocat, n'est-il pas clair que la loi qui l'en prive est injuste?

Le premier président de Lamoignon disait contre cette loi, que « l'avocat ou conseil qu'on avait accoutumé de donner aux accusés n'est point un privilége accordé par les ordonnances ni par les lois; c'est une liberté acquise par le droit naturel, qui est plus ancien que toutes les lois humaines. La nature enseigne à tout homme qu'il doit avoir recours aux lumières des autres quand il n'en a pas assez pour se conduire, et emprunter du secours quand il ne se sent pas assez fort pour se défendre. Nos ordonnances ont retranché aux accusés tant d'avantages, qu'il est bien juste de leur conserver ce qui leur reste, et principalement l'avocat qui en fait la partie la plus essentielle. Que si l'on veut comparer notre procédure à celle des Romains et des autres nations, on trouvera qu'il n'y en a point de si rigoureuse que celle qu'on observe en France, particulièrement depuis l'ordonnance de 1539 [1]. »

Cette procédure est bien plus rigoureuse depuis l'ordonnance de

_____

1. *Procès-verbal de l'ordonnance*, p. 163.

1670. Elle eût été plus douce si le plus grand nombre des commissaires eût pensé comme M. de Lamoignon.

Plus on fut autrefois ignorant et absurde, plus on devint intolérant et barbare. L'absurdité a fait condamner aux flammes la maréchale d'Ancre; elle a dicté cent arrêts pareils. C'est l'absurdité qui a été la première cause de la Saint-Barthélemy. Quand la raison est pervertie, l'homme devient nécessairement brute, la société n'est plus qu'un mélange de bêtes qui se dévorent tour à tour, et de singes qui jugent des loups et des renards. Voulez-vous changer ces bêtes en hommes, commencez par souffrir qu'ils soient raisonnables.

L'anarchie féodale ne subsiste plus, et plusieurs de ses lois subsistent encore; ce qui met dans la législation française une confusion intolérable.

Jugera-t-on toujours différemment la même cause en province et dans la capitale? Faut-il que le même homme ait raison en Bretagne et tort en Languedoc? Que dis-je? il y a autant de jurisprudences que de villes. Et dans le même parlement, la maxime d'une chambre n'est pas celle de la chambre voisine [1].

On s'attache aux lois romaines dans les pays de droit écrit, et dans les provinces régies par la coutume, lorsque cette coutume n'a rien décidé. Mais ces lois romaines sont au nombre de quarante mille, et sur ces quarante mille lois, il y a mille gros commentaires qui se contredisent.

Outre ces quarante mille lois, dont on cite toujours quelqu'une au hasard, nous avons cinq cent quarante coutumes différentes, en comptant les petites villes et même quelques bourgs, qui dérogent aux usages de la juridiction principale; de sorte qu'un homme qui court la poste, en France, change de lois plus souvent qu'il ne change de chevaux, comme on l'a déjà dit [2]; et qu'un avocat qui sera très-savant dans sa ville, ne sera qu'un ignorant dans la ville voisine.

Quelle prodigieuse contrariété entre les lois du même royaume! A Paris, un homme qui a été domicilié dans la ville pendant un an et un jour, est réputé bourgeois. En Franche-Comté, un homme libre qui a demeuré un an et un jour dans une maison mainmortable, devient esclave; ses collatéraux n'hériteraient pas de ce qu'il aurait acquis ailleurs; et ses propres enfants sont réduits à la mendicité, s'ils ont passé un an loin de la maison où le père est mort. La province est nommée franche; mais quelle franchise!

Ce qui est plus déplorable, c'est qu'en Franche-Comté, en Bourgogne, dans le Nivernais, dans l'Auvergne, et dans quelques autres provinces, les chanoines, les moines, ont des mainmortables, des esclaves. On a vu cent fois des officiers décorés de l'ordre militaire de Saint-Louis, et chargés de blessures, mourir serfs mainmortables d'un moine aussi insolent qu'inutile au monde. Ce mot de mainmortable vient, dit-on, de ce qu'autrefois, lorsqu'un de ces serfs décédait sans

---

1. Voy. sur cela le président Bouhier.
2. *Dialogue entre un plaideur et un avocat.* (Éd.)

laisser d'effets mobiliers que son seigneur pût s'approprier, on apportait au seigneur la main droite du mort, digne origine de cette domination. Il y eut plus d'un édit pour abolir cette coutume qui déshonore l'humanité; mais les magistrats qui possédaient des terres avec cette prérogative, éludèrent des lois qui n'étaient faites que pour l'utilité publique; et l'Église, qui a des serfs, s'opposa encore plus que la magistrature à ces lois sages. Les états généraux de 1615 prièrent vainement Louis XIII de renouveler les édits éludés de ses prédécesseurs, et de les faire exécuter. Le président de Lamoignon dressa un projet pour détruire cet usage, et pour dédommager les seigneurs; ce projet fut négligé[1].

De nos jours, le roi de Sardaigne a détruit cette servitude en Savoie; elle reste établie en France, parce que les maux des provinces ne sont pas sentis dans la capitale. Tout ce qui est loin de nos yeux ne nous touche jamais assez.

Quand on veut poser les limites entre l'autorité civile et les usages ecclésiastiques, quelles disputes interminables! où sont ces limites? qui conciliera les éternelles contradictions du fisc et de la jurisprudence? Enfin pourquoi, dans les causes criminelles, les arrêts ne sont-ils jamais motivés? y a-t-il quelque honte à rendre raison de son jugement?

1. Quelle que soit la première origine de la servitude de la glèbe, on ne peut la regarder dans l'état actuel que comme une condition sous laquelle la propriété d'une habitation, d'une terre, a été cédée au serf. Cette propriété a pu sans doute être usurpée par le seigneur; mais la prescription a couvert presque partout le vice du premier titre de propriété. C'est donc sous ce point de vue qu'il faut considérer la servitude. Toute convention dont l'exécution embrasse un temps indéterminé, rentre nécessairement dans la dépendance du législateur; il peut la rompre ou la modifier en conservant les droits primitifs de chacun. Ce droit du législateur dérive de la nature même des choses, qui changent continuellement. Le consentement du législateur ne peut même lui enlever ce droit, parce qu'il est également contre la nature qu'il puisse prendre un engagement éternel. Il n'est obligé alors que de se conformer aux droits primitifs des hommes, antérieurs aux lois civiles, et indépendants de ces lois. Dans le cas particulier que nous examinons, tout ce qu'on doit au seigneur est un dédommagement d'une valeur égale à ce qu'il perd par la suppression de la servitude, et, autant qu'il est possible, d'une nature semblable. Ainsi le législateur doit substituer aux corvées, aux droits éventuels, un revenu égal levé sur la terre et évalué en denrées, et non un remboursement ou une rente en monnaie. Sans doute le législateur a également le droit de rendre toute rente foncière remboursable à un taux fixé par la loi, mais il n'est ici question que de l'abolition de la servitude; celle des rentes féodales est un objet plus étendu, mais beaucoup moins pressant, parce qu'il n'en résulte qu'une perte pour l'État, et non une injustice.

Quant aux servitudes qui tombent sur ceux qui ne tiennent aucune terre du seigneur, elles doivent être abolies sans accorder aucun dédommagement, puisqu'elles sont une violation du droit naturel, contre lequel aucun usage, aucune loi ne peut prescrire.

Le dédommagement dont nous avons parlé ne peut au reste regarder que les seigneurs laïques; les biens ecclésiastiques appartiennent à la nation; et le législateur, qui a le droit absolu d'en disposer, peut faire pour leurs serfs tout ce qu'il peut faire pour ceux du domaine direct de l'État.

Observons enfin que jamais le dédommagement ne peut aller au delà du revenu net de la terre qui a été abandonnée par le seigneur, et doit être fixé un peu au-dessous. Quant aux opérations nécessaires pour former toutes les évaluations avec une justice rigoureuse, elles dépendent des principes connus de l'arithmétique politique. (*Éd. de Kehl.*)

Pourquoi ceux qui jugent au nom du souverain ne présentent-ils pas au souverain leurs arrêts de mort avant qu'on les exécute?

De quelque côté qu'on jette les yeux, on trouve la contrariété, la dureté, l'incertitude, l'arbitraire. Enfin la vénalité de la magistrature est un opprobre dont la France seule, dans l'univers entier, est couverte, et dont elle a toujours souhaité d'être lavée. On a toujours regretté, depuis François Ier, les temps où le simple jurisconsulte, blanchi dans l'étude des lois, parvenait, par son seul mérite, à rendre la justice qu'il avait défendue par ses veilles, par sa voix et par son crédit. Cicéron, Hortensius et le premier Marc Antoine, n'achetèrent point une charge de sénateur. En vain l'abbé de Bourzeys, dans son livre d'erreurs, intitulé *Testament politique du cardinal de Richelieu*, a-t-il prétendu justifier la vente des dignités de la robe; en vain d'autres auteurs, plus courtisans que citoyens, et plus inspirés par l'intérêt personnel que par l'amour de la patrie, ont-ils suivi les traces de l'abbé Bourzeys; une preuve que cette vente est un abus, c'est qu'elle ne fut produite que par un autre abus, par la dissipation des finances de l'État. C'est une simonie beaucoup plus funeste que la vente des bénéfices de l'Église: car si un ecclésiastique isolé achète un bénéfice simple, il n'en résulte ni bien ni mal pour la patrie, dans laquelle il n'a nulle juridiction; il n'est comptable à personne : mais la magistrature a l'honneur, la fortune et la vie des hommes entre ses mains. Nous cherchons dans ce siècle à tout perfectionner, cherchons donc à perfectionner les lois.

CHAP. XLIII. — *Des progrès de l'esprit humain dans le siècle de Louis XV.*

Un ordre entier de religieux aboli par la puissance séculière, la discipline de quelques ordres monastiques réformée par cette puissance, les divisions même entre toute la magistrature et l'autorité épiscopale, ont fait voir combien de préjugés se sont dissipés, combien la science du gouvernement s'est étendue, et à quel point les esprits se sont éclairés. Les semences de cette science utile furent jetées dans le dernier siècle; elles ont germé de tous côtés dans celui-ci jusqu'au fond des provinces, avec la véritable éloquence qu'on ne connaissait guère qu'à Paris, et qui tout d'un coup a fleuri dans plusieurs villes; témoin les discours sortis ou du parquet ou de l'assemblée des chambres de quelques parlements, discours qui sont des chefs-d'œuvre de l'art de penser et de s'exprimer, du moins à beaucoup d'égards. Du temps des d'Aguesseau, les seuls modèles étaient dans la capitale, et encore très-rares. Une raison supérieure s'est fait entendre dans nos derniers jours, du pied des Pyrénées au nord de la France. La philosophie, en rendant l'esprit plus juste et en bannissant le ridicule d'une parure recherchée, a rendu plus d'une province l'émule de la capitale.

En général le barreau a quelquefois mieux connu cette jurisprudence

1. Voy. les discours de MM. de Montelar, de La Chalotais, de Castilhon, de Servan, et d'autres.

universelle, puisée dans la nature, qui s'élève au-dessus de toutes les lois de convention ou de simple autorité, lois souvent dictées par les caprices ou par des besoins d'argent; ressources dangereuses plus que lois utiles, qui se combattent sans cesse, et qui forment plutôt un chaos qu'un corps de législation, ainsi que nous l'avons dit.

Les académies ont rendu service en accoutumant les jeunes gens à la lecture et en excitant par des prix leur génie avec leur émulation. La saine physique a éclairé les arts nécessaires; et ces arts ont commencé déjà à fermer les plaies de l'État, causées par deux guerres funestes. Les étoffes se sont manufacturées à moins de frais par les soins d'un des plus célèbres mécaniciens[1]. Un académicien encore plus utile[2], par les objets qu'il embrasse, a perfectionné beaucoup l'agriculture, et un ministre éclairé[3] a rendu enfin les blés exportables, commerce nécessaire défendu trop longtemps, et qui doit être contenu peut-être autant qu'encouragé.

Un autre académicien[4] a donné le moyen le plus avantageux de fournir à toutes les maisons de Paris l'eau qui leur manque; projet qui ne peut être rejeté que par la pauvreté, ou par la négligence, ou par l'avarice.

Un médecin[5] a trouvé enfin le secret longtemps cherché de rendre l'eau de la mer potable : il ne s'agit plus que de rendre cette expérience assez facile pour qu'on en puisse profiter en tout temps sans trop de frais.

Si quelque invention peut suppléer à la connaissance qui nous est refusée des longitudes sur la mer, c'est celle du plus habile horloger de France[6], qui dispute cette invention à l'Angleterre. Mais il faut attendre que le temps mette son sceau à toutes les découvertes. Il n'en est pas d'une invention qui peut avoir son utilité et ses inconvénients, d'une découverte qui ne peut être contestée, d'une opinion qui peut être combattue, comme de ces grands monuments des beaux-arts en poésie, en éloquence, en musique, en architecture, en sculpture, en peinture, qui forcent tout d'un coup le suffrage de toutes les nations et qui s'assurent ceux de la postérité par un éclat que rien ne peut obscurcir.

Nous avons déjà parlé du célèbre dépôt des connaissances humaines qui a paru sous le titre de *Dictionnaire encyclopédique*. C'est une gloire éternelle pour la nation, que des officiers de guerre sur terre et sur mer, d'anciens magistrats, des médecins qui connaissent la nature, de vrais doctes quoique docteurs, des hommes de lettres dont le goût a épuré les connaissances, des géomètres, des physiciens, aient tous concouru à ce travail aussi utile que pénible, sans aucune vue d'intérêt, sans même rechercher la gloire, puisque plusieurs cachaient leurs noms; enfin sans être ensemble d'intelligence, et par conséquent exempts de l'esprit de parti.

Mais ce qui est encore plus honorable pour la patrie, c'est que, dans

1. M. Vaucanson.— 2. M. Duhamel du Monceau. — 3. Turgot. (ÉD.)
4. M. de Parcieux. — 5. M. Poissonnier. — 6. M. Leroi.

ce recueil immense, le bon l'emporte sur le mauvais; ce qui n'était pas encore arrivé. Les persécutions qu'il a essuyées ne sont pas si honorables pour la France. Ce même malheureux esprit de formes, mêlé d'orgueil, d'envie et d'ignorance, qui fit proscrire l'imprimerie du temps de Louis XI, les spectacles sous le grand Henri IV, les commencements de la saine philosophie sous Louis XIII, enfin l'émétique et l'inoculation; ce même esprit, dis-je, ennemi de tout ce qui instruit et de tout ce qui s'élève, porta des coups presque mortels à cette mémorable entreprise; il est parvenu même à la rendre moins bonne qu'elle n'aurait été, en lui mettant des entraves, dont il ne faut jamais enchaîner la raison; car on ne doit réprimer que la témérité et non la sage hardiesse, sans laquelle l'esprit humain ne peut faire aucun progrès. Il est certain que la connaissance de la nature, l'esprit de doute sur les fables anciennes honorées du nom d'histoires, la saine métaphysique dégagée des impertinences de l'école, sont les fruits de ce siècle, et que la raison s'est perfectionnée [1].

1. Qu'il nous soit permis d'ajouter ici quelques traits au tableau tracé par M. de Voltaire. C'est dans ce siècle que l'aberration des étoiles fixes a été découverte par Bradley; que les géomètres sont parvenus à calculer les perturbations des comètes, et à prédire le retour de ces astres; que les mouvements des planètes ont été soumis à des calculs sinon rigoureux, du moins certains, et d'une exactitude égale à celle qu'on peut attendre des observations. Les principes généraux du mouvement des corps solides et des fluides ont été découverts par M. d'Alembert. Le problème de la précession des équinoxes, dont Newton n'avait pu donner qu'une solution incomplète, a été résolu par le même géomètre; et on lui doit encore la découverte d'un nouveau calcul nécessaire dans la théorie du mouvement des fluides et des corps flexibles. Les lois de la gradation de la lumière, trouvées par Bouguer; la découverte des lunettes acromatiques, dont la première idée est due à M. Euler; la méthode d'appliquer le prisme aux lunettes, de décomposer par ce moyen la lumière des étoiles, de mesurer avec plus d'exactitude les lois de la réfraction et de la diffraction, que l'on doit à M. l'abbé Rochon, avec de nouvelles méthodes de mesurer les angles et les distances, et des observations importantes sur la théorie de la vision; tous ces travaux sont autant de monuments du génie des savants qui ont illustré ce siècle.

Quels progrès n'avons-nous point faits dans la chimie, devenue une des branches les plus utiles et les plus étendues de nos connaissances! Nous avons su découvrir, analyser, soumettre aux expériences, ces fluides élastiques connus sous le nom d'airs, et dont le siècle dernier soupçonnait à peine l'existence; les phénomènes électriques ont encore été une source féconde de découvertes; la nature de la foudre a été connue, grâce à M. Franklin, et il nous a instruits à nous préserver de ses ravages. L'histoire naturelle est devenue une science nouvelle par les travaux des Linnée, des Rouelle, des Daubenton et de leurs disciples, tandis que l'éloquent historien de la nature en répandait le goût parmi les hommes de tous les États et de tous les pays. Les mathématiques ont fait par le génie des Bernouilli, des Euler, des d'Alembert et des La Grange, d'immenses progrès dont Newton et Leibnitz seraient eux-mêmes étonnés. Le calcul des probabilités, qui ne servait presque dans le siècle dernier qu'à calculer les chances des jeux de hasard, a été appliqué à des questions utiles au bonheur des hommes.

Les principes généraux de la législation, de l'administration des États, ont été découverts, analysés, et développés dans un grand nombre d'excellents ouvrages.

L'art tragique enfin, perfectionné par M. de Voltaire, est devenu un art vraiment moral; il a fait du théâtre une école d'humanité et de philosophie.

Si nous examinons ensuite les progrès des arts, nous compterons au nombre des avantages du même siècle la perfection de l'art de construire les vaisseaux,

Il est vrai que toutes les tentatives n'ont pas été heureuses. Des voyages au bout du monde, pour constater une vérité que Newton avait démontrée dans son cabinet, ont laissé des doutes sur l'exactitude des mesures. L'entreprise du fer brut forgé, ou converti en acier, celle de faire éclore des animaux à la manière de l'Égypte dans des climats trop différents de l'Égypte, beaucoup d'autres efforts pareils, ont pu faire perdre un temps précieux, et ruiner même quelques familles. Mais nous avons dû à ces mêmes entreprises des lumières utiles sur la nature du fer et sur le développement des germes contenus dans les œufs. Des systèmes trop hasardés ont défiguré des travaux qui auraient été très-utiles. On s'est fondé sur des expériences trompeuses, pour faire revivre cette ancienne erreur, que des animaux pouvaient naître sans germe. De là sont sorties des imaginations plus chimériques que ces animaux. Les uns ont poussé l'abus de la découverte de Newton sur l'attraction jusqu'à dire que les enfants se forment par attraction dans le ventre de leurs mères. Les autres ont inventé des molécules organiques. On s'est emporté dans ses vaines idées jusqu'à prétendre que les montagnes ont été formées par la mer; ce qui est aussi vrai que de dire que la mer a été formée par les montagnes.

Qui croirait que des géomètres[1] ont été assez extravagants pour imaginer qu'en exaltant son âme on pouvait voir l'avenir comme le présent? Plus d'un philosophe, comme on l'a déjà dit ailleurs[2], a voulu, à l'exemple de Descartes, se mettre à la place de Dieu, et créer comme lui un monde avec la parole : mais bientôt toutes ces folies de la philosophie sont réprouvées des sages; et même ces édifices fantastiques, détruits par la raison, laissent dans leurs ruines des matériaux dont la raison même fait usage.

Une extravagance pareille a infecté la morale. Il s'est trouvé des esprits assez aveugles pour saper tous les fondements de la société en croyant la réformer. On a été assez fou pour soutenir que *le tien* et *le mien*[3] sont des crimes, et qu'on ne doit point jouir de son travail; que non-seulement tous les hommes sont égaux, mais qu'ils ont perverti l'ordre de la nature en se rassemblant; que l'homme est né pour être isolé comme une bête farouche; que les castors, les abeilles et les fourmis, dérangent les lois éternelles en vivant en république.

Ces impertinences, dignes de l'hôpital des fous, ont été quelque

la méthode de les doubler de cuivre; l'art d'instruire les muets et de les rendre en quelque sorte à la société; les secours établis pour les hommes frappés d'une mort apparente; l'art militaire enfin, dont le génie de Frédéric a fait en quelque sorte une science nouvelle.

Enfin nous avons vu tous les arts mécaniques, toutes les manufactures, toutes les branches de l'agriculture se perfectionner, s'enrichir de méthodes nouvelles, se diriger par des principes plus sûrs et plus simples, fruits d'une application heureuse des sciences à tous les objets de l'industrie humaine. (*Éd. de Kehl.*)

1. Maupertuis. (Éd.)
2. Dans la *Dissertation sur les changements arrivés dans notre globe*; et dans la *Dissertation du physicien de Saint-Flour*, qui fait partie des *Colimaçons*. (Éd.)
3. J. J. Rousseau, dans son *Discours sur les fondements de l'inégalité* (Éd.)

temps à la mode, comme des singes qu'on fait danser dans les foires.

Elles ont été poussées jusqu'à ce point incroyable de démence, qu'un je ne sais quel charlatan sauvage a osé dire, dans un projet d'éducation[1], « qu'un roi ne doit pas balancer à donner en mariage à son fils la fille du bourreau, si les goûts, les humeurs, et les caractères, se conviennent. » La théologie n'a pas été à couvert de ces excès : des ouvrages dont la nature est d'être édifiants, sont devenus des libelles diffamatoires, qui ont même éprouvé la sévérité des parlements[2], et qui devaient aussi être condamnés par toutes les académies, tant ils sont mal écrits.

Plus d'un abus semblable a infecté la littérature; une foule d'écrivains s'est égarée dans un style recherché, violent, inintelligible, ou dans la négligence totale de la grammaire. On est parvenu jusqu'à rendre Tacite ridicule[3]. On a beaucoup écrit dans ce siècle; on avait du génie dans l'autre. La langue fut portée, sous Louis XIV, au plus haut point de perfection dans tous les genres, non pas en employant des termes nouveaux, inutiles, mais en se servant avec art de tous les mots nécessaires qui étaient en usage. Il est à craindre aujourd'hui que cette belle langue ne dégénère par cette malheureuse facilité d'écrire que le siècle passé a donnée aux siècles suivants; car les modèles produisent une foule d'imitateurs, et ces imitateurs cherchent toujours à mettre en paroles ce qui leur manque en génie. Ils défigurent le langage, ne pouvant l'embellir. La France surtout s'était distinguée, dans le beau siècle de Louis XIV, par la perfection singulière à laquelle Racine éleva le théâtre, et par le charme de la parole, qu'il porta à un degré d'élégance et de pureté inconnu jusqu'à lui. Cependant on applaudit après lui à des pièces écrites aussi barbarement[4] que ridiculement construites.

C'est contre cette décadence que l'Académie française lutte continuellement; elle préserve le bon goût d'une ruine totale, en n'accordant du moins des prix qu'à ce qui est écrit avec quelque pureté, et en réprouvant tout ce qui pèche par le style. Il est vrai que les beaux-arts, qui donnèrent tant de supériorité à la France sur les autres nations, sont bien dégénérés; et la France serait aujourd'hui sans gloire dans ce genre, sans un petit nombre d'ouvrages de génie, tels que le poëme des quatre *Saisons*[5], et le quinzième chapitre de *Bélisaire*[6], s'il est permis de mettre la prose à côté de la plus élégante poésie. Mais enfin la littérature, quoique souvent corrompue, occupe presque toute

---

1. Ces propres paroles se trouvent dans le livre intitulé *Émile*, t. IV, p. 178.
2. Le 24 septembre 1756 la chambre des vacations rendit un arrêt portant défense de publier et d'imprimer un mandement de l'archevêque de Paris (Beaumont), du 19 du même mois, daté de Conflans où le prélat était exilé depuis le 2 décembre 1754. (ED.)
3. La Bletterie. (ED.)
4. Crébillon. (ED.)
5. Par Saint-Lambert. (ED.)
6. Par Marmontel. (ED.)

la jeunesse bien élevée : elle se répand dans les conditions qui l'ignoraient. C'est à elle qu'on doit l'éloignement des débauches grossières, et la conservation d'un reste de la politesse introduite dans la nation par Louis XIV et par sa mère. Cette littérature, utile dans toutes les conditions de la vie, console même des calamités publiques, en arrêtant sur des objets agréables l'esprit qui serait trop accablé de la contemplation des misères humaines.

FIN DU PRÉCIS DU SIÈCLE DE LOUIS XV.

HISTOIRE

DU

PARLEMENT DE PARIS.

AVANT-PROPOS[1].

Il n'appartient qu'à la liberté de connaître la vérité et de la dire. Quiconque est gêné, ou par ce qu'il doit à ses maîtres, ou par ce qu'il doit à son corps, est forcé au silence; s'il est fasciné par l'esprit de parti, il ne devient que l'organe des erreurs.

Ceux qui veulent s'instruire de bonne foi sur quelque matière que ce puisse être, doivent écarter tous préjugés, autant que le peut la faiblesse humaine. Ils doivent penser qu'aucun corps, aucun gouvernement, aucun institut n'est aujourd'hui ce qu'il a été, qu'il changera comme il a changé, et que l'immutabilité n'appartient point aux hommes. L'empire est aujourd'hui aussi différent de celui de Charlemagne que de celui d'Auguste. L'Angleterre ne ressemble pas plus à ce qu'elle était du temps de Guillaume le Conquérant, que la France ne ressemble à la France du temps de Hugues Capet; et les usages, les droits, la constitution, sous Hugues Capet, n'ont rien des temps de Clovis; ainsi tout change d'un bout de la terre à l'autre. Presque toute origine est obscure, presque toutes les lois se contredisent de siècle en siècle. La science de l'histoire n'est que celle de l'inconstance; et tout ce que nous savons bien certainement, c'est que tout est incertain.

Il y a bien peu de lois chez les peuples de l'Europe, soit civiles, soit religieuses, qui aient subsisté telles qu'elles étaient dans le commencement. Qu'on fouille les archives des premiers siècles, et qu'on voie si l'on y trouvera des évêques souverains, disant la messe au bruit des tambours, des moines princes, des cardinaux égaux aux rois et supérieurs aux princes.

Principibus præstant et regibus æquiparantur.

Il fallut toujours rendre la justice; point de société sans tribunal : mais qu'étaient ces tribunaux? et comment jugeaient-ils? Y avait-il une seule juridiction, une seule formalité qui ressemblât aux nôtres?

Quand la Gaule eut été subjuguée par César, elle fut soumise aux lois romaines. Le gouvernement municipal qui est le meilleur, parce qu'il est le plus naturel, fut conservé dans toutes les villes : elles avaient leur sénat, que nous appelons conseil de ville, leurs domaines, leurs milices. Le conseil de la ville jugeait les procès des particuliers, et dans les affaires considérables on appelait au tribunal du préteur, ou du proconsul, ou du préfet. Cette institution subsiste encore en Allemagne, dans les villes nommées impériales; et c'est, je crois, le seul monument du droit public des anciens Romains qui n'ait point été corrompu. Je ne parle pas du droit écrit, qui est le fondement de la jurisprudence dans la partie de l'Allemagne où l'on ne suit pas le droit saxon; ce droit romain est reçu dans l'Italie et dans quelques provinces de France au delà de la Loire.

Lorsque les Sicambres, ou Francs, dans la décadence de l'empire romain, vinrent des marais du Mein et du Rhin subjuguer une partie des Gaules, dont une autre partie avait été déjà envahie par des Bourguignons, on sait assez dans quel état horrible la partie des Gaules nommée France fut alors plongée. Les Romains n'avaient pu la défendre; elle se défendit elle-même très-mal, et fut la proie des barbares.

Les temps, depuis Clovis jusqu'à Charlemagne, ne sont qu'un tissu de crimes, de massacres, de dévastations et de fondations de monastères qui font horreur et pitié; et après avoir bien examiné le gouvernement des Francs, on n'y trouve guère d'autre loi bien nettement reconnue, que la loi du plus fort. Voyons, si nous pouvons, ce que c'était alors qu'un *parlement*.

CHAP. I. — *Des anciens parlements.*

Presque toutes les nations ont eu des assemblées générales. Les Grecs avaient leur église, dont la société chrétienne prit le nom; le peuple romain eut ses comices; les Tartares ont eu leur *cour-ilté*, et ce fut dans une de ces cours-iltés que Gengis-kan prépara la conquête de l'Asie. Les peuples du Nord avaient leur Vittenagemoth; et lorsque les Francs, ou Sicambres, se furent rendus maîtres des Gaules, les capitaines francs eurent leur *parliament*, du mot celte *parler* ou *parlier*, auquel le peu de gens qui savaient lire et écrire joignirent une terminaison latine; et de là vint le mot *parlamentum* dans nos anciennes chroniques, aussi barbares que les peuples l'étaient alors.

On venait à ces assemblées en armes, comme en usent encore aujourd'hui les nobles polonais, et presque toutes les grandes affaires se décidaient à coups de sabre. Il faut avouer qu'entre ces anciennes assemblées de guerriers farouches, et nos tribunaux de justice d'aujourd'hui, il n'y a rien de commun que le nom seul qui s'est conservé.

Dans l'horrible anarchie de la race sicambre de Clovis, il n'y eut que les guerriers qui s'assemblèrent en parlement, les armes à la main. Le major, ou maire du palais, surnommé *Pipinus*, que nous nommons Pépin le Bref, fit admettre les évêques à ces *parliaments*, afin de se servir d'eux pour usurper la couronne. Il se fit sacrer par un nommé Boniface, auquel il avait donné l'archevêché de Mayence, et ensuite par le pape Étienne, qui, selon Éginhard, secrétaire de Charlemagne, déposa lui-même le roi légitime Childéric III, et ordonna aux Francs de reconnaître à jamais les descendants de Pépin pour leurs souverains.

On voit clairement, par cette aventure, ce que c'était que la loi des Francs, et dans quelle stupidité les peuples étaient ensevelis.

Charlemagne, fils de Pépin, tint plusieurs fameux parlements, qu'on appelait aussi conciles. Les assemblées des villes prirent le nom de *parlement*, et enfin les universités s'assemblèrent en *parlement*.

Il existe encore une ancienne charte d'un Raimond de Toulouse, rapportée dans Ducange, qui se termine par ces mots : « Fait à Toulouse, dans la maison commune, en *parlement* public. » *Actum Tolosæ, in domo communi, in publico* parlamento.

Dans une autre charte du Dauphiné, il est dit que l'université s'assembla en *parlement* au son de la cloche.

Ainsi le même mot est employé pour signifier des choses très-différentes. Ainsi *diocèse*, qui signifiait province de l'empire, a été depuis appliqué aux paroisses dirigées par un évêque. Ainsi *empereur (imperator)*, mot qui ne désignait qu'un général d'armée, exprima depuis la dignité d'un souverain d'une partie de l'Europe, de l'Asie, et de l'Afrique. Ainsi le mot βασιλεύς, *rex, roi*, a eu plusieurs acceptions différentes, et les noms et les choses ont subi les mêmes vicissitudes.

Lorsque Hugues Capet eut détrôné la race de Pépin, malgré les ordres des papes, tout tomba dans une confusion pire que sous les deux premières dynasties. Chaque seigneur s'était déjà emparé de ce qu'il avait pu, avec le même droit que Hugues s'était emparé de la dignité de roi. Toute la France était divisée en plusieurs seigneuries, et les seigneurs puissants réduisirent la plupart des villes en servitude. Les bourgeois ne furent plus bourgeois d'une ville, ils furent bourgeois du seigneur. Ceux qui rachetèrent leur liberté s'appelèrent francs bourgeois. Ceux qui entrèrent au conseil de ville furent nommés grands bourgeois, et ceux qui demeurèrent serfs, attachés à la ville comme les paysans à la glèbe, furent nommés petits bourgeois.

Les rois de France ne furent longtemps que les chefs très-peu puissants de seigneurs aussi puissants qu'eux. Chaque possesseur d'un fief dominant établit chez lui des lois selon son caprice; de là viennent tant de coutumes différentes et également ridicules. L'un se donnait le droit de siéger à l'église parmi des chanoines, avec un surplis, des bottes, et un oiseau sur le poing. L'autre ordonnait que pendant les couches de sa femme tous ses vassaux battraient les étangs pour faire taire les grenouilles du voisinage. Un autre se donnait le droit de marquette, de cuissage, de prélibation, c'est-à-dire de coucher avec toutes ses vassales, la première nuit de leurs noces.

Au milieu de cette épaisse barbarie, les rois assemblaient encore des parlements, composés des hauts barons qui voulaient bien s'y trouver, et des évêques et abbés. C'était, à la vérité, une chose bien ridicule de voir des moines violer leurs vœux de pauvreté et d'obéissance pour venir siéger avec les principaux de l'État; mais c'était bien pis en Allemagne, où ils se firent princes souverains. Plus les peuples étaient grossiers, plus les ecclésiastiques étaient puissants.

Ces parlements de France étaient les États de la nation, à cela près que le corps de la nation n'y avait aucune part : car la plupart des villes, et tous les villages, sans exception, étaient en esclavage.

L'Europe entière, excepté l'empire des Grecs, fut longtemps gouvernée sur ce modèle. On demande comment il se put faire que tant de nations différentes semblassent s'accorder à vivre dans cette humiliante servitude, sous environ soixante ou quatre-vingts tyrans, qui avaient d'autres tyrans sous eux, et qui tous ensemble composaient la plus détestable anarchie. Je ne sais d'autre réponse, sinon que la plupart des hommes sont des imbéciles, et qu'il était aisé aux successeurs des vainqueurs, Lombards, Vandales, Francs, Huns, Bourguignons, étant possesseurs de châteaux, étant armés de pied en cap, et montés sur de grands chevaux bardés de fer, de tenir sous le joug les habitants des villes et des campagnes qui n'avaient ni chevaux, ni armes, et qui, occupés du soin de gagner leur vie, se croyaient nés pour servir.

Chaque seigneur féodal rendait donc justice dans ses domaines comme il le voulait. La loi en Allemagne portait qu'on appelât de leurs arrêts à la cour de l'empereur; mais les grands terriens eurent bientôt le droit de juger sans appel, *jus de non appellando*; tous les électeurs jouissent aujourd'hui de ce droit, et c'est ce qui a réduit enfin les empereurs à n'être plus que les chefs d'une république de princes.

Tels furent les rois de France jusqu'à Philippe Auguste. Ils jugeaient souverainement dans leurs domaines; mais ils n'exerçaient cette justice suprême sur les grands vassaux que quand ils avaient la force en main. Voyez combien il en coûta de peines à Louis le Gros pour soumettre seulement un seigneur du Puiset, un seigneur de Montlhéri.

L'Europe entière était alors dans l'anarchie. L'Espagne était encore partagée entre des rois musulmans, des rois chrétiens, et des comtes. L'Allemagne et l'Italie étaient un chaos; les querelles de Henri IV avec le pontife de Rome, Grégoire VII, donnèrent commencement à une jurisprudence nouvelle et à cinq cents ans de guerres civiles. Cette nouvelle jurisprudence fut celle des papes, qui bouleversèrent la chrétienté pour y dominer.

Les pontifes de Rome profitèrent de l'ignorance et du trouble pour se rendre les juges des rois et des empereurs; ces souverains, toujours en guerre avec leurs vassaux, étaient souvent obligés de prendre le pape pour arbitre. Les évêques, au milieu de cette barbarie, établissaient une juridiction monstrueuse; leurs officiers ecclésiastiques, étant presque les seuls qui sussent lire et écrire, se rendirent les maîtres de toutes les affaires dans les États chrétiens.

Le mariage étant regardé comme un sacrement, toutes les causes matrimoniales furent portées devant eux; ils jugèrent presque toutes les contentions civiles, sous prétexte qu'elles étaient accompagnées d'un serment. Tous les testaments étaient de leur ressort, parce qu'ils devaient contenir des legs à l'Église; et tout testateur qui avait oublié de faire un de ces legs, qu'on appelle pieux, était déclaré *déconfès*, c'est-à-dire, à peu près sans religion; il était privé de la sépulture, son testament était cassé, l'Eglise en faisait un pour lui, et s'adjugeait ce que le mort aurait dû lui donner.

Voulait-on s'opposer à ces violences, il fallait plaider à Rome, et l'on y était condamné.

Les inondations des barbares avaient sans doute causé des maux affreux; mais il faut avouer que les usurpations de l'Eglise en causèrent bien davantage.

Ce n'est pas ici le lieu d'entrer dans ces recherches dont toutes les histoires sont pleines; contentons-nous d'examiner quels furent les parlements de France, et quels furent les tribunaux de justice.

CHAP. II. — *Des parlements jusqu'à Philippe le Bel.*

Les parlements furent toujours les assemblées des hauts barons. Cette police fut celle de toute l'Europe depuis la Vistule jusqu'au détroit de Gibraltar, excepté à Rome, qui était sous une anarchie différente; car les empereurs prétendaient en être les souverains. Les papes y disputaient l'autorité temporelle, le peuple y combattait souvent pour sa liberté; et tandis que les évêques de Rome, profitant des troubles et de la superstition des autres peuples, donnaient des couronnes avec des bulles, et se disaient les maîtres des rois, ils n'étaient pas les maîtres d'un faubourg de Rome.

L'Allemagne eut ses diètes, l'Espagne eut ses cortès, la France et l'Angleterre eurent leurs parlements. Ces parlements étaient tous guerriers, et cependant les évêques et les abbés y assistaient, parce qu'ils étaient seigneurs de fiefs, et par là même réputés barons : et c'est par cette seule raison que les évêques siégent encore au parlement d'Angleterre; car le clergé n'a jamais fait, dans cette île, un ordre de l'Etat.

Dans ces assemblées, qui se tenaient principalement pour décider de la guerre et de la paix, on jugeait aussi des causes : mais il ne faut pas s'imaginer que ce fussent des procès de particuliers, pour une rente, pour une maison, pour des minuties dont nos tribunaux retentissent; c'étaient les causes des hauts barons mêmes et de tous les fiefs qui ressortissaient immédiatement à la couronne.

Nicole Gilles rapporte qu'en 1241 Hugues de Lusignan, comte de la Marche, ayant refusé de faire hommage au roi saint Louis, on assembla un parlement à Paris, dans lequel même les députés des villes entrèrent.

Ce fait est rapporté très-obscurément; il n'est point dit que les députés des villes aient donné leur voix. Ces députés ne pouvaient être ceux des villes appartenantes aux hauts barons; ils ne l'auraient pas souffert. Ces villes n'étaient presque composées alors que de bourgeois, ou serfs du seigneur, ou affranchis depuis peu, et n'auraient pas donné probablement leurs voix avec leurs maîtres. C'étaient, sans doute, les députés de Paris et des villes appartenantes au roi; il voulait bien les convoquer à ces assemblées. Les grands bourgeois de ces villes étaient affranchis, le corps de l'hôtel de ville était formé. Saint Louis put les appeler pour entendre les délibérations des barons assemblés en parlement.

Les députés des villes étaient quelquefois, en Allemagne, appelés à l'élection de l'empereur; on prétend qu'à celle de Henri l'Oiseleur les députés des villes d'Allemagne furent admis dans le champ d'élection; mais un exemple n'est pas une coutume. Les droits ne sont jamais établis que par la nécessité, par la force, et ensuite par l'usage; et les villes, en ces temps-là, n'étaient ni assez riches, ni assez puissantes, ni assez bien gouvernées, pour sortir de l'abaissement où le gouvernement féodal les avait plongées. Nous savons bien que les rois et les hauts barons avaient affranchi plusieurs de leurs bourgeois, à prix d'argent, dès le temps des premières croisades, pour subvenir aux frais de ces voyages insensés. Affranchir signifiait déclarer franc, donner à un Gaulois subjugué le privilége d'un Franc. *Francus tenens, libere tenens.* Un des plus anciens affranchissements dont la formule nous ait été conservée est de 1185 : « Franchio manu et ore, manumitto a consue-« tudine legis salicæ Johannem Pithon de vico, hominem meum, et « suos legitimos natos, et ad sanum intellectum reduco, ita ut suæ « filiæ possint succedere; dictumque Johannem et suos natos constituo « homines meos francos et liberos, et pro hac franchesia habui decem « et octo libras viennensium bonorum. » « J'affranchis de la main et de la bouche, je délivre des coutumes de la loi salique Jean Pithon de vic (ou de ce village), mon homme, et ses fils légitimes, je les réintègre dans leur bon sens, de sorte que ses filles puissent hériter; et je constitue ledit Jean et ses fils mes hommes francs et libres, et pour cette franchise j'ai reçu dix-huit bonnes livres viennoises. »

Les serfs qui avaient amassé quelque argent avaient ainsi acheté leur liberté de leurs rois ou seigneurs, et la plupart des villes rentraient peu à peu dans leurs droits naturels, dans leur bon sens, *in sanum intellectum :* en effet le bon sens est opposé à l'esclavage.

Le règne de saint Louis est une grande époque; presque tous les hauts barons de France étant morts, ou ruinés dans sa malheureuse croisade, il en devint plus absolu à son retour, tout malheureux et tout appauvri qu'il était. Il institua les quatre grands bailliages de Vermandois, de Sens, de Saint-Pierre-le-Moutier, et de Mâcon, pour juger en dernier ressort les appels des justices des seigneurs qui n'eurent pas assez de puissance pour s'y opposer; et au lieu qu'auparavant les barons jugeaient souverainement dans leurs terres, la plupart furent obligés de souffrir qu'on appelât de leurs arrêts aux bailliages du roi.

Il est vrai que ces appels furent très-rares; les sujets qui osaient se plaindre de leur seigneur dominant au seigneur suzerain, se seraient trop exposés à la vengeance.

Saint Louis fit encore une autre innovation dans la séance des parlements. Il en assembla quelquefois de petits, où il convoqua des clercs qui avaient étudié le droit canon; mais cela n'arrivait que dans des causes particulières qui regardaient les droits des prélats. Dans une séance d'un parlement, on examina la cause l'abbé de Saint-

Benoît-sur-Loire; et les clercs, maître Jean de Troyes, et maître Julien de Péronne, donnèrent leurs avis avec le connétable, comte de Ponthieu, et le grand maître des arbalétriers.

Ces petits parlements n'étaient point regardés comme les anciens parlements de la nation; on les appelait *parloirs du roi*, *parloirs au roi*; c'étaient des conseils que le roi tenait, quand il voulait, pour juger des affaires où les baillis trouvaient trop de difficulté.

Tout changea bien autrement sous Philippe IV, surnommé *le Bel*, petit-fils de saint Louis. Comme on avait appelé du nom de parlements ces parloirs du roi, ces conseils où il ne s'agissait pas des intérêts de l'État, les vrais parlements, c'est-à-dire les assemblées de la nation, ne furent plus connus que sous le nom d'états généraux, nom beaucoup plus convenable, puisqu'il exprimait à la fois les représentants de la nation entière et les intérêts publics. Philippe appela, pour la première fois, le tiers état à ces grandes assemblées (1302). Il s'agissait en effet des plus grands intérêts de l'État, de réprimer le pape Boniface VIII, qui osait menacer le roi de France de le déposer; et surtout il s'agissait d'avoir de l'argent.

Les villes commençaient alors à devenir riches, depuis que plusieurs des bourgeois avaient acheté leurs franchises, qu'ils n'étaient plus serfs mainmortables, et que le souverain ne saisissait plus leur héritage quand ils mouraient sans enfants. Quelques seigneurs, à l'exemple des rois, affranchirent aussi leurs sujets, et leur firent payer leur liberté.

(28 mars 1302) Les communes, sous le nom de tiers état, assistèrent donc par députés aux grands parlements ou états généraux tenus dans l'église de Notre-Dame. On y avait élevé un trône pour le roi; il avait auprès de lui le comte d'Évreux son frère, le comte d'Artois son cousin, les duc de Bourgogne, de Bretagne, de Lorraine, les comtes de Hainaut, de Hollande, de Luxembourg, de Saint-Pol, de Dreux, de la Marche, de Boulogne, de Nevers : c'était une assemblée de souverains. Les évêques, dont on ne nous a pas dit les noms, étaient en très-petit nombre, soit qu'ils craignissent encore le pape, soit que plutôt ils fussent de son parti.

Les députés du peuple occupaient en grand nombre un des côtés de l'église. Il est triste qu'on ne nous ait pas conservé les noms de ces députés. On sait seulement qu'ils présentèrent à genoux une supplique au roi, dans laquelle ils disaient : « C'est grande abomination d'ouïr que ce Boniface entende malement, comme bougre, cette parole d'espéritualité, CE QUE TU LIERAS EN TERRE SERA LIÉ AU CIEL; comme si cela signifiait que s'il mettait un homme en prison temporelle, Dieu, pour ce, le mettrait en prison au ciel. »

Au reste, il faut que le tiers état ait fait rédiger ces paroles par quelque clerc; elles furent envoyées à Rome en latin : car à Rome on n'entendait pas alors le jargon grossier des Français; et ces paroles furent sans doute traduites depuis en français thiois[1] telles que nous les voyons.

_____

1. Langue teutonne. (ÉD.)

Les communes entraient dès lors au parlement d'Angleterre : ainsi les rois de France ne firent qu'imiter une coutume utile, déjà établie chez leurs voisins. Les assemblées de la nation anglaise continuèrent toujours sous le nom de parlements, et les parlements de France continuèrent sous le nom d'états généraux.

Le même Philippe le Bel, en 1305, établit ce qu'il s'était déjà proposé en 1302, que les parloirs au roi (comme on disait alors), ou *parlamenta curiæ*, rendraient justice deux fois l'an à Paris, vers Pâques, et vers la Toussaint. C'était une cour de justice suprême, telle que la cour du banc du roi en Angleterre, la chambre impériale en Allemagne, le conseil de Castille; c'était un renouvellement de l'ancienne cour palatine.

Voici comme s'exprime Philippe le Bel dans son édit de 1302 : « Propter commodum subditorum nostrorum, et expeditionem causa-« rum, proponimus ordinare quod duo parlamenta Parisiis, duo scaca-« ria Rotomagi, dies Trecenses bis tenebuntur in anno; et quod parla-« mentum Tolosæ tenebitur, sicut solebat teneri temporibus retroactis. » « Pour le bien de nos sujets, et l'expédition des procès, nous nous proposons d'ordonner qu'il se tienne deux fois l'an deux parlements à Paris, deux scacaires (échiquiers) à Rouen, des journées (grands jours) à Troyes, et un parlement à Toulouse, tel qu'il se tenait anciennement. »

Il est évident, par cet énoncé, que ces tribunaux étaient érigés pour juger les procès, qu'ils avaient tous une juridiction égale, qu'ils étaient indépendants les uns des autres.

Celui qui présida à la juridiction royale du parlement de Paris et qui tint la place du comte palatin, fut un comte de Boulogne, assisté d'un comte de Dreux : un archevêque de Narbonne et un évêque de Rennes furent présidents avec eux; et parmi les conseillers on comptait le connétable Gaucher de Châtillon.

Précisément dans le même temps et dans le même palais, le roi Philippe créa une chambre des comptes. Cette cour, ou chambre, ou parloir, ou parlement, eut aussi des hauts barons et des évêques pour présidents. Elle eut, sous Philippe de Valois, le privilége royal de donner des lettres de grâce, privilége que la chambre de parlement n'avait pas : cependant elle ne prétendit jamais représenter les assemblées de la nation, les champs de mars et de mai. Le parlement de Paris ne les a jamais représentées; mais il eut d'ailleurs de très-hautes prérogatives.

CHAP. III. — *Des barons siégeants en parlement et amovibles; des clercs adjoints; de leurs gages; des jugements.*

Les séances du parlement duraient environ six semaines ou deux mois. Les juges étaient tous des hauts barons. La nation n'aurait pas souffert d'être jugée par d'autres: il n'y avait point d'exemple qu'un serf, ou un affranchi, un roturier, un bourgeois, eût jamais siégé dans aucun tribunal, excepté quand les pairs bourgeois avaient jugé leurs confrères dans les causes criminelles.

Les barons étaient donc seuls *conseillers jugeurs*, comme on parlait alors. Ils siégeaient l'épée au côté, selon l'ancien usage. On pouvait en quelque sorte les comparer à ces anciens sénateurs romains qui, après avoir fait la fonction de juges dans le sénat, allaient servir ou commander dans les armées.

Mais les barons français étant très-peu instruits des lois et des coutumes, la plupart même sachant à peine signer leur nom, il y eut deux chambres des enquêtes, dans lesquelles on admit des clercs et des laïques, appelés maîtres ou licenciés en droit. Ils étaient *conseillers rapporteurs* : ils n'étaient pas juges, mais ils instruisaient les causes, les préparaient, et les lisaient ensuite devant les barons conseillers jugeurs. Ceux-ci, pour former leur avis, n'écoutaient que le bon sens naturel, l'esprit d'équité, et quelquefois leur caprice. Ces conseillers rapporteurs, ces maîtres furent ensuite incorporés avec les barons; c'est ainsi que dans la chambre impériale d'Allemagne et dans le conseil aulique, il y a des docteurs avec des gens d'épée. De même, dans les conciles, le second ordre fut presque toujours admis comme le plus savant. Il y eut presque dans tous les états des grands qui eurent l'autorité, et des petits qui, en se rendant utiles, finirent par la partager.

Les chambres des enquêtes étaient présidées aussi par des seigneurs et par des évêques. Les clercs ecclésiastiques et les clercs laïques faisaient toute la procédure. On sait assez qu'on appelait clercs ceux qui avaient fréquenté les écoles, quoiqu'ils ne fussent pas du clergé. Les notaires du roi s'appelaient les clercs du roi : il avait dans sa maison des clercs de cuisine, c'est-à-dire des gens qui, sachant lire et écrire, tenaient les comptes de la cuisine : il y en a encore chez les rois d'Angleterre, qui ont conservé beaucoup d'anciens usages entièrement perdus à la cour de France.

La science s'appelait clergie, et de là vient le terme de mauclerc, qui signifiait un ignorant, ou un savant qui abusait de son érudition.

Les rapporteurs des enquêtes n'étaient donc pas tous des clercs d'Église; il y avait des séculiers savants dans le droit civil et le droit canon, c'est-à-dire un peu plus instruits que les autres dans les préjugés qui régnaient alors.

Le comte de Boulainvilliers et le célèbre Fénelon prétendent qu'ils furent tous tirés de la condition servile : mais certainement il y avait alors dans Paris, dans Orléans, dans Reims, des bourgeois qui n'étaient point serfs; et c'était sans contredit le plus grand nombre. Aurait-on admis en effet des esclaves aux états généraux, au grand parlement, ou états généraux de France, en 1302 et en 1355?

Ces commissaires enquêteurs, qui firent bientôt corps avec le nouveau parlement, forcèrent, par leur mérite et par leur science, le monarque à leur confier cet important ministère, et les barons juges à former leur opinion sur leur avis.

Ceux qui ont prétendu que la juridiction appelée parlement, s'assemblant deux fois par an pour rendre la justice, était une conti-

nuation des anciens parlements de France, paraissent être tombés dans
une erreur volontaire, qui n'est fondée que sur une équivoque.

Les pairs barons, qui assistaient aux vrais parlements, aux états généraux, y venaient par le droit de leur naissance et de leurs fiefs; le roi
ne pouvait les en empêcher; ils venaient joindre leur puissance à la
sienne, et étaient bien éloignés de recevoir des gages pour venir décider de leurs propres intérêts au champ de mars et au champ de mai.
Mais dans le nouveau parlement judiciaire, dans cette cour qui succéda
aux parloirs du roi, aux conseils du roi, les conseillers recevaient
cinq sous parisis chaque jour. Ils exerçaient une commission passagère; et très-souvent ceux qui avaient siégé à Pâques n'étaient plus
juges à la Toussaint.

(1320) Philippe le Long ne voulut plus que les évêques eussent le
droit de siéger dans ce tribunal, et c'est une nouvelle preuve que le
nouveau parlement n'avait rien des anciens que le nom : car si c'eût
été un vrai parlement de la nation, ce qui est impossible, le roi n'aurait
pu en exclure les évêques, qui, depuis Pépin, étaient en possession
d'assister de droit à ces assemblées.

En un mot, un tribunal érigé pour juger les affaires contentieuses
ne ressemble pas plus aux états généraux, aux comices, aux anciens
parlements de la nation entière, qu'un préteur de Strasbourg ne ressemble aux préteurs de la république romaine, ou qu'un consul de la
juridiction consulaire ne ressemble aux consuls de Rome.

Le même Philippe le Bel établit, comme on a vu, un parlement à
Toulouse pour le pays de la langue de *oc*, comme il en avait établi un
pour la langue de *oui*. Peut-on dire que ces juridictions représentaient
le corps de la nation française? Il est vrai que le parlement de Toulouse n'eut pas lieu de longtemps : malgré l'ordonnance du roi, on ne
trouva point assez d'argent pour payer les conseillers.

Il y avait déjà à Toulouse une chambre de parlement ou parloir, sous
le comte de Poitiers, frère de saint Louis; nouvelle preuve que les
mêmes noms ne signifient pas les mêmes choses. Ces commissions
étaient passagères comme toutes les autres. Ce parloir du comte de
Poitiers, comte et pair de Toulouse, est appelé aussi chambre des
comptes. Le prince de Toulouse, quand il était à Paris, faisait examiner ses finances à Toulouse. Or, quel rapport peut-il se trouver entre
quelques officiers d'un comte de Toulouse, et les anciens parlements
francs? Ce ne fut que sous Charles VII que le parlement de Toulouse
reçut sa perfection.

Enfin les grands jours de Troyes, établis aussi par Philippe le Bel,
ayant une juridiction aussi pleine et aussi entière que le parlement de
Paris, achèvent de prouver démonstrativement que c'est une équivoque
puérile, une logomachie, un vrai jeu de mots, de prendre une cour
de justice appelée parlement, pour les anciens parlements de la nation
française.

Nous avons encore l'ordonnance de Philippe le Long au sujet des
requêtes du palais, de la chambre de parlement, et de celle des comptes
du trésor; en voici la traduction, telle qu'elle se trouve dans Pasquier :

« Philippe, par la grâce de Dieu, roi de France et de Navarre, faisons savoir à tous, que nous avons fait extraire de nos ordonnances, faites par notre grand conseil, les articles ci-après écrits, etc. » Or quel était ce grand conseil qui donnait ainsi des lois au parlement, et qui réglait ainsi sa police? C'étaient alors les pairs du royaume, c'étaient les grands officiers que le roi assemblait : il avait son grand conseil et son petit conseil; la chambre du parlement obéissait à leurs ordres, donc elle ne pouvait certainement être regardée comme les anciennes assemblées du champ de mai, puisqu'elle obéissait à des lois émanées d'un conseil qui lui-même n'était pas l'ancien, le vrai parlement de la nation.

CHAP. IV. — *Du procès des templiers.*

Lorsque Philippe le Bel institua la juridiction suprême du parlement de Paris, il ne parait pas qu'il lui attribua la connaissance des causes criminelles : et en effet on n'en voit aucune jugée par lui dans ces premiers temps. Le procès des templiers, cet objet éternel de doute et d'infamie, est une assez forte preuve que le parlement ne jugeait point alors les crimes. Il y avait plus de clercs que de laïques dans cette compagnie; il y avait des chevaliers et des jurisconsultes; rien ne lui manquait donc pour être en état de juger ces templiers, qui étaient à la fois sujets du roi, et réputés un ordre ecclésiastique : cependant ils ne furent jugés que par des commissaires du pape Clément V.

(13 octobre 1307) D'abord le roi fit arrêter les templiers par ses baillis et par ses sénéchaux. Le pape lui-même interrogea, dans la ville de Poitiers, soixante et douze de ces chevaliers, parmi lesquels il est à remarquer qu'il y avait des prêtres : ils furent gardés au nom du pape et du roi. Le pape délégua, dans chaque diocèse, deux chanoines, deux jacobins, deux cordeliers, pour condamner, suivant les saints canons, ces guerriers qui avaient versé leur sang pour la religion chrétienne, mais qui étaient accusés de quelques débauches et de quelques profanations. Le roi lui-même, croyant faire un acte d'autorité qui éludait celle du pape, en se joignant à lui, fit expédier, par son conseil privé, une commission à frère Guillaume Parisius, inquisiteur du pape en France, pour assister à l'interrogatoire des templiers, et nomma aussi des barons dans la commission, comme Bertrand de Agassar, chevalier, le sénéchal de Bigorre, le sénéchal de Beaucaire.

(1308) Le roi convoqua une grande assemblée à Tours, pour résoudre, en la présence du pape et en la sienne, quel usage on ferait du bien des templiers mis en séquestre. Plusieurs hauts barons envoyèrent des procurations. Nous avons encore à la Bibliothèque du roi celle de Robert, comte de Flandre; de Jeanne de l'Isle, dame de Mailli; de Jean, fils aîné du duc de Bretagne; d'Élie de Talleyrand, comte de Périgord; d'Artus, comte de Richemont, prenant depuis le titre de duc de Bretagne; d'un Thibaut, seigneur de Rochefort; enfin de Hugues, duc de Bourgogne.

A l'égard du jugement prononcé contre les templiers, il ne le fut que par les commissaires du pape, Bernard, Étienne et Landulphe, cardinaux, quelques évêques et des moines inquisiteurs. Les arrêts de mort furent portés en 1309, et non en 1307 : les actes en font foi, et la chronique de Saint-Denis le dit en termes exprès. On dit que l'Église abhorre le sang ; elle n'a pas apparemment tant d'horreur pour les flammes. Cinquante-neuf chevaliers furent brûlés vifs à Paris, à la porte Saint-Antoine, tous protestant de leur innocence, tous rétractant les aveux que les tortures leur avaient arrachés.

Le grand maître, Jacques Molai, égal par sa dignité aux souverains, Gui, frère du dauphin d'Auvergne, furent brûlés dans la place vis-à-vis laquelle est aujourd'hui la statue de Henri IV. Ils prirent Dieu à témoin, tant qu'ils purent parler, et citèrent au jugement de Dieu le roi et le pape.

Le parlement n'eut aucune part à ce procès extraordinaire, témoignage éternel de la férocité où les nations chrétiennes furent plongées jusqu'à nos jours. (1312) Mais lorsque Clément V, dans le concile général de Vienne, abolit l'ordre des templiers, de sa seule autorité, et malgré la réclamation du concile entier, dans lequel il n'y eut que quatre évêques de son avis: lorsqu'il fallut disposer des biens-fonds des chevaliers; lorsque le pape eut donné ces biens aux hospitaliers de Saint-Jean de Jérusalem, le roi ayant accédé à cette donation, le parlement mit en possession les hospitaliers, par un arrêt rendu en 1312, le jour de l'octave de Saint-Martin, arrêt dans lequel il n'est parlé que de l'ordre du roi, et point du tout de celui du pape : il ne participa ni à l'iniquité des supplices, ni à l'activité des procédures sacerdotales; il ne se mêla que de la translation des biens d'un ordre à un autre; et on voit que dès ce temps il soutint la dignité du trône contre l'autorité pontificale; maxime dans laquelle il a toujours persisté sans aucune interruption.

CHAP. V. — *Du parlement devenu assemblée de jurisconsultes, et comme ils furent assesseurs en cour des pairs.*

Dans les horribles malheurs qui affligèrent la France sous Charles VI, toutes les parties de l'administration furent également abandonnées. On oublia même de renouveler les commissions aux juges du parlement, et ils se continuèrent eux-mêmes dans leurs fonctions, au lieu de les abandonner. C'est en quoi ils rendirent un grand service à l'État, ou du moins aux provinces de leur ressort, qui n'auraient plus eu aucun recours pour demander justice.

Ce fut dans ce temps-là même que les seigneurs qui étaient juges, obligés l'un après l'autre d'aller défendre leurs foyers à la tête de leurs vassaux, quittèrent le tribunal. Les jurisconsultes qui, dans la première institution, ne servaient qu'à les instruire, se mirent à leur place; ceux qui devinrent présidents prirent l'habit des anciens chevaliers : les conseillers retinrent la robe des gradués, qui était serrée comme elle l'est encore en Espagne, et ils lui donnèrent ensuite plus d'ampleur.

Il est vrai qu'en succédant aux barons, aux chevaliers, aux seigneurs, qu'ils surpassaient en science, ils ne purent participer à leur noblesse; nulle dignité alors ne faisait un noble. Les premiers présidents, Simon de Bussy, Bracq, Dauvet, les chanceliers mêmes Guillaume de Dormans et Arnaud de Corbie, furent obligés de se faire anoblir.

On peut dire que c'est une grande contradiction, que ceux qui jugent souverainement les nobles ne jouissent pas des droits de la noblesse; mais enfin telle fut leur condition dans un gouvernement originairement militaire, et j'oserais dire barbare. C'est en vain qu'ils prirent les titres de chevaliers ès lois, de bacheliers ès lois, à l'imitation des chevaliers et des écuyers; jamais ils ne furent agrégés au corps de la noblesse; jamais leurs enfants n'entrèrent dans les chapitres nobles. Ils ne purent avoir de séance dans les états généraux; le baronnage n'aurait pas voulu les recevoir, et ils ne voulaient pas être confondus dans le tiers état. (1355) Lors même que les états généraux se tinrent dans la grande salle du palais, aucun membre du parlement, qui siégeait dans la chambre voisine, n'eut place dans cette salle. Si quelque baron conseiller y fut admis, ce fut comme baron, et non comme conseiller. Marcel, prévôt des marchands, était à la tête du tiers état, et c'est encore une confirmation que le parlement, suprême cour de judicature, n'avait pas le moindre rapport aux anciens parlements français.

Lorsque Édouard III disputa d'abord la régence, avant de disputer la couronne de France à Philippe de Valois, aucun des deux concurrents ne s'adressa au parlement de Paris. On l'aurait certainement pris pour juge et pour arbitre, s'il avait tenu la place de ces anciens parlements qui représentaient la nation. Toutes les chroniques de ce temps-là nous disent que Philippe s'adressa aux pairs de France et aux principaux barons, qui lui adjugèrent la régence. Et quand la veuve de Charles le Bel, pendant cette régence, eut mis au monde une fille, Philippe de Valois se mit en possession du royaume sans consulter personne.

Lorsque Édouard rendit si solennellement hommage à Philippe, aucun député du parlement n'assista à cette grande cérémonie.

Philippe de Valois, voulant juger Robert, comte d'Artois, convoqua les pairs lui-même par des lettres scellées de son sceau, « pour venir devant nous, en notre cour, suffisamment garnie de pairs. »

Le roi tint sa cour au Louvre; il créa son fils Jean pair de France, pour qu'il pût assister à cette assemblée. Les magistrats du parlement y eurent place comme assesseurs versés dans les lois; ils obtinrent l'honneur de juger avec le roi de Bohême, avec tous les princes et pairs. Le procureur du roi forma l'accusation. Robert d'Artois n'aurait pu être jugé dans la chambre du parlement, ce n'était pas l'usage, et il ne pouvait se tenir pour jugé si le roi n'avait été présent.

Jeanne de Bourgogne, femme de Philippe le Long; Marguerite de Bourgogne, femme de Louis Hutin, duc d'Alençon, accusées précédemment d'adultère, n'avaient point été jugées par le parlement; ni

Enguerrand de Marigny, comte de Longueville, accusé de malversations sous Louis Hutin; ni Pierre Remi, général des finances, sous Philippe de Valois, n'eurent la chambre de parlement pour juge. Ce fut Charles de Valois qui condamna Marigny à mort, assisté de quelques grands officiers de la couronne, et de quelques seigneurs dévoués à ses intérêts. (1315) Il fut condamné à Vincennes. (1328) Pierre Remi fut jugé de même par des commissaires que nomma Philippe de Valois.

(1409) Le duc de Bourgogne fit arrêter Montaigu, grand maître de la maison de Charles VI, et surintendant des finances. On lui donna des commissaires, *juges de tyrannie*, comme dit la chronique, qui lui firent subir la question. En vain il demanda à être jugé par le parlement, ses juges lui firent trancher la tête aux halles. C'est ce même Montaigu qui fut enterré aux Célestins de Marcoussis. On sait la réponse que fit un de ces moines à François I⁰ʳ. Quand il entra dans l'église, il vit ce tombeau; et comme il disait que Montaigu avait été condamné par justice: « Non, sire, répondit le bon moine, il fut condamné par les commissaires. »

Il est sûr qu'alors il n'y avait point encore de chambre criminelle établie au parlement de Paris. On ne voit point qu'en ces temps-là il ait seul jugé personne à mort. C'était le prévôt de Paris et le Châtelet qui condamnaient les malfaiteurs. Cela est si vrai, que le roi Jean fit arrêter son connétable, le comte d'Eu, pair de France, par le prévôt de Paris. (1350) Ce prévôt le jugea, le condamna seul en trois jours de temps; et on lui trancha la tête dans la propre maison du roi, qui était alors l'hôtel de Nesle, en présence de toute la cour, sans qu'aucun des conseillers de la chambre du parlement y fût mandé.

Nous ne rapportons pas ce trait comme un acte de justice; mais il sert à prouver combien les droits du nouveau parlement, sédentaire à Paris, étaient alors peu établis.

CHAP. VI.— *Comment le parlement de Paris devint juge du dauphin de France, avant qu'il eût seul jugé aucun pair.*

Par une fatalité singulière, le parlement de Paris, qui n'avait jamais, dans sa chambre, jugé aucun pair du royaume, devint juge du dauphin de France, héritier de la couronne (1420). Voici le détail de cette étrange aventure:

Louis, duc d'Orléans, frère du malheureux roi Charles VI, avait été assassiné dans Paris par ordre de Jean sans Peur, duc de Bourgogne, qui fut présent lui-même à l'exécution de ce crime (en 1407). Il ne se fit aucune procédure au parlement de Paris touchant cet assassinat du frère unique du roi. Il y eut un lit de justice qui se tint au palais dans la grand'chambre; mais ce fut à l'occasion de la maladie où retomba alors le roi Charles VI. On choisit cette chambre du palais de saint Louis pour tenir l'assemblée, parce qu'on ne voulait pas délibérer sous les yeux du roi même, dans son hôtel de Saint-Paul, des moyens de gouverner l'État pendant que sa maladie l'en rendait incapable; on ménageait sa faiblesse. Tous les pairs qui étaient à Paris, tous les grands officiers de la couronne, le connétable à leur tête, tous les évêques, les chevaliers, les seigneurs du grand conseil du roi, les magistrats des comptes, des aides, les officiers du trésor, ceux du Châtelet, y prirent tous séance : ce fut une assemblée de notables, où l'on décida qu'en cas que le roi restât malade, ou qu'il mourût, il n'y aurait point de régence, et que l'État serait gouverné comme il l'était par la reine et par les princes du sang, assistés du connétable d'Armagnac, du chancelier, et des plus sages hommes du conseil; décision qui, comme l'a très-bien remarqué l'auteur d'une nouvelle *Histoire de France*, ne servait qu'à augmenter les troubles dont on voulait sortir.

Il ne fut pas dit un seul mot dans cette assemblée de l'assassinat du duc d'Orléans. Le duc de Bourgogne, son meurtrier, qui avait mis les Parisiens dans son parti, vint hardiment se justifier, non pas devant le parlement, mais au palais du roi même, à l'hôtel de Saint-Paul, devant tous les princes du sang, les prélats, les grands officiers. Des députés du parlement, de la chambre des comptes, de l'Université, de la ville de Paris, y siégèrent. Le duc de Bourgogne s'assit à son rang de premier pair. Il avait amené avec lui ce cordelier normand, nommé Jean Petit, docteur de l'Université, qui justifia le meurtre du duc d'Orléans, et conclut : « Que le roi devait en récompenser le duc de Bourgogne, à l'exemple des rémunérations que Dieu donna à monseigneur saint Michel archange pour avoir tué le diable, et à Phinéès pour avoir tué Zambri. »

Le même Petit répéta cette harangue le lendemain dans le parvis de Notre-Dame, en présence de tout le peuple. Il fut extrêmement applaudi. Le roi, qui, dans son état funeste, n'était pas plus maître de la France que de lui-même, fut forcé de donner des lettres patentes par lesquelles il déclara « qu'il ôtait de son courage toute déplaisance de la mort de son frère, et que son cousin le duc de Bourgogne demeurait en son singulier amour : » c'est ainsi que ces paroles, prononcées dans le jargon de ce temps-là, furent traduites ensuite.

La ville de Paris, depuis ce jour, resta en proie aux factions, aux conspirations, aux meurtres, et à l'impunité de tous les crimes.

En l'an 1419, les amis du jeune dauphin Charles, âgé alors de seize ans et demi, trahi par sa mère, abandonné par son père, et persécuté par ce même Jean sans Peur, duc de Bourgogne, vengèrent ce prince et la mort du duc d'Orléans son oncle, sur le duc de Bourgogne son assassin. Ils l'attirèrent à une conférence sur le pont de Montereau, et le tuèrent aux yeux du dauphin même. Il n'a jamais été avéré que le dauphin eût été informé du complot, encore moins qu'il l'eût commandé. Le reste de sa vie prouve assez qu'il n'était pas sanguinaire. Il souffrit depuis qu'on assassinât ses favoris, mais il n'ordonna jamais de meurtre. On ne peut guère lui reprocher que de la faiblesse; et si Tannegui du Châtel et ses autres favoris avaient abusé de son jeune âge pour lui faire approuver cet assassinat, cet âge même pouvait servir à l'excuser d'avoir permis un crime. Il était certainement moins coupable que le duc de Bourgogne. On pouvait dire encore qu'il n'avait permis que la punition d'un traître qui venait de signer avec le roi d'Angleterre un traité secret, par lequel il reconnaissait le droit de Henri V à la couronne, et jurait « de faire une guerre mortelle à Charles VI, qui se dit roi de France, et à son fils. » Ainsi, de tous les attentats commis en ce temps-là, le meurtre du duc de Bourgogne était le plus pardonnable.

Dès qu'on sut à Paris cet assassinat, presque tous les bourgeois et tous les corps qui n'étaient pas du parti du dauphin, s'assemblèrent le jour même; ils prirent l'écharpe rouge, qui était la couleur de Bourgogne. Le comte de Saint-Paul, de la maison de Luxembourg, fit prêter serment dans l'hôtel de ville aux principaux bourgeois de punir Charles, soi-disant dauphin. Le comte de Saint-Paul, le chancelier de Laitre, et plusieurs magistrats, allèrent, au nom de la ville, demander la protection du roi d'Angleterre, Henri V, qui ravageait alors la France.

Morvilliers, l'un des présidents du parlement, fut député pour prier le nouveau duc, Philippe de Bourgogne, de venir dans Paris. La reine Isabelle de Bavière, ennemie dès longtemps de son fils, ne songea plus qu'à le déshériter. Elle profita de l'imbécillité de son mari pour lui faire signer ce fameux traité de Troyes, par lequel Henri V, en épousant Catherine de France, était déclaré roi conjointement avec Charles VI, sous le vain nom de régent, et seul roi après la mort de Charles, qui ne reconnut que lui pour son fils. Et, par le 29e article, le roi promettait « de ne faire jamais aucun accord avec Charles, soi-disant dauphin de Vienne, sans l'assentement des trois états des deux royaumes de France et d'Angleterre. »

Il faut s'arrêter un moment à cette clause, pour voir qu'en effet les trois états étaient le véritable parlement, puisque l'assemblée des états n'avait point d'autre nom en Angleterre.

Après ce traité, les deux rois et Philippe, duc de Bourgogne, arrivèrent à Paris le 1er novembre 1420. On représenta devant eux les mystères de la passion dans les rues. Tous les capitaines des bourgeois vinrent prêter serment entre les mains du président Morvilliers, de reconnaître le roi d'Angleterre. On convoqua le conseil du roi, les grands officiers de la couronne et les officiers de la chambre du parlement, avec des députés de tous les autres corps, pour juger solennellement le dauphin : on donna même à cette assemblée le nom d'états généraux pour la rendre plus auguste. Philippe de Bourgogne, la duchesse sa mère, Marguerite, duchesse de Guyenne, et les princesses ses filles, furent les parties plaignantes.

D'abord l'avocat Rollin, qui fut depuis chancelier de Bourgogne, plaida contre le prince. Jean Larcher, député de l'Université, parla après lui avec beaucoup plus d'emportement encore. Pierre Marigny, avocat pour Charles VI, donna ses conclusions, et le chancelier Jean-le-Clerc promit qu'à l'aide du roi d'Angleterre, régent de France, héritier dudit roi, il serait fait bonne justice.

Les Anglais, malgré tous les troubles qui ont agité leur pays, ayant toujours été plus soigneux que nous de conserver leurs archives, ont trouvé à la tour de Londres l'original de l'arrêt préliminaire qui fut donné dans cette grande assemblée; en voici les articles principaux :

« Ouï aussi notre procureur général, lequel a prins ses conclusions pertinentes au cas, avec requêtes et supplications à nous faites par notre chère et amée fille l'Université de Paris, par nos chers et amés les échevins, bourgeois et habitants de notre bonne ville de Paris, et les gens des trois états de plusieurs bonnes villes.... Nous, eue sur ce grande et mûre délibération, vues en notre conseil et diligentement visitées les lettres des alliances faites entre notre feu cousin le duc de Bourgogne, et Charles, soi-disant dauphin, accordées et jurées sur la vraie croix et saints évangiles de Dieu.... et que néanmoins notredit feu cousin de Bourgogne, lequel était de notre maison de France, notre cousin si prochain, comme cousin germain, doyen des pers, et deux fois per de France, qui tant avait et avait toujours amé le bien de nous et de nos royaumes et subgez.... et, afin d'entretenir la paix, était allé à Monstereau foulé acome (sic), accompagné de plusieurs seigneurs, à la prière et requête de la partie desdits criminels, avait été murtri et tué audit lieu de Monstereau, mauvaisement, traîtreusement et damnablement, nonobstant les promesses et serrements faits et renovelés audit Monstereau *par lui* et ses complices.... par l'avis et délibération de gens de notre grand conseil, et gens lais de notre parlement, et autres nos conseillers en grand nombre, avons déclaré et déclarons tous les coupables dudit damnable crime, chacun d'eux avoir commis crime de lèse-majesté, et conséquemment avoir forfait envers nous corps et biens, et être inhabiles et indignes de toutes successions et allaceaux (collatéral) et de toutes dignités, honneurs, prérogatives avec les autres peines et pugniauns contre les commetteurs de crimes de lèse-majesté, et leur ligne et postérité.... si donnons en mandement à nos amés et féaux conseillers les gens de notre parlement, et à tous nos autres justiciers, que au regard des conclusions des complaignants et de notre procureur, ils fassent et administrent justice aux parties, et procèdent contre lesdits coupables par voie extraordinaire, se besoin est, et tout ainsi que le cas requiert.... Donné à Paris le 23e jour de décembre, l'an de grâce 1420, et de notre règne le 41e. Par le roi en son conseil; et plus bas, MILLET. »

Il est évident que ce fut en vertu de cet arrêt, prononcé au nom du roi, que la chambre du parlement de Paris donna sa sentence quelques jours après, et condamna le dauphin à ce bannissement.

Jean Juvénal des Ursins, avocat ou procureur du roi, qui fut depuis archevêque de Reims, a laissé des mémoires sur ce temps funeste; et voici ce qu'on trouve dans les annotations sur ces mémoires :

« Du parlement commençant le 12 novembre 1420, le 3 janvier fut ajourné à trois briefs jours[1] en cas de bannissement, à son de trompe,

---

1. Il est clair que le président Hénault se trompe en niant ce fait dans son *Abrégé chronologique.* Il n'avait pas vu cet arrêt. Consultez l'*Histoire de France* de l'abbé Velli.

sur la table de marbre, messire Charles de Valois, dauphin de Vien-
nois et seul fils du roi, à la requête du procureur général du roi, pour
raison de l'homicide fait en la personne de Jean, duc de Bourgogne,
et après toutes solennités faites en tel cas, fut par arrêt convaincu des
cas à lui imposés, et comme tel banni et exilé à jamais du royaume,
et conséquemment déclaré indigne de succéder à toutes seigneuries
venues et à venir; duquel arrêt ledit Valois appela, tant pour soi que
pour ses adhérents, à la pointe de son épée, et fit vœu de relever et
de poursuivre sadite appellation, tant en France qu'en Angleterre, et
par tous pays du duc de Bourgogne. »

Ainsi le malheur des temps fit que le premier arrêt que rendit la
chambre de parlement contre un pair, fut contre le premier des pairs,
contre l'héritier nécessaire de la couronne, contre le fils unique du
roi. Cet arrêt violait, en faveur de l'étranger et de l'ennemi de l'État,
toutes les lois du royaume et celles de la nature : il abrogeait la loi salique, auparavant gravée dans tous les cœurs.

Le savant comte de Boulainvilliers, dans son *Traité du gouvernement de France*, appelle cet arrêt *la honte éternelle du parlement de
Paris*. Mais c'était encore plus la honte des généraux d'armée, qui
n'avaient pu se défendre contre le roi Henri V, celle des factions de la
cour, et surtout celle d'une mère implacable, qui sacrifiait son fils à
la vengeance.

Le dauphin se retira dans les provinces au delà de la Loire; les pays
de la langue de *oc* prirent son parti avec d'autant plus d'empressement,
que les pays de la langue de *oui* lui étaient absolument contraires. Il
y avait alors une grande aversion entre ces deux parties du royaume
de France qui ne parlaient pas la même langue, et qui n'avaient pas
les mêmes lois, toutes les villes de la langue de *oui* se gouvernant par
les coutumes que les Francs et les seigneurs féodaux avaient intro-
duites, tandis que les villes de la langue de *oc*, qui suivaient le droit
romain, se croyaient très-supérieures aux autres.

Le dauphin, qui s'était déjà déclaré régent du royaume, pendant la
maladie du roi son père, établit à Poitiers un autre parlement composé
de quelques jurisconsultes en petit nombre. Mais, au milieu de la
guerre qui désolait toute la France, ce faible parlement resta longtemps sans aucune autorité; et il n'eut guère d'autres fonctions que
celle de casser inutilement les arrêts du parlement de Paris, et de déclarer Jeanne d'Arc pucelle.

CHAP. VII. — *De la condamnation du duc d'Alençon.*

Il paraît qu'il n'y avait rien alors de bien clairement établi sur la
manière dont il fallait juger les pairs du royaume quand ils avaient le
malheur de tomber dans quelque crime, puisque Charles VII, dans les
dernières années de sa vie, demanda au parlement, qui tenait des registres, comment il fallait procéder contre Jean II, duc d'Alençon,
accusé de haute trahison. (1458) Le parlement répondit que le roi devait le juger en personne, accompagné des pairs de France et autres

seigneurs tenant en pairie, et autres notables de son royaume, tant prélats que gens de son conseil, qui en doivent connaître.

On ne conçoit guère comment le parlement prétendait que des prélats devaient assister à un conseil criminel : apparemment qu'ils devaient assister seulement comme témoins, et pour donner au jugement plus de solennité.

Le roi tint son lit de justice à Vendôme. Sur les bancs de la droite étaient placés le dauphin, qui n'avait que douze ans, les ducs d'Orléans et de Bourbon, les comtes d'Angoulême, du Maine, d'Eu, de Foix, de Vendôme, et de Laval. Au-dessous de ce banc étaient assis trois présidents du parlement, le grand maître de Chabannes, quatre maîtres des requêtes, le bailli de Senlis, et dix-sept conseillers.

Au haut banc de la gauche, vis-à-vis les princes et pairs laïques, étaient le chancelier de Trainel, les six pairs ecclésiastiques, les évêques de Nevers, de Paris, d'Agde, et l'abbé de Saint-Denis. Au-dessous d'eux, sur un autre banc, siégeaient les seigneurs de la Tour-d'Auvergne, de Torcy, de Vauvert, le bailli de Touraine, les sires de Prie et de Précigny, le bailli de Rouen, et le sire d'Escars.

Sur un banc à côté étaient quatre trésoriers de France, le prévôt des marchands et le prévôt de l'hôtel du roi, et après eux dix-sept autres conseillers du parlement.

Il faut remarquer que c'est dans cette assemblée que les chanceliers précédèrent pour la première fois les évêques, et que depuis ils ne cédèrent point le pas aux cardinaux pendant plusieurs années.

Nous n'avons aucun monument qui apprenne si le duc d'Alençon fut interrogé et répondit devant cette assemblée; nous n'avons point la procédure; on sait seulement que son arrêt de mort lui fut d'abord notifié dans la prison par Thoret, président du parlement, Jean Boulanger, conseiller, et Jean Bureau, trésorier de France.

Ensuite Guillaume des Ursins, baron de Trainel, chancelier de France, lut l'arrêt en présence du roi. Et Jean Juvénal des Ursins, archevêque de Reims, exhorta le roi à faire miséricorde. (10 octobre 1458) Les pairs ecclésiastiques et les autres prélats assistèrent à cet arrêt; il paraît qu'ils donnèrent tous leur voix, mais qu'aucun d'eux n'opina à la mort.

Le roi lui fit grâce de la vie, mais il le confina dans une prison pour le reste de ses jours. Louis XI l'en retira à son avénement à la couronne; mais ce prince, mécontent ensuite de Louis XI, se ligua contre lui avec les Anglais. Il n'appartenait pas à tous les princes de faire de telles alliances. Un duc de Bourgogne, un duc de Bretagne, étaient assez puissants pour oser faire de telles entreprises, mais non pas un duc d'Alençon.

Louis XI le fit arrêter par son grand prévôt, Tristan-l'Hermite; on rechercha sa conduite, on trouva qu'il avait fait de la fausse monnaie dans ses terres, et qu'il avait ordonné l'assassinat d'un de ceux qui avaient trahi le secret de sa conspiration sous Charles VII.

Enfermé au château de Loches en 1472, il y fut interrogé par le chancelier de France, Guillaume des Ursins, assisté du comte de

Dunois; de Guillaume Cousineau, chambellan du roi; de Jean-le-Boulanger, premier président du parlement, de plusieurs membres de ce corps, et de deux du grand conseil. Toutes ces formalités furent toujours arbitraires. On voit un évêque de Bayeux, patriarche de Jérusalem, un bailli de Rouen, un correcteur de la chambre des comptes, confisquer au profit du roi le duché d'Alençon, et toutes les terres du coupable, avant même qu'il soit jugé.

On continua son procès au Louvre par des commissaires, et il fut enfin jugé définitivement, le 18 juillet 1474, par les chambres assemblées, par le comte de Dunois, qui n'était pas encore pair de France, par un simple chambellan, par des conseillers du grand conseil; formalités qui certainement ne s'observeraient pas aujourd'hui.

Ce fut en ce temps-là que l'on commença à regarder le parlement comme la cour des pairs, parce qu'il avait jugé un prince pair, conjointement avec les autres pairs.

Les trésoriers de France l'avaient jugé aussi, et cependant on ne leur donna jamais le nom de cour des pairs. Ils n'étaient que quatre, et n'avaient pas une juridiction contentieuse. La volonté seule des rois les appelait à ces grandes assemblées. Leur décadence prouve à quel point tout peut changer. Des compagnies s'élèvent, d'autres s'abaissent, et enfin s'évanouissent. Il en est de même de toutes les dignités. Celle de chancelier fut longtemps la cinquième, et devint la première; celles de grand sénéchal, de connétable, n'existent plus.

Comme la cour du parlement reçut alors la dénomination de cour des pairs, non par aucune concession particulière des rois, mais par la voix publique et par l'usage, c'est ici qu'il faut examiner en peu de mots ce qui concerne les pairs de France.

CHAP. VIII.—*Des pairs, et quels furent les pairs qui jugèrent à mort le roi Jean sans Terre.*

Pairs, *pares, compares*, ne signifie pas seulement des seigneurs égaux en dignité, il signifie toujours des hommes de même profession, de même état. Nous avons encore la charte adressée au monastère nommé Anizola, par Louis le Pieux, le Débonnaire, ou le Faible, rapportée par Baluze : *Vos pairs*, dit-il, *m'ont trompé avec malice.* C'est ainsi que les moines étaient pairs.

Dans une bulle d'Innocent II, à la ville de Cambrai, il est parlé de tous les pairs habitants de Cambrai.

Il est inutile de rapporter d'autres exemples; c'est un fait qui n'admet aucun doute. Le droit d'être jugé par ses pairs est aussi ancien que les sociétés des hommes. Un Athénien était jugé par ses pairs athéniens, c'est-à-dire par des citoyens comme lui. Un Romain l'était par les centumvirs, et souvent par le peuple assemblé : et quiconque subissait un jugement, pouvait devenir juge à son tour. C'est une sorte d'esclavage, si on peut s'exprimer ainsi, que d'être soumis toute sa vie à la sentence d'autrui, sans pouvoir jamais donner la sienne. Ainsi, aujourd'hui encore en Angleterre, celui qui a comparu devant douze de ses pairs, nommés jurés, est bientôt nommé juré lui-même. Ainsi le noble polonais est jugé par ses pairs nobles, dont il est également juge; il n'y avait point d'autre jurisprudence chez tous les peuples du Nord.

Avant que toutes ces nations répandues au delà du Danube, de l'Elbe, de la Vistule, du Tanaïs, du Borysthène, eussent inondé l'empire romain, elles faisaient souvent des assemblées publiques, et le petit nombre de procès que pouvaient avoir ces hommes qui ne possédaient rien, se décidaient par des pairs, par des jurés.

Mais on demande quels étaient les pairs de France. On a tant parlé des douze pairs de Charlemagne; tous les anciens romans, qui sont en partie notre histoire, citent si souvent ces douze pairs inconnus, qu'il y a sûrement quelque vérité dans leurs fables. Il est très-vraisemblable que ces douze pairs étaient les douze grands officiers de Charlemagne. Il jugeait avec eux les causes principales, de même que dans chaque ville les citoyens étaient jugés par douze jurés : ce nombre de douze semblait être consacré chez les anciens Francs : un duc avait sous lui douze comtes, un comte commandait à douze officiers subalternes. On sait que ces ducs, ces comtes, dans la décadence de Charlemagne, rendirent leurs gouvernements et leurs dignités héréditaires : ce qui n'était pas bien malaisé. Les grands officiers des Othon et des Frédéric en ont fait autant en Allemagne; ils ont fait plus, ils se sont conservés dans le droit d'élire l'empereur. Ce sont de véritables pairs qui ont continué et fortifié le gouvernement féodal, aboli aujourd'hui en France, ainsi que toutes les anciennes coutumes.

Dès que tous les seigneurs des terres en France eurent assuré l'hérédité de leurs fiefs, tous ceux qui relevaient immédiatement du roi furent également pairs; de sorte qu'un simple baron se trouva quelquefois juge du souverain d'une grande puissance; (1203) et c'est ce qui arriva lorsque Jean sans Terre, roi d'Angleterre et vassal de Philippe Auguste, fut condamné à mort par le vrai parlement de France, c'est-à-dire par les seuls pairs assemblés.

Il est bien étrange que nos historiens ne nous aient jamais dit quels étaient ces pairs qui osèrent juger à mort un roi d'Angleterre. Un événement si considérable méritait un peu plus d'attention. Nous avons été, généralement parlant, très-peu instruits de notre histoire. Je me souviens d'un magistrat qui croyait que Jean sans Terre avait été jugé par les chambres assemblées.

Les juges furent sans difficulté les mêmes qu'on voit, quelques mois après, tenir la même assemblée de parlement à Villeneuve-le-Roi : (2 mai 1204) Eudes, duc de Bourgogne ; Hervé, comte de Nevers; Renaud, comte de Boulogne; Gaucher, comte de Saint-Paul; Gui de Dampierre, assistés d'un très-grand nombre de barons, sans qu'il y eût aucun clerc, aucun légiste, aucun homme qualifié du nom de maître. Cette assemblée, qui fut convoquée pour affermir l'établissement des droits féodaux, *stabilimentum feudorum*, fut, sans doute la même qui avait fait servir ces lois féodales à la condamnation de Jean sans Terre, et qui voulut justifier son jugement.

Les ducs et pairs, les comtes et pairs, étaient sans doute de plus grands seigneurs que les barons pairs, parce qu'ils avaient de bien plus grands domaines; tous les ducs et comtes étaient en effet des souverains qui relevaient du roi, mais qui étaient absolus chez eux.

Quand les pairies de Normandie et de Champagne furent éteintes, la Bretagne et le comté d'Artois furent érigés en pairies à leur place, par Philippe le Bel.

Ses successeurs érigèrent en pairies Évreux, Beaumont, Étampes, Alençon, Mortagne, Clermont, la Marche, Bourbon, en faveur des princes de leur sang; et ces princes n'eurent point la préséance sur les autres pairs; ils suivaient tous l'ordre de l'institution, l'ordre de pairie; chacun d'eux dans les cérémonies marchait suivant l'ancienneté de sa pairie, et non pas de sa race.

C'est ainsi qu'aujourd'hui en Allemagne les cousins, les frères d'un empereur, ne disputent aucun rang aux électeurs, aux princes de l'empire.

On ne voit pas qu'aucun de ces pairs soit jamais venu siéger, avant François Ier, au parlement de Paris; au contraire, la chambre du parlement allait à la cour des pairs.

Les juges du parlement, toujours nommés par le roi, toujours payés par lui, et toujours amovibles, n'avaient pu être réputés du corps des pairs du royaume. Un jurisconsulte aux gages du roi, qu'on nommait et qu'on cassait à volonté, ne pouvait certainement avoir rien de commun avec un duc de Bourgogne, ou avec un autre prince du sang. Louis XI créa duc et pair le comte Jacques d'Armagnac, duc de Nemours, qu'il fit depuis condamner à mort, non par un simple arrêt de parlement, mais par le chancelier et des commissaires, dont plusieurs étaient des conseillers.

Le premier étranger qui fut duc et pair en France fut un seigneur de la maison de Clèves, créé duc de Nevers; et le premier gentilhomme français qui obtint cet honneur fut le connétable de Montmorency (1551).

Il y eut toujours depuis des gentilshommes de la nation qui furent pairs du royaume; leur pairie fut attachée à leurs terres, relevantes immédiatement de la couronne. Ils prirent séance à la grand'chambre du parlement; mais ils n'y vont presque jamais que quand les rois tiennent leur lit de justice, et dans les occasions éclatantes. Les pairs, dans les assemblées des états généraux, ne font point un corps séparé de la noblesse.

Les pairs, en Angleterre, sont depuis longtemps des gentilshommes comme en France; mais ils n'ont point de pairies, point de terre à laquelle ce titre soit attaché : ils ont conservé une bien plus haute prérogative, celle d'être le seul corps de la noblesse, en ce qu'ils représentent tout le corps des anciens barons relevant autrefois de la couronne; ils sont non-seulement les juges de la nation, mais les législateurs, conjointement avec le roi et les communes.

CHAP. IX. — *Pourquoi le parlement de Paris fut appelé la cour des pairs.*

La chambre du parlement, à laquelle la chambre des enquêtes et celle des requêtes présentaient les procès par écrit, étant dans son institution composée de barons, il était bien naturel que les grands pairs, les ducs et comtes y pussent entrer et eussent voix délibérative quand ils se trouvaient à Paris. Ils étaient de plein droit conseillers-nés du roi; ils étaient à la tête du grand conseil; il fallait bien qu'ils fussent aussi conseillers-nés d'une cour composée de noblesse. Ils pouvaient donc entrer dans la chambre, depuis appelée grand'chambre, parce que tous les juges y étaient originairement barons. Ils avaient en effet ce droit, quoiqu'ils ne l'exerçassent pas, comme ils ont celui de siéger dans tous les parlements de province; mais jamais ils n'ont été aux chambres des enquêtes : la plupart des officiers de ces chambres ayant été originairement des jurisconsultes sans dignité et sans noblesse.

Si les pairs purent siéger à la chambre du parlement, lorsque les évêques des provinces et les abbés en furent exclus, ce fut parce qu'on ne pouvait ôter à un duc de Bourgogne, à un duc de Guyenne, à un comte d'Artois, une prérogative dont on dépouillait aisément un évêque sans puissance : et si on leur ôta ce privilége, ce fut parce que, dans les démêlés fréquents avec les papes, il était à craindre que les évêques ne prissent quelquefois le parti de Rome contre les intérêts de l'État. Les six pairs ecclésiastiques, avec l'évêque de Paris et l'abbé de Cluny, conservèrent seulement le droit d'avoir séance au parlement : et il faut remarquer que ces six pairs ecclésiastiques furent les seuls de leur ordre qui eurent le nom de pairs, depuis Louis le Jeune, par la seule raison que, sous ce prince, ils étaient les seuls évêques qui tinssent de grands fiefs immédiatement de la couronne.

Il n'y eut longtemps rien de réglé ni de certain sur la manière de procéder dans les jugements concernant les grandes pairies; mais l'ancien usage était qu'un prince pair ne fût jugé que par ses pairs. Le roi pouvait convoquer les pairs du royaume où il voulait, tantôt dans une ville, tantôt dans une autre, dans sa propre maison, dans celle d'un autre pair, dans la chambre où s'assemblaient les conseillers jugeurs du parlement, dans une église, en un mot dans quelque lieu que le roi voulût choisir.

C'était ainsi qu'en usaient les rois d'Angleterre, imitateurs et conservateurs des usages de France; ils assemblaient les pairs d'Angleterre où ils voulaient. Philippe de Valois les convoqua d'abord dans Paris, en 1341, pour décider de la grande querelle entre Charles de Blois et Jean de Montfort, qui se disputaient le duché de Bretagne. Philippe de Valois, qui favorisait Charles de Blois, fit d'abord, pour la forme, examiner la cause par des pairs, des prélats, quelques conseillers chevaliers, et quelques conseillers clercs; et l'arrêt fut rendu à Conflans, dans une maison de campagne, par le roi, les pairs, les hauts barons, les grands officiers, assistés de conseillers chevaliers, et de conseillers clercs.

Le roi Charles V, qui répara par sa politique les malheurs que les guerres avaient causés à la France, fit ajourner à sa cour des pairs, en 1368, le 26 janvier, ce grand prince de Galles, surnommé le prince Noir, vainqueur de son père et de son aïeul, de Henri de Transtamare, depuis roi de Castille, et enfin de Bertrand du Guesclin. Il prit le temps où ce héros commençait à être attaqué de la maladie dont il mourut, pour lui ordonner de venir répondre devant lui comme devant son seigneur suzerain. Il est bien vrai qu'il ne l'était pas. La Guyenne avait été cédée au roi d'Angleterre Édouard III, en toute propriété et souveraineté absolue, par le traité de Bretigny. Édouard l'avait donnée au prince Noir son fils, pour prix de son courage et de ses victoires.

Charles V lui écrivit ces propres mots : « De notre majesté royale et seigneurie, nous vous commandons que viengniez en notre cité de Paris en propre personne, et vous montriez et présentiez devant nous en notre chambre des pers, pour ouïr droit sur lesdites complaintes et griefs émeus par vous, à faire sur votre peuple qui clame à avoir et ouïr ressort en notre cour. »

Ce mandement fut porté, non par un huissier du parlement de Paris, mais envoyé par le roi lui-même au sénéchal de Toulouse, commandant et juge de la noblesse. Ce sénéchal fit porter l'ajournement par un chevalier nommé Jean de Chaponval, assisté d'un juge.

Le roi Charles V, pour colorer cet étrange procédé, manda au pays de la langue de oc, que le roi son père ne s'était engagé à céder la souveraineté de la Guyenne que jusqu'à l'année 1361.

Rien n'était plus faux. Le traité de Bretigny est du 8 mai 1360 ; le roi Jean l'avait signé pour sortir de prison ; Charles V l'avait rédigé, signé et consommé lui-même comme dauphin régent de France, pendant la prison de Jean son père : c'était lui qui avait cédé en souveraineté au roi d'Angleterre la Guyenne, le Poitou, la Saintonge, le Limousin, le Périgord, le Quercy, le Bigorre, l'Angoumois, le Rouergue, etc.

Il est dit par le premier article de ce traité célèbre : « Que le roi d'Angleterre et ses successeurs posséderont tous ces pays, et de la même manière que le roi de France, et son fils aîné, et ses ancêtres rois de France, l'ont tenu. »

Comment Charles V pouvait-il écrire qu'il n'avait cédé à son vainqueur la souveraineté de toutes ces provinces que pour une année ? Il voulait sans doute faire croire sa cause juste, et animer par là ses peuples à la défendre.

Quoi qu'il en soit, il est certain que ce fut le roi lui-même, au nom des pairs de son royaume, qui cita le prince de Galles ; ce fut lui qui signa la confiscation de la Guyenne à Vincennes, le 14 mai 1370 ; et pendant que le prince Noir se mourait, le connétable du Guesclin mit l'arrêt à exécution.

CHAP. X. — *Du parlement de Paris, rétabli par Charles VII.*

Lorsque Charles VII eut reconquis son royaume par les services pres-que toujours gratuits de sa noblesse, par le singulier enthousiasme d'une paysanne du Barrois, et surtout par les divisions des Anglais et de Philippe le Bon, duc de Bourgogne, tout fut oublié, tout fut pacifié; il réunit son petit parlement de Poitiers à celui de Paris. Ce tribunal prit une nouvelle forme. Il y eut dans la grand'chambre trente con-seillers, tous jurisconsultes, dont quinze étaient laïques, et quinze ecclésiastiques. Charles en mit quarante dans la chambre des enquêtes. La chambre de la tournelle fut instituée pour les causes criminelles; mais cette tournelle ne pouvait pas alors juger à mort; il fallait, quand le crime était capital, porter la cause à la grand'chambre. Tous les officiers eurent des gages. Les plaideurs ne donnaient aux juges que quelques faibles présents d'épiceries et de bouteilles de vin. Ces épices furent bientôt un droit converti en argent. C'est ainsi que tout a changé, et ce n'a pas toujours été pour le mieux.

CHAP. XI. — *De l'usage d'enregistrer les édits du parlement, et des premières remontrances.*

La cour du parlement devint de jour en jour plus utile en n'étant composée que d'hommes versés dans les lois. Un de ses plus beaux droits était depuis longtemps l'enregistrement des édits et des ordon-nances des souverains, et voici comment ce droit s'était établi.

Un conseiller du parlement, nommé Jean de Montluc, qui vivait sous Philippe le Bel, avait fait, pour son usage, un registre des an-ciens édits, des principaux jugements et des choses mémorables dont il avait eu connaissance. On en fit quelques copies. Ce recueil parut d'une très-grande utilité dans un temps d'ignorance, où les coutumes du royaume n'étaient pas seulement écrites. Les rois de France avaient perdu leur chartrier; ils sentaient la nécessité d'avoir un dépôt d'ar-chives qu'on pût consulter aisément. La cour prit insensiblement l'usage de déposer au greffe du parlement ses édits et ses ordon-nances. Cet usage devint peu à peu une formalité indispensable, mais on ne peut savoir quel fut le premier enregistrement, une grande partie des anciens registres du parlement ayant été brûlée dans l'in-cendie du palais en 1618.

Les premières remontrances que fit jamais le parlement furent adres-sées à Louis XI, sur cette fameuse pragmatique promulguée par Charles VII, et par le clergé de France assemblé à Bourges. C'était une digue opposée aux vexations de la cour de Rome; digue trop faible, qui fut bientôt renversée. On avait décidé dans cette assemblée, avec les ambassadeurs du concile de Bâle, que les conciles étaient supérieurs aux papes et pouvaient les déposer. La cour de Rome, de-puis longtemps, avait imposé sur les peuples, sur les rois, et sur le clergé, un joug étonnant dont on ne trouvait pas la source dans la pri-mitive Église des chrétiens. Elle donnait presque partout les bénéfices;

et, quand les collateurs naturels en avaient conféré un, le pape disait qu'il l'avait réservé dans son cœur, *in petto*; il le conférait à celui qui le payait le plus chèrement, et cela s'appelait une réserve. Il promettait aussi les bénéfices qui n'étaient pas vacants, et c'étaient des expectatives. Avait-on enfin obtenu un bénéfice, il fallait payer au pape la première année du revenu; et cet abus, qu'on nomme les *annates*, subsiste encore aujourd'hui. Dans toutes les causes que l'Église avait su attirer à elle, on appelait immédiatement au pape; et il fallait qu'un Français allât à trois cents lieues se ruiner pour la validité de son mariage, ou pour le testament de son père.

Une grande partie de ces inconcevables tyrannies fut abolie par la pragmatique de Charles VII. Louis XI voulut obtenir du pape Pie II le royaume de Naples pour son cousin germain, Jean d'Anjou, duc titulaire de Calabre. Le pape, encore plus fin que Louis XI, parce qu'il était moins emporté, commença par exiger de lui l'abolition de la pragmatique. Louis n'hésita pas à lui sacrifier l'original même; on le traîna ignominieusement dans les rues de Rome; on en triompha comme d'un ennemi de la papauté : Louis XI fut comblé de bénédictions et de remerciments. L'évêque d'Arras, qui avait porté la pragmatique à Rome, reçut le même jour le bonnet de cardinal. Pie II envoya au roi une épée bénite; mais il se moqua de lui et ne donna point à son cousin le royaume de Naples.

Louis XI, avant de tomber dans ce piège, avait demandé l'avis de la cour du parlement; elle lui présenta un mémoire en quatre-vingt-neuf articles, intitulé : « Remontrances touchant les priviléges de l'Église gallicane; » elles commencent par ces mots : « En obéissant comme de raison au bon plaisir du roi notre sire. » Et il est à remarquer que depuis le 73e jusqu'au 80e article, le parlement compte quatre millions six cent quarante-cinq mille huit cents écus extorqués à la France par la chambre apostolique, depuis l'invention de ces monopoles. Observons ici qu'il n'y avait pas trente ans que Jean XXII, réfugié dans Avignon, avait inventé ces exactions, qui le rendirent le plus riche de tous les papes, quoiqu'il n'eût presque aucun domaine en Italie.

Le roi Louis XI, s'étant depuis raccommodé avec le pape, lui sacrifia encore la pragmatique, en 1469; et c'est alors que le parlement, soutenant les intérêts de l'État, fit de son propre mouvement de très-fortes remontrances que le roi n'écouta pas; mais ces remontrances étant le vœu de la nation entière, et Louis XI s'étant encore brouillé avec le pape, la pragmatique, traînée à Rome dans la boue, fut en honneur et en vigueur dans toute la France.

C'est ici que nous devons observer que cette compagnie fut dans tous les temps le bouclier de la France contre les entreprises de la cour de Rome. Sans ce corps, la France aurait eu l'humiliation d'être un pays d'obédience. C'est à lui qu'on doit la ressource des appels comme d'abus, ressource imitée de la loi *præmunire* d'Angleterre. Ce fut en 1329 que Pierre de Cugnières, avocat du roi, avait proposé le premier ce remède contre les usurpations de l'Église.

Quelque despotique que fût Louis XI, le parlement protesta contre les aliénations du domaine de la couronne; mais on ne voit pas qu'il fît des remontrances. Il en fit en 1482 au sujet de la cherté du blé; elles ne pouvaient avoir que le bien public pour objet. Il fut donc en pleine possession de faire des représentations sous le plus absolu de tous les rois; mais il n'en fit ni sur l'administration publique, ni sur celle des finances. Celle qu'il fit au sujet du blé n'était qu'une affaire de police.

Son arrêt au sujet de l'imprimerie fut cassé par Louis XI, qui savait faire le bien quand il n'était point de son intérêt de faire le mal. Cet art admirable avait été inventé par des Allemands. Trois d'entre eux, en 1470, avaient apporté en France quelques épreuves de cet art naissant; ils exercèrent même leurs talents sous les yeux de la Sorbonne. Le peuple, alors très-grossier, et qui l'a été très-longtemps, les prit pour des sorciers. Les copistes, qui gagnaient leur vie à transcrire le peu d'anciens manuscrits qu'on avait en France, présentèrent requête au parlement contre les imprimeurs; ce tribunal fit saisir et confisquer tous leurs livres. Le roi lui défendit de connaître de cette affaire, l'évoqua à son conseil, et fit payer aux Allemands le prix de leurs ouvrages; mais sans marquer d'indignation contre un corps plus jaloux de conserver les anciens usages, que soigneux de s'instruire de l'utilité des nouveaux.

CHAP. XII. — *Du parlement, dans la minorité de Charles VIII, et comment il refusa de se mêler du gouvernement et des finances.*

Après la mort de Louis XI, dans l'extrême jeunesse de Charles VIII, qui entrait dans sa quatorzième année, le parlement ne fit aucune démarche pour augmenter son pouvoir. Au milieu des divisions et des brigues de Madame de Bourbon-Beaujeu, fille de Louis XI; du duc d'Orléans, héritier présomptif de la couronne, qui fut depuis Louis XII; et du duc de Bourbon, frère aîné du prince de Bourbon-Beaujeu, le parlement resta tranquille : il ne s'occupa que du soin de rendre la justice, et de donner au peuple l'exemple de l'obéissance et de la fidélité.

Mme de Beaujeu, qui avait l'autorité principale, quoique contestée, assembla les états généraux en 1484. Le parlement ne demanda pas seulement d'y être admis. Les états donnèrent le gouvernement de la personne du roi à Madame de Beaujeu sa sœur, selon le testament de Louis XI. Le duc d'Orléans, ayant levé des troupes, crut qu'il mettrait la ville de Paris dans son parti, si le parlement se déclarait en sa faveur. Il alla au palais le 10 janvier 1484, et représenta aux chambres assemblées, par la bouche de Denys Le Mercier, chancelier de son apanage, qu'il fallait qu'on ramenât à Paris le roi qui était alors à Melun, et qu'il gouvernât par lui-même avec les princes.

Jean de La Vaquerie, premier président, répondit au nom des chambres ces propres paroles : « Le parlement est pour rendre justice au peuple; les finances, la guerre, le gouvernement du roi, ne sont point

de son ressort. » Il l'exhorta pathétiquement à demeurer dans son devoir, et à ne point troubler la paix du royaume.

Le duc d'Orléans laissa ses demandes par écrit, le parlement ne fit
point de réponse. Le premier président, accompagné de quatre conseillers et de l'avocat du roi, alla recevoir à Melun les ordres de la
cour, qui donna de justes éloges à sa conduite.

Cette conduite si respectable ne se démentit, ni dans la guerre que
le duc d'Orléans fit à son souverain, ni dans celle que Charles VIII fit
depuis en Italie.

Sous Charles VIII il ne se mêla des finances du royaume en aucune
manière ; cette partie de l'administration était entièrement entre les
mains de la chambre des comptes et des généraux des finances : il
arriva seulement que Charles VIII, en 1496, dans son expédition brillante et malheureuse d'Italie, voulut emprunter cent mille écus de la
ville de Paris : chaque corps fut invité à prêter une partie de la
somme ; l'hôtel de ville prêta cinquante mille francs ; les corps des mé-
tiers en prêtèrent aussi cinquante mille. On ne sait pas ce que prêtèrent les officiers de la chambre des comptes, ses registres sont brûlés.
Ceux qui ont échappé à l'autre incendie, qui consuma une partie du
palais, portent que le cardinal du Maine, le sire d'Albret, le sire de
Clérieux, gouverneur de Paris, le sire de Graville, amiral de France,
vinrent proposer aux officiers du parlement de prêter aussi quelques
deniers au roi, le 6 août. Il fallait que Charles VIII et son conseil eussent bien mal pris leurs mesures dans cette malheureuse guerre pour
être obligés de se servir d'un amiral de France, d'un cardinal, d'un
prince, comme de courtiers de change, pour emprunter de l'argent
d'une compagnie de magistrats qui n'ont jamais été riches. Le parlement ne prêta rien. « *Il remontra* aux commissaires la *nécessité et indigence du royaume*, et le cas si piteux que, *non indiget manu scri-
bentis*, qui sera cause d'ennui et atédiation aux lisants *qui nec talia
legendo temperent a lacrymis*. On pria les commissaires, *comme
grands personnages*, qu'ils en fissent remontrance au roi, lequel est
bon prince. » Bref, le parlement garda son argent. C'est une affaire
particulière ; elle n'a de rapport à l'intérêt public que la *nécessité et
indigence du royaume*, alléguée par le parlement comme la cause de
son refus [1].

CHAP. XIII. — *Du parlement sous Louis XII.*

Le règne de Louis XII ne produisit pas la moindre difficulté entre
la cour et le parlement de Paris. Ce prince, en répudiant sa femme,
fille de Louis XI, avec laquelle il avait habité vingt années, et en
épousant Anne de Bretagne, ancien objet de ses inclinations, ne s'a-
dressa point au parlement, quoiqu'il fût l'interprète et le modérateur
des lois du royaume. Ce corps était composé de jurisconsultes séculiers et ecclésiastiques. Les pairs du royaume, représentant les anciens
juges de toute la nation, y avaient séance ; il eût été naturel dans

---

1. Voy. les mots *Lèpre* et *Vérole*, dans le *Dictionnaire philosophique*. (ÉD.)

tous les États du monde, qu'un roi, dans une pareille conjoncture, n'eût fait agir que le premier tribunal de son royaume; mais le préjugé, plus fort que la législation et que l'intérêt des nations entières, avait dès longtemps accoutumé les princes de l'Europe à rendre les papes arbitres de leurs mariages et du secret de leur lit. On avait fait un point de religion de cette coutume bizarre par laquelle ni un particulier, ni un souverain, ne pouvait exclure une femme de son lit, et en recevoir une autre, sans la permission d'un pontife étranger.

Le pape Alexandre VI, souillé de débauches et de crimes, envoya en France ce fameux César Borgia, l'un de ses bâtards, et le plus méchant homme de la chrétienté, chargé d'une bulle qui cassait le mariage du roi avec Jeanne, fille de Louis XI, et lui permettait d'épouser Anne de Bretagne. Le parlement ne fit d'autre démarche que celle d'aller en corps, suivant l'usage, au-devant de César Borgia, légat *a latere*.

Louis XII donna 1 duché-pairie de Nevers à un étranger, à un seigneur de la maison de Clèves; c'était le premier exemple qu'on en eût en France. Ni les pairs ni le parlement n'en murmurèrent. Et lorsque Henri II fit duc et pair un Montmorency, dont la maison valait bien celle de Clèves, il fallut vingt lettres de jussion pour faire enregistrer les lettres de ce duc de Montmorency. C'est qu'il n'y eut aucun levain de fermentation du temps de Louis XII, et que du temps de Henri II tous les ordres de l'État commençaient à être échauffés et aigris.

CHAP. XIV. — *Des grands changements faits sous Louis XII, trop négligés par la plupart des historiens.*

Louis XII acheva d'établir la jurisprudence du grand conseil sédentaire à Paris. Il donna une forme au parlement de Normandie et à celui de Provence, sans que celui de Paris fût consulté sur ces établissements, ni qu'il en prît ombrage.

Presque tous nos historiens ont négligé jusqu'ici de faire mention de cette barrière éternelle que Louis XII mit entre la noblesse et la robe.

Les baillis et prévôts, presque tous chevaliers, étaient les successeurs des anciens comtes et vicomtes : ainsi le prévôt de Paris avait été souverain juge à la place des vicomtes de Paris.

Les quatre grands baillis, établis par saint Louis, étaient les quatre grands juges du royaume. Louis XII voulut que tous les baillis et prévôts ne pussent juger s'ils n'étaient lettrés et gradués. La noblesse, qui eût cru déroger si elle eût su lire et écrire, ne profita pas du règlement de Louis XII. Les baillis conservèrent leur dignité et leur ignorance; des lieutenants lettrés jugèrent en leur nom, et leur ravirent toute leur autorité.

Copions ici un passage entier d'un auteur connu[1]. « On payait quarante fois moins d'épices qu'aujourd'hui. Il n'y avait dans le bailliage

---

1. Cet auteur est Voltaire lui-même. *Essai sur les mœurs*, chap. CXIV. (ÉD.)

de Paris que quarante-neuf sergents, et à présent il y en a plus de cinq cents : il est vrai que Paris n'était pas la cinquième partie de ce qu'il est de nos jours; mais le nombre des officiers de justice s'est accru dans une bien plus grande proportion que Paris; et les maux inséparables des grandes villes ont augmenté plus que le nombre des habitants.

« Il maintint l'usage où étaient les parlements du royaume de choisir trois sujets pour remplir une place vacante : le roi nommait un des trois. Les dignités de la robe n'étaient données alors qu'aux avocats : elles étaient le prix du mérite, ou de la réputation qui suppose le mérite. Son édit de 1499, éternellement mémorable, et que nos historiens n'auraient pas dû oublier, a rendu sa mémoire chère à tous ceux qui rendent la justice, et à ceux qui l'aiment. Il ordonne par cet édit *qu'on suive toujours la loi, malgré les ordres contraires à la loi, que l'importunité pourrait arracher du monarque.* »

CHAP. XV. — *Comment le parlement se conduisit dans l'affaire du concordat.*

Le règne de François Iᵉʳ fut un temps de prodigalité et de malheurs. S'il eut quelque éclat, ce fut par la renaissance des lettres, jusqu'alors méprisées. L'encouragement que Charles-Quint, François Iᵉʳ et Léon X donnèrent à l'envi l'un de l'autre aux sciences et aux beaux-arts, rendit ce siècle mémorable. La France commença pour lors à sortir pour quelque temps de la barbarie; mais les malheurs causés par les guerres et par la mauvaise administration furent beaucoup plus grands que l'avantage de commencer à s'instruire ne fut considérable.

La première affaire dans laquelle le parlement entra avec une fermeté sage et respectueuse, fut celle du concordat. Louis XI avait toujours laissé subsister la pragmatique, après l'avoir imprudemment sacrifiée. Louis XII, trahi par le pape Alexandre VI, et violemment outragé par Jules II, avait rendu toute sa vigueur à cette loi du royaume, qui devait être la loi de toutes les nations chrétiennes. La cour de Rome dominait dans toutes les autres cours, ou du moins négociait toujours à son avantage.

L'empereur Frédéric III, les électeurs et les princes d'Allemagne avaient fait un concordat avec Nicolas V, en 1448, avant que Louis VI eût renoncé à la pragmatique, et l'eût ensuite favorisée. Ce concordat germanique subsiste encore; le pape y a beaucoup gagné : il est vrai qu'il ne vend point d'expectatives ni de réserves; mais il nomme à la plupart des canonicats six mois de l'année; il est vrai qu'on ne lui paye point d'annates, mais on lui paye une taxe qui en tient lieu : tout a été vendu dans l'Église sous des noms différents. Frédéric III reçut des reproches des états de l'empire, et son concordat demeura en vigueur. François Iᵉʳ, qui avait besoin du pape Léon X, comme Louis XI avait eu besoin de Pie II, fit, à l'exemple de Frédéric III, un concordat dans lequel on dit que le roi et le pape avaient pris ce qui ne leur appartenait pas, et donné ce qu'ils ne pouvaient donner;

mais il est très-vrai que le roi, en reprenant par ce traité le droit de nommer aux évêchés et aux abbayes de son royaume, ne reprenait que la prérogative de tous les premiers rois de France. Les élections causaient souvent des troubles, et la nomination du roi n'en apporte pas. Les rois avaient fondé tous les biens de l'Église, ou avaient succédé aux princes dont l'Église avait reçu ces terres : il était juste qu'ils conférassent les bénéfices fondés par eux, sauf aux seigneurs, descendants reconnus des premiers fondateurs, de nommer dans leurs terres à ces biens de l'Église, donnés par leurs ancêtres, comme le roi devait conférer les biens donnés par les rois ses aïeux.

Mais il n'était ni dans la loi naturelle, ni dans celle de Jésus-Christ, qu'un évêque ultramontain reçût en argent comptant la première année des fruits que ces terres produisent; que la promotion d'un évêque d'un siége à un autre valût encore à ce pontife étranger une année des revenus des deux évêchés; qu'un évêque n'osât s'intituler pasteur de son troupeau que par la permission du saint-siége de Rome, jadis l'égal en tout des autres siéges.

Cependant les droits des ecclésiastiques gradués étaient conservés : de trois bénéfices vacants, ils pouvaient, par la pragmatique, en postuler un, et par le concordat on leur accordait le droit d'impétrer un bénéfice pendant quatre mois de l'année; ainsi l'Université n'avait point à se plaindre de cet arrangement.

Le concordat déplut à toute la France. Le roi vint lui-même au parlement; il y convoqua plusieurs évêques, le chapitre de la cathédrale de Paris, et des députés de l'Université. Le cardinal de Boissy, à la tête du clergé convoqué, dit qu'on ne pouvait recevoir le concordat sans assembler toute l'Église gallicane. François Ier lui répondit : « Allez donc à Rome contester avec le pape. »

Le parlement, après plusieurs séances, conclut à rejeter le concordat jusqu'à l'acceptation de l'Église de France. L'Université défendit aux librairies, qui alors dépendaient d'elle, d'imprimer le concordat; elle appela au futur concile.

Le conseil du roi rendit un édit par lequel il défendait à l'Université de se mêler des affaires d'État, sous peine de privation de ses priviléges. Le parlement refusa d'enregistrer cet édit; tout fut en confusion. Le roi nommait-il un évêque, le chapitre en élisait un autre; il fallait plaider. Les guerres fatales de François Ier ne servirent qu'à augmenter ces troubles. Il arriva que le chancelier Duprat, premier auteur du concordat, et depuis cardinal, s'étant fait nommer archevêque de Sens par la mère du roi, régente du royaume pendant la captivité de ce monarque, on ne voulut point le recevoir; le parlement s'y opposa; on attendit la délivrance du roi. Ce fut alors que François Ier attribua à la juridiction du grand conseil la connaissance de toutes les affaires qui regardent la nomination du roi aux bénéfices.

Il est à propos de dire que ce grand conseil avait succédé au véritable conseil des rois, composé autrefois des premiers du royaume, de même que le parlement avait succédé aux quatre grands baillis de saint Louis, aux parloirs du roi. On ne peut faire un pas dans l'histoire, qu'on ne trouve des changements dans tous les ordres de l'Etat et dans tous les corps.

Ce grand conseil fut fixé à Paris par Charles VIII. Il n'avait pas la considération du parlement de Paris, mais il jouissait d'un droit qui le rendait supérieur en ce point à tous les parlements : c'est qu'il connaissait des évocations des causes jugées par les parlements mêmes; il réglait quelle cause devait ressortir à un parlement ou à un autre; il réformait les arrêts dans lesquels il y avait des nullités; il faisait, en un mot, ce que fait le conseil d'État, qu'on appelle le conseil des parties. Les parlements lui ont toujours contesté sa juridiction. Les rois, trop souvent occupés de guerres malheureuses, ou de troubles intestins plus malheureux encore, ont pu rarement fixer les bornes de chaque corps, et établir une jurisprudence certaine et invariable. Toute autorité veut toujours croître, tandis que d'autres puissances veulent la diminuer. Les établissements humains ressemblent aux fleuves, dont les uns enflent leurs cours, et les autres se perdent dans des sables.

CHAP. XVI. — *De la vénalité des charges, et des remontrances sous François Ier.*

Depuis l'extinction du gouvernement féodal en France, on ne combattait plus qu'avec de l'argent, surtout quand on faisait la guerre en pays étrangers. Ce n'était pas avec de l'argent que les Francs et les autres barbares du Nord avaient combattu; ils s'étaient servis de fer pour ravir l'argent des autres nations. C'était tout le contraire quand Louis XII et François Ier passèrent en Italie. Louis XII avait acheté des Suisses et ne les avait point payés. Ces Suisses demandèrent leur argent l'épée à la main; ils assiégèrent Dijon. Le faible Louis XII eut beaucoup de peine à les apaiser. Ces mêmes Suisses se tournèrent contre François Ier.

Le pape Léon X, qui n'avait pas encore signé le concordat avec le roi, animait contre lui les cantons; et ce fut pour résister aux Suisses que le chancelier Duprat, auparavant premier président, prostitua la magistrature au point de la vendre. Il mit à l'encan vingt charges nouvelles de conseillers au parlement.

Louis XII avait auparavant rendu, dans un même besoin, les charges des généraux des finances vénales. Ce mal était bien moins grand, et bien moins honteux; mais vendre des charges de juges au dernier enchérisseur, c'était un opprobre qui consterna le parlement. Il fit de très-fortes remontrances; mais Duprat les ayant éludées, il fallut obéir; les vingt conseillers nouveaux furent reçus; on les distribua, dix dans une chambre des enquêtes, et dix dans une autre.

La même innovation se fit dans tous les autres parlements du royaume; et c'est depuis ce temps que les charges furent presque toutes vénales en France. Un impôt également réparti, et dont les corps de ville et les financiers même auraient avancé les deniers, eût été plus raisonnable et plus utile; mais le ministère comptait sur l'empressement des bourgeois, dont la vanité achèterait à l'envi ces nouvelles charges.

Ce trafic ouvrit le sanctuaire de la justice à des gens quelquefois si indignes d'y entrer, que dans l'affaire de Semblançay, surintendant des finances, trahi, dit-on, par un de ses commis nommé Gentil, jugé par commissaires, condamné à être pendu au gibet de Montfaucon, ce Gentil, qui lui avait volé ses papiers justificatifs, et qui craignait d'être un jour recherché, acheta, pour se mettre à l'abri, une charge de conseiller au parlement; de conseiller il devint président; mais ayant continué ses malversations, il fut dégradé, et condamné à la potence par le parlement même : on l'exécuta sous le gibet de Montfaucon, où son infidélité avait conduit son maître.

L'argent provenu de la vente de vingt charges de magistrature à Paris, et d'environ trente autres dans le reste du royaume, ne suffisant pas à François Ier pour sa malheureuse expédition d'Italie, il acheta la grille d'argent dont Louis XI avait orné l'église de Saint-Martin de Tours. Elle pesait six mille sept cent soixante et seize marcs deux onces moins un gros; il prit aussi des ornements d'argent dans d'autres églises; faibles secours pour conquérir le Milanais et le royaume de Naples qu'il ne conquit point.

Le payement de cette argenterie fut assigné sur ses domaines; il y en avait pour deux cent cinquante mille francs. Les moines et les chanoines, pour se mettre à l'abri des censures de Rome, et encore plus pour assurer leur payement sur le domaine du roi, voulurent que ce marché fût enregistré au parlement.

Le roi envoya le capitaine Frédéric, commandant de la garde écossaise, porter au parlement les lettres patentes pour l'enregistrement (20 juin 1522). L'avocat du roi, Jean Le Lièvre, parla; il exposa les cas où ce n'était pas la coutume de prendre l'argent des églises, et les cas où il était permis de le prendre. Il fut arrêté que la cour écrirait au roi les raisons pour lesquelles icelles lettres patentes ne pouvaient être publiées

C'est le premier exemple que nous ayons des remontrances du parlement sur un objet de finances. Il s'agissait proprement de prévenir un procès entre le domaine du roi et les gens d'Église.

Le roi renvoya, le 27 juin, le même capitaine Frédéric, avec une lettre, laquelle finissait par ces paroles :

« L'impossible serait de prendre les treillis de Saint-Martin de Tours, et autres joyaux des églises qui ne sont que trois ou quatre, qu'il ne vienne à la connaissance publique d'un chacun, et y en aura plus grand nombre qui le sauront par la prise que par la publication dudit édit; pourquoi vous mandons derechef et très-expressément, et d'autant que craignez la rupture de nos affaires, qui sont telles, et de telle importance que chacun sait, que vous procédiez à la publication et vérification de notredit édit : car ceux de ladite église de Saint-Martin demandent ledit édit en cette forme; si n'y faites plus de difficulté, pour autant que nos affaires nous pressent de si près, que la longueur est plus préjudiciable à nous et à notre royaume que ne 's vous pourrions écrire. Donné à Lyon le 23 juin. *Sic signatum*, FRANÇOIS. *Et plus bas*, GÉDOIN. »

Le parlement ordonna que les lettres patentes du roi seraient lues, publiées et enregistrées, *quoad domanium duntaxat*, c'est-à-dire seulement pour ce qui regarde le domaine du roi : « plus, la cour a ordonné que le chancelier arrivé en cette ville, la cour le mandera venir céans pour lui faire remontrances que la cour avisera pour le bien de la justice et choses publiques de ce royaume. »

Le parlement de Paris mander un chancelier qui est son chef et celui de toutes les cours de justice ! lui que le parlement appelle Monseigneur, tandis qu'il ne donne que le titre de Monsieur au premier prince du sang ! mais nous avons déjà vu combien tous les usages changent. D'ailleurs le chancelier Duprat, auteur du concordat et de tant de vexations, était en horreur, et la haine publique ne connaît point de règle.

La même année 1522, il y eut aussi des remontrances du parlement au sujet du domaine aliéné par le roi à l'hôtel de ville de Paris, pour le payement d'un impôt sur le vin et sur le pied-fourché, impôt dont l'hôtel de ville avait avancé les deniers. Ces remontrances sont l'origine de celles qui ont été faites sous tous les règnes suivants.

CHAP. XVII. — *Du jugement de Charles, duc de Bourbon, pair, grand chambrier et connétable de France.*

Ce fameux Charles de Bourbon, qui avait tant contribué à la gloire de la France, à la bataille de Marignan, qui fit depuis son roi prisonnier à la bataille de Pavie, et qui mourut en prenant Rome d'assaut, ne quitta la France, et ne fut la cause de tant de malheurs que pour avoir perdu un procès. Il est vrai qu'il s'agissait de presque tous ses biens.

Louise de Savoie, mère de François Ier, n'ayant pu obtenir de lui qu'il l'épousât en secondes noces, voulut le ruiner ; elle était fille d'une Bourbon, et cousine germaine de Susanne de Bourbon, femme du connétable, laquelle venait de mourir.

Non-seulement Susanne avait laissé tous ses biens par testament à son mari, mais il en était héritier par d'anciens pactes de famille, observés dans tous les temps. Le droit de Charles de Bourbon était encore plus incontestable par son contrat de mariage, Charles et Susanne s'étant cédé mutuellement leurs droits, et les biens devant appartenir au survivant. Cet acte avait été solennellement confirmé par Louis XII, et paraissait à l'abri de toute contestation. Mais la mère du roi, régente du royaume, pendant que son fils allait à la guerre d'Italie, étant outragée et toute-puissante, conseillée par le chancelier Duprat, ce grand auteur de plus d'une infortune publique, intenta procès devant le parlement de Paris, et eut le crédit de faire mettre en séquestre tous les biens du connétable.

Ce prince, d'ailleurs maltraité par François Ier, ne résista pas aux sollicitations de Charles-Quint ; il alla commander les armées de l'empereur, et fut le fléau de ceux qui l'avaient persécuté.

Aux nouvelles de la défection du connétable, le roi différa son voyage d'Italie. Il donna commission au maréchal de Chabanes, grand maître de sa maison, au premier président du parlement de Normandie, et à un maître des requêtes, d'aller interroger les confidents du connétable, qui furent d'abord mis en prison.

Parmi ces confidents ou complices étaient deux évêques, celui d'Autun et celui du Puy. Un secrétaire du roi servit de greffier. C'est encore ici une marque évidente que les formalités changeaient selon les temps et selon les lieux.

Le reste de l'instruction fut fait par de nouveaux commissaires, Jean de Selve, premier président du parlement de Paris; Jean Solat, maître des requêtes; François de Loyne, président aux enquêtes; Jean Papillon, conseiller.

Le roi ordonna, par des lettres réitérées, du 20 septembre, du 15 et du 20 octobre 1522, de faire le procès au connétable absent, et à ses complices emprisonnés.

Les quatre commissaires conseillèrent au roi de renvoyer l'affaire au parlement de Paris; et le roi, par une lettre du 1er novembre, leur témoigna qu'il désapprouvait beaucoup ce conseil.

Ces commissaires instruisirent donc le procès des prisonniers Loches. Mais enfin le roi, incertain de la manière dont il fallait juger deux évêques, et craignant de se commettre avec Rome, renvoya l'affaire au parlement de Paris. Il ne fut plus question des deux évêques, on n'en parla plus; les laïques seuls furent condamnés : ils furent jugés au mois de janvier 1523, les uns à mort, les autres à d'autres peines. Le seigneur de Saint-Vallier, entre autres, fut condamné à perdre la tête, le 16 janvier 1523. C'est lui dont on prétend que les cheveux blanchirent en peu d'heures, après la lecture de son arrêt. La tradition ajoute que François Ier ne lui sauva la vie que pour jouir de Diane de Poitiers, sa fille. Cette tradition serait bien plus vraisemblable que l'autre, si Diane n'avait pas été alors un enfant de quatorze ans, qui n'avait pas encore paru à la cour.

Quant au connétable de Bourbon, le roi vint le juger lui-même au parlement, le 8 mars 1523, accompagné seulement de deux nouveaux pairs, un duc d'Alençon, et un duc de Bourbon-Vendôme; les évêques de Langres et de Noyon furent les seuls pairs ecclésiastiques qui s'y trouvèrent : ils se retirèrent ainsi que tous les conseillers-clercs, quand on alla aux opinions. Il fut seulement ordonné qu'on ajournerait le connétable à son de trompe.

Cette vaine cérémonie se fit à Lyon, parce que cette ville passait pour être la dernière du royaume du côté de l'Italie, le Dauphiné, qui appartenait au dauphin, n'étant pas regardé comme province du royaume.

Pendant qu'on faisait ces procédures, le connétable commandait déjà l'armée ennemie; il entrait en Provence pour répondre à son ajournement, et comparaissait en assiégeant Marseille. Le roi, irrité que le parlement de Paris n'eût pas jugé à mort tous les complices de ce prince, nomma un président de Toulouse avec cinq conseillers, deux présidents de Bordeaux et quatre conseillers, deux conseillers du grand conseil, et un président de Bretagne, pour juger avec le parlement de Paris le reste des accusés, auxquels on n'avait pas encore fait le procès. Nouvel exemple bien frappant de la variété des usages et des formes [1].

Cependant on poursuivit lentement le procès contre le connétable; il fallait trois défauts de comparaître pour qu'on jugeât, comme on disait alors, *en profit de défaut*; mais toutes ces poursuites cessèrent quand le roi fut vaincu et pris à Pavie, par l'armée dans laquelle un des chefs était ce même Charles de Bourbon. Il fallut, au lieu de lui faire son procès, lui restituer, par le traité de Madrid, toutes ses terres, tous ses biens, meubles et immeubles, dans l'espace de six semaines, lui laisser le droit d'exercer ses prétentions sur la souveraineté de la Provence, et promettre de ne faire aucune poursuite contre ses amis et serviteurs. Le roi signa ce traité.

Il crut, quand il revint en France, que la politique ne lui permettait pas de tenir la parole à ses vainqueurs; et après la mort du connétable, tué en prenant Rome, François Ier le condamna, le 26 juillet 1527, dans la grand'chambre du parlement, assisté de quelques pairs. Le chancelier Duprat prononça l'arrêt qui « damnait et abolissait sa mémoire et renommée à perpétuité, » et qui confisquait tous ses biens meubles et immeubles.

Pour ses biens, on en rendit une partie à sa maison; et pour sa renommée, elle a toujours été celle d'un héros qui eut le malheur de se trop venger d'une injustice qu'on lui avait faite.

CHAP. XVIII. — *De l'assemblée dans la grand'salle du palais, à l'occasion du duel entre Charles-Quint et François Ier.*

Après que François Ier, mal conseillé par son courage et par l'amiral Bonnivet, eut perdu la bataille de Pavie, où il fit des actions de héros, et où il fut fait prisonnier; après qu'il eut langui une année entière en prison, il fallut exécuter le fatal traité de Madrid, par lequel il avait promis de céder au victorieux Charles-Quint la Bourgogne, que cet empereur regardait comme le patrimoine de ses ancêtres. Il ne consulta sur cette affaire délicate, ni le parlement de Paris, ni le parlement de Bourgogne établi par Louis XI; mais il se fit représenter, à Cognac où il était, par des députés des états de Bourgogne, qu'il n'avait pu aliéner son domaine, et que, s'il persistait à céder la Bourgogne à l'empereur, ils en appelleraient aux états généraux, à qui souls il appartenait d'en juger.

Les députés des états de Bourgogne savaient bien que les états généraux de l'empire avaient autant de droit que les états de France de juger cette question, ou plutôt qu'elle n'était que du ressort du droit de

1. Consultez les collections de Pierre Dupuy, garde de la Bibliothèque du roi, t. II; et voy., sur tous les articles précédents, le *Recueil des édits et ordonnances*, le président De Thou, le comte de Boulainvilliers, et tous les historiens.

la guerre. Le vainqueur avait imposé la loi au vaincu : fallait-il que le vaincu accomplît ou violât sa promesse ?

L'empereur, en reconduisant son prisonnier au delà de Madrid, l'avait conjuré de lui dire franchement, et sur sa foi de gentilhomme, s'il était dans la résolution d'accomplir le traité, et avait même ajouté qu'en quelque disposition qu'il fût, il n'en serait pas moins libre. François Ier avait répondu qu'il tiendrait sa parole. L'empereur répliqua : « Je vous crois ; mais si vous y manquez, je publierai partout que vous n'en avez pas usé en homme d'honneur. » L'empereur était donc en droit de reprocher au roi que, s'il avait combattu en brave chevalier à Pavie, il ne se conduisait pas en loyal chevalier en manquant à sa promesse. Il dit aux ambassadeurs de France que le roi leur maître avait procédé de mauvaise foi, et que, quand il voudrait, il le lui soutiendrait seul à seul, c'est-à-dire dans un combat singulier.

Le roi, à qui l'on rapporta ce discours public, présenta sa réponse par écrit à l'ambassadeur de l'empereur, qui s'excusa de la lire, parce qu'il avait déjà pris congé. « Vous l'entendrez au moins, » dit le roi ; et il lui fit lire l'écrit signé de sa main et par Robertet, secrétaire d'État. Cet écrit portait en propres mots :

« Vous faisons entendre que si vous nous avez voulu ou voulez nous charger, que jamais nous ayons fait chose qu'un gentilhomme aimant son honneur ne doive faire, nous disons que vous avez menti par la gorge, et qu'autant de fois que vous le direz vous mentirez : étant délibéré de défendre notre honneur jusqu'au dernier bout de notre vie ; pour quoi, puisque contre vérité vous nous avez voulu charger, désormais ne nous écrivez aucune chose, mais nous assurez le camp, et nous vous porterons les armes ; protestant que si, après cette déclaration, en autres lieux vous écrivez ou dites paroles qui soient contre notre honneur, que la honte du délai en sera vôtre : vu que venant audit combat, c'est la fin de toutes écritures. Fait en notre bonne ville et cité de Paris, le vingt-huitième jour de mars de l'an 1527, avant Pâques. FRANÇOIS. »

(10 septembre 1528) Le roi envoya ce cartel à l'empereur par un héraut d'armes. Charles-Quint envoya sa réponse par un autre héraut. Le roi la reçut dans la grand'salle du palais ; il était sur un trône élevé de quinze marches devant la table de marbre. A sa droite, sur un grand échafaud, étaient assis le roi de Navarre, le duc d'Alençon, le comte de Foix, le duc de Vendôme. le duc de Ferrare de la maison d'Este, le duc de Chartres, le duc d'Albanie, régent d'Écosse. De l'autre côté, étaient le cardinal de Salviati, légat du pape, les cardinaux de Bourbon, Duprat, de Lorraine, l'archevêque de Narbonne.

Au-dessous des princes étaient les présidents et les conseillers du parlement, et au-dessous du banc des prélats étaient les ambassadeurs. Ce fut la première fois que le parlement en corps prit place dans une assemblée de tous les grands et de tous les ministres étrangers ; et il y tint la place la plus honorable qu'on pût lui donner.

Il est vrai que ce grand appareil se réduisit à rien ; le roi ne voulut écouter le héraut de l'empereur qu'en cas qu'il apportât la *sûreté du camp*, c'est-à-dire la désignation du lieu où Charles-Quint voulait combattre. En vain le héraut voulut parler, le roi lui imposa silence.

Nous ne rapportons ici cette illustre et vaine cérémonie que pour faire voir dans quelle considération était alors le parlement de Paris. Les maîtres des requêtes et les conseillers du grand conseil furent placés derrière les évêques pairs de France, et les autres prélats; les membres de la chambre des comptes n'eurent point de séance, quoique d'ordinaire ils en aient une égale à celle du parlement, dans toutes les cérémonies publiques.

L'ordre des cérémonies a changé en France comme tout le reste. A l'entrée du roi Louis XII, les processions des paroisses marchèrent les premières, celles des quatre ordres mendiants les secondes : elles furent suivies de la chambre des comptes, ensuite parut l'hôtel de ville; il fut suivi du Châtelet; après le Châtelet venait le parlement en robes rouges; les chevaliers de l'hôtel du roi et deux cents hommes d'armes suivaient à cheval; et le prévôt de Paris à cheval avec douze gardes fermait la marche. L'Université ne parut point; elle attendit le roi à la porte de Notre-Dame.

Le cérémonial observé à l'entrée de François Ier fut tout différent; et il y eut encore des changements à celles de Henri II et de Charles IX, tant l'inconstance a régné dans les petites choses comme dans les grandes, et dans la forme de l'appareil comme dans la forme du gouvernement.

(1537) Le parlement fit une nouvelle cérémonie, à laquelle on ne pouvait donner un autre nom; ce fut de condamner juridiquement l'empereur Charles-Quint. Il faisait toujours la guerre à François Ier, et l'accusait devant toute l'Europe d'avoir violé sa parole, et d'avoir appelé les Turcs en Italie. Le roi le fit ajourner comme son vassal pour les comtés de Flandre et d'Artois. Il faut être bien sûr d'être le maître chez soi, pour faire de telles procédures. Il oubliait que dans le traité de Madrid il avait racheté sa liberté par la cession de toutes ses prétentions sur ces fiefs.

Il vint donc au parlement avec les princes et les pairs; l'avocat général Cappel fit un réquisitoire contre Charles-Quint. On rendit arrêt par lequel on citerait Charles, empereur, à son de trompe sur la frontière; et l'empereur n'ayant pas répondu, le parlement confisqua la Flandre, l'Artois et le Charolais, dont l'empereur resta le maître.

CHAP. XIX. — *Des supplices infligés aux protestants; des massacres de Mérindol et de Cabrières, et du parlement de Provence jugé criminellement par le parlement de Paris.*

La coutume horrible de juger et de condamner à mort pour des opinions religieuses fut introduite chez les chrétiens dès le IVe siècle de l'ère vulgaire. Ce nouveau fléau, qui affligea la nature humaine, fut apporté d'Espagne par deux évêques nommés Itace et Idace, comme depuis un autre Espagnol introduisit l'horreur de l'inquisition. C'est ce qu'on peut voir en général dans l'*Essai sur les mœurs et l'esprit des nations.*

Les chrétiens s'étaient mutuellement égorgés dès longtemps auparavant, mais ils ne s'étaient pas encore avisés de se servir du glaive de la justice.

Cette nouvelle barbarie s'étant donc introduite chez les chrétiens, le roi Robert, le même que le pape Grégoire V avait osé excommunier pour avoir épousé sa commère, le même qui avait quitté sa femme sur ce prétexte, et qui, étant fils d'un usurpateur mal affermi, cherchait à se concilier le siége de Rome, voulut lui complaire en faisant brûler dans Orléans, en sa présence, plusieurs chanoines accusés d'avoir conservé les anciens dogmes de l'ancienne Église des Gaules, qui ne connaissait ni le culte des images, ni la transsubstantiation, ni d'autres institutions. On les appelait manichéens, nom qu'on donnait alors à tous les hérétiques.

Le confesseur de la nouvelle reine Constance était du nombre de ces infortunés. Sa pénitente, dans un mouvement de zèle, lui creva un œil d'un coup de baguette, lorsqu'il allait au supplice. Tous ses compagnons et lui se jetèrent dans les flammes en chantant des psaumes, et crurent avoir la couronne du martyre.

Ceux qu'on appelait Vaudois et Albigeois vinrent ensuite : tous voulaient rétablir la primitive Église; et comme un de leurs principaux dogmes était la pauvreté, ou du moins la médiocrité évangélique, à laquelle ils voulurent réduire les prélats et les moines, les archevêques de Narbonne et de Lyon en firent brûler quelques-uns par leur seule autorité. Les papes ordonnèrent contre eux une croisade comme contre les Turcs et les Sarrasins; on les extermina par le fer et par les flammes, et cent lieues de pays furent désolées.

Enfin, les débauches, les assassinats et les empoisonnements du pape Alexandre VI, l'ambition guerrière de Jules II, la vie voluptueuse de Léon X, ses rapines pour fournir à ses plaisirs, et la vente publique des indulgences, soulevèrent une partie de l'Europe. Le mal était extrême, il fallait au moins une réforme : elle fut commencée, mais par une défection entière, en Allemagne, en Suisse et à Genève.

François Ier lui-même, en favorisant les lettres, avait fait naître le crépuscule à la lueur duquel on commençait à voir en France tous les abus de l'Église; mais il était toujours dans la nécessité de ménager le pape ainsi que le Turc, pour se soutenir contre Charles-Quint. Cette politique l'engagea, malgré les supplications de sa sœur, la reine de Navarre, déjà calviniste, à faire brûler ceux qui seraient convaincus d'adhérer à la prétendue réforme. Il fit indiquer même, au commencement de 1535, par Jean du Bellay, évêque de Paris, une procession générale à laquelle il assista, une torche à la main, comme pour faire amende honorable des profanations des sectaires. L'évêque portait l'eucharistie; le dauphin, les ducs d'Orléans, d'Angoulême et de Vendôme, tenaient les cordons du dais; tous les ordres religieux et tout le clergé précédaient. On voyait les cardinaux, les évêques, les ambassadeurs, les grands officiers de la couronne, immédiatement après le roi. Le parlement, la chambre des comptes, toutes les autres compagnies fermaient la marche. On alla dans cet ordre à l'église de Notre-

Dame, après quoi une partie de la procession se sépara pour aller à l'Estrapade voir brûler à petit feu six bourgeois que la chambre de la tournelle du parlement avait condamnés le matin pour les opinions nouvelles. On les suspendait au bout d'une longue poutre, posée sur une poulie au-dessus d'un poteau de vingt pieds de haut, et on les faisait descendre à plusieurs reprises sur un large bûcher enflammé. Le supplice dura deux heures, et lassa jusqu'aux bourreaux et au zèle des spectateurs.

Les deux jésuites Maimbourg et Daniel rapportent, après Mézeray, que François Iᵉʳ fit dresser, pendant cette exécution, un trône dans la salle de l'évêché, et qu'il y déclara dans un discours pathétique, « que si ses enfants étaient assez malheureux pour tomber dans les mêmes erreurs, il les sacrifierait de même. » Daniel ajoute que ce discours attendrit tous les assistants, et leur tira des larmes.

Je ne sais où ces auteurs ont trouvé que François Iᵉʳ avait prononcé ce discours abominable[1]. La vérité est que dans ce temps-là même il écrivait à Mélanchthon, et qu'il le priait de venir à sa cour. Il sollicitait les luthériens d'Allemagne, et les soudoyait contre l'empereur; il faisait une ligue avec le sultan Soliman, qui fut entièrement conclue deux ans après; il livrait l'Italie aux Turcs; et les musulmans eurent une mosquée à Marseille, après que les chrétiens eurent été brûlés dans Paris et dans les provinces.

Il se passa, quelques années après, une scène bien plus tragique. Il y avait sur les confins de la Provence et du comtat d'Avignon des restes de ces anciens Vaudois et Albigeois qui avaient conservé une partie des rites de l'Église des Gaules, soutenus par Claude, évêque de Turin, au VIIIᵉ siècle, et perpétués jusqu'à nos jours dans les sociétés protestantes. Ces peuples habitaient vingt-deux bourgs, dans des vallées entourées de montagnes peu fréquentées, qui les rendaient presque inconnus au reste du monde. Ils cultivaient ces déserts depuis plus de deux cents ans, et les avaient rendus fertiles. Le véridique président de Thou, qui fut un des juges de l'affaire dont nous parlons, rend justice à l'innocence de leur vie *laborieuse*; il les peint « patients dans les plus grands travaux, justes, sobres, ayant les procès en horreur, libéraux envers les pauvres, payant les tributs avec allégresse, n'ayant jamais fait attendre leurs seigneurs pour leurs rentes, assidus aux prières, ignorant toute espèce de corruption, mais ne se prosternant point devant des images, ne faisant point le signe de la croix, et quand il tonnait, se bornant à lever les yeux au ciel, etc. »

Le vice-légat d'Avignon et le cardinal de Tournon résolurent d'exterminer ces infortunés. Ils ne songeaient ni l'un ni l'autre qu'ils allaient priver le roi et le pape de sujets utiles.

Meynier, baron d'Oppède, premier président du parlement de Provence, obtint des lettres de François Iᵉʳ, qui portaient ordre d'agir

---

1. Voy., ci-dessus, *Essai sur les mœurs*. M. Garnier, continuateur de Velly, cite Dubouchet (*Annales d'Aquitaine*), le continuateur de Nicolas Gilles, Belleforest, Sleidan; mais je ne crois pas que ce soit à l'occasion du prétendu propos attribué à François Iᵉʳ

selon les lois contre ces hommes agrestes; *quibus in eos legibus agatur*, dit de Thou.

Le parlement de Provence commença par condamner dix-neuf habitants de Mérindol, leurs femmes et leurs enfants, à être brûlés, sans ouïr aucun d'eux; ils étaient errants dans les campagnes voisines. Cet arrêt alarme tout le canton. Quelques paysans prirent les armes, et pillèrent un couvent de carmes, sur les terres d'Avignon.

Le président d'Oppède demanda des troupes. L'évêque de Cavaillon, sujet du pape, commença par amener quelques soldats; il se mit à leur tête, saccagea quelques maisons, et tua quelques personnes. Ceux qu'il poursuivait se retirèrent sur les terres de France. Ils y trouvèrent trois mille soldats, conduits par le premier président d'Oppède, qui commandait dans la province en l'absence du gouverneur. L'avocat général faisait l'office de major dans cette armée. C'est à cet avocat qu'on amenait les prisonniers. Il leur faisait réciter le *Pater noster* et l'*Ave Maria*, pour juger s'ils étaient hérétiques; et quand ils récitaient mal ces prières, il criait *tolle et crucifige*, et les faisait arquebuser à ses pieds. Le soldat français est quelquefois bien cruel, et quand la religion vient encore augmenter cette cruauté, il n'y a plus de bornes.

Il fut prouvé qu'en brûlant les bourgs de Mérindol et de Cabrières avec les villages d'alentour, les exécuteurs violèrent jusqu'à des filles de huit à neuf ans entre les bras de leurs mères, et massacrèrent ensuite les mères avec leurs filles. On enfermait pêle-mêle hommes, femmes, enfants, dans des granges auxquelles on mettait le feu, et tout était réduit en cendres. Le peu qu'on épargna fut vendu par les soldats à des capitaines de galères comme des esclaves. Toute la contrée demeura déserte, et la terre arrosée de sang resta sans culture.

Cet événement arriva en 1545. Plusieurs seigneurs de ces domaines sanglants et dévastés, se trouvant privés de leurs biens par cette exécution, présentèrent requête à Henri II contre le président d'Oppède, le président La Font, les conseillers Tributi, Badet, et l'avocat général Guérin.

La cause fut portée, sous Henri II, en 1550, au tribunal du grand conseil. Il s'agissait d'abord de savoir s'il y avait lieu de plaider contre le parlement d'Aix. Le grand conseil jugea qu'on devait évoquer la cause, et elle fut renvoyée au parlement de Paris, qui par là se trouva pour la première fois juge criminel d'un autre parlement.

Les deux présidents provençaux, l'avocat du roi Guérin, furent emprisonnés. On plaida pendant cinquante audiences; le vice-légat d'Avignon intervint dans la cause au nom du pape, et demanda, par son avocat Renard, que le parlement eût à ne point juger des meurtres commis dans les terres papales. On n'eut point égard à la réquisition de maître Renard.

Enfin, le 13 février 1552, l'avocat général Guérin eut la tête tranchée[1]. Le président de Thou nous apprend que le crédit de la maison

---

1. Le président Hénault dit que l'avocat général fut pendu en 1554 : il se

de Guise sauva les autres du supplice qu'ils méritaient; mais que Meynier d'Oppède mourut dans les douleurs causées par les remords, et pires que le supplice.

CHAP. XX. — *Du parlement sous Henri II.*

Le commencement du règne de Henri II fut signalé par ce fameux duel que le roi, en plein conseil, ordonna entre Jarnac et La Chataigneraie, le 11 juin 1547. Il s'agissait de savoir si Jarnac avait avoué à La Chataigneraie qu'il avait couché avec sa belle-mère. Ni les empereurs ni le sénat de Rome n'auraient ordonné un duel pour une pareille affaire; l'honneur chez les nations modernes n'était pas celui des Romains.

Le parlement ne fit aucune démarche pour prévenir ce combat juridique. Les cartels furent portés par des hérauts d'armes, et signifiés par-devant notaires. Le parlement lui-même en avait ordonné plusieurs autrefois, et ces mêmes duels, regardés aujourd'hui comme un crime irrémissible, s'étaient toujours faits avec la sanction des lois. Le parlement avait ordonné celui de Carouge et de Le Gris, du temps de Charles VI, en 1386, et celui du chevalier Archon, et de Jean Picard, son beau-père, en 1354.

Tous ces combats s'étaient faits pour des femmes. Carouge accusait Le Gris d'avoir violé la sienne, et le chevalier Archon accusait Jean Picard d'avoir couché avec sa propre fille. Non-seulement les juges ecclésiastiques permirent aussi ces combats, mais les évêques et les abbés combattirent par procureurs; et l'on trouve dans *le Vrai théâtre d'honneur et de chevalerie*, que Geoffroy du Maine, évêque d'Angers, ayant un différend avec l'abbé de Saint-Serge pour la redevance d'un moulin, le procès fut jugé à coups de bâton par deux champions qui n'avaient pas le droit de se tuer avec l'épée, parce qu'ils n'étaient pas gentilshommes.

Cette ancienne jurisprudence a changé avec le temps, comme tout le reste. On vit bientôt, sous Henri II, un théâtre de carnage moins honorable et plus terrible. Les impôts créés par François Ier, et surtout les vexations sur le sel exercées par les exacteurs, soulevèrent le peuple en plusieurs endroits du royaume. On accusa le parlement de Bordeaux de s'être joint à la populace, au lieu de lui résister, et d'avoir été cause du meurtre du seigneur de Monins, commandant de Bordeaux, que les séditieux massacrèrent aux yeux des membres du parlement, qui marchaient avec eux habillés en matelots. Le connétable Anne de Montmorency, gouverneur du Languedoc, vint avec un maître des requêtes, nommé Étienne de Neuilly, interdire le parlement pour un an; il fit exhumer le corps du seigneur de Monins par tous les officiers du corps de ville, qui furent obligés de le déterrer avec leurs ongles, et cent bourgeois passèrent par les mains du bourreau.

trompe sur le genre du supplice et sur la date. Ces horreurs sont détaillées dans *l'Essai sur les mœurs*; on ne peut trop en parler.

Ce traitement indisposa tous les parlements du royaume; celui de Paris déplut à la cour plus que les autres. Le roi, en 1554, le rendit semestre[1], et augmenta le nombre des charges : il en vendit soixante et dix nouvelles. Ces édits ne furent point vérifiés, mais ils furent exécutés pendant l'espace d'une année, après quoi le parlement ne fut plus semestre; mais il demeura surchargé de soixante et dix membres inutiles, qui avaient acheté leurs offices; abus que le président Jacques-Auguste de Thou déplore avec beaucoup d'éloquence.

Le règne de Henri II ne fut guère plus heureux que celui de son père. Les défaites de Saint-Quentin et de Gravelines affaiblissaient le respect public pour le trône, les impôts aliénaient l'affection, et tous les parlements étaient mécontents.

Le roi, pour avoir plus aisément de l'argent, convoqua une grande assemblée dans la chambre du parlement de Paris, en 1558. Quelques-uns de nos historiens lui ont donné le nom d'états généraux, mais c'était une assemblée de notables, composée des grands qui se trouvèrent à Paris, et de quelques députés de province. Pour assembler de vrais états généraux, il eût fallu plus de temps, plus d'appareil, et la grand'chambre aurait été trop petite pour les contenir.

Les trésoriers généraux des finances y eurent une séance particulière; ni eux, ni le parlement, n'y furent confondus avec le tiers état. Il n'était pas possible que le parlement, cour des pairs, n'eût pas une place distinguée dans le lieu même de sa résidence.

Le roi y parla lui-même, la convocation ne dura que huit jours; le seul objet était d'obtenir trois millions d'écus d'or; le clergé en paya un tiers, et le peuple les deux autres tiers : jusque-là tout fut paisible.

CHAP. XXI. — *Du supplice d'Anne Dubourg.*

Le duc François de Guise et le cardinal de Lorraine, son frère, commençaient à gouverner l'État sous Henri II. François de Guise avait été déclaré lieutenant général de l'État; en cette qualité il précédait le connétable, et lui écrivait en supérieur. Le cardinal de Lorraine, qui avait la première place dans le conseil, voulut, pour se rendre encore plus nécessaire, établir en France l'inquisition, et il y parvint même enfin à quelques égards.

On n'institua pas à la vérité en France ce tribunal, qui offense à la fois la loi naturelle, toutes celles de l'État, la liberté des hommes et la religion qu'il déshonore en la soutenant; mais on donna le titre d'inquisiteurs à quelques ecclésiastiques qu'on admit pour juges dans les procès extraordinaires qu'on faisait à ceux de la religion prétendue réformée; tel fut ce fameux Mouchi qu'on appelait Démocharès, recteur de l'Université. C'était proprement un délateur et un espion du cardinal de Lorraine; c'est pour lui qu'on inventa le sobriquet de mouchards, pour désigner les espions; son nom seul est devenu une injure.

---

1. Il le composa de conseillers qui servaient alternativement pendant six mois. (ED.)

Cet inquisiteur suborna deux jeunes gens pour déposer que les prétendus réformés avaient fait, le jeudi saint, une assemblée dans laquelle, après avoir mangé un cochon en dérision de l'ancien sabbat, ils avaient éteint les lampes, et s'étaient abandonnés, hommes et femmes, à une prostitution générale.

C'est une chose bien remarquable qu'une telle calomnie ait toujours été intentée contre toutes les nouvelles sectes, à commencer même par le christianisme, auquel on imputa des abominations pareilles. Les sectaires, nommés huguenots, réformés, protestants, évangéliques, furent poursuivis partout. On en condamna plusieurs aux flammes. Ce supplice ne paraît pas proportionné au délit. Des gens qui n'étaient convaincus que d'avoir prié Dieu dans leur langue naturelle, et d'avoir communié avec du pain levé et du vin, semblaient ne pas mériter un si affreux supplice; mais dès longtemps l'Église s'était servie de bûchers pour punir tous ceux qui avaient le malheur de ne pas penser comme elle. On supposait que c'était à la fois imiter et prévenir la justice divine, qui destine tous les ennemis de l'Église au feu éternel. Le bûcher était regardé comme un commencement de l'enfer.

Deux chambres du parlement prirent également connaissance du crime d'hérésie, la grand'chambre et la tournelle, quoique depuis la grand'chambre se soit bornée aux procès civils, quand elle juge seule. Le roi donnait aussi des commissions particulières pour juger les délinquants. On nommait ces commissions *chambres ardentes*. Tant de supplices excitèrent enfin la pitié; et plusieurs membres du parlement, s'étant adonnés aux lettres, pensèrent que l'Église devait plutôt réformer ses mœurs et ses lois, que verser le sang des hommes ou les faire périr dans les flammes.

Il arriva au mois d'avril 1559, dans une assemblée qu'on nomme *mercuriale*, que les plus savants et les plus modérés du parlement proposèrent d'user de moins de cruauté, et de chercher à réformer l'Église. Ce fut l'avis du président Ranconet, d'Arnaud Ferrier, d'Antoine Fumée, de Paul de Foix, de Nicolas Duval, de Claude Viole, d'Eustache de La Porte, de Louis du Faur, et du célèbre Anne Dubourg.

Un de leurs confrères les dénonça au roi. Il violait en cela son serment de conseiller, qui est de tenir les délibérations de la cour secrètes. Il violait encore plus les lois de l'honneur et de l'équité.

Le roi, excité par les Guises, et séduit par cette malheureuse politique qui fait croire que la liberté de penser détruit l'obéissance, vint au parlement, le 15 juin 1559, sans être attendu. Il était accompagné de Bertrand, ou Bertrandi, cardinal, garde des sceaux, autrefois premier président du parlement, homme tout dévoué aux maximes ultramontaines. Le connétable de Montmorency et plusieurs grands officiers de la couronne prirent séance.

Le roi, qui savait qu'on délibérait alors sur la même matière, voulut qu'on continuât à parler en liberté : plusieurs tombèrent dans le piége qu'on leur tendait. Le conseiller Claude Viole et Louis du

Faur recommandèrent éloquemment la réforme des mœurs et la tolérance des religions. Le conseiller Dubourg s'expliqua avec encore plus de force; il montra combien il était affreux de voir régner à la cour la débauche, l'adultère, la concussion, l'homicide, tandis qu'on livrait aux tourments et à la mort des citoyens qui servaient le roi selon les lois du royaume, et Dieu selon leur conscience.

Dubourg, neveu du chancelier de ce nom, était diacre; sa cléricature l'avait engagé à étudier plus qu'un autre cette funeste théologie qui est, depuis tant de siècles, un amas d'opinions contraires. La science l'avait fait tomber dans l'opinion de ces réformateurs; d'ailleurs juge intègre, homme d'une vie irréprochable, et citoyen zélé.

Le roi ordonna au connétable de faire arrêter sur-le-champ Dubourg, du Faur, de Foix, Fumée, La Porte : les autres eurent le temps de se sauver. Il y avait dans le parlement beaucoup plus de magistrats attachés à la maison de Guise qu'aux sciences.

Saint-André et Minard, présidents aux enquêtes, poursuivirent la mort d'Anne Dubourg. Comme il était dans le sacerdoce, il fut d'abord jugé par l'évêque de Paris, du Bellay, assisté de l'inquisiteur Mouchi : il appela comme d'abus de la sentence de l'évêque, il réclama son droit d'être jugé par ses pairs, c'est-à-dire par les chambres du parlement assemblées; mais l'esprit de parti et l'asservissement aux Guises l'ayant emporté au parlement sur une de ses plus grandes prérogatives, Dubourg fut jugé successivement à l'officialité de Paris, à celle de Sens, et à celle de Lyon, et condamné dans toutes les trois à être dégradé et livré au bras séculier comme hérétique. On le mena d'abord à l'officialité; là, étant revêtu de ses habits sacerdotaux, on les lui arracha l'un après l'autre. On fit la cérémonie de passer légèrement un morceau de verre sur sa tonsure et sur ses ongles, après quoi il fut ramené à la Bastille, et condamné à être étranglé et brûlé, par des commissaires du parlement, que ses persécuteurs avaient nommés. Il reçut son arrêt avec résignation et courage : « Éteignez vos feux, dit-il à ses juges, renoncez à vos vices, convertissez-vous à Dieu. » Il fut pendu et brûlé dans la place de Grève, le 19 octobre 1559.

Gui du Faur fut condamné par les mêmes commissaires à une interdiction de cinq ans, et à une amende de cinq cents livres. Son arrêt porte : « Pour avoir témérairement avancé qu'il n'y a point de meilleur remède pour finir les troubles de l'Église, que l'assemblée d'un concile œcuménique, et qu'en attendant on doit suspendre les supplices. »

Une grande partie du parlement s'éleva contre cet arrêt, et accepta la protestation de du Faur; tout le parlement fut longtemps partagé, les esprits s'échauffèrent, et enfin le parti de la raison l'emportant sur celui du fanatisme et de la servitude, le jugement des commissaires contre du Faur fut rayé et biffé à la pluralité des voix.

Cependant le conseiller Anne Dubourg ayant déclaré à la potence qu'il mourait serviteur de Dieu, et ennemi des abus de l'Église romaine, son supplice fit plus de prosélytes en un jour que les livres et les prédications n'en avaient fait en plusieurs années. Le nom catholique devint tellement en horreur aux protestants, et les factions furent si animées, que, depuis ce temps jusqu'aux années paisibles et trop courtes où Henri IV restaura le royaume, c'est-à-dire pendant plus de quarante années, il ne se passa pas un seul jour qui ne fût marqué par des querelles sanglantes, par des combats particuliers ou généraux, ou par des assassinats, ou par des emprisonnements, ou par des supplices. Tel fut l'état où les disputes de religion réduisirent le royaume pendant un demi-siècle, tandis que la même cause eut à peu près les mêmes effets dans l'Angleterre, dans l'Allemagne, et dans les Pays-Bas.

Chap. XXII. — De la conjuration d'Amboise, et de la condamnation à mort de Louis de Bourbon, prince de Condé.

Si Anne Dubourg ne fut pas jugé par ses pairs assemblés, un prince du sang ne le fut pas non plus par les siens. François de Guise et le cardinal de Lorraine son frère, tous deux étrangers, mais tous deux devenus pairs du royaume, l'un par son duché de Guise, l'autre par son archevêché de Reims, étaient les maîtres absolus de l'État, sous le jeune et faible François II, qui avait épousé leur nièce Marie Stuart.

Les princes du sang, écartés et humiliés, ne purent se soutenir contre eux qu'en se joignant secrètement aux protestants, qui commençaient à faire un parti considérable dans le royaume. Plus ils étaient persécutés, plus leur nombre croissait; le martyre dans tous les temps a fait des prosélytes.

Louis de Condé, frère d'Antoine de Bourbon, roi de la Basse-Navarre, entreprit d'ôter aux Guises un pouvoir qui ne leur appartenait pas, et se rendit criminel dans une juste cause par la fameuse conspiration d'Amboise. Elle fut tramée avec un grand nombre de gentilshommes de toutes les provinces, les uns catholiques, les autres protestants; elle fut si bien conduite, qu'après avoir été découverte, elle fut encore formidable. Sans un avocat, nommé d'Avenelles, qui la découvrit, non par zèle pour l'État, mais par intérêt, le succès était infaillible; les deux princes lorrains étaient enlevés ou tués dans Amboise. Le prince de Condé, chef de l'entreprise, employait les conjurés, d'un bout de la France à l'autre, sans s'être découvert à eux. Jamais conspiration ne fut conduite avec plus d'art et plus d'audace.

La plupart des principaux conjurés moururent les armes à la main. Ceux qui furent pris auprès d'Amboise expirèrent dans les supplices; et cependant il se trouva encore dans les provinces des gentilshommes assez hardis pour braver les princes de Lorraine, victorieux et tout-puissants : entre autres, le seigneur de Mouvans demeura en armes dans la Provence; et quand le duc de Guise voulut le regagner, Mouvans fit à ses émissaires cette réponse : « Dites aux princes lorrains que tant qu'ils persécuteront les princes du sang, ils auront dans Mouvans un ennemi irréconciliable. Tout pauvre qu'il est, il a des amis gens de cœur. »

Le prince de Condé, qui attendait dans Amboise auprès du roi la victoire ou la défaite de ses partisans, fut arrêté dans le château

d'Amboise par le grand prévôt de l'hôtel, Antoine du Plessis-Riche-
lieu, tandis qu'on faisait mourir ses complices par la corde ou par la
hache; mais il avait si bien pris ses mesures, et il parla avec tant
d'assurance, qu'il fut mis en liberté.

La conspiration, découverte et punie, ne servit qu'à rendre François
de Guise plus puissant. Le connétable Anne de Montmorency, réduit
à recevoir ses ordres et à briguer sa faveur, fut envoyé au parlement
de Paris comme un simple gentilhomme de la maison du roi, pour
rendre compte de la journée d'Amboise, et pour intimer un ordre de ne
faire aucune grâce aux hérétiques.

Le véridique de Thou rapporte en propres mots, « que les présidents
et les conseillers comblèrent à l'envi les princes de Lorraine d'éloges,
le parlement en corps viola l'usage, et abaissa sa dignité, dit-il, jusqu'à écrire au duc de Guise, et à l'appeler, par une lâche flatterie, le
conservateur de la patrie. » Ainsi tout fut faible ce jour-là, le parlement et le connétable.

La même année 1560, le prince de Condé, échappé d'Amboise, et
s'étant retiré dans le Béarn, s'y déclara publiquement de la religion
réformée; et l'amiral de Coligny présenta une requête au roi, au nom
de tous les protestants du royaume, pour obtenir une liberté entière
de l'exercice de leur religion; ils avaient déjà deux mille deux cent
cinquante églises, soit publiques, soit secrètes; tant le sang de leurs
frères avait cimenté leur religion! Les Guises virent qu'on allait leur
faire une guerre ouverte. Les protestants voulurent livrer la ville de
Lyon au prince de Condé; ils ne réussirent pas; les catholiques de la
ville s'armèrent contre eux, et il y eut autant de sang répandu dans la
conspiration de Lyon que dans celle d'Amboise.

On ne peut concevoir comment, après cette action, le prince de
Condé et le roi de Navarre, son frère, osèrent se présenter à la cour,
dans Orléans, où le roi devait tenir les états. Soit que le prince de
Condé crût avoir conduit ses desseins avec assez d'adresse pour n'être
pas convaincu, soit qu'il pensât être assez puissant pour qu'on craignît de mettre la main sur lui, il se présenta, et il fut arrêté par
Philippe de Maillé et par Chavigni-le-Roi, capitaine des gardes. Les
Guises croyaient avoir assez de preuves contre lui pour le condamner
à perdre la vie; mais n'en ayant pas assez contre le roi Antoine de
Navarre, le cardinal de Lorraine résolut de le faire assassiner. Il y fit
consentir le roi François II. On devait faire venir Antoine de Navarre dans la chambre du roi, ce jeune monarque devait lui faire des
reproches, les témoins devaient s'écrier qu'Antoine manquait de respect au roi, et des assassins apostés devaient le tuer en présence du
roi même.

Antoine, mandé dans la chambre de François II, fut averti à la porte,
par un des siens, du complot formé contre sa vie. « Je ne puis reculer,
dit-il; je vous ordonne seulement, si vous m'aimez, de porter ma chemise sanglante à mon fils, qui lira un jour dans mon sang ce qu'il doit
faire pour me venger. » François II n'osa pas commettre ce crime, il
ne donna point le signal convenu.

On se contenta de procéder contre le prince de Condé. Il faut encore observer ici qu'on ne lui donna que des commissaires : le chancelier de L'Hospital, Christophe de Thou, président du parlement, père de l'historien, les conseillers Faye et Viole. Ils l'interrogèrent, et ils devaient le juger avec les seigneurs du conseil étroit du roi; ainsi le duc de Guise lui-même devait être son juge. Tout était contre les lois dans ce procès. Le prince appelait en vain au roi, en vain il représentait qu'il ne devait être jugé que par les pairs assemblés; on déclarait ses appels mal fondés.

Le parlement, intimidé ou gagné par les Guises, ne fit aucune démarche. Le prince fut condamné à la pluralité des voix dans le conseil du roi, où l'on fit entrer le président Christophe de Thou et les deux conseillers du parlement.

François II se mourait alors; tout allait changer; le connétable de Montmorency était en chemin, et allait reprendre son autorité. L'amiral Coligny, neveu du connétable, s'avançait; la reine mère, Catherine de Médicis, était incertaine et accablée; le chancelier de L'Hospital ne voulait point signer l'arrêt; les deux princes de Guise osèrent bien la presser de faire exécuter le prince de Condé déjà condamné, et le roi de Navarre son frère, à qui on pouvait faire le procès en un jour. Le chancelier de L'Hospital soutint la reine chancelante contre cette résolution désespérée. Elle prit un parti sage; le roi son fils touchait à sa fin, elle profita des moments où elle était encore maîtresse de la vie des deux princes pour se réconcilier avec eux, et pour conserver son autorité malgré la maison de Lorraine. Elle exigea d'Antoine de Navarre un écrit, par lequel il renonçait à la régence, et se l'assura à elle-même dans son cabinet, sans consulter ni le conseil, ni les députés des états généraux qu'on devait tenir à Orléans, ni aucun parlement du royaume.

François II, son fils, mourut le 5 décembre, âgé de dix-sept ans et dix mois; son frère, Charles IX, n'avait que dix ans et demi. Catherine de Médicis sembla maîtresse absolue les premiers jours de ce règne. Elle tira le prince de Condé de prison de sa seule autorité; ce prince et le duc de Guise se réconcilièrent et s'embrassèrent en sa présence, avec la résolution déterminée de se détruire l'un l'autre ; et bientôt s'ouvrit la carrière des plus horribles excès où l'esprit de faction, la superstition, l'ignorance, revêtue du nom de théologie le fanatisme et la démence aient jamais porté les hommes.

Pendant que François II touchait à sa fin, le parlement de Paris réprima, autant qu'il le put, par un arrêt authentique, des maximes ultramontaines capables d'augmenter encore les troubles de l'État. Les aspirants au doctorat soutiennent en Sorbonne des thèses théologiques, ignorées pour l'ordinaire du reste du monde : mais alors elles excitaient l'attention publique. On soutint dans une de ces thèses, « que le pape, souverain monarque de l'Église, peut dépouiller de leurs royaumes les princes rebelles à ses décrets. » Le chancelier de L'Hospital envoya des lettres patentes au président Christophe de Thou, et deux conseillers, pour informer sur cette thèse aussi criminelle qu'absurde. Tanquerel, qui l'avait soutenue, s'enfuit. Le parlement rendit un arrêt par lequel la Sorbonne assemblée abjurerait l'erreur de Tanquerel. Le docteur Le Goust demanda pardon pour Tanquerel au nom de la Sorbonne, le 12 décembre 1560. On eut dans la suite des maximes plus affreuses à réfuter.

CHAP. XXIII. — *Des premiers troubles sous la régence de Catherine de Médicis.*

Dès que le faible François II eut fini son inutile vie, Catherine Medici, que nous nommons *de Médicis*, assembla les états dans Orléans, le 13 décembre 1560. Le parlement de Paris ni aucun autre n'y envoyèrent de députés. A peine, dans ces états, parla-t-on de la régence; on y confirma seulement au roi de Navarre la lieutenance générale du royaume, titre donné trois fois auparavant à François, duc de Guise.

La reine ne prit point le nom de régente, soit qu'elle crût que le nom de reine, mère du roi, dût lui suffire, soit qu'elle voulût éviter des formalités; elle ne voulait que l'essentiel du pouvoir. Les états mêmes ne lui donnèrent point le titre de majesté; les rois alors le prenaient rarement. Nous avons encore beaucoup de lettres de ce temps-là, où l'on dit à Charles IX et à Henri III, *votre altesse*. La variété et l'inconstance s'étendent sur les noms et sur les choses.

Catherine de Médicis était intéressée à rabaisser les Guises, qui l'avaient humiliée du temps de François II, et dans cette idée elle favorisa d'abord les calvinistes. Le roi de Navarre l'était, mais il craignait toujours d'agir. Le connétable de Montmorency, l'homme le plus ignorant de la cour, et qui à peine savait signer son nom, fut longtemps indécis; mais sa femme, Magdeleine de Savoie, aussi bigote que son mari était ignorant, l'emporta sur les Coligny, et détermina son mari à s'unir avec le duc de Guise. Le maréchal de Saint-André se joignit à eux, et on donna à cette union le nom de triumvirat, parce qu'on aime toujours à comparer les petites choses aux grandes. Saint-André était en tout fort au-dessous de François de Guise et de Montmorency; il était le Lépide de ce triumvirat, d'ailleurs plus connu par ses débauches et par ses rapines que par ses actions.

Ce fut là le premier signal des divisions au milieu des états d'Orléans. La reine mère envoya d'abord un ordre, au nom du roi son fils, à tous les gouverneurs de provinces, de pacifier autant qu'ils le pourraient les troubles de religion. Cette déclaration défendait aux peuples de se servir des noms odieux de huguenots et de papistes. Elle rendait la liberté à tous les prisonniers pour cause de religion; elle rappelait ceux que la crainte avait fait retirer hors du royaume depuis le temps de François Iᵉʳ. Rien n'était plus capable de ramener la paix, si les hommes eussent écouté la raison.

Le parlement de Paris, après beaucoup de débats, fit des remontrances. Il allégua que cette ordonnance devait être adressée au parlement du royaume, et non aux gouverneurs des provinces Il se plaignit qu'on donnât trop de liberté aux novateurs. La reine mena son fils au parlement, au mois de juillet : jamais il n'y eut une plus grande assemblée. Le prince de Condé y était lui-même. On y fit enregistrer l'édit qu'on nomme de juillet, édit de concorde et de paix, beaucoup plus détaillé que l'ordonnance dont on se plaignait ; édit qui recommandait à tous les sujets la tolérance, qui défendait aux prédicateurs les termes injurieux, sous peine de la vie, qui prohibait les assemblées publiques, et qui, en réservant aux ecclésiastiques seuls la connaissance de l'hérésie, prescrivait aux juges de ne prononcer jamais la peine de mort contre ceux mêmes que l'Église livrerait au bras séculier.

Cet édit fut suivi du colloque de Poissy, tenu au mois d'auguste 1561. Cette conférence ne pouvait être qu'inutile entre deux partis diamétralement opposés. D'un côté l'on voyait un cardinal de Lorraine, un cardinal de Tournon, des évêques comblés de richesses, un jésuite, nommé Lainez, et des moines défenseurs opiniâtres de l'autorité du pape ; de l'autre étaient de simples protestants, tous pauvres, tous voulant qu'on fût pauvre comme eux, et tous ennemis irréconciliables de cette puissance papale qu'ils regardaient comme l'usurpation la plus tyrannique.

Les deux partis se séparèrent très-mécontents l'un de l'autre, ce qui ne pouvait être autrement.

Jacques-Auguste de Thou rapporte que le cardinal de Tournon ayant reproché vivement à la reine d'avoir mis au hasard la religion romaine en permettant cette dispute publique, Catherine lui répondit : « Je n'ai rien fait que de l'avis du conseil et du parlement de Paris. »

Il paraît cependant que la majorité du parlement était alors contre les réformateurs. Apparemment la reine entendait que les principales têtes de ce corps lui avaient conseillé le colloque de Poissy.

Après cette conférence, dont on sortit plus aigri qu'on n'y était entré, la cour, pour prévenir les troubles, assembla dans Saint-Germain en Laye, le 17 janvier 1562, des députés de tous les parlements du royaume. Le chancelier de L'Hospital leur dit que, dans les divisions et dans les malheurs de l'État, il ne fallait pas imiter Caton, à qui Cicéron reprochait d'opiner dans le sein de la corruption comme il eût fait dans les temps vertueux de la république.

On proposa des tempéraments qui adoucissaient encore l'édit de juillet. Par ce nouvel édit, longtemps connu sous le nom d'édit de janvier, il fut permis aux réformés d'avoir des temples dans les faubourgs de toutes les villes. Nul magistrat ne devait les inquiéter ; au contraire on devait leur prêter main-forte contre toute insulte, et condamner à mille écus d'or d'amende ceux qui troubleraient leurs assemblées ; mais aussi ils devaient restituer les églises, les maisons, les terres, les dîmes dont ils s'étaient emparés. Ils ne pouvaient, par cet édit, convoquer aucun synode qu'en présence des magistrats du lieu. Enfin on leur enjoignait d'être en tout des citoyens soumis, en servant Dieu selon leur conscience.

Quand il fallut enregistrer ce nouvel édit, le parlement fit encore plusieurs remontrances. Enfin, après trois lettres de jussion, il obéit, le 6 mars[1], en ajoutant la clause : « Qu'il cédait à la volonté absolue du roi ; qu'il n'approuvait point la religion nouvelle, et que l'édit ne subsisterait que jusqu'à nouvel ordre. » Cette clause, dictée par le parti des Guises et du triumvirat, inspira la défiance aux réformés, et rendit les deux édits de pacification inutiles.

Les querelles d'État et de religion augmentèrent par les moyens mêmes qu'on avait pris pour les pacifier. Le petit triumvirat, la faction des Guises et celle des prêtres menaçaient et choquaient dans toutes les occasions le parti des Condé, des Coligny et des réformés : on était encore en paix, mais on respirait la guerre civile.

Le hasard qui causa le massacre de Vassy fit enfin courir la France entière aux armes ; et, si ce hasard n'en avait pas été la cause, d'autres étincelles auraient suffi pour allumer l'embrasement.

Le prince de Condé s'empara de la ville d'Orléans (avril 1562), et se fit déclarer, par son parti, protecteur du royaume de France ; soit qu'il empruntât ce titre des Anglais, comme il est très-vraisemblable, soit que les circonstances présentes le fournissent d'elles-mêmes.

Au lieu d'apaiser cette guerre civile naissante, le parlement, où le parti des Guises dominait toujours, rendit, au mois de juillet 1562, plusieurs arrêts par lesquels il proscrivait les protestants, ordonnait à toutes les communautés de prendre les armes, de poursuivre et de tuer tous les novateurs qui s'assembleraient pour prier Dieu en français.

Le peuple, déchaîné par la magistrature, exerça sa cruauté ordinaire partout où il fut le plus fort ; à Ligueil en Touraine il étrangla plusieurs habitants, arracha les yeux au pasteur du temple, et le brûla à petit feu. Cormeri, Loches, l'île Bouchard, Azay-le-Rideau, Vendôme, furent saccagés ; les tombeaux des ducs de Vendôme mis en pièces, leurs corps exhumés, dans l'espérance d'y trouver quelques joyaux ; et leurs cendres jetées au vent. Ce fut le prélude de cette Saint-Barthélemy qui effraya l'Europe dix années après, et dont le souvenir inspirera une horreur éternelle.

CHAP. XXIV. — *Du chancelier de L'Hospital. De l'assassinat de François de Guise.*

On croit bien que toutes ces cruautés ne furent point sans représailles ; les protestants firent autant de mal qu'on leur en faisait, et la France fut un vaste théâtre de carnage. Le parlement de Toulouse fut partagé. Vingt-deux conseillers tenaient encore pour les édits de pacification, les autres voulaient que les protestants fussent exterminés. Ceux-ci se retranchèrent dans l'hôtel de ville ; on se battit avec fureur dans Toulouse ; il y périt trois à quatre mille citoyens, et c'est là l'origine de cette fameuse procession qu'on fait encore à Toulouse tous les ans, le 10 mars, en mémoire de ce qu'on devrait oublier. Le chancelier de L'Hospital, sage et inutile médecin de cette frénésie universelle, cassa vainement l'arrêt qui ordonnait cette funeste cérémonie annuelle.

Le prince de Condé cependant faisait une véritable guerre. Son propre frère, le roi de Navarre, après avoir longtemps flotté entre la cour et le parti protestant, ne sachant s'il était calviniste ou papiste, toujours incertain et toujours faible, suivit le duc de Guise au siége de Rouen, dont les troupes du prince de Condé s'étaient emparées; il y fut blessé à mort, en visitant la tranchée, le 13 octobre 1562 : la ville fut prise et livrée au pillage. Tous les partisans du prince de Condé qu'on y trouva furent massacrés, excepté ceux qu'on réserva au supplice. Le chancelier de L'Hospital, au milieu de ces meurtres, fit encore publier un édit par lequel le roi et la reine sa mère ordonnaient à tous les parlements du royaume de suspendre toute procédure criminelle contre les hérétiques, et proposaient une amnistie générale à ceux qui s'en rendraient dignes.

Voilà le troisième arrêt de douceur et de paix que ce grand homme fit en moins de deux ans; mais la rage d'une guerre à la fois civile et religieuse l'emporta toujours sur la tolérance du chancelier.

Le parlement de Normandie, malgré l'édit, fit pendre trois conseillers de ville et le prédicant ou ministre Marlorat, avec plusieurs officiers.

Le prince de Condé à son tour souffrit que dans Orléans, dont il était maître, le conseil de ville fit pendre un conseiller du parlement de Paris, nommé Sapin, et un prêtre qui avait été pris en voyageant; il n'y avait plus d'autre droit que celui de la guerre.

Cette même année se donna la première bataille rangée entre les catholiques et les huguenots, auprès de la petite ville de Dreux, non loin des campagnes d'Ivry, lieu où depuis le grand Henri IV gagna et mérita sa couronne.

D'un côté on voyait ces trois triumvirs, le vieux et malheureux connétable de Montmorency; François de Guise, qui n'était plus lieutenant général de l'État, mais qui, par sa réputation, en était le premier homme; et le maréchal de Saint-André qui commandait sous le connétable.

A la tête de l'armée protestante était le prince Louis de Condé, l'amiral Coligny, et son frère d'Andelot : presque tous les officiers de l'une et de l'autre armée étaient ou parents ou alliés, et chaque parti avait amené des troupes étrangères à son secours.

L'armée catholique avait des Suisses, l'autre avait des reîtres. Ce n'est pas ici le lieu de décrire cette bataille : elle fut, comme toutes celles que les Français avaient données, sans ordre, sans art, sans ressource prévue. Il n'y eut que le duc de Guise qui sut mettre un ordre certain dans le petit corps de réserve qu'il commandait. Le connétable fut enveloppé et pris, comme il l'avait été à la bataille de Saint-Quentin. Le prince de Condé eut le même sort. Le maréchal de Saint-André, abandonné des siens, fut tué par le fils du greffier de l'hôtel de ville de Paris, nommé Bobigny. Ce maréchal avait emprunté de l'argent au greffier : au lieu de payer le père, il avait maltraité le fils. Celui-ci jura de s'en venger, et tint parole. Un simple citoyen qui a du courage est supérieur, dans une bataille, à un seigneur de cour qui n'a que de l'orgueil.

Le duc de Guise voyant les deux chefs opposés prisonniers, et tout en confusion, fit marcher à propos son corps de réserve, et gagna le champ de bataille : ce fut le 20 décembre 1562. François de Guise alla bientôt après faire le siège d'Orléans. Ce fut là qu'il fut assassiné, le 18 février 1563, par Poltrot de Méré, gentilhomme angoumois. Ce n'était pas le premier assassinat que la rage de religion avait fait commettre. Il y en avait eu plus de quatre mille dans les provinces ; mais celui-ci fut le plus signalé, par le grand nom de l'assassiné, et par le fanatisme du meurtrier, qui crut servir Dieu en tuant l'ennemi de sa secte.

J'anticiperai ici un peu le temps pour dire que, quand Charles IX revint à Paris, après sa majorité, la mère du duc de Guise, Antoinette de Bourbon, sa femme Anne d'Este, et toute sa famille, vinrent en deuil se jeter aux genoux du roi, et demander justice contre l'amiral Coligny, qu'on accusait d'avoir encouragé Poltrot à ce crime.

Le parlement condamna Poltrot, le 18 mars, à être déchiré avec des tenailles ardentes, tiré à quatre chevaux et écartelé, supplice réservé aux assassins des rois. Le criminel varia toujours à la question, tantôt chargeant l'amiral Coligny, et d'Andelot, son frère, tantôt les justifiant. Il demanda à parler au premier président, Christophe de Thou, avant que d'aller au supplice. Il varia de même devant lui. Tout ce qu'on put enfin conjecturer de plus vraisemblable, c'est qu'il n'avait d'autre complice que la fureur du fanatisme. Tels ont été presque tous ceux à qui l'abus de la religion chrétienne a mis dans tous les temps le poignard à la main, tous aveuglés par les exemples de Jaël, d'Aod, de Judith, et de Mathathias qui tua dans le temple l'officier du roi Antiochus, dans le temps que ce capitaine voulait exécuter les ordres de son maître, et sacrifier un cochon sur l'autel. Tous ces assassinats étant malheureusement consacrés, il n'est pas étonnant que des fanatiques absurdes, ne distinguant pas les temps et les lieux, aient imité des attentats qui doivent inspirer l'horreur, quoique rapportés dans un livre qui inspire du respect.

CHAP. XXV. — *De la majorité de Charles IX, et de ses suites.*

Après la prise de Rouen et la bataille de Dreux, le chancelier de L'Hospital réussit à donner à la France quelque ombre de paix. On posa les armes des deux côtés, on rendit tous les prisonniers. Il y eut un quatrième édit de pacification signé et scellé à Amboise, le 19 mars 1563, publié et enregistré au parlement de Paris et dans toutes les cours du royaume.

Le roi fut ensuite déclaré majeur au parlement de Normandie ; il n'avait pas encore quatorze ans accomplis ; né le 27 juin 1550, l'acte de sa majorité est du 14 auguste 1563 : ainsi il était âgé de treize ans un mois et dix-sept jours. Le chancelier de L'Hospital dit, dans son discours, que c'était pour la première fois que les années commencées passaient pour des années accomplies. Il est difficile de démêler pourquoi il parlait ainsi : car Charles VI fut sacré à Reims en 1380, âgé de treize ans et quelques jours. Ce fut plutôt la première fois qu'un roi fut déclaré majeur dans un parlement. Charles IX s'assit sur un trône; la reine sa mère vint lui baiser la main à genoux; elle fut suivie d'Alexandre, duc d'Orléans, qui fut depuis le roi Henri III; du prince de Navarre, c'est le grand Henri IV; ensuite Charles, cardinal de Bourbon, le prince Louis de Montpensier, François son fils, nommé le *Dauphin d'Auvergne*, Charles de La Roche-sur-Yon, rendirent le même hommage, et vinrent se ranger auprès du roi.

Le cardinal de Lorraine et le cardinal Odet de Châtillon, frère de l'amiral, suivirent les princes. Il est à remarquer que le cardinal de Châtillon s'était déclaré protestant; il s'était publiquement marié à l'héritière de Péquigny, et il n'en assista pas moins en habit de cardinal à cette cérémonie. Éléonore, duc de Longueville, descendant du fameux Dunois, baisa la main du roi après les cardinaux; ensuite vint le connétable de Montmorency, l'épée nue à la main; le chancelier Michel de L'Hospital, quoique fils d'un médecin, et n'étant pas au rang des nobles, suivit le connétable; il précéda les maréchaux de Brissac, de Montmorency, de Bourdillon. Le marquis de Gouffier de Boisy, grand écuyer, parut après les maréchaux de France.

L'édit fut porté par le marquis de Saint-Gelais de Lansac au parlement de Paris, pour y être enregistré; « mais, dit le président de Thou, ce parlement le refusa; il députa Christophe de Thou (son père), Nicolas Prévôt, président des enquêtes, et le conseiller Guillaume Viole, pour représenter qu'aucun édit ne devait passer en aucun parlement du royaume, sans avoir été auparavant vérifié à celui de Paris; que l'édit sur la majorité du roi portait que les huguenots auraient liberté de conscience, mais qu'en France il ne devait y avoir qu'une religion; que le même édit ordonnait à tout le monde de poser les armes, mais que la ville de Paris devait être toujours armée, parce qu'elle était la capitale et la forteresse du royaume. »

Le roi, quoique jeune, mais instruit par sa mère, répondit : « Je vous ordonne de ne pas agir avec un roi majeur comme vous avez fait pendant sa minorité; ne vous mêlez pas des affaires dont il ne vous appartient pas de connaître; souvenez-vous que votre compagnie n'a été établie par les rois que pour rendre la justice suivant les ordonnances du souverain. Laissez au roi et à son conseil les affaires d'État; défaites-vous de l'erreur de vous regarder comme les tuteurs des rois, comme les défenseurs du royaume, et comme les gardiens de Paris. »

Les députés ayant rapporté à la compagnie les intentions du roi, le parlement délibéra : les sentiments furent partagés. Pierre Séguier, président qu'on nomme à mortier, c'est-à-dire président de la grand'-chambre du parlement, et François Dormi, président des enquêtes, allèrent rendre compte de ce partage au roi, qui était alors à Meulan. Le roi cassa, le 24 septembre, cet arrêt de partage, ordonna que la minute serait biffée et lacérée; et enfin le parlement enregistra l'édit de la majorité le 28 septembre de la même année.

CHAP. XXVI. — *De l'introduction des Jésuites en France.*

On sait assez que l'Espagnol Ignace de Loyola, s'étant déclaré le chevalier errant de la Vierge Marie, et ayant fait la veille des armes en son honneur, était venu apprendre un peu de latin à Paris à l'âge de trente-trois ans; que n'ayant pu y réussir, il fit vœu avec quelques-uns de ses compagnons d'aller convertir les Turcs, quoiqu'il ne sût pas plus le turc que le latin. Enfin, n'ayant pu passer en Turquie, il se consacra lui et les siens à enseigner le catéchisme aux petits enfants, et à faire tout ce que voudrait le pape; mais peu de gens savent pourquoi il nomma sa congrégation naissante *la Société de Jésus*.

Les historiens de sa vie rapportent que sur le grand chemin de Rome il fut ravi en extase, que le Père éternel lui apparut avec son fils chargé d'une longue croix, et se plaignant de ses douleurs; le Père éternel recommanda Ignace à Jésus, et Jésus à Ignace. Dès ce jour il appela ses compagnons *jésuites*, ou Compagnie de Jésus. Il ne faut pas s'étonner qu'une compagnie à laquelle on a reproché tant de politique ait commencé par le ridicule : la prudence achève souvent les édifices commencés par le fanatisme.

Les disciples d'Ignace obtinrent de la protection en France. Guillaume Duprat, évêque de Clermont, fils du cardinal Duprat, leur donna dans Paris une maison qu'ils appelèrent le collège de Clermont, et leur légua trente-six mille écus par son testament.

Ils se mirent aussitôt à enseigner. L'Université de Paris s'opposa à cette nouveauté, en 1554. L'évêque Eustache du Bellai, à qui le parlement renvoya les plaintes de l'Université, déclara que l'institut était contraire aux lois et dangereux à l'État. Le cardinal de Lorraine, qui les protégeait, obtint, le 25 avril 1560, des lettres de François II au parlement de Paris, portant ordre d'enregistrer la bulle du pape et la patente du roi qui établissaient les jésuites. Le parlement, au lieu d'enregistrer les lettres, renvoya l'affaire à l'assemblée de l'Église gallicane. C'était précisément dans le temps du colloque de Poissy. Les prélats qui y étaient assemblés en grand nombre, approuvèrent l'institut sous le nom de Société, et non d'ordre religieux, à condition qu'ils prendraient un autre nom que celui de jésuites.

L'Université alors leur intenta procès au parlement, après avoir consulté le célèbre Charles Dumoulin. Pierre Versoris plaida pour eux; le savant Étienne Pasquier, pour l'Université. (5 avril 1562) Le parlement rendit un arrêt par lequel, en remettant à délibérer plus amplement sur leur institut, il leur permettait par provision d'enseigner la jeunesse [1].

Tel fut leur établissement, telle fut l'origine de toutes les querelles qu'ils essuyèrent et qu'ils suscitèrent depuis, et qui enfin les ont chassés du royaume.

1. Le président Hénault dit qu'ils n'ouvrirent leur collège qu'en 1574. Cette méprise est peu importante

CHAP. XXVII. — *Du chancelier de L'Hospital, et de ses lois.*

L'introduction des jésuites en France ne servit pas à éteindre les feux que la religion avait allumés. Ils étaient, par un vœu particulier, dévoués aux ordres du pape, et l'Espagne était le berceau de leur institut; les premiers jésuites établis à Paris furent les émissaires de Philippe II, qui fondait une partie de sa grandeur sur les misères de la France.

Le chancelier de L'Hospital était presque le seul homme du conseil qui voulût la paix. A peine avait-il donné un édit de pacification, que les prédicateurs catholiques et protestants prêchaient le meurtre dans plusieurs provinces, et criaient aux armes.

L'Hospital, pour dernière ressource, imagina de faire voyager le jeune roi Charles IX dans toutes les provinces du royaume. On le montra de ville en ville, comme celui qui devait guérir tant de maux. A peine avait-on de quoi subvenir aux frais de ce voyage; l'agriculture était négligée, presque toutes les manufactures étaient tombées, la France était aussi pauvre que turbulente.

Ce fut dans ce voyage que le législateur L'Hospital fit la célèbre ordonnance de Moulins, en 1566. On vit les plus sages lois naître des plus grands troubles. Il venait d'établir la juridiction consulaire à Paris et dans plusieurs villes, et par là il abrégeait des procédures ruineuses, qui étaient un des malheurs des peuples. L'édit de Moulins ordonne la frugalité et la modestie dans les vêtements, que la pauvreté publique ordonnait assez, et que le luxe des grands n'observait guère.

C'est depuis cette ordonnance qu'il n'est plus permis de redemander en justice des créances au-dessus de cent livres, sans produire des billets ou des contrats. L'usage contraire n'avait été établi que par l'ignorance des peuples, chez qui l'art d'écrire était très-rare. Les anciennes substitutions faites à l'infini furent limitées au quatrième degré. Toutes les donations furent enregistrées au greffe le plus voisin pour avoir une authenticité certaine.

Les mères qui se remariaient n'eurent plus le pouvoir de donner leurs biens à leur second mari. La plupart de ces utiles règlements sont encore en vigueur. Il y en eut un plus salutaire que tous les autres, qui n'essuya que les murmures publics; ce fut l'abolissement des confréries. La superstition les avait établies chez les bourgeois, la débauche les conservait; on faisait des processions en faveur d'un saint dont on portait l'image grossière au bout d'un bâton; après quoi on s'enivrait, et la fureur de l'ivresse redoublait celle des factions [1].

Ces confréries servirent beaucoup à former la Ligue, dont le cardinal de Lorraine avait fait dès longtemps le projet.

Cet article et quelques autres empêchèrent le parlement de Paris d'enregistrer l'édit de Moulins; mais, après deux remontrances, il fut vérifié le 23 décembre 1566.

Ce qui rendait le parlement difficile était la manière un peu dure

1. 1560.

dont le chancelier s'était exprimé devant l'assemblée des notables, convoquée à Moulins pour y publier ces lois. Elle était formée de tous les princes du sang, de tous les grands officiers du royaume, et de plusieurs évêques. On avait appelé à ce conseil le premier président du parlement de Paris, Christophe de Thou, et Pierre Séguier, président; Jean Daffis, premier président du parlement de Toulouse; Jacques-Benoît de Largebaston, de celui de Bordeaux; Jean Truchon, de celui de Grenoble; Louis Le Fèvre, de celui de Dijon; et Henri Fourneau, président au parlement d'Aix.

L'Hospital commença sa harangue en disant que presque tous les maux de l'État avaient leur origine dans la mauvaise administration de la justice; qu'on avait trop souffert que des juges résignassent leurs offices à des hommes incapables; qu'il fallait diminuer le nombre inutile des conseillers, supprimer les épices, et soumettre les juges à la censure. Il parla bien plus fortement dans le lit de justice que le roi tint à Bordeaux dans ce voyage.

« Messieurs, dit-il, le roi a trouvé beaucoup de fautes en ce parlement; lequel étant comme plus dernièrement institué, car il y a cent et deux ans, vous avez moindre excuse de vous départir des anciennes ordonnances, et toutefois vous êtes aussi débauchés que les vieux, par aventure pis.... Enfin voici une maison mal réglée. La première faute que je vous vois commettre, c'est de ne garder les ordonnances, en quoi vous désobéissez au roi. Si vous avez des remontrances à lui faire, faites-les, et connaîtrez après sa dernière volonté. C'est votre faute aussi à vous, présidents et gens du roi, qui devez requérir l'observation des lois; mais vous cuidez être plus sages que le roi, et estimez tant vos arrêts que les mettez par-dessus les ordonnances, que vous interprétez comme il vous plaît. J'ai cet honneur de lui être chef de justice; mais je serais bien marri de lui faire une interprétation de ses ordonnances de moi-même, et sans lui communiquer.

« On vous accuse de beaucoup de violences; vous menacez les gens de vos jugements, et plusieurs sont scandalisés de la manière dont faites vos affaires, et surtout vos mariages; quand on sait quelque riche héritière, quant et quant c'est pour M. le conseiller, et on passe outre....

« Il y en a entre vous lesquels pendant ces troubles se sont faits capitaines; les autres commissaires des vivres.... Vous baillez même votre argent à intérêt aux marchands, et ceux-là devraient laisser leur robe, et se faire marchands. D'ambition, vous en êtes tous garnis. Eh! soyez ambitieux de la grâce du roi, et non d'autre. »

Cette inflexible sévérité du chancelier de L'Hospital, qui semblait si opposée à son esprit de tolérance, nuisit plus que ses bonnes lois ne servirent. Il eût dû faire des réprimandes aux particuliers coupables, et ne pas outrager les corps entiers: il les indisposait, il était cause lui-même de la résistance aux édits de paix, et détruisit son ouvrage. Les catholiques attaquèrent impunément les protestants, et bientôt la guerre recommença plus violente qu'auparavant.

Chap. XXVIII. — *Suite des guerres civiles. Retraite du chancelier de L'Hospital. Journée de la Saint-Barthélemy. Conduite du parlement.*

Auguste de Thou, contemporain, qui fut longtemps le témoin des malheurs de sa patrie, qui voulut en vain les adoucir, et qui les a racontés avec tant de vérité, nous apprend que l'inobservation des édits, les supplices, les bannissements, le dépouillement des biens, les meurtres réitérés et toujours impunis, déterminèrent enfin les protestants à se défendre. Ils étaient alors au nombre de plus d'un million qui ne voulaient plus être persécutés par les quatorze ou quinze autres dont la France était composée. Ils étaient persuadés que dans le voyage de Charles IX par toutes les provinces de la France, le roi et la reine sa mère avaient vu secrètement le duc d'Albe à Bayonne; et qu'excités par le pape et par le cardinal de Lorraine, ils avaient pris des mesures sanglantes avec ce duc d'Albe pour exterminer en France la religion qu'on appelait la réformée et la seule véritable.

On donna d'abord sous les murs de Paris la bataille de Saint-Denis[1], où le connétable de Montmorency reçut sept blessures mortelles. Le chancelier de L'Hospital, après chaque bataille, trouvait le moyen de faire rendre un édit de pacification. Ils étaient aussi nécessaires qu'ils devinrent inutiles; celui-ci, qui était très-ample, et qui accordait la plus grande liberté de conscience, fut enregistré au parlement de Paris (27 mars 1568); mais quand le roi eut fait porter cet édit au parlement de Toulouse par un gentilhomme nommé Rapin, qui avait appartenu au prince de Condé, le parlement de Toulouse, au lieu de faire vérifier l'édit, fit couper la tête à Rapin. On peut juger si une telle violence servit à concilier les esprits. Elle fut d'autant plus funeste qu'elle demeura impunie. Le meurtre de René de Savoie, comte de Cipierre, assassiné dans la ville de Fréjus avec toute sa suite, pour avoir favorisé la religion protestante qui n'était pas la sienne, fut un nouveau signal de guerre.

Pour comble de malheur, précisément dans ce temps-là, le pape Pie V, Ghisleri, autrefois dominicain, violent persécuteur d'une religion ennemie de son pouvoir, envoya au roi une bulle qui lui permettait d'aliéner le fonds de cinquante mille écus de rente de biens ecclésiastiques, à condition qu'il exterminerait les huguenots dans son royaume.

L'Hospital s'opposa fortement dans le conseil à cette bulle, qui trafiquait du sang des Français; mais le cardinal de Lorraine l'emporta. L'Hospital se retira dans sa maison de campagne, et se démit de sa place de chancelier. Il est à croire que s'il eût gardé cette place, les calamités de la France auraient été moins horribles, et qu'on n'aurait pas vu arriver la journée de la Saint-Barthélemy.

Dès que le seul homme qui inspirait des sentiments de douceur fut sorti du conseil, la cour fut entièrement livrée au cardinal de Lorraine et au pape; on révoqua tous les édits de paix, on en publia coup sur

---

1. 10 novembre 1566.

coup, qui défendaient sous peine de la vie toute autre religion que la catholique romaine. On ordonna à tous les prédicants ou ministres calvinistes de sortir du royaume quinze jours après la publication. Les protestants furent privés de leurs charges et de la magistrature. Le parlement de Paris, en publiant ces édits, y ajouta une clause, ce qui ne s'était jamais fait auparavant. Cette clause était qu'à l'avenir tout homme reçu en charge ferait serment de vivre et de mourir dans la religion catholique romaine, et cette loi a subsisté depuis dans toute sa force.

Ces édits, qui ordonnaient à des milliers de citoyens de changer de religion, ne pouvaient produire que la guerre : toute la France fut encore un théâtre de carnage.

La bataille de Jarnac [1], suivie de plus de vingt combats, signala l'année 1569, qui finit par la bataille de Montcontour [2], la plus meurtrière de toutes. L'amiral de Coligny était alors le chef le plus renommé des protestants. (13 septembre 1569) Le parlement de Paris le condamna à la mort, et l'arrêt promettait cinquante mille écus à quiconque le livrerait vivant. (28 septembre) Le procureur général Bourdin requit qu'on donnât la même somme à quiconque l'assassinerait, et que, quand même l'assassin serait coupable du crime de lèse-majesté, on lui promît sa grâce. L'arrêt fut ainsi réformé suivant le réquisitoire. On donna un pareil arrêt contre Jean de La Ferrière, vidame de Chartres, et contre le comte de Montgomery ; leurs effigies avec celle de l'amiral furent traînées dans un tombereau, et pendues à une potence ; mais les têtes de Ferrière et de Montgomery ne furent point mises à prix.

Ce fut là le premier exemple des proscriptions, depuis celles du

Henri IV. L'amiral Coligny, chef du parti au nom de ce prince, était très-lassé de la guerre : la cour enfin se crut heureuse de revenir au système du chancelier de L'Hospital ; elle abolit tous les édits nouveaux qui ôtaient aux calvinistes leurs emplois et la liberté de conscience ; on leur laissa tous leurs temples dans Paris et à la cour. On leur permit même dans le Languedoc de ne plus dépendre du parlement de Toulouse, qui avait fait trancher la tête au calviniste Rapin, envoyé du roi lui-même. Ils pouvaient porter toutes leurs causes, des juridictions subalternes du Languedoc aux maîtres des requêtes de l'hôtel. Ils pouvaient, dans les parlements de Rouen, de Dijon, de Grenoble, de Rennes, récuser à leur choix six juges, soit présidents, soit conseillers, et quatre dans Bordeaux. On leur abandonnait pour deux ans les villes de la Rochelle, Montauban, Cognac et la Charité : c'était plus qu'on n'avait jamais fait pour eux ; et cependant l'édit fut enregistré au parlement de Paris et par tous les autres, sans aucune représentation.

La misère publique, causée par la guerre, et devenue extrême, fut la cause de ce consentement général. Cette paix, qu'on appela *mal-assise et boiteuse*, fut conclue le 15 auguste 1570. La cour de Rome ne murmura point ; son silence fit penser qu'elle était instruite des desseins secrets de Catherine de Médicis et de Charles IX, son fils. La cour accordait des conditions trop favorables aux protestants pour qu'elles fussent sincères. Le dessein était pris d'exterminer pendant la paix ceux qu'on n'avait pu détruire par la guerre. Sans cela, il n'eût pas été naturel que le roi pressât l'amiral Coligny de venir à la cour, qu'on l'accablât de grâces extraordinaires, et qu'on rendît sa place dans le conseil au même homme qu'on avait pendu en effigie, et dont la tête était proscrite. On lui permit même d'avoir auprès de lui cinquante gentilshommes dans Paris ; c'était probablement cinquante victimes de plus qu'on faisait tomber dans le piége.

Enfin arriva la journée de la Saint-Barthélemy [1], préparée depuis deux années entières ; journée dans laquelle une partie de la nation massacra l'autre, où l'on vit les assassins poursuivre les proscrits jusque sous les lits et dans les bras des princesses qui intercédaient en vain pour les défendre, où enfin Charles IX lui-même tirait d'une fenêtre de son Louvre sur ceux de ses sujets qui échappaient aux meurtriers. Les détails de ces massacres, que je dois omettre ici, seront présents à tous les esprits jusqu'à la dernière postérité.

Je remarquerai seulement que le chancelier de Birague [2], qui était garde des sceaux cette année, fut, ainsi qu'Albert de Gondi, depuis maréchal de Retz, un de ceux qui préparèrent cette journée. Ils étaient tous deux Italiens. Birague avait dit souvent que, pour venir à bout des huguenots, il fallait employer des cuisiniers, et non pas des soldats. Ce n'était pas là le chancelier de L'Hospital.

La journée de la Saint-Barthélemy fut ce qu'il y a jamais eu de plus horrible. La manière juridique dont la cour voulut soutenir et justifier

---

1. 24 août 1572.

2. Il est omis comme garde des sceaux dans l'*Abrégé chronologique* du président Hénault.

ces massacres fut ce qu'on a vu jamais de plus lâche. Charles IX alla lui-même au parlement le troisième jour des massacres, et pendant qu'ils duraient encore. Il présupposa que l'amiral de Coligny et tous ceux qu'on avait égorgés, et dont on continuait de poursuivre la vie, avaient fait une conspiration contre sa personne et contre la famille royale, et que cette conspiration était prête d'éclater quand on se vit obligé de l'étouffer dans le sang des complices.

Il n'était pas possible que Coligny, assassiné trois jours avant par Maurevert, presque sous les yeux du roi, et blessé très-dangereusement, eût fait dans son lit cette conspiration prétendue.

C'était le temps des vacances du parlement; on assembla exprès une chambre extraordinaire. Cette chambre condamna, le 27 septembre 1572, l'amiral Coligny, déjà mort et mis en pièces, à être traîné sur la claie et pendu à un gibet dans la place de Grève, d'où il serait porté aux fourches patibulaires de Montfaucon. Par cet arrêt, son château de Châtillon-sur-Loing fut rasé; les arbres du parc coupés; on sema du sel sur le territoire de cette seigneurie; on croyait par là rendre ce terrain stérile, comme s'il n'y eût pas eu dans ces temps déplorables assez de friches en France. Un ancien préjugé faisait penser que le sel ôte à la terre sa fécondité : c'est précisément tout le contraire; mais l'ignorance des hommes égalait alors leur férocité.

Les enfants de Coligny, quoique nés du sang le plus illustre, furent déclarés roturiers, privés non-seulement de tous leurs biens, mais de tous les droits de citoyens, et incapables de tester. Enfin le parlement ordonna qu'on ferait tous les ans à Paris une procession pour rendre grâces à Dieu des massacres, et pour en célébrer la mémoire. Cette procession ne se fit point, parce que les temps changèrent; et cette honte fut du moins épargnée à la nation.

Par un autre arrêt du même jour, deux gentilshommes, amis de l'amiral, Briquemant et Cavagnes, échappés aux assassins de la Saint-Barthélemy, furent condamnés à être pendus comme complices de la prétendue conspiration; ils furent traînés le même jour dans un tombereau à la Grève, avec l'effigie de l'amiral. De Thou assure que le roi et Catherine sa mère vinrent jouir de ce spectacle à l'hôtel de ville; et qu'ils y traînèrent le roi de Navarre, notre Henri IV.

La cour avait d'abord écrit dans plusieurs provinces que les massacres de Paris n'avaient été qu'un léger tumulte excité par la conspiration de l'amiral : mais par un second courrier on envoya dans toutes les provinces un ordre exprès de traiter les protestants comme on les avait traités à Paris.

Les peuples de Lyon et de Bordeaux furent ceux qui imitèrent la fureur des Parisiens avec le plus de barbarie. Un jésuite, nommé Edmond Ogier, excitait le peuple de Bordeaux au carnage, un crucifix à la main. Il mena lui-même les assassins chez deux conseillers au parlement dont il croyait avoir à se plaindre, et qu'il fit égorger sous ses yeux [1].

---

1. Ils se nommaient Guilloche et Sevin.

Le cardinal de Lorraine était alors à Rome. La cour lui dépêcha un gentilhomme pour lui porter ces nouvelles. Le cardinal lui fit présent sur-le-champ de mille écus d'or. Le pape Grégoire XIII fit incontinent tirer le canon du château Saint-Ange; on alluma le soir des feux de joie dans toute la ville de Rome. Le lendemain le pape, accompagné de tous les cardinaux, alla rendre grâces à Dieu dans l'église de Saint-Marc et dans celle de Saint-Louis; il y marcha à pied en procession; l'ambassadeur de l'empereur lui portait la queue, le cardinal de Lorraine dit la messe; on frappa des médailles sur cet événement (j'en ai eu une entre les mains); on fit faire un grand tableau dans lequel les massacres de la Saint-Barthélemy étaient peints. On lit dans une banderole, au haut du tableau, ces mots : *Pontifex Colinii necem probat.*

Charles IX ne survécut pas longtemps à ces horreurs. Il vit que, pour comble de malheurs, elles avaient été inutiles. Les protestants de son royaume, n'ayant plus d'autre ressource que de vendre chèrement leur vie, furent encouragés par leur désespoir. L'atrocité de la Saint-Barthélemy fit horreur à un grand nombre de catholiques qui, ne pouvant croire qu'une religion si sanguinaire pût être la véritable, embrassèrent la protestante.

Charles IX, dévoré de remords et d'inquiétude, tomba dans une maladie mortelle. Son sang s'alluma et se corrompit; il lui sortait quelquefois par les pores; le sommeil le fuyait; et quand il goûtait un moment de repos, il croyait voir les spectres de ses sujets égorgés par ses ordres; il se réveillait avec des cris affreux, tout trempé de son propre sang, effrayé de celui qu'il avait répandu, n'ayant pour consolation que sa nourrice, et lui disant avec des sanglots : « Ah! ma nourrice, que de sang! que de meurtres! qu'ai-je fait? je suis perdu. »

Il mourut le 30 mai 1574, n'ayant pas encore vingt-quatre ans. Le président Hénault a remarqué que le jour de ses obsèques à Saint-Denis, le parlement, étant à table, envoya un huissier commander au grand aumônier Amyot de venir lui dire grâce, comme au roi de France. On croit bien que le grand aumônier refusa de venir à cette cérémonie.

CHAP. XXIX. — *Seconde régence de Catherine de Médicis. Premiers états de Blois. Emprisonnement de Henri de Condé. Lettre de Henri IV, etc.*

Charles IX, douze jours avant sa mort, sentant sa fin approcher, remit le gouvernement entre les mains de Catherine sa mère, le 18 mai. Le lendemain on dressa les patentes qui la déclaraient régente jusqu'à l'arrivée de son frère Henri, qui était alors en Pologne. Ces patentes ne furent enregistrées au parlement de Paris que le 3 juin. L'acte porte : « que la reine a bien voulu accepter la régence aux instantes prières du duc d'Alençon, du roi de Navarre, du cardinal de Bourbon, et des présidents et conseillers à ce députés. » Ce fut alors seulement qu'elle prit le titre de reine régente.

Henri III, roi de Pologne, s'échappa bientôt de Varsovie pour venir tenir d'une main faible, quoique sanguinaire, les rênes du plus malheureux des États, et du plus mauvais gouvernement qui fût alors au monde.

Le duc Henri de Guise, surnommé *le Balafré*, prit la place de François son père, et son frère Louis, cardinal, celle du cardinal de Lorraine. Tous deux se mirent à la tête de l'ancien parti, toujours opposé aux princes de la maison de Bourbon.

Le cardinal de Lorraine avait imaginé le projet de la Ligue, le duc de Guise et son frère l'exécutèrent. Elle commença en Picardie, en 1576, au milieu même de la paix que Henri III venait d'accorder à ses sujets. Il avait déclaré, dans l'assemblée de Moulins, qu'il désavouait la Saint-Barthélemy à laquelle il n'avait eu que trop de part. Il réhabilitait la mémoire de Coligny et de tous ses amis que le parlement avait condamnés ; il donnait des places de sûreté au parti protestant, et même il lui donnait, dans chacun des huit parlements [1] qui partageaient alors la juridiction de tout le royaume, une chambre mi-partie de catholiques et de protestants pour juger leurs procès sans partialité. Les Guises prirent ce temps pour faire cette fameuse et longue conspiration sous le nom de sainte Ligue.

Le président Hennequin, un conseiller au Châtelet, nommé La Bruyère, et son père, parfumeur sur le pont au Change, furent les premiers qui allumèrent l'embrasement dans Paris. Le roi se trouva, au bout de trois mois, entouré d'un parti formidable dépendant des Guises et du pape.

Cette conspiration de la moitié du royaume n'avait rien qui annonçât la rébellion et la désobéissance au roi. La religion la rendait respectable et dangereuse. Henri III crut s'en rendre maître en s'en déclarant le chef ; mais il n'en fut que l'esclave, et ensuite la victime. Il se vit obligé de révoquer tous ses édits, et de faire la guerre au roi de Navarre, qui fut depuis heureusement son successeur, mais pour trop peu de temps, et qui seul pouvait être son défenseur. Il assembla d'abord les premiers états de Blois, le 3 décembre 1576. Le tiers état y fut assis aussi bien que le clergé et la noblesse. Les princes du sang y prirent place suivant l'ordre de leur naissance, et non pas suivant celui des pairies, comme il se pratiquait autrefois ; la proximité de la couronne régla leur rang, et ils prirent le pas sans difficulté sur tous les autres pairs du royaume. On en fit une déclaration qui fut enregis-

---

1. Il n'y avait alors en France que huit parlements, savoir : Paris, établi en 1302 ; Toulouse, 1444 ; Grenoble, 1453 ; Bordeaux, 1462 ; Dijon, 1494 ; Aix, 1501 ; Rouen, 1515 ; Rennes, 1553.

Il y en avait douze en 1762, lorsque Voltaire publia les *Idées républicaines* (voy. les *Mélanges*, année 1762). Les quatre nouveaux étaient :

Pau, établi en 1620 ; Metz, 1634 ; Besançon, 1676 ; Douai, 1686.

Un treizième parlement fut érigé par Louis XVI à Nancy, en septembre 1775. Ces parlements ont été supprimés par le décret de l'Assemblée nationale du 6 octobre 1790.

Il y avait eu un parlement de Dombes, qui siégea à Lyon, puis à Trévoux, alors enclave, et qui fut supprimé en 1775. (Ep.)

trée le 8 janvier 1577. Le parlement n'eut de place à ces états ni en corps, ni par députés; mais le premier président de la chambre des comptes, Antoine Nicolaï, vint y prendre séance et y parler, et chacun des trois ordres nomma des commissaires pour examiner avec lui les besoins de l'État[1].

Ces premiers états de Blois ne donnèrent point d'argent au roi, qui en avait un extrême besoin; mais le clergé demanda la publication du concile de Trente, dont plus de vingt-quatre décrets étaient directement contraires aux lois du royaume et aux droits de la couronne. La noblesse et le tiers état s'y opposèrent avec force. Les trois ordres ne se réunirent que pour laisser le roi dans l'indigence où ses profusions et une guerre malheureuse contre son héritier présomptif l'avaient réduit.

On a prétendu qu'à ces premiers états de Blois les députés des trois ordres avaient été chargés d'une instruction approuvée du roi, portant que « les cours des parlements sont des états généraux au petit pied. » Cette anecdote se trouve dans l'*Examen* d'une histoire de Henri IV, assez inconnue, composée par un écrivain nommé M. de Bury; mais l'auteur de l'*Examen* se trompe. Il est très-faux, et il n'est pas possible que les états généraux aient ordonné à leurs députés de dire au roi que les parlements sont des états généraux. L'instruction porte ces propres paroles : « Il faut que tous édits soient vérifiés et comme contrôlés ès cours de parlement, lesquelles, combien qu'elles ne soient qu'une forme des trois états raccourcie au petit pied, ont pouvoir de suspendre, modifier et refuser lesdits édits. » (Voy. les *Mémoires de Nevers*, page 449 du premier volume.) Ainsi les premiers états de Blois ont dit à peu près le contraire de ce qu'on veut leur faire dire. Il faut, en critiquant une histoire, citer juste, et se mettre soi-même à l'abri de la critique : il faut surtout considérer que c'était alors un temps de troubles et de factions.

Le roi, qui dans la décadence de ses affaires se consolait par les plaisirs, permit à des comédiens italiens, dont la troupe se nommait *Gli Gelosi*, d'ouvrir un théâtre à l'hôtel de Bourbon. Le parlement leur en fit défense sous peine de dix mille livres d'amende. Ils jouèrent malgré l'arrêt du parlement, en avril 1577, avec un concours prodigieux. On ne payait que quatre sous par place. Un fait si petit serait indigne de l'histoire, s'il ne servait à prouver qu'alors l'influence de la cour de Rome avait mis la langue italienne à la mode dans Paris, que l'argent y était extrêmement rare, et que la simple volonté du roi suffisait pour rendre un arrêt du parlement inutile.

Henri III jouait alors une autre comédie. Il s'était enrôlé dans la confrérie des flagellants. On ne peut mieux faire que de rapporter les paroles d'Auguste de Thou. « Ces pénitents, dit-il, ont donné un sens détourné à ce passage des psaumes où David dit qu'il est soumis aux fléaux de la colère du Seigneur, *quoniam ego in flagella paratus*

---

1. Le P. Daniel ne parle d'aucun de ces faits : c'est qu'il apprenait l'histoire de France à mesure qu'il l'écrivait.

sum [1] ; et , dans leur mascarade, ils allaient se fouettant par les rues. »

Le parlement ne rendit point d'arrêt contre cet abus dangereux, autorisé malheureusement par le roi même. Le cardinal de Lorraine, qui avait assisté comme lui, pieds nus, à la première procession des flagellants, en 1574, en avait remporté une maladie qui l'avait mis au tombeau. Le roi se crut obligé de donner cette farce au peuple pour imposer silence à la Ligue qui commençait à se former, et au peuple qui le croyait protecteur secret des hérétiques; mais comme il mêlait à cette dévotion ridicule des débauches honteuses trop connues, il se rendit méprisable au peuple même qu'il voulait séduire. Il crut, lorsque la Ligue éclata, qu'il la contiendrait en se mettant lui-même à la tête; mais il ne vit pas que c'était la confirmer solennellement, et lui donner des armes contre lui-même. Toutes ces démarches servirent à creuser son précipice : la Ligue l'obligea à tourner contre Henri de Navarre les armes qu'il aurait voulu employer contre elle.

Ce fut pendant cette guerre, et après la bataille de Coutras, que le prince Henri de Condé mourut empoisonné à Saint-Jean-d'Angely en Saintonge, le 5 mars 1588. Il faut voir sur cet empoisonnement avéré la lettre de Henri IV à la comtesse de Grammont, Corisande d'Andouin; c'est un des monuments les plus précieux de ces temps horribles.

Le grand prévôt de Saint-Jean-d'Angely fit tirer à quatre chevaux le nommé Ancellin Brillant [2], ancien avocat au parlement de Bordeaux et maître d'hôtel ou contrôleur du prince, convaincu d'avoir fourni le poison. On exécuta en effigie Belcastel, page de la princesse de Condé; on mit en prison la princesse elle-même; elle en appela à la Cour des pairs. Elle fut longtemps prisonnière, et ce ne fut que sous le règne de Henri IV que le parlement, sans être assisté d'aucun pair, la déclara innocente.

CHAP. XXX. — *Assassinat des Guises. Procès criminel commencé contre le roi Henri III.*

Le 9 mai 1588 fut la journée qu'on nomme des *Barricades*, qui eut de si étranges suites. Le duc de Guise était arrivé dans Paris malgré les ordres du roi, en prétextant qu'il ne les avait pas reçus. Henri III, dont les gardes avaient été désarmés et arrêtés, sortit de Paris, et alla tenir les seconds états de Blois. Il n'y eut aucun député du parlement de Paris; presque tout ce qui composait les états était attaché aux Guises.

Le roi fut d'abord obligé de renouveler le serment d'union de la sainte Ligue, triste cérémonie dont il s'était lui-même imposé la nécessité. Cette démarche enhardit le clergé à demander tout d'une voix que Henri de Navarre fût déclaré exclus de tout droit à la cou-

1. Psaume XXXVII, verset 18. (ÉD.)
2. C'est ainsi que le nomme Henri IV dans sa lettre

ronne. Il fut secondé par le corps de la noblesse et par celui du tiers état.

L'archevêque d'Embrun, Guillaume d'Avençon, suivi de douze députés de chaque ordre, vint supplier le roi de confirmer leur résolution. Cet attentat contre la loi fondamentale du royaume était encore plus solennel que le jugement rendu contre le roi Charles VII [1], puisqu'il était fait par ceux qui représentaient le royaume entier; mais Henri III commençait déjà à rouler dans son esprit un autre attentat tout différent.

Il voyait le duc et le cardinal de Guise maîtres de la délibération des états : on le forçait à faire la guerre à Henri de Navarre, et on lui refusait de l'argent pour la soutenir. Il résolut la mort de ces deux frères. Le maréchal d'Aumont lui conseilla de les mettre entre les mains de la justice, et de les faire punir comme criminels de lèse-majesté. Ce parti eût été le plus juste et le plus noble, mais il était impossible. Une grande partie des pairs et des officiers du parlement étaient de la Ligue. On n'aurait pu d'ailleurs rien prouver contre le duc, déclaré par le roi même général de la sainte union. Il s'était conduit avec tant d'art à la journée des Barricades, qu'il avait paru réprimer le peuple au lieu de l'exciter à la révolte. De plus, le roi avait donné une amnistie solennelle, et avait juré sur le saint sacrement d'oublier le passé.

Enfin, dans l'état des choses, au milieu des superstitions qui régnaient, les juges séculiers n'auraient pas osé condamner à la mort le cardinal de Guise. Rome, encore toute-puissante par les préjugés des peuples, donnait à un cardinal le droit d'être criminel de lèse-majesté impunément; et il eût été plus difficile, même selon les lois, de prouver les délits du cardinal que ceux du duc son frère.

Henri III fit assassiner le duc par neuf de ses gentilshommes, de ceux qu'on nommait les quarante-cinq. Il fallut préparer cette vengeance par beaucoup de perfidie : elle ne pouvait s'exécuter autrement. Le duc de Guise fut tué dans l'appartement du roi [2]; mais cette troupe des quarante-cinq, qui avait trempé ses mains dans le sang de leur général, n'osa pas se charger du meurtre d'un prêtre. On trouva quatre malheureux soldats moins scrupuleux, qui le tuèrent à coups de hallebardes.

Ce double assassinat faisait espérer au roi que la Ligue consternée serait bientôt dissipée; mais il s'aperçut qu'il n'avait commis qu'une atrocité imprudente. Le duc de Mayenne, frère des deux princes égorgés, arma pour venger leur mort. Le pape Sixte-Quint excommunia Henri III. Paris tout entier se souleva, et courut aux armes.

Le véridique de Thou nous instruit que Henri de Navarre, ce même Henri IV dont la mémoire nous est si chère, avait toujours rejeté avec horreur les offres que plusieurs gentilshommes de son parti lui avaient faites d'assassiner Henri de Guise. Cependant il avait plus à se plaindre

1. Ou plutôt contre le dauphin, qui fut depuis Charles VII. (Éd.)
2. Le 23 décembre 1588. (Éd.)

du duc de Guise que Henri III. C'était à lui précisément que Guise en voulait ; c'était lui que Guise avait fait déclarer par les états indigne de posséder jamais la couronne de France ; c'était lui que la faction de Guise avait fait proscrire à Rome, par une bulle où il était appelé « génération bâtarde et détestable de la maison de Bourbon ; » c'était lui qu'en effet le duc de Guise voulait faire déclarer bâtard, sous prétexte que sa mère, Jeanne de Navarre, avait été autrefois promise en mariage au duc de Clèves. Malgré tant de raisons, Henri IV rejeta constamment une vengeance honteuse, et Henri III l'exerça d'une manière qui devait révolter tous les esprits.

Toute la France, excepté la cour du roi, disait que l'assassinat était un aussi grand crime dans un souverain que dans un autre homme ; crime même d'autant plus odieux qu'il n'est que trop facile, et que de si affreux exemples sont capables de porter une nation à les imiter.

Anne d'Este, mère des deux princes assassinés, et Catherine de Clèves, veuve du duc de Guise, présentèrent une requête au parlement de Paris contre les assassins. Le parlement répondit :

« Vu par la cour, toutes les chambres assemblées, la requête à elle présentée, etc. ; tout considéré, ladite cour a ordonné et ordonne commission d'icelle être délivrée à ladite suppliante. »

(Du même jour.) Par second arrêt, maîtres Pierre Michon et Jean Courtin furent nommés commissaires, le dernier janvier 1589, pour informer. Henri III avait ordonné qu'on fît le procès à la mémoire du duc ; il expédia une commission dans Blois. Le parlement, sur une nouvelle requête, rendit l'arrêt suivant :

« Vu par la cour, toutes les chambres assemblées, la requête à elle présentée par dame Catherine de Clèves, duchesse douairière de Guise, etc., qui, avertie que ceux qui ont proditoirement meurtri les corps (des Guisés) s'efforcent de diffamer injurieusement leur mémoire par une forme de procès, ayant à cette fin député certains prétendus commissaires, au préjudice de la juridiction qui en appartient notoirement à ladite cour par les lois de France, privativement à tous autres juges quels qu'ils puissent être : au moyen de quoi, icelle suppliante a appelé et appelle de l'octroi et exécution de ladite commission, requérant en être reçue appelante, et de tout ce qui s'en est ensuivi et pourra ensuivre, comme de procédures manifestement nulles et faites par des juges notoirement incompétents, et ordonne commission lui être livrée pour intimer sur ledit appel, tant ceux qui ont expédié et délivré ladite commission que les commissaires ; et néanmoins ordonner que dès à présent défenses leur soient faites, sur peine d'être déclarés infracteurs des lois certaines et notoires de France, et comme tels punis extraordinairement, de passer outre, ni entreprendre aucune cour de juridiction ou connaissance, etc. Tout considéré, ladite cour a reçu et reçoit ladite de Clèves appelante de l'octroi de ladite commission, exécution d'icelle et de tout ce qui s'en est ensuivi et pourra ensuivre.... et cependant, fait inhibition et défense particulièrement aux commissaires et tous autres de passer outre, etc. Fait en parlement, le premier jour de février 1589. *Du Tillet.* »

On rapporte encore une autre pièce imprimée chez Denis Binet, avec permission, 1589.

Avertissement au procès. — « MM. les députés des provinces du royaume de France, demandeurs selon l'exploit et libelle de M. Pierre Dufour Lévesque, en date du 12 janvier 1589, d'une part, et le peuple et consorts aussi joints, demandeurs d'une part, contre Henri de Valois, au nom et en la qualité qu'il procède, défendeur d'autre part; disent par-devant vous, messieurs les officiers et conseillers de la couronne de France, tenants la cour de parlement à Paris, que, pour les causes, raisons et moyens ci-après déduits :

« Ledit Henri de Valois, pour raison du meurtre et assassinat commis ès illustrissimes personnes de MM. les duc et cardinal de Guise, sera condamné, pour réparation dudit assassinat, à faire amende honorable, nu en chemise, la tête nue et pieds nus, la corde au col, assisté de l'exécuteur de la haute justice, tenant en sa main une torche ardente de trente livres, lequel dira et déclarera en l'assemblée des états, les deux genoux en terre, qu'à tort et sans cause, malicieusement et témérairement, il a commis ou fait commettre ledit assassinat aux dessusdits duc et cardinal de Guise, duquel il demandera pardon à Dieu, à la justice et aux états. Que dès à présent, comme criminel et tel déclaré, il sera démis et déclaré indigne de la couronne de France, renonçant à tout tel droit qu'il y pourrait prétendre, et ce, pour les cas plus à plein mentionnés et déclarés au procès, dont il se trouvera bien et dûment atteint et convaincu; outre qu'il sera banni et confiné à perpétuité au couvent et monastère des hiéronymites, assis près du bois de Vincennes, pour là y jeûner au pain et à l'eau le reste de ses jours. Ensemble condamné ès dépens; et à ces fins disent, etc. Par ces moyens et autres que la cour de grâce pourra trop mieux suppléer, concluent les demandeurs avec dépens. Pour l'absence de l'avocat, signé, *Chicot.* »

Cette pièce est plus que suspecte. Bayle, en la citant à l'article Henri de Guise, aurait dû, ce me semble, faire réflexion qu'elle n'est point tirée des registres du parlement, qu'elle n'est point signée d'un avocat, qu'on la suppose signée par Chicot; c'est le même nom que celui du fou du roi. Il n'y est point fait mention de la mère et de la veuve des princes assassinés. Il n'était point d'usage de spécifier au parlement les peines que la justice peut infliger contre un coupable. Enfin cette requête doit être plutôt considérée comme un libelle du temps, que comme une pièce judiciaire. Elle sert seulement à faire voir quel était l'emportement des esprits dans ces temps déplorables.

CHAP. XXXI. — *Parlement traîné à la Bastille par les factieux. Décret de la Sorbonne contre Henri III. Meurtre de ce monarque.*

On peut avec juste raison ne pas regarder comme le parlement de Paris celui qui siégeait alors dans cette ville. C'est ici qu'il faut soigneusement observer les dates. Le duc de Guise avait été assassiné le vendredi 23 mars 1588, et le cardinal le 24.

La Ligue était à Paris toute-puissante; la faction nommée des Seize, composée de bourgeois, et vendue à l'Espagne et au pape, était mattresse de la ville.

Le lundi 16 janvier 1589, Jean Le Clerc dit Bussi, autrefois procureur au parlement, et devenu gouverneur de la Bastille, se transporta à la grand'chambre, suivi de cinquante satellites couverts de cuirasses, et le pistolet à la main; il ordonna au premier président de Harlay, aux présidents de Thou et Potier, de le suivre. Il alla ainsi de chambre en chambre se saisir des magistrats qu'il soupçonnait être attachés au roi. Ils furent conduits à la Bastille au nombre de cinquante, à travers deux haies de bourgeois.

Quelques membres de la chambre des comptes, du grand conseil et de la cour des aides, furent mis dans d'autres prisons.

Le parlement était alors composé d'environ cent quatre-vingts membres. Il y en eut cent vingt-six qui firent serment sur le crucifix de ne jamais se départir de la Ligue, et de poursuivre la vengeance de la mort du duc et du cardinal de Guise contre les auteurs et les complices. Les greffiers, les avocats, les procureurs, les notaires, firent le même serment au nombre de trois cent vingt-six.

Le mardi 17 janvier, qui était le lendemain de l'emprisonnement des cinquante magistrats, le parlement tint ses séances comme à l'ordinaire. L'audience fut tenue par le président Barnabé Brisson, qui accepta ce dangereux poste. Il crut se préparer une ressource contre l'indignation du roi, en protestant secrètement, par-devant les notaires Luçon et Le Noir, que c'était malgré lui qu'il présidait à ce parlement, et qu'il cédait à la violence : protestation qui sert rarement d'excuse, et qui ne décèle qu'un esprit faible.

Le premier président Achille de Harlay, plus courageux, aima mieux rester à la Bastille que de trahir son roi et sa conscience. Brisson crut ménager les deux partis, et fut bientôt la victime de sa politique malheureuse.

Ce fut dans ce mois de janvier que la Sorbonne, s'étant assemblée extraordinairement au nombre de soixante et dix docteurs, déclara que le peuple était libre du serment de fidélité prêté au roi, *populus hujus regni solutus est et liberatus a sacramento fidelitatis*, etc. Un tel acte n'aurait été dans d'autres temps qu'un crime de lèse-majesté au premier chef; mais alors c'était un arrêt d'une cour souveraine de conscience, arrêt qui, favorisant l'opinion publique, était exécuté avec zèle.

Le jeudi 26 janvier [1], le héraut Auvergne, envoyé de la part du roi, se présenta aux portes de Paris pour interdire le parlement et les autres cours supérieures. On le mit en prison; il fut menacé de la corde, et renvoyé sans réponse. Le roi avait indiqué que son parlement se tiendrait à Tours, comme Charles VII avait tenu le sien à Poitiers; mais

1. 1589.

il ne réussit pas mieux que Charles VII. Il créa quelques conseillers nouveaux; ceux qui pouvaient lui être affectionnés dans le parlement de Paris n'eurent pas la liberté d'aller à Tours, et cette cour continua ses fonctions sans difficulté.

Le 13 mars [1], le duc de Mayenne prêta dans la grand'chambre le serment de lieutenant général de l'État royal et couronne de France. Le président Brisson lisait le serment, et le duc de Mayenne répétait mot à mot après lui.

Le même esprit de sédition avait gagné presque toutes les villes du royaume. La populace de Toulouse égorgea le premier président Duranti et l'avocat général Daffis, deux magistrats connus par leur fidélité pour le roi, par l'intégrité de leur vie. On pendit le cadavre de Duranti à une potence. Les autres membres du parlement de Toulouse, dont deux conseillers, comme le remarque de Thou, avaient les mains encore teintes du sang de leur premier président, embrassèrent le parti de la Ligue. Henri III fut pendu en effigie dans la place publique par le peuple furieux. On vendait une mauvaise estampe de lui, et on criait : *A cinq sous notre tyran.*

Henri III, qui s'était attiré tant de malheurs pour n'avoir pas voulu s'unir avec Henri de Navarre, et pour s'être imaginé qu'il pourrait triompher à la fois de la Ligue et de ce brave prince, fut enfin obligé d'avoir recours à lui. Les deux rois joignirent leurs armées, et vinrent se camper à Saint-Cloud, devant Paris. La duchesse de Montpensier, sœur du duc de Guise et du cardinal de Lorraine, animait avec fureur les Parisiens à soutenir toutes les horreurs du siège.

Il est rapporté dans le *Journal de Henri III*, que le roi lui fit dire qu'il la ferait brûler vive; à quoi elle répondit : « Le feu est pour des sodomites tels que lui. »

Trois jours après ce discours, le moine Jacques Clément, jacobin, que le président de Thou ne fait âgé que de vingt-deux ans, assassina Henri III dans Saint-Cloud.

On trouve dans les mémoires de ce temps-là que La Guesle, procureur général, qui avait trouvé le moyen de s'évader de Paris, et qui malheureusement présenta lui-même le moine au roi, ne fut point appelé pour faire le procès au cadavre du meurtrier, tué de plusieurs coups de la main des gardes, immédiatement après avoir commis son crime. Il déposa comme un autre dans le procès criminel fait au cadavre par le marquis de Richelieu, grand prévôt de France; et ce fut Henri IV qui porta lui-même l'arrêt, le 2 août 1589, et condamna le corps du moine à être écartelé et brûlé. Le même prince condamna, deux jours après, un cordelier, nommé Jean Le Roi, à être jeté vivant dans un sac au fond de la Seine, pour avoir tué un de ses serviteurs.

A l'égard du moine Jacques Clément, il avait été incité à ce parricide par son prieur, nommé Bourgoin, et par la duchesse de Montpensier. Les mémoires du temps disent que cette princesse s'était

1. 1589.

abandonnée à lui pour le mieux encourager; mais ce fait est bien douteux. Jacques Clément n'eut pas le temps de s'en vanter; et sans doute la princesse n'en fit pas l'aveu; il faut s'en tenir aux faits publics et constatés.

CHAP. XXXII. — *Arrêts de plusieurs parlements après la mort de Henri III. Le premier président Brisson pendu par la faction des Seize.*

Après la mort de Henri III, il ne parut pas que Henri IV dût être jamais roi de France. Plusieurs seigneurs catholiques l'abandonnèrent, sous prétexte qu'il était hérétique, mais dans le dessein réel de démembrer le royaume, et d'en saisir quelques ruines. Les prédicateurs remercièrent Dieu, dans Paris, de la mort de Henri de Valois.

Dès le 7 août[1], le duc de Mayenne fit publier dans le parlement, et enregistrer un édit par lequel on reconnaissait pour roi le cardinal Charles de Bourbon, qu'on nomma Charles X. On fit frapper de la monnaie en son nom. Ce Charles X était un vieillard peu capable du rôle qu'on lui faisait jouer, et qui de plus était alors prisonnier d'État à Chinon. Henri IV avait été obligé de s'assurer de sa personne, et la Ligue ne le regardait que comme un fantôme au nom duquel elle s'arrogeait la suprême puissance.

Le parlement de Bordeaux ne reconnut ni Henri IV, ni Charles X; mais celui de Toulouse donna un étonnant exemple; voici comme il s'exprima le 22 août :

« La cour, toutes les chambres assemblées, avertie de la miraculeuse, épouvantable et sanglante mort de Henri III, advenue le premier de ce mois, a exhorté et exhorte tous les évêques et pasteurs.... de faire, chacun en leurs églises, rendre grâces à Dieu de la faveur qu'il nous a faite de la délivrance de la ville de Paris et autres villes du royaume; a ordonné et ordonne que tous les ans, le premier d'auguste, l'on fera procession et prières publiques en reconnaissance des bénéfices qu'il nous a faits ledit jour. »

Cet étrange arrêt ajoutait défense, sous peine de mort, de reconnaître Henri de Bourbon, soi-disant roi de Navarre, et enjoignait d'observer exactement la bulle d'excommunication lancée contre ce prince par le pape Sixte-Quint, en vertu de laquelle bulle la cour le déclare une seconde fois indigne et incapable de succéder à la couronne de France, comme atteint et convaincu de plusieurs crimes notoires, mentionnés dans ledit arrêt.

C'est ainsi qu'on foulait aux pieds toutes les lois divines et humaines sous le nom de la justice et de la religion.

Tandis que Henri IV, à peine à la tête de trois mille hommes, battait au combat d'Arques[2], près de Dieppe, le duc de Mayenne qui en avait environ dix mille; tandis que, nuit et jour sous les armes, il re-

1. 1589. — 2. 21 septembre 1589. (ÉD.)

gagnait une partie de son royaume par sa valeur et par celle de la noblesse attachée à sa fortune, le cordelier Peretti, devenu pape sous le nom de Sixte-Quint, envoyait un légat à Paris, et lui donnait une juridiction entière sur les laïques dans presque tous les cas qui sont essentiellement de la juridiction royale. Ce légat était le cardinal Cajetan, de la même maison que ce Boniface VIII dont la mémoire était encore si odieuse en France. Ses lettres de créance et les provisions de sa juridiction suprême furent enregistrées sans difficulté au parlement de Paris, le 20 février 1590, à la requête du procureur général.

Dans le même temps la Sorbonne continuait à seconder cette démence, autant qu'il était en elle. (10 février) Elle déclarait sérieusement que le pape est en droit d'excommunier et de déposer les rois; qu'il n'était pas même permis de traiter avec Henri de Béarn, hérétique et relaps; que ceux qui le reconnaissaient pour roi *étaient en péché mortel*; et elle assurait au nom de la Sainte-Trinité, « que quiconque osait parler de paix était désobéissant à l'Église, notre sainte mère, et en devait être retranché, comme un membre pourri et gangrené. »

Le 5 mars de la même année, le parlement fit publier un nouvel arrêt par lequel il était défendu, sous peine de mort, d'avoir la moindre correspondance avec Henri IV, et ordonné de reconnaître le fantôme Charles X pour roi, et le duc de Mayenne, lieutenant général de l'État royal, pour maître.

Henri IV répondait aux parlements et à la Sorbonne en gagnant la bataille d'Ivry[1]. Le cardinal de Bourbon, Charles V, reconnu roi dans Paris et dans une partie de la France, mourut quelque temps après au château de Châtenay[2] en Poitou, où Henri IV l'avait fait transférer. La Ligue ne s'occupa qu'à faire élire un nouveau roi. L'intention de Philippe II était de donner le royaume de France à sa fille Claire-Eugénie, qui devait épouser le duc de Guise, fils du Balafré, assassiné à Blois.

On faisait toujours rendre des arrêts par le parlement, et ce qu'on appelle des décrets par la Sorbonne. Celle-ci, par son décret du 7 mai 1590, promettait la couronne du martyre à quiconque avait le bonheur de mourir en combattant contre Henri IV.

Ce fut en vertu de ce décret que se fit cette fameuse procession de la Ligue[3], en présence du cardinal Cajetan, légat du pape, de plusieurs évêques italiens, et du jésuite Bellarmin, depuis cardinal, qui tous avaient suivi le légat.

L'évêque de Senlis, Guillaume Rose, était à la tête, portant un crucifix d'une main, et une hallebarde de l'autre. Après lui venait le prieur des chartreux, suivi de tous ses moines, l'habit retroussé, le capuchon abattu, un casque en tête. Les quatre ordres mendiants, les minimes, les capucins, marchaient dans le même équipage, portant tous de vieux mousquets avec un air menaçant, les

1. 14 mars 1590. — 2. 9 mai 1590. — 3. 5 juin 1590.

yeux enflammés, en grinçant les dents, comme dit le président De Thou.

Le curé de Saint-Côme faisait l'office de sergent: il ordonnait la marche, les haltes, les salves de mousqueterie. Les moines défilant devant le coche du légat, l'un d'eux tua son aumônier d'un coup de fusil chargé à balle. Cet accident ne troubla pas la cérémonie. De Thou rapporte que les moines crièrent que cet aumônier était sauvé, puisqu'il était mort dans une si sainte cérémonie; et le peuple ne prit seulement pas garde à la mort de l'aumônier.

Cependant on pendait sans miséricorde tous ceux qui parlaient de traiter avec le roi. Ce prince, victorieux à Ivry, était déjà devant les portes de Paris avec des troupes plus formidables que la procession des moines.

Il fit préparer [1] une escalade du côté du faubourg Saint-Jacques, pendant une nuit fort sombre. Cette entreprise allait réussir. Qui croirait qu'un libraire, un avocat et un jésuite, empêchèrent Henri IV de se rendre maître de sa capitale? Le jésuite, d'une vieille hache, coupa la main d'un soldat qui avait déjà le poignet appuyé sur la muraille; on jeta de la paille allumée dans le fossé où les royalistes étaient descendus, l'alarme fut donnée partout, et Henri IV fut obligé de se retirer.

La guerre continua de tous côtés. Les Parisiens redoublaient tous les jours leur serment de ne point reconnaître le roi.

Le nouveau pape, Grégoire XIV, envoyait des troupes au secours de la Ligue; il fournissait aux factieux de Paris quinze mille livres par mois du trésor que Sixte-Quint avait amassé. Ces troupes marchaient avec un archevêque nommé Mateucci, qui faisait la fonction de commissaire général de l'armée. La ville de Verdun était son rendez-vous. Le jésuite Jouvency avoue, dans son *Histoire de la Compagnie de Jésus*, que le supérieur des novices de Paris, nommé Nigri, rassembla tous les novices de l'ordre, et les mena à Verdun à l'armée papale, dans laquelle ils furent incorporés. Ce trait, qui peut paraître incroyable, ne l'est point après tout ce que nous avons vu.

Au milieu de tant d'événements, les uns horribles, les autres ridicules, la faction qu'on nommait des Seize, qui avait dans Paris beaucoup plus d'autorité que le parlement, et qui balançait même celle du duc de Mayenne, donna un nouvel exemple des excès d'atrocité où les guerres civiles entraînent les hommes. Ces Seize, ayant découvert qu'un procureur de la ville, nommé Brigard, avait envoyé une lettre à Saint-Denis, occupé alors par les troupes royales, le déférèrent au parlement, pour lui faire son procès. Le premier président, Barnabé Brisson, sauva la vie à ce malheureux. Les Seize soupçonnèrent Brisson d'être, dans le cœur, du parti du roi; et voici comme ils s'en vengèrent.

Bussy-le-Clerc, gouverneur de la Bastille, celui-là même qui avait déjà emprisonné une partie du parlement, commença d'abord par

1. 10 septembre 1590.

exiger un blanc signé de dix des principaux factieux, en leur disant que c'était pour consulter la Sorbonne. Dès qu'il eut leur signature, il remplit le papier d'une sentence de mort contre le premier président. On épia le moment où il avait l'imprudence d'aller à pied dans les rues. Il fut saisi, conduit au Petit-Châtelet: et dès qu'il y fut entré, Cromé, conseiller au grand conseil, se présenta à lui, revêtu d'une cotte d'armes, le fit mettre à genoux, et lui lut la sentence qui le condamnait à être pendu pour crime de lèse-majesté divine et humaine.

C'est une chose assez singulière que Brisson, dans ce moment terrible, l'esprit encore rempli des formalités des lois dans lesquelles il avait été élevé, demanda à être confronté avec les témoins qui l'accusaient. Cromé ne lui répondit que par un grand éclat de rire. Brisson eut la faiblesse de demander qu'on différât l'exécution jusqu'à ce qu'il eût fini un ouvrage de jurisprudence qu'il avait commencé; on rit encore davantage, et il fut pendu à une poutre [1].

Une heure après, le lieutenant du grand prévôt, nommé Chouillier, alla saisir dans le palais Larcher, conseiller de la grand'chambre, sous-doyen des conseillers, vieillard septuagénaire, accusé aussi d'être partisan du roi. Il fut mené au même endroit où était le corps de Brisson. Dès que Larcher aperçut ce spectacle, il demanda lui-même à mourir, et on le pendit à la même poutre.

Le curé de Saint-Côme, dans le même temps, suivi d'une troupe de prêtres et de suppôts de l'Université, était allé prendre dans son lit le conseiller au Châtelet Tardif, dangereusement malade, et qui venait d'être saigné; il le présenta lui-même au bourreau, et le fit périr de la même manière.

C'est encore une des horreurs de la nature humaine, qu'il se trouve des hommes qui fassent de ces exécutions, et dont le métier soit d'arracher la vie à d'autres hommes, sans s'informer seulement ni si cette mort est juste, ni quel est le droit de celui qui la commande.

Le lendemain on exposa les trois corps dans la place de Grève, pendus à une potence avec des écriteaux qui les déclaraient traîtres, ennemis de Dieu et hérétiques. Le duc de Mayenne était alors absent de Paris; et les Seize, qui se croyaient les maîtres de la ville, prirent ce temps pour écrire au roi d'Espagne. Ils lui dépêchèrent le jésuite Claude Matthieu, pour le supplier de leur donner sa fille pour reine en la mariant au jeune duc de Guise. La lettre que Matthieu portait fut interceptée et portée au roi. Il ne manqua pas d'en faire tomber une copie entre les mains du duc de Mayenne; c'était le seul moyen de diviser la ligue, en semant la jalousie entre ce duc et son neveu.

Mayenne, arrivé à Paris, commença par ôter à Bussy-le-Clerc son gouvernement de la Bastille; il fit pendre, sans forme de procès, quatre des scélérats qui avaient fait mourir les magistrats. Le même bourreau servit pour eux tous, et fut ensuite pendu lui-même.

---

[1] 16 novembre 1591.

Cromé, le plus coupable, échappa ; le parlement reprit ses fonctions ordinaires ; et le président Le Maître prit la place de Brisson, sans être intimidé par la catastrophe de son prédécesseur.

CHAP. XXXIII. — *Le royaume démembré. Le seul parlement séant auprès de Henri IV peut montrer sa fidélité. Il décrète de prise de corps le nonce du pape.*

Pendant que le parlement de Paris était ainsi tour à tour l'organe et la victime de la Ligue, il faut voir ce que faisaient alors les autres parlements du royaume. Celui de Provence avait envoyé au duc de Savoie, Philibert-Emmanuel, gendre de Philippe II, une députation solennelle, composée de Chastel, évêque de Riez, du baron d'Ampus, et d'un avocat nommé Fabrègues.

Le duc arriva dans Aix le 14 novembre¹. On lui présenta le dais, comme au roi ; tous les membres du parlement lui baisèrent la main. Honoré du Laurens porta la parole pour toute la compagnie ; on le reconnut pour protecteur de la province, et on lui prêta serment de fidélité.

Le parlement de Grenoble était alors partagé ; ceux qui étaient fidèles au roi s'étaient retirés au Pertuis ; mais Lesdiguières, qui fut depuis connétable, ayant pris la ville, le parlement se réunit et n'administra plus la justice qu'au nom du roi.

Le parlement de Rouen se trouvait dans une situation toute semblable à celle qu'éprouvait le parlement de Paris ; entièrement dominé par la faction de la Ligue, et à la merci des troupes espagnoles, il eut le malheur de rendre l'arrêt suivant le 1er janvier 1592 :

« La cour a fait et fait très-expresses inhibitions et défenses à toutes personnes, de quelque état, dignité et condition qu'elles soient, sans nul excepter, de favoriser, en aucun acte et manière que ce soit, le parti de Henri de Bourbon ; mais s'en désister incontinent, à peine d'être pendus et étranglés. Ordonne ladite cour que monition générale sera octroyée au procureur général, *nemine dempto*, pour informer contre ceux qui favoriseront ledit Henri de Bourbon et ses adhérents.... est ordonné que par les places publiques seront plantées potences pour y pendre ceux qui seront si malheureux que d'attenter contre leur patrie. »

Il n'y eut que le parlement du roi, séant tantôt à Tours, tantôt à Châlons, qui pût donner un libre cours à ses sentiments patriotiques. Le pape Grégoire XIV, à son avénement au pontificat, avait d'abord envoyé un nonce à la Ligue pour seconder le cardinal Cajetan, qui faisait à Paris les fonctions de légat. Ce nonce s'appelait Landriano ; il apportait des bulles qui renouvelaient les excommunications et les monitoires contre Henri III et Henri IV.

Le petit parlement de Châlons, qui n'avait pas même alors de président à sa tête, déploya toute la vigueur que les autres auraient montrée s'ils avaient été ou plus libres ou moins séduits. Il décréta de prise de corps Landriano, soi-disant nonce du pape, qui avait osé entrer dans le royaume sans la permission du roi, le fit citer trois jours de marché à son de trompe, accorda dix mille livres de récompense à qui le livrerait à la justice, défendit aux archevêques et évêques de publier ses bulles, sous peine d'être déclarés criminels de lèse-majesté, et enfin appela au futur concile de l'élection de Grégoire XIV.

Cette démarche, qui étonna toute la France, était régulière et simple. C'était en effet une insulte à toutes les lois et à la raison humaine, qu'un évêque étranger osât décider du droit des couronnes. La religion qui lui servait de prétexte condamnait elle-même cette audace, et le bon sens en faisait sentir le ridicule; mais depuis Grégoire VII, l'opinion, qui fait tout, avait enraciné ces funestes idées dans toutes les têtes ecclésiastiques, qui avaient versé ce poison dans celles des peuples. L'ignorance recevait ces maximes, la fraude les appuyait, et le fer les soutenait. Un moine suffisait alors parmi les catholiques pour persuader que l'apôtre Pierre, qui n'alla jamais à Rome, et qui ne pouvait savoir la langue latine, avait siégé vingt-cinq ans sous Tibère et sous d'autres empereurs, dans un temps où le titre d'évêché n'était affecté à aucun lieu; et que de ce prétendu siège il avait transmis à Grégoire XIV, qui vint quinze cents ans après lui, le droit de parler en maître à tous les souverains et à toutes les Églises. Il fallait être ligueur effréné, ou imbécile, pour croire de telles fables, et pour se soumettre à une telle tyrannie.

Il se trouva, pour l'honneur de la France, deux cardinaux et huit évêques qui secondèrent la fermeté du vrai parlement, autant que le permettait leur caractère. Les cardinaux étaient celui de Bourbon, cousin germain du roi, et de Lenoncourt, quoique Lorrain. Les prélats étaient de Beaune, archevêque de Bourges; du Bec, évêque de Nantes; de Thou, évêque de Chartres; Fumée, de Beauvais; Sourdis, de Maillezais[1]; d'Angennes, du Mans; Clausse, de Châlons; d'Aillon, de Bayeux. Leurs noms méritent d'être consacrés à la postérité.

(21 septembre 1591) Ils firent ensemble un mandement à Chartres, adressé à tous les catholiques du royaume. « Nous sommes informés, disent-ils, que Grégoire XIV, mal instruit, et trompé par les artifices des ennemis de l'État, a envoyé des bulles et des monitoires pour interdire et excommunier les évêques, les princes et la noblesse qui ne sont pas rebelles à leur roi.... Après une mûre délibération, nous déclarons ces excommunications nulles dans la forme et dans le fond, injustes, dictées par les ennemis de la France.... sans préjudicier à l'honneur du pape. »

Le parlement du roi, alors séant à Tours, fit mieux : il fit brûler par la main du bourreau les bulles du pape, et déclara Grégoire, soi-disant pape, perturbateur du repos public, et complice de l'assassinat de Henri III, puisqu'il l'avait approuvé.

---

1. Évêché qui ne subsiste plus, et qui fut transféré à la Rochelle dès l'année 1640

Le parlement de Paris, de son côté, pressé par les ligueurs, fit brûler l'arrêt de celui de Tours au pied du grand escalier, et lui donna les qualifications d'*exécrable* et d'*abominable*.

Le parlement de Tours traita de même l'arrêt du parlement de Paris. Il fallait que la victoire jugeât de ces disputes; mais Henri IV, à qui le duc de Parme avait fait lever le siége de Paris et de Rouen, n'était pas encore en état d'avoir raison [1].

Le premier président, Achille de Harlay, était alors auprès du roi; c'était lui qui soutenait la dignité du parlement de Tours et de Châlons. Il s'était enfin racheté de la prison de la Bastille, et avait trouvé le moyen de se rendre auprès de Henri IV. Il conçut le premier l'idée de secouer enfin pour jamais le joug du pape, et de créer un patriarche. Le cardinal de Lenoncourt et l'archevêque de Bourges entraient dans ce dessein; mais il était impraticable. Il eût fallu changer tout d'un coup l'opinion des hommes, qui ne change qu'avec le temps, ou avoir assez de troupes et assez d'argent pour commander à l'opinion.

Cependant, ce parlement statua des règlements dignes de la liberté de l'Église gallicane. Toutes les nominations du roi aux évêchés et aux abbayes devaient être confirmées par l'archevêque de la métropole, sans recourir à une bulle du pape; tout le clergé conserverait ses droits, indépendamment des ordres de Rome; les évêques accorderaient les mêmes dispenses que le pape. Ce règlement était aussi sage que hardi; il réprimait l'ambition d'une cour étrangère, et flattait le clergé national; et cependant, à peine eut-il lieu quelques mois l'Église était aussi déchirée que l'État; la même ville était prise tour à tour par des catholiques et par des protestants; l'ordre et la police ne sont pas le partage d'une guerre civile.

CHAP. XXXIV. — *États généraux tenus à Paris par des Espagnols et des Italiens. Le parlement soutient la loi salique. Abjuration de Henri IV.*

Au milieu de tous les reflux orageux de la fortune de Henri IV, le temps était arrivé où Philippe II croyait donner un maître à la France. Du fond de l'Escurial il faisait tenir les états généraux à Paris, convoqués par les menées de son ambassadeur et par celles du cardinal légat, plus encore que par les ordres du duc de Mayenne. Paris avait une garnison espagnole; Philippe promettait une armée de vingt-quatre mille hommes, et beaucoup d'argent. Henri IV n'en avait point, et son armée était peu considérable. Il était campé à Saint-Denis, d'où il pouvait voir arriver dans Paris les députés de ces états généraux qui allaient donner son patrimoine à un autre.

Le pape Clément VIII, qui avait succédé à Grégoire XIV [2], envoya, le 15 avril [3], un bref au cardinal légat, par lequel il lui ordonnait de

1. Daniel supprime ou étrangle tous ces faits rapportés par de Thou. Ce n'est pas la peine d'écrire l'histoire de France pour oublier des choses si capitales.

2. A Innocent IX. (ÉD.) — 3. 1592.

procéder à l'élection d'un roi. Le bref ne fut enregistré que le 28 octobre. Le parlement de Châlons signala son zèle ordinaire contre cette insolence ; mais il ne décréta point de prise de corps le légat, comme il avait décrété Landriano. Ce titre de *légat* en imposait encore, et il y a des préjugés que la fermeté la plus grande n'ose quelquefois attaquer.

Cet arrêt du parlement de Châlons fut encore brûlé par celui de Paris, le 24 décembre. Ces deux parlements se faisaient la guerre par leurs bourreaux, et toute la France en armes attendait quel roi les États opposeraient au roi légitime.

Le parlement de Paris n'eut point de séance dans ces états. Ils s'ouvrirent, le 25 janvier 1593, dans le Louvre. On y voyait un Jean Boucher, curé de Saint-Benoît, séditieux, emporté jusqu'à la démence ; un curé de Saint-Germain l'Auxerrois ; un Cueilli, docteur de Sorbonne ; mais le président de Neuilly, le président Le Maître, et le conseiller Guillaume du Vair, y avaient place au nom du parlement. Les harangues qui furent prononcées étaient aussi ridicules que celles de la *satire Ménippée*. Ce ridicule n'empêchait pas qu'on ne se disposât à nommer un roi. L'or de l'Espagne et les bulles de Rome pouvaient beaucoup. Des troupes espagnoles s'avançaient encore. Le duc de Feria, ambassadeur d'Espagne, admis dans ces états, y parlait comme un protecteur parle à des peuples malheureux et désunis qui ont besoin de lui. Enfin il déclara qu'il fallait élire l'infante d'Espagne, et qu'on lui donnerait pour mari le jeune duc de Guise, ou le duc de Nemours de Savoie, son frère utérin ; mais c'était sur le duc de Guise que le choix devait tomber.

Trois Espagnols dominèrent dans ces états généraux de France, le duc de Feria, ambassadeur extraordinaire, don Diego d'Ibarra et Taxis, ambassadeur ordinaire, et le licencié Mendoza. Taxis et Mendoza firent chacun un long discours contre la loi salique. On l'avait déjà foulée aux pieds du temps de Charles VI. Elle avait reçu auparavant de rudes atteintes ; et si les Espagnols, secondés du pape, avaient réussi, cette loi n'était plus qu'une chimère, Henri IV était perdu ; mais heureusement le duc de Mayenne était aussi intéressé que Henri IV à prévenir ce coup fatal. L'élection d'une reine espagnole le faisait tomber des degrés du trône où il était assis le premier. Il se voyait le sujet du jeune Guise son neveu, et il n'était pas possible qu'il consentît à ce double affront.

Le parlement de Paris, dans cette extrémité, secourut à la fin Henri IV et le duc de Mayenne, et sauva la France.

Le Maître, que le duc de Mayenne avait créé premier président, assembla toutes les chambres le 29 juin 1593. On déclara la loi salique inviolable ; on protesta de nullité contre l'élection d'un prince étranger ; et le président Le Maître fut chargé de signifier cet arrêt au duc de Mayenne, et de lui faire les représentations les plus fortes. Le duc de Mayenne les reçut avec une indignation simulée ; car pouvait-il être affligé que le parlement rejetât une élection qui lui aurait ôté son pouvoir ? Ces remontrances même le flattaient beaucoup. Le parlement lui disait avec autant d'adresse que de fermeté : « Imitez le roi Louis XII, votre bisaïeul, que son amour pour la patrie a fait surnommer le Père du peuple. » Ces paroles faisaient assez entendre qu'on ne le regardait pas comme un prince étranger; et, tant qu'on éloignait le choix de l'infante, il demeurait revêtu de l'autorité suprême, sous le titre de protecteur et de lieutenant général de l'État royal de France.

Dans cette incertitude des états généraux, il se formait plusieurs partis : celui d'Espagne et de Rome était encore le plus considérable; mais les meilleurs citoyens, parmi lesquels on comptait plusieurs membres du parlement, étaient en secret pour Henri IV, et penchaient à le reconnaître pour roi, de quelque religion qu'il pût être : ils croyaient qu'il tenait son droit à la couronne de la nature, qui rend tout homme héritier du bien de ses ancêtres. Si on ne doit point demander à un citoyen ce qu'il croit de l'eucharistie et de la confession pour qu'il jouisse des biens de son père, à plus forte raison ne devait-on pas demander cette condition à l'héritier naturel de tant de rois. Henri IV n'exigeait point des ligueurs qu'ils se fissent protestants; pourquoi vouloir que Henri IV se fît catholique ? pourquoi gêner la conscience du meilleur des hommes et du plus brave des princes, qui ne gênait la conscience de personne ?

Tels étaient les sentiments des gens raisonnables, et c'est toujours le plus petit nombre.

Une grande partie du peuple, qui sentait sa misère et qui ne raisonnait point, souhaitait ardemment Henri IV pour roi, mais ne le voulait que catholique. Pressé à la fois par l'équité, qui tôt ou tard parle au cœur de l'homme, mais encore plus dominé par la Sorbonne et par les prêtres, partagé entre la superstition et son devoir, il n'eût jamais reconnu un roi qui priait Dieu en français, et qui communiait sous les deux espèces.

Henri IV prit enfin le seul parti qui convenait à sa situation et à son caractère. Il fallait se résoudre ou à passer sa vie à mettre la France à feu et à sang et hasarder sa couronne, ou ramener les esprits en changeant de religion. Des princes d'Orange, des Gustave-Adolphe, des Charles XII, n'auraient pas pris ce dernier parti. Il y aurait eu plus d'héroïsme à être inflexible; mais il y avait plus d'humanité et plus de politique dans sa condescendance. Cette négociation, qui coûtait à son cœur, mais qui était nécessaire, avait commencé dès la première tenue des états. Les évêques de son parti avaient eu de fréquentes conférences à Suresne avec les évêques du parti contraire, en dépit de la Sorbonne, qui avait eu l'insolence et la faiblesse de déclarer ces conférences illicites et impies, mais dont les décrets méprisés par tous les bons citoyens commençaient à l'être par la populace même.

On tint donc ces conférences pendant une trêve accordée par le roi et le duc de Mayenne. Les deux principaux chefs de ces négociations

1. De Thou, livre CVI.

étaient Renaud, archevêque de Bourges, du côté du roi; et d'Espinac, archevêque de Lyon, pour la Ligue; le premier, respectable par sa vertu courageuse; l'autre, diffamé par son inceste avec sa sœur, et odieux par ses intrigues.

Quelques détours que d'Espinac pût prendre pour s'opposer à la conclusion, quelques efforts qu'il tentât avec ses collègues pour intimider les évêques royalistes, quelques menaces qu'il fît de la part du pape, il ne put empêcher les prélats du parti du roi de recevoir son abjuration. L'Espagne, Rome, le duc de Mayenne, et la Ligue, combattaient pour le papisme; et tout ce qu'ils craignaient était que Henri IV ne se fît catholique. Il franchit ce pas, le 25 juillet 1593, dans l'église de Saint-Denis.

Ce n'est pas un trait indigne de cette histoire, d'apprendre qu'un curé de Saint-Eustache, avec six de ses confrères, ayant demandé au duc de Mayenne la permission d'aller à Saint-Denis voir cette cérémonie, le duc de Mayenne les renvoya au légat de Rome, et ce légat les menaça de les excommunier s'ils osaient être témoins de la conversion du roi. Ces bons prêtres méprisèrent la défense du légat italien; ils sortirent de Paris à travers une foule de peuple qui les bénissait; ils assistèrent à l'abjuration, et le légat n'osa les excommunier.

Il n'est pas nécessaire de sacrer un roi qui l'est uniquement par le droit de sa naissance. Le sacre n'est qu'une cérémonie, mais elle en impose au peuple; et elle était indispensable pour un roi à peine réuni à l'Église dominante. Henri ne pouvait être sacré à Reims, cette ville était possédée encore par ses ennemis. On proposa Chartres. On fit voir que ni Pepin, ni Charlemagne, ni Robert, fils de Hugues Capet, tige de la maison régnante, ni Louis le Gros, ni plusieurs autres rois, n'avaient été sacrés à Reims. La bouteille d'huile nommée sainte ampoule, révérée des peuples, faisait naître quelque difficulté. Il fut aisé de prouver que si un ange avait apporté cette bouteille d'huile du haut du ciel, saint Remi n'en avait jamais parlé; que Grégoire de Tours, qui rapporte tant de miracles, avait gardé le silence sur cette ampoule. S'il fallait absolument de l'huile apportée par un ange, on en avait une bonne fiole à Tours; et cette fiole valait bien mieux que celle de Reims, parce que longtemps avant le baptême de Clovis[1], un ange l'avait apportée pour guérir saint Martin d'un rhumatisme. Enfin l'ampoule de Reims n'avait été donnée que pour le baptême de Clovis, et non pour le sacre. On emprunta donc la fiole de Tours. Nicolas de Thou, évêque de Chartres, oncle de l'historien, eut l'honneur de sacrer le plus grand roi qui ait gouverné la France, et le seul de sa race à qui les Français aient disputé sa couronne.

CHAP. XXXV. — *Henri IV reconnu dans Paris.*

Henri IV, converti et sacré, n'en était pas plus maître de Paris ni de tant d'autres villes occupées par les chefs de la Ligue. C'était beaucoup

1. De Thou, livre CVIII.

d'avoir levé l'obstacle et détruit le préjugé des citoyens catholiques qui haïssaient sa religion, et non sa personne. C'était encore plus d'avoir réussi par son changement à diviser les états; mais sa conversion ni son onction ne lui donnaient ni troupes ni argent.

Le légat du pape, le cardinal Pellevé, tous les autres prélats ligueurs, combattaient dans Paris la conversion du roi par des processions et par des libelles; les chaires retentissaient d'anathèmes contre ce même prince devenu catholique; on traitait son changement de simulé, et sa personne d'apostat. Des armes plus dangereuses étaient employées contre lui, on subornait de tous côtés des assassins. On en découvrit un entre plusieurs, nommé Pierre Barrière, de la lie du peuple, bigot et intrépide, employé autrefois, par le duc de Guise le Balafré, pour enlever la reine Marguerite, femme de Henri IV, au château d'Usson. Il se confessa à un dominicain, à un carme, à un capucin, à Aubry, curé de Saint-André des Arcs, ligueur des plus fanatiques, et enfin à Varade, recteur du collége des Jésuites de Paris. Il leur communiqua à tous le dessein qu'il avait de tuer le roi pour expier ses péchés; tous l'encouragèrent et lui gardèrent le secret, excepté le dominicain. C'était un Florentin, attaché au parti du roi, et espion de Ferdinand, grand-duc de Toscane.

Si les autres se servaient de la confession pour inspirer le parricide, celui-ci s'en servit pour l'empêcher; il révéla le secret de Barrière. On dit que c'est un sacrilége; mais un sacrilége qui empêche un parricide est une action vertueuse. Le Florentin dépeignit si bien cet homme, qu'il fut arrêté à Melun lorsqu'il se préparait à commettre son crime.

Dix commissaires nommés par le roi le condamnèrent à la roue. Il déclara, avant de mourir[1], que ceux qui lui avaient conseillé ce crime lui avaient assuré « que son âme serait portée par les anges à la béatitude éternelle, s'il venait à bout de son entreprise. »

Ce fut là le premier fruit de la conversion de Henri IV. Cependant les négociations de Brissac, créé maréchal de France par le duc de Mayenne, et le zèle de quelques citoyens de Paris, donnèrent à Henri IV cette capitale que la victoire d'Ivry, la prise de tous les faubourgs, et l'escalade aux murs de la ville, n'avaient pu lui donner.

Le duc de Mayenne avait quitté la ville et y avait laissé pour gouverneur le maréchal de Brissac. Ce seigneur, au milieu de tant de troubles, avait conçu d'abord le dessein de faire de la France une république; mais un échevin, nommé Langlois, homme qui avait beaucoup de crédit dans la ville et des idées plus saines que le maréchal de Brissac, traitait déjà secrètement avec le roi. L'Huillier, prévôt des marchands, entra bientôt dans le même dessein; ils y entraînèrent Brissac; plusieurs membres du parlement se joignirent secrètement à lui. Le premier président Le Maître était à leur tête; le procureur général Molé, les conseillers Pierre d'Amours et Guillaume du Vair, s'assemblaient secrètement à l'Arsenal. Le reste du parlement n'était point dans le secret; il rendit même un arrêt[2], par lequel il défendait

1. 28 août 1593. — 2. 21 mars 1594.

toute sorte d'assemblées et d'amas d'armes. L'arrêt portait que les maisons où ces assemblées secrètes auraient été tenues seraient rasées; toute entreprise, tout discours contre la *sainte Ligue* était réputé crime d'État.

Cet arrêt calmait les inquiétudes des ligueurs. Le légat et le cardinal Pellevé, qui faisaient promener dans Paris la châsse de sainte Geneviève, les ambassadeurs d'Espagne, la faction des Seize, les moines, la Sorbonne, étaient rassurés et tranquilles, lorsque le lendemain, 22 mars, à quatre heures du matin, un bruit de mousqueterie et des cris de *vive le roi* les réveillèrent.

Le prévôt des marchands, L'Huillier, l'échevin Langlois, avaient passé la nuit sous les armes avec tous les bourgeois qui étaient du complot. On ouvrit à la fois la porte des Tuileries, celle de Saint-Denis, et la porte Neuve; les troupes du roi entraient par ces trois côtés et vers la Bastille. Il n'en coûta la vie qu'à soixante soldats de troupes étrangères postées au delà du Louvre, et Henri IV était déjà maître de Paris avant que le cardinal légat fût éveillé.

On ne peut mieux faire que de rapporter ici les paroles de ce respectable Français Auguste de Thou. « On vit presque en un moment les ennemis de l'État chassés de Paris, les factions éteintes, un roi légitime affermi sur son trône, l'autorité du magistrat, la liberté publique et les lois rétablies. »

Henri IV mit ordre à tout. Un de ses premiers soins fut de charger le chancelier Chiverny d'arracher et de déchirer au greffe du parlement toutes les délibérations, tous les arrêts attentatoires à l'autorité royale produits par ces temps malheureux. Le savant Pierre Pithou s'acquitta de ce ministère par l'ordre du chancelier. C'était un homme d'une érudition presque universelle; il était, dit de Thou, le conseil des ministres d'État, et le juge perpétuel des grandes affaires, sans magistrature.

(28 mars 1594) Le chancelier vint au parlement accompagné des ducs et pairs, des grands officiers de la couronne, des conseillers d'État et des maîtres des requêtes. Ce même Pierre Pithou, qui n'était point magistrat, fit les fonctions de procureur général. Le chancelier apportait un édit qui pardonnait au parlement, qui le rétablissait, et qui faisait en même temps l'éloge de l'arrêt qu'il avait donné en faveur de la loi salique, malgré le légat et les ambassadeurs d'Espagne; après quoi tous les membres du corps prêtèrent serment de fidélité entre les mains du chancelier.

Les officiers du parlement de Châlons et de Tours revinrent bientôt après. Ils reconnurent ceux de Paris pour leurs confrères, et leur seule distinction fut d'avoir le pas sur eux.

Le même jour le parlement, rétabli par le roi, annula tout ce qui avait été fait contre Henri III et Henri IV. Il cassa les états de la Ligue; il ordonna au duc de Mayenne, sous peine de lèse-majesté, d'obéir au roi; il institua à perpétuité cette procession à laquelle il assiste tous les ans, le 22 mars, en robes rouges, pour remercier Dieu d'avoir rendu Paris à Henri IV, et Henri IV à Paris. Dès ce jour il passa de la

rébellion à la fidélité, et reprit surtout ses anciens sentiments de patriotisme, qui ont été le plus ferme rempart de la France contre les
entreprises de la cour de Rome.

CHAP. XXXVI. — *Henri IV assassiné par Jean Châtel. Jésuites chassés.*
Le roi maudit à Rome, et puis absous.

Le roi était maître de sa capitale; il était prêt de l'être de Rouen;
mais la moitié de la France était encore à la Ligue et à l'Espagne : il
était reconnu par le parlement de Paris, mais non pas par les moines;
la plupart des curés de Paris refusaient de prier pour lui. Dès qu'il
entra dans la ville, il eut la bonté de faire garder la maison du cardinal
légat, de peur qu'elle ne fût pillée; il pria ce ministre de venir le voir :
le légat refusa de lui rendre ce devoir : il ne regardait Henri ni comme
roi ni comme catholique, et sa raison était que ce prince n'avait point
été absous par le pape. Ce préjugé était enraciné chez tous les prêtres,
excepté dans le petit nombre de ceux qui se souvenaient qu'ils étaient
Français avant d'être ecclésiastiques.

S'il ne suffit pas de se repentir pour obtenir de Dieu miséricorde,
s'il est nécessaire qu'un homme soit absous par un autre homme,
Henri IV l'avait été par l'archevêque de Bourges. On ne voit pas ce que
l'absolution d'un Italien pouvait ajouter à celle d'un Français, à moins
que cet Italien ne fût le maître de toutes les consciences de l'univers.
Ou l'archevêque de Bourges avait le droit d'ouvrir le ciel à Henri IV,
ou le pape ne l'avait pas; et quand ni l'un ni l'autre n'aurait eu cette
puissance, Henri IV n'était pas moins roi par sa naissance et par sa
valeur. C'était bien là le cas d'en appeler comme d'abus. Henri IV
affermi sur son trône n'aurait pas eu besoin de la cour de Rome, et
tous les parlements l'auraient déclaré roi légitime et bon catholique,
sans consulter le pape; mais on a déjà vu ce que peuvent les préjugés.

Henri IV fut réduit à demander pardon à l'évêque de Rome Aldobrandin, nommé Clément VIII, de s'être fait absoudre par l'évêque de
Bourges, alléguant qu'il n'avait commis cette faute que pressé par la
nécessité et par le temps, le suppliant de le recevoir au nombre de ses
enfants. Ce fut par le duc de Nevers, son ambassadeur, qu'il fit porter
ces paroles; mais le pape ne voulut point recevoir le duc de Nevers
comme ambassadeur de Henri IV; il l'admit à lui baiser les pieds
comme un particulier. Aldobrandin, par cette dureté, faisait valoir son
autorité pontificale, et montrait en même temps sa faiblesse. On voyait
dans toutes ses démarches sa crainte de déplaire à Philippe II, autant
que la fierté d'un pape. Le duc de Nevers ne recevait de réponse à ses
mémoires que par le jésuite Tolet, depuis peu promu au cardinalat.

Il n'est pas inutile d'observer les raisons que ce jésuite cardinal alléguait au duc de Nevers : « Jésus-Christ, lui disait-il, n'est pas obligé
de remettre les errants dans le bon chemin; il leur a commandé de
s'adresser à ses disciples : c'est ainsi que saint André en usa avec les
gentils [1]. »

1. De Thou, livre CVIII.

Le bonhomme Tolet ne savait ce qu'il disait, il prenait André pour Philippe; lequel Philippe ayant rencontré l'eunuque de Candace, reine d'Éthiopie, lisant dans son chariot un chapitre d'*Isaïe*, apparemment traduit en éthiopien, et n'y entendant rien du tout, Philippe, qui sans doute était savant, lui expliqua le passage, le convertit, le baptisa; après quoi il fut enlevé par l'esprit [1].

Mais quel rapport de cet eunuque à Henri IV, et de Philippe au pape Clément VIII? et pourquoi Renaud de Beaune, archevêque de Bourges, ne pouvait-il pas ressembler au juif Philippe aussi bien que Clément? C'était se jouer étrangement de la religion que de vouloir soutenir par de telles allégories la conduite de l'évêque souverain de Rome, qui exposait la France à retomber dans les horreurs des guerres civiles. Le duc de Nevers sortit de Rome en colère; et, tandis que du Perron et d'Ossat allaient renouveler cette singulière négociation, le même esprit qui avait dicté les refus de Clément VIII aiguisait les poignards levés sur Henri IV.

Un jeune insensé, nommé Jean Châtel, fils d'un gros marchand de drap de Paris, et assez bien apparenté dans la ville, où la famille de sa femme est encore assez nombreuse, ayant étudié aux jésuites, avait été admis dans une de leurs congrégations, et à certains exercices spirituels qu'on faisait dans une chambre appelée la chambre des méditations. Les murailles étaient couvertes de représentations affreuses de l'enfer, et de diables tourmentant des damnés. Ces images, dont l'horreur était encore augmentée par la lueur d'une torche allumée, avaient troublé son imagination. Il était tombé dans des excès monstrueux, il se croyait déjà une victime de l'enfer. On prétend qu'un jésuite lui dit, dans la confession, qu'il ne pouvait échapper aux châtiments éternels qu'en délivrant la France d'un roi toujours hérétique. Ce malheureux, âgé de dix-neuf ans, se persuada que du moins s'il assassinait Henri IV, il rachèterait une partie des peines que l'enfer lui préparait. « Je sais bien que je serai damné, disait-il, mais j'ai mieux aimé l'être comme quatre que comme huit. » Il y a toujours de la démence dans les grands crimes : il voulait mourir; l'excès de sa fureur alla au point que, de son aveu même, il avait résolu de commettre en public le crime de bestialité, s'imaginant que sur-le-champ on le ferait mourir dans les supplices. Ensuite, ayant changé d'idée, et détestant toujours la vie, il reprit le dessein d'assassiner le roi.

Il se mêla dans la foule des courtisans [2] dans le moment que le roi embrassait le sieur de Montigny : il portait le coup au cœur; mais le roi, s'étant beaucoup baissé, le reçut dans les lèvres. La violence du coup était si forte qu'elle lui cassa une dent, et le roi fut sauvé pour cette fois.

On trouva dans la poche de Jean Châtel un écrit contenant sa confession. Il était horrible qu'une institution aussi ancienne, établie pour expier ou pour prévenir les crimes, servît si souvent à les faire commettre. C'est un malheur attaché à la confession auriculaire.

1. *Actes des apôtres*, VIII, 27-39. (ÉD.)
2. 1594, 27 décembre, à six heures du soir.

Le grand prévôt se saisit d'abord de ce misérable; mais Auguste de Thou, l'historien, obtint que le parlement fût son juge. Le coupable ayant avoué dans son interrogatoire qu'il avait étudié chez les jésuites, qu'il se confessait à eux, qu'il était de leur congrégation, le parlement fit saisir et examiner leurs papiers. On trouva dans ceux du jésuite Jean Guignard ces paroles : « On a fait une grande faute à la Saint-Barthélemy de ne point saigner la veine basilique. » Basilique veut dire royale, et cela signifiait qu'on aurait dû exterminer Henri et le prince de Condé. Ensuite on trouvait ces mots : « Faut-il donner le nom de roi de France à un Sardanapale, à un Néron, à un renard de Béarn ? L'acte de Jacques Clément est héroïque. Si on peut faire la guerre au Béarnais, il faut le guerroyer; sinon, qu'on l'assassine. »

Châtel fut écartelé, le jésuite Guignard fut pendu; et ce qui est bien étrange, Jouvency, dans son *Histoire des jésuites*, le regarde comme un martyr, et le compare à Jésus-Christ. Le régent de Châtel, nommé Guéret, et un autre jésuite, nommé Hay, ne furent condamnés qu'à un bannissement perpétuel.

Les jésuites avaient dans ce temps-là même un grand procès au parlement contre la Sorbonne, qui avait conclu à les chasser du royaume [1]. Le parlement les chassa en effet par un arrêt solennel qui fut exécuté dans tout le ressort de Paris, et dans celui de Rouen et de Dijon. Cette exécution ne devait pas plaire au pape, que du Perron et d'Ossat sollicitaient alors de donner au roi cette absolution si longtemps refusée; mais ce prince remportait tous les jours de si grands avantages, et commençait à réunir avec tant de prudence les membres de la France déchirée, que le pape ne pouvait plus être inflexible. D'Ossat lui mandait : « Faites bien vos affaires de par delà, et je vous réponds de celles de par deçà. » Henri IV suivait parfaitement ce conseil. Clément VIII, pourtant, mettait d'abord à la prétendue grâce qu'il faisait des conditions qu'il était impossible d'accepter. Il voulait que le roi fît serment de renoncer à tous ses droits à la couronne, si jamais il retombait dans l'erreur, et de faire la guerre aux Turcs au lieu de la faire à Philippe II. Ces deux propositions extravagantes furent rejetées; et enfin le pape se borna à exiger qu'il réciterait son chapelet tous les jours, les litanies le mercredi, et le rosaire de la vierge Marie le samedi.

Clément prétendit encore insérer dans sa bulle que « le roi, en vertu de l'absolution papale, était réhabilité dans ses droits au royaume. » Cette clause qu'on glissait adroitement dans l'acte était plus sérieuse que l'injonction de réciter le rosaire.

D'Ossat, qui ne manqua pas de s'en apercevoir, fit réformer la bulle; mais ni lui ni du Perron ne purent se soustraire à la cérémonie

1. Il faut lire avec beaucoup de défiance tout ce qui regarde les jésuites, dans les remarques de l'abbé de L'Écluse sur les *Mémoires de Sully*. Non-seulement L'Écluse a falsifié les *Mémoires de Sully* en plusieurs endroits; mais comme il imprimait en 1740, et que les jésuites étaient alors fort puissants, il les flattait lâchement. Il cite toujours mal à propos, en fait de finances, le *Testament* attribué au cardinal de Richelieu, ouvrage d'un faussaire ignorant qui ne savait pas même l'arithmétique.

de s'étendre le ventre à terre, et de recevoir des coups de baguettes sur le dos au nom du roi, pendant qu'on chantait le *miserere*.

La fatalité des événements avait mis aux pieds d'un autre pape un autre Henri IV, il y avait plus de cinq cents ans.

L'empereur Henri IV, ressemblant en beaucoup de choses au roi de France, valeureux, galant, entreprenant, et sachant plier comme lui, s'était vu dans une posture encore plus humiliante; il s'était prosterné pieds nus, et couvert d'un cilice, aux genoux de Grégoire VII. L'un et l'autre prince furent la victime de la superstition, et moururent de la manière la plus déplorable.

CHAP. XXXVII. — *Assemblée de Rouen. Administration des finances.*

On ne regarde communément Henri IV que comme un brave et loyal chevalier, valeureux comme les Duguesclin, les Bayard, les Crillon; aussi doux, aussi facile dans la société qu'ardent et intrépide dans les combats; indulgent à ses amis, à ses serviteurs, à ses maîtresses; le premier soldat de son royaume, et le plus aimable gentilhomme : mais quand on approfondit sa conduite, on lui trouve la politique des d'Ossat et des Villeroi.

La dextérité avec laquelle il négocia la reddition de Paris, de Rouen, de Reims, de plusieurs autres villes, marquait l'esprit le plus souple et le plus exercé dans les affaires; démêlant tous les intérêts divers des chefs de la Ligue opposés les uns aux autres; traitant à la fois avec plus de vingt ennemis, employant chacun de ses agents suivant leur caractère; domptant à tout moment sa vivacité par sa prudence; allant toujours droit au bien de l'État dans cet horrible labyrinthe. Quiconque examinera de près sa conduite avouera qu'il dut son royaume autant à son esprit qu'à son courage. La grandeur de son âme plia sous la nécessité des temps. Il aima mieux acheter l'obéissance de la plupart des chefs de la Ligue, que de faire couler continuellement le sang de son peuple. Il se servit de leur avarice pour subjuguer leur ambition. Le vertueux duc de Sully, digne ministre d'un tel maître, nous apprend qu'il en coûta trente-deux millions en divers temps pour réduire les restes de la Ligue.

Henri ne crut pas devoir se dispenser de payer exactement cette somme immense dans le cours de son règne, quoique au fond ces promesses eussent été extorquées par des rebelles; il joignit à beaucoup d'adresse la bonne foi la plus incorruptible.

Il n'était point encore réconcilié avec Rome; il regagnait pied à pied son royaume par sa valeur et par son habileté, lorsqu'il convoqua dans Rouen une espèce d'états généraux sous le nom d'assemblée de notables. On voit assez par toutes ces convocations différentes qu'il n'y avait rien de fixe en France. Ce n'était pas là les anciens parlements du royaume, où tous les guerriers nobles assistaient de droit. Ce n'était ni les diètes de l'empire, ni les états de Suède, ni les cortès d'Espagne, ni les parlements d'Angleterre, dont tous les membres sont fixés par les lois. Tous les hommes un peu considérables, qui furent à portée de faire le voyage de Rouen, furent admis dans ces états[1]; Alexandre de Médicis, légat du pape, y fut introduit, et y eut voix délibérative. L'exemple du cardinal de Plaisance qui avait tenu les états de la Ligue lui servait de prétexte; et le roi, qui avait besoin du pape, dérogea aux lois du royaume sans craindre les conséquences d'une vaine cérémonie.

L'ouverture des états se fit le 4 novembre 1596, dans la grande salle de l'abbaye de Saint-Ouen : car il est à remarquer que ce n'est guère que chez les moines que se trouvent ces basiliques immenses où l'on puisse tenir de grandes assemblées. Le clergé de France ne tient ses séances à Paris que chez les moines augustins. Le parlement même d'Angleterre ne siège que dans l'abbaye de Westminster.

Le roi était sur son trône. Au-dessous de lui étaient à droite et à gauche les princes du sang, le connétable Henri de Montmorency, duc et pair; il n'y avait que deux autres ducs, d'Épernon et Albert de Gondi, avec Jacques de Matignon, maréchal de France. Les quatre secrétaires d'État étaient derrière eux. Le légat avait un siège vis-à-vis le trône du roi; il était entouré d'un grand nombre d'évêques; on eût cru voir un autre roi qui tenait sa cour vis-à-vis de Henri IV. Au-dessous de ces évêques était Achille de Harlay, premier président du parlement de Paris, et Pierre Séguier, président à mortier. Ils n'auraient point cédé aux évêques; mais le cardinal légat leur en imposait. Un président de Toulouse, un de Bordeaux, des maîtres des comptes, des conseillers des cours des aides, des trésoriers de France, des juges, des maires de provinces, étaient rangés en grand nombre sur ces mêmes bancs dont Achille de Harlay occupait le milieu.

Ce fut là que Henri IV prononça ce discours célèbre dont la mémoire subsistera autant que la France : on vit que la véritable éloquence est dans la grandeur de l'âme.

« Je viens, dit-il, demander vos conseils, les croire et les suivre, me mettre en tutelle entre vos mains; c'est une envie qui ne prend guère aux rois, aux barbes grises et aux victorieux; mais mon amour pour mes sujets me fait trouver tout possible et tout honorable. »

La grande affaire était l'arrangement des finances; les états, très-peu instruits de cette partie du gouvernement, imaginèrent des règlements nouveaux et se trompèrent en tout. Ils supposèrent d'abord que le revenu du roi allait à trente millions de ce temps-là par année. Ils proposèrent de partager cette somme en deux : l'une serait absolument à la disposition du roi, et l'autre serait perçue et administrée par un conseil que les états établiraient. C'était en effet mettre Henri IV en tutelle. Il accepta, par le conseil de Sully, cette proposition peu convenable, et crut ne devoir en confondre les auteurs qu'en les chargeant d'un fardeau qu'ils étaient incapables de porter. Le cardinal de Gondi, archevêque de Paris, qui avait le premier ouvert cet avis, fut mis à la tête du nouveau conseil des finances, qui devait recouvrer les prétendus quinze millions, la moitié des revenus de l'État.

1. 1596.

Gondi était originaire d'Italie; il gouvernait sa maison avec une économie qui approchait de l'avarice; ces deux raisons le firent croire capable de gérer la partie la plus difficile de. finances d'un grand royaume : les états et lui oublièrent combien il était indécent à un archevêque d'être financier.

Sully[1], le plus jeune du conseil des finances du roi, mais le plus capable, comme il était le plus honnête homme, recouvra en peu de temps, et par son infatigable industrie, la partie des finances qui lui était confiée. Le conseil de l'archevêque, qui s'était donné le titre de conseil de raison, ne put, dit Sully, rien faire de raisonnable. Les semaines, les mois s'écoulèrent sans qu'ils pussent recouvrer un denier. Ils furent enfin obligés de renoncer à leur administration, de demander pardon au roi, et d'avouer leur ignorance. Ce fut cette aventure qui détermina Henri IV à donner à Sully la surintendance des finances.

CHAP. XXXVIII. — *Henri IV ne peut obtenir de l'argent pour reprendre Amiens, s'en passe, et le reprend.*

L'article des finances jeta quelquefois de l'ombrage entre le roi et le parlement. Ce prince, comme on l'a dit, n'avait pas regagné tout son royaume par l'épée, il s'en fallait beaucoup. Les chefs de la Ligue lui en avaient vendu la moitié. Sully commençait à peine à débrouiller le chaos des revenus de l'État; le roi faisait la guerre à Philippe II, lorsqu'un accident imprévu mit la France dans le plus grand danger.

L'archiduc Ernest, gouverneur des Pays-Bas pour le roi Philippe II, s'empara de la ville d'Amiens, avec des sacs de noix, par une surprise peu honorable pour les habitants. Les troupes espagnoles pouvaient faire des courses depuis Amiens jusqu'aux portes de Paris. Il était d'une nécessité absolue de reprendre par un long siège ce que l'archiduc avait pris en un moment.

L'argent, qui est toujours ce qui manque dans de telles occasions, était le premier ressort qu'il fallait employer. Sully, en qui le roi commençait à prendre une grande confiance, fit en hâte un plan qui produisit les deniers nécessaires. Lui seul mit le roi en état d'avoir promptement une armée et une artillerie formidable; lui seul établit un hôpital beaucoup mieux servi que ne l'a jamais été celui de Paris, et ce fut peut-être pour la première fois qu'une armée française se trouva dans l'abondance. Mais pour fournir tout l'argent destiné à cette entreprise, Sully fut obligé d'ajouter aux ressources de son génie quelques impôts et quelques créations de charges qui exigeaient des édits; et ces édits demandaient un enregistrement au parlement.

Le roi, avant de partir pour Amiens, écrivit au premier président de Harlay, « qu'on devait nourrir ceux qui défendent l'État. Qu'on me donne une armée, et je donnerai gaiement ma vie pour vous sauver et pour relever la France. » Les édits furent rejetés; il n'eut

1. Il n'était alors que marquis de Rosny.

d'abord au lieu d'argent que des remontrances. Le premier président, avec plusieurs députés, vint lui représenter les besoins de l'État. « Le plus grand besoin, lui répondit le roi, est de chasser les ennemis de l'État; vous êtes comme ces fous d'Amiens, qui, m'ayant refusé deux mille écus, en ont perdu un million. Je vais à l'armée me faire donner quelques coups de pistolet à la tête, et vous verrez ce que c'est que d'avoir perdu votre roi. » Harlay lui répliqua : « Nous sommes obligés d'écouter la justice, Dieu nous l'a baillée en main. — C'est à moi, dit le roi, que Dieu l'a baillée, et non à vous. » Il fut obligé d'envoyer plusieurs lettres de jussion, et d'aller lui-même au parlement faire enregistrer ses édits.

Avant d'aller au parlement, il avait cru devoir faire sortir de la ville le président Séguier et le conseiller La Rivière, les plus opposés à la vérification; mais ce bon prince révoqua l'ordre immédiatement après l'avoir donné. Il tint son lit de justice avec la hauteur d'un roi, et avec la bonté d'un père. On vit le vainqueur de Coutras, d'Arques, d'Ivry, d'Aumale, de Fontaine-Française, au milieu de son parlement comme s'il eût été dans sa famille, parlant familièrement à ces mêmes magistrats qui, trop occupés de la forme, s'étaient trop opposés à un fond dont le salut public dépendait; louant ceux qui avaient les intentions droites, réprimandant doucement les jeunes conseillers des enquêtes, et leur disant : « Jeunes gens, apprenez de ces bons vieillards à modérer votre fougue. »

On peut connaître l'extrême besoin où il était par un seul trait. Il fut obligé, en partant pour le camp d'Amiens, d'emprunter quatre mille écus de sa maîtresse Gabrielle d'Estrées, qu'il fit duchesse de Beaufort, et que le sot peuple appela la duchesse d'ordure. Tout l'argent qu'on lui donnait était pour ses officiers et pour ses soldats; il ne lui resta rien pour sa personne. Les commissaires de ses finances, qui étaient au camp, le laissaient manquer du nécessaire. On sait qu'il mandait au duc de Sully, « que sa marmite était renversée, ses pourpoints percés par le coude, ses chemises trouées : » et c'était le plus grand roi de l'Europe qui écrivait ainsi !

CHAP. XXXIX. — D'une fameuse démoniaque.

Le parlement de Paris renfermé dans les bornes de son devoir n'en fut que plus respecté, et il eut beaucoup plus de réputation sous Henri IV que sous la Ligue. Il rendit un très-grand service à la France en s'opposant toujours à l'acceptation du concile de Trente. Il y avait en effet vingt-quatre décrets de ce concile si opposés aux droits de la couronne et de la nation, que, si on les eût souscrits, la France aurait eu la honte d'être un pays d'obédience.

L'affaire ecclésiastique dans laquelle il signala le plus sa prudence, fut celle qui fit le moins d'honneur à quelques ecclésiastiques encore ennemis secrets du roi qui avait embrassé leur religion. Ils imaginèrent de produire sur la scène une démoniaque, pour confondre les protestants dont le roi récompensait les services fidèles, et dont plusieurs avaient un grand crédit à la cour. On prétendait exciter les peuples catholiques, en leur faisant voir combien Dieu les distinguait des huguenots. Dieu ne faisait qu'à eux la faveur de leur envoyer des possédés; on contraignait les diables par les exorcismes à déclarer que le catholicisme était la vraie religion; et renoncer au protestantisme, c'était renoncer au diable.

Ce sont presque toujours des filles qu'on choisit pour jouer ces comédies; la faiblesse de leur sexe les soumet plus aisément que les hommes aux séductions de leurs directeurs; et accoutumées par leur faiblesse même à cacher leurs secrets, elles soutiennent ces rôles singuliers avec plus de constance que les hommes.

Une fille de Romorantin, dont le corps était d'une souplesse extraordinaire, joua le rôle de possédée dans une grande partie de la France. Des capucins la promenaient de diocèse en diocèse. Un nommé Duval, docteur de Sorbonne, accréditait cette farce à Paris; un évêque de Clermont, un abbé de Saint-Martin[1], voulurent mener cette fille en triomphe à Rome.

Le parlement procéda contre eux tous. On assigna Duval et les capucins; ils répondirent par écrit que la bulle *In cœna Domini* leur défendait d'obéir aux juges royaux. Le parlement fit brûler leur réponse, condamna la bulle *In cœna Domini*, et interdit la chaire aux capucins. Cette seule interdiction eût en d'autres temps attiré ce qu'on appelle les foudres de Rome sur le roi et sur le parlement; mais la scène se passait en 1599, temps où le roi était maître absolu de son royaume. Philippe II, qui avait tant gouverné la cour de Rome, n'était plus; et le pape commençait à respecter Henri IV.

Il ne faut pas omettre la réponse sage et plaisante du premier président de Harlay à des bourgeoises de Paris. Madame Catherine, sœur du roi, qui n'avait pas été obligée comme lui de se faire catholique, tenait un prêche public dans son palais. Il n'était pas permis d'en avoir dans la ville; mais la rigueur des lois comme la volonté du prince pliait sous de justes égards. Trente ou quarante dévotes, excitées par leurs confesseurs, marchèrent en tumulte dans les rues, demandant justice de cet attentat; armées de crucifix et de chapelets, elles faisaient des stations aux portes des églises, ameutaient le peuple, couraient chez les magistrats. Elles allèrent chez le premier président, et le conjurèrent de remplir les devoirs de sa charge : « Je les remplirai, dit-il, mesdames; envoyez-moi vos maris, je leur ordonnerai de vous faire enfermer. »

CHAP. XL. — *De l'édit de Nantes. Discours de Henri IV au parlement. Paix de Vervins.*

Les protestants du royaume étaient affligés d'avoir vu leur religion abandonnée par Henri. Les plus sages lui pardonnaient une politique

---

1. Ils étaient frères et de la maison de La Rochefoucauld. L'évêque de Clermont fut connu, sous Louis XIII, sous le nom de cardinal da La Rochefoucauld. (Ed.)

nécessaire, et lui furent toujours fidèles; les autres murmurèrent longtemps; ils tremblèrent de se voir la victime des catholiques, et demandèrent souvent au roi des sûretés contre leurs ennemis. Les ducs de Bouillon et de La Trémouille étaient à la tête de cette faction; le roi contint les plus mutins, encouragea les plus fidèles, et rendit la justice à tous.

Il traita avec eux comme il avait traité avec les ligueurs, mais il ne lui en coûta ni argent ni gouvernements, comme les ligueurs lui en avaient extorqué. Il se souvenait d'ailleurs qu'il avait été longtemps leur chef, qu'il avait gagné avec eux des batailles, et que, s'il avait prodigué son sang pour eux, leurs pères et leurs frères étaient morts pour lui.

Il délégua donc trois commissaires plénipotentiaires pour rédiger avec eux-mêmes un édit solennel et irrévocable, qui leur assurât le repos et la liberté d'une religion si longtemps persécutée, afin qu'elle ne fût désormais ni opprimée ni opprimante.

L'édit fut signé le dernier avril 1598 : non-seulement on leur accordait cette liberté de conscience qui semble être de droit naturel, mais on leur laissait pour huit années les places de sûreté que Henri III leur avait données au delà de la Loire, et surtout dans le Languedoc. Ils pouvaient posséder toutes les charges comme les catholiques. On établissait dans les parlements des chambres composées de catholiques et de protestants.

Le parlement rendit alors un grand service au roi et au royaume, en se joignant aux évêques pour remontrer au roi le danger d'un article de l'édit que le roi avait signé avec une facilité trop précipitée. Cet article portait qu'ils pourraient s'assembler en tel lieu et en tel temps qu'ils voudraient, sans demander permission; qu'ils pourraient admettre les étrangers dans leurs synodes, et aller hors du royaume aux synodes étrangers.

Henri IV vit qu'il avait été surpris, et supprima cette concession qui ouvrait la porte aux conspirations et aux troubles. Enfin, il concilia si bien ce qu'il devait de reconnaissance aux protestants, et de ménagements aux catholiques, que tout le monde dut être satisfait; et il prit si bien ses mesures, que de son temps la religion protestante ne fut plus une faction.

Cependant le parlement, craignant les suites de la bonté du roi, refusa longtemps d'enregistrer l'édit. Il fit venir deux députés de chaque chambre au Louvre. Il est triste que le président de Thou, dans son histoire écrite avec tant de candeur, n'ait jamais rapporté les véritables discours de Henri IV. Cet historien, écrivant en latin, non-seulement ôtait aux paroles du roi cette naïveté familière qui en fait le charme, et qu'on ne peut traduire; mais il imitait encore les anciens auteurs latins, qui mettaient leurs propres idées dans la bouche de leur personnage, se piquant plutôt d'être orateurs élégants que narrateurs fidèles. Voici la partie la plus essentielle du discours que tint Henri IV au parlement.

« Je prends bien les avis de tous mes serviteurs; lorsqu'on m'en donne de bons, je les embrasse; et si je trouve leur opinion meilleure que la mienne, je la change fort volontiers. Il n'y a pas un de vous que quand il me voudra venir trouver et me dire : « Sire, vous « faites telle chose qui est injuste à toute raison, » que je ne l'écoute fort volontiers. Il s'agit maintenant de faire cesser tous faux bruits; il ne faut plus faire de distinction de catholiques et de huguenots; il faut que tous soient bons Français, et que les catholiques convertissent les huguenots par l'exemple de leur bonne vie; mais il ne faut pas donner occasion aux mauvais bruits qui courent par tout le royaume : vous en êtes la cause pour n'avoir pas promptement vérifié l'édit.

« J'ai reçu plus de biens et plus de grâces de Dieu que pas un de vous; je ne désire en demeurer ingrat; mon naturel n'est pas disposé à l'ingratitude, combien qu'envers Dieu je ne puisse être autre; mais pour le moins j'espère qu'il me fera la grâce d'avoir toujours de bons desseins. Je suis catholique, et je ne veux que personne en mon royaume affecte d'être plus catholique que moi. Être catholique par intérêt, c'est ne valoir rien.

« On dit que je veux favoriser ceux de la religion, et on veut entrer en quelque méfiance de moi. Si j'avais envie de ruiner la religion catholique, je ne m'y conduirais de la façon; je ferais venir vingt mille hommes; je chasserais d'ici ceux qu'il me plairait; et quand j'aurais commandé que quelqu'un sortît, il faudrait obéir. Je dirais : « Messieurs « les juges, il faut vérifier l'édit, ou je vous ferai mourir; » mais alors je ferais le tyran. Je n'ai point conquis ce royaume par tyrannie, je l'ai par nature et par mon travail.

« J'aime mon parlement de Paris par-dessus tous les autres; il faut que je reconnaisse la vérité, que c'est le seul lieu où la justice se rend aujourd'hui dans mon royaume; il n'est point corrompu par argent. En la plupart des autres, la justice s'y vend; et qui donne deux mille écus l'emporte sur celui qui donne moins : je le sais, parce que j'ai aidé autrefois à boursiller; mais cela me servait à des desseins particuliers.

« Vos longueurs et vos difficultés donnent sujet de remuements étranges dans les villes. L'on a fait des processions contre l'édit, même à Tours, où elles se devaient moins faire qu'en tout autre lieu, d'autant que j'ai fait celui qui en est archevêque. L'on en fait aussi au Mans pour inspirer aux juges à rejeter l'édit; cela ne s'est fait que par mauvaise inspiration. Empêchez que telles choses n'arrivent plus. Je vous prie que je n'aie plus à parler de cette affaire, et que ce soit pour la dernière fois : faites-le, je vous le commande et vous en prie. »

Malgré ce discours du roi, les préjugés étaient encore si forts, qu'il y eut de grands débats dans le parlement pour la vérification. La compagnie était partagée entre ceux qui, ayant été longtemps du parti de la Ligue, conservaient encore leurs anciens sentiments sur ce qui concernait les affaires de la religion, et ceux qui, ayant été auprès du roi à Tours et à Châlons, connaissaient mieux sa personne et les besoins de l'État. L'éloquence et la sagesse de deux magistrats ramenèrent tous les esprits. Un conseiller nommé Coqueley, autrefois ligueur violent, et depuis détrompé, fit un tableau si touchant des malheurs où la guerre civile avait réduit la France, et du bonheur attaché à l'esprit de tolérance, que tous les cœurs en furent émus. Mais il y avait dans le parlement des hommes très-savants dans les lois, qui, trop frappés des anciennes lois sévères des deux Théodoses contre les hérétiques, pensaient que la France devait se conduire par les institutions de ces empereurs.

Le président Auguste de Thou, encore plus savant qu'eux, les battit par leurs propres armes. « L'empereur Justin, leur dit-il, voulut extirper l'arianisme dans l'Orient; il crut y parvenir en dépouillant les ariens de leurs églises. Que fit alors le grand Théodoric, maître de Rome et d'Italie? Il envoya l'évêque de Rome Jean Iᵉʳ avec un consul et deux patrices en ambassade à Constantinople, déclarer à Justin que s'il persécutait ceux qu'on appelait ariens, Théodoric ferait mourir ceux qui se nommaient seuls catholiques. » Cette déclaration arrêta l'empereur, et il n'y eut alors de persécution ni dans l'Orient ni dans l'Occident.

Un si grand exemple rapporté par un homme tel que de Thou, l'image frappante d'un pape allant lui-même de Rome à Constantinople parler en faveur des hérétiques, firent une si puissante impression sur les esprits, que l'édit de Nantes passa tout d'une voix et fut ensuite enregistré dans tous les parlements du royaume.

Henri IV donnait en même temps[1] la paix à la religion et à l'État. Il faisait alors le traité de Vervins avec le roi d'Espagne. Ce fut le premier traité qui fut avantageux à la France. La paix de Cateau-Cambresis, sous Henri II, lui avait coûté beaucoup de villes. Celles que firent François Iᵉʳ et ses prédécesseurs furent ruineuses. Henri IV se fit rendre tout ce que Philippe II avait usurpé dans les temps malheureux de la Ligue; il fit la paix en victorieux; la fierté de Philippe II fut abaissée; il souffrit qu'au congrès de Vervins ses ambassadeurs cédassent en tout la préséance aux ambassadeurs de France, en couvrant son humiliation du vain prétexte que ses plénipotentiaires n'étaient que ceux de l'archiduc Ernest, gouverneur des Pays-Bas, et non pas ceux du roi d'Espagne.

Ce même monarque qui du temps de la Ligue disait : « Ma ville de Paris, ma ville de Reims, ma ville de Lyon, » et qui n'appelait Henri IV que le *prince de Béarn*, fut forcé de recevoir la loi de celui qu'il avait méprisé, et qu'il respectait dans son cœur, s'il connaissait la gloire.

Henri IV vint jurer cette paix sur les Évangiles dans l'église cathédrale de Paris[2]. Cette cérémonie se fit avec autant de magnificence que Henri mettait de simplicité dans sa vie privée. (4 et 21 juin 1598) Les ambassadeurs d'Espagne étaient accompagnés de quatre cents gentilshommes. Le roi, à cheval, à la tête de tous les princes, des ducs et pairs, et des grands officiers, suivi de six cents gentilshommes des plus distingués du royaume, signa le traité et prononça le serment

1. 7 juin 1598. — 2. 21 juin 1598.

ayant le légat du pape à sa droite, et les ambassadeurs d'Espagne à sa gauche.

Il n'est point dit que le parlement assista à cette cérémonie, ni qu'il ait enregistré le traité[1] ; soit qu'on regardât cette grande solennité du serment comme suffisante, soit qu'on crût que les enregistrements n'étaient nécessaires que pour les édits dont les juges devaient maintenir l'observation. Ce jour fut une des plus célèbres époques du règne trop court de Henri IV.

CHAP. XLI. — *Divorce de Henri IV.*

Le parlement n'eut aucune part au divorce de Henri IV avec Marguerite de Valois, sa première femme[2]. Elle passait pour stérile, quoique peut-être elle ne l'eût pas été en secret. Elle était âgée de quarante-six ans, et il y en avait quinze qu'une extrême incompatibilité réciproque la séparait de son mari. Il était nécessaire que Henri IV eût des enfants, et on présumait qu'ils seraient dignes de lui. Une affaire si importante, qui dans le fond est entièrement civile, et qui n'est un sacrement qu'en vertu d'une grâce de Dieu accordée aux époux mariés dans l'Église, semblait devoir être naturellement du ressort des lois. Les sacrements sont d'un ordre surnaturel qui n'a rien de commun avec les intérêts des particuliers et des souverains.

Cependant l'ancien usage prévalut sans difficulté ; on s'adressa au pape comme au juge souverain, sans l'ordre duquel il n'était pas permis en ce cas à un roi d'avoir des successeurs. L'exemple du roi d'Angleterre Henri VIII n'effraya point, parce qu'on se crut sûr du pape. La reine Marguerite donna son consentement. Le pape fit examiner cette cause par des commissaires, qui furent le cardinal de Joyeuse, un Italien évêque de Modène, et un autre Italien évêque d'Arles. Ils vinrent à Paris interroger juridiquement le roi et la reine. On fit des perquisitions simulées pour parvenir à un jugement déjà tout préparé ; et on se fonda sur des raisons dont aucune assurément n'était comparable à la raison d'État et au consentement des deux parties. On fit revivre l'ancienne défense ecclésiastique d'épouser la fille de son parrain. Henri II, père de Marguerite, avait été parrain de Henri IV. La loi était visiblement abusive, mais on se servait de tout.

On allégua encore que le roi et Marguerite étaient parents au troisième degré, et qu'on n'avait point demandé de dispense, parce que le roi, au temps de son mariage, était d'une religion qui regarde le mariage comme un contrat civil et non comme un sacrement, et qui ne croit point qu'en aucun cas on ait besoin de la permission du pape pour avoir des enfants.

Enfin l'on supposa que Marguerite avait été forcée par sa mère à épouser Henri. C'était à la fois recourir à un mensonge et à des puérilités. Ce n'était pas ainsi qu'en usaient les anciens Romains, nos maîtres et nos législateurs, dans des occasions pareilles. Le dange-

---

1. Le parlement enregistra le traité de Vervins le 31 août 1598. (ÉD.)
2. 19 décembre 1599.

reux mélange des lois ecclésiastiques avec les lois civiles a corrompu la vraie jurisprudence de presque toutes les nations modernes : il a été longtemps bien difficile de les concilier. Henri IV fut heureux que Marguerite de Valois fût raisonnable, et le pape politique.

CHAP. XLII. — *Jésuites rappelés.*

Le pape qui avait donné au roi la permission d'épouser une autre femme, et auquel on demandait encore une autre dispense pour le mariage de Madame Catherine, toujours protestante, avec le fils du duc de Lorraine, exigeait toujours que pour prix de ces deux cérémonies on reçût en France le concile de Trente, et qu'on rappelât les jésuites. Pour le concile de Trente, cela était impossible; on se soumettait sans difficulté à tout ce qui regardait le dogme; mais il y a vingt-quatre articles qui choquent les droits de tous les souverains, et particulièrement les lois de la France. On n'osa pas seulement proposer au parlement une acceptation si révoltante; mais pour le rétablissement des jésuites, le roi crut devoir au pape cette condescendance.

Ils s'adressèrent, pour mieux réussir, à La Varenne, homme dont le métier n'avait pas été jusque-là de se mêler des affaires des moines. Il avait été en premier lieu cuisinier de la sœur du roi, et avait servi ensuite de courrier au frère auprès de toutes ses maîtresses. Ce nouvel emploi lui procura des richesses et du crédit; les jésuites le gagnèrent. Il était gouverneur du château de la Flèche appartenant au roi, et avait trouvé le moyen d'en faire une ville. Il voulait la rendre considérable par un collége de jésuites, et avait proposé de leur donner un revenu qui se monta depuis à quatre-vingt mille francs, pour entretenir douze pauvres écoliers et marier tous les ans douze filles. C'était beaucoup; mais le plus grand point était de faire revenir les jésuites à Paris. Leur retour était difficile après le supplice du jésuite Guignard, et l'arrêt du parlement qui les avait chassés.

Le duc de Sully représenta au roi combien l'admission des jésuites était dangereuse; mais Henri lui ferma la bouche en lui disant : « Ils seront bien plus dangereux encore si je les réduis au désespoir; me répondez-vous, dit-il, de ma personne, et ne vaut-il pas mieux s'abandonner une fois à eux que d'avoir toujours à les craindre? »

Rien n'est plus étonnant que ce discours; on ne conçoit pas qu'un homme tel que Henri IV rappelât uniquement les jésuites par la crainte d'en être assassiné. Il est vrai que depuis le parricide de Jean Châtel, plusieurs moines avaient conspiré pour arracher la vie à ce bon prince. Un jacobin de la ville d'Avesne s'était offert à le tuer il n'y avait que quatre ans. Il reçut de l'argent de Malvezzi, nonce du pape à Bruxelles; il se présenta ensuite à un jésuite, nommé Hodum, confesseur de sa mère, qui était fort dévote, et qui, ne croyant pas qu'en effet Henri IV fût bon catholique, encourageait son fils à suivre l'exemple du jacobin Jacques Clément[1]. Le jésuite Hodum répondit qu'il fallait un homme plus fort et plus robuste.

1. 1599.

Cependant l'assassin, espérant que Dieu lui donnerait la force nécessaire, s'en alla à Paris dans l'intention d'exécuter son crime. Il fut découvert et rompu vif en 1599.

Dans le même temps, un capucin, nommé Langlois, du diocèse de Toul, ayant été suborné pour le même dessein, expira par le même supplice. Enfin, il n'y eut pas jusqu'à un chartreux nommé Ouin, qui ne fût atteint de la même fureur. Le roi, fatigué de ces attentats et de ces supplices, s'était contenté de le faire enfermer comme un insensé, et n'avait pas voulu qu'un chartreux fût exécuté comme un parricide.

Comment, après tant de preuves funestes des sentiments horribles qui régnaient alors dans les ordres religieux, pouvait-il en admettre un qui était généralement plus soupçonné que les autres? Il espérait se l'attacher par des bienfaits. Si le roi avait quelquefois parlé en père au parlement, le parlement dans cette circonstance lui parla en fils qui craignait pour les jours d'un père. Il joignait à ce sentiment une grande aversion pour les jésuites. Le premier président, de Harlay, animé par ces deux motifs, prononça au Louvre [1] des remontrances si pathétiques et si fortes que le roi en parut ébranlé; il remercia le parlement, mais il ne changea point d'avis. « Il ne faut plus reprocher, dit-il, la Ligue aux jésuites; c'était l'injure du temps. Ils croyaient bien faire, et ont été trompés comme plusieurs autres; je veux croire que ç'a été avec moindre malice que les autres, et m'assure que la même conscience, jointe à la grâce que je leur fais, les rendra autant, voire même plus affectionnés à mon service qu'à la Ligue. L'on dit que le roi d'Espagne s'en sert; je dis que je m'en veux servir, et que la France ne doit pas être de pire condition que l'Espagne. Puisque tout le monde les juge utiles, je les tiens nécessaires à mon État; et s'ils y ont été par tolérance, je veux qu'ils y soient par arrêt. Dieu m'a réservé la gloire de les y rétablir; ils sont nés en mon royaume et sous mon obéissance; je ne veux pas entrer en ombrage de mes naturels sujets, et si l'on craint qu'ils communiquent mes secrets à mes ennemis, je ne leur communiquerai que ce que je voudrai. Laissez-moi conduire cette affaire, j'en ai manié d'autres bien plus difficiles; et ne pensez plus qu'à faire ce que je dis et ordonne. »

Le parlement vérifia enfin avec regret [2] les lettres patentes; il y mit des restrictions nécessaires, que le crédit des jésuites fit ensuite supprimer.

CHAP. XLIII.—*Singulier arrêt du parlement contre le prince de Condé, qui avait emmené sa femme à Bruxelles.*

Henri IV était le plus grand homme de son temps, et cependant il eut des faiblesses impardonnables. On ne peut l'excuser d'avoir, à l'âge de cinquante-sept ans, fait l'amour à la princesse de Condé qu'il venait de marier lui-même. Voici ce que le conseiller d'État Lenet nous dit

1. 24 décembre 1603. — 2. 2 janvier 1604.

avoir appris de la bouche de cette princesse. Le prince de Condé, son mari, s'était retiré avec elle à l'entrée de la Picardie. Un des confidents de Henri IV, nommé de Trigny, sut engager la mère et la femme du prince à venir voir chasser la meute du roi, et à vouloir bien accepter une collation dans sa maison.

Elles y allèrent : un piqueur de la livrée du roi s'approcha de la portière, avec un emplâtre sur l'œil, sous prétexte de les conduire. C'était Henri IV lui-même. Celle qui était l'objet de cet étrange déguisement avoua depuis à Lenet qu'elle n'en avait pas été fâchée, non qu'elle pût aimer le roi, mais elle était flattée de plaire au souverain, et même de l'avilir. Dès qu'elle fut arrivée au château du sieur de Trigny, elle vit le roi qui l'attendait et qui se jeta à ses pieds. Elle fut effrayée : sa belle-mère eut l'imprudence d'en avertir le prince de Condé, qui bientôt après s'étant plaint inutilement au roi, et l'ayant appelé tyran, comme les Mémoires de Sully l'avouent, obligea sa femme de s'enfuir avec lui, et de le suivre en croupe à Bruxelles.

Si on s'en rapporte à toutes les lois de l'honneur, de la bienséance, aux droits de tous les maris, à ceux de la liberté naturelle, le prince de Condé n'avait nul reproche à se faire, et le roi seul avait tort. Il n'y avait point encore de guerre entre la France et l'Espagne; ainsi on ne pouvait reprocher au prince de s'être retiré chez les ennemis. Mais apparemment il y a pour ceux du sang royal des lois qui ne sont pas pour les autres hommes. Henri IV alla lui-même au parlement sans pompe, sans cérémonie, s'assit aux bas sièges, le parquet étant gardé par les huissiers ordinaires; là il fit rendre un arrêt par lequel *le prince était condamné à subir tel châtiment qu'il plairait à Sa Majesté d'ordonner*. Le parlement était sûr, sans doute, que le roi n'en ordonnerait aucun; mais par l'énoncé il semblait que le roi fût en droit d'ordonner la peine de mort. Cependant l'équité naturelle et le respect pour le genre humain ne doivent laisser un tel pouvoir à personne, fût-ce à un Henri IV.

Heureusement il est très-faux que ce grand roi ait ajouté à sa faiblesse celle de vouloir, à son âge, faire la guerre pour arracher une jeune femme à son mari; il n'était capable ni d'une si grande injustice ni d'un tel ridicule. Vittorio Siri l'en accuse; mais cet Italien, attaché à Marie de Médicis, ne l'était pas à Henri IV. Ce qui n'est que trop vrai, c'est que cette aventure nuisit beaucoup à sa réputation. Les restes de la Ligue, les factions italienne et espagnole qui dominaient dans le royaume, le décrièrent; son économie nécessaire fut taxée d'avarice, sa prudence d'ingratitude, ses amours ne le firent pas estimer; il ne fut point connu tant qu'il vécut, il le disait lui-même, et on ne l'aima qu'après sa mort déplorable.

CHAP. XLIV. — *Meurtre de Henri IV. Le parlement déclare sa veuve régente.*

La France goûtait depuis la paix de Vervins une félicité qu'elle n'avait presque jamais connue. Les factions catholiques et protestantes étaient contenues par la sagesse de ce roi, qui serait regardé comme un grand politique si sa valeur et sa bonté n'avaient pas éclipsé ses autres mérites. Le peuple respirait, les grands étaient moins tyrans, l'agriculture était partout encouragée, le commerce commençait à fleurir, les lois reprenaient leur autorité. Les dix dernières années de a vie de ce prince ont été peut-être les plus heureuses de la monarchie. Il allait changer la face de l'Europe, comme il avait changé celle de la France. Prêt à partir pour secourir ses alliés, et pour faire le destin de l'Allemagne, à la tête de la plus florissante armée qu'on eût encore vue, il fut assassiné, comme on ne le sait que trop, par un de ces misérables de la lie du peuple, à qui le fanatisme de la canaille des ligueurs et des moines inspira seul cette frénésie.

Tout ce que l'insatiable curiosité des hommes a pu rechercher sur le crime de Ravaillac, tout ce que la malignité a inventé, doit être mis au rang des fables. Il est constant que Ravaillac n'eut d'autre complice que la rage de la superstition. On a remarqué que le premier assassin enthousiaste qui tua François de Guise par dévotion, et Ravaillac qui tua Henri IV par le même principe, étaient tous deux d'Angoulême.

Il avait entendu dire que le roi allait faire la guerre aux catholiques en faveur des huguenots; il croyait même, d'après les bruits populaires, qu'il allait attaquer le pape : ce fut assez pour déterminer ce malheureux : il en fit l'aveu dans ses interrogatoires, il persista jusqu'au milieu de son supplice.

Son second interrogatoire porte expressément, « qu'il a cru que, faisant la guerre contre le pape, c'était la faire à Dieu, d'autant que le pape est Dieu, et Dieu est le pape. » Ces paroles doivent être éternellement présentes à tous les esprits; elles doivent apprendre de quelle importance il est d'empêcher que la religion, qui doit rendre les hommes sages et justes, n'en fasse des monstres insensés et furieux.

Les historiens peuvent-ils avoir une autre opinion que les juges sur un point si important et si discuté? Il y a de la démence à soupçonner la reine sa femme, et la marquise de Verneuil, sa maîtresse, d'avoir eu part à ce crime. Comment deux rivales se seraient-elles réunies pour conduire la main de Ravaillac ?

Il n'est pas moins ridicule d'en accuser le duc d'Épernon. Les rumeurs populaires ne doivent pas être les monuments de l'histoire. Ravaillac seul, il faut en convenir, changea la destinée de l'Europe entière.

Cette horrible aventure arriva le vendredi 14 mai 1610, sur les quatre heures du soir. Le parlement s'assembla incontinent dans la salle des Augustins, parce qu'alors on faisait des préparatifs au palais pour les fêtes qui devaient suivre le sacre et le couronnement de la reine. Le chancelier Silleri va d'abord prendre l'ordre de Marie de Médicis.

On a fort vanté la réponse que lui fit ce magistrat quand elle lui dit en pleurant : « Le roi est donc mort! — Madame, les rois ne meurent point en France. » Un tel discours n'était ni juste, ni consolant, ni vrai, ni placé. C'est une équivoque pédantesque, fondée sur ce que l'héritier du sang succède de droit; mais s'il n'avait pr   eu d'héritier du sang, la réponse eût été fausse; et d'ailleurs le fils succède à son père en Espagne et en Angleterre, comme en France.

Le duc d'Épernon arrive au parlement sans porter le manteau, qui était un habillement de cérémonie et de paix; et ayant conféré quelques moments avec le président Séguier, mettant la main sur la garde de son épée : « Elle est encore dans le fourreau, dit-il d'un air menaçant; si la reine n'est pas déclarée régente avant que la cour se sépare, il faudra bien l'en tirer. Quelques-uns de vous demandent du temps pour délibérer; leur prudence n'est pas de saison : ce qui peut se faire aujourd'hui sans péril ne se fera peut-être pas demain sans carnage. »

Le couvent des Augustins était entouré du régiment des gardes; on ne pouvait résister, et le parlement n'avait nulle envie de renoncer à l'honneur de nommer à la régence du royaume. Jamais on ne fit plus volontairement ce que la force exigeait. Il n'y avait point d'exemple que le parlement eût rendu un pareil arrêt. Cette nouveauté allait conférer au parlement le plus beau de tous les droits. On délibéra pour la forme, on déclara la reine régente. Il n'y eut que trois heures entre le meurtre du roi et cet arrêt.

Dès le lendemain, le jeune roi Louis XIII, âgé de huit ans et neuf mois, vint tenir aux mêmes Augustins, avec sa mère, ce qu'on appelle un lit de justice. Deux princes du sang, quatre pairs laïques et trois maréchaux de France étaient à droite du roi sur les hauts siéges; à gauche, quatre cardinaux et quatre évêques. Le parlement était sur les bas siéges, selon l'usage des lits de justice. Ce ne fut qu'une cérémonie.

Les grands desseins de Henri IV, la gloire et le bonheur des Français, périrent avec lui. Ses trésors furent bientôt dissipés, et la paix dont il avait fait jouir ses sujets fut changée en guerre civile.

La France fut livrée au Florentin Concini, et à Galigaï, sa femme, qui gouvernait la reine. Le parlement, après avoir donné la régence, ne fut consulté sur rien : c'était un meuble dont on s'était servi pour un appareil éclatant, et qu'on renfermait ensuite. Il remplit son devoir en condamnant tous les livres ultramontains qui contenaient ces folles opinions de l'autorité du pape sur les rois, et ces maximes affreuses qui avaient mis le couteau à la main de tant de parricides; livres aujourd'hui en horreur à toute la nation, et aussi ennuyeux qu'exécrables.

CHAP. XLV. — *Obsèques du grand Henri IV.*

C'est un usage de ne célébrer les funérailles des rois de France que quarante jours après leur mort. Le corps embaumé est enfermé dans un cercueil de plomb, sur lequel on élève une figure de cire qui le représente au naturel autant qu'on le peut. Vis-à-vis cette figure on sert la table royale à l'heure ordinaire des repas, et les viandes sont abandonnées aux pauvres. Des prêtres jour et nuit chantent des prières autour de l'image. Cette coutume est venue d'Asie dans nos climats. Il faut remonter jusqu'aux anciens rois de Perse pour en apercevoir l'origine; elle est rarement observée. Les dépenses qu'elle exige sont trop fortes dans un pays où souvent l'argent manque pour les choses les plus nécessaires. Henri IV avait laissé de grands trésors. Plus sa mort était déplorable, plus sa pompe funèbre fut magnifique.

Le 29 juin [1] le corps fut porté de la grande salle du Louvre à Notre-Dame, où on le laissa en dépôt, et le lendemain à Saint-Denis. L'effigie en cire était portée sur un brancard après le cercueil. Tous les corps de l'État assistaient en deuil à cette cérémonie; mais le parlement était en robes rouges, pour marquer que la mort d'un roi n'interrompt pas la justice.

Il voulut suivre immédiatement la figure de cire; mais l'évêque de Paris prétendit que c'était son droit. Cette contestation troubla long-temps la cérémonie. Les huissiers du parlement voulurent faire retirer l'évêque de Paris Henri de Gondi, et l'évêque d'Angers Miron, qui faisait les fonctions de grand aumônier.

Le convoi s'arrêta, le peuple fut étonné et scandalisé, l'ordre de la marche devait avoir été réglé pour prévenir toute dispute; mais de pareilles querelles n'ont été que trop fréquentes dans ces cérémonies. Il fallut recourir à la décision de la reine, et que le comte de Soissons, à la tête d'une compagnie des gardes, maintînt les deux évêques dans le poste qui leur semblait dû, puisqu'il s'agissait de la sépulture, qui est une fonction ecclésiastique. Les gardes même saisirent un conseiller qui faisait résistance; c'était Paul Scarron, le père du fameux poëte burlesque Paul Scarron, plus célèbre encore par sa femme.

Lorsqu'on fut arrivé à Saint-Denis, les gentilshommes ordinaires du roi portèrent le cercueil dans le caveau. De somptueux repas sont toujours la fin de ces grands appareils. Le cardinal de Joyeuse qui officia dans Saint-Denis, l'évêque d'Angers qui prononça l'oraison funèbre, dînèrent au réfectoire des religieux avec tout le clergé. On dressa trois tables dans la salle du chapitre : la première, pour les princes et les grands officiers de la couronne; la seconde, pour le parlement; et la troisième, pour tous les officiers de la maison du roi.

Il semble que, si le parlement avait été regardé dans ces cérémonies comme cour des pairs, il aurait dû manger avec les princes du sang qui sont pairs; et que, siégeant avec eux dans la même cour de justice, il pouvait se mettre avec eux à la même table : mais il y a quelque chose de contradictoire dans tous les usages. On prétendait que le parlement n'était la cour des pairs que quand les princes et pairs venaient tenir cette cour; et l'étiquette ne souffrait pas alors que les princes, surtout les princes du sang, admissent à leur table les conseillers du parlement.

Ces détails concernant les rangs sont le plus mince objet de l'histoire; et tous les détails des querelles excitées pour la préséance sont les archives de la petitesse plutôt que celles de la grandeur

1. 1610.

CHAP. XLVI. — *États généraux. Étranges assertions du cardinal Duperron. Fidélité et fermeté du parlement.*

La régence de Marie de Médicis fut un temps de confusion, de faiblesse et de rigueur mal placée, de troubles civils et de continuels orages. L'argent que Henri IV avait amassé avec tant de peine fut abandonné à la rapacité de plusieurs seigneurs qu'il fallut gagner, ou des favoris qui l'extorquèrent.

Le Florentin Concini, bientôt maréchal de France, sans avoir jamais commandé un seul bataillon, sa femme Galigaï, qui gouvernait la reine, amassèrent en peu d'années plus de trésors que plusieurs rois ensemble n'en possédaient alors. Dans cette déprédation universelle, et dans ce choc de tant de factions, on assembla sur la fin de 1614 les états généraux dans cette même salle des Augustins de Paris, où le parlement avait donné la régence. Jamais il n'y eut d'états plus nombreux et plus inutiles. La chambre de la noblesse était composée de cent trente-deux députés, celle du clergé de cent quarante, celle du tiers état de cent quatre-vingt-deux. Le parlement n'eut point encore de séance dans cette grande assemblée. L'Université présenta requête pour y être admise, et fit signifier même une assignation; mais sa requête fut rejetée avec un rire universel, et son assignation regardée comme insolente. Elle se fondait sur des priviléges qu'elle avait eus dans des temps d'ignorance. On lui fit sentir que les temps étaient changés, et que les usages changeaient avec eux.

L'Université n'ayant fait qu'une démarche imprudente, le parlement en fit une qui mérite dans tous les âges les applaudissements de la nation entière, et qui cependant fut très-mal reçue à la cour.

Le tiers état est sans doute la nation même, et alors il l'était plus que jamais. On n'avait point augmenté le nombre des nobles comme aujourd'hui; le peuple était en nombre, par rapport à la noblesse et au clergé, comme mille est à deux. La chambre du tiers état proposa de recevoir, comme loi fondamentale, que nulle puissance spirituelle n'est en droit de déposer les rois, et de délier les sujets de leur serment de fidélité. Il était déjà honteux qu'on fût obligé de proposer une telle loi, que le seul bon sens et l'intérêt de tous les hommes ont dû rendre de tout temps sacrée et inviolable; mais ce qui fut bien plus honteux, et ce qui étonnera la dernière postérité, c'est que les chefs de la chambre du clergé la regardèrent comme hérétique.

Il suffisait d'avoir passé dans la rue de la Ferronnerie, et d'avoir jeté un regard sur l'endroit fatal où Henri IV fut assassiné, pour ne pas frémir de voir la proposition du tiers état combattue.

Le cardinal Duperron, qui devait tout ce qu'il était à ce même Henri IV, intrigua, harangua dans les trois chambres pour empêcher que l'indépendance et la sûreté des souverains, établie par tous les droits de la nature, ne le fût par une loi du royaume. Il convenait qu'il n'est pas permis d'assassiner son prince, mais il disait qu'il est de foi que l'Église peut le déposer.

Cet homme, si indigne de la réputation qu'il **avait usurpée**, devait

bien voir qu'en donnant à des prêtres ce droit absurde et affreux de
dépouiller les rois, c'était en effet les livrer aux assassins; car il est
bien rare d'ôter à un roi sa couronne sans lui ôter la vie. Étant déposé,
il n'est plus roi; s'il combat pour son trône, il est un rebelle digne de
mort. Duperron devait voir encore que c'était la cause du genre humain qu'il combattait; et que si l'Église pouvait dépouiller un souverain, elle pouvait à plus forte raison dépouiller le reste des hommes.

« Mais, disait Duperron dans ses harangues, si un roi qui a juré à
son sacre d'être catholique se faisait arien ou musulman, ne faudrait-il
pas le déposer? » Ces paroles étonnèrent et confondirent le corps de la
noblesse. Elle pouvait aisément répondre que le sacre ne donne pas la
royauté, que Henri IV calviniste avait été reconnu roi par la plus saine
partie de cette même noblesse, par quelques évêques même, par la
république de Venise, par le duc de Florence, par l'Angleterre, par les
rois du Nord, par tous les princes qui n'étaient pas dans les fers du
pape et de la maison d'Autriche. Tous les chrétiens avaient obéi autrefois à des empereurs ariens. Ils ne se révoltèrent point contre Julien
le Philosophe devenu païen, qu'ils appelaient apostat. La religion n'a
rien de commun avec les droits civils. Un homme, pour être mahomé-
tan, n'en doit pas moins être l'héritier de son père. Deux cent mille
chrétiens de la religion grecque, établis dans Constantinople, reconnaissent le sultan turc. En un mot, la terre entière devait élever sa
voix contre le cardinal Duperron.

Cependant lui et ses collègues persuadèrent à la chambre de la
noblesse qu'on avait besoin de la cour de Rome, qu'il ne fallait pas la
choquer par des questions épineuses, qui au moins étaient inutiles; et
que dans tout État il y a des mystères qu'on doit laisser derrière un
voile. Ces funestes harangues éblouirent la noblesse, d'ailleurs mécontente du tiers état.

La nation, rebutée dans ceux qui portaient ses plaintes, s'adressa au
parlement par l'organe de l'avocat Servin, citoyen sage, éloquent et
intrépide. Le parlement, assemblé sans qu'il y eût aucun pair, donna
un arrêt¹ qui renouvelait toutes les anciennes lois sur ce sujet important, et qui assurait les droits de la couronne. Tout Paris le reçut avec
des acclamations. Si on en croit les mémoires, le cardinal Duperron,
en se plaignant de cet arrêt à la reine, protesta que si on ne le cassait,
il serait obligé de se servir de la voie de l'excommunication.

Il paraît inconcevable qu'un sujet ait dit à son souverain : « Si vous
ne punissez ceux qui soutiennent vos droits, je les excommunierai. »
La reine, aveuglée par la crainte du pape et de l'Église, entourée de
factions, eut la faiblesse de faire casser l'arrêt par son conseil, et
même de mettre en prison l'imprimeur du parlement. Le prétexte était
qu'il n'appartenait pas à ce corps de statuer sur un point que les états
examinaient. Le parlement avait pris la sage précaution de se borner
à renouveler les anciens arrêts : elle fut inutile; une politique lâche

1. 2 janvier 1615.

l'emporta sur l'intérêt du roi et du royaume. On avait vu jusqu'alors en France de plus grandes calamités, mais jamais plus d'opprobre.

Cette honte ne fut effacée qu'en 1682, lorsque l'assemblée du clergé, inspirée par le grand Bossuet, arracha de ses registres la harangue de Duperron, et détruisit, autant qu'il était en elle, ce monument de bassesse et de perfidie.

CHAP. XLVII. — *Querelle du duc d'Épernon avec le parlement. Remontrances mal reçues.*

Pendant que ces derniers états généraux étaient assemblés en vain, que cent intrigues opposées agitaient la cour, et que les factions ébranlaient les provinces, il survint entre le duc d'Épernon et le parlement une querelle également désagréable à l'un et à l'autre.

Le duc d'Épernon, autrefois favori de Henri III, ayant forcé le grand Henri IV à le ménager, ayant fait donner la régence à sa veuve, bravait Concini et sa femme qui gouvernaient la reine. Il la fatiguait par ses hauteurs, mais il conservait encore cet ascendant que lui donnaient ses services, ses richesses, ses dignités, et surtout sa place de colonel général de l'infanterie. Toujours intrigant, mais encore plus fier, il mettait dans toutes les affaires un orgueil insupportable, au lieu de cette hauteur noble et décente qui subjugue quand elle est placée.

Il arriva qu'un soldat du régiment des gardes tua un de ses camarades près de l'abbaye de Saint-Germain des Prés. Le droit du colonel général était de faire juger le coupable dans son conseil de guerre. Le bailli de l'abbaye s'était saisi du mort et du meurtrier. C'est sans doute un grand abus que des moines soient seigneurs et qu'ils aient une justice, mais enfin il était établi que le premier juge qui avait commencé les informations demeurât maître de l'affaire. On est très-jaloux de ce malheureux droit. Le duc d'Épernon, encore plus jaloux du sien, redemanda son soldat pour le juger militairement; le bailli refusa de le rendre. D'Épernon fait briser les portes de la prison et enlever le meurtrier avec le mort. Le bailli porte sa plainte au parlement: ce tribunal assigna d'Épernon pour être ouï.

Ce seigneur croyait que ce n'était pas au parlement, mais au conseil du roi à décider de la compétence; il regardait l'assignation comme un affront plutôt que comme une procédure légale. Il ne comparut que pour insulter au parlement, menant cinq cents gentilshommes à sa suite, bottés, éperonnés, et armés. Le parlement, le voyant arriver en cet équipage, leva la séance. Les juges en sortant furent obligés de défiler entre deux haies de jeunes officiers qui les regardaient d'un air outrageant, et déchiraient leurs robes à coups d'éperons.

Cette affaire fut très-difficile à terminer. D'un côté, le bon ordre exigeait qu'on fit au parlement une réparation authentique; d'un autre, la cour avait besoin de ménager le duc d'Épernon, pour l'opposer au prince de Condé qui menaçait déjà de la guerre civile.

On prit un tempérament; on ordonna, par une lettre de cachet, que le parlement suspendrait ses procédures contre le duc d'Épernon, et qu'il recevrait ses excuses.

Il vint donc se présenter au parlement une seconde fois[1], toujours accompagné d'un grand nombre de noblesse.

« Messieurs, dit-il, je vous prie d'excuser un pauvre capitaine d'infanterie, qui s'est plus appliqué à bien faire qu'à bien dire. »

Cet exemple fut une des preuves que les lois ne sont pas faites pour les hommes puissants. Le duc d'Épernon les brava toujours. Ce fut lui qui, à peu près dans le même temps, ne pouvant souffrir que le garde des sceaux, du Vair, précédât les ducs et pairs dans une cérémonie à la paroisse du Louvre, le prit rudement par le bras, et le fit sortir de sa place et de l'église, en lui disant qu'un bourgeois ne devait pas se méconnaître.

Ce fut lui qui, quelques années après, alla avec cent cinquante cavaliers enlever la reine mère au château de Blois, la conduisit à Angoulême, et traita ensuite avec le roi de couronne à couronne. Les exemples de pareilles témérités n'étaient pas rares alors. La France retombait insensiblement dans l'anarchie dont Henri IV l'avait tirée par tant de travaux et avec tant de sagesse.

Les états généraux n'avaient rien produit : les factions redoublaient. Le maréchal de Bouillon, qui voulait se faire un parti puissant, engagea le parlement à convoquer les princes et les pairs pour délibérer sur les affaires publiques. La reine alarmée défendit aux seigneurs d'accepter cette invitation dangereuse. Les présidents et les plus anciens conseillers furent mandés au Louvre. Le chancelier de Sillery leur dit ces paroles[2] : « Vous n'avez pas plus de droit de vous mêler de ce qui regarde le gouvernement, que de connaître des comptes et des gabelles. » Le parlement prépara des remontrances[3]. La reine manda encore quarante magistrats au Louvre : « Le roi est votre maître, dit-elle, et il usera de son autorité, si vous contrevenez à ses défenses. » Elle ajouta qu'il y avait dans le parlement une troupe de factieux ; elle défendit les remontrances, et aussitôt le parlement alla en dresser de très-fortes.

Le 22 mai[4], le premier président de Verdun vint les prononcer à la tête du parlement. Elles regardaient précisément le gouvernement de l'État : elles furent écoutées et négligées. Tout finit par enregistrer des lettres patentes du roi, qui ordonnaient aux juifs étrangers de sortir de la France. C'étaient pour la plupart des juifs portugais qui étaient venus envahir tout le commerce, que les Français n'entendaient pas encore. Ils restèrent pour la plupart à Bordeaux, et continuèrent ce commerce qui leur était défendu.

Une autre affaire qui regardait plus particulièrement le parlement fut celle de la paulette. C'était un droit annuel, imaginé par un nommé Paulet sous l'administration du duc de Sully. Tous ceux qui avaient obtenu des charges de judicature payaient par an la soixantième partie du revenu de leurs charges, moyennant quoi elles étaient assurées à

---

1. 14 novembre 1614. — 2. 9 avril 1615. — 3. 11 avril 1615. — 4. 1615.

leurs héritiers, qui pouvaient les garder ou les vendre à d'autres, comme on vend une métairie. Cet abus ne faisait pas honneur au duc de Sully. C'était peut-être l'unique tache de son ministère.

Les états de 1614 et 1615 demandèrent fortement l'abolition de ce droit et de cette vénalité; le ministère la promit en vain. L'avantage de laisser sa charge à sa famille l'emporta sur le fardeau du droit annuel. Il y a eu beaucoup de changements dans la perception de ce droit; on l'a modifié de vingt manières, comme presque toutes les lois et tous les usages. Mais la honte d'acheter le droit de vendre la justice, et celui de le transmettre à ses héritiers, a subsisté toujours. On a prétendu depuis que le cardinal de Richelieu approuva cet opprobre dans son prétendu testament politique. On ne s'apercevait pas encore que ce testament est l'ouvrage d'un faussaire aussi ignorant qu'absurde [1].

CHAP. XLVIII. — *Du meurtre du maréchal d'Ancre et de sa femme.*

De plus grands événements se préparaient; les factions s'aigrissaient; Concini, maréchal d'Ancre, n'entrait pas au conseil, mais il le dirigeait; il était le maître des affaires; et le prince de Condé, premier prince du sang, en était exclu. Il eut le malheur de se croire obligé à prendre les armes comme son père et son grand-père. Cette guerre civile dura peu; elle fut suivie du traité de Loudun [2], qui donnait au prince de Condé un pouvoir presque égal à celui de la régente. A peine le prince de Condé crut-il jouir de ce pouvoir, que Concini le fit mettre à la Bastille. La prison de ce prince, au lieu d'étouffer les restes des guerres civiles, les ralluma; chaque seigneur, chaque prince, chaque gouverneur de province prenait le parti qu'il croyait convenable à ses intérêts, et en changeait le lendemain. Chacun ravissait ce qui était à sa bienséance. Le duc d'Épernon, qui était retiré dans l'Angoumois, tenta de se rendre maître de la Rochelle. Le maréchal de Lesdiguières était véritablement souverain dans le Dauphiné. Le duc de Nevers, de la maison de Gonzague, se cantonnait dans ses terres. Le duc de Vendôme, fils de Henri IV et de Gabrielle d'Estrées; le duc de Mayenne, fils du chef de la Ligue; le maréchal de Bouillon, prince de Sedan, unissaient leurs troupes; et tous disaient que c'était contre le Florentin Concini, et non contre le roi.

Au milieu de tant d'alarmes, un jeune gentilhomme du comtat d'Avignon, introduit auprès de Louis XIII, et s'étant rendu nécessaire aux amusements de son enfance, préparait une révolution à laquelle personne ne s'attendait. Le roi avait alors seize ans et demi; il lui persuada qu'il était seul capable de bien gouverner son royaume, que sa mère n'aimait ni sa personne ni son État, que Concini était un traître. Ce Concini dans ce temps-là même faisait une action qui méritait une statue. Enrichi par les profusions de Marie de Médicis, il levait à ses

1. On sait que, malgré l'opinion et les critiques de Voltaire, ce testament est authentique. (ÉD.)
2. Mai 1616.

dépens une armée de cinq à six mille hommes contre les révoltés; il soutenait la France, comme si elle avait été sa patrie. Le jeune gentilhomme, nommé Charles d'Albert, connu sous le nom de Luynes, rendit si suspect le service même que Concini, maréchal de France, venait de rendre, qu'il fit consentir le roi à l'assassiner, et à mettre en prison la reine sa mère.

Louis XIII, à qui on donnait déjà le nom de *Juste*[1], approuva l'idée de faire tuer le maréchal dans son propre appartement, ou dans celui de sa mère. Concini, ne s'étant pas présenté ce jour-là au Louvre, ne prolongea sa vie que d'un jour. Il fut tué à coups de pistolet le lendemain[2] en entrant dans la cour du château. Vitri et quelques gardes du corps furent les meurtriers. Vitri eut le bâton de maréchal de France pour récompense. Marie de Médicis fut emprisonnée dans son appartement, dont on mura les portes qui donnaient sur le jardin, et bientôt après on l'envoya prisonnière à Blois, dont le duc d'Épernon la tira trois ans après, comme on l'a déjà dit.

Éléonore Galigaï, maréchale d'Ancre, dame d'atour de la reine, fut incontinent saisie, dépouillée de tout, conduite à la Bastille, et de là transférée à la Conciergerie.

Le favori de Luynes, qui dévorait déjà en espérance les grands biens du mari et de la femme, fit donner ordre au parlement d'instruire le procès du maréchal assassiné et de sa malheureuse veuve. Pour le maréchal, son corps ne pouvait pas se retrouver; le peuple en fureur l'avait déterré; on l'avait mis en pièces, on avait même mangé son cœur: excès de barbarie digne du peuple qui avait exécuté les massacres de la Saint-Barthélemy, et inconcevable dans une nation qui passe aujourd'hui pour si frivole et si douce. Il était difficile de trouver de quoi juger à mort la maréchale. C'était une Italienne de qualité venue en France avec la reine; comblée à la vérité de ses bienfaits, insolente dans sa fortune et bizarre dans son humeur; défauts pour lesquels on n'a jamais fait couper la tête à personne.

On fut obligé de lui faire un crime d'avoir écrit quelques lettres de compliments à Madrid et à Bruxelles; mais ce forfait ne suffisant pas, on imagina de la faire déclarer sorcière. On croyait alors aux sortiléges et à la magie comme à un point de religion. Cette superstition est la plus ancienne de toutes, et la plus universelle. Elle passa des païens et des juifs chez les premiers chrétiens, et s'est conservée jusqu'au temps où un peu de philosophie a commencé à ouvrir les yeux des hommes aveuglés par tant de siècles.

La maréchale d'Ancre avait fait venir d'Italie un médecin juif, nommé Montalto; elle avait même eu la scrupuleuse attention d'en demander la permission au pape. Les médecins de Paris n'étaient pas alors en grande réputation dans l'Europe. Les Italiens étaient en possession de tous les arts. On prétendit que le juif Montalto était magicien, et

---

1. Ce n'était qu'un horoscope. On l'appelait le Juste, parce qu'il était né sous le signe de la Balance.
2. 24 avril 1617.

qu'il avait sacrifié un coq blanc chez la maréchale; cependant il ne put la guérir de ses vapeurs : elles furent si fortes, qu'au lieu de se croire sorcière, elle se crut ensorcelée. Marie de Médicis lui dit que le dernier cardinal de Lorraine Henri, ayant eu la même maladie, s'était fait exorciser par des moines de Milan. Elle eut la faiblesse de faire venir deux de ces exorcistes milanais, qui dirent des messes aux Augustins pour la vaporeuse maréchale, et l'assurèrent qu'elle était guérie.

On l'interrogea sur le meurtre de Henri IV, on lui demanda si elle n'en avait point eu connaissance; après avoir ri sur les accusations de magie, elle pleura à cet interrogatoire sur la mort du feu roi, et fit sentir aux juges tout ce que cette imputation contre la confidente de la reine pouvait avoir d'atroce.

Des deux rapporteurs qui instruisaient le procès, l'un était Courtin, vendu au nouveau favori, et qui sollicitait des grâces; l'autre était Deslandes Payen, homme intègre, qui ne voulut jamais conclure à la mort, ni même consentir à ne pas se trouver au jugement. Cinq juges s'absentèrent, quelques-uns opinèrent pour le seul bannissement; mais Luynes sollicita avec tant d'ardeur, que la pluralité fut pour brûler une maréchale de France comme sorcière. Elle fut traînée dans un tombereau à la Grève, comme une femme de la lie du peuple[1]. Toute la grâce qu'on lui fit fut de lui couper la tête avant de jeter son corps dans les flammes.

On croirait qu'un tel arrêt est du xe siècle. Le parlement, en condamnant la mémoire du maréchal, eut soin d'insérer dans l'arrêt que désormais aucun étranger ne serait admis au conseil d'État; cette clause était plus qu'on ne demandait. Luynes, qui eut beaucoup plus de pouvoir que Concini, était étranger lui-même, étant né sujet du pape.

CHAP. XLIX. — *Arrêt du parlement en faveur d'Aristote. Habile friponnerie d'un nonce. Mort de l'avocat général Servin, en parlant au parlement.*

Cette cruelle démence de condamner aux flammes pour un crime qu'il était impossible de commettre, n'était pas particulière à la France. Presque toute l'Europe était alors infectée de la croyance à la magie, aux possessions du diable, aux sortiléges de toute espèce. On condamnait même quelquefois des sorciers dans les pays protestants. Cette superstition était malheureusement liée à la religion. La raison humaine n'avait pas encore fait assez de progrès pour distinguer les temps où Dieu permettait que les Pharaons eussent des magiciens, et Saül une pythonisse, d'avec les temps où nous vivons.

Il y a une autre espèce de superstition moins dangereuse, c'est un respect aveugle pour l'antiquité. Ce respect, qui a nui aux progrès de l'esprit humain pendant tant de siècles, était poussé pour Aristote jusqu'à la crédulité la plus servile. La fortune de ses écrits était bien changée

_____
[1]. 8 juillet 1617.

de ce qu'elle avait été quand elle parut en France pour la première fois, du temps des Albigeois. Un concile alors avait condamné Aristote comme hérétique, mais depuis il avait régné despotiquement dans les écoles.

Il arriva qu'en 1624 deux chimistes parurent à Paris. La chimie était une science assez nouvelle. Ces chimistes admettaient cinq éléments différents des quatre éléments d'Aristote. Ils n'étaient pas non plus de son avis sur les catégories ni sur les formes substantielles. Ils publièrent des thèses contre ces opinions du philosophe grec. L'Université cria à l'hérésie; elle présenta requête au parlement. La rumeur fut si grande que les nouveaux docteurs furent mis en prison, leurs thèses lacérées en leur présence par un huissier, les deux délinquants condamnés au bannissement du ressort du parlement; enfin il fut défendu par le même arrêt, sous peine de vie, de soutenir aucune thèse sans la permission de la Faculté.

Il faut plaindre les temps où l'ignorance, et la fausse science, encore pire, avilissaient ainsi la raison humaine : et malheureusement ces temps étaient bien proches du nôtre. Nous avions eu cependant des Montaigne, des Charon, des de Thou, des L'Hospital; mais le peu de lumière qu'ils avaient apportée était éteinte, et cette lumière même n'éclaira jamais qu'un petit nombre d'hommes.

Si le parlement, ayant plus étudié les droits de la couronne et du royaume que la philosophie, tombait dans ces erreurs, qui étaient celles du temps, il continuait toujours à détruire une autre erreur que la cour de Rome avait voulu introduire dans tous les lieux et dans tous les temps, et qui était l'erreur de presque tous les ordres monastiques; c'était ce préjugé incroyable, établi depuis le pape Grégoire VII, que les rois sont justiciables de l'Eglise. On a vu qu'aux états de 1614 et 1615 ce préjugé avait triomphé des vœux du peuple et du zèle du parlement. Cette odieuse question se renouvela encore à l'occasion d'un libelle imputé au jésuite Garasse, le plus dangereux fanatique qui fût alors chez les jésuites[1]. On reprochait dans ce libelle au roi et au cardinal de Richelieu les alliances de la France avec des princes protestants, comme si des traités que la politique ordonne pouvaient avoir quelque rapport à la religion. On poussait l'insolence dans ces libelles jusqu'à dire que le roi et ses ministres méritaient d'être excommuniés. Le parlement ne manqua ni à l'inutile cérémonie de brûler le libelle[2], ni au soin plus sérieux de rechercher l'auteur.

L'assemblée du clergé remplit son devoir en condamnant le livre; mais Spada, nonce du pape, se servit d'une ruse digne d'un prêtre italien en faisant faire une traduction latine de cette censure, traduction infidèle et dans laquelle la condamnation était totalement éludée. Il la fit signer par quelques évêques, et l'envoya à Rome comme un monument de la soumission de la couronne de France à la tiare.

Le parlement découvrit la supercherie; non-seulement il condamna la traduction latine, mais il inséra dans la condamnation qu'on procé-

1. 1626. — 2. Le libelle n'est pas de Garasse, mais du jésuite Keller. (Éd.)

derait contre les étrangers qui avaient conduit cette fourberie. Le clergé prit alors le parti du nonce Spada; il s'assembla : comme son assemblée légale était finie, le parlement lui ordonna de se séparer, et enjoignit, selon les lois, aux évêques d'aller résider dans leurs diocèses; mais alors le pape avait tant d'influence dans les cours de sa communion, que le cardinal de Richelieu était obligé de le ménager et comme cardinal et comme ministre. On évoqua toute cette affaire au conseil du roi, on l'assoupit, jusqu'à la première occasion qui la ferait renaître; il n'y avait point alors d'autre politique.

Précisément dans ce temps-là même il fallait de l'argent, et ce sont là de ces affaires qui ne s'assoupissent pas. Les guerres civiles contre les huguenots, sous le ministère du duc de Luynes; la guerre de la Valteline, sous le cardinal de Richelieu, avaient épuisé toutes les ressources. Les huguenots du royaume, maltraités par Richelieu, recommençaient encore la guerre. Le roi fut obligé d'aller lui-même au palais faire vérifier les édits bursaux. On consultait dans ces édits plutôt la nécessité pressante que la proportion égale des impôts et l'utilité du peuple. L'avocat général Servin fut frappé de mort subite, en prononçant sa harangue au roi : « Vous acquérez, disait-il, une gloire plus solide en gagnant le cœur de vos sujets, qu'en domptant vos ennemis. » A ces dernières paroles la voix lui manqua, une apoplexie le saisit et on l'emporta expirant.

Le jésuite d'Avrigni, auteur des *Mémoires chronologiques*, d'ailleurs exacts et curieux, prétend qu'il mourut en parlant contre les jésuites dans une affaire qui survint immédiatement après.

Il était toujours question de cet horrible système de la puissance du pape sur les rois et sur les peuples. Il semblait que le sang de Henri IV eût fait renaître les têtes de cette hydre. Sanctarelli, jésuite italien, publia cette doctrine dans un nouveau livre approuvé par Vitelleschi, général de cet ordre, et dédié au cardinal de Savoie. Jamais on ne s'était exprimé d'une manière si révoltante. Le livre fut brûlé à Paris, selon l'usage [1]; mais ces exécutions ne produisant rien, il fut agité dans le parlement si on chasserait les jésuites une seconde fois. Il ordonne au provincial, à trois recteurs et à trois profès de comparaître le lendemain. Ils arrivèrent au milieu du peuple indigné qui bordait les avenues du palais. Le jésuite Cotton, alors provincial, porte la parole. On lui demande s'il croit que le pape puisse excommunier et déposséder le roi de France. « Ah! répondit-il, le roi est fils aîné de l'Église, il ne fera jamais rien qui oblige le pape à en venir à cette extrémité. — Mais, lui dit le premier président, ne pensez-vous pas comme votre père général qui attribue au pape cette puissance? — Ah! notre père général suit les opinions de Rome où il est, et nous celles de France où nous sommes. — Et si vous étiez à Rome, que feriez-vous ? — Nous ferions comme les autres. » Ces réponses pouvaient attirer aux jésuites l'abolition de leur ordre en France : ils en furent quittes pour signer quatre propositions concernant les libertés de l'Église gallicane, ou

1. 13 mars 1626.

plutôt de toute Église, qui sont en partie celles que nous verrons en 1682. Le roi défendit au parlement de passer outre.

La Sorbonne, redevenue française après avoir été ultramontaine sous Henri III et sous Henri IV, fit non-seulement un décret contre Sanctarelli et contre toutes ces prétentions de Rome, mais ordonna que ce décret serait lu publiquement tous les ans. La cour ne permit pas cette clause, tant il paraissait encore important de ménager ce qu'on ne pouvait assez réprimer.

CHAP. L. — *La mère et le frère du roi quittent le royaume,* *Conduite du parlement.*

Le cardinal de Richelieu gouvernait la France despotiquement. Le hasard, qui est presque toujours l'origine des grandes fortunes, ou pour parler plus juste, cette chaîne inconnue de tous les événements, qu'on appelle hasard, avait d'abord produit l'abbé de Chillon (Richelieu) auprès de Marie de Médicis pendant sa régence. Elle le fit évêque de Luçon, secrétaire d'État, et surintendant de sa maison. Ensuite, ayant partagé les persécutions qu'essuya cette reine après les meurtres du maréchal d'Ancre et de sa femme, il obtint, par sa protection, la dignité de cardinal, et enfin une place au conseil.

Dès qu'il eut affermi son autorité, il ne souffrit pas que sa bienfaitrice la partageât, et dès lors elle devint son ennemie.

Louis XIII, faible, malade, nullement instruit, incapable de travail, ne pouvant se passer de premier ministre, fut obligé de choisir entre sa mère et le cardinal. Sa mère, plus faite pour les intrigues que pour les affaires, plus jalouse de son crédit qu'habile à le conserver, faible et opiniâtre comme son fils, mais plus inconstante encore, plus gouvernée, inquiète, inhabile, ne pouvant pas même régir sa maison, était bien loin de pouvoir régir un royaume. Richelieu était ingrat, ambitieux, tyrannique; mais il avait rendu de très-grands services. Louis XIII sentait combien ce ministre détesté lui était nécessaire. Plus sa mère et Gaston son frère se plaignirent, plus Richelieu fut puissant. Les favoris de Marie de Médicis et de Gaston agitèrent la cour et le royaume par des factions qui, dans d'autres temps, auraient dégénéré en guerres civiles. Richelieu étouffa tout par son habileté active, par des rigueurs et par des supplices qui ne furent pas toujours conformes aux lois.

Gaston, frère unique du roi, quitta la France[1] et se retira en Lorraine. Marie, sa mère, s'enfuit à Bruxelles, et se mit ouvertement sous la protection du roi d'Espagne, dont l'inimitié était déclarée contre la France, si la guerre ne l'était pas encore.

Il n'en était pas de même du duc de Lorraine : la cour de France ne pouvait le regarder comme un prince ennemi. Cependant le cardinal publia une déclaration du roi, dans laquelle tous les amis et les domestiques de Monsieur, qui l'avaient accompagné dans sa retraite,

1. 1631.

étaient regardés comme criminels de lèse-majesté. Cette déclaration paraissait trop sévère : des domestiques peuvent suivre leur maître sans crime dans ses voyages ; et quand ils n'ont fait aucune entreprise contre l'État, on n'a point de reproche à leur faire. Cette question fut longtemps débattue au parlement de Paris, lorsqu'il fallut enregistrer la déclaration du roi. Gayant et Barillon, présidents aux enquêtes, et Lenet, conseiller, parlèrent avec tant d'éloquence, qu'ils entraînèrent la moitié des voix [1], et il y eut un arrêt de partage.

Dans le temps même qu'on allait aux opinions, Monsieur fit présenter une requête par Roger, son procureur général. Elle commençait par ces mots : « Supplie humblement Gaston, fils de France, frère unique du roi. » Il alléguait, dans sa requête, qu'il n'était sorti du royaume que parce que le cardinal de Richelieu l'avait voulu faire assassiner, et il en demandait acte au parlement.

Le premier président Le Jai empêcha que la pièce ne fût présentée ; il la remit entre les mains du roi, qui la déclara calomnieuse et la supprima. Si elle avait été lue dans la grand'chambre, le parlement se trouvait juge entre l'héritier présomptif de la couronne et le cardinal de Richelieu.

Le roi, indigné de l'arrêt de partage, manda le parlement [2] au Louvre, et lui ordonna de venir à pied. Tous les membres du parlement se mirent à genoux [3] devant le roi. Le garde des sceaux Châteauneuf leur dit qu'il ne leur appartenait pas de délibérer sur les déclarations du roi. L'avocat général Talon ayant dit que la compagnie demeurerait dans l'obéissance dont elle avait toujours fait profession : « Ne me parlez pas de l'obéissance de vos gens, dit le roi ; si je voulais former quelqu'un à cette vertu, je le mettrais dans une compagnie de mes gardes, et non pas au parlement. »

Il exila Gayant, Barillon, Lenet ; il leur interdit pour cinq ans l'exercice de leur charge, et déchira lui-même l'arrêt de partage, dont il jeta les morceaux par terre.

La reine mère, avant de partir pour les Pays-Bas, implora le parlement comme son fils Gaston, et aussi inutilement. La compagnie n'osa recevoir ni ses lettres ni ses requêtes ; elle les fit imprimer ; on les trouve aujourd'hui dans les mémoires du temps. L'une de ces requêtes commence par ces mots :

« Supplie Marie, reine de France et de Navarre.... disant qu'Armand-Jean du Plessis, cardinal de Richelieu, par toutes sortes d'artifices et de malices étranges, tâche d'altérer, comme il avait déjà fait l'année passée, la santé du roi, l'engageant par ses mauvais conseils dans la guerre, l'obligeant à se trouver en personne dans les armées pleines de contagions, aux plus grandes chaleurs, et le jetant tant qu'il peut dans des passions et appréhensions extraordinaires contre ses plus proches et contre ses plus fidèles serviteurs, ayant dessein de

1. 25 avril 1631. — 2. 12 mai 1631.
3. Tous les mémoires du temps le certifient. Le président Hénault ne parle pas même de cet événement.

s'emparer d'une bonne partie de l'État, remplissant les charges les plus importantes de ses créatures, et étant sur le point d'ajouter un grand nombre de places maritimes et frontières aux gouvernements de Bretagne et de Provence, pour tenir la France assiégée par ces deux extrémités, et pouvant, par ce moyen, avoir le secours des étrangers chez lesquels il a des intelligences secrètes. »

La requête finit par ces paroles : « Ladite dame reine vous supplie de faire vos très-humbles remontrances, tant sur le scandale que produisent les violences qui sont et pourront être faites à la personne de ladite dame reine contre l'honneur dû à son mariage, et à la naissance du roi, par un serviteur ingrat, que sur tout ce qui est contenu en la présente requête sur la dissipation des finances, et achats d'armes, places fortes et provinces entières, violements des lois de l'État, et d'autres faits qui vous sont connus et publiés à tout le royaume : et vous ferez bien. MARIE. »

Il n'y a point de lecteur qui ne voie que le ressentiment de Marie de Médicis l'emportait au delà de toute borne. On n'est pas d'ailleurs étonné qu'elle s'adresse en suppliante à ce même parlement qu'elle avait traité autrefois avec tant de hauteur ; elle avait parlé en souveraine quand elle était régente, et elle parle dans sa requête en femme infortunée.

Le cardinal fit ériger une chambre de justice à l'Arsenal pour condamner ceux que le parlement de Paris n'avait pas voulu condamner sans les entendre. Cette chambre était composée de deux conseillers d'État, de six maîtres des requêtes, et de six conseillers du grand conseil. Elle commença ses séances le 10 septembre 1631.

Le parlement lui défendit par un arrêt de s'assembler [1]. L'arrêt fut cassé, et le parlement obligé encore de venir demander pardon au roi à Metz, où il était alors. On le fit attendre quinze jours, on le réprimanda, et les arrêts de la chambre de l'Arsenal furent exécutés.

Ces vaines tentatives servirent à fortifier le pouvoir du cardinal, qui humilia tous les corps, tint la reine mère dans l'exil et dans la pauvreté jusqu'à sa mort, le frère du roi dans la crainte et le repentir, les princes du sang dans l'abaissement, et le roi, qui ne l'aimait pas, dans la dépendance de ses volontés. Aucun de ceux qui s'élevèrent contre lui ne fut condamné que par des commissaires ; il eut même l'insolence de faire juger à Ruel, dans sa propre maison de campagne, le maréchal de Marillac par des commissaires qui étaient ses esclaves ; et quand l'illustre Molé, alors procureur général, voulut agir pour le maintien des lois si indignement violées, le cardinal le fit décréter d'ajournement personnel au conseil, et l'interdit des fonctions de sa charge. Enfin il se fit détester de tous les corps de l'État ; mais le succès de presque toutes ses entreprises fit mêler le respect à la haine.

1. 12 octobre 1631.

CHAP. LI. — *Du mariage de Gaston de France avec Marguerite de Lorraine, cassé par le parlement de Paris et par l'assemblée du clergé.*

Gaston, frère unique de Louis XIII, avait épousé en 1631, à Nancy, Marguerite, sœur du duc de Lorraine Charles IV. Toutes les formalités alors requises avaient été observées. Il n'était âgé que d'environ vingt-quatre ans; mais la reine sa mère et le duc de Lorraine avaient autorisé et pressé ce mariage. Le contrat avait été communiqué au pape Urbain VIII, et en conséquence le cardinal de Lorraine, évêque de Toul, dans le diocèse duquel Nancy se trouvait alors, donna les dispenses de la publication des bans. Les époux furent mariés en présence de témoins; et deux ans après, quand Gaston eut vingt-cinq ans, ils ratifièrent solennellement cette cérémonie dans l'église cathédrale de Malines, pour suppléer d'une manière authentique à tout ce qui pouvait avoir été omis. Ils s'aimaient, ils étaient bien éloignés l'un et l'autre de se plaindre d'une union que le pape et toute l'Europe regardaient comme légitime et indissoluble. Mais ce mariage alarmait le cardinal de Richelieu, qui voyait la reine mère, le frère du roi, héritier présomptif, et le duc de Lorraine, ligués contre lui.

Louis XIII ne pensa pas autrement que son ministre. Il fallut faire penser le parlement et le clergé comme eux, et les engager à casser le mariage. On alléguait que Gaston s'était marié contre la volonté du roi son frère; mais il n'y avait point de loi expresse qui portât qu'un mariage serait nul quand le roi n'y aurait pas consenti. Gaston avait personnellement offensé son frère; mais le mariage d'un cadet était-il nul par cette seule raison qu'il déplaisait à l'aîné? Louis XI, étant dauphin, avait épousé la fille d'un duc de Savoie malgré le roi son père, et avait fui du royaume avec elle, sans que jamais Charles VII entreprît de traiter cette union d'illégitime.

On regardait le mariage comme un sacrement et comme un engagement civil. En qualité de sacrement c'était « le signe visible d'une chose invisible, un mystère, un caractère indélébile, que la mort seule peut effacer, » et quelque idée que l'Église puisse attacher à ce mot de *chose invisible*, cette question ne paraissait pas du ressort des jugements humains.

A l'égard du contrat civil, il liait les deux époux par les lois de toutes les nations. Annuler ce contrat solennel, c'était ouvrir la porte aux guerres civiles les plus funestes; car s'il naissait un fils du mariage de Gaston, le roi n'ayant point d'enfants, ce fils était reconnu légitime par le pape et par les nations de l'Europe, et déclaré bâtard en France; et encore aurait-il eu la moitié de la France dans son parti.

Le cardinal de Richelieu ferma les yeux aux dangers évidents qui naissaient de la cassation. Il fit mouvoir tant de ressorts, qu'il obtint du parlement irrité contre lui un arrêt, et de l'assemblée du clergé, qui ne l'aimait pas davantage, une décision favorable à ses vues. Cette condescendance n'est pas surprenante; il était tout-puissant, il avait envahi les États du duc de Lorraine; tout pliait sous ses volontés.

L'avocat général Omer Talon rapporte que, le parlement étant assemblé, il y fut dit que « Phéroras, frère d'Hérode, accusa Salomé d'avoir traité son mariage avec Sillène[1], lieutenant d'Arabie. » On cita Plutarque en la vie de Dion, après quoi la compagnie donna un décret de prise de corps contre Charles, duc de Lorraine[2]; François, *nouveau* duc de Lorraine (à qui Charles avait cédé son duché), et la princesse de Phalsbourg, leur sœur, comme coupables de rapt envers la personne de Monsieur, frère unique du roi.

Ensuite il les condamna comme coupables de lèse-majesté[3], les bannit du royaume, et confisqua leurs terres.

Deux choses surprenaient dans cet arrêt : premièrement, la condamnation d'un prince souverain qui était vassal du roi pour le duché de Bar, mais qui n'avait point marié sa sœur dans Bar; secondement, le crime de rapt supposé contre Monsieur, qui était venu en Lorraine conjurer le duc de lui donner sa sœur en mariage. Il était difficile de prouver que la princesse Marguerite eût forcé Monsieur à l'épouser.

Tandis que le parlement procédait, l'assemblée du clergé promulguait une loi civile[4] qui déclarait que les héritiers de la couronne ne pouvaient se marier sans le consentement du chef de la maison. On envoya un évêque de Montpellier à Rome pour faire accepter cette décision par le pape, qui la réprouva. Un règlement de police ne parut pas au pape une loi de l'Église. Si le roi, dont la santé était très-chancelante, fût mort alors, Gaston eût régné sans difficulté, et il aurait aussi sans difficulté fait regarder comme très-valide ce même mariage dont le parlement et le clergé français avaient prononcé la nullité. Heureusement Louis XIII approuva enfin le mariage de son frère. Mais la loi qui défend aux princes du sang de laisser une postérité sans le consentement du roi, a toujours subsisté depuis, et le sentiment de Rome qui tient ces mariages valides a subsisté de même, source éternelle de divisions, jusqu'à ce que tous les hommes soient bien convaincus qu'il importe fort peu que ce qui est vrai à Paris soit faux dans le comtat d'Avignon, et que chaque État doit se gouverner selon ses lois, indépendamment d'une théologie ultramontaine.

CHAP. LII. — *De la résistance apportée par le parlement à l'établissement de l'Académie française.*

Il est singulier que le parlement n'eût pas hésité à casser et annuler le mariage de l'héritier du royaume, contracté du consentement de sa mère, célébré selon toutes les formalités de l'Église, et qu'il refusât constamment pendant dix-huit mois l'enregistrement des lettres patentes qui établissaient l'Académie française. Les uns crurent qu'après un arrêt rendu en faveur de l'Université et d'Aristote, cette compagnie craignait qu'une société d'hommes éclairés, encouragée par l'autorité royale, n'enseignât des nouveautés. D'autres pensèrent que le parlement ne voulait pas qu'en cultivant l'éloquence inconnue chez les

1. Sillée. (Éd.) — 2. 14 juillet 1634. — 3. 5 septembre. — 4. 7 juillet 1635.

Français, la barbarie du style du barreau devint un sujet de mépris. D'autres enfin imaginèrent que le parlement, mortifié tous les jours par le cardinal, voulait à son tour lui donner des dégoûts.

Le Vassor, compilateur grossier, qui a fait un libelle en dix-huit volumes de l'histoire de Louis XIII, dit que « l'établissement de l'Académie est une preuve de la tyrannie du cardinal. Il ne put souffrir que d'honnêtes gens s'assemblassent librement dans une maison particulière. »

On sent bien que cette imputation ne mérite pas d'être réfutée, mais on ne doit pas perdre ici l'occasion de remarquer que cet écrivain aurait dû mieux profiter des premières leçons de l'Académie : elles lui auraient appris à écrire d'un style moins barbare, avec un fiel moins révoltant, d'une manière plus judicieuse, et à ne pas blesser à la fois la vérité, la langue, et le bon sens.

L'érection de l'Académie française était une imitation de celles d'Italie, et d'autant plus nécessaire, que tous les genres d'éloquence, et surtout ceux de la chaire et du barreau, étaient déshonorés alors par le mauvais goût et par de très-mauvaises études, pires que l'ignorance des premiers siècles. La barbarie qui couvrait encore la France ne permettait pas aux premiers académiciens d'être de grands hommes; mais ils frayaient le chemin à ceux qui le devinrent. Ils jetèrent les fondements de la réforme des esprits. Il est très-vrai qu'ils enseignèrent à penser et à s'exprimer. Le cardinal de Richelieu rendit, par cette institution, un vrai service à la patrie.

Si le parlement différa une année entière d'enregistrer les lettres, c'est qu'il craignait que l'Académie ne s'attribuât quelque juridiction sur la librairie. Le cardinal fit dire au premier président Le Jai, qu'il aimerait ces messieurs comme ils l'aimeraient. Enfin, quand cet établissement fut vérifié, le parlement ajouta aux patentes du roi que l'Académie ne connaîtrait que de la langue française et des livres qu'elle aura faits, ou qu'on exposera à son jugement. Cette précaution, prise par le parlement, prouve assez que l'érection de l'Académie avait donné quelque ombrage. Elle n'en pouvait donner, n'ayant que des priviléges honorables, aucun d'utile, et son fondateur même ne lui ayant pas procuré une salle d'assemblée.

CHAP. LIII. — *Secours offert au roi par le parlement de Paris. Plusieurs de ses membres emprisonnés. Combat à coups de poing du parlement avec la chambre des comptes dans l'église de Notre-Dame.*

Richelieu, ayant fait déclarer solennellement la guerre à toute la maison d'Autriche dans l'Allemagne et dans l'Espagne, en 1635, fut sur le point de voir le royaume ruiné l'année suivante. Les ennemis passèrent la Somme, prirent Corbie, ravagèrent toute la Picardie et la Bourgogne; Paris fut exposé, et plusieurs citoyens en sortirent. Les troupes étaient peu nombreuses, intimidées et dispersées; les meilleurs officiers suspects au cardinal, emprisonnés ou exilés, les finances épuisées. On ne regardait alors ce ministre que comme un tyran maladroit.

Dans cette crise de l'État, la ville de Paris offrit de soudoyer six mille cinq cents hommes; le parlement résolut d'en lever deux mille cinq cents; l'Université même promit quatre cents soldats. Le cardinal doutait si ces offres étaient faites contre les ennemis ou contre lui-même.

Le parlement voulut nommer[1] douze conseillers pour avoir soin de la garde de Paris, et pour faire contribuer à la levée des troupes que Paris devait fournir.

Le ministre sentait qu'une telle démarche était une insulte plutôt qu'un secours. La compagnie du parlement ne lui parut pas instituée pour garder les portes de la ville, et pour faire les fonctions du gouverneur et des généraux d'armée. Il savait qu'on avait parlé de lui dans la séance. Le roi manda au Louvre les présidents et les doyens de chaque chambre; il leur renouvela les défenses de se mêler d'aucune affaire d'État. Enfin le ministre et les généraux ayant réparé leurs fautes, et les ennemis ayant été chassés du royaume, le parlement obéit.

On ne put terminer cette campagne qu'avec des frais immenses. Les finances sont le premier ressort de l'administration, et ce ressort est toujours dérangé. Richelieu n'était pas un Sully qui eût su s'assurer de quarante millions, et préparer les vivres, les munitions, les hôpitaux, avant de faire la guerre. Ni sa santé, ni son génie, ni son ambition, ne lui permettaient d'entrer dans ces détails indispensables, dont la négligence doit diminuer beaucoup sa gloire. Il fut obligé de retrancher trois quartiers d'arrérages que le roi devait aux rentiers de l'hôtel de ville. Cette banqueroute était odieuse; il eût mieux valu sans doute établir des impôts également répartis; mais c'est ce qu'on n'a su faire en France qu'après une longue épreuve de moyens aussi honteux que ruineux. Le gouvernement, depuis Sully, ne savait que créer des charges inutiles, que la vanité achetait à prix d'argent, et se remettre à la discrétion des traitants.

Richelieu avait créé vingt nouveaux offices de conseillers au parlement en 1635. La compagnie en avait été indignée : la banqueroute faite aux rentiers excita les cris de tout Paris. Ces citoyens, privés de leur revenu, vinrent se plaindre chez le chancelier Châteauneuf. Pour réponse on en mit trois à la Bastille. Le parlement s'assemble, on délibère, on parle fortement. Le cardinal avait ses espions; il fait enlever Gayant, Champrond, Sallo, Sevin, Tubeuf, Bouville, Scarron. Un édit du roi interdit la troisième chambre des enquêtes. Les magistrats arrêtés furent ou exilés ou enfermés, et les rentiers perdirent leurs arrérages.

Il est évident que le gouvernement du cardinal de Richelieu était à la fois vicieux et tyrannique; mais il est vrai aussi qu'il eut toujours à combattre des factions. La fierté sanguinaire du ministre, et le mé-

1. 11 août 1636.

contentement de tous les ordres du royaume, furent les semences qui produisirent depuis les guerres de la Fronde. Le parlement, ayant perdu sous Richelieu toutes les prérogatives qu'il réclamait, ne combattit dans les dernières années de Louis XIII que contre la chambre des comptes.

Ce monarque, ayant ôté la protection de la France à sainte Geneviève, qu'on croyait la patronne du royaume parce qu'elle l'était de Paris, conféra cette dignité à la vierge Marie.

Ce fut une très-grande solennité dans l'église de Notre-Dame. Les cours supérieures y assistèrent. Le premier président du parlement marcha le premier à la procession. Les présidents à mortier ne voulurent pas souffrir que le premier président des comptes le suivit. Celui-ci, qui était grand et vigoureux, prit un président à mortier à bras-le-corps, et le renversa par terre. Chaque président des comptes gourma un président du parlement, et fut gourmé. Les maîtres s'attaquèrent aux conseillers. Le duc de Montbazon mit l'épée à la main avec ses gardes pour arrêter le désordre, et l'augmenta. Les deux partis allèrent verbaliser chacun de leur côté. Le roi ordonna que dorénavant le parlement sortirait de Notre-Dame par la grande porte, et la chambre des comptes par la petite.

CHAP. LIV. — *Commencement des troubles pendant le ministère de Mazarin. Le parlement suspend pour la première fois les fonctions de la justice.*

De l'humiliation où le parlement fut plongé par le cardinal de Richelieu, il monta tout d'un coup au plus haut degré de puissance, immédiatement après la mort de Louis XIII. Le duc d'Épernon l'avait forcé, les armes à la main, de se saisir du droit de donner la régence à Marie de Médicis. Ce nouveau droit parut aux yeux d'Anne d'Autriche aussi ancien que la monarchie. Il l'exerça librement dans toute sa plénitude. Non-seulement il déclara la reine régente par un arrêt [1], mais il cassa le testament de Louis XIII comme on casse celui d'un citoyen, qui n'est pas fait selon les lois. La régente et la cour étaient bien loin alors de douter du pouvoir du parlement, et de lui contester une prérogative dont elles tiraient tout l'avantage. Le parlement décida, sans aucune contradiction, du destin du royaume, et le moment d'après il retomba dans l'état dont la mort de Louis XIII l'avait tiré. La reine voulut être toute-puissante, et le fut jusqu'au temps des barricades.

Mais avant que le parlement donnât ainsi la régence, et cassât le testament du roi en qualité de cour des pairs, garnie de pairs, il faut remarquer que par les anciennes lois le parlement n'existait plus. La mort du roi le dissolvait; il fallait que les présidents et les conseillers fussent confirmés dans leurs charges par le nouveau souverain, et qu'ils fissent un nouveau serment. Cette cérémonie n'avait pas

1. 18 mai 1643.

été observée dans le tumulte et l'horreur que l'assassinat de Henri IV répandit. Le chancelier Séguier voulut faire revivre la loi oubliée: le parlement l'éluda[1]. Il fut présenté dans le Louvre à la reine; il salua le roi, il protesta de son respect et de son obéissance; et il ne fut question ni de confirmation d'offices, ni de serment de fidélité.

Le cardinal Mazarin gouverna despotiquement la reine et le royaume, sans qu'aucun grand fît entendre d'abord le moindre murmure; on était accoutumé à recevoir la loi d'un prêtre; on ne fit pas même attention que Mazarin était étranger. Les victoires du duc d'Enghien, si célèbre sous le nom de grand Condé, faisaient l'allégresse publique, et rendaient la reine respectable. Mais cet article important des finances, qui est la base de tout, qui seul fait naître souvent les révolutions, les prévient et les étouffe, commença bientôt à préparer les séditions.

Mazarin entendait cette partie du gouvernement plus mal encore que Richelieu. Il borna sa science sur ce point essentiel, dans tout le cours de son ministère, à se procurer une fortune de cent millions; c'était le premier homme du monde pour l'intrigue, et le dernier pour le reste. Ceux qui administraient l'argent de l'État, sous ses ordres, n'eurent d'autres vues que de procurer de prompts secours par des moyens toujours petits, mal imaginés, et souvent injustes. Les plus pauvres habitants de Paris avaient bâti de chétives maisons ou des cabanes hors des anciennes limites de la ville. Un Italien, nommé Particelli d'Émeri, favori du cardinal et contrôleur général, s'avisa de proposer une taxe assez forte sur ces pauvres familles. Elles s'attroupèrent[2], elles allèrent porter en foule leurs plaintes à la grand'chambre, non sans y être excitées par plusieurs membres des enquêtes, qui demandèrent l'assemblée des chambres pour juger la cause des pauvres contre le ministère. Cette maladresse du gouvernement indisposa tout Paris; elle apprit au peuple à murmurer, à s'attrouper. Une partie de la grand'chambre dans les intérêts de la cour ne voulut pas souffrir que les enquêtes demandassent les assemblées du parlement.

Les enquêtes persistèrent. Heureusement pour la cour la division se mit alors entre toutes les chambres du parlement[3], requêtes contre enquêtes, enquêtes contre grand'chambre. Les requêtes voulaient être traitées comme les enquêtes, les enquêtes comme les grands chambriers. Il y eut des disputes pour les rangs. Le conseiller doyen du parlement était dans l'usage de précéder les présidents qui ne sont pas présidents à mortier. Il arriva qu'à l'oraison funèbre du maréchal de Guébriant, prononcée à Notre-Dame, les présidents des enquêtes prirent par le bras le vieux doyen Savare, et l'arrachèrent de sa place. Le premier président appela les gardes du roi qui assistaient à la cérémonie, pour soutenir le doyen. L'église cathédrale vit pour la

---

1. *Mémoires de Talon.*
2. 1644. — Cette indication de Voltaire est inexacte; c'est 1646 qu'il faut lire. (ÉD.)
3. Talon, tome III.

seconde fois des magistrats scandaliser le peuple pour un intérêt de vanité.

La reine s'entremit; le parlement s'en remit à ses ordres pour juger tous ces différends; elle se garda bien de prononcer; la maxime, *Divisez pour régner*, était trop connue de Mazarin. Il crut rendre le parlement méprisable en l'abandonnant à ces contestations; mais il porta le mépris trop loin en faisant saisir le président des enquêtes Barillon par quatre archers, et l'envoyant à Pignerol. Ce Barillon était accoutumé à la prison; il avait déjà été enfermé sous Richelieu. On en exila d'autres. Le ministère se croyait assez puissant pour imiter le cardinal de Richelieu, quoiqu'il n'en eût ni la cruauté, ni l'orgueil, ni le génie.

Le parlement avait encore aliéné de lui les princes du sang et les pairs : les princes du sang, parce qu'il avait osé disputer le pas au père du grand Condé dans la cérémonie d'un *Te Deum;* les pairs, parce qu'il ne voulait pas souffrir que dans les lits de justice le chancelier, allant aux opinions, s'adressât aux pairs du royaume avant de s'adresser au parlement. Tout cela rendait ce corps peu agréable à la cour. On s'était servi de lui pour donner la régence, comme d'un instrument qu'on brisait ensuite quand on cessait d'en avoir besoin.

Les enquêtes, ne pouvant obtenir la liberté de leurs membres emprisonnés, cessèrent pendant quatre mois entiers de rendre la justice. Ce fut là le premier exemple d'une pareille transgression. Quelques plaideurs en souffrirent, d'autres y gagnèrent en retenant plus longtemps le bien d'autrui. La cour ne s'en mit pas en peine; elle crut que le parlement, indisposant à la fois les princes, les pairs, et le peuple, n'aurait jamais aucun crédit; c'est en quoi elle se trompa. Elle ne prévoyait pas qu'à la première occasion tout se réunirait contre un ministre étranger qui commençait à déplaire autant qu'avait déplu le maréchal d'Ancre.

La régence d'Anne d'Autriche aurait été tranquille et absolue si on avait eu un Colbert ou un Sully pour gouverner les finances, comme on avait un Condé pour commander les armées; encore même est-il douteux si des génies tels que ces deux hommes si supérieurs auraient suffi pour débrouiller alors le chaos de l'administration, pour surmonter les préjugés de la nation, alors très-ignorante, pour établir des taxes universelles dans lesquelles il n'y eût rien d'arbitraire, pour faire des emprunts remboursables sur des fonds certains, pour encourager à la fois le commerce et l'agriculture, pour faire enfin ce qu'on fait en Angleterre.

Il y avait à la fois dans le ministère de l'ignorance, de la déprédation, et un empressement obstiné à se servir de moyens précipités pour arracher des peuples un peu d'argent, dont il revenait encore moins à l'État. La taxe sur les maisons bâties dans les faubourgs n'avait presque rien produit. On voulut forcer les citoyens d'acheter pour quinze mille livres de nouvelles rentes. Il fallait persuader et non pas forcer. Le cri public, appuyé des refus du parlement, rendit inutiles ces édits odieux.

Le ministère imagina de nouveaux édits bursaux, dont l'énoncé seul le couvrait de honte et de ridicule. C'était une création de conseillers du roi, contrôleurs de bois de chauffage, jurés crieurs de vin, jurés vendeurs de foin, agents de change, receveurs des finances quatriennaux, augmentation de gages moyennant finance dans tous les corps de la magistrature, enfin vente de la noblesse.

Il y eut dix-neuf édits de cette espèce. On mena au parlement Louis XIV en robe d'enfant pour faire enregistrer ces opprobres[1]. On le plaça sur un petit fauteuil qui servait de trône, ayant à sa droite la reine sa mère, le duc d'Orléans son oncle, le père du grand Condé, huit ducs; et à sa gauche trois cardinaux, celui de Lyon, frère du cardinal de Richelieu, celui de Ligny, et Mazarin. Il prononça intelligiblement ces paroles : « Mes affaires m'amènent au parlement; monsieur le chancelier expliquera ma volonté. »

Le chancelier Séguier l'expliqua en lisant les dix-neuf édits. L'avocat général Omer Talon prononça une harangue en portant le genou sur sa banquette, selon l'usage; et comme il était le harangueur le plus éloquent de la compagnie, il dit au roi : « qu'il était un soleil; que quand le soleil n'envoie que quelques rayons dans une chambre par la fenêtre, sa lumière est féconde et bienfaisante; c'est le symbole de la bonne fortune; mais qu'il est périlleux de songer que ce grand astre y entre tout entier, parce qu'il détruit par son activité tout ce qui entre dans ses voies, etc.[2] »

Après cette harangue, qui fut assez longue surtout pour un roi âgé de sept ans, le chancelier demanda le suffrage des princes et des pairs; les présidents se formalisèrent qu'on n'eût pas commencé par eux; ils furent d'avis de faire des remontrances[3]. Les enquêtes dirent que leur conscience ne leur permettait pas d'enregistrer les édits. Le chancelier répondit que la conscience en affaires d'État était d'une autre nature que la conscience ordinaire, et il fit faire l'enregistrement d'autorité.

Chap. LV. — *Commencement des troubles civils, causés par l'administration des finances.*

La cour était encore toute-puissante. Le cardinal Mazarin ménageait cette célèbre paix de Munster, par laquelle les Français et les Suédois furent les législateurs de l'empire, et qui fut enfin conclue en 1648. Le prince de Condé, par ses victoires, donnait à la France la supériorité qu'elle eut dans ce traité. L'Espagne, encore plus obérée que la France, ne paraissait pas une ennemie dangereuse; ses finances étaient aussi épuisées que les nôtres, malgré ses trésors du Nouveau-Monde. C'est le sort des nations d'être presque toujours très-mal gouvernées; l'ambition de quelques grands les plonge dans la guerre; de misérables intrigues, qu'on appelle politique, troublent l'intérieur de l'État tandis que les frontières sont dévastées; l'économie est abandonnée; les factions se forment, et les remèdes qu'elles feignent d'apporter au mal sont les plus pernicieux de tous les maux.

1. 7 septembre 1645. — 2. Talon, t. III, p. 366. — 3. *Ibid.*

Le ministère de France persistait toujours dans cette malheureuse méthode de chercher des secours d'un moment. On augmenta l'impôt sur le pied fourché [1] et sur d'autres denrées; on créa douze nouvelles charges de maîtres des requêtes, et on demanda de payer d'avance le droit annuel appelé *paulette*. Aurait-on pensé qu'une cause si légère dût produire le bouleversement de l'État? Mais l'édifice était ébranlé, le moindre vent pouvait le renverser. La guerre civile qui désolait alors l'Angleterre, et qui fit tomber sous la hache d'un bourreau la tête de Charles Ier, avait commencé par un impôt de deux schellings par tonneau de marchandise.

Mazarin ne pensait pas qu'à l'occasion de son édit le parlement pût s'unir avec les maîtres des requêtes, auxquels il reprochait si souvent de faire casser ses arrêts au conseil. Était-il vraisemblable qu'il se joindrait à la chambre des comptes, contre laquelle il s'était battu dans l'église de Notre-Dame? Il était jaloux du grand conseil qui jugeait les compétences des parlements, et qui leur avait enlevé toutes les affaires ecclésiastiques, excepté les appels comme d'abus. Pouvait-il s'entendre avec la cour des aides, dont il avait vu avec chagrin le droit d'enregistrer les édits des finances et de juger les affaires contentieuses dans cette partie? Il était encore moins vraisemblable que les pairs du royaume, offensés de l'égalité que les présidents affectaient avec eux, prissent le parti d'une compagnie qui les avait aliénés. Ils se croyaient, en qualité de pairs, non-seulement les premiers du parlement, mais l'essence du parlement, qui sans eux n'était qu'un simple tribunal de justice contentieuse, et qui ne pouvait changer de nature que quand il était honoré de leur présence. Ainsi tout concourait à faire penser à la reine et à son ministre que le parlement n'aurait ni la hardiesse ni le crédit de résister à leurs volontés; et cependant ils se trompèrent.

La malheureuse vénalité des charges introduite en France, et la paulette qui perpétuait cette vénalité, furent les premières sources du mal. Tous les magistrats du royaume devaient, de neuf ans en neuf ans, payer ce droit de paulette qui assurait la possession de leurs charges à leurs familles.

L'édit nouveau remettait pour les neuf années suivantes le payement de ce droit; il en délivrait les cours supérieures; mais il leur retranchait par compensation quatre années de gages. Ces gages sont si médiocres, qu'il vaudrait beaucoup mieux n'en pas recevoir. Ce retranchement déplut. La cour, pour apaiser le parlement, l'excepta des autres cours, lui conserva ses gages, et crut par cet expédient le forcer au silence: ce fut tout le contraire. Comment la cour ne s'apercevait-elle pas que le parlement aurait perdu tout son crédit parmi le peuple, si, se laissant amollir par cette petite grâce, il avait paru oublier l'intérêt public pour son intérêt particulier, et qu'il ne pouvait se rendre respectable que par un refus?

Le grand conseil, la chambre des comptes, la cour des aides, s'étant assemblés d'abord par députés, demandèrent au parlement la jonction

1. Droit d'entrée sur les animaux à pied fendu ou fourché. (ÉD.)

pour s'opposer aux édits. Le parlement n'hésita pas un moment. Les quatre corps, que la cour croyait incompatibles, s'unirent ensemble. Le ministère, toujours prévenu de sa toute-puissance, cassa cet arrêt d'union [1] que Mazarin, parlant mal français, appelait *l'arrêt d'oignon*, en devenant par là aussi ridicule aux yeux du peuple qu'il était odieux. On méprisa l'ordre de la cour; elle défendit jusqu'aux assemblées des chambres du parlement, et ces chambres s'assemblèrent. La reine fit arrêter cinq conseillers du grand conseil, et deux de la cour des aides. Cette sévérité irrita tous les esprits, mais ne produisit encore aucun mouvement.

Tous les maîtres des requêtes, de leur côté, s'assemblèrent dans la chambre appelée *les Requêtes de l'hôtel*. Ils signèrent un écrit par lequel ils promettaient de ne pas souffrir la création des douze nouvelles charges; ils cessèrent de rapporter les affaires au conseil, comme le parlement cessait de rendre justice.

La reine manda les maîtres des requêtes; elle était quelquefois un peu aigre dans ses paroles, quoique son caractère fût doux; elle leur dit « qu'ils étaient de plaisantes gens de vouloir borner l'autorité du roi. »

Les souverains peuvent faire des actions de fermeté; mais ils doivent bien rarement dire des paroles dures. Les maîtres des requêtes ne furent que plus affermis dans leur résolution. Le chancelier les interdit des fonctions de leurs charges; ils s'interdisaient eux-mêmes.

Ils allèrent en corps au parlement s'opposer à l'enregistrement de l'édit; ils furent reçus comme parties. Toute jalousie de corps cédait alors à la haine contre le ministère. Tous les petits intérêts étaient sacrifiés à l'amour de la nouveauté, et à l'esprit de faction qui animait toute la ville. Le parlement n'avait encore dans son parti aucun prince, aucun pair, ni même aucun seigneur. La reine, outrée contre lui, dit hautement plusieurs fois qu'elle ne souffrirait pas « que cette canaille insultât la majesté royale [2].

Ces paroles ne servirent pas à ramener les esprits. Le parlement demanda une réforme dans l'administration, et surtout la révocation des intendants de provinces, qu'il regardait comme des magistrats sans titre, instruments odieux des rapines du ministère, oppresseurs du peuple établis par la tyrannie du cardinal de Richelieu, et dont il fallait délivrer la France à jamais.

On criait encore davantage contre l'Italien Particelli d'Émeri, devenu surintendant, condamné autrefois à être pendu à Lyon, et monté, par les concussions, au faîte de la fortune. La clameur publique fut si forte, les factions si obstinées, que la cour se crut obligée de plier. Elle exila le surintendant dans ses terres, et promit la suppression des intendants de provinces. Cette condescendance enhardit les mécontents au lieu de les calmer. Le duc d'Orléans, oncle du roi, lieutenant général de l'État sous la reine, qui était alors attaché à elle, négocia avec le parlement, alla quelquefois au palais, eut des conférences chez lui avec les députés du corps; tout fut inutile.

1. 13 mai 1648. — 2. Mémoires de Motteville.

Ces troubles ôtaient au ministère tout son crédit; il ne pouvait ni emprunter des partisans, ni faire entrer les contributions ordinaires dans le trésor public. On avait encore à soutenir une guerre ruineuse; la reine fut réduite à mettre en gage les pierreries de la couronne et les siennes propres, à renvoyer quelques domestiques du roi et des siens, à diminuer jusqu'à la dépense de la nourriture[1]. Il fallut encore que plusieurs personnes de la cour lui prêtassent de l'argent.

Dans cette extrémité, le cardinal Mazarin, qui ne se roidissait pas contre les difficultés comme Richelieu, lui conseilla de mener une seconde fois le roi son fils au parlement, pour accorder tout ce que l'état présent des affaires ne permettait pas de refuser

Ce lit de justice[2] ne réussit pas mieux que le reste. L'avocat général Talon eut beau dire au jeune roi « qu'il fît réflexion sur la diversion naturelle des maisons célestes, sur l'opposition des astres et des aspects contraires qui composent la beauté de la milice supérieure; » le chancelier ayant accordé de la part du roi plus qu'on ne demandait, et défendu seulement les assemblées des chambres, qui ne devaient pas se faire sans la permission de la cour, on s'assembla dès le lendemain.

Cette obstination fut d'autant plus douloureuse pour la reine que, dans ce temps-là même, la fille de Henri IV, femme de Charles Ier, roi d'Angleterre, se réfugiait en France avec ses enfants, et que le parlement d'Angleterre préparait l'échafaud sur lequel Charles Ier porta sa tête. Ce nom seul du parlement troublait le cœur d'Anne d'Autriche, quoique le tribunal de Paris appelé parlement n'eût rien de commun avec le parlement d'Angleterre. Le chagrin la rendit malade, et le peuple n'eut point pitié d'elle.

CHAP. LVI. — *Des barricades, et de la guerre de la Fronde.*

Non-seulement le brigandage des finances avait irrité les tribunaux et les citoyens, mais on était ulcéré de ces emprisonnements et de ces exils, armes de vengeance que les ministres employaient contre leurs ennemis au mépris des lois du royaume. On ne s'en était pas servi sous le gouvernement sage et ferme du grand Henri IV. Elles furent à peine remarquées sous le despotisme de Richelieu, qui occupa les bourreaux encore plus que les geôliers.

Mazarin, plus doux que Richelieu, ne répandit point de sang; mais il avait fait mettre en prison à Vincennes le duc de Beaufort, qui n'avait d'autre crime que de lui disputer son autorité, et d'être à la cour son rival en crédit. Le cardinal de Retz, dans ses Mémoires, dit « qu'on fut saisi d'un étonnement respectueux, quand on vit Jules Mazarin faire enfermer le petit-fils de Henri IV, et exiler toute sa famille; qu'on se croyait fort obligé au ministre de ce qu'il ne faisait pas mettre quelqu'un en prison tous les huit jours; et que Chapelain admirait surtout ce grand événement. »

Ce Chapelain, dont le nom est devenu si ridicule, pouvait tant qu'il

1. Motteville. — 2. 31 juillet 1648.

voulait admirer servilement cet abus du pouvoir. La maison de Vendôme avait des amis dans le parlement qui n'admiraient point du tout
une telle conduite, et qui excitaient toujours la compagnie contre le
ministre.

La bataille de Lens, gagnée par le prince de Condé, enhardit la cour
à se venger enfin du parlement. On fit arrêter le président Potier de
Blancménil, le conseiller Broussel; et on envoya saisir plusieurs autres
magistrats qui échappèrent.

Broussel était un vieillard de soixante et treize ans, vénérable et
cher au peuple par ses cheveux blancs, et parce qu'il logeait dans un
quartier rempli de populace, mais plus encore parce qu'il était l'instrument des chefs de parti dans le parlement, qui mettaient toujours
dans sa bouche ce qu'ils avaient dans l'esprit; il proposait les avis les
plus hardis, et croyait les avoir imaginés.

Quand on eut enlevé ce vieillard, la populace se souleva comme si
on lui avait arraché son père. Elle ne fut excitée par aucun homme
considérable; la servante de Broussel commença l'émeute, et fut la
première cause des barricades. Les bourgeois se joignirent au peuple,
le parlement aux bourgeois; et bientôt après une partie de ceux qu'on
appelait grands alors s'unit au parlement.

Le lendemain de l'enlèvement des magistrats et de l'émotion du
peuple fut la journée des Barricades. Le peuple renouvela ce qu'il avait
fait sous Henri III, mais avec encore plus d'emportement et plus d'effusion de sang. Le cardinal de Retz, alors simple coadjuteur de l'archevêque de Paris, se vante, dans ses Mémoires, d'avoir été l'unique
auteur de cette sédition mémorable qui commença la guerre civile; il
y eut sans doute une très-grande part.

Cet archevêque avait trois passions dominantes: la débauche, la
sédition, et la vaine gloire. On le vit en même temps se livrer à
des amours quelquefois honteux, prêcher devant la cour, et faire la
guerre à la reine sa bienfaitrice.

On sait que d'abord le cabinet, alarmé des barricades, fut obligé de
rendre les magistrats emprisonnés. Cette indulgence enhardit les factieux. La reine mère fut enfin obligée de fuir deux fois de Paris avec
le roi son fils, les princes et son ministre. Et la seconde fois qu'elle se
tira des mains des factieux, ce fut pour aller à Saint-Germain [1], où
toute la cour coucha sur la paille, tant ce voyage fut précipité. Le
prince de Condé, touché des larmes de la reine, et flatté d'être le défenseur de la couronne, prépara le blocus de Paris. Le parlement,
de son côté, nomma des généraux et leva des troupes. Chaque conseiller du parlement se taxa à cinq cents livres. Vingt membres de ce
corps, qui étaient l'objet de la haine de leurs confrères, parce qu'ils
avaient acheté leurs charges de la nouvelle création sous le cardinal
de Richelieu, donnèrent chacun quinze mille livres pour obtenir la
bienveillance du reste de la compagnie. Elle fit payer cinquante écus
par chaque maison à porte cochère; elle fit saisir jusqu'à six cent

1. 6 janvier 1649.

mille livres dans les maisons des partisans de la cour. Avec cet argent extorqué par la rapine et par un arrêt, elle fit des régiments de bourgeois, et on eut plus de troupes contre la cour que la cour n'en eut contre Paris.

Le parlement, en faisant ces préparatifs, déclara le cardinal premier ministre ennemi de l'État et perturbateur du repos public, lui ordonna de sortir du royaume dans huit jours; et, passé ce temps, ordre à tous les Français *de lui courre sus*, ancien formulaire des déclarations de guerre de monarque à monarque.

Cependant le grand Condé, avec sept ou huit mille hommes, tenait Paris bloqué et en alarmes. On sait quel mépris il avait pour cette guerre qu'il appelait *la guerre des pots de chambre*, et qui selon lui ne devait être écrite qu'en vers burlesques. On ne se souvient aujourd'hui que du ridicule de cette première campagne de la Fronde; des vingt conseillers au parlement, qu'on appela *les quinze-vingts*, parce qu'ils avaient fourni chacun quinze mille livres à l'armée parisienne; du régiment du coadjuteur, nommé le *régiment de Corinthe*, à cause du titre d'évêque de Corinthe que portait alors le cardinal de Retz; de la défaite de ce régiment, appelée *la première aux Corinthiens;* enfin des chansons plaisantes et satiriques qui célébraient les exploits des bourgeois de Paris.

La duchesse de Nemours dit que, dans une conférence accordée à quelques députés des rebelles, on leur fit accroire que le prince de Condé se faisait servir régulièrement à son dîner un plat d'oreilles de Parisiens. Malgré toutes ces plaisanteries qui caractérisaient la nation, il y eut du sang répandu, des villages ruinés, des campagnes dévastées, un brigandage affreux, et beaucoup d'infortunés.

C'était dans ce temps-là même que le cardinal Mazarin venait de mettre la dernière main à la paix de Vestphalie; il ajoutait l'Alsace à la France, et le parlement le déclarait ennemi de l'État, et ordonnait *qu'on lui courût sus*.

Assez de livres sont remplis des détails de tous ces troubles, des factions de Paris, des intrigues de la cour, et de ce flux et reflux continuel de réconciliations et de ruptures: notre plan est de ne rapporter que ce qui concerne le parlement. Les Mémoires de la duchesse de Nemours nous apprennent qu'un des motifs qui avaient déterminé le grand Condé à favoriser Mazarin, et à se déclarer contre le parlement, fut qu'un jour ayant été aux chambres assemblées pour apaiser les troubles naissants, et ayant accompagné son discours d'un de ces gestes d'un général victorieux, qu'on pouvait prendre pour une menace, le conseiller Quatre-Sous lui dit que c'était un fort vilain geste dont il devrait se défaire. Les murmures de l'assemblée, que le cardinal de Retz appelle si souvent la cohue des enquêtes, excitèrent la colère du prince. Il fallut que ses amis l'excusassent auprès de Quatre-Sous; mais à ce mouvement de colère s'était joint un motif plus noble, celui de secourir l'enfance du roi opprimée, et la reine régente outragée.

Toutes les guerres civiles qui avaient désolé la France furent plus funestes que celle de la Fronde ; mais on n'en vit jamais qui fût plus injuste, plus inconsidérée ni plus ridicule. Un archevêque de Paris et une cour de judicature armés contre le roi, sans aucun prétexte plausible, étaient un événement dont il n'y avait point d'exemple, et qui probablement ne sera jamais imité.

Dans cette première petite guerre de la Fronde, on négocia beaucoup plus qu'on ne se battit ; c'était le génie du cardinal Mazarin. La cour envoya un héraut d'armes, accompagné d'un gentilhomme ordinaire du roi, au parlement de Paris. Le héraut ne fut point reçu, sous prétexte qu'on n'en envoyait qu'à des ennemis, et que le parlement ne l'était pas ; mais quelques jours après le parlement donna audience à un envoyé du roi d'Espagne, qui promit, au nom du roi son maître, dix-huit mille hommes contre le cardinal Mazarin [1].

Cette proposition de l'Espagne hâta la paix de la cour et des frondeurs. La reine mère ramena son fils à Paris ; mais les affaires ne furent que plus brouillées.

Le prince de Condé demanda hautement le prix de ses services. Le cardinal trouva le prix trop exorbitant ; et pour réponse à ses griefs, il le fit mettre en prison à Vincennes [2], lui, le prince de Conti son frère, et le duc de Longueville son beau-frère. Le peuple, qui avait fait des barricades pour l'emprisonnement de Broussel, fit des feux de joie pour celui du grand Condé. Mais cet emprisonnement, qui semblait devoir assurer la tranquillité publique en inspirant la terreur, ne produisit qu'une seconde guerre civile. Le parlement prit enfin parti pour ce même prince contre lequel il avait levé des troupes. On vit la mère du grand Condé venir présenter requête à la porte de la grand'-chambre, et implorer la protection de tous les conseillers en s'inclinant devant eux à mesure qu'ils passaient.

Le parlement de Bordeaux députa au parlement de Paris, et s'unit avec lui. Mazarin fut obligé de sortir de Paris [3], et d'aller lui-même délivrer les princes qu'il avait fait transférer au Havre-de-Grace. Le parlement le bannit du royaume par arrêt, avec nouvel ordre à tous les sujets du roi *de lui courir sus*.

Par un second arrêt [4], il commit les conseillers Bitaut et Pitou pour aller informer contre lui sur la frontière et pour l'amener prisonnier à la Conciergerie, en cas qu'ils le trouvassent.

Par un troisième arrêt, il mit la tête du cardinal à prix, et fixa ce prix à cinquante mille écus.

Par un quatrième arrêt, il fit vendre ses meubles et sa bibliothèque pour avoir de quoi payer cette tête.

Par un cinquième arrêt, quand le cardinal revint dans le royaume, à la tête d'une petite armée, pour se joindre aux troupes du roi, il envoya deux conseillers [5] pour informer contre cette armée : l'un d'eux, qui était ce même Bitaut, fut pris, et renvoyé sans rançon avec indulgence.

1. Cette prétendue ambassade n'était qu'une intrigue du coadjuteur. (ÉD.)
2. 18 janvier 1650. — 3. 9 février 1651. — Voltaire aurait dû dire : 6 février. (ÉD.)
4. 11 mars 1651. — 5. Janvier 1652.

L'avocat général Talon dit alors au coadjuteur dans le parlement : « Nous ne savons ce que nous faisons : » mais les princes, les généraux, les chefs de parti, les ministres ne le savaient pas davantage.

Ce n'était pas seulement une guerre civile, c'étaient cent petites guerres civiles qui changeaient chaque jour d'objet et d'intérêt à la cour, dans Paris, dans les provinces, partout où l'incendie était allumé. Les princes, les chefs, les ministres, les femmes, tous faisaient des traités et les rompaient. Le jeune roi erra en fugitif au milieu de son royaume. Le prince de Condé, qui avait été le soutien de la France, en devint le fléau ; et Turenne, après avoir trahi la cour, en fut le libérateur.

Enfin la cause du roi prévalut ; la reine mère ramena son fils victorieux à Paris [1]. Ce même peuple qui avait accablé d'outrages la famille royale, signala son inconstance ordinaire en tournant ses emportements contre le parlement. On chantait au Louvre, au Palais-Royal, au Luxembourg, dans la cour du Palais, dans les places, dans les églises, cette chanson si longtemps fameuse, quoique très-mauvaise :

> Messieurs de la noire cour,
> Rendez grâces à la guerre ;
> Vous commandiez à la terre,
> Vous dansiez au Luxembourg ;
> Petites gens de chicane,
> Canne
> Tombera sur vous ;
> Et l'on verra madame Anne
> Vous faire rouer de coups.

Cette chanson ridicule montre l'esprit du temps auquel les plus grandes affaires avaient été traitées au cabaret et en vaudevilles.

Le roi ramena le cardinal Mazarin ; tout fut tranquille dans Paris, et les séditieux furent punis.

CHAP. LVII. — *Fin des guerres civiles de Paris. Le parlement rentre dans son devoir ; il harangue le cardinal Mazarin.*

Le châtiment du cardinal de Retz fut borné à une prison dans Vincennes ; punition légère pour un homme qui avait été le boute-feu de la France. Le vieux conseiller Broussel, premier auteur, sans le savoir, de tant de troubles et de malheurs, en fut quitte pour se démettre de sa place de prévôt des marchands, que les rebelles lui avaient donnée.

Le roi tint son lit de justice au Louvre [2] ; il ordonna aux conseillers Broussel, Fleury, Martinaut, Perraut et quelques autres de sortir de Paris ; mais on les rappela bientôt.

Le cardinal Mazarin était revenu triomphant dans la capitale. Presque tous les membres du parlement, qui avaient mis sa tête à prix, et qui avaient vendu ses meubles à l'encan pour payer les assassins, vin-

_____
1. 21 octobre 1652. — 2. 1652.

rent le complimenter les uns après les autres, et furent d'autant plus humiliés, qu'il les reçut avec affabilité.

Le grand Condé, plus fier, et animé par la vengeance, ne voulut point plier devant un étranger qui lui avait ravi sa liberté; il aima mieux continuer la guerre civile que le parlement de Paris avait commencée, et que le parlement de Bordeaux soutenait alors. On vit ce prince à la tête des troupes espagnoles qu'il avait autrefois battues; et enfin le parlement de Paris, à peine sorti de la faction, condamna ce même prince de Condé par contumace, comme il avait condamné Mazarin, et confisqua tous ses biens en France. Cette compagnie était une arme qui avait blessé son maître, et dont le roi se servait ensuite pour frapper ses ennemis.

Louis XIV ne gouvernait pas encore, et on doutait même qu'il pût jamais tenir lui-même les rênes de l'État; mais il fit sentir, dès l'an 1655, la hauteur de son caractère. Le parlement arrêta de faire des remontrances sur un édit concernant les monnaies, et le ministre prétendait qu'une cour des monnaies étant établie, ce n'était pas au parlement à se mêler de cet objet. Le roi partit de Vincennes à cheval, vint en bottes au parlement, le fouet à la main. Il adressa la parole au premier président, et lui dit : « On sait les malheurs qu'ont produits vos assemblées; j'ordonne qu'on cesse celles qui sont commencées sur mes édits. Monsieur le premier président, je vous défends de les souffrir : et vous (en se tournant vers les conseillers des enquêtes), je vous défends de les demander. » On se tut, on obéit : et depuis ce moment l'autorité souveraine ne fut plus combattue sous ce règne.

Quand le cardinal eut conclu la paix des Pyrénées et marié Louis XIV, le parlement vint haranguer ce ministre par députés, ce qu'il n'avait jamais fait ni pour le cardinal de Richelieu ni pour aucun prince. La harangue était remplie de louanges qui parurent trop fortes même aux courtisans; elle devint l'objet de leurs railleries. Ménage adressa au cardinal, qui n'était pas sans lettres et sans goût, une pièce de vers latins alors très-fameuse; il y parlait comme toute la cour, et il disait dans cet ouvrage :

> *Et, puto, tam viles despicis ipse togas.*
>
> « Tu méprises sans doute ces robes si viles. »

On en fit des plaintes dans la grand'chambre; mais ce n'était plus le temps où cette compagnie pouvait venger ses injures particulières. La cour applaudissait à cette humiliation. Ménage s'excusa; il prétendit qu'il n'avait point voulu désigner la compagnie par le mot de *robes*, quoique ce mot ne pût en effet désigner qu'elle; et le parlement crut qu'il n'était pas de sa dignité de relever cette injure.

CHAP. LVIII. — *Du parlement depuis que Louis XIV régna par lui-même.*

Dès que Louis XIV gouverna par lui-même, il sut contenir tous les corps de l'État dans les limites de leurs devoirs. Il réforma tout, finance, discipline militaire, marine, police, Église, jurisprudence. Il y avait beaucoup d'arbitraire dans les formes de la justice. Il pensa d'abord à rendre la procédure uniforme dans tout le royaume, et à extirper, s'il se pouvait, tous les abus : mais une partie de cette grande entreprise ne fut exécutée qu'en 1667 ; elle demandait du temps, et il fallait remédier à des maux plus pressants.

Tandis qu'on commençait à jeter les fondements de toute cette réforme générale, il y eut entre les pairs du royaume et les présidents à mortier de Paris une contestation mémorable, dans laquelle il est vrai que les intérêts de la vanité humaine semblaient avoir plus de part que les intérêts de l'État : mais enfin il s'agissait de l'ordre et de la décence qui sont nécessaires à toute administration. Les pairs ne venaient plus au parlement que lorsqu'ils accompagnaient le roi dans son lit de justice. Ils se plaignaient que, depuis la mort de Louis XIII, les présidents se fussent mis en possession d'opiner avant eux. La cause fut débattue dans le conseil du roi, devant les princes du sang et les ministres.

Les pairs représentaient qu'ils étaient originairement les juges nés de la nation ; qu'ils avaient succédé aux droits des anciens pairs du royaume ; que les maisons de Guise, de Clèves, de Gonzague, pourvues de pairies, avaient joui des mêmes prérogatives que les ducs de Bourgogne, de Guienne, et de Normandie ; que les Montmorency, les Usez, les Brissac, les La Trémouille, et tous les autres revêtus de cette dignité, avaient les mêmes droits qu'avaient eus les Guises ; que cette dignité était héréditaire et non sujette à la paulette, comme les charges de présidents ; qu'enfin la cour de justice du parlement tirait son plus grand honneur de la présence des pairs, et du titre de cour des pairs.

Les présidents disaient qu'ils ne faisaient qu'un avec le premier président, que toute la présidence représentait le roi, que le parlement était la cour des pairs, non-seulement parce que les pairs y avaient obtenu séance, mais parce qu'ils y étaient jugés.

Louis XIV et son conseil décidèrent[1] qu'on rendrait aux pairs l'honneur qui leur était dû, et que dans ces séances solennelles ils opineraient les premiers.

Les présidents restèrent en possession d'opiner les premiers dans les séances ordinaires où le roi ne se trouve pas, et où le premier président, et non le chancelier, recueille les voix. Les premiers présidents persistèrent non-seulement à ne prendre les avis des pairs qu'après ceux des présidents, mais à se découvrir devant ces présidents, et à demander l'avis des pairs le bonnet en tête. Les pairs s'en sont plaints souvent, mais cette querelle n'a jamais été décidée ; elle est restée dans le nombre des contestations sur lesquelles il n'est rien réglé. Ce nombre est prodigieux. Ce n'est guère qu'en France que les droits de tous les corps flottent ainsi dans l'incertitude.

Le roi, dès l'année 1655, était venu au parlement, en grosses bottes.

1. 26 avril 1664.

et un fouet à la main, défendre les assemblées des chambres, et il
avait parlé avec tant de hauteur, que dès ce jour on prévit un changement total dans le royaume.

Il ordonna, en 1657, par un édit renouvelé depuis en 1673, que jamais le parlement ne fît des représentations que dans la huitaine, après
avoir enregistré avec obéissance.

L'indignation qu'il conserva toujours dans son cœur contre les
excès auxquels le parlement s'était porté dans sa minorité, le détermina même à venir dans la grand'chambre, en 1669, pour y révoquer les priviléges de noblesse accordés aux cours supérieures par
la reine mère, en 1644. Cependant cet édit enregistré en sa présence
n'a point eu d'effet, l'usage a toujours prévalu sur les ordres du souverain.

Louis XIV préparait des décisions plus importantes pour le bien de
la nation. Il fit bientôt travailler à une loi uniforme, qui fixa la manière de procéder dans toutes les cours de judicature, soit au civil,
soit au criminel. Il fixa les épices des juges, le cas où il leur est permis de s'en attribuer, et le cas où il leur est défendu de prendre ces
émoluments.

Il y eut enfin un code certain, du moins pour la manière de procéder, car celle de juger est toujours restée trop arbitraire en matière
civile et criminelle.

Louis XIV n'eut à se plaindre ni d'aucun parlement, ni d'aucun
corps dans le cours de son règne, depuis qu'il tint les rênes du gouvernement.

Il est à remarquer que dans sa longue querelle avec le fier pape
Odescalchi, Innocent XI, laquelle dura sept années, depuis 1680 jusqu'à la mort de ce pontife, les parlements et le clergé soutinrent à
l'envi les droits de la couronne contre les entreprises de Rome : concert heureux qu'on n'avait pas vu depuis Louis XII. Le parlement
même parut très-disposé à délivrer entièrement la nation du joug de
l'Église romaine, joug qu'il a toujours secoué, mais qu'il n'avait jamais
brisé.

L'avocat général Talon, et le procureur général Harlay, en appelant comme d'abus d'une bulle d'Innocent XI en 1687, firent assez
connaître combien il était aisé que la France demeurât unie avec la
chaire de Rome dans le dogme, et en fût absolument séparée dans tout
le reste.

Les évêques n'allaient pas jusque-là; mais c'était beaucoup que le
clergé, animé par le grand Bossuet, démentît solennellement, en 1682,
la doctrine du cardinal Duperron, qui avait prévalu si malheureusement dans les états de 1614.

Ce clergé, devenu plus citoyen que romain, s'expliqua ainsi dans
quatre propositions mémorables :

1. Dieu n'a donné à Pierre et à ses successeurs aucune puissance, ni
directe, ni indirecte, sur les choses temporelles.

2. L'Église gallicane approuve le concile de Constance, qui déclare
les conciles généraux supérieurs au pape dans le spirituel.

3. Les règles, les usages, les pratiques, reçus dans le royaume et dans l'Église gallicane, doivent demeurer inébranlables.

4. Les décisions du pape en matière de foi ne sont sûres qu'après que l'Église les a acceptées.

Ces quatre décisions n'étaient à la vérité que quatre boucliers contre des agressions innombrables ; et même quelques années après, Louis XIV, se croyant assez puissant pour négliger ces armes défensives, permit que le clergé les abandonnât, et la plupart des mêmes évêques qui s'en étaient servis contre Innocent XI, en demandèrent pardon à Innocent XII : mais le parlement, qui ne doit connaître que la loi et non la politique, les a conservées avec une vigueur inflexible.

Il n'eut pas la même inflexibilité au sujet de l'affaire ridicule et presque funeste de la bulle *Unigenitus*, envoyée de Rome en 1713, bulle qu'on savait assez avoir été fabriquée à Paris par trois jésuites; bulle qui condamnait les maximes les plus reçues, et même les plus inviolables. Qui croirait que jamais des chrétiens eussent pu condamner cette proposition ? « Il est bon de lire des livres de piété le dimanche, surtout la sainte Écriture ; » et celle-ci : « La crainte d'une excommunication injuste ne doit pas nous empêcher de faire notre devoir.

Mais par amour de la paix le parlement l'enregistra, l'an 1714. Ce fut à la vérité en la détestant, et en tâchant de l'affaiblir par toutes les modifications possibles. Un tel enregistrement était plutôt une flétrissure qu'une approbation.

Le roi voulait qu'on enregistrât ses édits, et qu'après on fît des remontrances par écrit si on voulait. Le parlement ne remontra rien.

Louis XIV, satisfait de la soumission apparente du parlement, le rendit bientôt après dépositaire de son testament, qui fut enfermé dans une chambre bâtie exprès. Il ne prévoyait pas que son testament serait cassé unanimement par ceux mêmes à qui il le confiait ; et cependant il devait s'y attendre, pour peu qu'il eût réfléchi aux clauses qu'il contenait : mais il avait été si absolu qu'il crut devoir l'être encore après sa mort.

CHAP. LIX. — *Régence du duc d'Orléans.*

Louis XIV étant mort le 1er septembre 1715, le parlement s'assembla le lendemain sans être convoqué. Le duc d'Orléans, héritier présomptif de la couronne, y prit séance avec les princes et les pairs.

Le régiment des gardes entourait le palais, et les mesures avaient été prises avec les principaux membres pour casser le testament du feu roi, comme on avait cassé celui de son père.

Avant qu'on fît l'ouverture de ce testament, le duc d'Orléans prononça un discours par lequel il demanda la régence, en vertu du droit de sa naissance plutôt que des dernières volontés de Louis IV.

« Mais à quelque titre que je doive aspirer à la régence, dit-il, j'ose vous assurer, messieurs, que je la mériterai par mon zèle pour le service du roi, par mon amour pour le bien public, et surtout étant aidé de vos conseils et de vos sages remontrances. »

C'était flatter le parlement que de lui protester qu'on se conduirait par ces mêmes remontrances que Louis XIV avait proscrites, en permettant seulement qu'on en fît par écrit après avoir obéi. Le testament fut lu à voix basse, rapidement, et seulement pour la forme. Il ôtait réellement la régence au duc d'Orléans. Louis XIV avait établi un conseil d'administration, où tout se devait conclure à la pluralité des voix, comme s'il eût formé un conseil d'État de son vivant et comme s'il devait régner après sa mort. Le duc d'Orléans, à la tête de ce conseil, ne devait avoir que la voix prépondérante. Le duc du Maine, fils de Louis XIV, reconnu à la vérité, mais né d'un double adultère, avait la garde de la personne du roi Louis XV, et le commandement suprême de toutes les troupes qui forment la maison du roi, et qui composent un corps d'environ dix mille hommes.

Ces dispositions eussent été sages dans un père de famille qui aurait craint de confier la vie et les biens de son petit-fils à celui qui devait en hériter; mais elles étaient impraticables dans une monarchie. Elles divisaient l'autorité, par conséquent l'anéantissaient: elles semblaient préparer des guerres civiles; elles étaient contraires aux usages reçus, qui tenaient lieu de loi fondamentale, s'il y en a sur terre.

Le parlement rendit un arrêt qui était déjà tout préparé. Il est conçu en termes singuliers. Ce n'est point un jugement, *parties ouïes*, point de requête, point de forme ordinaire, rien de contentieux. « La cour, toutes les chambres assemblées, la matière mise en délibération, a déclaré et déclare M. le duc d'Orléans régent en France, pour avoir soin de l'administration du royaume pendant la minorité du roi; ordonne que le duc de Bourbon sera dès à présent chef du conseil de régence sous l'autorité de M. le duc d'Orléans, et y présidera en son absence; que les princes du sang royal auront aussi entrée audit conseil, lorsqu'ils auront atteint l'âge de vingt-trois ans accomplis; et après la déclaration faite par M. le duc d'Orléans, qu'il entend se conformer à la pluralité des suffrages dudit conseil de la régence dans toutes les affaires (à l'exception des charges, emplois, bénéfices, grâces, qu'il pourra accorder à qui bon lui semblera, après avoir consulté le conseil de régence, sans être néanmoins assujetti à suivre la pluralité des voix à cet égard), ordonne qu'il pourra former le conseil de régence, même tel conseil qu'il jugera à propos, et y admettre les personnes qu'il en estimera les plus dignes, le tout suivant le projet que M. le duc d'Orléans a déclaré qu'il communiquerait à la cour; que le duc du Maine sera surintendant de l'éducation du roi; l'autorité entière et le commandement sur les troupes de la maison dudit seigneur roi, même sur celles qui sont employées à la garde de sa personne, demeurant à M. le duc d'Orléans, et sans aucune supériorité du duc du Maine sur le duc de Bourbon, grand maître de la maison du roi. »

C'était s'exprimer en souverain. Ce langage de souveraineté était-il légalement autorisé par la présence des princes et des pairs? Une telle assemblée, tout auguste qu'elle était, ne représentait point les états généraux; elle ne parlait pas au nom du roi enfant. Que faisait-elle donc? Elle usait d'un droit acquis par deux exemples; celui de

Marie de Médicis, et celui d'Anne d'Autriche, mère de Louis XIV, qui avaient eu la régence au même titre.

Il restait toujours indécis si le parlement devait cette grande prérogative à la présence des princes et des pairs, ou si les pairs devaient au parlement le droit de nommer un régent du royaume. Toutes ces prétentions étaient enveloppées d'un nuage ; chaque pas qu'on fait dans l'histoire de France prouve, comme on l'a déjà vu, que presque rien n'a été réglé d'une manière uniforme et stable, et que le hasard, l'intérêt présent, des volontés passagères, ont souvent été législateurs.

Il y parut assez quand le duc du Maine et le comte de Toulouse, fils naturels et légitimés de Louis XIV, furent dépouillés des priviléges que leur père leur avait accordés solennellement en 1714. Il les déclara princes du sang et héritiers de la couronne après l'extinction de la race des vrais princes du sang, par un édit perpétuel et irrévocable, de sa certaine science, pleine puissance et autorité royale. Cet édit fut enregistré sans aucune remontrance dans tous les parlements du royaume, à qui Louis XIV avait au moins laissé la liberté de remontrer après l'enregistrement.

Trois princes du sang même, les seuls qu'eût la France après la branche d'Orléans, consentirent à cet édit, ainsi que plusieurs pairs qui donnèrent aussi leurs voix. Les deux fils de Louis XIV jouirent en conséquence des honneurs attachés à la dignité de prince du sang, au lit de justice qui donna la régence.

Mais bientôt après, ces mêmes princes, le duc de Bourbon, le comte de Charolais et le prince de Conti, présentèrent une requête au jeune roi, tendant à faire annuler dans un nouveau lit de justice au parlement les droits accordés aux princes légitimés. Ainsi, en moins de six mois, le parlement de Paris se serait trouvé juge de la régence du royaume, et de la succession à la couronne.

Les princes légitimés alléguaient les plus fortes raisons ; les princes du sang produisaient des réponses très-plausibles. Les pairs intervinrent ; trente-neuf seigneurs de la plus haute noblesse prétendirent que cette grande cause était celle de la nation, et qu'on devait assembler les états généraux pour la juger.

On n'en avait pas vu depuis plus de cent ans, et on en désirait. Le fameux système de Lass, dont on commençait à craindre l'établissement projeté, indisposait la robe, qui craint toujours la nouveauté. On jetait déjà les fondements d'un grand parti contre le régent. L'assemblée des états pouvait plonger le royaume dans une grande crise ; mais le parlement, qui croit quelquefois tenir lieu des états, était loin de souhaiter qu'on les convoquât. Il rejeta la protestation de la noblesse, signifiée le 17 juin 1717 par un huissier au procureur général et au greffier en chef. Il interdit même l'huissier pendant six mois.

Le duc du Maine et le comte de Toulouse vinrent alors eux-mêmes présenter requête à la grand'chambre, en protestant que cette affaire où il s'agissait de la succession de la couronne, ne pouvait être jugée que par un roi majeur, ou par les états généraux. La grand'chambre embarrassée prit des délais pour répondre.

Enfin, le 2 juillet, le régent fit rendre un édit qui fut enregistré le 8 sans difficulté. Cet édit ôtait aux enfants légitimés de Louis XIV le titre de princes du sang, que leur père leur avait donné contre les lois des nations et du royaume, en leur réservant seulement la prérogative de traverser, comme les princes du sang, ce qu'on appelle au parlement *le parquet :* c'est une petite enceinte de bois par laquelle ils passent pour aller prendre leurs places; et de tous les honneurs de ce monde, c'est assurément le plus mince. Ainsi tout ce qu'avait établi Louis XIV était alors détruit; la forme même de son gouvernement avait été entièrement changée, des conseils ayant été substitués aux secrétaires d'État.

Le régent lui-même eut en ce temps-là une difficulté singulière avec le parlement. Il demanda quel était l'ordre de la cérémonie quand un régent allait en procession avec ce corps. Il s'agissait d'une procession à la cathédrale de Paris pour le jour qu'on appelle la Notre-Dame d'août, jour où Louis XIII avait mis la France sous la protection de la vierge Marie, et jour fameux pour les disputes de rang. Le parlement répondit que le régent du royaume devait marcher entre deux présidents. Le régent se crut obligé d'envoyer au nom du roi un ordre par lequel le régent devait passer seul avant la compagnie; ce qui paraissait bien naturel, mais ce qui fait voir encore, comme on l'a vu tant de fois, qu'il n'est rien de réglé en France.

Au reste, il ne s'opposa pas à l'habitude que le parlement avait prise de l'appeler toujours Monsieur, comme un conseiller, et de lui écrire Monsieur, tandis qu'il écrivait au chancelier Monseigneur, et tandis que tous les corps de la noblesse des États provinciaux donnaient le titre de Monseigneur au régent. C'est encore une des contradictions communes en France. Le duc d'Orléans n'y prit pas garde, ne songeant qu'à la réalité du pouvoir, et méprisant le ridicule des usages introduits.

CHAP. LX. — *Finances et système de Lass pendant la régence.*

Avant le sytème de Law ou Lass, qui commença à éclairer la France en la bouleversant, il n'y avait que quelques financiers et quelques négociants qui eussent des idées nettes de tout ce qui concerne les espèces, leur valeur réelle, leur valeur numéraire, leur circulation; le change avec l'étranger, le crédit public; ces objets occupèrent la régence et le parlement.

Adrien de Noailles, duc et pair, et depuis maréchal de France, était chef du conseil des finances. Ce n'était pas un Sully, mais aussi il n'était pas le ministre d'un Henri IV. Son génie était plus ardent et plus universel. Il avait des vues aussi droites sans être aussi laborieux et aussi instruit, étant arrivé au gouvernement des finances sans préparation, et ayant été obligé de suppléer par son esprit, qui était prompt et lumineux, aux connaissances préliminaires qui lui manquaient.

Au commencement de ce ministère, l'État avait à payer neuf cents millions d'arrérages; et les revenus du roi ne produisaient pas soixante-neuf millions à trente francs le marc. Le duc de Noailles eut recours, en 1716, à l'établissement d'une chambre de justice contre les financiers. On rechercha les fortunes de quatre mille quatre cent dix personnes, et le total de leurs taxes fut environ de deux cent dix-neuf millions quatre cent mille livres; mais de cette somme immense il ne rentra que soixante et dix millions dans les coffres du roi : il fallait d'autres ressources.

Au mois de mai 1716, le régent avait permis à Lass, Écossais, d'établir sa banque, composée seulement de douze cents actions de mille écus chacune. Tant que cet établissement fut limité dans ses bornes, et qu'il n'y eut pas plus de papier que d'espèces, il en résulta un grand crédit et par conséquent le bien du royaume; mais quand Lass eut réuni, au mois d'août 1717, une compagnie nommée d'*Occident* à la banque, qu'il se chargea de la ferme du tabac qui ne valait alors que quatre millions; quand il eut le commerce du Sénégal, à la fin de l'année, toutes ces entreprises, réunies sous la main d'un seul homme qui était étranger, donnèrent une extrême jalousie aux gros financiers du royaume, et le parlement prit des alarmes prématurées. Le chancelier d'Aguesseau, homme élevé dans les formes du palais, très-instruit dans la jurisprudence, mais moins versé dans la connaissance de l'intérieur du royaume, difficile et incertain dans les affaires, mais aussi intègre qu'éloquent, s'opposait autant qu'il pouvait aux innovations intéressées et ambitieuses de Lass.

Pendant ce temps-là il se formait un parti assez considérable contre la régence du duc d'Orléans. La duchesse du Maine en était l'âme; le duc du Maine y entrait par complaisance pour sa femme. Le cardinal de Polignac s'en était mis pour jouer un rôle; plusieurs seigneurs attendaient le moment de se déclarer; ce parti agissait sourdement de concert avec le cardinal Albéroni, premier ministre d'Espagne; tout était encore dans le plus grand secret, et le duc d'Orléans n'avait que des soupçons. Il fallait qu'il se préparât à la guerre contre l'Espagne, qui paraissait inévitable. Il fallait qu'en même temps il acquittât une partie des dettes immenses que Louis XIV avait laissées : il fallut faire plusieurs règlements que le régent crut utiles, et que le chancelier d'Aguesseau crut pernicieux. Il exila le chancelier à sa maison de campagne, et nomma garde des sceaux et vice-chancelier le conseiller d'État lieutenant de police de Paulmy d'Argenson, homme d'une ancienne noblesse, d'un grand courage dans les difficultés, d'une expédition prompte, d'un travail infatigable, désintéressé, ferme, mais dur, despotique, et le meilleur instrument du despotisme que le régent pût trouver. Il eut tout d'un coup les sceaux à la place de M. d'Aguesseau, et l'administration des finances à la place du duc de Noailles; mais il n'eut ces deux places qu'à condition qu'il établirait de tout son pouvoir le système de Lass, qui allait bientôt se déployer tout entier. Lass était sur le point d'être le maître absolu de tout l'argent du royaume; et le garde des sceaux d'Argenson, déclaré vice-chancelier, devait n'avoir dans cette partie que la fonction de sceller les caprices d'un étranger.

Il mit d'abord toute l'activité de son caractère à soutenir le système de Lass, dont il sentit bientôt après les prodigieux abus. Une des grandes démences de ce système était de décrier l'argent pour y substituer des billets, au lieu que le papier et l'argent doivent se soutenir l'un par l'autre. Lass rendait un grand service à la nation en y établissant une banque générale, telle qu'on en voit en Suède, à Venise, en Hollande, et dans quelques autres États; mais il bouleversait la France en poussant les actions de cette banque jusqu'à une valeur chimérique, en y joignant des compagnies de commerce imaginaires, et en ne proportionnant pas ces papiers de crédit à l'argent qui circulait dans le royaume.

Pour commencer à avilir les espèces, on les refondit. Le ministère ordonna, le 30 mai 1718, que le marc d'argent, qui, après avoir essuyé plusieurs variations rapides depuis la mort de Louis XIV, était alors à quarante livres, serait à soixante, et que ceux qui porteraient à la Monnaie des anciennes promesses du gouvernement, nommées billets d'État, avec une certaine quantité d'argent, à quarante livres numéraires le marc, recevraient le payement total de leur argent et de leurs billets en valeur numéraire à soixante livres.

Cette opération était absurde et injuste. Voici quel en était l'effet pernicieux.

Un citoyen portait à la monnaie du roi 2500 livres de l'ancienne espèce avec 1000 livres de billets d'État, on lui donnait 3500 livres de la nouvelle espèce en argent comptant; il croyait gagner, et il perdait réellement, car on ne lui donnait qu'environ cinquante-huit marcs sous la dénomination trompeuse de 3500 livres. Il perdait réellement plus de quatre marcs, et perdait en outre la totalité de ses billets.

Le gouvernement faisait encore une plus grande perte que les particuliers, et s'il trompait les citoyens, il était trompé lui-même : car, dans le payement des impôts qui se payent en valeur numéraire, il recevait réellement un tiers de moins. La nation en général supportait encore un autre dommage par cette altération des monnaies; on les refondait chez l'étranger, qui donnait aux Français pour soixante livres ce qu'il avait reçu pour quarante.

Cela prouve évidemment que ni le régent ni le garde des sceaux, malgré leur esprit et leurs lumières, n'entendaient rien à la finance, qu'ils n'avaient point étudiée. Le parlement, qui fit de justes remontrances au régent, n'y entendait pas davantage. Il fit des représentations aussi légitimes que mal conçues[1]. Il se trompa sur l'évaluation de l'argent; il ajouta à cette erreur de calcul une erreur encore plus grande en prononçant ces paroles : « A l'égard de l'étranger, si nous tirons sur lui un marc d'argent, dont la valeur intrinsèque n'est que de vingt-cinq livres, nous serons forcés de lui payer soixante livres, et ce qu'il tirera de nous, il nous le payera dans notre monnaie, qui ne lui coûtera que sa valeur intrinsèque. »

1. 19 juin 1718.

La valeur intrinsèque n'est ni vingt-cinq livres, ni dix livres, ni cinquante livres; ce mot de *livre* ou *franc* n'est qu'un terme arbitraire, dérivé d'une ancienne dénomination réelle. La seule valeur intrinsèque d'un marc d'argent est un marc d'argent, une demi-livre du poids de huit onces. Le poids et le titre font seuls cette valeur intrinsèque.

Le régent répondit au parlement avec beaucoup de modération, et lui dit ces propres mots : « J'ai pesé les inconvénients, mais je n'ai pu me dispenser de donner l'édit : je les ferai pourtant de nouveau examiner pour y remédier. »

Le régent n'avait pas pesé ces inconvénients, puisqu'il n'était pas même assez instruit pour relever les méprises du parlement. Ce corps ne dit point ce qu'il devait dire, et le régent ne répondit point ce qu'il devait répondre.

Le parlement ne se contenta pas de cette réponse; les murmures de presque tous les gens sensés contre Lass l'aigrissaient, et quelques-uns de ses membres étaient animés par la faction de la duchesse du Maine, du cardinal de Polignac, et de quelques autres mécontents.

Le lendemain[1], les chambres assemblées, au nombre de cent soixante et cinq membres, rendirent un arrêt par lequel elles défendirent d'obéir à l'édit du roi.

Le régent se contenta de casser cet arrêt, comme attentatoire à l'autorité royale, et de poster deux compagnies des gardes à l'hôtel de la Monnaie. Il souffrit même encore qu'une députation du parlement vînt faire des remontrances à la personne du roi. Sept présidents et trente-deux conseillers allèrent au Louvre. On croyait que cette marche animerait le peuple; mais personne ne s'assembla seulement pour les voir passer.

Paris n'était occupé que du jeu des actions auquel Lass le faisait jouer; et la populace, qui croyait réellement faire un gain lorsqu'on lui disait que quatre francs en valaient six, s'empressait à l'hôtel des Monnaies, et laissait le parlement aller faire au roi des remontrances inutiles.

Lass, qui avait réuni à la banque la compagnie d'Occident, y réunit encore la ferme du tabac qui lui valait beaucoup.

Le parlement osa défendre[2] aux receveurs des deniers royaux de porter l'argent à la banque. Il renouvela ses anciens arrêts contre les étrangers employés dans les finances de l'État. Enfin il décréta d'ajournement personnel le sieur Lass, et ensuite de prise de corps.

Le duc d'Orléans[3] prit alors le parti de faire tenir au roi un lit de justice au palais des Tuileries. La maison du roi prit les armes, et entoura le Louvre. Il fut ordonné au parlement d'arriver à pied et en robes rouges. Ce lit de justice fut mémorable : on commença par faire enregistrer les lettres patentes du garde des sceaux, que le parlement n'avait pas voulu jusque-là recevoir. M. d'Argenson ouvrit ensuite la séance par un discours dont voici les paroles les plus remarquables :

1. 20 juin 1718. — 2. 12 août 1718. — 3. 26 août 1718.

« Il semble même qu'il a porté (le parlement) ses entreprises jusqu'à prétendre que le roi ne peut rien sans l'aveu de son parlement, et que son parlement n'a pas besoin de l'ordre et du consentement de Sa Majesté pour ordonner ce qu'il lui plaît.

« Ainsi le parlement pouvant tout sans le roi, et le roi ne pouvant rien sans son parlement, celui-ci deviendrait bientôt législateur nécessaire du royaume; et ce ne serait plus que sous son bon plaisir que Sa Majesté pourrait faire savoir à ses sujets quelles sont ses intentions. »

Après ce discours on lut un édit qui défendait au parlement de se mêler jamais d'aucune affaire d'État, ni des monnaies, ni du payement des rentes, ni d'aucun objet de finance.

M. de Lamoignon, avocat du roi, résuma cet édit en faisant une espèce de protestation modeste. Le premier président demanda la permission de délibérer.

M. d'Argenson répondit : « Le roi veut être obéi, et obéi dans le moment. »

Aussitôt on lut un nouvel édit par lequel on rétablit les pairs dans la préséance sur les présidents à mortier, et sur le droit d'opiner avant eux; droit que les pairs n'avaient pas voulu réclamer au lit de justice qui donna la régence, mais qu'ils revendiquaient dans un temps plus favorable.

Enfin on termina cette mémorable séance en dégradant le duc du Maine, soupçonné d'être trop uni avec le parlement. On lui ôta la surintendance de l'éducation du roi, qui fut donnée sur-le-champ au duc de Bourbon-Condé, et on le priva des honneurs de prince du sang, que l'on conserva au comte de Toulouse.

Le parlement, ainsi humilié dans cette assemblée solennelle, déclara le lendemain, par un arrêt, qu'il n'avait pu, ni dû, ni entendu avoir aucune part à ce qui s'était passé au lit de justice. Les discours furent vifs dans cette séance. Plusieurs membres étaient soupçonnés de préparer la révolution que la faction du duc du Maine, ou plutôt de la duchesse sa femme, méditait secrètement : on n'en avait pas de preuves, et on en cherchait.

La nuit du 28 au 29 août[1], des détachements de mousquetaires enlevèrent dans leurs maisons le président Blamont, et les conseillers Feydeau de Calende et Saint-Martin. Nouvelles remontrances au roi dès le lendemain.

Le garde des sceaux répondit d'une voix sèche et dure : « Les affaires dont il est question sont affaires d'État qui demandent le secret et le silence. Le roi est obligé de faire respecter son autorité : la conduite que tiendra son parlement déterminera les sentiments de Sa Majesté à son égard. »

Le parlement cessa alors de rendre la justice. Le régent lui envoya, le 5 septembre, le marquis d'Effiat pour lui ordonner de reprendre ses fonctions, en lui faisant espérer le rappel des exilés; on obéit, et tout rentra dans l'ordre pour quelque temps.

1. 1718.

Le parlement de Bretagne écrivit une lettre de condoléance à celui de Paris, et envoya au roi des remontrances sur l'enlèvement des trois magistrats. Le duc d'Orléans commençait alors à soupçonner que la faction du duc du Maine, fomentée en Espagne par le cardinal Albéroni, avait déjà en Bretagne beaucoup de partisans; mais cela ne l'empêcha pas de rendre la liberté aux trois membres arrêtés : sa fermeté fut toujours accompagnée d'indulgence.

Chap. LXI. — *L'Écossais Lass contrôleur général; ses opérations ruine de l'État.*

Quiconque veut s'instruire remarquera que dans la minorité de Louis XIV, l'objet le plus mince arma le parlement de Paris, et produisit une guerre civile; mais que, dans la minorité de Louis XV, la subversion de l'État ne put causer le moindre tumulte. La raison en est palpable. Le cardinal de Richelieu avait aigri tous les esprits, et ne les avait pas abaissés. Il y avait encore des grands, et tout respirait la faction à la mort de Louis XIII. Ce fut tout le contraire à la mort de Louis XIV. On était façonné au joug; il y avait très-peu d'hommes puissants. Une raison beaucoup plus forte encore, c'est que le système de Lass, en excitant la cupidité de tous les citoyens, les rendait insensibles à tout le reste. Le prestige se fortifia de jour en jour. La conspiration du prince de Cellamare, ambassadeur d'Espagne, découverte à Paris en 1719, la prison et l'exil de ses adhérents, la guerre bientôt après déclarée au roi d'Espagne, ne servirent dans Paris qu'à l'entretien de quelques nouvellistes oisifs qui n'avaient pas de quoi acheter des actions. Le régent avait-il besoin de cinquante millions pour soutenir la guerre, Lass les faisait avec du papier.

Cet Écossais, qui s'était fait catholique, mais qui ne s'était pas fait naturaliser légalement, fut déclaré enfin contrôleur général des finances[1], le décret de prise de corps décerné contre lui par le parlement subsistant toujours.

C'était un charlatan à qui on donnait l'État à guérir, qui l'empoisonnait de sa drogue, et qui s'empoisonnait lui-même. On était si enivré de son système, que de toutes les grandes terres qu'il acheta en France, il n'en paya aucune en argent. Il ne donna que des à-comptes en billets de banque. On le vit marguillier d'honneur à la paroisse Saint-Roch. Il donna cent mille écus à cette paroisse, mais ce ne fut qu'en papier.

Après avoir porté la valeur numéraire des espèces à un prix exorbitant, il indiqua des diminutions successives. Le public, craignant ces diminutions sur l'argent, et croyant, sur la foi de Lass, que les billets avaient un prix immuable, s'empressait en foule de porter son argent comptant à la banque, et les plaisants leur disaient : « Messieurs, ne soyez pas en peine; on vous le prendra tout. »

Que devenait donc tout l'argent du royaume? les gens habiles le

[1]. 5 janvier 1720.

resserraient. Lass en prodiguait une grande partie à l'établissement de
sa compagnie des Indes orientales, qui enfin a subsisté longtemps après
lui; et il fit du moins ce bien au royaume : ce qui a fait penser qu'une
partie de son système aurait été très-utile si elle avait été modérée.
Mais il remboursait en papier toutes les dettes de l'État; charges sup-
primées, effets royaux, rentes de l'hôtel de ville. Tous les débiteurs
payaient en papier leurs créanciers. La France se crut riche; le luxe
fut proportionné à cette confiance : mais bientôt après tout le monde
se vit pauvre, excepté ceux qui avaient *réalisé* : c'était un terme nouveau introduit dans la langue par le système.

Enfin il eut l'audace de faire rendre un arrêt du conseil, par lequel
il était défendu de garder dans sa maison plus de cinq cents livres en
espèces, sous peine de confiscation : c'était le dernier degré d'une
absurdité tyrannique. Le parlement, fatigué de ces excès, engourdi
par la multitude d'arrêts contradictoires du conseil, ne fit point de
remontrances, parce qu'il en aurait fallu faire chaque jour.

Le désordre croissant, on crut y remédier en réduisant[1] tous les
billets de banque à moitié de leur valeur. Ce coup ne servit qu'à faire
sentir à tout le monde l'état déplorable de la nation. Chacun se vit
ruiné en se trouvant sans argent et en perdant la moitié de ses billets;
et quoiqu'on réfléchît peu, on sentait que l'autre moitié était aussi
perdue.

Le gouvernement, étonné et incertain, révoqua la malheureuse
défense de garder des espèces dans sa maison, et permit de faire venir
de l'or et de l'argent de l'étranger, comme si on en pouvait faire venir
autrement qu'en l'achetant. Le ministère ne savait plus où il en était,
et rien n'apaisait les alarmes du public.

Le régent fut obligé de congédier[2] le garde des sceaux d'Argenson,
et de rappeler le chancelier d'Aguesseau.

Lass lui porta la lettre de son rappel, et d'Aguesseau l'accepta d'une
main dont il ne devait rien recevoir; il était indigne de lui et de sa
place de rentrer dans le conseil quand Lass gouvernait toujours les
finances. Il parut sacrifier encore plus sa gloire en se prêtant à de
nouveaux arrangements chimériques que le parlement refusa, et en
souffrant patiemment l'exil du parlement, qui fut envoyé à Pontoise.
Jamais tout le corps du parlement n'avait été exilé depuis son établissement. Ce coup d'autorité aurait, en d'autres temps, soulevé Paris;
mais la moitié des citoyens n'était occupée que de sa ruine, et l'autre,
que de ses richesses de papier qui allaient disparaître.

Chaque membre du parlement reçut une lettre de cachet[3]. Les gardes
du roi s'emparèrent de la grand'chambre; ils furent relevés par les
mousquetaires. Ce corps n'était guère composé alors que de jeunes
gens qui mettaient partout la gaieté de leur âge. Ils tinrent leurs séances
sur les fleurs de lis, et jugèrent un chat à mort, comme on juge un
chien dans la comédie des *Plaideurs* : on fit des chansons, et on oublia
le parlement.

1. 21 mai 1720. — 2. 7 juin 1720 — 3. 20 juillet 1720.

Le jeu des actions continua. Les arrêts contradictoires du conseil se multiplièrent, la confusion fut extrême. Le peuple manquant de pain et d'argent, se précipitant en foule aux bureaux de la banque pour échanger en monnaie des billets de dix livres, il y eut trois hommes étouffés dans la presse. Le peuple porta leurs corps morts dans la cour du Palais-Royal, en se contentant de crier au régent : « Voilà le fruit de votre système ! » Cette aventure aurait produit une sédition violente, et commencé une guerre civile, du temps de la Fronde. Le duc d'Orléans fit tranquillement enterrer les trois corps. Il augmenta le nombre des bureaux où le peuple pourrait avoir de la monnaie pour des billets de banque ; tout fut apaisé.

Lass, ne pouvant résister ni au désordre dont il était l'auteur, ni à la haine publique, se démit bientôt de sa place, et sortit du royaume beaucoup plus pauvre qu'il n'y était entré ; victime de ses chimères, mais emportant avec lui la gloire d'avoir rétabli la compagnie des Indes, fondée par Colbert. Il la ranima avec du papier, mais elle coûta un argent prodigieux.

CHAP. LXII. — *Du parlement et de la bulle* Unigenitus, *au temps du ministre Dubois, archevêque de Cambrai et cardinal.*

L'opposition constante du parlement aux brigandages du système de Lass n'était pas la seule cause de l'exil du parlement. Il combattait un système non moins absurde, celui de la fameuse bulle *Unigenitus*, qui fut si longtemps l'objet des railleries du public, des intrigues des jésuites, et des persécutions que les opposants essuyèrent.

On a déjà dit que cette bulle, fabriquée à Paris par trois jésuites, envoyée à Rome par Louis XIV, avait été signée par le pape Clément XI, et avait soulevé tous les esprits. La plupart des propositions condamnées par cette bulle roulaient sur les questions métaphysiques du libre arbitre, que les jansénistes n'entendaient pas plus que les jésuites et le consistoire.

Les deux partis posaient pour fondement de leurs sentiments contraires un principe que la saine philosophie réprouve : c'est celui d'imaginer que l'Être éternel se conduit par des lois particulières. C'est de ce principe que sont sorties cent opinions sur la grâce, toutes également inintelligibles, parce qu'il faut être Dieu pour savoir comment Dieu agit.

Le duc d'Orléans se moquait également du fanatisme janséniste et de l'absurdité moliniste. Il avait, dans le commencement de sa régence, abandonné le parti jésuitique à l'indignation et au mépris de la nation. Il avait longtemps favorisé le cardinal de Noailles et ses adhérents, persécutés sous Louis XIV par le jésuite Le Tellier ; mais les temps changèrent, lorsque après une guerre de courte durée il se réconcilia avec le roi d'Espagne Philippe V, et qu'il forma le dessein de marier le roi de France avec l'infante d'Espagne, et l'une de ses filles avec le prince des Asturies. Le roi d'Espagne Philippe V était gouverné par un jésuite, son confesseur, nommé Daubenton. Le général des jésuites exigea pour article préliminaire des deux contrats, qu'on reçût la bulle en France comme un article de foi. C'était un ridicule digne des usages introduits dans une partie de l'Europe, que le mariage de deux grands princes dépendît d'une dispute sur la grâce efficace; mais enfin on ne put obtenir le consentement du roi d'Espagne qu'à cette condition.

Celui qui ménagea toute cette nouvelle intrigue fut l'abbé Dubois, devenu archevêque de Cambrai. Il espérait la dignité de cardinal. C'était un homme d'un esprit ardent, mais fin et délié. Il avait été quelque temps précepteur du duc d'Orléans; enfin de ministre de ses plaisirs il était devenu ministre d'État. Le duc de Noailles et le marquis de Canillac, en parlant de lui au régent, ne l'appelaient jamais que l'abbé Friponneau. Ses mœurs, ses débauches, ses maladies qui en étaient la suite, sa petite mine, et sa basse naissance, jetaient sur lui un ridicule ineffaçable; mais il n'en devint pas moins le maître des affaires.

Il avait pour la bulle *Unigenitus* plus de mépris encore que les évêques appelants, et que tous les parlements du royaume; mais il aurait essayé de faire recevoir l'Alcoran, pour peu que l'Alcoran eût contribué à son élévation.

C'était un de ces philosophes dégagés des préjugés, élevé dans sa jeunesse auprès de la fameuse Ninon de l'Enclos. Il y parut bien à sa mort, qui arriva deux ans après. Il avait toujours dit à ses amis qu'il trouverait le moyen de mourir sans les sacrements de l'Église, et il tint parole.

Voilà l'homme qui se mit en tête de faire ce que Louis XIV n'avait pu, d'obliger le cardinal de Noailles à rétracter son appel de la bulle, et de la faire enregistrer sans restriction au parlement de Paris.

Il y avait alors un évêque de Soissons, nommé Languet, qui passait pour bien écrire, parce qu'il faisait de longues phrases et qu'il citait les Pères de l'Église à tout propos. C'est le même qui fit depuis le livre de Marie à la Coque. Dubois l'engagea à composer un corps de doctrine qui pût à la fois contenter les évêques adhérents au pape, et ne pas effaroucher le parti du cardinal de Noailles. Languet crut que son livre opérerait la paix de l'Église, et qu'il aurait le chapeau que Dubois prit pour lui-même.

Dubois flatta le cardinal de Noailles, et menaça le parlement de Paris de l'envoyer à Blois, s'il refusait d'enregistrer. Il essuya de longs refus des deux côtés, mais il ne se rebuta point.

Il imagina d'abord que s'il faisait enregistrer la bulle à un autre tribunal qu'au parlement, ce corps craindrait qu'on ne s'accoutumât à se passer de lui, et en deviendrait plus docile. Il s'adressa donc au grand conseil; il y trouva autant de résistance qu'au parlement de Paris, et il ne se rebuta pas encore. Ce tribunal n'étant composé que d'environ cinquante membres ordinaires, il ne s'agissait que d'y venir avec un nombre plus considérable de ceux qui avaient droit d'y prendre séance.

Le duc d'Orléans y amena tous les princes, tous les pairs, des conseillers d'État, des maîtres des requêtes; et le chancelier d'Aguesseau oublia tous ses principes au point de se livrer à cette manœuvre; il fut l'instrument du secrétaire d'État Dubois. On ne pouvait guère s'abaisser davantage. La bulle fut aisément enregistrée à la pluralité des voix, comme une loi de l'État et de l'Église. Le parlement, qui ne voulait point aller à Blois, et qui était fort las d'être à Pontoise, promit d'enregistrer, à condition qu'on ne s'adresserait plus au grand conseil. Il enregistra[1] donc la bulle qu'il avait déjà enregistrée sous Louis XIV. « Conformément aux règles de l'Église, et aux maximes du royaume sur les appels au futur concile. »

Cet enregistrement, tout équivoque qu'il était, satisfit la cour. Le cardinal de Noailles se rétracta solennellement. Rome fut contente, le parlement revint à Paris : Dubois fut bientôt après cardinal et premier ministre; et pendant son ministère tout fut ridicule et tranquille.

L'excès de ce ridicule fut porté au point que l'assemblée du clergé de 1721 donna publiquement à un savetier[2] une pension pour avoir crié dans son quartier en faveur de la bulle Unigenitus.

Il y a seulement à remarquer que lorsque Dubois fut cardinal et premier ministre en 1722, le duc d'Orléans lui fit prendre la première place après les princes du sang au conseil du roi. Les cardinaux de Richelieu et de Mazarin avaient osé précéder les princes, mais ces exemples odieux n'étaient plus suivis; et c'était beaucoup que les cardinaux, qui n'ont qu'une dignité étrangère, siégeassent avant les pairs du royaume, les maréchaux de France et le chancelier, qui appartiennent à la nation. Le jour que Dubois vint prendre séance[3], le duc de Noailles, les maréchaux de Villeroi et de Villars sortirent, le chancelier d'Aguesseau s'absenta. On négocia selon la coutume; chaque parti fit des mémoires. Le chancelier et le duc de Noailles tinrent ferme. D'Aguesseau soutint mieux les prérogatives de sa place contre Dubois, qu'il n'en avait maintenu la dignité lorsqu'il revint à Paris à la suite de l'Écossais Lass. Le résultat fut qu'on l'envoya une seconde fois à sa terre de Frêne; et il eut alors si peu de considération qu'il ne fut pas même rappelé sous les ministères suivants, qu'il ne reparut à la cour que sous le cardinal de Fleury, et ne reprit les sceaux qu'en 1737, dix ans après son rappel.

Pour le duc de Noailles, le cardinal Dubois eut le plaisir de l'exiler pour quelque temps dans la petite ville ou bourg de Brive-la-Gaillarde en Limousin. Dubois était fils d'un apothicaire de Brive-la-Gaillarde. Le duc de Noailles ne l'avait épargné ni sur sa patrie ni sur sa naissance, et le cardinal lui rendit ses plaisanteries en le confinant auprès de la boutique de son père.

Après Dubois, qui mourut en philosophe[4], et qui était après tout un homme d'esprit, le duc d'Orléans, qui lui ressemblait par ces deux côtés, daigna être premier ministre lui-même. Il ne persécuta personne pour la bulle; le parlement n'eut avec lui aucun démêlé.

---

1. 4 décembre 1720. — 2. Il s'appelait Nutelet. — 3. ? février 1722.
4. C'est-à-dire sans les sacrements de l'Église. (ED.)

Le duc de Bourbon-Condé succéda au duc régent dans le ministère; mais l'abbé Fleury, ancien évêque de Fréjus, depuis cardinal, gouverna despotiquement les affaires ecclésiastiques. Il persécuta sourdement tant que le duc de Bourbon fut ministre; mais dès qu'il fut venu à bout de le renvoyer, il persécuta hautement, quoiqu'il affectât de la douceur dans sa conduite.

CHAP. LXIII. — *Du parlement sous le ministère du duc de Bourbon.*

Le duc de Bourbon ne fut premier ministre que parce que immédiatement après la mort du duc d'Orléans il monta par un escalier dérobé chez le roi, à peine majeur, lui apprit la mort de ce prince [1], lui demanda la place, et obtint un *oui* que l'évêque de Fréjus Fleury n'osa pas faire changer en refus. L'État fut alors gouverné par la marquise de Prie, fille d'un entrepreneur des vivres nommé Pléneuf, et par un des frères Pâris autrefois entrepreneur des vivres, qui s'appelait Pâris Duverney. La marquise de Prie était une jeune femme de vingt-quatre ans, aimée du duc de Bourbon. Pâris Duverney avait de grandes connaissances en finances; il était devenu secrétaire du prince ministre. Ce fut lui qui imagina de marier le jeune roi à la fille de Stanislas Leczinsky, retiré à Veissembourg après avoir perdu le royaume de Pologne que Charles XII lui avait donné. Les finances n'étaient pas rétablies, il fallut des impôts. Duverney proposa le cinquantième en nature sur tous les fonds nobles, roturiers et ecclésiastiques, une taxe pour le joyeux avénement du roi, une autre appelée la ceinture de la reine, le renouvellement d'une érection d'offices sur les marchandises qui arrivent à Paris par eau, et quelques autres édits qui déplurent tous à la nation, déjà irritée de se voir entre les mains d'un homme si nouveau, et d'une jeune femme dont la conduite n'était pas approuvée.

Le parlement refusa d'enregistrer: il fallut mener le roi tenir un de ces lits de justice où l'on enregistre tout par ordre du souverain [2]. Le chancelier d'Aguesseau était éloigné; ce fut le garde des sceaux d'Armenonville qui exécuta les volontés de la cour. On conservait par cet édit la liberté de remontrances au parlement; mais on ordonnait que les membres de ce corps n'auraient jamais voix délibérative en fait de remontrances qu'après dix années d'exercice, qui furent réduites à cinq.

Ce nouveau ministre effaroucha également le clergé la noblesse, et le peuple. Presque toute la cour se réunit contre lui; l'évêque de Fréjus en profita. Il n'eut pas de peine à faire exiler le duc de Bourbon, son secrétaire, et sa maîtresse; et il devint le maître du royaume aussi aisément que s'il eût donné une abbaye. Fleury n'eut pas, à la vérité, le titre de premier ministre; mais, sans aucun titre que celui

1. 2 décembre 1723. — 2. 8 juin 1725.

de conseiller au conseil du roi, il fut plus absolu que les cardinaux d'Amboise, Richelieu, et Mazarin; et avec l'extérieur le plus modeste, il exerça le pouvoir le plus illimité.

CHAP. LXIV. — *Du parlement au temps du cardinal Fleury.*

Dubois, pour être cardinal, avait fait recevoir la constitution *Unigenitus* et les formulaires, et toutes les simagrées ultramontaines dont il se moquait. Fleury eut cette dignité dès que le duc de Bourbon fut renvoyé, et il soutint les idées de la cour de Rome par les principes qu'il s'était faits. C'était un génie médiocre, d'ailleurs sans passions, sans véhémence, mais ami de l'ordre. Il croyait que l'ordre consistait dans l'obéissance au pape, et il fit, par une politique qu'il crut nécessaire, ce qu'avait fait le jésuite Le Tellier par esprit de parti et par un fanatisme mêlé de méchanceté et de fraude. Il donna plus de lettres de cachet et fit des actions plus sévères encore pendant son ministère, que Le Tellier pendant qu'il confessa Louis XIV.

En 1730, trois curés du diocèse d'Orléans, qui exposèrent le sentiment véritable de tous les ordres de l'État sur la bulle et qui osèrent parler comme presque tous les citoyens pensaient, furent excommuniés par leur évêque. Ils en appelèrent comme d'abus au parlement, en vertu d'une consultation de quarante avocats. Les avocats peuvent se tromper comme le consistoire; leur avis n'est pas une loi; mais ils ne sont avocats que pour donner leur avis. Ils usaient de leur droit. Le cardinal Fleury fit rendre contre leur consultation un arrêt du conseil flétrissant qui les condamnait à se rétracter.

Condamner des jurisconsultes à penser autrement qu'ils ne pensent, c'est un acte d'autorité qu'il est difficile de faire exécuter. Tout le corps des avocats de Paris et de Rouen signa une déclaration très-éloquente dans laquelle ils expliquèrent les lois du royaume. Ils cessèrent tous de plaider jusqu'à ce que leur déclaration, ou plutôt leur plainte, eût été approuvée par la cour. Ils obtinrent cette fois ce qu'ils demandaient [1]. De simples citoyens triomphèrent, n'ayant pour armes que la raison.

Ce fut vers ce temps-là que les avocats prirent le titre d'*ordre;* ils trouvèrent le terme de *corps* trop commun; ils répétèrent si souvent *l'ordre des avocats,* que le public s'y accoutuma, quoiqu'ils ne soient ni un ordre de l'État, ni un ordre militaire, ni un ordre religieux, et que ce mot fût absolument étranger à leur profession.

Tandis que cette petite querelle nourrissait l'animosité des deux partis, le tombeau d'un diacre nommé l'abbé Pâris, inhumé au cimetière de Saint-Médard, semblait être le tombeau de la bulle.

Cet abbé Pâris, frère d'un conseiller au parlement, était mort appelant et réappelant de la bulle au futur concile. Le peuple lui attribua une quantité incroyable de miracles. On allait prier jour et nuit en français sur sa tombe; et prier Dieu en français était regardé comme un outrage à l'Église romaine, qui ne prie qu'en latin.

1. 25 novembre 1730.

Un des grands miracles de ce nouveau saint était de donner des convulsions à ceux qui l'invoquaient. Jamais il n'y eut de fanatisme plus
accrédité.

Cette nouvelle folie ne favorisait pas le jansénisme aux yeux des
gens sensés; mais elle établissait dans toute la nation une aversion
pour la bulle et pour tout ce qui émane de Rome. On se hâta d'imprimer la *Vie de saint Pâris.* « La sacrée congrégation des éminentis-
simes et révérendissimes cardinaux de la sainte Église romaine, inquisiteurs généraux dans toute la république chrétienne contre les
hérétiques, » prononça excommunication majeure contre ceux qui
liraient la vie du bienheureux diacre, et condamna le livre à être
brûlé. L'exécution se fit avec la grande cérémonie extraordinaire[1]. On
dressa dans la place, vis-à-vis le couvent de la Minerve, un vaste
échafaud, et à trente pas un grand bûcher. Les cardinaux montèrent
sur l'échafaud : le livre fut présenté, lié et garrotté de petites chaînes
de fer, au cardinal doyen. Celui-ci le donna au grand inquisiteur, qui
le rendit au greffier; le greffier le donna au prévôt, le prévôt à un
archer, l'archer au bourreau. Le bourreau l'éleva en l'air en se tournant gravement vers les quatre points cardinaux; ensuite il délia le
prisonnier; il le déchira feuille à feuille; il trempa chaque feuille dans
de la poix bouillante; ensuite on versa le tout dans le bûcher, et le
peuple cria anathème aux jansénistes.

Cette momerie de Rome redoubla les momeries de Saint-Médard. La
France était toute janséniste, excepté les jésuites et les évêques du
parti romain. Le parlement de Paris ne cessait de rendre des arrêts
contre les évêques qui exigeaient des mourants l'acceptation de la
bulle, et qui refusaient aux rénitents les sacrements et la sépulture.
L'abbé de Tencin, archevêque d'Embrun, qui n'était alors connu que
pour avoir converti l'Écossais Lass, mais qui songeait déjà à se procurer un chapeau de cardinal, crut le mériter par une lettre violente
contre le parlement. Ce tribunal allait la faire brûler selon l'usage;
mais on le prévint en la supprimant par un arrêt du conseil.

Ces petites dissensions pour des choses que le reste de l'Europe mé-
prisait, augmentaient tous les jours entre le parlement et les évêques.
L'archevêque de Paris Vintimille, successeur de Noailles, avait fait
une instruction pastorale violente contre les avocats; le parlement de
Paris la condamna.

Le cardinal Fleury fit casser l'arrêt au parlement par le conseil du
roi. Les avocats cessèrent de plaider, comme le parlement avait quelquefois cessé de rendre la justice. Ils semblaient plus en droit que le
parlement de suspendre leurs fonctions; car les juges font serment de
siéger, et les avocats n'en font point de plaider. Le ministre en exila
onze. Le roi défendit au parlement de se mêler de cette affaire[2]. Il fallait bien pourtant qu'il s'en mêlât, puisque sans avocats il était difficile de rendre la justice. Il se dédommagea alors en donnant un arrêt
contre la bulle du pape qui avait condamné la *Vie du bienheureux*

1. 29 août 1731. — 2. 28 septembre 1731.

saint *Pâris*, et contre d'autres bulles qui flétrissaient l'évêque de Montpellier, Colbert, ennemi déclaré de cette malheureuse constitution
Unigenitus, source de tant de troubles.

Le parlement crut qu'il pourrait toucher le roi s'il lui parlait dans
l'absence du cardinal Fleury. Il sut que ce ministre était à une petite
maison de campagne qu'il avait au village d'Issy. Des députés prirent
ce temps pour aller à la cour [1]. Le roi ne voulut point les voir; ils insistèrent, on les fit retirer. Ils rencontrèrent dans les avenues le cardinal qui revenait d'Issy. L'abbé Pucelle, très-célèbre en ce temps-là, et
qui était un des députés, lui dit que le parlement n'avait jamais été si
maltraité. Le cardinal soutint l'autorité du conseil, et crut se tirer
d'affaire en avouant qu'il y avait quelque chose à reprendre dans la
forme. L'abbé Pucelle répliqua que la forme ne valait pas mieux que
le fond. On se sépara aigri de part et d'autre.

La cour embarrassée rappela les onze avocats de leur exil, afin que
la justice ne fût point interrompue; mais le cardinal persista à empêcher le roi de recevoir les députations du parlement.

Enfin ils furent mandés à Versailles par une lettre de cachet [2]. Le
chancelier d'Aguesseau les réprimanda au nom du roi et leur ordonna
de biffer sur les registres tout ce qu'ils avaient arrêté au sujet des disputes présentes; il acheva, par cet acte de soumission au cardinal, de
se décréditer dans tous les esprits qui lui avaient été si longtemps
favorables. Le parlement reçut ordre de ne se mêler en aucune manière des affaires ecclésiastiques; elles furent toutes évoquées au conseil. Par là le cardinal Fleury semblait supprimer, et aurait supprimé
en effet, s'il l'avait pu, les appels comme d'abus, le seul rempart des
libertés de l'Église gallicane, et l'un des plus anciens priviléges de la
nation et du parlement. Le cardinal Mazarin n'aurait jamais osé faire
cette démarche, le cardinal de Richelieu ne l'aurait pas voulu; le
cardinal Fleury la fit comme une chose simple et ordinaire.

Le parlement étonné s'assembla [3]. Il déclara qu'il n'administrerait
plus la justice si l'on en détruisait ainsi les premiers fondements. Des
députés allèrent à Compiègne où était le roi. Le premier président
voulut parler, le roi le fit taire.

L'abbé Pucelle eut le courage de présenter la délibération par écrit;
le roi la prit et la fit déchirer par le comte de Maurepas, secrétaire
d'État. L'abbé Pucelle fut exilé, et le conseiller Titon envoyé à la Bastille.

Nouvelle députation du parlement pour redemander les conseillers
Pucelle et Titon. La députation se présenta à Compiègne.

Pour réponse [4], le cardinal fit exiler le président Ogier, les conseillers de Vrevin, Robert et de La Fautrière. Les partisans de la bulle
abusèrent de leur triomphe. Un archevêque d'Arles outragea tous les
parlements du royaume dans son instruction pastorale [5]; il les traita
de séditieux et de rebelles. On n'avait jamais vu auparavant des chansons dans un mandement d'évêque : celui d'Arles fit voir cette nou-

1. 29 novembre 1731. — 2. 10 janvier 1732. — 3. 9 mai 1732.
4. Juin 1732. — 5. 5 septembre 1732.

veauté. Il y avait dans ce mandement une chanson contre le parlement
de Paris qui finissait par ces vers :

> Thémis, j'implore ta vengeance
> Contre ce rebelle troupeau.
> N'en connais-tu pas l'arrogance ?
> Mais non, je ne vois plus dans tes mains la balance ;
> Pourquoi devant tes yeux gardes-tu ton bandeau ?

Le parlement d'Aix fit brûler l'instruction pastorale et la chanson ;
et le cardinal Fleury eut la sagesse de faire exiler l'auteur.

L'année 1733 se passa en mandements d'évêques, en arrêts du parlement, et en convulsions. Le gouvernement avait déjà fait fermer le
cimetière de Saint-Médard, avec défense d'y faire aucun miracle. Mais
les convulsionnaires allaient danser secrètement dans les maisons et
même chez plusieurs membres du parlement.

Le cardinal, prévoyant qu'on allait soutenir une guerre contre la
maison d'Autriche, ne voulut pas en avoir une intestine pour des intérêts si méprisables. Il laissa là pour cette fois la bulle, les convulsions,
les miracles, et les mandements. Il savait plier, il rappela les exilés.
Le parlement, qui avait déjà repris les fonctions de son devoir, rendit
la justice aux citoyens comme à l'ordinaire. Le cardinal eut l'adresse
de lui renvoyer, par des lettres patentes du roi, la connaissance des
miracles et des convulsions. Il n'était besoin d'aucunes lettres patentes
pour que le parlement connût de ces farces, qui sont un objet de
police. Cependant il fut si flatté de cette marque d'attention, qu'il décréta quelques convulsionnaires, quoiqu'ils fussent protégés ouvertement par un président nommé Dubois et par quelques conseillers qui
jouaient eux-mêmes dans ces comédies. Le bruit que faisaient toutes
ces sottises fut étouffé par la guerre de 1733, et cet objet fit disparaître
tous les autres.

CHAP. LXV. — *Du parlement, des convulsions, des folies de Paris
jusqu'à 1752.*

Le parlement fut donc tranquille pendant cette guerre heureuse. A
peine le public s'aperçut-il que l'on condamna des thèses soutenues en
Sorbonne en faveur des prétentions ultramontaines, qu'on fit brûler
une Lettre de Louis XIV à Louis XV, et d'autres satires méprisables,
aussi bien que quelques lettres d'évêques constitutionnaires. L'affaire
la plus mémorable, et qui méritait le moins de l'être, fut celle d'un
conseiller du parlement nommé Carré de Montgeron, fils d'un homme
d'affaires. Il était très-ignorant et très-faible, débauché et sans esprit.
Les jansénistes lui tournèrent la tête : il devint convulsionnaire outré.
Il crut avoir vu des miracles, et même en avoir fait. Les gens du parti
le chargèrent d'un gros recueil de miracles, qu'il disait attestés par
quatre mille personnes. Ce recueil était accompagné d'une lettre au
roi, que Carré eut l'imbécillité de signer et la folie de porter lui-même
à Versailles. Ce pauvre homme disait au roi, dans sa lettre, « qu'il

avait été fort débauché dans sa jeunesse, qu'il avait même poussé le libertinage jusqu'à être déiste, » comme si la connaissance et l'adoration d'un Dieu pouvaient être le fruit de la débauche; mais c'est ainsi que le fanatisme imbécile raisonne. Le conseiller Carré alla à Versailles, le 29 août 1737, avec son recueil et sa lettre; il attendit le roi à son passage, se mit à genoux, présenta ses miracles : le roi les reçut, les donna au cardinal Fleury; et dès qu'on eut vu de quoi il était question, on expédia une lettre de cachet pour mettre à la Bastille le conseiller. On l'arrêta le lendemain dans sa maison à Paris; il baisa la lettre de cachet en vrai martyr; le parlement s'assembla. Il n'avait rien dit quand on avait donné une lettre de cachet au duc de Bourbon, prince du sang et pair du royaume, et il fit une députation en faveur de Carré. Cette démarche ne servit qu'à faire transférer le prisonnier près d'Avignon, et ensuite au château de Valence, où il est mort fou. Un tel homme en Angleterre en aurait été quitte pour être sifflé de la nation; il n'aurait pas été mis en prison, parce que ce n'est point un crime d'avoir vu des miracles, et que, dans ce pays gouverné par des lois, on ne punit point le ridicule. Les convulsionnaires de Paris mirent Carré au rang des plus grands confesseurs de la foi.

Au mois de janvier 1738, le parlement s'opposa à la canonisation de Vincent de Paul, prêtre gascon, célèbre en son temps. La bulle de canonisation envoyée par Benoît XIII parut contenir des maximes dont les lois de France ne s'accommodent pas. Elle fut rejetée : mais le cardinal Fleury, qui protégeait les frères de Saint-Lazare, institués par Vincent, et qui les opposait secrètement aux jésuites, fit casser par le conseil l'arrêt du parlement, et Vincent fut reconnu pour saint malgré les remontrances : aucune de ces petites querelles ne troubla le repos de la France.

Après la mort du cardinal Fleury et les mauvais succès de la guerre de 1741, le parlement reprit un nouvel ascendant. Les impôts révoltaient les esprits, et les fautes qu'on reprochait aux ministres encourageaient les murmures. La maladie épidémique des querelles de religion, trouvant les cœurs aigris, augmenta la fermentation générale. Le cardinal Fleury, avant sa mort, s'était donné pour successeur dans les affaires ecclésiastiques un théatin nommé Boyer, qu'il avait fait précepteur du dauphin. Cet homme avait porté dans son ministère obscur toute la pédanterie de son état de moine; il avait rempli les premières places de l'Église de France d'évêques qui regardaient la trop fameuse bulle *Unigenitus* comme un article de foi et comme une loi de l'État. Beaumont, qui lui devait l'archevêché de Paris, se laissa persuader qu'il extirperait le jansénisme. Il engageait les curés de son diocèse à refuser la communion qu'on appelle le viatique, et qui signifie *provision de voyage*, aux mourants qui avaient appelé de la bulle et qui s'étaient confessés à des prêtres appelants; et conséquemment à ce refus de communion on devait priver les jansénistes reconnus de la sépulture. Il y a eu des nations chez lesquelles ce refus de la sépulture était un crime digne du dernier supplice; et dans les lois de tous les peuples, le refus des derniers devoirs aux morts est une inhumanité punissable

Le curé de la paroisse de Saint-Étienne-du-Mont, qui était un chanoine de Sainte-Geneviève, nommé frère Boitin [1], refusa d'administrer
un fameux professeur de l'Université, successeur du célèbre Rollin.
L'archevêque de Paris ne s'apercevait pas qu'en voulant forcer ses
diocésains à respecter la bulle, il les accoutumait à ne pas respecter
les sacrements. Coffin mourut sans être communié; on fit difficulté de
l'enterrer; et son neveu, conseiller au Châtelet, força enfin le curé
de lui donner la sépulture; mais ce même conseiller, étant malade à
la mort, six mois après, à la fin de l'année 1750, fut puni d'avoir enterré son oncle. Le même Boitin lui refusa l'eucharistie et les huiles,
et lui signifia qu'il ne serait ni communié, ni oint, ni enterré, s'il ne
produisait un billet par lequel il fût certifié qu'il avait reçu l'absolution d'un prêtre attaché à la constitution. Ces billets de confession
commençaient à être mis en usage par l'archevêque. Cette innovation
tyrannique était regardée par tous les esprits sérieux comme un attentat contre la société civile. Les autres n'en voyaient que le ridicule, et
le mépris pour l'archevêque retombait malheureusement sur la religion.
Le parlement décréta le séditieux curé, l'admonesta, le condamna à
l'aumône, et le fit mettre pendant quelques heures à la Conciergerie [2].

Le parlement fit au roi plusieurs remontrances, très-approuvées de
la nation, pour arrêter le cours des innovations de l'archevêque. Le
roi, qui ne voulait point se compromettre, laissa une année entière les
remontrances sans une réponse précise.

Dans cet intervalle l'archevêque Beaumont acheva de se rendre ridicule et odieux à tout Paris, en destituant une supérieure et une économe de l'hôpital général, placées depuis longtemps dans ces postes
par les magistrats du parlement. Destituer des personnes de cet état
sous prétexte de jansénisme, parut une démarche extravagante, inspirée par l'envie de mortifier le parlement beaucoup plus que par le
zèle de la religion. L'hôpital général fondé par les rois, ou du moins
qui les regarde comme ses fondateurs, est administré par des magistrats du parlement et de la chambre des comptes pour le temporel, et
par l'archevêque de Paris pour le spirituel. Il y a peu de fonctions spirituelles attachées à des femmes chargées d'un soin domestique immense; mais comme elles pouvaient faire réciter quelquefois le catéchisme aux enfants, l'archevêque soutenait que ces places dépendaient
de lui. Tout Paris fut indigné; les aumônes à l'hôpital cessèrent, le
parlement voulut procéder; le conseil se déclara pour l'archevêque,
parce qu'en effet ce mot *spirituel* semblait assurer son droit. Le parlement eut recours aux remontrances ordinaires [3], et ne voulut point
enregistrer la déclaration du roi.

On était déjà irrité contre ce corps, qui avait fait beaucoup de difficultés pour le vingtième et pour des rentes sur les postes. Le roi lui
fit défense de se mêler dorénavant des affaires de l'hôpital, et les
évoqua toutes à son conseil [4]. Le lendemain, le premier président de

1. Bouëttin. (Éd.) — 2. 20 décembre 1750. — 3 Septembre 1751. — 4. 20 novembre 1751.

Maupeou, deux autres présidents, l'avocat et le procureur général furent mandés à Versailles, et on leur ordonna d'apporter les registres, afin que tout ce qui avait été arrêté sur cette affaire fût supprimé. On ne trouva point de registre. Jamais plus petite affaire ne causa une plus grande émotion dans les esprits. Le parlement cessa ses fonctions, les avocats fermèrent leurs cabinets; le cours de la justice fut interrompu pour deux femmes d'un hôpital; mais ce qu'il y avait d'horrible, c'est que pendant ces querelles indécentes et absurdes on laissait mourir les pauvres faute de secours. Les administrateurs mercenaires de l'Hôtel-Dieu s'enrichissaient par la mort des misérables. Plus de charité quand l'esprit de parti domine. Les pauvres moururent en foule; on n'y pensait pas; et les vivants se déchiraient pour des inepties.

Le roi fit porter [1] à chaque membre du parlement des lettres de jussion par ses mousquetaires. Les magistrats obéirent en effet : ils reprirent leurs séances; mais les avocats, n'ayant point reçu de lettres de cachet, ne parurent point au barreau. Leur fonction est libre. Ils n'ont point acheté leurs places. Ils ont le droit de plaider et le droit de ne plaider pas. Aucun d'eux ne parut. Leur intelligence avec le parlement irrita la cour de plus en plus. Enfin les avocats plaidèrent, les procès furent jugés comme à l'ordinaire, et tout parut oublié.

Le frère Boitin, curé de Saint-Étienne-du-Mont, renouvela les querelles et les plaisanteries de Paris; il refusa la communion et l'extrême-onction à un vieux prêtre, nommé l'abbé Le Maire [2], qui avait soutenu le parti janséniste du temps de la bulle *Unigenitus*, et qui l'avait très-mal soutenu. Voilà frère Boitin décrété encore d'ajournement personnel. Voilà les chambres assemblées pour faire donner l'extrême-onction à l'abbé Le Maire, et invitation faite par un secrétaire de la cour à l'archevêque pour venir prendre sa place au parlement. L'archevêque répond qu'il a trop d'affaires spirituelles pour aller juger, et que ce n'est que par son ordre qu'on a refusé de donner la communion et les huiles au prêtre Le Maire. Les chambres restèrent assemblées jusqu'à minuit. Il n'y avait jamais eu d'exemple d'une telle séance. Le frère Boitin fut encore condamné à l'aumône, et le parlement ordonna à l'archevêque *de ne plus commettre de scandale*. Le procureur général, le dimanche des Rameaux, va, par ordre du parlement, exhorter l'archevêque à donner les huiles à l'abbé Le Maire qui se mourait; le prélat le laissa mourir, et courut à Versailles se plaindre au roi que le parlement mettait la main à l'encensoir. Le premier président de Maupeou court de son côté à Versailles [3]; il avertit le roi que le schisme se déclare en France, que l'archevêque trouble l'État, que les esprits sont dans la plus grande fermentation; il conjure le roi de faire cesser les troubles. Le roi lui remet entre les mains un paquet cacheté, pour l'ouvrir dans les chambres assemblées. Les chambres s'assemblent, on lit l'écrit signé du roi qui ordonne que les procédures contre Boitin seront annulées. Le parlement, à cette lecture, décrète Boitin de prise de corps, et l'envoie saisir par des huissiers. Le curé s'échappe.

1. 28 novembre 1751. — 2. 20 mars 1752. — 3. 15 avril 1752.

Le roi casse le décret de prise de corps. Le premier président de Maupeou, avec plusieurs députés, porte au roi les remontrances les plus amples et les plus éloquentes qu'on eût encore faites sur le danger du schisme, sur les abus de la religion, sur l'esprit d'incrédulité et d'indépendance que toutes ces malheureuses querelles répandaient sur la nation entière. On lui répondit des choses vagues, selon l'usage.

Le lendemain [1] le parlement se rassemble : il rend un arrêt célèbre par lequel il déclare qu'il ne cessera point de réprimer le scandale; que la constitution de la bulle *Unigenitus* n'est point un article de foi, et qu'on ne doit point soustraire les accusés aux poursuites de la justice. On acheta dans Paris plus de dix mille exemplaires de cet arrêt, et tout le monde disait : « Voilà mon billet de confession. »

Comme le théatin Boyer avait fait donner le siége de Paris à un prélat constitutionnaire, ce prélat avait aussi donné les cures à des prêtres du même parti. Il ne restait plus que sept à huit curés attachés à l'ancien système de l'Église gallicane.

L'archevêque ameute les constitutionnaires, signe et envole au roi une requête en faveur des billets de confession contre les arrêts du parlement : aussitôt les chambres assemblées décrètent le curé de Saint-Jean-en-Grève, qui a minuté la requête; le conseil casse le décret, et maintient le curé. Le parlement cesse encore ses fonctions, et ne rend plus la justice que contre les curés. On met en prison les porte-Dieu, comme si ces pauvres porte-Dieu étaient les maîtres d'aller porter Dieu sans le concours du curé de la paroisse.

De tous côtés on portait des plaintes au parlement de refus de sacrements. Un curé du diocèse de Langres, en communiant publiquement deux filles accusées de jansénisme, leur avait dit : « Je vous donne la communion comme Jésus l'a donnée à Judas. » Ces filles, qui ne ressemblaient en rien à Judas, présentèrent requête; et celui qui s'était comparé à Jésus-Christ fut condamné à l'amende honorable, et à payer aux deux filles trois mille francs, moyennant lesquels elles furent mariées. On brûla plusieurs mandements d'évêques, plusieurs écrits qui annonçaient le schisme. Le peuple les appelait *les feux de joie*, et battait des mains. Les autres parlements du royaume en faisaient autant dans leur ressort. Quelquefois la cour cassait tous ces arrêts, quelquefois, par lassitude, elle les laissait subsister. On était inondé des écrits des deux partis. Les esprits s'échauffaient. Enfin, l'archevêque de Paris ayant défendu aux prêtres de Saint-Médard d'administrer une sœur Perpétue du couvent de Sainte-Agathe, le parlement lui ordonna de la faire communier, sous peine de la saisie de son temporel.

Le roi, qui s'était réservé la connaissance de toutes ces affaires, blâma son parlement, et donna mainlevée à l'archevêque de la saisie de ses rentes. Le parlement voulut convoquer les pairs, le roi le défendit; les chambres assemblées insistèrent, et prétendirent que l'affaire de sœur Perpétue était de l'essence de la pairie. « Ces défenses

1. 18 avril.

dit l'arrêté, intéressent tellement l'essence de la cour et des pairs, et les droits des princes, qu'il n'est pas possible au parlement d'en délibérer sans eux. » Un arrêt du conseil du roi ayant été signifié au greffier du parlement sur cette affaire, le 24 janvier 1753, contre les formes ordinaires, le parlement en demanda satisfaction au roi même « par la suppression de l'original et de la copie de la signification. »

Ce corps continuait toujours à poursuivre avec la même vivacité les curés qui prêchaient le schisme et la sédition. Il y avait un fanatique nommé Boutord, curé du Plessis-Rosainvilliers, chez qui les jésuites avaient fait une mission ; quelques magistrats, qui avaient des maisons de campagne dans cette paroisse, n'étaient contents ni des jésuites ni du curé. Il leur cria d'une voix furieuse de sortir de l'église, les appela jansénistes, calvinistes et athées, et leur dit « qu'il serait le premier à tremper ses mains dans leur sang. » Le parlement ne le condamna pourtant qu'au bannissement perpétuel.

L'archevêque ne prit point le parti de ce fanatique. Mais sur les refus de sacrements les arrêts du parlement étaient toujours cassés. Comme il voulait forcer l'archevêque de la métropole à donner la communion, les suffragants n'étaient pas épargnés. On envoyait souvent des huissiers à Orléans et à Chartres pour faire recevoir l'eucharistie. Il n'y avait guère de semaines où il n'y eût un arrêt du parlement pour communier dans l'étendue de son ressort, et un arrêt du conseil pour ne communier pas. Ce qui aigrit le plus les esprits, ce fut l'enlèvement de sœur Perpétue. L'archevêque de Paris obtint un ordre de la cour pour faire enlever cette fille, qui voulait communier malgré lui. On dispersa les religieuses ses compagnes. La petite communauté de Sainte-Agathe fut dissoute. Les jansénistes jetèrent les hauts cris, et inondèrent la France de libelles. Ils annonçaient la destruction de la monarchie. Le parlement était toujours persuadé que l'affaire de Sainte-Agathe exigeait la convocation des pairs du royaume. Le roi persistait à soutenir que la communion n'était pas une affaire de la pairie.

Dans des temps moins éclairés, ces puérilités auraient pu subvertir la France. Le fanatisme s'arme des moindres prétextes. Le mot seul de sacrement aurait fait verser le sang d'un bout du royaume à l'autre. Les évêques auraient interdit les villes, le pape aurait soutenu les évêques, on aurait levé des troupes pour communier le sabre à la main ; mais le mépris que tous les honnêtes gens avaient pour le fond de ces disputes sauva la France. Trois ou quatre cents convulsionnaires de la lie du peuple pensaient, à la vérité, qu'il fallait s'égorger pour la bulle et pour sœur Perpétue : le reste de la nation n'en croyait rien. Le parlement était devenu cher aux peuples par son opposition à l'archevêque et aux arrêts du conseil ; mais on se bornait à l'aimer, sans qu'il tombât dans la tête d'aucun père de famille de prendre les armes et de donner de l'argent pour soutenir ce corps contre la cour, comme on avait fait du temps de la Fronde. Le parlement, qui avait pour lui la faveur publique, s'opiniâtrait dans ses résolutions qu'il croyait justes, et n'était pas séditieux.

CHAP. LXVI. — *Suite des folies.*

Les refus de sacrements, les querelles entre la juridiction civile et les prétentions ecclésiastiques, s'étant multipliés dans les diocèses de Paris, d'Amiens, d'Orléans, de Chartres, de Tours; les jésuites soufflant secrètement cet incendie; les jansénistes criant avec fureur; le schisme paraissant près d'éclater, le parlement avait préparé de très-amples remontrances, et il devait envoyer au roi une grande députation. Le roi ne voulut point la recevoir; il demanda préalablement à voir les articles sur lesquels ces représentations porteraient; on les lui envoya[1] : le roi répondit qu'ayant examiné les objets de ces remontrances, il ne voulait point les entendre.

Les chambres s'assemblent aussitôt; elles déclarent qu'elles cessent toute espèce de service, excepté celui de maintenir la tranquillité publique contre les entreprises du clergé[2]. Le roi leur ordonne, par des lettres de jussion, de reprendre leurs fonctions ordinaires, de rendre la justice à ses sujets, et de ne se plus mêler d'affaires qui ne les regardent pas. Le parlement répond au roi qu'il ne peut obtempérer. Ce mot *obtempérer* fit à la cour un singulier effet. Toutes les femmes demandaient ce que ce mot voulait dire; et quand elles surent qu'il signifiait *obéir*, elles firent plus de bruit que les ministres et les commis des ministres.

Le roi assemble un grand conseil[3]. On expédie des lettres de cachet pour tous les membres du parlement, excepté ceux de la grand'chambre. Les mousquetaires du roi courent dans toute la ville pendant la nuit du 8 au 9 mai, et font partir tous les présidents et les conseillers des requêtes et des enquêtes pour les lieux de leur exil. On envoie avec une escorte l'abbé Chauvelin au Mont-Saint-Michel, et ensuite à la citadelle de Caen; le président Frémont de Mazi, petit-fils d'un fameux partisan, au château de Ham en Picardie; le président de Moreau de Nassigni, aux îles de Sainte-Marguerite; et Beze de Lys, à Pierre-Encise.

Les conseillers de la grand'chambre s'assemblèrent. Ils étaient exceptés du châtiment général, parce que plusieurs ayant des pensions de la cour, et leur âge devant les rendre plus flexibles, on avait espéré qu'ils seraient plus obéissants; mais quand ils furent assemblés, ils furent saisis du même esprit que les enquêtes : ils dirent qu'ils voulaient subir le même exil que leurs confrères; et, dans cette séance même, ils décrétèrent quelques curés de prise de corps. Le roi envoya la grand'chambre à Pontoise[4], comme le duc d'Orléans, régent, l'y avait déjà reléguée. Quand elle fut à Pontoise, elle ne s'occupa que des affaires de schisme. Aucune cause particulière ne se présenta.

Cependant il fallait pourvoir à faire rendre la justice aux citoyens. On créa une chambre composée de six conseillers d'État et de vingt

---

1. 30 avril 1753. — 2. 5 mai 1753. — 3. 6 mai. — 4. 10 mai.

et un maîtres des requêtes [1], qui tinrent leurs séances aux Grands-Augustins, comme s'ils n'osaient pas siéger dans le palais. Les usages ont une telle force chez les hommes, que le roi, en disant qu'il érigeait cette chambre *de sa certaine science et de sa pleine puissance*, n'osa se servir de sa puissance pour en faire enregistrer l'érection dans son conseil d'État, quoique ce conseil ait des registres aussi bien que les autres cours. On s'adressa au Châtelet, qui n'est qu'une justice subalterne. Le Châtelet se signala [2] en n'enregistrant point; et parmi les raisons de son refus, il allégua que Clotaire Ier et Clotaire II avaient défendu qu'on dérogeât aux anciennes ordonnances des Francs. La cour se contenta de casser la sentence du Châtelet; et, en conséquence de ses ordres, une députation de la chambre se transporta au Châtelet, fit rayer la sentence sur les registres, enregistra elle-même; et cette procédure inutile étant faite, le Châtelet fit une protestation plus inutile. On changea le nom de cette chambre, qui ne s'était appelée jusque-là que chambre des vacations [3] : elle reçut le titre de chambre royale, elle siégea au Louvre au lieu de siéger aux Augustins, et n'en fut pas mieux accueillie du public. On envoya des lettres de cachet à tous les membres du Châtelet pour enregistrer sous le nom de royale ce qu'on n'avait pas voulu enregistrer sous le nom de vacations.

Tous ces petits subterfuges compromettaient la dignité de la couronne. Le lieutenant civil enregistra du très-exprès commandement du roi [4].

On ne délibéra point. Tout Paris s'obstina à tourner la chambre royale en ridicule; elle s'y accoutuma si bien, qu'elle-même s'assembla quelquefois en riant, et qu'elle plaisantait de ses arrêts.

Il arriva cependant une affaire sérieuse. Je ne sais quel fripon, nommé Sandrin, ayant été condamné à être pendu par le Châtelet, en appela à la chambre royale qui confirma la sentence. Le Châtelet prétendit qu'on ne devait en appeler qu'au parlement, et refusa de pendre le coupable. Le rapporteur de cette cause criminelle, nommé Milon, fut mis à la Bastille pour n'avoir point fait pendre Sandrin. Le Châtelet alors cessa ses fonctions comme le parlement [5]; il n'y eut plus aucune justice dans Paris. Aussitôt lettres de cachet au Châtelet pour rendre la justice; enlèvement de trois conseillers des plus ardents. La moitié de Paris riait, et l'autre moitié murmurait. Les convulsionnaires protestaient que ces démêlés finiraient tragiquement; et ce qu'on appelle à Paris la bonne compagnie assurait que tout cela ne serait jamais qu'une mauvaise farce.

Les autres parlements imitaient celui de Paris; et partout où il y avait des refus de sacrements, il y avait des arrêts, et ces arrêts étaient cassés; le Châtelet de Paris était rempli de confusion, la chambre royale presque oisive, le parlement exilé, et cependant tout était tranquille. La police agissait, les marchés se tenaient avec ordre, le commerce florissait, les spectacles réjouissaient la ville, l'impossibilité

1. 18 septembre. — 2. 28 octobre. — 3. 11 novembre 1753.
4. 20 novembre. — 5. 27 novembre.

de faire juger des procès obligeait les plaideurs de s'accommoder; on prenait des arbitres au lieu de juges.

Pendant que la magistrature était ainsi avilie, le clergé triomphait. Tous les prêtres bannis par le parlement revenaient; les curés décrétés exerçaient leurs fonctions; l'esprit du ministère alors était de favoriser l'Église contre le parlement, parce que jusque-là on ne pouvait accuser l'archevêque de Paris d'avoir désobéi au roi; et on reprochait au parlement des désobéissances formelles. Cependant toute la cour s'empressa de négocier, parce qu'elle n'avait rien à faire. Il fallait mettre fin à cette espèce d'anarchie. On ne pouvait casser le parlement, parce qu'il aurait fallu rembourser les charges, et qu'on avait très-peu d'argent. On ne pouvait le tenir toujours exilé, puisque les hommes ne peuvent être assez sages pour ne point plaider.

Enfin le roi prit l'occasion de la naissance d'un duc de Berri[1] pour faire grâce. Le parlement fut rappelé[2]. Le premier président de Maupeou fut reçu dans Paris aux acclamations du peuple. La chambre royale fut supprimée[3]; mais il était beaucoup plus aisé de rappeler le parlement que de calmer les esprits. A peine ce corps fut-il rassemblé, que les refus de sacrements recommencèrent.

L'archevêque de Paris se signala plus que jamais dans cette guerre des billets de confession. Le premier président de Maupeou, qui avait acquis beaucoup de crédit auprès du roi par sa sagesse, fit enfin connaître tous les excès de l'archevêque. Le roi voulut essayer si ce prélat désobéirait à ses ordres comme le parlement avait désobéi. Il lui enjoignit de ne plus troubler l'État par son dangereux zèle. Beaumont prétendit qu'il fallait obéir à Dieu plutôt qu'aux hommes. Le roi l'exila[4]; mais ce fut à Conflans, à sa maison de campagne, à deux lieues de Paris; et il faisait autant de mal de Conflans que de son archevêché.

Le parlement eut alors liberté tout entière d'instrumenter contre les habitués, vicaires, curés, porte-Dieu, qui refusaient d'administrer les mourants. Beaumont était aussi inflexible que le parlement avait été constant. Le roi l'exila à Champeaux, dernier bourg de son diocèse. Le parlement avait passé dans toute la France pour le martyr des lois; l'archevêque fut regardé dans son petit parti comme le martyr de la foi. De Champeaux on l'envoya à Lagny. Les évêques d'Orléans et de Troyes, qui étaient de sa faction, furent punis aussi légèrement; ils en étaient quittes pour aller en leurs maisons de plaisance; mais enfin l'évêque de Troyes, qui rendait son zèle ridicule par une vie scandaleuse, et qui était accablé de dettes, fut enfermé chez des moines en Alsace, et obligé de se démettre de son évêché.

Le roi avait ordonné le silence sur toutes les affaires ecclésiastiques, et personne ne le gardait.

La Sorbonne, autrefois janséniste, et alors constitutionnaire, ayant soutenu des thèses contraires aux maximes du royaume, le parlement ordonna que le doyen, le syndic, six anciens docteurs et professeurs

1. Louis XVI. (ÉD.) — 2. 27 août 1754. — 3. 30 août. — 4. 2 décembre.

en théologie viendraient avec le scribe de la faculté et avec les registres. Ils furent réprimandés, leurs conclusions biffées; ordre à eux de se taire, suivant la déclaration du roi.

La Sorbonne prétendit[1] que c'était le parlement qui contrevenait à la loi du silence, puisqu'il ne se taisait pas sur ce qui se passait dans l'intérieur des écoles de Sorbonne. Le parlement ayant fait défense à ces docteurs de s'assembler, ils dirent qu'ils discontinueraient leurs leçons, comme le parlement avait interrompu ses séances. Il fallut les contraindre par un arrêt de faire leurs leçons. Le ridicule se mêlait toujours nécessairement à ces querelles.

L'année 1755 se passa tout entière dans ces petites disputes, dont la nation commençait à se lasser. Il s'ouvrait une plus grande scène. On était menacé de cette fatale guerre dans laquelle l'Angleterre a enlevé au roi de France tout ce qu'il possédait dans le continent de l'Amérique septentrionale, a détruit toutes ses flottes, et a ruiné le commerce des Français aux grandes Indes et en Afrique. Il fallait de l'argent pour se préparer à cette guerre. Les finances avaient été très-mal administrées. L'usage ne permettait pas qu'on créât des impôts sans qu'ils fussent enregistrés au parlement. C'était le temps de faire sentir qu'il se souvenait de son exil. Le roi, après avoir protégé ce corps contre les évêques constitutionnaires, les protégeait alors contre le parlement: tant les choses changent aisément à la cour! Une assemblée du clergé, en 1756, avait porté de grandes plaintes contre les parlements du royaume, et paraissait écoutée. De plus, le roi prenait alors le parti du grand conseil contre le parlement de Paris, qui lui contestait sa juridiction. L'embarras de la cour à soutenir la guerre prochaine rendait les esprits plus altiers et plus difficiles.

Le parlement tourna contre le grand conseil toutes ses batteries, dressées auparavant contre les constitutionnaires. Il convoqua les princes et les pairs du royaume pour le 18 février. Le roi le sut aussitôt, et défendit aux princes et aux pairs de se rendre à cette invitation. Le parlement soutint son droit d'inviter les pairs. Il le soutint inutilement, et ne fit que déplaire à la cour. Aucun pair n'assista à ses assemblées.

Ce qui choqua le plus le gouvernement, ce fut l'association de tous les parlements du royaume, qui se fit alors sous le nom de *Classes*. Le parlement de Paris était la première classe, et tous ensemble paraissaient former un même corps qui représentait le royaume de France. Ce mot de *Classe* fut sévèrement relevé par le chancelier de Lamoignon. Il fallait enregistrer les nouveaux impôts, et on n'enregistrait rien. On ne pouvait soutenir la guerre avec des remontrances. Cet objet était plus important que la bulle, des convulsions, et des arrêts contre des porte-Dieu.

Le roi tint un lit de justice à Versailles[2]; les princes et les pairs y assistèrent, le parlement y alla dans cinquante-quatre carrosses, mais auparavant il arrêta qu'il n'opinerait point. Il n'opina point en effet,

1. 4 mai 1755. — 2. 21 août 1756.

et on enregistra malgré lui l'impôt des deux vingtièmes avec quelques autres. Dès qu'il put s'assembler à Paris, il protesta contre le lit de justice tenu à Versailles. La cour était irritée. Le clergé constitutionnaire, croyant le temps favorable, redoublait ses entreprises avec impunité. Presque tous les parlements du royaume faisaient des remontrances au roi. Ceux de Bordeaux et de Rouen cessaient déjà de rendre la justice. La plus saine partie de la nation en murmurait et disait : « Pourquoi punir les particuliers des entreprises de la cour? »

Enfin, après avoir tenu beaucoup de conseils secrets, le roi annonça un nouveau lit de justice pour le 13 décembre. Il arriva au parlement avec les princes du sang, le chancelier, et tous les pairs. Il fit lire un édit dont voici les principaux articles :

1° Bien que la bulle ne soit pas une règle de foi, on la recevra avec soumission.

2° Malgré la loi du silence, les évêques pourront dire tout ce qu'ils voudront, pourvu que ce soit avec charité.

3° Les refus de sacrements seront jugés par les tribunaux ecclésiastiques et non civils, sauf l'appel comme d'abus.

4° Tout ce qui s'est fait précédemment au sujet de ces querelles sera enseveli dans l'oubli.

Voilà quant aux matières ecclésiastiques; et pour ce qui regarde la police du parlement, voici ce qui fut ordonné :

1° La grand'chambre seule pourra connaître de toute la police générale.

2° Les chambres ne pourront être assemblées sans la permission de la grand'chambre.

3° Nulle dénonciation que par le procureur général.

4° Ordre d'enregistrer tous les édits immédiatement après la réponse du roi aux remontrances permises.

5° Point de voix délibérative dans les assemblées des chambres avant dix ans de service.

6° Point de dispense avant l'âge de vingt-cinq ans.

7° Défense de cesser de rendre justice, sous peine de désobéissance.

Ces deux édits atterrèrent la compagnie; mais elle fut foudroyée par un troisième qui supprima la troisième et la quatrième chambre des enquêtes. Le roi sortit après cette séance à travers les flots d'un peuple immense qui laissait voir la consternation sur son visage. A peine fut-il sorti que la plupart des membres du parlement signèrent la démission de leurs charges. Le lendemain et le surlendemain, la grand'chambre signa de même. Il n'y eut enfin que les présidents à mortier et dix conseillers qui ne signèrent pas. Si la démarche du roi avait étonné le parlement, la résolution du parlement n'étonna pas moins le roi. Ce corps ne fut que tranquille et ferme; mais les discours de tout Paris étaient violents et emportés.

Il y eut en tout cent quatre-vingts démissions de données; le roi les accepta : il ne restait que dix présidents et quelques conseillers de grand'chambre pour composer le parlement. Ce corps était donc re gardé comme entièrement dissous, et il paraissait fort difficile d'y suppléer. Le parti de l'archevêque leva la tête plus haut que jamais, les billets de confession, les refus de sacrements troublèrent tout Paris, lorsqu'un événement imprévu étonna la France et l'Europe.

CHAP. LXVII. — *Attentat de Damiens sur la personne du roi.*

On donnait au roi le surnom de *Bien-Aimé* dans tous les papiers et les discours publics depuis l'année 1744. Ce titre lui avait été donné d'abord par le peuple de Paris, et il avait été confirmé par la nation : mais *Louis le Bien-Aimé* n'était pas alors aussi chéri des Parisiens qu'il l'avait été. Une guerre très-mal conduite contre l'Angleterre et contre le nord de l'Allemagne, l'argent du royaume dissipé dans cette guerre avec une profusion énorme, des fautes continuelles des généraux et des ministres, affligeaient et irritaient les Français. Il y avait alors une femme à la cour que l'on haïssait, et qui ne méritait point cette haine. Cette dame avait été créée marquise de Pompadour par des lettres patentes dès l'année 1745. Elle passait pour gouverner le royaume, quoiqu'il s'en fallût beaucoup qu'elle fût absolue. La famille royale ne l'aimait pas, et cette aversion augmentait la haine du public en l'autorisant. Le petit peuple lui imputait tout. Les querelles du parlement portèrent au plus haut degré cette aversion publique. Les querelles de la religion achevaient d'ulcérer tous les cœurs. Les convulsionnaires surtout étaient des énergumènes atroces qui disaient hautement depuis une année entière qu'il fallait du sang, que Dieu demandait du sang.

Un nommé Gautier, intendant du marquis de Ferrières, frère d'un conseiller au parlement, l'un des plus ardents convulsionnaires, avait tenu quelques propos indiscrets. Il passait pour haïr le gouvernement, qui l'avait fait mettre à la Bastille, en 1740, parce qu'il avait distribué des *Nouvelles à la main.* Depuis ce temps il exhalait quelquefois ses mécontentements. Ces propos, quoique vagues, firent une grande impression sur un malheureux de la lie du peuple, qui était réellement atteint de folie. Il se nommait Robert-François Damiens; c'était le fils d'un fermier qui avait fait banqueroute. Ce misérable ne méritait pas les recherches que l'on fit pour s'instruire qu'il était né dans un hameau nommé La Tieuloi, dépendant de la paroisse de Monchi-le-Breton, en Artois, le 9 janvier 1715. Il était alors âgé de quarante-deux ans: il avait été laquais, apprenti serrurier, soldat, garçon de cuisine, et valet de réfectoire au collège des jésuites à Paris pendant quinze mois: ayant été chassé de ce collège, il y était rentré une seconde fois; enfin il s'était marié, et il avait des enfants. Étant sorti pour la seconde fois des jésuites, où il avait demeuré en tout trente mois, il servit successivement à Paris plusieurs maîtres. Étant alors sans condition, il allait souvent dans la grand'salle du palais, dans le temps de la plus grande effervescence des querelles de la magistrature et du clergé.

La grand'salle était alors le rendez-vous de tout ce qu'on appelait jansénistes; leurs clameurs n'avaient point de bornes : l'emportement avec lequel on parlait alluma l'imagination de Damiens, déjà trop échauffée : il conçut seul, et sans s'ouvrir à personne, le dessein qu'il avoua depuis dans ses interrogatoires et à la torture, dessein le plus fou qui soit jamais tombé dans la tête d'aucun homme. Il avait remarqué qu'au collége des jésuites quelques écoliers s'étaient défendus à coups de canif, lorsqu'ils croyaient être punis injustement. Il imagina de donner un coup de canif au roi, non pas pour le tuer, car un tel instrument n'en était pas capable, mais pour lui servir de leçon, et pour lui faire craindre que quelque citoyen ne se servît contre lui d'une arme plus meurtrière.

Le 5 janvier 1757, à sept heures du soir, le roi étant prêt de monter en carrosse pour aller de Versailles à Trianon, avec son fils le dauphin, entouré de ses grands officiers et de ses gardes, fut frappé au milieu d'eux d'un coup qui pénétra de quatre lignes dans les chairs, au-dessous de la cinquième côte; il porta la main à sa blessure, et la retira teinte de quelques gouttes de sang.

Il vit, en se retournant, ce malheureux qui avait son chapeau sur la tête, et qui était précisément derrière lui. Il s'était avancé, à travers des gardes, couvert d'une redingote, à la faveur de l'obscurité, et les gardes l'avaient pris pour un homme de la suite du roi. On le saisit, on lui trouva trente-sept louis en or dans ses poches, avec un livre de prières. « Qu'on prenne garde, dit-il, à Monsieur le Dauphin; qu'il ne sorte point de la journée. » Ces paroles, qu'il ne proférait dans son extravagance que pour intimider la cour, y jetèrent en effet les plus grandes alarmes. Le roi se fit mettre au lit, ne sachant pas encore combien sa blessure était légère. Son pouls était un peu élevé, mais il n'avait point du tout de fièvre. Il demanda d'abord un confesseur, on n'en trouva point; et enfin un prêtre du grand commun vint le confesser.

On mit d'abord le coupable entre les mains de la justice du grand prévôt de l'hôtel, selon les lois du royaume. Nous avons vu que c'est ainsi qu'on en avait usé lorsqu'on fit le procès au cadavre de Jacques Clément.

Dès que les gardes du roi eurent saisi Damiens, ils le menèrent dans une chambre basse, qu'on appelle le *salon des gardes*. Le duc d'Ayen, capitaine des gardes, le chancelier Lamoignon, le garde des sceaux Machault, Rouillé, fils d'un employé dans les postes, devenu secrétaire d'État des affaires étrangères, étaient accourus. Les gardes l'avaient déjà dépouillé tout nu, et s'étaient saisis d'un couteau à deux lames qu'on avait trouvé sur lui. L'une de ces lames était un canif long de quatre pouces avec lequel il avait frappé le roi à travers un manteau fort épais et tous ses habits, de façon que la blessure heureusement n'était guère plus considérable qu'un coup d'épingle.

Avant que le lieutenant du grand prévôt, nommé Le Clerc du Brillet, qui juge souverainement au nom du grand prévôt, fût arrivé, quelques gardes du corps, dans les premiers mouvements de leur colère, et dans l'incertitude du danger de la vie de leur maître, avaient tenaillé ce misérable avec des pincettes rougies au feu, et le garde des sceaux Machault leur avait même prêté la main.

A son premier interrogatoire par-devant le lieutenant Brillet, il dit qu'il avait attenté sur le roi *à cause de la religion*.

Après un second interrogatoire, Belot, exempt des gardes de la prévôté, étant dans sa prison, Damiens dit à Belot qu'il connaissait beaucoup de conseillers au parlement. Belot écrivit les noms de quelques-uns, que Damiens dicta : ces noms étaient La Grange, Bèze de Lys, La Guillaumie, Clément, Lambert, le président de Rieux Bonainvilliers (il voulait dire Boulainvilliers); ce président était fils du célèbre Samuel Bernard, le plus riche banquier du royaume. Il prenait le nom de Boulainvilliers, parce qu'il avait épousé une fille de cet illustre nom. C'était alors un usage assez commun dans la plus haute noblesse de marier ses filles aux fils de gens d'affaires, que leurs richesses rendaient bien supérieurs dans la société à la noblesse pauvre et méprisée.

Damiens écrivit aussi le nom de Mazi, premier président de la même chambre; il ajouta : *et presque tous*. Au bas de cette liste, il écrivit : « Il faut qu'il remette son parlement et qu'il le soutienne, avec promesse de ne rien faire aux ci-dessus et compagnie, » et signa son nom.

Il dicta à l'exempt Belot une lettre assez longue au roi, dans laquelle il y avait ces mots essentiels : « Si vous ne prenez pas le parti de votre peuple, avant qu'il soit quelques années d'ici, vous et Monsieur le Dauphin et quelques autres périront. Il serait fâcheux qu'un aussi bon prince, par la trop grande bonté qu'il a pour les ecclésiastiques, dont il accorde toute sa confiance, ne soit pas sûr de sa vie; et si vous n'avez pas la bonté pour votre peuple d'ordonner qu'on lui accorde les sacrements à l'article de la mort.... votre vie n'est pas en sûreté. L'archevêque de Paris est la cause de tout le trouble, etc. »

Cette lettre, signée du criminel, ayant été portée au roi, et ensuite remise au greffe de la prévôté, quelques personnes de la cour furent d'avis qu'on assignât, au moins pour être ouïs, les magistrats du parlement nommés par Damiens. Elles prétendaient que cette démarche pourrait ôter au corps entier un crédit qui gênait trop souvent la cour. Le ministère était alors partagé entre le comte d'Argenson et le garde des sceaux Machault, ennemis déclarés l'un de l'autre. Le comte d'Argenson était ouvertement brouillé avec la marquise de Pompadour; le garde des sceaux était sa créature et son conseil; sans se réconcilier, ils s'accordèrent pour la faire renvoyer de la cour; ils prétendaient soulever toute la nation contre elle par le moyen du parlement, dont les familles, tenant à toutes les familles de Paris, formaient aisément la voix publique. Comme on n'était pas encore bien sûr que le couteau ne fût point empoisonné, on crut ou l'on fit croire que le roi était dans un très-grand danger, et que dans la crise où s'allait trouver le royaume, il fallait renvoyer cette dame et charger le parlement du procès de Damiens. Le roi accorda l'un et l'autre. Le garde des sceaux alla dire à Mme de Pompadour qu'il fallait partir. Elle s'y résolut d'abord, n'ayant pu voir le roi et se croyant perdue; mais elle se rassura bientôt. Le premier chirurgien déclara que la blessure n'était pas dangereuse; et l'on ne fut plus occupé que du châtiment qu'exigeait un si étrange attentat.

Le comte d'Argenson fut chargé lui-même de minuter la lettre que le roi envoya à vingt-deux membres de la grand'chambre qui siégeaient alors. Le président Hénault composa cette lettre dans laquelle le roi demandait *une vengeance éclatante*. Ensuite le secrétaire d'État comte de Saint-Florentin[1] envoya des lettres patentes le 15 janvier, signées Phelypeaux. Le 17, à dix heures de la nuit, on fit partir de Versailles, aux flambeaux, trois carrosses à quatre chevaux, escortés de soixante grenadiers du régiment des gardes, commandés par quatre lieutenants et huit sous-lieutenants. De nombreux détachements de maréchaussée précédaient la marche. On prit le chemin par Vaugirard. Une compagnie entière des gardes se joignit alors à l'escorte; une compagnie suisse bordait les rues : on aurait pris cette entrée pour celle d'un ambassadeur. Les rues étaient bordées d'autres compagnies aux gardes; le guet à pied et à cheval était partout disposé sur la route.

Il n'est pas vrai qu'on défendit aux citoyens de se mettre à la fenêtre sous peine de la vie. Ce mensonge absurde se trouve à la vérité dans les nouvelles publiques de ce temps. Ces nouvelles mercenaires sont toujours écrites par des gens à qui leur obscurité ne permet pas d'être bien informés.

Pendant que le roi remettait ainsi à la grand'chambre non complète le jugement de Damiens, il n'en exilait pas moins seize des conseillers qui avaient donné leur démission; on leur fit même l'affront de les faire garder par les archers du guet dans leurs maisons jusqu'au moment de leur départ pour leur exil, depuis le 27 janvier jusqu'au 30. La grand'chambre fit des remontrances qui ne furent point écoutées; elle abandonna le reste de son corps : cette chambre fut alors uniquement occupée du devoir d'instruire le procès de Damiens, sur lequel tout Paris faisait les conjectures les plus atroces et les plus contradictoires.

Le tour des ministres pour être exilés ne tarda pas d'arriver. Louis XV avait exilé plusieurs de ceux qui le servaient et qui l'approchaient. C'était ainsi qu'il avait traité le duc de La Rochefoucauld, grand maître de la garde-robe, le plus honnête homme de la cour; le duc de Châtillon, gouverneur de son fils; le comte de Maurepas, le plus ancien de ses ministres; le garde des sceaux Chauvelin, qui a toujours conservé de la réputation dans l'Europe; tout le parlement de Paris, et un très-grand nombre d'autres magistrats, des évêques, des abbés, et des hommes de tout état.

La marquise de Pompadour, qui avait fait renvoyer le comte de Maurepas, fit renvoyer de même le garde des sceaux Machault et le comte d'Argenson. On pardonne plus aisément une injure à son ennemi déclaré, qu'une trahison ou une faiblesse à un homme de son parti. Elle proposa au comte d'Argenson de se réconcilier avec lui, et de lui sacrifier le garde des sceaux. Il refusa : alors la perte de tous deux fut résolue, et ils reçurent leurs lettres de cachet le même jour premier

_____

1. Phelypeaux, comte de Saint-Florentin, depuis duc de La Vrillière. (ID.)

février. Tel a été souvent le sort des ministres en France : ils exilent, et on les exile; ils emprisonnent, et ils sont emprisonnés. Toutes ces choses, qui sont de la plus grande vérité, se trouvent éparses dans les journaux étrangers; on les a rassemblées ici sans aucune envie de flatter ni de nuire, et seulement pour l'instruction de ceux qui trouvent leur consolation dans l'histoire.

Dans le procès de Damiens que la grand'chambre instruisit, le criminel soutint toujours que la religion l'avait déterminé à frapper le roi, mais qu'il n'avait jamais eu l'intention de le tuer; il déclara, sans varier, que son projet avait été conçu depuis l'exil de tout le parlement.

Interrogé sur les discours qu'on tenait chez le docteur de Sorbonne, nommé Corgne de Launay, dont il avait été quelque temps laquais, il répondit « qu'on y disait que les gens du parlement étaient les plus grands coquins et les plus grands marauds de la terre. » Toutes ses réponses étaient d'un homme insensé, ainsi que son action.

Interrogé pourquoi il avait fait écrire par l'exempt Belot les noms de quelques membres du parlement, et pourquoi il avait ajouté, *presque tous*, il répondit : « Parce que tous sont furieux de la conduite de l'archevêque. »

Vareille, enseigne des gardes du corps, lui ayant été confronté, et lui ayant soutenu qu'il avait dit « que si on avait tranché la tête à quatre ou cinq évêques, il n'aurait pas assassiné le roi pour la religion, » Damiens répondit « qu'il n'avait pas parlé de leur trancher la tête, mais de les punir, sans dire de quel supplice. » Il persista toujours à soutenir que « sans l'archevêque cela ne serait pas arrivé, et qu'il n'avait frappé le roi que parce qu'on refusait les sacrements à d'honnêtes gens. » Il ajouta « qu'il n'allait plus à confesse depuis que l'archevêque avait donné de si bons exemples. »

Ce fut surtout dans son interrogatoire du 26 mars qu'il déclara « que s'il n'était pas venu souvent dans la salle du palais, il n'aurait pas commis son crime, et que les discours qu'il y avait entendus l'y avaient déterminé. »

Ce qu'il y a de plus singulier, c'est que le premier président de Maupeou lui ayant demandé « s'il croyait que la religion permettait d'assassiner les rois, » il dit par trois fois « qu'il n'avait rien à répondre. »

Après la lecture de son arrêt prononcé en présence de cinq princes du sang, de vingt-deux ducs et pairs, de douze présidents à mortier, de sept conseillers d'honneur, de quatre maîtres des requêtes, et de dix-neuf conseillers de grand'chambre, il fut appliqué à la question des coins qu'on enfonce entre les genoux serrés par deux planches; il commença par s'écrier : « C'est ce coquin d'archevêque qui est cause de tout. » Ensuite il énonça que c'était le nommé Gautier, homme d'affaires de M. de Ferrières, frère d'un conseiller au parlement, qui lui avait dit, en présence de ce même Ferrières, « qu'on ne pouvait finir ces querelles qu'en tuant le roi; » qu'il demeurait dans la même rue que Gautier; qu'il lui avait entendu tenir ce discours dix fois, et ajouter « que c'était une œuvre méritoire. »

Au huitième et dernier coin, il répéta encore qu'il avait été inspiré par les discours de ce Gautier et par ceux qu'il avait entendus dans le palais. Immédiatement après la question, on lui confronta Dominique-François Gautier, qui dit d'abord n'avoir point de reproches à lui faire, mais qui nia toute sa déposition. On lui confronta aussi le sieur Ferrières : celui-ci convint que Damiens lui avait apporté quelquefois des arrêts du parlement, et justifia son domestique Gautier autant qu'il le put.

On mit dans les préparatifs du supplice de ce misérable, et dans son exécution, un appareil et une solennité sans exemple. On avait entouré de palissades un espace de cent pieds en carré qui touchait à la grande porte de l'hôtel de ville. Cet espace était entouré en dedans et en dehors de tout le guet de Paris. Les gardes françaises occupaient toutes les avenues, et des corps de gardes suisses étaient répandus dans toute la ville. Le prisonnier fut placé, vers les cinq heures[1], sur un échafaud de huit pieds et demi carrés. On le lia avec de grosses cordes retenues par des cercles de fer qui assujettissaient ses bras et ses cuisses. On commença par lui brûler la main dans un brasier rempli de soufre allumé. Ensuite il fut tenaillé avec de grosses pinces ardentes, aux bras, aux cuisses, et à la poitrine. On lui versa du plomb fondu avec de la poix-résine et de l'huile bouillante sur toutes ses plaies. Ces supplices réitérés lui arrachaient les plus affreux hurlements. Quatre chevaux vigoureux, fouettés par quatre valets de bourreau, tirèrent les cordes qui portaient sur les plaies sanglantes et enflammées du patient ; les tirades et les secousses durèrent une heure. Les membres s'allongèrent et ne se séparèrent pas. Les bourreaux coupèrent enfin quelques muscles. Les membres se détachèrent l'un après l'autre. Damiens, ayant perdu deux cuisses et un bras, respirait encore, et n'expira que lorsque le bras qui lui restait fut séparé de son tronc tout sanglant. Les membres et le tronc furent jetés dans un bûcher préparé à dix pas de l'échafaud.

A l'égard de ce Gautier, si violemment accusé d'avoir tenu des discours qui avaient disposé Damiens à son crime, il fut encore interrogé, mais après la mort de Damiens. Il avoua qu'à la vérité il avait entendu un jour Damiens parler vivement des affaires du parlement, et qu'il avait dit « que c'était un bon citoyen. » On ordonna contre lui un plus ample informé pendant une année, après quoi il fut élargi.

Dans le même temps le roi faisait enlever trente-quatre membres du parlement de Besançon qui s'étaient opposés aux édits bursaux, et des archers les conduisaient dans différentes provinces. Tous les parlements du royaume lui adressaient des plaintes. Les avocats ne plaidaient point dans Paris, et tous les citoyens étaient irrités.

Le roi, pour apaiser les cris, donna six mille livres de pension aux deux rapporteurs qui avaient instruit le procès de Damiens, deux mille au premier greffier, quinze cents au second. Peu d'officiers qui versent leur sang dans les batailles sont aussi bien récompensés. On espérait par là faire rentrer les autres membres du parlement dans leur devoir,

1. 28 mars 1757.

t, tandis qu'on prodiguait les pensions à la grand'chambre, on offrait le remboursement de leurs charges à treize conseillers exilés; mais on manquait d'argent; et la guerre funeste dans laquelle on était engagé appauvrissait et dépeuplait le royaume. On changeait de ministre des finances de six mois en six mois : c'était montrer la maladie de l'État que d'appeler toujours de nouveaux médecins. Il fallut enfin négocier avec ceux de la grand'chambre, des enquêtes, et des requêtes, qui avaient donné leurs démissions : on les leur rendit, ils reprirent leurs fonctions[1]; mais ils demeurèrent très-aigris.

On rendit aussi au parlement de Rennes trois conseillers qu'on avait mis en prison; et le parlement de Rennes ne fut que plus irrité.

Dès que le parlement parut tranquille, l'archevêque Beaumont ne le fut pas; il renouvela toutes les querelles qui semblaient assoupies; refus de sacrements, interdictions de religieuses. Le roi ayant écrit précédemment au pape Benoît XIV pour le prier de lui donner les moyens d'apaiser les troubles, moyens très-difficiles à trouver, Beaumont avait écrit de son côté pour aigrir le pape. Il déplut également au roi et au pontife de Rome. Louis XV, accoutumé à l'exiler, l'envoya en Périgord. C'est ainsi que se termina l'année 1757.

CHAP. LXVIII. — *De l'abolissement des jésuites*[2].

On sait tout ce qu'on reprochait depuis longtemps aux jésuites : ils étaient regardés en général comme fort habiles, fort riches, heureux dans leurs entreprises, et ennemis de la nation : ils n'étaient rien de

1. 29 août 1757.
2. Ce chapitre qui, dans la première édition, était le LXVIIe, commençait alors ainsi :

« Pour connaître un peu l'esprit des jésuites, ou plutôt celui de presque tous les moines, je commencerai par rapporter ce qui leur arriva dans le ressort du parlement de Bourgogne, un peu avant la banqueroute de leur frère La Valette, qui fut la pierre détachée de la montagne par laquelle le colosse fut renversé. Ils avaient auprès de Genève un hospice et un domaine de trois à quatre mille livres de rente; ils voulurent l'augmenter. Ce domaine devait appartenir légitimement à une famille noble de Bourgogne, composée d'une mère et de sept enfants, tous dans le service militaire. Ce domaine avait été engagé à des Genevois par un acte nommé *antichrèse*; et par cet acte, passé depuis plus de quatre-vingts ans, ces Genevois jouissaient de la terre que la famille n'était pas en état de racheter.

« Les jésuites s'emparèrent de cette terre en s'accommodant avec un syndic de Genève, qui en était en possession. Il leur fallait des lettres patentes du roi. Ils les obtinrent. Ce n'était pas encore assez; ces lettres devaient être enregistrées au parlement de Dijon, et comme personne ne réclamait, l'enregistrement ne souffrait aucune difficulté; mais ce n'était pas tout. Ils dépouillaient des mineurs qui pouvaient tous revenir contre eux. Ils eurent la hardiesse d'énoncer dans une requête que j'ai vue, que ces mineurs ne seraient jamais en état de rentrer dans leur bien. Un bon citoyen que j'ai longtemps fréquenté[*], indigné de voir ainsi une famille entière dépouillée du bien de ses ancêtres, lui prêta l'argent nécessaire pour purger l'antichrèse et pour rentrer dans son domaine. Les jésuites furent alors obligés d'abandonner leur entreprise.

« On sut cette aventure; elle ne diminua pas la haine qu'on portait à la société. D'autres religieux avaient acquis des richesses par des manœuvres semblables, plus sourdes et plus heureuses. En général, on portait envie aux moines

[*] Voltaire lui-même. (ÉD.)

tout cela; mais ils avaient violemment abusé de leur crédit quand ils
en avaient eu. D'autres ordres étaient beaucoup plus opulents, mais
ils n'avaient pas été intrigants et persécuteurs comme les jésuites, et
n'étaient pas détestés comme eux.

On a prétendu que leur général avait eu l'imprudence de rendre de
mauvais offices dans Rome à un ambassadeur de France[1], l'un de
ceux qui ont le mieux servi l'État, et dont le génie supérieur devait
être plutôt ménagé qu'offensé. La conduite du général était d'autant
plus maladroite, qu'il savait que le crédit de son ordre ne tenait presque
plus à rien : et il y parut bien dans la suite.

Il y avait, depuis 1747, à la Martinique, un jésuite nommé La Valette, supérieur des missions, et dont l'emploi devait être de convertir
des nègres : il aima mieux les faire travailler à ses intérêts que prendre
soin de leur salut. C'était un génie vaste et entreprenant pour le commerce. Il s'associa avec un Juif nommé Isaac, établi à l'île de la Do-
minique, et eut des correspondances dans toutes les principales villes
de l'Europe. Le plus grand de ses correspondants était le jésuite Saci,
procureur général des missions, demeurant dans la maison professe
de Paris. Le monopole énorme que faisait La Valette le fit rappeler
par le ministère, sur les plaintes des habitants des îles, en 1753 : mais
les jésuites obtinrent qu'il fût renvoyé dans son poste. Il n'en coûta à
La Valette qu'une promesse par écrit de ne se mêler plus que de gagner des âmes, et de ne plus équiper de vaisseaux. Ses supérieurs le

opulents : ils étaient regardés comme le fardeau de la patrie; mais n'ayant pas
été persécuteurs comme les jésuites, ils n'étaient pas détestés comme eux.

« Dans le même temps un de leurs supérieurs, nommé La Valette, employé
dans les missions des îles de l'Amérique, fit une banqueroute de plus de deux
millions tant aux sieurs Lionci et Gouffre, négociants de Marseille, qu'à un
commissaire des guerres et à d'autres personnes qui leur avaient confié leur
argent.

« Ce n'était pas la première banqueroute qu'ils avaient faite : on se souvenait de leur fameuse banqueroute de Séville, qui réduisit à la mendicité plus
de cent familles en 1644. Comme ils avaient eu en Espagne assez de crédit pour
n'être pas obligés à restitution, ils crurent qu'ils seraient aussi heureux en
France : ils imaginèrent qu'on ne rendrait jamais le corps entier responsable
des engagements d'un de ses membres; et quoiqu'ils passassent pour grands
politiques, ils furent assez aveugles pour plaider au parlement de Paris, pouvant plaider devant la commission du conseil établie alors pour juger les différends touchant le négoce de l'Amérique.

« La cause fut plaidée à la grand'chambre avec la plus grande solennité. On y
allait en foule comme aux spectacles. Le sieur Gerbier, célèbre avocat, se fit, en
parlant contre eux, la même réputation qu'autrefois les Arnauld et les Pasquier.
Le 8 mai 1761, toutes les maisons des jésuites, excepté les collèges, furent condamnées solidairement à payer les créanciers; et ce qu'il y eut de singulier,
c'est que le général des jésuites, résidant à Rome, fut condamné par le même
arrêt, comme si on avait pu le contraindre. Le prononcé fut reçu du public avec
des applaudissements et des battements de mains incroyables. Quelques jésuites qui avaient eu la hardiesse et la simplicité d'assister à l'audience, furent
reconduits par la populace avec des huées. La joie fut aussi universelle que la
haine. On se souvenait de leurs persécutions, et eux-mêmes avouèrent que le
public les lapidait avec les pierres de Port-Royal, qu'ils avaient détruit sous
Louis XIV.

« Pendant qu'on avait plaidé cette cause, etc. »

1 Le duc de Choiseul. (Éd.)

nommèrent alors visiteur général et préfet apostolique; et avec ces titres il alla continuer son commerce. Les Anglais le dérangèrent; ils prirent ses vaisseaux. La Valette et Saci firent une banqueroute plus considérable que la somme qu'ils avaient perdue; car les effets dont les Anglais s'étaient emparés ne furent pas vendus douze cent mille francs de notre monnaie, et la banqueroute des jésuites fut d'environ trois millions.

Deux gros négociants de Marseille, Gouffre et Lionci, y perdirent tout d'un coup quinze cent mille livres. Saci, procureur des missions à Paris, eut ordre de son général d'offrir cinq cent mille francs pour les apaiser : il offrit cet argent, et ne les donna point; il en employa une partie à satisfaire quelques créanciers de Paris, dont les cris lui paraissaient plus dangereux que ceux qui se faisaient entendre de plus loin.

Les deux Marseillais se pourvurent cependant devant la juridiction consulaire de leur ville. La Valette et Saci furent condamnés solidairement le 19 novembre 1759. Mais comment faire payer quinze cent mille francs à deux jésuites? Les mêmes créanciers et quelques autres demandèrent que la sentence fût exécutoire contre toute la société établie en France. Cette sentence fut obtenue par défaut le 29 mai 1760; mais il était aussi difficile de faire payer la société que d'avoir de l'argent des deux jésuites Saci et La Valette.

Ce n'était pas, comme on sait, la première banqueroute que les jésuites avaient faite. On se souvenait de celle de Séville qui avait réduit cent familles à la mendicité en 1644. Ils en avaient été quittes pour donner des indulgences aux familles ruinées, et pour associer à leur ordre les principales et les plus dévotes.

Ils pouvaient appeler de la sentence des consuls de Marseille par devant la commission du conseil établie pour juger tous les différends touchant le commerce de l'Amérique; mais M. de La Grand'ville, conseiller d'État et leur affilié, qu'ils consultèrent, leur conseilla de plaider devant le parlement de Paris : ils suivirent cet avis, qui leur devint funeste. Cette cause fut plaidée à la grand'chambre avec la plus grande solennité. L'avocat Gerbier se fit, en parlant contre eux, la même réputation qu'autrefois les Arnauld et les Pasquier.

Après plusieurs audiences, M. Le Pelletier de Saint-Fargeau, alors avocat général, résuma toute la cause, et fit voir que La Valette étant visiteur apostolique, et Saci procureur général des missions, étaient deux banquiers; que ces deux banquiers étaient commissionnaires du général résidant à Rome; que ce général était administrateur de toutes les maisons de l'ordre; et sur ses conclusions, il fut rendu arrêt par lequel le général des jésuites et toute la société étaient condamnés à restitution, aux intérêts, aux dépens, et à cinquante mille livres de dommages, le 8 mai 1761.

Le général ne pouvant être contraint, les jésuites de France le furent. Le prononcé fut reçu du public avec des applaudissements et des battements de mains incroyables. Quelques jésuites, qui avaient eu la hardiesse et la simplicité d'assister à l'audience, furent reconduits par la populace avec des huées. La joie fut aussi universelle que la haine.

On se souvenait de leurs persécutions; et eux-mêmes avouèrent que le public les lapidait avec les pierres de Port-Royal, qu'ils avaient détruit sous Louis XIV.

Pendant qu'on avait plaidé cette cause, tous les esprits s'étaient tellement échauffés, les anciennes plaintes contre cette compagnie s'étaient renouvelées si hautement, qu'avant de les condamner pour leur banqueroute, les chambres assemblées avaient ordonné, dès le 17 avril, qu'ils apporteraient leurs constitutions au greffe. Ce fut l'abbé Chauvelin qui le premier dénonça leur institut comme ennemi de l'État, et qui par là rendit un service éternel à la patrie.

Ils obtinrent par leurs intrigues que le roi lui-même se réserverait dans son conseil la connaissance de ces constitutions : en effet le roi ordonna, par une déclaration, qu'elles lui fussent apportées. La déclaration fut enregistrée au parlement le 6 août; mais le même jour les chambres assemblées firent brûler par le bourreau vingt-quatre gros volumes des théologiens jésuites. Le parlement remit au roi l'exemplaire des constitutions de cet ordre; mais il ordonna en même temps que les jésuites en apporteraient un autre dans trois jours, et leur défendit de recevoir des novices et de faire des leçons publiques, à commencer au 1ᵉʳ octobre 1761. Ils n'obéirent point; il fallut que le roi lui-même leur ordonnât de fermer leurs classes, le 1ᵉʳ avril 1762; et alors ils obéirent.

Pendant tout le temps que dura cette tempête qu'eux-mêmes avaient excitée, non-seulement plusieurs ecclésiastiques, mais encore quelques membres du parlement les rendaient odieux à la nation par des écrits publics. L'abbé Chauvelin fut celui qui se distingua le plus, et qui hâta leur destruction.

Les jésuites répondirent; mais leurs livres ne firent pas plus d'effet que les satires imprimées contre eux du temps qu'ils étaient puissants. Tous les parlements du royaume, l'un après l'autre, déclarèrent leur institut incompatible avec les lois du royaume. Le 6 août 1762, le parlement de Paris leur ordonna « de renoncer pour toujours au nom, à l'habit, aux vœux, au régime de leur société; d'évacuer les noviciats, les colléges, les maisons professes, dans huitaine; » leur défendit « de se trouver deux ensemble, et de travailler en aucun temps et de quelque manière que ce fût à leur rétablissement, sous peine d'être déclarés criminels de lèse-majesté. »

Le 22 février 1764, autre arrêt qui ordonnait que dans huitaine les jésuites qui voudraient rester en France feraient serment d'abjurer l'institut.

Le 9 mars suivant, arrêt qui bannit du royaume tous ceux qui n'auront pas fait le serment. Enfin le roi, par un édit du mois de novembre 1764, cédant à tous les parlements et aux cris de toute la nation, dissout la société sans retour.

Ce grand exemple, imité depuis et surpassé encore en Espagne, dans les Deux-Siciles, à Parme et à Malte, a fait voir que ce qu'on croit difficile est souvent très-aisé; et on a été convaincu qu'il serait aussi facile de détruire toutes les usurpations des papes que d'anéantir des religieux qui passaient pour ses premiers satellites[1]. Enfin le cordelier Ganganelli, devenu pape, détruisit l'ordre entier par une bulle (1773); et après avoir soutenu pendant deux cents ans que le pape pouvait tout, les jésuites furent obligés de soutenir peu à peu qu'il ne peut même licencier un régiment de moines.

CHAP. LXIX. — *Le parlement mécontente le roi et une partie de la nation. Son arrêt contre le chevalier de La Barre et contre le général Lally.*

Qui pouvait croire alors que dans peu de temps le parlement éprouverait le même sort que les jésuites? Il fatiguait depuis plusieurs années la patience du roi, et il ne se concilia pas la bienveillance du public par le supplice du chevalier de La Barre et par celui du général Lally.

Ce corps déplaisait bien plus au gouvernement par sa lutte perpétuelle contre les édits du roi que par ses cruautés envers quelques citoyens. Il semblait prendre à la vérité le parti du peuple, mais il gênait l'administration, et il paraissait toujours vouloir établir son autorité sur la ruine de la puissance suprême.

Il s'unissait en effet avec les autres parlements, et prétendait ne faire avec eux qu'un corps dont il était le principal membre. Tous s'appelaient alors *classes du parlement* : celui de Paris était la première classe; chaque classe faisait des remontrances sur les édits et ne les enregistrait pas. Il y eut même quelques-uns de ces corps qui poursuivirent juridiquement les commandants de provinces envoyés à eux de la part du roi pour faire enregistrer. Quelques classes décernèrent des prises de corps contre ces officiers. Si ces décrets avaient été mis à exécution, il en aurait résulté un effet bien étrange. C'est sur les domaines royaux que se prennent les deniers dont on paye les frais de justice, de sorte que le roi aurait payé de ses propres domaines les arrêts rendus par ceux qui lui désobéissaient contre ses officiers principaux qui avaient exécuté ses ordres.

Cette étonnante anarchie ne pouvait pas subsister : il fallait ou que la couronne reprît son autorité, ou que les parlements prévalussent.

On avait besoin, dans des conjonctures si critiques, d'un chancelier entreprenant et audacieux; on le trouva. Il fallait changer toute l'administration de la justice dans le royaume, et elle fut changée.

Le roi commença par essayer de ramener le parlement de Paris; il le fit venir à un lit de justice (le 7 septembre 1770) qu'il tint à Versailles avec les princes, les pairs, et les grands officiers de la couronne. Là il lui défendit de se servir jamais des termes d'*unité*, d'*indivisibilité*, et de *classes*;

D'envoyer aux autres parlements d'autres mémoires que ceux qui sont spécifiés par les ordonnances;

De cesser le service, sinon dans les cas que ces mêmes ordonnances ont prévus;

---

1. C'est ici que finissait la première édition. L'alinéa qui termine aujourd'hui ce chapitre est posthume. (ÉD.)

De donner leur démission en corps;

De rendre jamais d'arrêt qui retarde les enregistrements : le tout sous peine d'être cassé.

Le parlement, sur cet édit solennel, ayant encore cessé le service, le roi leur fit porter des lettres de jussion; ils désobéirent. Nouvelles lettres de jussion, nouvelle désobéissance. Enfin le monarque, poussé à bout, leur envoya pour dernière tentative, le 20 janvier (1771), à quatre heures du matin, des mousquetaires qui portèrent à chaque membre un papier à signer. Ce papier ne contenait qu'un ordre de déclarer s'ils obéiraient ou s'ils refuseraient. Plusieurs voulurent interpréter la volonté du roi : les mousquetaires répondirent qu'ils avaient ordre d'éviter les commentaires, qu'il fallait un oui ou un non.

Quarante membres signèrent ce *oui*, les autres s'en dispensèrent. Les *oui*, étant venus le lendemain au parlement avec leurs camarades, leur demandèrent pardon d'avoir accepté, et signèrent *non; tous furent exilés.

La justice fut encore administrée par les conseillers d'État et les maîtres des requêtes, comme elle l'avait été en 1753; mais ce ne fut que par provision. On tira bientôt de ce chaos un arrangement utile.

D'abord le roi se rendit aux vœux des peuples qui se plaignaient depuis des siècles de deux griefs, dont l'un était ruineux, l'autre honteux et dispendieux à la fois.

Le premier était le ressort trop étendu du parlement de Paris, qui obligeait les citoyens de venir de cent cinquante lieues se consumer devant lui en frais qui souvent excédaient le capital. Le second était la vénalité des charges de judicature, vénalité qui avait introduit la forte taxation des épices.

Pour réformer ces deux abus, six parlements nouveaux furent institués, le 23 février 1771, sous le titre de *Conseils supérieurs*, avec injonction de rendre gratis la justice. Ces conseils furent établis dans Arras, Blois, Châlons, Clermont, Lyon, Poitiers. On y en ajouta d'autres depuis pour remplacer quelques parlements supprimés dans les provinces.

Il fallait surtout former un nouveau parlement à Paris, lequel serait payé par le roi sans acheter ses places, et sans rien exiger des plaideurs. Cet établissement fut fait le 13 avril. L'opprobre de la vénalité, dont François Ier et le chancelier Duprat avaient malheureusement souillé la France, fut lavé par Louis XV et par les soins du chancelier de Maupeou, second du nom. On finit par la réforme de tous les parlements, et on espéra, mais en vain, de voir réformer la jurisprudence.

La mort de Louis XV, en 1774, ayant donné lieu à une nouvelle administration, Louis XVI, son successeur, rétablit son parlement avec des modifications nécessaires : elles honorent le roi qui les ordonna, le ministère qui les rédigea, le parlement qui s'y conforma; et la France vit l'aurore d'un règne sage et heureux.

TABLE.

PRÉCIS DU SIÈCLE DE LOUIS XV.

FIN DE LA TABLE DU TREIZIÈME VOLUME.

COULOMMIERS

Imprimerie Paul BRODARD.

LIBRAIRIE HACHETTE ET Cⁱᵉ

Boulevard Saint-Germain, 79, à Paris.

LES

GRANDS ÉCRIVAINS DE LA FRANCE

NOUVELLES ÉDITIONS

Publiées sous la direction de **M. AD. REGNIER**, membre de l'Institut,

SUR LES MANUSCRITS,

LES COPIES LES PLUS AUTHENTIQUES ET LES PLUS ANCIENNES IMPRESSIONS

avec variantes, notes, notices, lexiques et albums, contenant des portraits,

des fac-similés, etc.

PUBLICATION QUI A OBTENU A L'ACADÉMIE FRANÇAISE LE PRIX ARCHON-DESPÉROUSES,

EN 1877

ENVIRON 200 VOLUMES IN-8, A 7 FR. 50 LE VOLUME

150 à 200 exemplaires numérotés sont tirés sur grand raisin vélin collé

à 20 fr. le volume.

I. OUVRAGES COMPLETS

Corneille (P.) : *Œuvres*, nouvelle édition, par M. C. Marty-Laveaux. 12 volumes et un album. 97 fr. 50

L'album seul, 7 fr. 50

TOME I : Avertissement. — Notice biographique. — Avertissements placés par Corneille en tête des divers recueils de ses pièces. — Discours de l'utilité et des parties du poème dramatique. — Discours de la tragédie et des moyens de la traiter selon le vraisemblable ou le nécessaire. — Discours des trois unités, d'action, de jour et de lieu. — Mélite. — Clitandre. — La Veuve.

TOME II : La Galerie du Palais. — La Suivante. — La Place Royale. — La Comédie des Tuileries. — Médée. — L'Illusion.

TOME III : Le Cid. — Horace. — Cinna. — Polyeucte.

TOME IV : Pompée. — Le Menteur. — La Suite du Menteur. — Rodogune.

TOME V : Théodore. — Héraclius — Andromède. — Don Sanche d'Aragon. — Nicomède.

TOME VI : Pertharite. — OEdipe. — La Toison d'or. — Sertorius. — Sophonisbe. — Othon.

TOME VII : Agésilas. — Attila. — Tite et Bérénice. — Psyché. — Pulchérie. — Suréna.

Tome VIII : Imitation de Jésus-Christ.

Tome IX : Louanges de la sainte Vierge. — L'Office de la sainte Vierge. — Les sept Psaumes pénitentiaux. — Vêpres des dimanches et complies. — Instructions et prières chrétiennes. — Les Hymnes du Bréviaire romain. — Version des hymnes de saint Victor. — Hymnes de sainte Geneviève.

Tome X : Poésies diverses. — OEuvres diverses en prose. — Lettres. — Tables.

Tomes XI et XII : Lexique.

Il ne reste plus d'exemplaires grand vélin.

La Bruyère : OEuvres, nouvelle édition, par M. G. Servois. 4 volumes et un album.

L'album seul, 7 fr. 50

Tome I : Avertissement. — Notice biographique. — Les Caractères de Théophraste traduits du grec, avec les Caractères ou les mœurs de ce siècle. — Appendice. — Clefs et commentaires (épuisé).

Tome II : Suite et fin des Caractères.

Tome III. 1re partie : Avertissement. — Table alphabétique et analytique. — Tableaux de concordance. — Notice bibliographique. — Additions et corrections. — Appendice aux lettres.

Tome III. 2e partie : Préface sur la langue de La Bruyère. — Introduction grammaticale. — Orthographe. — Lexique.

On vend séparément : le tome II et la 2e partie du tome III, 7 fr. 50; la 1re partie du tome III, 3 fr. 75.

Il ne reste plus d'exemplaires grand vélin.

La Fontaine : OEuvres, nouvelle édit. par M. Henri Regnier. 11 volumes et un album.   87 fr. 80

L'album seul, 5 fr.

Tome I : Avertissement. — Notice biographique. — A Monseigneur le Dauphin. — Préface. — La vie d'Esope le Phrygien. — A Monseigneur le Dauphin. — Fables (Liv. I à V).

Tome II : Avertissement. — Fables (livres VI à IX). — Appendice.

Tome III : Fables (livres X à XII). — Appendice.

Tome IV : Contes et nouvelles. — Appendice.

Tome V : Contes et nouvelles.

Tome VI : Contes et nouvelles. — Poèmes.

Tome VII : Théâtre.

Tome VIII : Avertissement. — Les amours de Psyché et de Cupidon. — Opuscules en prose et épîtres dédicatoires, poésies diverses, élégies, odes, pièces mêlées. — Traduction en vers.

Tome IX : Ballades et Rondeaux. — Sonnets. — Madrigaux. — Dizains. — Sizains. — Chansons. — Épitaphes. — Vers pour des portraits. — Epigrammes. — Epîtres. — Lettres à sa femme : Relation d'un voyage de Paris en Limousin. — A divers.

Tomes X et XI : Lexique.

Il ne reste plus d'exemplaires grand vélin.

La Rochefoucauld : OEuvres, nouvelle édition, par MM. D. L. Gilbert et J. Gourdault. 3 volumes et un album. 35 fr.

L'album seul, 7 fr. 50

Tome I : Avertissement. — Notice biographique. — Portrait du duc de La Rochefoucauld fait par lui-même. — Portrait du cardinal de Retz par La Rochefoucauld. — Réflexions ou sentences et maximes morales.

— Réflexions diverses. — Appendices. — Jugement des contemporains sur les maximes de La Rochefoucauld. — Tables.

TOME II : Mémoires (1624-1652). — Apologie de M. le prince de Marcillac. — Appendice. — Table alphabétique des Mémoires et de l'Apologie.

TOME III, 1re partie : Lettres écrites par La Rochefoucauld. — Lettres écrites à La Rochefoucauld. — Lettres de divers à divers.

TOME III, 2e partie : Lexique. Chaque volume se vend séparément : les tomes I et II et la 2e partie du tome III, 7 fr. 50; la 1re partie du tome III, 5 fr.

Il ne reste plus d'exemplaires grand vélin.

Malherbe : *Œuvres*, nouvelle édition, par M. Ludovic Lalanne, 5 volumes et un album.   45 fr.

L'album seul, 7 fr. 50

TOME I : Avertissement. — Notice biographique. — Appendice. — Vie de Malherbe par Racan. — Notice bibliographique. — Pièces attribuées à Malherbe. — Des portraits de Malherbe. — Poésies. — Pièces dont la date est incertaine. — Fragments sans date. — Appendice. — Traductions.

TOME II : Traduction du traité des Bienfaits de Sénèque. — Traduction des Epîtres de Sénèque.

TOME III : Préface. — Notice par M. Bazin. — Lettres. — Appendice.

TOME IV : Lettres. — Fragments. — Commentaire sur Desportes. — Tables alphabétiques.

TOME V : Lexique (*épuisé*).

Il reste quelques exemplaires grand vélin.

Molière : *Œuvres*, nouvelle édition, par MM. Eug. Despois et P. Mesnard. 13 volumes et un album.

L'album seul, 7 fr. 50

TOME I : Avertissement. — Préface de l'édition de Molière de 1682. — Notice biographique sur Molière. — Notice sur les premières farces attribuées à Molière. — La jalousie du Barbouillé. — Le Médecin volant. — L'Etourdi ou les Contretemps. — Dépit amoureux.

TOME II : Les Précieuses ridicules. — Sganarelle ou le Cocu imaginaire. — Dom Garcie de Navarre ou le Prince jaloux. — L'Ecole des maris.

TOME III : Les Fâcheux. — L'Ecole des femmes. — La Critique de l'Ecole des femmes. — L'Impromptu de Versailles.

TOME IV : Le Mariage forcé. — Les Plaisirs de l'Ile enchantée. — La Princesse d'Elide. — Le Tartuffe ou l'Imposteur.

TOME V : Don Juan ou le Festin de Pierre. — L'Amour médecin. — Le Misanthrope.

TOME VI : Le Médecin malgré lui. — Mélicerte. — Pastorales comiques. — Le Sicilien ou l'Amour peintre. — Ballet des Muses. — Amphitryon. — Georges Dandin ou le Mari confondu.

TOME VII : L'Avare. — Monsieur de Pourceaugnac. — Les Amants magnifiques.

TOME VIII : Le Bourgeois gentilhomme. — Ballet des Nations. — Appendice au Bourgeois gentilhomme. — Psyché. — Appendice à Psyché. — Les Fourberies de Scapin. — La comtesse d'Escarbagnas.

TOME IX : Les Femmes savantes. — Le Malade imaginaire.

La gloire du dôme du Val-de-Grâce. — Poésies diverses. — Table alphabétique des œuvres de Molière et des noms propres qui s'y rencontrent.

Tome X : Notice biographique sur Molière. — Additions et corrections.

Tome XI — Notice bibliographique. — Additions et corrections.

Tomes XII et XIII. — Lexique.

Il ne reste plus d'exemplaires grand vélin.

Illustrations pour le théâtre de Molière dessinées et gravées à l'eau-forte par Edmond Hédouin, médaille d'honneur au Salon de 1888; 37 sujets.   80 fr.

Suite de 32 planches, dont un portrait, pour servir à l'illustration du théâtre de Molière, gravées par L. Flameng d'après les dessins de Louis Leloir.   125 fr.

Racine (Jean) : Œuvres, nouvelle édition, par M. P. Mesnard. 8 volumes et un album.   72 fr. 50

L'album seul, 7 fr. 50

Tome I : Avertissement. — Notice biographique.—Mémoires contenant quelques particularités sur la vie et les ouvrages de Jean Racine. — La Thébaïde ou les Frères ennemis. — Alexandre le Grand.

Tome II : Andromaque. — Les Plaideurs. — Britannicus. — Bérénice. — Bajazet.

Tome III : Mithridate. — Iphigénie. — Phèdre. — Esther. — Athalie.

Tomes IV et V : Poésies diverses. — Œuvres diverses en prose, d'histoire, etc.

Tome VI : Lettres.

Tome VII : Lettres. — Tables.

Tome VIII : Lexique par Marty-Laveaux.

Musique des chœurs d'Athalie, d'Esther et des cantiques spirituels. 1 vol.

Il ne reste plus d'exemplaires grand vélin.

Sévigné (Mme de) : Lettres de Mme de Sévigné, de sa famille et de ses amis, nouvelle édition, par M. Monmerqué. 14 vol. et un album. 120 fr.

L'album seul, 15 fr.

Tome I : Avertissement. — Notice biographique. — Lettres.

Tomes II à X : Lettres.

Tome XI : Avertissement. — Lettres inédites de Mme de Sévigné. — Lettres inédites de divers. — Notice sur Mme de Simiane. — Lettres de Mme de Simiane. — Table générale des sources manuscrites et imprimées. — Avertissements et préfaces des éditions originales et de l'édition de 1818. — Notice bibliographique.

Tome XII : Table alphabétique et table analytique des matières.—Appendice du tome XI. Additions et corrections. Lettres inédites de la marquise de Sévigné et du comte de Grignan.

Tomes XIII et XIV : Lexique de la langue de Mme de Sévigné, avec une introduction grammaticale et des appendices par E. Sommer.

Il ne reste plus d'exemplaires grand vélin.

II. OUVRAGES EN COURS DE PUBLICATION

Pascal (Blaise) : *Les Provinciales*, nouvelle édition, par MM. P. Faugère et Brunetière. 2 volumes.   15 fr.

Tome I : Introduction. — Lettres provinciales (lettres 1 à 12). — Réponse du provincial aux deux premières lettres. — Défense de la douzième lettre.

Tome II : Lettres 13 à 18. — Décret du Pape Alexandre VII, condamnant l'*Apologie pour les Casuistes*. — Arrêt du Conseil d'État, portant lacération et brûlement de la traduction latine des *Provinciales*. — Table des pièces insérées dans l'édition de 1659.

Il a été tiré 200 exemplaires sur papier grand vélin, à 20 fr. le volume.

— *Pensées*. Nouvelle édition, par M. Brunschvicg, professeur de philosophie au lycée de Rouen. 2 volumes.

Retz (Cardinal de) : *OEuvres*, nouvelle édition, par MM. A. Feillet, J. Gourdault et R. Chantelauze. 10 vol. et un album.

Il reste à paraître la *Notice biographique* et l'*Album*.

Tome I : Avertissement. — Notice biographique. — Notice sur les Mémoires. — Mémoires, 1re partie (1613-1643); — 2e partie (1643-1648). — Appendice. — Additions et corrections.

Tomes II à IV : Mémoires, suite et fin de la 2e partie.

Tome V : Mémoires, 3e partie. — Pamphlets. — Appendice. — La conjuration du comte de Fiesque. — Notice.

Tome VI : Lettres épiscopales. — Pièces justificatives.

Tome VII : Lettres et mémoires sur les affaires de Rome. — Pièces justificatives.

Tome VIII : Correspondance.

Tome IX : Pièces diverses. — Sermons. — Dissertations. — Appendice. — Errata des tomes VII et VIII.

Il ne reste plus d'exemplaires grand vélin.

Saint-Simon : *Mémoires*, nouvelle édition, collationnée sur le manuscrit autographe et augmentée des additions de Saint-Simon au *Journal de Dangeau* et de suites et appendices, par M. de Boislisle. Environ 30 volumes et un album.

Les treize premiers volumes sont en vente :

Tome I : Avertissement. — Mémoires (1691-1693). — Appendice. — Additions et corrections. — Tables.

Tome II : Mémoires (1694-1695). Appendice. — Additions et corrections. — Tables

Tome III : Mémoires (1696). Appendice. — Additions et corrections. — Tables.

Tome IV : Mémoires (1697). Appendice. — Additions et corrections. — Tables.

Tome V : Mémoires (1698). — Appendice. — Additions et corrections. — Tables.

Tome VI : Mémoires (fin de 1698-1699). — Appendice. — Additions et corrections. — Tables.

Tome VII : Mémoires (1700). — Appendice : Première partie : Additions de Saint-Simon au Journal de Dangeau. — Seconde partie : Notices et pièces diverses. — Additions et corrections. — Tables.

Tome VIII : Mémoires (1701). — Appendice : Première partie : Additions au Journal de Dangeau. — Seconde partie : Notices et pièces diverses. — Additions et corrections. — Tables.

Tome IX : Mémoires (1702). — Appendice, etc.

Tome X : Mémoires (1702). — Appendice. — Additions et corrections. — Tables.

Tome XI : Mémoires (1703). — Appendice. — Additions et corrections. — Tables.

Tome XII : Mémoires (1704). — Appendice. — Additions et corrections. — Tables.

Tome XIII : Mémoires (1705-1706). — Appendice. Additions et corrections. — Tables.

Tome XIV : Mémoires (1707). Appendice. — Additions et corrections. — Tables.

Il a été tiré 200 exemplaires sur papier grand vélin, à 20 fr. le volume.

~~~~~~~~~~

ŒUVRES INÉDITES

DES GRANDS ÉCRIVAINS DE LA FRANCE

PUBLIÉES SÉPARÉMENT

FORMAT IN-8

Racine (Jean et Louis) : *Lettres inédites,* précédées de la vie de Jean Racine et d'une notice sur Louis Racine par l'abbé Adrien de La Roque, leur petit-fils. 1 volume. 3 fr.

Saint-Simon : *Écrits inédits,* publiés sur les manuscrits conservés au Dépôt des Affaires étrangères, par M. P. Faugère. 8 volumes. 60 fr.

> Tome Ier : *Parallèle des trois premiers rois bourbons.* 1 volume. 7 fr. 50
>
> Tomes II, III et IV : *Mélanges.* 3 volumes. Chaque volume. 7 fr. 50
>
> Tomes V, VI, VII et VIII : *Notes sur tous les duchés-pairies, comtés-pairies et duchés vérifiés depuis 1500 jusqu'en 1730.* 3 volumes. Chaque volume. 7 fr. 50
>
> Il a été tiré 200 exemplaires

numérotés sur papier grand vélin à 20 fr. le volume.

Saint-Simon : *Projets de gouvernement du duc de Bourgogne,* avec une introduction et des Notes par M. P. Mesnard. 1 volume. 6 fr.

Sévigné (Mme de) : *Lettres inédites,* publiées pour la première fois par M. Ch. Capmas, recteur honoraire d'académie. 2 volumes. 45 fr.

Ces deux volumes ont été imprimés sur le même papier et avec les mêmes caractères que l'édition des lettres de Mme de Sévigné publiée dans la collection des *Grands Écrivains de la France.*

Il a été tiré 100 exemplaires sur papier grand vélin, à 20 fr. le volume.

Ouvrage couronné par l'Académie française.

LIBRAIRIE HACHETTE ET Cie

BOULEVARD SAINT-GERMAIN, 79, A PARIS

LES
GRANDS ÉCRIVAINS FRANÇAIS

ÉTUDES SUR LA VIE
LES ŒUVRES ET L'INFLUENCE DES PRINCIPAUX AUTEURS
DE NOTRE LITTÉRATURE

Notre siècle a eu, dès son début, et léguera au siècle prochain un goût profond pour les recherches historiques. Il s'y est livré avec une ardeur, une méthode et un succès que les âges antérieurs n'avaient pas connus. L'histoire du globe et de ses habitants a été refaite en entier; la pioche de l'archéologue a rendu à la lumière les os des guerriers de Mycènes et le propre visage de Sésostris. Les ruines expliquées, les hiéroglyphes traduits ont permis de reconstituer l'existence des illustres morts, parfois de pénétrer jusque dans leur âme.

Avec une passion plus intense encore, parce qu'elle était mêlée de tendresse, notre siècle s'est appliqué à faire revivre les grands écrivains de toutes les littératures, dépositaires du génie des nations, interprètes de la pensée des peuples. Il n'a pas manqué en France d'érudits pour s'occuper de cette tâche; on a publié les œuvres et débrouillé la biographie de ces hommes fameux que nous chérissons comme des ancêtres et qui ont contribué, plus même que les princes et les capitaines, à la formation de la France moderne, pour ne pas dire du monde moderne,

Car c'est là une de nos gloires, l'œuvre de la France a été accomplie moins par les armes que par la pensée, et l'action de notre pays sur le monde a toujours été indépendante de ses triomphes militaires : on l'a vue prépondérante aux heures les plus douloureuses de l'histoire nationale. C'est pourquoi les maîtres esprits de notre littérature intéressent non seulement leurs descendants directs, mais encore une nombreuse postérité européenne éparse au delà des frontières.

Beaucoup d'ouvrages, dont toutes ces raisons justifient du reste la publication, ont donc été consacrés aux grands écrivains français. Et cependant ces génies puissants et charmants ont-ils dans le monde la place qui leur est due? Nullement, et pas même en France.

Nous sommes habitués maintenant à ce que toute chose soit aisée; on a clarifié les grammaires et les sciences comme on a simplifié les voyages; l'impossible d'hier est devenu l'usuel d'aujourd'hui. C'est pourquoi, souvent, les anciens traités de littérature nous rebutent et les éditions complètes ne nous attirent point : ils conviennent pour les heures d'étude qui sont rares en dehors des occupations obligatoires, mais non pour les heures de repos qui sont plus fréquentes. Aussi, les œuvres des grands hommes complètes et intactes, immobiles comme des portraits de famille, vénérées, mais rarement contemplées, restent dans leur bel alignement sur les hauts rayons des bibliothèques.

On les aime et on les néglige. Ces grands hommes

semblent trop lointains, trop différents, trop savants, trop inaccessibles. L'idée de l'édition en beaucoup de volumes, des notes qui détourneront le regard, l'appareil scientifique qui les entoure, peut-être le vague souvenir du collège, de l'étude classique, du devoir juvénile, oppriment l'esprit; et l'heure qui s'ouvrait vide s'est déjà enfuie; et l'on s'habitue ainsi à laisser à part nos vieux auteurs, majestés muettes, sans rechercher leur conversation familière.

L'objet de la présente collection est de ramener près du foyer ces grands hommes logés dans des temples qu'on ne visite pas assez, et de rétablir entre les descendants et les ancêtres l'union d'idées et de propos qui, seule, peut assurer, malgré les changements que le temps impose, l'intègre conservation du génie national. On trouvera dans les volumes en cours de publication des renseignements précis sur la vie, l'œuvre et l'influence de chacun des écrivains qui ont marqué dans la littérature universelle ou qui représentent un côté original de l'esprit français. Les livres sont courts, le prix en est faible; ils sont ainsi à la portée de tous. Ils sont conformes, pour le format, le papier et l'impression, au spécimen que le lecteur a sous les yeux. Ils donnent, sur les points douteux, le dernier état de la science, et par là ils peuvent être utiles même aux spécialistes. Enfin une reproduction exacte d'un portrait authentique permet aux lecteurs de faire, en quelque manière, la connaissance physique de nos grands écrivains.

En somme, rappeler leur rôle, aujourd'hui mieux

connu grâce aux recherches de l'érudition, fortifier
leur action sur le temps présent, resserrer les liens
et ranimer la tendresse qui nous unissent à notre
passé littéraire; par la contemplation de ce passé,
donner foi dans l'avenir et faire taire, s'il est possible, les dolentes voix des découragés : tel est notre
objet principal. Nous croyons aussi que cette collection aura plusieurs autres avantages. Il est bon que
chaque génération établisse le bilan des richesses
qu'elle a trouvées dans l'héritage des ancêtres, elle
apprend ainsi à en faire meilleur usage; de plus, elle
se résume, se dévoile, se fait connaître elle-même
par ses jugements. Utile pour la reconstitution du
passé, cette collection le sera donc peut-être encore
pour la connaissance du présent.

Avril 1897.   J. J. JUSSERAND.

LIBRAIRIE HACHETTE ET Cⁱᵉ

BOULEVARD SAINT-GERMAIN, 79, A PARIS

LES
GRANDS ÉCRIVAINS FRANÇAIS

ÉTUDES SUR LA VIE
LES ŒUVRES ET L'INFLUENCE DES PRINCIPAUX AUTEURS
DE NOTRE LITTÉRATURE

Chaque volume in-16, orné d'un portrait en héliogravure, broché. 2 fr.

LISTE DANS L'ORDRE DE LA PUBLICATION

DES 43 VOLUMES PARUS

(Janvier 1900.)

VICTOR COUSIN, par M. *Jules Simon*, de l'Académie française.

MADAME DE SÉVIGNÉ, par M. *Gaston Boissier*, secrétaire perpétuel de l'Académie française.

MONTESQUIEU, par M. *Albert Sorel*, de l'Académie française.

GEORGE SAND, par M. *E. Caro*, de l'Académie française.

TURGOT, par M. *Léon Say*, de l'Académie française.

THIERS, par M. *P. de Rémusat*, sénateur, de l'Institut.

D'ALEMBERT, par M. *Joseph Bertrand*, de l'Académie française, secrétaire perpétuel de l'Académie des sciences.

VAUVENARGUES, par M. *Maurice Paléologue*.

MADAME DE STAEL, par M. *Albert Sorel*, de l'Académie française.

THÉOPHILE GAUTIER, par M. *Maxime Du Camp*, de l'Académie française.

BERNARDIN DE SAINT-PIERRE, par M. *Arvède Barine*.

MADAME DE LAFAYETTE, par M. le comte *d'Haussonville*, de l'Académie française.

MIRABEAU, par M. *Edmond Rousse*, de l'Académie française.

RUTEBEUF, par M. *Clédat*, professeur de Faculté.

STENDHAL, par M. *Édouard Rod*.

ALFRED DE VIGNY, par M. *Maurice Paléologue*.

BOILEAU, par M. *G. Lanson*.

CHATEAUBRIAND, par M. *de Lescure*.

FÊNELON, par M. *Paul Janet*, de l'Institut.

SAINT-SIMON, par M. *Gaston Boissier*, secrétaire perpétuel de l'Académie française.

RABELAIS, par M. *René Millet*.

J.-J. ROUSSEAU, par M. *Arthur Chuquet*, professeur au Collège de France.

LESAGE, par M. *Eugène Lintilhac*.

DESCARTES, par M. *Alfred Fouillée*, de l'Institut.

VICTOR HUGO, par M. *Léopold Mabilleau*, professeur de Faculté.

ALFRED DE MUSSET, par M. *Arvède Barine*.

JOSEPH DE MAISTRE, par M. *George Cogordan*.

FROISSART, par Mme *Mary Darmesteter*.

DIDEROT, par M. *Joseph Reinach*.

GUIZOT, par M. *A. Bardoux*, de l'Institut.

MONTAIGNE, par M. *Paul Stapfer*, professeur de Faculté.

LA ROCHEFOUCAULD, par M. *J. Bourdeau*.

LACORDAIRE, par M. le comte *d'Haussonville*, de l'Académie française.

ROYER-COLLARD, par M. *E. Spuller*.

LA FONTAINE, par M. *G. Lafenestre*, membre de l'Institut.

MALHERBE, par M. le duc *de Broglie*, de l'Académie française.

BEAUMARCHAIS, par M. *André Hallays*.

MARIVAUX, par M. *Gaston Deschamps*.

RACINE, par M. *G. Larroumet*, de l'Institut.

MÉRIMÉE, par M. *Augustin Filon*.

CORNEILLE, par M. *G. Lanson*.

FLAUBERT, par M. *Émile Faguet*.

BOSSUET, par M. *Alfred Rébelliau*.

Coulommiers. — Imp. PAUL BRODARD. — 1-1900.

RAPPORT = 16

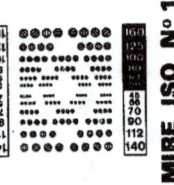

MIRE ISO N° 1

NF Z 43-007

CONTRÔLE :

BIBLIOTHÈQUE
NATIONALE

CHÂTEAU
de
SABLÉ
1981